도시재생의 이해

인천학연구총서 51

도시재생의 이해

김천권·김상원·김경배·이승우·고상철

보고사
BOGOSA

머리말

도시는 유기체이다. 인간이 유기체로서 생노병사의 과정을 걷는 것처럼, 도시도 환경에 따라 변화와 적응을 하며 성장하기도 하고 병이 들어 쇠퇴하기도 한다. 이 책의 주제인 도시재생의 이해는 낙후와 쇠퇴상태에 있는 도시에 어떻게 활력을 불어넣어 건강하고 활기찬 도시를 만들 것인가를 고민하는 내용이다.

도시재생은 도시개발이나 계획보다 훨씬 어려운 작업이다. 왜냐하면, 도시개발/계획은 보통 비어있는 공간에 하는 작업인데, 도시재생은 현재 주민이 살고 있는 지역이나 산업 활동이 수행되는 공간에서 벌어지는 작업이기 때문에 다양한 이해관계가 충돌하고 고려해야 하는 변수들이 훨씬 많기 때문이다. 그리고 대상 지역 특성에서도 개발과 재생은 큰 차이를 보인다. 무슨 이야기인가 하면, 도시개발이나 계획의 대상이 되는 지역은 보통 성장 잠재력이 높은 지역인 데 비해, 재생의 대상이 되는 지역은 낙후와 쇠퇴상태에 있는 지역이기 때문이다. 그래서 혁명보다 혁신이 어렵다는 말이 있듯이 도시개발이나 계획보다 도시재생이 훨씬 어려운 작업이다. 한마디로 말하면, 도시개발/계획은 빈 도화지에다 새로운 그림을 그리는 작업인 데 비하여, 도시재생은 훼손된 작품을 복원하는 작업이기에 훨씬 어려운 작업이라는 의미이다.

그럼 이런 어려운 도시재생과정에서 도시재생 전문가는 무엇을 하는 사람인가? 어려운 질문이지만 간단히 대답해 보자. 인간이 유기체로서 생노병사를 거치는 과정에 몸이 병들거나 아프면 의사를 찾아가 진단을 받고 처방과 치료를 받는다. 마찬가지로 도시도 유기체로서 병들고 쇠퇴하면 전문가를 찾아 상담을 받고, 조언을 들으며, 치유책을 찾아야 한다. 바로 도시재생 전문가가 필요한 이유이다.

도시재생이 왜 필요한가? 지역은 균형적으로 성장과 발전을 하는 것이 바람직하다. 한쪽은 성장하고 다른 한쪽은 낙후하면 도시에서 기울어진 운동장이 연출되어 공정한 사회가 될 수 없다. 지나친 소득 불균형이 경제 활성화와 시장경제에 부정적 영향을 주듯이, 지역 간의 심각한 격차와 불균형은 사회적 갈등을 조장하며 자원의 효율적 이용을 저해하는 요인으로 작용한다. 즉, 한쪽은 엘리베이터를 타고 올라가는데, 다른 쪽은 낡은 사다리를 타고 올라가면 무슨 일이 벌어지는가? 당연히 성장의 차이가 올 수밖에 없고, 갈등이 발생할 수밖에 없을 것이다. 그렇다고 엘리베이터를 없앨 수는 없고, 다른 쪽에 에스컬레이터나 계단을 만들어 줘야 하지 않겠나. 엘리베이터가 언제 고장이 나서 멈출지도 모르겠고, 엘리베이터 타고 올라만 가는 게 아니라 언제든 하강도 할 수 있지만, 불균형을 조장하는 낡은 사다리를 치우고 상승을 위한 밧줄과 앵커를 발굴해 제공해야 한다. 바로 도시재생이 낙후/쇠퇴지역의 상승을 견인하기 위한 앵커를 제공하여 지역 간 불균형을 완화하기 위해 추진되는 활동이다. 이런 논리를 기반으로 이 책은 도시재생의 이론과 방법론을 탐구하고, 한국과 해외 사례를 중심으로 도시재생의 주요 요인과 문제점 및 바람직한 접근방법을 고찰하였다. 특히, 집필진이 모두 인천에 연고가 있어 인천문제에 대해 보다 많은 관심과 경험을 가진 관계로, 도시재생의 주요 사례와 시사점을 인천을 중심으로 논의하였음을 밝힌다.

이 책은 크게 6가지에 주안점을 두고 논지를 전개하였다: 주민, 공동체, 문화, 갈등관리, 거버넌스, 지속가능성.

첫째 주민은 도시재생의 주체이며 객체로서, 궁극적으로 도시재생은 현재 지역에 거주하는 주민들의 삶의 질 향상에 최우선을 두고 추진해야 한다는 점을 강조하였다. 즉, 도시재생 전문가나 정부는 지역의 도시재생을 지원하지만 궁극적으로 지역을 재생시키는 주체는 주민이며, 재생의 결과 또한 주민에게 돌아가기 때문에, 도시재생은 주민이 주도하는 주민에 의한, 주민을 위한, 주민의 도시재생이 되어야 한다는 점을 강조하였다.

둘째 공동체로서, 도시재생은 공동체 관계의 회복에 중점을 두어야 한다는데 주안점을 두고 논지를 전개하였다. 공동체 관계의 단절은 주민이 섬에 홀로 살아가는 것과 같으며, 이런 맥락에서 도시재생은 공동체 관계 활성화에 주력하여 서로 돕고 협력하며 함께 살아가는 공간조성에 초점을 맞출 것을 강조하였다. 지역에 굳건한 공동체 관계가 구축되면 공동의 이해추구를 위한 활동이 강화되어 도시재생 후에 자주 제기되는 젠트리피케이션 문제를 보다 합리적으로 해결할 수 있을 것으로 내다봤다.

셋째 문화로서, 문화가 있는 도시재생, 품격 있는 도시재생이 되어야 한다는 것을 강조하였다. 즉, 도시재생의 주요 접근방식으로 문화예술을 접목하여 핫 플레이스를 조성함으로써, 다른 지역과는 차별화된 지역만의 재생 DNA와 킬러 콘텐츠를 발굴 및 육성하는 도시재생에 중점을 두었다.

넷째 갈등관리로서, 도시재생은 시작부터 종료까지 갈등관리의 연속과정이다. 지역을 재생해야 하는가 아니면 재건축·재개발을 추진해야 하는가? 재생지역의 다양한 이해관계자를 어떻게 설득하여 재생을 추진할 것인가? 재생방식은 어디에 중점을 두고 어떻게 결정해야 하는가? 재생에 따른 젠트리피케이션 문제를 어떻게 풀어야 하는가? 이 모든 과정에 이해관계가 충돌하며 합리적 갈등관리가 요구된다.

다섯째 거버넌스로서, 도시재생은 특정한 개인이나 집단이 주도하는 것이 아니라 주민과 공동체, 전문가와 시민단체, 소상공인과 지자체가 함께 참여하여 정보와 지식을 공유함으로써 재생을 위한 집단지성과 다중지혜를 끌어내는 과정에 중점을 두고 논지를 전개하였다.

여섯째 지속가능성으로, 도시재생은 일회성 사업으로 끝나는 것이 아니라 지역의 지속가능한 성장기반을 마련하는 데 중점을 두어야 한다는 것이다. 이를 위해서는 다시 앞으로 돌아가 도시재생의 주체는 주민이 되어 공동체 역량을 강화하고, 지역의 역사와 장소성을 기반으로 재생을 위한 핵심 가치와 문화를 발굴하여, 이해관계자들 사이에 충돌하는 이해의 합리적 갈등관리와 거버넌스 구축을 통하여 집단지성과 다중지혜를 끌어내어, 지속가능한 재생을 위한 지역만의 고유한 재생 DNA를 발굴 및 배양하는데 주안점을 두고 책을 저술하였다.

오래전에 이탈리아를 여행하며 재미있는 이야기를 들었다. 로마와 중세시대의 유물이 가득한 이탈리아에서 가장 중요하게 대접을 받는 전문가가 바로 문화재 복원전문가라고 한다. 그래서 문화재 복원전문가는 국가가 관리하며, 해외 출입국도 국가의 통제를 받는다고 한다. 왜냐하면, 복원기술 자체가 이탈리아의 원천기술로 기술을 보유한 복원전문가는 국가 핵심자원으로 해외 유출을 방지하기 위해서란다.

도시재생개념은 학자와 전문가들 사이에 명확히 확립된 개념이 아니라 아직 정립되는 과정에 있는 현재진행형 개념이다. 그래서 정책을 개발하는 전문가들과 현장에서 활동하는 활동가들도 재생을 어떻게, 어디에 중점을 두고 추진해야 하는지 명확한 방향설정이 어려운 작업이다. 이런 가뭇한 환경에서 추진되고 있는 도시재생에 이 책이 작은 촛불로서나마 역할을 하기를 희망하며, 언젠가는 한국에서 도시 재생 전문가가 이탈리아의 문화재 복원전문가와 같은 대접을 받는 날 이 올 것을 기대하며 서문을 마친다. 마지막으로 이 책을 저술할 수 있도록 연구비를 지원해 준 인천대학교 인천학연구원에 깊은 감사를 드린다.

2021년 12월

집필자(김천권, 김상원, 김경배, 이승우, 고상철) 일동

목차

도시재생과 거버넌스 [김천권]

▌제2부
도시재생 접근방식과 사례분석

문화적 도시재생 [김상원]
― 문화활용 전략과 문화적 활동전략

▌제3부
도시재생과 사회(공동체)문제

도시재생과 갈등관리 [이승우]

도시재생과 젠트리피케이션 [김천권]

도시재생 법제 [고상철]

제1부
도시재생의 의미와 이론적 접근

도시재생 개념 정립과 사회적 배경

김천권

1. 들어가는 말: 왜 도시재생인가?

왜 도시재생이 요즘 대세인가? 국가와 도시마다 도시재생을 하는 이유와 배경은 각기 다르겠지만, 도시재생은 지역이 점차 활기를 잃고 쇠퇴할 때 경제에 활력을 불어넣고 주거와 산업환경을 개선하기 위한 목적으로 시행한다. 한국에서는 1990년대 후반에 도시재생 개념이 처음 도입되어 2010년 이후 본격적으로 도입된 도시개발 방식 중 하나이다. 그런데 2000년대 이전까지는 도시재생이 널리 퍼지지 않다가 2010년 이후, 좀 더 정확하게는 2013년 '도시재생에 관한 특별법'이 통과된 이후 도시개발과 계획에서 주요 정책으로 주목받기 시작하였다.

아직 한국사회에는 산업의 전반적 쇠퇴가 나타나고 있지 않지만, 미국과 유럽 도시에서는 지역경제가 쇠퇴하여 주택과 부동산시장에 영향을 미쳐, 지역경제가 늪으로 빠져드는 곳이 점차 증가하고 있다. 한국에서도 이런 징후가 조선업이 집중해 있는 거제와 울산 등에서 나타나서, 조선업의 불황과 쇠퇴는 지역 고용시장에 영향을 미쳐 다세대와 원룸 수요의 감소를 가져오고, 주택과 부동산시장의 불황은 경제 전반으로 확산되어 지역 소득과 수요의 감소를 가져와 도시 경제 전체가 수축과 쇠퇴의 늪에 빠지는 현상이 나타나고 있다(연합뉴스, 2016). 도시 경제기반이 무너지면 결국 불황의 늪에 빠지게 되고 도시재생의 필요성이 제기되는 것이다.

도시재생은 이와 같이 지역이 노후 혹은 쇠퇴하여 활력을 잃은 곳을 대상으로 주거환경 혹은 산업환경을 개선하여 지역을 활성화하기 위해 추진되는 활동이다. 그런데 한국에서는 1990년대 이전까지는 도시재생이 거의 추진되지 않았고, 2010년 이후 본격적으로 도시재생이 도시개발의 주요 접근방식으로 도입되었다. 가장 가시적으로 도시재생이 추진된 사례라면 아마 서울 청계천 복원을 들 수 있을 것이다. 서울 중심부를 관통하며 흐르던 청계천을 복개하여 고가도로로 이용했던 곳을 2000년대에 접어들어 안전성에 문제가 제기되어 2005년 노후 고가도로를 철거하고 물길을 복원하여 도심하천을 조성한 결과, 도심이 활성화되고 성장잠재력도 높아지면서 고부가가치 산업이 청계천 주변으로 자리 잡게 되어 도시 위상이 상승하고 시민들의 삶의 질이 높아지는 결과를 가져왔다.

또 다른 도시재생의 대표적 사례로 경상남도 창원 창동과 오동동 도시재생을 들 수 있다. 한국 최초의 자력형 도시재생모델로 알려진 창원 창동과 오동동 도시재생은 1970년대 한국 경제성장의 견인차 역할을 했던 마산 수출자유지역이 급격히 쇠퇴하고, 1980년대 경남도청이 창원으로 이전함에 따라 마산시 원도심인 창동과 오동동의 인구와 상권이 쇠퇴하기 시작하였다. 이에 마산 원도심 도시재생을 촉진하기 위해 2008년 민간이 주도하고 정부가 관리 및 지원하는 협치체제를 구축하여 '대한민국 도시재생 1번지'로서 창동예술촌, 창작공예촌을 조성하고, 오동동 문화광장 조성, 250년 골목 가꾸기 등 다양한 재생사업들을 시행하며 지속가능한 원도심 재생을 추진하고 있다(김석호, 2019).

한국사회에서 최근 들어 도시재생이 활발하게 추진된 배경에는 다양한 요인이 영향을 미쳤으나, 필자가 보기에는 크게 두 요인, 첫째 글로벌 요인과 둘째 저출산·고령화 요인이 작용하였다. 첫째 글로벌 요인으로, 세계적으로 도시개발 방식이 전면철거 재개발에서 점차 역사와 문화를 보존·계승하는 방식으로 개발 패러다임이 전환되면서 한국에서도 전면철거 재개발 방식을 지양하고 도시재생을 추진하는 방식으로 전환을 가져오고 있다. 둘째로 저출산·고령화 요인으로, 한국사회는 초저출산 사회로 점차 인구가 정체 혹은 감소할 것으로 예상되어 공동주택을 대규모로 건설하기보다는 불량이나 노후주택을 수복/보존 재생하여 거주민의 생활과 삶의 질을 높이는 방식이 보다 효과적이라는 인식이 확산되고 있다.

이런 요인에 더하여 이제 한국사회도 산업구조의 고도화와 국민소득 및 생활수준의 향상, 주5일제 근무 등으로 과거 고도성장만을 지향하던 시기와 달리 문화·예술과 삶의 질 향상에 대한 욕구가 상승하였고, 중앙정부와 지자체에서도 이 분야에 대한 관심과 중요성이 점차 높아지고 있다. 이에 따라 최근 도시개발 방식도 전면철거 재개발 방식에서 문화적·역사적 자산을 보존하면서 도시를 개선하는 도시재생으로 정책 방향이 전환되고 있다(최금화·권혁인, 2019). 이런 한국의 도시개발 패러다임과 접근방식의 변화에 직면하여 지금부터 이 책을 통해 도시재생에 관한 흥미 있는 탐사여행을 함께 떠나 보도록 하자.

2. 도시와 도시재생 개념 정립

1) 도시의 개념

본 절에서는 도시재생 개념에 대해 논의하기에 앞서, 도시에 관한 개념과 도시재생이 요구되는 상황에 대해 알아본다. 먼저 도시에 대해 개념을 정의하면 다음과 같다.

> ◆ 도시에 대한 개념 정립:
> 도시는 최소한 하나 이상의 중심업무지역(CBD: Central Business District)이 있고, 도시로서의 기반시설을 갖추고 있으며, 일정 규모의 인구가 거주하고, 거주 인구의 상당수가 비농업부문에 종사하는 지역으로 정의된다.

상기 도시개념을 보다 상술하면, 첫째 도시에는 최소한 하나 이상의 중심지가 있는 곳을 의미한다. 그리고 중심지는 단순히 중앙에 위치하는 장소를 의미하는 것이 아니며, 도시에서 가장 활발하게 다양한 활동이 일어나는 공간을 의미한다. 그래서 중심지는 다른 곳에 비해 고층건물들이 밀집하고, 다양한 상업, 문화, 정치, 행정, 교육, 여가 등의 활동이 수행되며, 많은 사람이 밀집하여 교통이 혼잡하고, 따라서 높은 지가를 형성하는 지역으로 도시의 얼굴이며 도시 이미지를 창출한다.[1]

둘째로, 도시는 도시기반시설이 장착된 공간을 의미한다. 예를 들면, 도시로 인식되기 위해서는 인근에 시장과 학교가 있어 근린활동

[1) 이를 위해서 도시의 중심지인 CBD는 중심성, 상징성, 다양성, 교류성이 활성화되어야 한다고 계기석(2007)은 주장한다.

에 불편이 없고, 교통을 위한 도로가 설치되어 공공교통서비스가 제공되며, 상하수도를 통해 물이 공급되고, 전기·가스 등이 공급되어 현대생활을 향유할 수 있으며, 인터넷·와이파이 기술이 제공되어 정보통신서비스를 이용할 수 있고, 기본적인 의료보건서비스를 위한 전문병원이 들어서 있는 지역을 의미한다.

셋째로, 도시는 일정 규모 이상의 인구가 밀집해서 거주하는 지역을 의미한다. 도시로 인정되기 위한 인구 규모는 국가에 따라 상이하다. 한국은 인구 2만 이상이면 읍으로, 5만 이상이면 시로 인정한다. 그렇다고 모든 사회나 국가에서 이런 기준이 통용되는 것은 아니다. 각 국가와 사회마다 도시로 정의하는 인구 규모가 다르다. 예를 들면, 아이슬란드에서는 인구 250명 이상이 밀집하여 거주하는 지역은 도시로 인정한다. 미국이나 프랑스에서는 인구 2,500명 이상이 밀집해서 거주하는 지역은 도시가 될 수 있다. 대체로 국토면적이 넓은 지역과 인구밀도가 낮은 국가는 도시로 인정하는 인구 규모가 상대적으로 적은 반면, 국토면적이 작거나 인구밀도가 높은 국가는 도시로 인정하는 인구 규모가 상대적으로 큰 것으로 나타난다. 그리고 도시로 인정하는 인구 규모는 사실 규모의 문제가 아니라, 어느 정도 인구 규모에서 도시자치를 허용할 것인가의 도시정치행정제도와 밀접하게 연관된 문제이다.

넷째로, 도시에서는 인구의 상당 부분이 비농업부문에 종사해야 한다. 그래서 중심지에 다양한 비즈니스 활동이 집중하여 도시 서비스가 제공되고, 제조업 생산을 위한 공장이 입지하여 고용기회가 제공되며, 교육·문화시설이 들어서 시민들의 삶의 질 향상을 위한 서비스가 제공되고, 주거시설이 밀집하여 공동체가 형성되는 도시공간이 만들어진다.

◆ 도시재생이 필요한 이유
- CBD 낙후와 쇠퇴
- 도시기반시설의 낙후와 노후화
- 저출산·고령화에 의한 인구 감소
- 비농업부문의 쇠퇴에 의한 고용기회 감축

상기와 같은 도시요건이 잘 충족되면 도시의 안정적 성장을 가져오지만, 상기 요건이 충족되지 못하면 도시의 낙후와 쇠퇴가 진행되어 도시재생을 요구하는 상황이 도래한다.

첫째로, 도시의 상징이며 이미지를 창출하는 중심업무지역이 제 역할을 하지 못하면 나타나는 현상이 바로 원도심(구도심) 쇠퇴와 낙후 문제인 것이다.

둘째로, 도시가 도시로 작동하기 위해서는 기반시설이 갖추어져야 하는데, 보수·관리의 미흡과 노후화는 도시의 슬럼화를 가져와 주거와 산업 활동을 부적합하게 만든다.

셋째로, 도시에는 적정 인구가 거주하여야 기반시설의 이용, 유지 및 관리가 될 수 있다. 적정 인구가 유지되지 못하면 상권 형성이 어려우며, 기반시설 유지를 위한 재정이 뒤 받침 되지 못하여 도시 기능을 유지하기 어렵게 된다.

넷째로, 도시에는 고용창출을 위한 비농업부문의 활성화를 가져와야 한다. 도시의 비농업부문이 침체되면 지역 소득과 수요에 영향을 미쳐 지역 경제 전반에 불황을 초래하여 지역이 쇠퇴하는 결과를 가져온다.

위 논의를 통해 알 수 있는 바와 같이, 도시가 제 기능을 유지하고 안정적 성장을 가져온다면 굳이 도시재생을 위한 노력이 필요하지 않을 것이다. 그런데 시대가 바뀌고 글로벌 변화가 진행되면서 변화에 잘 대처하는 지역이 있는가 하면, 변화에 더딘 대처 혹은 지체를 경험하는 지역이 나타나게 된다. 결국, 변화에 미흡한 대처를 한 지역은 침체와 불황에 직면하게 되며, 도시재생은 이런 낙후와 쇠퇴, 침체와 불황에 허덕이는 지역에 새바람을 불어넣어 지역 활성화를 견인하기 위한 목적으로 추진되는 활동이다.

2) 도시재생 개념 정립

도시재생(Urban Regeneration)의 개념은 시대에 따라 그리고 연구자에 따라 그 개념적 의미가 조금씩 다르다. Robert and Sykes(2000)는 1950년대 재건(reconstruction)의 의미로 사용되다가 60년대에는 활성화(revitalization), 70년대에는 재정비(renewal), 80년대에는 재개발(redevelopment)로 여겨지다가 90년대 들어와서 재생(regeneration)으로 그 개념이 변화되어왔다고 설명하였다(양윤서, 2017).

도시재생의 정의와 개념도 마찬가지로 연구자에 따라 다양하게 정의되고 있다. Robert and Sykes(2000)는 도시재생을 대도시 지역의 무분별한 외부확산을 억제하고 도심쇠퇴 현상을 방지하며 도심부의 재활성화를 도모함으로써 궁극적으로 경제성장과 환경 보존이 조화를 이루는 지속가능한 도시개발을 추진하고자 하는 전략으로 정의한다. 조성룡(2018) 건축가는 재생을 풍화와 기억을 위한 활동으로 해석한다. 즉 공간의 모든 건축물과 활동은 시간이 지남에 따라 사라지는 과정을 거치는데, 재생은 이런 활동을 기억할 수 있는 방식으로 추진하는 것이 바람직하다고 주장한다.

UN Habitat(2021)는 도시재생을 도시의 유휴공간과 자산을 발굴하고 기회를 재분배하여 도시번영과 시민들의 삶의 질 향상을 위한 활동으로 정의한다. 그리고 이 작업은 매우 복잡하고 장기간을 요구하며, 공공공간의 사유화와 젠트리피케이션을 초래할 위험도 내포하고 있다고 언급한다. 그리고 도시재생은 도시에서 온실가스 배출을 감축하고 환경에 대한 영향을 최소화하는 방식으로 공공의 공간에 개입하여 지역 경제를 활성화하고, 이런 도시재생 과정에 공동체와 주민들의 참여를 보장하여야 하며, 특히 UN-Habitat는 도시재생을 통해 역사와 문화유산의 보존 및 가치화를 위한 유용한 기회가 되어야 한다고 주장한다.

상기와 같은 도시재생이 필요한 배경에는 도시가 점차 확대되는 과정에서 많은 경제활동이 도시 외곽으로 이전함에 따라 도심에서는 실업 문제, 낙후된 서비스, 주거와 거리 노후화, 공공공간의 쇠퇴 등으로 황폐화 되고 있기 때문이다. 이런 현상으로 인하여 도심이 지역발전을 위한 중심지로서 가진 잠재력이 점차 약화 되고 있고, 시민들이 도시에서 번영을 누릴 기회가 박탈되는 현상이 초래되고 있다. 이런 현실을 감안할 때, UN Habitat(2021)는 도시재생을 위한 주요 방법으로 폐쇄된 공장지대의 재개발, 고밀도 및 집중적 개발, 경제활동의 다양화, 문화유산 보존 및 재활용, 공공공간의 재활성화 및 서비스 제공 강화 등 다양한 접근방식이 추진되어야 한다고 제안하고 있다.

피터 로버츠(P. Roberts)는 도시재생을 '지속적으로 진화하는 개념으로 도시문제의 해결을 주도하고, 변동에 노출된 특정 지역의 경제적, 물리적, 사회적, 환경적 여건을 지속적으로 제고할 수 있도록 노력하는 종합적이고 통합적인 비전과 행위'라고 정의한다(Roberts & Sykes H. 2000). 이와 유사하게 Bianchini(1993a: 211)는 도시재생을 "경제적, 환경적, 사회적, 문화적, 상징적, 정치적 차원을 포괄하는 복합적 개념"이라고 말한다. 그만큼 어렵고 복잡한 주제이기 때문에 포괄적이고 개방적인 개념화가 불가피하며, 개별 지역이 가지는 독특한 특성과 맥락을 반영하는 개념화가 필요한 작업이다(김동완, 2019).

　상기와 같이 시대와 학자의 견해에 따라 도시재생에 대한 의미와 개념이 상이하며, 세상을 바라보는 관점에 따라 도시재생에 대한 의미부여 또한 다양하다. 도시재생을 산업사회, 특히 자본주의가 지배하는 시장중심사회에 대한 비판적 시각에서 도시재생을 바라보면, 도시재생은 이윤추구만을 목적으로 한 시장경제체제의 실패를 보여준 것이며, 도시가 정상화되기 위해서는 사회적 경제체제가 도입되어 도시재생을 추구하여야 한다고 주장한다(조동성, 2013; 이석환, 2017). 이런 관점에서 도시재생이 지향하는 방식과 방향은 시장경제의 흐름이 변화함에 따라 시장주도에서 정부주도로, 그리고 최근에는 민간과 정부의 협력강화로 전환되는 면을 보인다. 즉, 시장자본주의가 처음 등장한 1700년대에는 시장중심의 도시개발이 주를 이루다가, 1920년대 후반 자본주의경제의 심각한 위기인 경제 대공황을 경험한 이후 시장실패(market failure)를 보완하기 위한 케인즈 중심의 복지국가원리가 도입되었다. 이후 정부 중심의 도시개발이 추진되었다가, 1970년대 1·2차에 걸친 석유파동 이후 정부실패(government failure)가 도마 위에 올라 정부규모를 축소하고 시장기능을 강화하는 신자유주의 방향으로 도시개발 방향의 전환을 가져왔다. 그러다가 2000년대에 들어서 미국발 금융위기를 맞이하여 천민자본주의에 대한 비판이 제기되어, 기업은 시장에 대한 권한과 함께 책임도 져야 한다는 운동이 발생하여 경제학자 칼레스키(Anstolole Kaletsky) 등에 의해 대기업의 탐욕을 억제하는 정부의 적극적인 정책이 요구되었다. 즉, 자본주의 시장경제가 천사의 모습을 한 '따뜻한 자본주의'를 표방하고 있지만 악인들의 포장술에 불과하며, 현실에서는 1%에 불과한 악인들에 의해 지배되는 대기업들이 99%에 해당하는 일반 서민들의 삶을 파괴하고 있다는 것이다. 이제 사회는 대기업이 마지못해 제공하는 기업의 사회적 책임(CSR: Corporate Social Responsibility)을 넘어서 포터(Michael Porter)와 크레이머(Mark Kramer)가 주창한 '공유가치창출(CSV: Creating Shared Value)'을 추구해야 하며, 이런 논리에서 도시재생을 민간부문에만 맡기는 것이 아니라 공유경제 창출을 위한 사회적 경제시스템을 구축하여 인간 중심의 도시재생을 추구해야 한다고 주장한다.

도시재생에 대한 정의는 다양하게 논의되고 있지만 크게 경제적 재생, 물리적 재생, 환경적 재생, 사회적 재생으로 구분할 수 있으며, 도시의 발전을 위한 종합적이고 통합적인 비전과 활동의 총체로써 설명할 수 있다(박승일·권승용, 2019). 이러한 도시재생 관련 연구는 1990년대 본격적으로 소개되기 시작하여 쇠퇴하는(declining) 도시지역을 새롭게 발전시키기 위한 방책으로써 도시생태학, 도시지리학, 도시사회학, 도시경제학 등의 다양한 분야에서 연구되었다. 특히 우리나라는 현재 모든 도시가 재생 중이라 할 정도로 도시계획이나 도시 관리 분야에서 도시재생이 큰 유행을 이루고 있다. 특히 2013년 '도시재생 활성화 및 지원에 관한 특별법'이 시행되면서부터 이 현상은 더욱 두드러지게 나타나고 있다.

한국은 2000년대 살고 싶은 마을 만들기 등 국가 정책을 통해 전면 철거 대신 주민 스스로 마을을 고쳐 쓰면서 공동체를 회복시키고자 하는 '도시재생'이 주목받기 시작하였고, 2013년 도시재생법이 특별법으로 제정되면서 도시재생사업 추진이 본격화되었다. 도시재생은 명확히 정의되고 있지는 않지만, 기존의 재건축, 재개발의 개념과는 달리 도심의 공동화 현상을 막고 지역경제를 활성화시키기 위한 수단으로서 물리적 환경개선에 중점을 두기보다는, 사회·문화·경제적 측면에서 지역의 내생적 역량을 키워 기성 시가지의 활력을 도모하고 근린환경 및 지역 커뮤니티를 활성화하려는 것이라 할 수 있다.

국토교통부 도시재생사업단의 정의에 의하면, 도시재생은 산업구조 변화 및 신도시·신시가지 위주의 도시 확장에 따라 상대적으로 낙후된 기존도시에 대해 새로운 기능을 도입·창출함으로써 경제적, 사회적, 물리적 부흥을 꾀하는 것이다. 도시재생이 사회·문화·경제·복지 등을 포괄하는 개념이지만, 우리나라의 도시재생 관련법과 제도는 물리적 환경개선에 중점을 두어 그동안의 도시재생 사업이 주로 물리적 환경개선, 도시 경제성장 중심으로 진행되었다. 그러나 최근에는 역사·문화·친환경·시민참여 등의 요소 도입과 함께 창조도시·건강도시·생태도시·문화 전략 등과 결합되어 다양한 모습으로 전개되고 있다(전경숙, 2017: 14).

도시재생의 흐름을 보면, 초기 도시재생전략은 주로 물리적 공간의 환경개선이 핵심적 내용이었다. 국내에서 추진된 물리적 도시재생전략으로는 재개발 재건축사업, 주거환경개선사업 등의 도시재생사업이 대다수를 점유했다. 이들 대부분은 도시의 노후화된 공간을 정비하고 기능을 개선함으로써 도시쇠퇴와 기능회복에 중점을 두었다. 물리적 개선은 쇠퇴한 도시가 개선되었음을 가시적으로 드러내기 때문에 도시재생 초기에는 주된 동력이 될 수 있다. 그러나 물리적 도시재생만으로는 지속적인 도시성장을 도모하는데 한계가 있다(김수린·남경숙, 2019)

도시는 단순한 공간이 아니라, 그곳에서 살아온 사람과 역사에 대한 이야기가 있는 장소로서 도시재생도 이런 장소적·지역적 기반으로 수행되어야 한다(이석환, 2017). 그동안 한국의 도시재생은 주로 물리적 개선과 전면 철거식 개발에 경도되어, 도시재개발·재건축과 같은 정비방식은 현재 살고 있는 주민의 낮은 재정착률 등 공동체의 지속가능한 삶을 담보하지 못했다. 장소적 의미와 가치를 탈각한 채 장기적인 계획 없이 물리적인 요소만 발전시키던 기존의 도시계획과 개발로 인해 도시의 정체성이 상실되고 어디나 유사한 모습의 획일적인 공간으로 변모시켰다. 이제는 영혼과 진정성이 있는 도시, 그래서 매력과 경쟁력 있는 도시를 조성하기 위해서는 지역의 장소적 가치를 보존 및 창출하는 방식으로 도시재생을 추진해야 한다.

도시마다 역사가 다르고 처해 있는 상황이 다른 만큼 도시재생을 일정한 방식과 원리에 따라 추진하는 것은 결코 바람직하지 않다. 특히 최근에는 매우 독창적인 아이디어로 한 도시의 재생전략이 성공하면 그러한 아이디어가 매우 빠른 속도로 다른 도시에 전파되어 곧바로 일반화되어 버린다. 또한 대부분 도시가 한 가지 전략에 집중하기보다는 다양한 가능한 모든 전략을 복합적으로 진행하기 때문에 특정 활동을 중심으로 도시재생의 개념을 정립하는 것은 별 의미가 없을 수 있다. 그래서 서구의 도시재생 전략의 일반적 경향이 선도 프로젝트, 문화공간 조성전략, 주민통합 프로그램의 흐름으로 진행되고 있는 것을 고려할 때, 한국의 도시재생도 이런 흐름을 쫓아 갈 것으로 예상된다(김수린·남경숙, 2019). 이런 흐름을 고려하여 이 책에서는 도시재생 개념을 다음과 같이 제시하였다.

◆ 도시재생 개념 :

도시재생은 낙후/쇠퇴에 직면한 지역을 대상으로, 도시로서의 기능을 유지 및 수행할 수 있도록, 주민과 공동체가 중심이 되어, 해당지역의 물리적, 경제적, 사회적, 문화적, 환경적 여건을, 지역의 장소적 및 역사적 가치를 기반으로 종합적인 개선을 통하여, 지역 주민의 삶의 질 향상과 지역 활성화를 추진하기 위한 활동이다.

3. 도시재생의 역사적 배경과 패러다임 전환

현재 도시재생은 미국·유럽에서부터 남미 콜롬비아 보고타까지 전 세계적인 현상으로 나타난다(이희진·전세련, 2019). 그리고 도시 재개발사업의 변화도 신개발 중심의 공공주도 방식에서 지역 통합과 활성화를 목표로 하는 지역 중심 재생으로 변화하고 있으며, 수익성 위주에서 벗어나 원주민 재정착 지원과 지역 역량 강화에 중점을 두는 방식으로 변화하는 면을 보인다. 왜 도시재생이 최근 들어 글로벌 사회에서 도시개발 방식의 주요 추세로 나타나게 되었는가? 본 절에서는 여기에 대해 최근 도시개발의 역사를 중심으로 논의를 전개한다.

도시재생이 시작된 배경에는 한국과 서구사회 사이에 뚜렷한 차이가 있다. 서구에서 도시재생이 추진된 배경에는 도시쇠퇴(urban decline)라는 명확한 현상이 있었다. 이는 경기변동이나 도시발전단계에 따라 나타나는 도시변화의 일시적 현상이 아니라, 산업 패러다임, 도시 패러다임, 거버넌스 패러다임 등의 복합적 전환에 따른 것으로 크게 보면 서구 산업사회의 변화와 맞물려있다. 하지만 한국에서 도시쇠퇴 현상은 서구가 경험한 것처럼 명시적으로 나타나지 않는다.

즉, 한국의 도시쇠퇴는 부분적 현상으로 일어나기는 하지만 전반적 현상은 아니라는 것이다. 한국 도시에서 원도심 낙후, 구시가지의 노후화, 산업단지의 폐쇄 등이 간헐적으로 관찰되지만, 서구도시에서 볼 수 있는 도시의 전면적 쇠퇴나 황폐화는 아직 나타나지 않고 있다(조명래, 2015). 이런 역사적 배경의 차이를 고려하여 본 절에서 도시재생의 역사적 배경에 관한 논의는 서구와 한국사회를 구분하여 논의한다.

1) 서구사회 도시재생의 역사적 배경

도시재생은 복잡한 도시개발에 대응을 위한 공공정책의 도구로 이해될 수 있으며(Couch, Fraser and Percy, 2003), 도시재생 역사는 19세기 초 산업사회와 근대도시의 탄생 시기까지 거슬러 올라간다고 Keresztély(2016)는 설명하고 있다. 이런 의미에서 1840년대 파리에서 추진된 오스망(Haussmann) 개혁은 도심의 인프라(새로운 공공공간과 가로망의 창조, 상하수도 체계의 도입, 도시개발의 새로운 모델 제시 등) 재편을 통해 사회변혁 창출과 (저소득층을 외곽으로 몰아내는) 젠트리피케이션을 초래했다는 관점에서 일련의 도시재생 작업으로 간주할 수 있다. 그래서 Harvey(2008)는 파리의 대규모 도시재생을 자본가들에 의해 시도된 도시화의 첫 번째 사례 중 하나라고 지적하고 있다. 즉, 파리의 오스망화(Haussmannisation of Paris)에 의해 대로가 건설되고 공공의 공간이 조성되는 과정에서 자본가들의 투자기회가 증가하였고, 정치적 이해관계가 연결되어 권력이 유지되었으며, 대중들의 도시혁명을 효과적으로 억제하는 도시 정책이 추진되었다는 것이다. 그렇지만 사실 제2차 세계대전이 끝나기까지는 도시재생이 도시개발의 주요 도구로 이용되지는 않았다. 도시에서 오스망 타입의 물리적 혁

신은 19세기 말까지 간헐적으로 발생하였으나, 현재 일반적으로 이해
하는 것과 같은 쇠퇴지역의 재활성화보다는 도시의 상징적 근대화 과
정으로 도시재생은 인식되었다.

Musterd and Ostendorf(2008)는 서유럽 도시재생은 도시개발에
기반을 둔 제2차 세계대전 이후의 도시정책 패러다임의 변화와 궤를
같이 하고 있다고 주장한다. 제2차 세계대전 말과 1970년대 사이의
유럽 도시정책은 전쟁 동안 파괴되고 전후 베이비붐 시대에 폭증한
인구를 수용하기 위해 노후주택 및 부족한 주택문제를 어떻게 해결하
는가에 주안점을 두었다. 그래서 당시에는 비록 국가에 따라 속도와
방법은 다르지만, 물리적 건설과 재건이 도시 정책의 핵심을 이루었
다. 예를 들면, 네덜란드에서는 물리적 재건과 새로운 주택건설이 전
쟁 중 붕괴된 도심의 재건과 밀접한 관련성을 가졌었다(Musterd and
Ostendorf, 2008). 프랑스에서는 국가주택재건기금(Fonds national
pour la renovation de l' habitat)의 창설을 통해 주택 재건축이 이루어
졌고, 1960년대 초부터 새로운 대규모 건설이 시작되었다. 1960년대
후반에 접어들어, 보다 감각 있는(sensitive) 주택개량 및 지역개선사
업을 추진하기 위해 서유럽 국가에서 다양한 프로그램과 공공기금(영
국에서는 1969년 주택법 제정, 프랑스에서는 1977년 주택개량사업 추진)이
만들어져 도시재생사업이 추진되었다(Couch, Fraser and Percy, 2003).

1980년대와 90년대에 들어서는 도시재생과 주택정책은 계층 간의
공간적 불균형과 격리현상, 빈곤층의 도심 집중과 사회적 배제 등 도
시문제를 해결하는데 주안점을 두었다. 그래서 이런 목적을 위해서
도시에서 다양한 계층과 집단이 혼합해서 거주하고 생활하기 위한 정
책수단들이 도입되었다. 네덜란드에서는 1990년대에 도입된 성숙도
시정책(Big Cities Policies)이 최근까지 이런 목적으로 지속적으로 추

진되고 있다. 그런데 아직도 도시의 인종, 계층, 집단들 사이의 혼합
을 위한 사회정책방향과 목표는 도심의 인구유출을 막기 위하여, 어
떻게 하면 저소득층 지역으로 부유층 집단을 끌어들이기 위한 매력요
인을 제공할 수 있는가와 시민에게 어떻게 하면 보다 낮은 주거서비
스를 제공할 수 있는가 사이에서 방황하는 양상을 보인다(Musterd
and Ostendorf, 2008).

프랑스에서는 도시의 계층, 집단, 인종들 사이의 통합된 사회적 공
동체 사고(idea)가 도시에서 공간적 격리현상을 풀기 위한 두 가지 상
이한 접근에서 출발했다. 단순하게 보면 두 접근방식은, 첫 번째는 사
회적 주택부문을 강화해서 저소득층에서 보다 균등한 재분배를 추구
하는 방식과, 두 번째는 가장 가난한 집단에게 보다 낮은 주거 서비스
를 제공하는 방식으로 구분된다. 그런데 결과를 보면, 첫 번째 방식은
필요시 불량 및 노후주택을 철거하여 사회적으로 통합된 공동체를 만
드는데 기여하지만, 두 번째 방식은 기존 공공주택의 상당수를 철거
케 함으로써 오히려 사회적 격리를 더욱 심화시키는 결과를 초래한
다. 마지막으로 2003년에는 두 유형의 접근을 합쳐 PNRU(National
program for urban renewal)정책을 추진하였다. 즉, 불량 및 노후주택
을 대규모로 철거하고 그곳에 양질의 주택을 건설함으로써 도시에서
인종, 계층, 집단들 사이에 사회적으로 통합된 공동체를 조성한다는
것이다(Donzelot, 2012).

이제 1990년대와 2000년대 이후 통합적 도시개발은 유럽의 도시정
책에서 지배적인 패러다임으로 인정되고 있다. 그리고 보다 지속가능
하고 균형적인 도시구조를 지향하는 유럽연합의 계속된 정책지원에
의해 도시재생 패러다임은 강력하게 추진되고 있다. 따라서 도시재생
은 유럽연합의 결속을 위한 중요한 정치적 도구로써 도시의 물리적,

경제적, 사회적 요인을 결합하여 지역의 정체성을 유지하는 동시에 지역만의 독특성을 배양하는 방식으로 도시발전을 가져오는 정책으로 유럽 공간정책의 지배적 방향으로 정립되었다.

　서구사회의 도시재생 역사와 방향을 요약 정리하면, 도시재생은 산업사회와 근대도시가 본격적으로 성장하기 시작한 19세기 중반 오스망 시대까지 거슬러 올라간다. 그러나 당시의 도시재생은 쇠퇴지역의 활성화를 위한 도시재생보다는 도시 근대화를 추진하는 방식으로 수행되었다. 서구사회에서 도시재생은 제2차 세계대전 이후 전쟁으로 붕괴된 도시를 복구하기 위해 본격적으로 도입되었다. 그래서 전후 1950년대까지 주로 도시의 부족한 주택건설을 중심으로 토지의 고밀도 이용을 위한 지구 단위 재개발이 진행되었으며, 이후 1960년대부터 도시 전체의 종합적인 계획하에 지역사회의 사회경제적 재생이 추진되기 시작하였다. 그리고 역사적 가치의 보전에 대한 의식이 높아지면서 1960년대에 들어서는 양호한 주거환경의 보전을 위한 지구보전 방식도 이루어지기 시작했다. 1970년대 후반부터는 경제불황과 함께 공공부문의 재정 적자, 도심부 침체 문제 등에 의해 민간을 보다 적극적으로 활용하여 경제개발을 중심으로 한 도시재생이 추진되었으며, 동시에 이 시기부터 본격적인 도시의 성장관리에 대한 정책이 추진되었다. 1990년대 중반부터는 환경오염, 지역의 사회적 자본 감축, 도시문제의 광역화 등의 문제가 나타남에 따라 자원 절감, 압축도시, 창조도시 등 지속가능한 개발이 도시재생의 주요 이념이 되었고, 밀레니엄 시대에 들어서 서구의 도시재생은 문화·예술, 역사문화자산을 연계한 도시재생을 추진하는 방향으로 현재 전개되고 있다(이광국·임정민, 2013).

2) 한국사회 도시재생의 역사적 배경

20세기 후반 서구의 도시재생은 산업구조의 변화에 따른 도시쇠퇴 (urban decline)와 이로 인해 방치된 옛 공장지대(brown field)의 재활용을 위한 물리적, 경제적, 사회·문화적 종합처방으로 시도되었다. 반면, 한국의 도시재생은 산업구조의 변화로 인해 도시 전체가 구조적으로 쇠퇴·방치되어 애물단지로 전락한 서구의 회색지대 재생과는 근본적으로 차이가 있다(조명래, 2011).

근대 한국사회 변화과정을 보면, 일제강점기와 한국전쟁을 거치면서 폐허가 된 사회에서 말 그대로 '한강의 기적'을 이루어내며 현재의 한국을 만들어냈다. 이 과정에서 다른 모든 것을 희생하더라도 높은 경제성장을 이루어내겠다는 국민의 열망이 모였던 1960년대부터 1980년대까지 한국사회의 도약단계를 지나, 1990년대부터 점차 성숙 도시화 단계를 경험하였고, 2010년대에 접어들며 이제는 고도성장을 넘어 삶의 질 향상을 추구하는 도시재생이 추구되어야 한다는 공감대가 형성되기 시작하였다. 즉, 한국에서는 서구에서 목격되는 것과 같은 도시산업의 전반적 침체와 불황이 나타나지 않았으며, 도시재생은 그동안 부동산 투기와 개발이익 추구를 위해 무분별하게 추진된 도시재정비사업에 대한 반성과 지역의 특성과 자원을 고려하지 않고 무자비하게 추진된 전면철거 재개발에 대한 문제 제기에서 시작되었다. 1980년대부터 시작된 무분별한 도시개발과 부동산 투기와 개발이익에 몰입된 도시재정비사업은 2000년대를 거치면서 수도권과 중소도시에서 대규모 미분양사태를 발생시켰고, 개발이라는 그럴듯한 명목하에 수행된 대규모 아파트단지 건설로 인해 도시가 회색빛 아파트 숲으로 변모한 현실에 대한 비판과 반성으로 서구사회에서 추진되는 도시재생에 눈을 돌리게 된 것이다.

한국사회에서 도시재생에 대한 일반의 논의가 언제부터 시작되었는지 특정할 수는 없지만, 1990년대 말 경실련 도시개혁센터에서 발간한 책 '시민의 도시'(1997)나 몇몇 신문 지면에서 도시재생에 대한 공론화가 시작된 것으로 보인다. 학계에서도 비슷한 시기에 논의가 시작되어 2000년대 이후 활발해졌다는 견해가 일반적이다(박종문·김지혜·윤순진, 2018; 김혜천, 2013). 1990년대 말부터 2000년대 초반까지 담론으로만 존재하던 도시재생은 2007년을 기점으로 정부 사업으로 변모했다. 정부가 도시재생에 개입한 초기의 도시재생 사업지형은 현재와 달랐다고 한다(김동완, 2019). 당시에는 중앙정부가 아니라 인천시를 위시한 지방정부가 도시재생 사업을 주도했다. 특히, 인천은 2000년대 초반부터 인천발전연구원에서 연구용역으로 도시재생 프로젝트를 빠르게 가시화하며 도시재생에 관한 연구를 선도적으로 수행하였다. 인천이 도시재생연구를 선도적으로 수행한 배경에는 인천시청을 비롯해 주요 기관들이 입지했던 인천 구도심이 도시 외연이 확장하면서 구도심을 벗어나 구월동 신도심에 자리 잡아 도시 기능의 상실과 공동화 현상으로 인해 활력이 급격히 저하되어 상주인구의 감소와 지역 경제력 약화를 초래한데 기인하였다. 그래서 인천연구원에서는 구도심 재생(활성화)을 위한 연구에 착수하였고, 구도심 재생 방향으로 생활 중심의 경제기반을 확립하고, 문화와 역사성이 살아있는 도시재생(생활 + 문화 + 경제)전략이 추진되어야 하며(이종현·최정환, 2003), 기존 개발방식에서 벗어나 새로운 안목에서 도시재생을 추진하기 위해서는 리더의 역할과 리더십이 중요하다고 지적하였다(이용식, 2003)[2]. 도시재생 분야에서 인천시가 두각을 보이던 2006년 건설

---

2) 이용식(2003)은 도시재생은 지금까지 도시개발을 반성하는 것에서부터 시작되어야 한다고 주장하며, 문화적 고려 없이 물리적 가치만을 추구하는 무분별한 도시개발은 새로

교통부는 소위 10대 선도정책과제(Value Creator-10 사업) 가운데 도시
재생사업단 구성을 제안하여 이후 도시재생연구와 개발의 주도권이
뒤바뀌게 되었다.[3] 2007년을 분기점으로 도시재생은 국가적 과업이
되었으며, 이전까지 인천, 서울, 부산, 광주 등 대도시 지방정부가 주
도하던 도시재생 사업의 성격이 국가적 사업으로 바뀌게 된 것이다.

한국에서 도시정책 방향이 개발에서 재생으로 변화하는 일련의 과
정을 보면, 1980~2000년대 주택개발, 재건축사업의 등장과 주거환
경 개선사업이 추진되면서 노후주택의 재개발, 재건축사업이 수행되
었으며, 도시 재개발법, 주택건축촉진법, 저소득층의 주거환경개선
을 위한 조치법 등이 제정되면서 원도심 저층 주거지가 철거되고 아
파트 및 다가구 주택이 대규모로 건설되었다. 이어 2002년에 '도시
및 주거환경 정비법'이 제정되면서 노후 주거지 정비목적의 재개발,
재건축 등의 사업이 도시개발의 중심이 되었다(김학용·김근성, 2019).
이러한 정비사업으로 무분별한 자연환경 파괴, 근대건축, 역사건물
등이 소멸되는 현상이 발생하게 되었으며, 대부분 민간개발 위주의
사업방식은 공익성 결여, 주민참여의 부족과 사회적 약자에 대한 배

운 시대에 적절하지 않으며 이제부터는 도시재생을 모색해야 할 때라고 주장하였다.
이를 위해서는 도시의 미래를 내다보는 안목과 정확한 문제의식을 가진 합리적 리더십
이 필요하며, 기존의 개발방식에서 벗어나 도시재생으로 발상의 전환을 가져와야 한다
고 주장했다.

3) 2007년 1월 국토해양부는 낙후 시가지와 구 도심지를 재생할 목적으로 대한주택공사
내에 '도시재생사업단'을 설치하고 1,500억 원의 예산 투입을 선언했다. 같은 해 7월에
는 한국건설교통기술평가원에서 도시재생사업단의 향후 연구 로드맵을 작성한 보고서
「도시재생사업단 상세기획연구」를 최종 제출하며 본격적인 R&D 사업의 추진을 예고했
다. 도시재생사업단이 이후 사업 추진과정에서 차지했던 주도적 지위와 그 구성원들의
역할을 고려할 때 이 보고서의 의미는 매우 크다. 실제로 도시재생사업단은 상세기획연
구에서 제안한 과제를 연차별로 수행하며, 도시재생 사업 전반의 R&D를 담당했고, 사
업단에 참여한 연구진이 향후 수년간 도시재생 관련 학술대회나 학술 논문의 대부분을
주도했다(김혜천, 2013: 4).

려 부족, 도시의 물리적 환경에 대한 정체성 상실, 원도심의 쇠퇴 등
의 문제를 야기하였고, 이를 계기로 도시재생에 대한 필요성이 대두
되기 시작하였다. 이를 반영하여 2013년 「도시재생활성화 및 지원에
관한 특별법」이 제정되면서 본격적으로 한국사회에서 도시재생이 추
진되기 시작되었다. 2014년 4월 도시재생사업은 도시경제기반형과
근린재생형의 두 가지 유형으로 나누어 실행되었고 그 결과 전국 13
개 지역이 도시재생 선도지역으로 선정되었으며, 2015년에는 도시경
제기반형, 근린재생형(일반형, 중심지 시가지형)으로 세분화하여 도시
재생사업이 확대되었다.

2017년 문재인 정부 들어서는 국정과제로 도시 경쟁력 강화 및 삶
의 질 개선을 위한 도시재생 뉴딜 추진 및 새로운 도시 의제로 다양
성, 균형성, 포용성, 회복 탄력성을 도시재생의 정책이념으로 제시하
였다. 도시재생 뉴딜정책은 주거복지실현과 도시 경쟁력 강화, 사회
통합, 일자리 창출을 목표로 전국의 낙후지역 500곳에 재정 2조 원,
주택도시기금 5조 원, 공기업 3조 원을 합해 매년 10조 원씩 5년간
총 50조 원을 투입하여, 쇠퇴하는 도시의 지역 역량 강화, 새로운 기
능의 도입·창출 및 지역자원의 활용을 통하여 경제적·사회적·물리
적·환경적으로 활성화를 추진하였다.

상기와 같이 한국에서 도시재생정책이 도입된 배경은 서구사회와
는 다소 차이가 있다. 서구에서는 산업사회에서 탈산업사회가 진행되
면서 도시에서 퇴출된 빈 공장들과 생산 활동의 글로벌 분화에 의해
경쟁력을 상실하여 개발도상국(주로 중국, 인도와 동남아시아)으로 이전
한 폐 산업지의 재활용(recycling)/새활용(upcycling)을 위해 도시재생
이 추진된 역사적 배경을 갖고 있다. 이에 반해 한국에서는 도시마다
다소 차이는 있지만,[4] 도시에서 산업과 생산시설의 전반적 침체와

노후화 현상이 아직은 나타나지 않았으며, 도시재생은 그동안 급격한
고도성장을 추진하며 나타난 도시에서의 난개발과 무분별한 재개발
에 대한 비판과 반성의 결과로 추진되기 시작하였다. 물론 이런 변화
의 근저에는 서구사회에서 도시재생이 대세를 보이며 추진되는 현상
을 보고 우리도 도시개발 방식에서 뭔가 변화를 가져와야 한다는 의
식이 생긴 것도 사실이지만, 그것보다는 한국사회도 이제는 어느 정
도 성장했으니 고도성장만을 추구할 것이 아니라 그동안 등한시했던
도시 역사·문화자산을 보존하고, 도시 정체성과 공동체를 복원하며,
시민들의 삶의 질 향상을 위한 도시를 조성해야 한다는 인식이 점차
퍼져 도시재생이 추진되고 있는 것이다. 즉, 도시개발에서 재생으로
방향을 전환하면서, 도시 정체성을 찾고, 근린관계를 복원하며, 인간
성이 회복된 인본도시,5) 삶의 질이 향상된 행복도시를 만들자는 도시
패러다임 변화가 진행되고 있다.

---

4) 한국에서도 도시재생을 요구하는 도시쇠퇴의 주요 요인으로 도시에서 산업의 쇠퇴와
   이전에 의해 유동인구 감감과 지역 상권의 수축으로 지역 쇠퇴와 낙후를 초래한 경우가
   종종 있다. 예를 들면, 인천 도심에 있던 동일방직의 폐쇄, 이천전기의 이전, 시청의
   이전 등으로 유동인구가 급감하고 지역경제가 축소된 것을 볼 수 있다. 유사한 현상이
   경남 창원 마산 창동 거리에서도 나타났다. 1960년대 한일합섬이 들어서고 마산수출자
   유지역에 경공업 위주의 기업들이 자리를 잡으면서 창동 거리는 전성기를 누렸다. 주말
   이면 유동인구가 넘쳐 어깨를 부딪치며 걸어 다닐 정도로 마산에서는 물론, 경남에서
   제일가는 번화가 중 하나였었다. 그런데 1990년대 경공업이 쇠퇴해 기업들이 빠져나가
   면서 인구도 급감하기 시작했고, 창원권(창원시 성산구와 의창구)에 신시가지가 개발되
   면서 지역 상권은 급격한 수축을 보였으며, 2000년대에 접어들어서는 사람들의 발길이
   끊어져 점차 슬럼화되기 시작하였다.
5) 재개발과 재건축 이후 집값이 몇 배로 뛰고 이른바 '부자 동네'로 거듭났음에도 거주하
   는 주민들은 인간성 상실도시에 대한 비판이 끊이지 않고 있다. 왜냐하면, 고층 아파트
   가 들어선 다음 마을과 공동체는 사라지고 회색빛 건물만 남았기 때문이다. 낡은 도시
   를 정비하는 사업이 전적으로 아파트의 물리적 개선에만 초점이 맞춰지다 보니 도로
   같은 기반시설이 공공의 요구를 충족하지 못할 뿐 아니라 원주민 커뮤니티 같은 문화적
   자산까지 없어졌다는 것이다(노컷뉴스, 2010). 이제는 이런 과오를 반복하지 말자는
   맥락에서 도시재생이 추진되어야 한다는 것이다.

3) 도시개발 패러다임 변화: 개발에서 재생으로

한국사회 도시개발 패러다임의 변화를 보면, 1960년대부터 90년대까지 개발시대의 도시정책 목표는 도시의 '혼잡 해소와 주택 확보 등 기반시설의 확충'에 중점을 두었고, 노무현 참여정부 정책은 여기에 지역균형발전이라는 목표를 도입하여 '수도권과 지방의 격차 해소'에 주안점을 두었다. 2000년대 이전에는 도시 내의 혼잡 문제를 해소하고 주택난을 개선하기 위해 「택지개발촉진법」, 「도시개발법」 등을 제정하여 외곽지역 개발과 노후 불량 주거지역 재개발·재건축사업 등 대규모 도시정비사업을 진행하였으며, 노무현 정부에서는 '지역균형발전'을 국정과제로 혁신도시 및 행정복합도시 건설사업을 진행하였고, 이명박 정부에 들어서는 대표적인 도시정책으로 4대강 정비사업과 광역경제권 개발에 중점을 두었다. 박근혜 정부에서는 지역행복생활권 개념이 도입되어 「도시재생법」이 시행되면서 정비사업에서 재생사업으로 방향이 전환되었다. 2017년 문재인 정부 들어서서 '도시재생 뉴딜사업'을 선도사업으로 지정하여 다음 4가지 정책이 적극적으로 추진되었다. 첫째, 매년 100개 동네씩 임기 내 100개, 연간 재원 10조 원대의 공적재원을 5년간 투입한다. 둘째, 뉴타운 재개발사업으로 중단된 저층 노후 주거지 개선에 중점을 둔다. 셋째, 주거와 영세 상업공간의 확보 의무화를 통해 젠트리피케이션에 적극적으로 대응한다. 넷째, 지역 밀착형 일자리 창출에 중점을 둔다. 뉴딜사업에서는 기존 경제기반형과 근린재생형(중심시가지형과 일반형)의 2개 사업유형을 동네살기(소규모주거), 주거정비지원형(주거), 일반근린형(준주거), 중심시가지형(상업), 경제기반형(산업)의 5개 유형으로 다양화하여 추진하였다.

도시적 시각에서 재생은 시대적 배경을 기반으로 하고 있으며, 단순히 도시문제에 대한 해답을 찾기 위한 하나의 방법으로 등장한 것이 아니라고 유아람·유해연(2018)은 강변하고 있다. 도정법과 도촉법, 그리고 「국토종합개발계획」은 경제성장이 이루어지고 도시가 발전하며 팽창하던 근대적 배경을 갖고 있다. 이때의 방법론은 개발과 정비로 대표될 수 있다. 즉, 이들은 도시의 양적 팽창에 기인하며 그에 적합한 방법이었다. 이런 근대적인 방법론은 양적 팽창과 어울렸지만, 현대적인 상황은 더 이상 확장과 성장으로 설명할 수 없었다. 저출산과 고령화에 의한 인구감소, 세계적 경제 침체와 산업의 쇠퇴, 노쇠한 주거와 환경 증가는 도시의 축소를 불러오고 있지만, 양적으로 팽창한 도시는 정반대의 과정으로 수축하지 않았다. 전 세계의 도시는 수축하며 좀먹듯 드문드문 빈공간을 만들며 질적 하락을 동반했으며, 이를 위한 해법으로 제시된 것이 도시정비였지만, 이 방식도 우후죽순 예측불허하게 발생하는 도시문제에 대응하기에 역부족이었다. 21세기에 들어 현대도시가 갖는 문제들이 개발과 정비로는 해결되지 않음을 사람들은 경험적으로 인식했다. 이에 수직적이고(top-down) 일시적이며 경제적 효율성을 중시하는 방법이 아니라, 오히려 수평적이고(bottom-up) 지속성을 가지며 비효율적이라도 일상적인 방법이 오늘날 도시재생이라는 이름으로 주목받고 있다. 하지만 재생은 기존에 논의되고 실천된 방식과 크게 다르기에 과거의 관성과 충돌할 수밖에 없다(유아람·유해연, 2018).

그럼 기존의 도시개발과 도시재생이 어떤 차이가 있는가를 살펴보도록 하자. 신개발은 기본적으로 새로운 토지에 상부 구조물을 얹는 일련의 행위이다. 주로 새로운 개발에 대한 수요가 왕성한 곳에서 대규모의 부동산 투자를 수반하며 진행된다. 허허벌판의 토지 위에 진행되는 사업이기 때문에 행정기관에서는 기본적으로 개발사업의 인허가만을 고려하면 된다. 이해관계와 갈등의 구조가 단순하고, 대부분 보상으로 해결이 가능하며, 기존의 시설과 커뮤니티, 사람을 고려할 필요가 없다. 따라서 신속한 사업추진이 가능하다.

　반면에 도시재생사업은 기존의 커뮤니티, 시설, 사회적 관계망에서 출발한다. 경제가 왕성한 지역보다는 쇠퇴한 곳을 대상으로 하기 때문에 사업의 위험부담도 크다. 기존의 커뮤니티를 대상으로 하기 때문에 이해관계가 복잡하다. 물리적 개발도 물론 포함하지만, 쇠퇴지역으로의 투자 유치, 지역경제의 활성화를 위한 일자리 창출, 주거환경의 개선, 지역의 고유한 문화에 대한 존중, 기존 인적 네트워크에 대한 배려 없이 도시재생이 성공하기는 힘들다. 시간도 많이 걸리고, 많은 사람의 이해관계를 조정해야 하며, 투자를 유치하는 것도 쉽지 않다. 그에 따라 사업의 리스크가 크고, 통상적인 행정적 의사결정을 뛰어넘는 업무가 상당히 많아, 단순한 행정적 의사결정으로는 힘들다. 신개발을 추진할 때에는 굳이 고민할 필요가 없는 수많은 사안들을 점검해야 한다는 것이다(김현수 외. 2018).

　그래서 도시재생은 도시개발이나 계획보다 훨씬 어려운 작업이다. 왜냐하면,

　첫째, 도시재생은 이미 그려져 있는 그림을 새롭게 복원하는 작업이다. 그래서 원본의 이해, 복원을 위한 기술과 기획력, 시대적 배경과 상상력 등을 동원해야 하는 어려운 작업이다. 이에 비해 도시개발과 계획은 빈 도화지에 새로운 그림을 그리는 작업이다. 그래서 계획자의 상상력과 지식, 기술과 비전을 마음대로 담을 수 있다.

　둘째, 도시재생은 현재 쇠퇴와 낙후된 지역을 부활하기 위한 작업이다. 즉, 성장동력이 떨어진 혹은 부재한 지역을 살려내는 작업이라는 것이다. 그래서 성장잠재력이 높은 지역을 개발하는 계획보다 훨

씬 어려운 작업이다.

셋째, 도시재생은 주민이 거주하는 지역을 주로 대상으로 하기 때문에 주민과 공동체의 동의와 협력을 끌어내야 한다. 이 과정에서 이해관계의 갈등과 충돌이 발생할 수밖에 없으며, 그래서 도시재생의 핵심 활동으로 갈등관리가 등장하게 된다. 반면에 도시개발과 계획은 대부분 새로운 지역을 대상으로 하기 때문에 이해관계의 충돌이 비교적 적고, 핵심 활동으로 설계와 시공기술이 요구된다.

넷째, 도시재생은 현재의 조건에서 장소적 가치를 찾아내어 부가가치를 부여하며 과거부터 이어온 지속가능성을 추구하는 작업이다. 반면에 도시계획과 개발은 장소에 새로운 가치를 부여하는 활동이기 때문에 지역의 전통과 문화에 얽매이지 않는 자유로운 작업이다.

이제 도시재생이 왜 어려운 작업인지, 그래서 도시재생 전문가 교육이 왜 필요한가를 이해했을 것이다. 이해의 편의를 위해 도시재생과 계획의 차이를 한마디로 요약 하면 다음과 같다.

◆ 도시재생은 도시개발·도시계획보다 어려운 작업이다 :
- 도시개발·계획은 빈 도화지에다 그림 그리기 작업
- 도시재생은 이미 그려진 그림의 복원과 가치 재창조 작업
그래서 혁명보다 혁신이 어려운 것처럼, 도시재생이 도시개발·계획보다 어려운 작업이다. 즉, 도시재생은 판을 갈아엎고 새판을 짜는 것이 아니라, 현재 판을 중심으로 가치를 찾고 부가가치를 부여하는 활동이다.

정리하면, 도시재생(Urban Re-Generation)은 그동안 주로 추진되었던 도시재개발(Urban Re-Development)과는 다른 접근이다. 재개발은 쇠퇴한 지역을 밀어버리고 새롭게 건물을 세워 도시의 하드웨어,

즉 구조를 바꾸는 것이다. 그러나 그 과정에서 도시가 가지고 있는 지역의 문화와 유산을 지켜내지 못하고 도시가 갖는 특색과 정체성이 사라진다. 이에 반해 도시재생은 가능한 물리적 변화는 최소화하고 소프트웨어와 콘텐츠의 변화를 추구하는 개념이다. 그래서 도시재생의 가장 중요한 지표 중 하나는 바로 '지속가능성'이다. 도시의 구조와 지역 특유의 문화와 역사를 유지·보존하면서 지역자원을 최대한 극대화하여 새로운 기능을 도입·창출함으로써 도시의 정체성을 살리며, 경제적·사회적·물리적·문화적·환경적으로 활성화를 추진하는 것이 지속가능한 도시재생의 주요 목표인 것이다(샤오추엔·이성원, 2019). 그리고 그 중심에 주민이 있다. 여기서 주민은 사업의 주체이면서 가장 가까운 수혜자로서 도시재생의 출발이자 귀결점이다(민현정, 2016).

4. 도시재생정책의 전개과정과 뉴딜정책

1) 도시재생정책의 전개과정

그동안 한국 도시재생 정책은 주택공급확대, 수익성 위주의 개발방식 등으로 추진되어왔으며, 그 결과 기존 거주민을 고려하지 않는 물리적 공간정비 및 개선, 민간사업방식의 의존, 행정규제 중심, 개발이익 사유화 등으로 지역 쇠퇴 및 기능 저하의 문제점이 반복되어 제기되었다. 이러한 도시재생 정책의 문제점을 해결하기 위해서는 도시재생 목적, 의미, 전략, 사업추진방식 등 도시재생 정책에 대한 총체적 개선이 요구되고 있으며, 지역 특성과 여건을 고려한 공공지원의 확대, 소규모 단위의 활성화 전략, 커뮤니티 및 공동체 복원, 원도심의 기능회복 등 다양한 측면에서 도시재생 정책의 변화가 요구되었다 (추용욱, 2014). 이에 낙후 및 쇠퇴상태에 있는 구도심의 경쟁력을 되살리고 상대적으로 열악한 생활환경을 개선하기 위한 도시 내부의 '질적 내실화'로 정책 전환이 필요하다는 의견이 제시되기 시작하면서 도시재생에 대한 수요가 증대하게 되었다. 즉, 지역의 역사성과 문화가치 및 자산을 이용 및 계승하고, 도시의 다양한 계층이 모일 수 있는 기성 시가지재생의 필요성이 대두되기 시작한 것이다(국회예산정책처, 2018). 요컨대, 도시정책의 패러다임이 민간개발에 의한 수익성과 물리적 환경개선 중심의 '개발·정비'에서, 재생'으로 변화가 시작하였다.

이런 시대적 요구에 대한 반응으로 2013년 「도시재생법」이 제정되었으며, 이후 문재인 정부의 도시재생 뉴딜정책으로 확대·재편되는 과정이 진행되었다. 2017년 7월, 문재인 정부는 100대 국정과제 중 하나로 도시재생 뉴딜정책을 도입하고, 향후 5년간의 도시재생 정책 추진전략 및 계획으로서 '도시재생 뉴딜 로드맵(이하 뉴딜 로드맵)'을 수립하여 발표했다. 뉴딜 로드맵은 국가적 문제로 대두되고 있는 도시쇠퇴에 대응하여 지역 주도로 도시 공간을 혁신하고 일자리를 창출하는 것을 목적으로, 기존의 도시재생 정책과 차별화하여 '지역 공동체가 주도하여 지속적으로 혁신하는 도시 조성'을 그 비전으로 제시하고 있다. 정부는 뉴딜 로드맵 발표 이후 68곳의 시범 사업지를 선정하였으며, 매년 100곳 이상의 사업지를 선정하여 도시재생사업을 추진하겠다는 의지를 밝혔다. 이런 일련의 전개과정을 그림으로 보면 〈그림 1〉과 같다.

서민호 외(2019)는 상기와 같이 도시재생정책이 전개되는 과정에서 시장이 주로 주도하고 정부는 지원자의 역할만 담당하였으나, 재개발

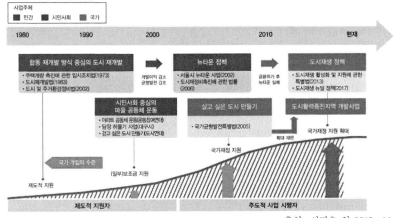

출처: 서민호 외 2018, 44.

〈그림 1〉 도시재생 정책의 전개과정

의 부작용 극복과 시민참여 확대, 도시쇠퇴 극복 및 삶의 질 중심의 도시재생 추진 요구에 맞춰 국가의 역할이 확대되는 양상을 보인다고 설명한다. 그 주요 내용을 보면,

○ 그동안의 도시정책은 주택공급을 위한 신도시 개발과 재개발·재건축 중심 도시정비를 중심으로 추진되었으나, 여러 부작용에 대한 반성과 시민사회가 참여하는 마을공동체 운동을 계기로 대안을 모색하게 되었으며,

○ 새로운 도시정책 패러다임으로 등장한 도시재생은 공동체 중심의 마을 만들기 운동을 통하여 도시쇠퇴 극복을 위한 물리적 정비뿐 아니라 도시의 사회·환경적 회복을 위한 종합적 국가 정책으로 확대되었고,

○ 그 과정에서 체계적 도시재생 정책추진과 법·제도적 지원을 위해 2013년 「도시재생법」이 제정되었고, 법정계획에 근거한 사

업추진과 중앙정부가 지원하는 국가차원의 사업 시행이 본격화
되었다.

○ 최근 인구감소와 지방위기, 도시쇠퇴 심화와 노후·저층 주거지
의 생활여건 악화 등의 변화 속에서, 문재인 정부는 도시재생 뉴
딜정책·사업을 추진하며 도시 경쟁력 향상과 삶의 질 개선을 위
한 '도시 혁신'에 주력하고 있으며,

○ 도시재생 뉴딜 로드맵(2018년 3월)을 마련하여 도시재생 정책·사
업의 주요 시책과 추진전략, 재정지원 확대방안을 제시하고 도
시 경쟁력 강화와 노후·저층 주거지의 생활여건 악화 등에 본격
대응을 추진하고,

○ 특히 기존 정책이 계획 편향적, 낮은 체감도, 정부 지원 부족 등
의 문제를 야기하는 것에 대응해서 향후 5년간 약 50조 원의 공
적 투자와 지원 확대, 지역·주민 주도와 사회통합, 일자리 창출
에 역점을 둔 정책을 추진 중에 있다(서민호 외, 2019).

2) 도시재생 뉴딜정책

문재인 정부 들어서 2017년부터 추진된 도시재생 뉴딜정책의 주요
내용을 살펴보면 다음과 같다(황윤식 외, 2019).

(1) 뉴딜정책 추진배경 및 경과

정부는 2013년「도시재생특별법」제정 이후 이듬해 2014년부터 선
도 및 일반지역 사업과 새뜰마을사업 등 도시재생사업을 국가 정책사
업으로 꾸준히 시행해 왔으나, 도시재생의 본래의 취지와는 달리 공
공이 주도하는 등 도시재생을 통한 도시 재활성화의 성과 창출에는
한계를 드러냈다. 특히 사업성이 낮은 지역은 도시재생사업이 추진되

지 못하고 도시재생 사업 대상에서 제외되는 등 실질적으로 도시재생
이 필요한 노후지역은 외면받는 것이 현실이었다. 이러한 이유로
2013년 국가의 지원으로 추진되는 도시재생사업이 처음 진행될 때만
해도 전국 쇠퇴지역은 전체 읍면동 기준으로 약 64.5% 수준이었으나
2016년에는 65.9%로 오히려 증가하는 현상을 초래하였다(윤의식
2018). 도시재생 뉴딜정책은 기존 도시재생 정책의 한계와 문제점을
극복하고 지역 간 균형발전을 모색하자는 취지에서 시작되었다. 도시
재생 뉴딜정책은 민생·복지 및 일자리·성장을 위한 문재인 정부의
핵심정책이며, 도시재생 뉴딜은 노후 주거지와 쇠퇴도시를 지역 주도
의 활성화 전략을 통해 내생적 역량 강화를 통한 도시 경쟁력 제고와
일자리 창출을 도모하는 도시 혁신정책으로서 주거복지 실현과 도시
경쟁력 회복, 사회통합 및 일자리 창출 등 3가지의 궁극의 목표를 설
정하고 있다. 여기에는 주거문제 해소와 함께 미래성장 동력을 확충
하고, 지방분권 강화 및 균형발전이라는 시대적 과제를 국가적 차원
에서 추진하고자 하였다(남진 외 2017). 도시재생 뉴딜사업은 문재인
정부 출범 직후부터 뉴딜정책의 성공적인 조기 정착을 위한 실행과제
를 점검하고 '도시재생 추진전략 및 계획' 로드맵을 제시하고 2017년
68개소 2018년 99개소를 선정하는 등 도시재생 뉴딜 로드맵에 따라
도시재생 뉴딜사업을 추진하고 있다.

(2) 사업의 의의 및 주요사업내용

기존 도시재생사업이 활성화 계획 수립에만 중점을 두고 있으며 사
업지원예산이 현저히 부족하고 정부와 공공기관의 역할체계가 미비
하다는 단점을 갖고 있었다. 반면 도시재생 뉴딜사업은 그동안 진행
해 온 도시재생 사업의 미흡한 부분을 보완하여 조금 더 '도시재생'의

자료: 도시재생종합정보체계
〈그림 2〉 기존 도시재생과 도시재생 뉴딜 비교

개념에 가까워진 사업으로 알려져 있다(강현철·최조순, 2018). 도시재
생 뉴딜은 도시의 구도심과 노후·불량주거지를 대상으로 하는 장소
기반의 재생정책이다. 특히 주거환경이 열악한 달동네와 재개발 해제
지역, 빈집 증가로 도심 슬럼화가 가속화되고 있는 원도심, 과거의 산
업 지역, 시장 등이 주요 대상 지역이다. 기존의 도시재생사업이 주로
도시의 쇠퇴지역을 대상으로 했다면, 고령 노인이 집중되어있는 쇠락
한 농촌 지역을 정책대상으로 포함 시켰다는 점에서 차별성이 있다
(남진 외 2017). 또한, 도시재생 뉴딜사업이 지방자치단체의 자율성을
확대하여 지방분권적 방식을 도입하였다는 점은 기존 도시재생 방식
과는 차별화된 의미를 갖는다.

도시재생 뉴딜사업 유형은 지역별 특성, 사업 규모 등에 따라 5가
지(우리동네살리기, 주거지지원형, 일반근린형, 중심시가지형, 경제기반형)

로 구분된다. 저층 노후 주거지 주거환경 개선 등을 중점 추진하기 위해 소규모 주거정비 유형을 추가하였으며, 동네 단위의 주민생활 밀착형 공공시설을 신속히 공급하기 위해 기존 도시활력증진 지역개발사업을 활용하고 우리동네살리기사업을 신설하였다(강현철·최조순 2018). 특히 빈집 및 소규모주택 정비에 관한 특례법 등의 개별법을 활용하여 소규모 사업이 가능하므로 신속한 사업추진을 도모하고자 하였으며, 노후 주거지 정비를 위해 주거환경 개선(마을주차장 등 아파트 수준의 시설확보)을 지원하는 주거지지원형을 신설하였다(황윤식 외, 2019). 사업 유형별로 재정지원 범위를 보면, 우리동네살리기의 경우 50억 원 범위에서 3년간, 주거지지원형 및 일반근린형은 100억 원 범위에서 4년간, 중심시가지형은 150억 원 범위에서 5년간, 경제기반형은 250억 원 범위에서 6년간, 국비 보조율 50%(특별시 40%, 광역시 및 특별자치시 50%, 기타 60%)로 지원하고 있다.

(3) 사업 추진결과와 비판

도시재생 뉴딜사업은 2021년 6월 현재 전국에서 400곳이 선정되어 추진되고 있다. 2017년 처음 도시재생 뉴딜사업이 시작한 이래, 2017년 68곳이 선정되었고, 2018년 99곳, 2019년 116곳, 2020년 117곳이 선정되어 2021년 6월 현재까지 누적 400곳이 선정되어 사업이 추진되고 있다. 이렇게 많은 곳에서 한꺼번에 뉴딜사업이 진행되다 보니 사업에 대한 비판이 적지 않게 제기되고 있으며, 주요 비판내용을 살펴보면 다음과 같다.

도시재생 뉴딜 사업의 주요 비판으로 제기되는 문제점으로 사업 속도가 너무 느리다는 것이다. 사업선정만 해놓고 계획조차 제대로 수립되지 않아 지원을 못 받은 지자체가 많은 실정이다. 실제로 2017년 선정된 68곳의 도시재생사업지는 모두 2018년 7월 이후가 돼서야 활성화 계획을 수립해 국토부는 1년 가까이 지원금을 교부 하지 못했다. 2018년에 뽑힌 99곳도 선정 1년이 되어 가는 2019년 8월이 되도록 중앙지원금 2487억 원 중 1209억 원(48.6%)만 내려갔다.

중앙정부로부터 국비 교부가 끝난다고 사업이 빠른 속도로 진행되는 것은 아니다. 지자체에서 용역발주, 보상 협의 등 사업 준비과정을 거치면서 생각지 못했던 문제가 발생하기 때문이다. 예를 들어 2017년 선정된 인천시 동구의 '패밀리-컬처노믹스, 송림골 도심재생사업'은 국토부에서 지원예산까지 받았는데도 착공하지 못했다. 사업의 핵심 중 하나인 야구장 테마파크 건립 프로젝트가 주민 의견 수렴 부족과 사업성 문제 등의 이유로 공회전을 거듭했기 때문이다. 결국, 야구장 테마파크는 도시재생특별위원회로부터 부적합 판정을 받아 사업이 취소됐다(매일경제, 2020).

둘째로, 사업 추진과정에서 나타나는 문제점으로는 지나치게 정부 주도로 추진되고 있어, 민간 영리부문(제2섹터)와 주민공동체(제3섹터)의 참여가 제한적이라는 것이다. 특히 상업과 업무기능이 주가 되는 중심시가지 재생에 있어서 민간기업의 참여와 투자가 매우 제한적으로 나타나고 있는데, 이러한 경향은 광역시를 포함한 인구 50만 이상의 대도시에서도 전반적으로 나타나고 있다. 주거지 재생에서도 공공부문 중심의 사업추진과 주민협의체의 불충분한 권한으로 인해 주민들의 의견이 충분히 반영되지 않는다는 비판이 곳곳에서 제기되고 있다.

셋째로 사업내용과 관련해서 제기되는 문제점으로는 도시재생 정책의 핵심 목표라고 할 수 있는 쇠퇴·낙후 지역의 활성화와 정주환경 개선과 연관성이 별로 없거나 파급효과가 의심되는 사업들이 도시재생사업에 포함되어 추진되고 있다는 것이다. 최근 청년·창업 같은 '정책 트렌드'에 편승하여 전국 대다수 도시재생 대상지에서 지역의 니즈와 특성, 파급효과에 대한 충분한 고려 없이 이런 시설들이 재생사업의 명목하에 조성되고 있다. 예를 들면, 청년 몰 사업의 효과성에 대한 비판이 제기되는데도 불구하고 유사한 시설이, 심지어는 청년 비율이 매우 낮은 지방 중소도시에서도 조성되고 있다. 그 결과 사업이 종료되었거나 종료가 임박한 곳을 방문해 보면 해당 시설은 거의 방치 되어 있거나 개점휴업 상태에 있는 곳이 매우 많은 실정이다.

이 밖에도 전국 각지의 도시재생 현장에서 마치 베끼기나 한 것 같은 비슷한 사업이 비슷한 방식으로 추진되고 있다. 벽화 그리기와 골목 가꾸기, 사회적 경제조직 활성화, 주민공모사업, 공동이용시설 조성 등이 대표적 사례들이다. 따라서 해당 지역의 특성이 충분히 고려되었는지, 사업의 효과성과 지속성에 대한 충분한 고려가 있었는지에 대한 의문이 제기되고 있다.

마지막으로 현재 추진되는 도시재생정책 가운데 대다수가 도시 전체의 정책과 충분한 연계 없이 지나치게 미시적으로 접근되고 있다. 지금도 많은 지자체에서는 구도심 쇠퇴에 직접적인 원인을 제공해 왔던 외곽 신도시나 대형 쇼핑몰 개발, 관공서나 교통거점 이전 등은 지속해 나가면서 동시에 구도심 재생사업을 추진해 나가고 있다. 게다가 도시의 주력산업 쇠퇴로 인해 도시 전체의 쇠퇴가 발생하는 지역에서조차 도시재생사업과 산업 및 경제정책과의 연계가 거의 없이 독자적으로 진행되고 있다. 이러한 도시정책 간 엇박자와 유기적 연계 부족은 도시재생을 도시 전체의 정책 틀 속에서 보지 못하고 특정 소규모 지역만을 대상으로 하는 사업으로 생각해서 발생하는 문제이다. 즉, 도시재생사업이 '숲'은 보지 못한 채 '나무'만 살리려고 노력하는 방식으로 진행되고 있다(이태희, 2020).

5. 도시재생의 원리와 주요 요인

본 절에서는 도시재생이 어떻게 추진되어야 하며, 이 과정에서 성
공적인 도시재생에 영향을 미치는 주요 요인이 무엇인가에 대해 고찰
한다.

1) 도시재생의 기본원리

도시재생의 기본원리를 논하기에 앞서 도시 활동의 핵심요소에 대
해 알아보자. 도시 활동은 〈그림 3〉과 같이 세 요소의 연계와 조화를
통해 이루어진다.

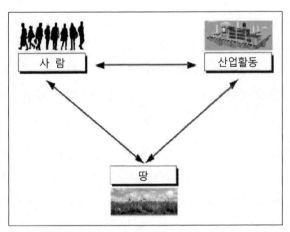

〈그림 3〉 도시활동의 핵심 요소

부부가 만나서 행복한 가정을 이루려면 궁합이 맞아야 한다는데,
도시에서도 발전과 번영을 이루기 위해서는 위 세 요소 사이에 궁합

이 잘 맞아야 한다. 즉, 궁합은 부부에게만 통하는 원리가 아니라, 도시에서도 고려되어야 하는 원리라는 의미이다. 도시는 땅, 사람 그리고 그 위에서 벌어지는 활동, 세 요소에 의해 도시가 유지되고 발전한다. 이 세 요소가 잘 조화를 이루면 도시는 발전하고, 반면에 조화가 이루어지지 않으면 도시는 쇠퇴한다.

세 요소 사이에 궁합이 잘 맞는 도시를 예로 들면 실리콘밸리를 꼽을 수 있다. 실리콘 밸리는 샌프란시스코의 온화한 날씨에, 스탠포드와 버클리 대학에서 우수한 인재들이 배출되어, 세계 최첨단의 반도체 산업 활동이 이루어지고 있다. 아마도 온화한 기후가 아니고 엄청 춥거나 더운 지방이었으면 최고의 전문가들이 거주를 회피했을 수 있으며, 스탠포드와 버클리에서 우수한 인재들이 배출되지 않았으며 최첨단 산업도시는 조성되지 않았을 것이다. 마찬가지로 밀라노가 패션과 디자인에서 글로벌 중심도시가 될 수 있었던 요인에는 바로 위 세 요소가 잘 조화를 이루었기 때문이다. 지중해 연안의 교통요충지로의 밀라노 장소성과 르네상스부터 이어온 문화예술 인프라가 결합하여 밀라노를 패션과 디자인의 중심지로 명맥을 이어오고 있는 것이다.

반면에 세 요소들 사이에 궁합이 맞지 않으면 도시는 번성할 수 없다. 이런 사례를 도처에서 목격할 수 있다. 예를 들면, 인천에서는 2010년대에 영종도 '밀라노 디자인시티'를 추진했다가 무산된 적이 있다. 왜 무산되었는가? 바로 세 요소의 궁합이 맞지 않는 활동이었기 때문이다. 영종도는 인천국제공항이 있어서 글로벌 활동의 중심지가 될 토양은 마련되어 있다. 그런데 인적 요소인 사람이 디자인 활동과 연계가 되지 못했다는 것이다. 인천에 디자인이나 패션과 관련된 대학이나 전문 교육기관이 있는 것도 아니고, 더 넓은 의미에서 문화예술과 관련된 인프라가 전혀 없는 토양에서 디자인 시티를 조성하겠다고 하였으니, 계획이 실패할 수밖에 없었다. 유사한 사례를 우리 주변에서 빈번히 목격할 수 있다. 많은 도시에서 청년층 창업활동을 통해 도시재생을 추진하고 있다. 그런데 이런 계획을 추진하는 도시들 가운데 대다수는 청년층이 별로 없거나 젊은 집단을 끌어들이는 매력 요인이 거의 전무한 도시들이다. 이런 도시환경에서 과연 청년층 창업활동이 제대로 수행될 수 있겠는가 의심이 든다.

그래서 도시 활동은 주민-지역-산업 활동이 잘 연계되어 있으면 도시성장과 번영을 가져올 수 있다. 반면에 주민-지역-산업 활동 사이에 연계가 부재하거나 미흡하면 낙후와 쇠퇴를 초래한다. 이런 논리에서 도시재생의 기본원리는 주민과 지역 그리고 그 위에서 벌어지는 산업 활동 사이에 바람직한 연계활동을 찾고, 장소적 가치를 부여하며, 지역 활성화를 추진하는 활동이다.

◆ 도시재생의 기본원리 :
사람(주민)과 땅(지역) 그리고 그 위에서 벌어지는 산업 활동 사이에 바람직한 연계활동을 찾고, 장소적 가치를 부여하며, 지역 활성화를 추진하는 활동.

그러면 상기와 같은 도시재생의 기본원리에 부합하기 위해서는 어떻게 도시재생을 추진해야 하는가? 이 질문에 대한 해답을 성공적 도시재생을 위한 주요 요인을 논의하며 찾아보도록 하자.

2) 도시재생의 주요 요인

도시재생에 영향을 미치는 주요 요인은 무엇인가? 지역마다 그리고 사업유형에 따라 각기 다양한 요인이 작용하지만, 성공적 도시재생을 위해서는 다음과 같은 요인이 고려 되어야 한다.

첫째, 주민 중심 도시재생이 되어야 한다.

둘째, 재생을 위한 앵커 활동을 발굴해야 한다.

셋째, 지역 공동체 역량을 강화해야 한다.

넷째, 거버넌스 시스템이 구축되어야 한다.

다섯째, 지속가능한 도시재생이 되어야 한다.

이제 위 요인에 대해 살펴보기로 하자.

첫째, 도시재생은 주민 중심으로 추진되어야 한다. 주민이 살고 생활하는 곳을 활성화하는 도시재생은 곧 주민의 재산과 삶에 직접적인 영향을 미치기 때문에 도시재생에서 주민참여는 핵심요소이다. 그리고 주민참여는 형식적·수동적으로 이루어지는 것이 아니라, 실질적·적극적으로 보장되어야 한다. 지금까지 진행된 도시개발 사업은 주민설명회, 공고 및 공람 등 수동적인 주민참여로 이루어졌는데, 지금부터 추진하는 도시재생사업은 사업 초기부터 지역 주민들이 지역의 문제점 논의, 개선 방향 제안 및 협의, 사업계획 수립 등 적극적인 방식으로 참여하는 방안이 마련되어야 한다. 즉, 자신이 거주하는 지역에 대해 주민 스스로 주인의식을 갖고 사업에 동참할 수 있도록 도시재생 시스템과 프로그램을 운영해야 성공적으로 도시재생을 추진할 수 있다(추용욱, 2014).

일본의 대표적인 성공적 도시재생사례로 꼽히고 있는 '롯폰기 힐스'는 도시재생과정에서 주민들의 참여와 소통이 얼마나 중요한지를 보여준다. '롯폰기 힐스' 도시재생사업과정에서 실제 공사 기간은 마스터플랜이 수립된 날부터 3년밖에 걸리지 않았다. 이렇게 공사 기간이 단축될 수 있었던 것은 개발시행자인 모리빌딩 주식회사가 2000년 착공하기까지 14년 동안 1000여 차례의 주민 회의를 열어 공감대를 끌어냈기 때문이다. 시행사는 2주에 한 차례씩 '재개발회보'를 발행해 정보를 공유하였고, 고정수입이 없어 관리비를 낼 수 없는 원주민에게는 분양면적을 줄이고 상가 임대료를 받을 수 있도록 소통을 통해 합의를 도출하여 마침내 주민들의 마음을 열었다. 도쿄도 역시 재개발 추진에 필요한 '지주의 3분의 2 동의'를 충족했는데도 "동의율을 더 높이라"며 조합 인가를 내주지 않았다. 결국, 모리빌딩 주식회사는 동의율을 90% 넘게 끌어올려 인가를 받아 사업을 추진할 수 있었다(국제신문, 2010). 한국의 다양한 도시계획·개발에 관한 연구결과 또한 성공적 주민참여 또는 갈등 해결 사례의 경우 초기부터 양방향의 광범위한 참여가 있었고, 정부와 시행사의 주민참여에 대한 적극 지원이 사업 성공에 중요요인임을 확인시키고 있다(김두환 외, 2007).

둘째, 재생을 위한 앵커 활동을 발굴하여야 한다. 도시재생의 핵심 키워드는 지역을 활성화하고 주민들의 삶의 질 향상이라고 할 수 있다. 그런데 지역 활성화 문제는 곧 지역의 문제이고 지역적 특수성에 기인함으로 모든 도시에 공통으로 적용되는 해법은 있을 수 없다. 그래서 각 도시가 안고 있는 문제의 복잡성을 반영하여 해결을 위한 차별적인 사업화 계획이 필요한데, 이런 방식은 지금까지 해왔던 균일한·단발적 사업형태와는 차별화되는 방식이다. 이런 맥락에서 도시재생은 단순히 도시 공간을 재정비하는 수준에서 탈피하여 지역의 산업생태계를 반영한 장소적 가치를 발굴하여 부가가치를 부여함으로써 다른 도시와 차별화되는 도시재생을 추진하여야 한다(계기석, 2007).

즉, 지역 토양과 산업생태계를 기반으로 도시재생을 위한 지역 특유의 DNA를 탐색, 발굴 및 배양하는 작업이 필요하다는 것이다.

도시재생을 견인하는 앵커 활동은 스페인 빌바오처럼 미술관(구겐하임)이 될 수도 있고, 서울 고척동 사례처럼 스포츠스타디움이 될 수도 있다.[6] 규모 면에서는 서울 성동구 성수동 언더스탠드 애비뉴처럼 소규모 지역일 수도 있고,[7] 과학·기술·예술의 융합을 통한 새로운 미래도시의 가능성을 모색한 오스트리아 린츠처럼 대규모 지역일 수도 있다.[8] 문제는 "지역 산업생태계에 기반을 둔 도시재생 앵커 활동을 어떻게 찾아내는가?"가 중요한 과제이다. 이를 위해서는 도시의 인구·역사·문화·지리에 관한 기초연구가 필요하고, 산업생태계가 어떻게 운영되는지에 대한 실태분석을 통해 장소적 가치를 찾아내어야 한다. 여기에 창의적 아이디어가 부가되면 다른 지역이 쉽게 모방과 복제가 어려운 지역만의 도시재생을 위한 독특한 도시 DNA를 창출할 수 있다. 이런 사례를 광명시 광명동굴, 상암동 문화비축기지, 뉴욕 하이라인파크, 프랑스 파리 스테이션 F(Station F) 프로젝트에서

---

6) 박승일·권순용(2019)의 연구에 의하면, 과거 '교도소'가 있던 공간을 '돔구장'으로 바꿈에 따라 도시 이미지가 상승하였고, 이로 인해 주변 상권이 확대되어 고척돔 일대가 문화공간의 장으로 탈바꿈하여 고척동 발전을 견인한 것으로 나타났다.

7) 서울 성동구 성수동에 자리 잡은 복합문화공간, 언더스탠드 에비뉴는 문화예술 사회공헌 네트워크 아르콘(ARCON)에서 운영하는 사회공헌 프로젝트로 추진되어, 취약 계층의 자립과 청년 창업, 행복한 가정과 일터를 위한 힐링 등 7가지 자립(STAND)을 돕기 위해 2016년 4월 설립되었다. "아래"를 의미하는 언더(UNDER)와 "일어서다"를 의미하는 스탠드(STAND)를 합쳐서 탄생한 이름으로, 다양한 색상의 116개 컨테이너를 3층 높이로 쌓아 올려 조성 하였으며, 청소년, 예술가, 사회적 기업가, 지역 소상공인, 이주 여성, 경력단절 여성 등 모든 사람들이 자립하고 성장할 수 있도록 돕는 창조적 공익 문화 공간으로 조성되었다(세계도시정보, 2017).

8) 오스트리아 린츠는 START(START: Science + Technology + ART) 프로그램을 도입하여, 도시의 오랜 기반산업이었던 철강산업에 과학·기술·예술의 융합을 통한 도시발전 방향을 찾음으로써 도시의 성장을 견인하며 지금도 위상을 확고히 하고 있다(송지은, 2017).

발견할 수 있다.

셋째로, 성공적 도시재생을 위해서는 지역 공동체 역량을 강화해야
한다. 공동체 역량 강화는 바로 시민사회의 성장과 연결되어, 도시재
생에서 시민의 참여와 의견 제시를 통해 시민이 원하는 도시재생을
추진하는 주요 요인으로 작용한다. 지속가능한 도시재생사업을 위해
서는 주민이 주체가 되어야 하고, 사업이 추진되는 과정에서 공동체
의 역량 강화를 통해 도시재생에 관심이 없던 주민들이 점차 관심을
가지고 참여함으로써 의견이 수렴되어 보다 효율적이고 합리적으로
도시재생이 추진될 수 있다. 물론 주민들이 관심을 가지고 모이면 다
양한 의견 차이로 갈등과 충돌이 발생할 수 있다. 하지만 이런 과정도
모두 도시재생에서 공동체 역량 강화를 위한 하나의 과정으로 이런
갈등과정을 거치면서 주민들은 어떻게 하면 서로 다른 의견들을 합리
적으로 의사결정을 할 수 있는지 스스로 깨닫게 된다(여관현, 2019).
따라서 성공적 도시재생을 위해서는 주민과 공동체 역량 강화를 위한
교육을 통해 도시재생에 관한 관심을 확장하고 전문성을 보다 높여,
실제 사업계획 수립단계에서부터 실시에 이르기까지 도시재생 현안
에 대한 이해와 관심을 높일 것이 요구된다(윤혜영, 2015).

넷째, 성공적 도시재생을 위해서는 지역의 다양한 주체들 사이에
협력과 동반자 관계를 위한 거버넌스 체제가 구축되어야 한다. 도시
재생사업은 복잡한 이해관계가 얽혀있는 사업인 만큼 관련된 이해관
계자들 사이에 공감대와 합의를 도출하지 않고는 사업을 수행하기 어
려운 특징이 있다. 그래서 성공적으로 도시재생사업을 수행하기 위해
서는 주민과 이해 주체의 적극적 참여와 협력은 물론이고 공공과 민
간 파트너십이 필수적으로 요구된다. 따라서 주민, 민간기업, 공공이
협력체계를 구축하여 주민이 중심이 되고 민간 전문가는 보조적 역할

을 수행하며, 공공기관은 지원하는 협력체계를 구축하는 것이 바람직하다(오병호, 2007).

그리고 도시재생을 위한 지역 주체들 사이에 거버넌스 시스템을 구축해야 하는 주요 이유 가운데 하나는 거버넌스 체제를 통해 정보와 지식이 교류와 공유됨으로써 도시재생을 위한 집단지성과 다중지혜가 형성될 수 있다는 것이다. 앞에서 성공적인 도시재생을 위해서는 창의적 앵커 활동이 발굴되어야 한다고 하였는데, 거버넌스 시스템이 구축되면 특정 개인이나 집단이 미처 생각하지 못하는 다양한 아이디어와 창의력이 제안되어 지역재생을 위한 새로운 도시 DNA가 발굴될 수도 있을 것이다.

도시재생을 위한 거버넌스 체제가 성공적으로 작동하기 위해서는 구성원들 사이에 활발한 공론화가 이루어져야 한다. 강지선 외(2018)는 도시재생의 공론화 요건으로 다음 4가지가 충족될 것을 지적한다: 포용성, 공개성, 자율성, 충분성. 첫째 포용성(inclusiveness)은, 거버넌스에는 시민사회의 다양한 집단이 도시재생 대화와 논쟁에 참여할 수 있어야 한다는 것이다. 둘째 공개성(publicity)은, 시민들의 올바른 가치판단을 위해 관계된 쟁점과 정책(사업)에 대한 충분한 정보를 공개하는 것을 의미한다. 셋째 자율성(autonomy)은, 거버넌스의 공론화가 행정 권력이나 사적 집단의 압력과 왜곡으로부터 자유로울 것을 의미한다. 넷째 충분성(sufficiency)은 거버넌스에 참여하는 구성원들이 비판적인 토론과 논쟁을 할 수 있는 충분한 시간과 기회가 제공되어야 한다는 것을 말한다.

다섯째, 지속가능한 도시재생이 되어야 한다. 도시재생은 일회성·단발성·경직적 보여주기식 사업이 아니라 거시적 관점에서 상황변화에 따라 유연하게 대응하는 복원력(resilience) 있는 지속가능한 재생이 추진되어야 한다. 도시는 일시적으로 존재하는 공간이 아니다. 도시는 주민들이 애향심과 자긍심을 가지고 오래도록 이어지며 역사와 문화, 전통과 현대가 어우러져 환경과 시대의 변화에 따라 신속하고 유연하게 대응하며 경쟁력을 창출하는 공간이다. 특히, 글로벌 사회가 도래하면서 국가와 도시 사이의 관계에 역전 현상을 가져와, 21세기 이전에는 국가경쟁력이 도시경쟁력을 결정하는 주요 요인으로 작용하였지만, 지금은 도시경쟁력이 국가경쟁력에 영향을 미치는 주요 요인으로 변화하였다. 즉, 글로벌 사회에서 국가는 글로벌 변화를 주도하기에는 너무 작은 단위인 반면에 글로벌 변화에 신속히 대응하기에는 너무 큰 단위라는 것이다. 그래서 글로벌 사회에서 도시는 글로벌 변화에 신속히 대응하기 위한 공간으로써 도시재생은 낙후와 쇠퇴상태에 있는 지역에 새바람을 불어넣어 복원력 증진과 함께 거시적으로 지속가능한 공동체를 조성하는데 주안점을 두어야 한다.

그리고 도시재생 사업은 중앙 및 지방정부의 마중물 사업이기 때문에 사업 기간이 끝나면 정부의 예산지원은 끝나게 된다. 도시재생 사업이 종료되고 정부의 마중물 사업예산 지원이 종료된 후에는 주민과 공동체가 지속해서 관심을 가지고 자율적으로 추진하지 않으면 도시재생은 결국 활력을 잃게 된다. 이런 맥락에서 도시재생 사업을 통해 도시라는 공간에 주민들을 끼워 맞추는 것이 아니라, 주민들이 살아가는 공간에 삶의 주체로서 주인의식과 권리를 인식하고, 주민 스스로가 공간을 바꿔나간다는 거시적 관점에서 도시재생이 추진되어야 지속가능한 도시재생이 달성될 수 있다(여관현, 2019).

6. 도시재생사업 유형과 등급

1) 도시재생사업 유형

도시재생은 지역에 따라, 접근방법에 따라, 규모에 따라 다양하게 분류할 수 있다. 예를 들면, 청계천 복원사업은 친수공간 재생으로, 경리단길 재생사업은 골목길 재생으로 분류될 수 있다. 접근방법에 따라서는 강원도 정동진은 스토리텔링(모래시계)에 의한 재생으로, 마산 창동 도시재생은 문화예술에 의한 도시재생으로 분류할 수 있다. 규모에 따라서는 서울 성수동 도시재생은 소규모 도시재생으로, 스페인 빌바오 도시재생은 대도시 도시재생으로 분류할 수 있다. 이렇게 다양하게 도시재생을 분류할 수 있는바, 이 책에서는 인천의 도시재생을 주로 다루기 때문에, 인천의 지역성을 감안하여 도시재생을 다음과 같이 네 유형으로 분류하여 논의한다.

첫째, 원도심 재생
둘째, 산업단지 재생
셋째, 항만 재생
넷째, 도서 지역(섬) 재생

첫째 원도심 재생으로, 과거에는 도시의 중심지로서 활발하게 비즈니스가 수행되었던 지역이 도시 외연이 확장되거나 신도시가 건설됨에 따라 공공기관과 상업활동이 이전하여 활력을 상실한 지역의 재생을 의미한다. 인천의 예를 들면, 중구 신포동과 개항로 도시재생, 동구 배다리 도시재생이 전형적인 원도심 도시재생으로 분류할 수 있다. 많은 도시에서 추진하는 전통시장 활성화를 위한 도시재생 또한 원도심 도시재생으로 분류될 수 있다. 최근에는 전통시장 재생이 단순히 상권의 활성화에만 주안점을 두는 것을 넘어 젊은 소상공인 유치와 청년 창업활동과 연계하여 지역경제 활성화와 일자리 창출을 동시에 추구하고 있다. 주요 사례를 보면, 광주 '1913' 송정역 시장, 서울 구로시장의 '영-프라자', 경동시장의 '상생장' 등을 들 수 있다(최윤진·장윤선, 2016).

둘째 산업단지 재생으로, 과거에 생산을 위한 공간으로 이용되었던 공장이나 노후 산업단지를 다양한 도시 공간으로 복구/재활용하여 도시 활성화를 추진하는 방식이다. 예를 들면 전주 팔복예술공장으로, 한때 카세트테이프 공장으로 운영되었는데 지난 25년 동안 폐공간으로 남아 있던 공간을 문화예술을 통하여 창작 스튜디오, 작업실과 전시실로 탈바꿈하여 도시재생을 추진한 사례이다. 인천 사례로는 중구 개항장 일대 예전에 창고로 쓰였던 벽돌 건물을 리모델링하여 작가들을 위한 스튜디오와 창작공간으로 재생하여 정기적으로 결과물을 전시하는 '아트플랫폼'으로 탈바꿈을 하였다. 최근에는 노후화된 산업단지 재생을 넘어서, 현재 운영되고 있는 산업단지를 현대사회 트렌드에 맞게 공간이용의 변화를 위한 재생까지 추진되고 있다. 무슨 말인가 하면, 과거의 산업단지는 오직 산업 활동만을 위한 공간이었는데, 작금에는 산업 활동에 공원이 추가된 산업공원(industrial park)으로 전환이 진행되고 있으며, 최근에는 산업 활동과 공원 기능이 복합된 공간에 연구개발(R&D) 활동이 추가되어 산업캠퍼스(industrial campus) 개념으로 진화하고 있다는 것이다. 예를 들면, 과거의 산업단지로는 인천 남동공단을 들 수 있으며, 산업단지와 공원이 복합된 공간으로는 '파주 출판문화단지'를 들 수 있고, 산업공원에 R&D 활동이 융합된 공간으로는 미국 실리콘밸리의 구글캠퍼스, 시애틀에 마이크로소프트 캠퍼스 등을 들 수 있다. 이런 변화 추세는 이제 산업단지도 단지 일터로서의 공간만이 아니라 연구개발, 주거, 보육, 문화, 복지기능이 일체화된 융복합 공간으로 패러다임의 전환이 일어나고 있다.

셋째로 항만지역 재생으로, 과거에는 선박 접안을 위한 항구(포구)로 이용하였던 지역이나 선박을 건조하였던 폐조선소의 재생을 통하여 지역 활성화와 주민 삶의 질 향상을 위한 공간으로 탈바꿈하는 활동을 의미한다. 전자의 예로는 인천 내항 '상상 플랫폼 프로젝트'를 들 수 있고, 후자의 예로는 스페인 빌바오 구겐하임 미술관사업을 들 수 있다. 항만재생은 연안 지역 특성상 친수공간 조성과 복합적으로 추진된다. 호주 시드니 달링하버(Darling habour)와 미국 보스턴 케네디 그린웨이(Kennedy Greenway) 사례를 보면, 항만재생은 단순히 항만 지역의 친수공간 조성만 하는 것이 아니라, 기존의 도심과 연계하여 통합적 항만재생을 추진하고 있다. 그래야 항만뿐만 아니라 도심의 재생도 가져오는 윈-윈(win-win)재생이 될 수 있다. 그래서 수변공간재활성화사업은 수변공간만을 독립된 단위로 설정하여 추진하는 개별사업이 아닌 도심의 한 부분으로서 상승효과를 발휘하는 역할을 담당하여 전체 도심의 재생과 통합적 접근이 요구된다. 이를 위해서는 도심과 수변공간의 연계를 위하여 동선체계를 보행 중심으로 개편하고 육교·지하도가 아닌 지상의 주요지점에 도심과 수변공간을 연계하는 오픈-스페이스를 조성하여 보행자 접근성을 높여야 한다. 즉, 항만재생을 위한 수변공간재생사업을 통하여 공공성과 접근성을 갖춘 친수공간으로 재활성화하고, 도심과 수변공간의 연계성을 강화하여, 도심과 수변공간을 함께 재생하는 효과를 추진해야 한다. 즉 노후 쇠퇴한 기존의 항만을 사람들이 즐겨 찾고 다양한 활동을 할 수 있는 공간 및 시설을 갖춘 매력적인 공간 및 장소로 조성하는 도심재생이 되어야 한다(최강림, 2019).

넷째로 도서(섬)지역 재생으로, 내륙과 비교하여 상대적으로 낙후 상태에 있는 섬 지역을 개발하여 지역 주민들의 삶의 질 향상과 섬 경제의 활성화를 추진하기 위한 활동이다. 세계 석학들은 21세기는 분명 '해양시대'가 될 것으로 천명하고 있다. 미래학자인 앨빈 토플러(Alvin Toffler)는 해양산업을 제3의 물결을 주도할 4대 핵심산업의 하나라고 언급한 바 있다. 이제 인류는 육상개발을 시도한 이래 내륙지역의 개발은 점점 포화상태에 직면하였고, 새로운 성장동력을 찾기 위하여 해양을 주시하고 있다. 21세기에 해양이 중요시되는 것은 바다는 앞으로 인류가 풀어야 할 숙명적 과제인 식량과 자원, 에너지와 공간, 경제와 환경문제를 풀 수 있는 마지막 보루이며, 이런 시각에서 해양자원·관광산업의 중요성, 해양과 도서 지역을 어떻게 개발하고 활용하느냐에 따라 국가의 생존과 번영, 경쟁력이 결정될 것이므로 선진사회들은 앞다투어 해양 영토 확장과 바다 및 도서지역 개발에 심혈을 기울이고 있다.

국토가 협소하고 부존자원이 빈약한 우리나라의 경우, 해양개발에 국가의 미래가 달려있다고 해도 과언이 아니며, 특히 삼면이 바다로 둘러싸인 반도 국가에서 바다와 도서지역 개발은 미래의 성장과 번영을 위하여 우리가 추진해야 하는 중요한 과제로 등장한다. 이러한 해양시대에 직면하여 한국은 해양강국이 될 수 있는 조건을 두루 갖추고 있다. 세계 최고 수준의 조선기술과 세계 5위권의 물동량을 처리하는 항만을 확보하고 있으며, 세계적인 해양레저 및 해양관광 산업을 이끌 수 있는 천혜의 해안선까지 갖추고 있다(곽인섭, 2011). 그러나 지금까지 해양환경을 활용한 신부가가치 창출을 위한 노력은 가시화되지 않았으며, 특히 도서지역은 대표적인 낙후지역으로 남아 있는 것이 현실이다. 이제 우리도 해양이 갖는 천혜의 자연과 경관을 중심으로 해양문화를 도입 및 확장할 필요가 있으며, 이런 시점에서 도서 지역 재생은 지속가능한 해양경제, 사회, 문화, 환경의 발전을 가져오는 활동이 되어야 한다.

위에서 제시한 네 유형의 재생사업은 이 책 제2부에서 보다 심층적으로 논의한다.

2) 도시재생사업의 등급평가

도시재생 활동을 비교하기 위하여 등급을 매겨보도록 하자. 등급을 매기는 이유는 가능하면 저급한 등급의 도시재생은 지양하고, 도시재생 본연의 목적을 성취하기 위한 재생 활동을 추진하기 위해서다. 도시재생의 등급을 정하기 위해서는 기준이 필요하다. 그래서 필자는 도시재생의 등급을 평가하기 위한 기준으로 다음 네 요인을 제시하였다: 지역성, 창의성, 파급성, 지속가능성. 물론 이 네 가지 요인은 필자의 연구에 따른 주관적 지표로 설정하였다.

첫째, 지역성은 도시재생사업이 지역과 얼마나 연관되었는가를 평가하기 위한 기준이다. 도시재생의 지역성은 지역이 갖는 독특성과 장소성을 의미하는 것으로, 도시재생사업 내용이 지역의 장소적 및 내재적 가치와 어떤 연관성이 있는가를 평가하는 기준이다. 지역성 요소가 선정된 이유는 도시재생사업이 지역성을 가질수록 지역 역사와 전통, 문화와 예술, 기술과 산업 등과 연계된 지역 특유적 재생사업을 수행함으로써 다른 지역의 재생 활동과 차별성을 가지기 때문이다. 예를 들면, 부산 감천마을 도시재생은 달동네의 지역 특성을 문화예술과 융합하여 공동체를 복원하고 지역 활성화를 가져온 대표적 사례이다. 감천마을은 한국전쟁 당시 피난민들이 집단 이주해 경사가 심한 산비탈에 계단식으로 판잣집 1,000여 가구를 지어 거주하며 생성된 곳이다. 부산의 대표적인 달동네로서 생활여건이 열악했던 마을에 문화예술이 결합된 도시재생을 통해 도시 활성화를 가져온 대표적 사례이다. 마을이 높은 산비탈에 곡선형으로 조성돼 부산이 한눈에 내려다보이고, 부산 도심과 바다 전경을 함께 바라볼 수 있다는 지역 장점을 살려 '아시아의 마추픽추', '한국의 산토리니'라는 별칭이 붙기도 하였다(한국일보, 2018).

둘째, 창의성은 도시재생에서 발상의 전환을 통해 새로운 아이디어, 킬러 콘텐츠를 발굴하여 다른 지역과 차별화된 도시재생을 추진함으로써 지역 정체성과 이미지 제고를 가져오고 도시 활성화를 유도하는 활동을 의미한다. 유럽 도시 재생사례를 분석한 김종민 외(2012)는 쇠퇴한 도시를 살리는 데 왕도가 없다며, 발상을 과감하게 전환하고, 킬러 콘텐츠 확보에 사활을 걸며, 선택과 집중을 최우선시하고, 세계 최고 인재 영입에 몰입하며, 운영의 묘를 살리고, 꼭 필요한 투자에 과감히 투자하는 것이 첩경이라고 주장한다. 이런 창의성을 발휘하여 성공적으로 도시재생을 추진한 대표적 사례로서 스페인 빌바오를 꼽을 수 있다. 1980년대 들어 조선산업의 침체로 경제가 붕괴되는 위기를 맞았던 빌바오는 1990년대 중반 서비스 산업도시로 재생, 부활하는 데 성공했다. 핵심에는 바로 빌바오 구겐하임 미술관(Bilbao Guggenheim Museum)이 자리하고 있다. 1991년 빌바오시는 미국의 구겐하임 재단에게 미술관을 지어 운영해 달라고 제안했다. 건설비 1억 달러, 작품 구입비 5천만 달러, 구겐하임 수수료 2천만 달러, 매년 박물관 보조금 1,200만 달러를 제공하겠다는 파격적 조건을 제시했다. 구겐하임은 단지 미술관의 건립과 운영을 맡으면 되는 것이었다. 건축에 8,900만 달러, 한화 1천억 원이 최종 투입된 미술관은 1997년

10월 18일 개관했다. 개장 첫 3년 동안 전 세계에서 400만 명이 몰려, 5억 유로, 한화 7천억 원의 수입을 올렸다. 시의회는 걷힌 세금만 1억 유로, 한화 1,400억 원에 달해 건축비를 훨씬 초과했다고 밝혔다. 지금도 빌바오에는 구겐하임을 보러 연간 100만 명 내외가 방문한다. 세상은 빌바오 효과라고 부르고, WSJ는 빌바오의 이적(異蹟)이라고 불렀다(김종민 외, 2012).

셋째, 파급성은 도시재생 효과의 범위가 어느 정도인가를 평가하는 기준이다. 예를 들면 골목길 활성화를 위해 담장 허물기 사업을 하는 경우 파급효과는 주변 몇몇 가구에 그칠 것이다. 노후 저층 주거지 활성화를 위한 집수리 사업의 효과는 지역으로 퍼져나가 주민들의 자긍심 향상과 공동체 활성화를 가져올 것이다. 더 나아가 낙후된 거리의 활성화를 가져오는 재생사업의 효과는 도시 이미지 제고와 지역 정체성 향상으로 이어져 지역 전체의 부활에 영향을 미칠 것이다. 대구시가 '담장 허물기 운동'을 한 지난 22년 동안 30㎞가 넘는 시내 담장을 허문 결과, 이웃 간 소통과 문화공동체 형성, 소공원 조성 등 긍정적 효과가 큰 것으로 나타났다. 담장은 오랜 세월 재산의 경계 표시와 침입 방지, 사생활 보호 기능을 해온 동시에 담은 또한 도시의 삭막한 모습과 인간 간 소통 부재를 상징하는 표식이었다. 이 경계를 허물고 남은 공간에 식물을 심어 꾸미니 보행자들이 스스럼없이 드나들고, 이웃 간의 열린 관계가 형성되며 골목길 공동체가 살아나는 변화를 가져왔다는 것이다(매일신문, 2018).

다음으로 저층주거지 소규모 주택재생을 위한 집수리 실행 방안을 연구한 서수정(2018)의 연구에 의하면, 집수리 지원을 통하여 노후주택의 에너지 효율화를 가져오고, 집수리 시장 활성화를 통하여 일자리 창출에도 도움을 주며, 도시주거 다양성 확보 및 공동체 형성에 기여함과 동시에 부담 가능한 주택 재고 관리 및 질 향상을 가져온다고 밝히고 있다. 즉, 노후주택 개량사업은 골목과 마을 폴리(중심지) 활성화를 가져오고, 이런 결과는 주민들의 애향심과 소속감 증가를 유도하여 골목길과 마을 중심지가 살아남에 따라 공동체 관계와 활동이 점차 강화되며 지역 비즈니스 활성화를 유도하고 지역 경제기반이 강화되는 결과를 창출할 수 있다는 것이다.

거리 재생을 통해 지역 활성화를 추진한 대표적 사례로서 '인천 개항로 프로젝트'를 들 수 있다. 인천 개항로에 30-40년 된 노포들이 있는 거리에 전통을 살려 골목길을 유지/보존하고, 오래된 건물을 현대적 감각에 맞게 리모델링 했으며, 지역 브랜드 상품(예, 개항로 맥주)을 개발하여 SNS를 통해 알린 결과, 소비가 진작되고, 주민들의 애향심이 높아졌으며, 상권이 살아나 인천 구도심 활성화에 큰 몫을 하는 것으로 나타났다.

네 번째, 지속가능성은 도시재생 효과가 일시적으로 영향을 미치는 것이 아니라 장기적으로 시민들의 삶에 영향을 미치고 도시발전에 기여 하는 것을 의미한다. 예를 들면, 서울 경리단길 도시재생은 일시적으로 골목길 재생을 통해 비즈니스가 활성화되고 부동산 가격의 상승을 가져왔으나, 곧바로 젠트리피케이션 문제로 이어져 초반에 자리 잡아 지역 활성화를 유도한 사람들은 점차 떠나며 상권이 침체되는 지속 불가능한 결과를 가져왔다. 유사한 사건이 서울 도시재생사업 1호인 창신·숭인동에서 벌어지고 있다. 창신·숭인동은 1000억 원이 넘는 예산이 투입 되었지만 주거 여건 개선보다는 벽화, 지원센터 건립 등 전시 행정에 치중한 결과, 주민들의 주거환경개선을 가져오지 못하고 지역 활성화에도 도움을 주지 못했다는 비판에 직면해 있다.

반면에 지속가능한 도시재생을 보여주는 대표적 사례로서 싱가포

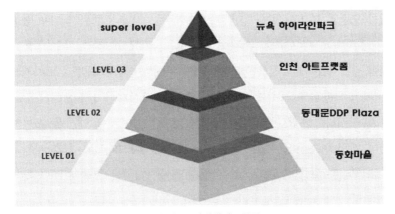

〈그림 4〉 도시재생의 4등급

르가 추진한 폐 철도노선의 녹지재생 프로젝트를 들 수 있다. 싱가포르 도시재개발청은 2011년 싱가포르의 남북을 가로지르는 24km 구간의 철도수송로인 KTM(Keretapi Tanah Melayu) 노선을 시민을 위한 녹지공간으로 재생하기로 결정하고 추진한 결과, 시민 모두에게 열린 공공공간을 제공하고, 주민들의 여가활동을 위한 장소, 주변 지역과의 연결성 향상 등을 통해 지속가능한 시민공간과 라이프스타일을 창출했다는 평가를 받고 있다(Lim, 2020).

이제 상기와 같은 네 기준으로 중심으로 도시재생사업을 등급화하면 〈그림 4〉와 같다. 앞에서 언급한 바와 같이, 도시재생을 4등급으로 분류한 것은 설명의 편리성을 위하여 필자가 주관적으로 분류한 것이다.

첫째 레벨 1 도시재생으로, 벽화 그리기나 동화마을 도시재생을 들수 있다. 이 등급의 도시재생은 위 네 기준 가운데 어떤 것도 충족시키지 못한다는 평가를 받는다. 지역성 평가에서 보면, 벽화 그리기는 지역 고유의 가치와 연계도 미흡하고, 창의성에서는 다른 지역의 아이디어를 모방과 복제한 방식이며, 파급성에서는 영향권 범위가 매우 협소하고, 지속가능성에서는 시간이 지남에 따라 색깔이나 디자인이 퇴색되어 오래 보존과 유지가 어렵다. 이런 문제로 인하여 레벨 1 도시재생은 지역 특성을 고려하지 않은 보여주기식 도시재생이라는 비난을 피하기 어렵다. 현재 서울 시내에는 이화동, 염리동, 문래동을 포함해 10여 개의 벽화마을이 조성돼 있다. 그런데 동화마을 조성 후 관광객 등 외부인들이 몰려들면서 소음 공해에 시달리거나 쓰레기 무단 투기로 몸살을 앓는 것도 모자라 아마추어 사진가들의 무분별한 촬영으로 사생활 침해 피해마저 발생하고 있다. 전문가들은 주민 불편 해소를 위해 사업 초기부터 주민 의견을 반영해야 한다고 지적한다.

물론 모든 벽화마을이 비난을 받는 것은 아니고 대표적인 성공 모델로 경남 통영의 '동피랑 마을'을 들 수 있다. 통영시는 지난 2006년 낡은 무허가 건축물이 많은 동피랑 마을을 철거하고 공원 조성계획을 세웠는데, 한 시민단체가 주민들과 손잡고 벽화마을로 조성한 뒤 관광명소가 되자 보존대상지로 변경했다. 마을 전 주민 80가구가 조합원인 생활협동조합 '동피랑 사람들'은 정부 지정의 마을기업으로 선정된 뒤 5000만 원을 후원받아 관광상품을 개발해 판매 중이다. 통영시 총 관광객 600만 명(2014년 기준) 중 160만 명이 동피랑을 찾을 정도로 성공한 벽화마을 조성 사례로 꼽힌다(이데일리, 2016).

둘째 레벨 2 도시재생으로, 서울 동대문 DDP Plaza와 부산 하야리아 시민공원 재생을 들 수 있다. 동대문 DDP Plaza를 레벨 2로 선정한 이유는, 첫째로 DDP Plazas는 지역성이 결여된 문제를 안고 있으며, 둘째로 건축설계를 맡은 자하 하디드(Zaha Hadid, 1950-2016)의 유사한 작품을 다른 도시에서도 볼 수 있어 건축물의 독창성과 창의성이 떨어진다는 것이다. 예를 들면, 아제르바이잔 바쿠(Baku)에 가면 DDP Plaza보다 규모가 훨씬 큰 유사한 건축물을 볼 수 있으며, 모로코 라바트에 가면 비슷한 유선형 모양의 오페라하우스를 만날 수 있다. 필자가 이렇게 비판하는 배경에는, 현재 DDP Plaza가 위치한 지역에서 필자는 중고등학교 시절을 보냈는데, 당시에 있었던 동대문운동장을 허물고 지역의 역사성·정체성과 전혀 무관한 자하 하디드 작품이 생뚱맞게 들어섰으니 하는 말이다.

다음으로 부산 하야리아 시민공원 재생을 보면, 2006년까지 주한미군의 군수 물자 보급 창고와 부산권 미군 부대원들의 숙소로 사용된 공간을 시민공원으로 재생한 사례로서, 부산 시민들의 반환을 위한 지속적 저항 운동에 부딪혀 2010년 부산시로 소유권이 반환되어 현재는 도심 공원인 "부산 시민공원"을 조성하여 공원시설로 지정·관리되고 있다. 그런데 공원 조성을 제임스 코너(James Corner)라는 미국 조경설계사에게 의뢰해 생태공원으로 조성되어 공간이 가졌던 역사성과 정체성이 사라진 도시재생을 초래했다. 그리고 전해지는 말에 의하면, 설계책임자였던 제임스 코너는 설계가 진행되는 동안 한 번도 부산을 방문한 적이 없다고 알려져 있다. 그러니 부산의 역사와 미군 부대 장소성과 가치에 대한 고민이 없었을 것이며, 그 결과 역사적 흔적을 폐기하고 장소적 가치를 무시한 도시재생이 추진 되었던 것이다.

셋째 레벨 3 도시재생으로는, 창원 상상길과 서울 북촌마을 그리고 인천 아트플랫폼 등을 들 수 있다. 레벨 3 도시재생의 경우, 재생사업을 추진하는 과정에서 주민, 전문가, 정부 사이에 끊임없는 소통과 협업체제가 구축되어 지역의 전통과 문화, 장소적 의미와 가치를 보존 및 계승하는 도시재생이 이루어졌다. 창원 창동과 오동동 도시재생 사례를 보면, 1970년대 한국 경제성장의 견인차 역할을 했던 마산은 산업구조가 중화학공업 위주로 바뀜에 따라 마산 수출자유지역이 급격히 쇠퇴하기 시작했고, 1980년대 창원시가 마산시에서 분리되고 경남도청이 창원으로 이전함에 따라 마산시의 많은 인구가 창원시로 유출되었고, 자연스럽게 마산시 원도심 창동·오동동에 모여들던 사람들이 줄어들기 시작하며 창동·오동동은 쇠퇴기를 맞이하게 되었다. 마산 원도심을 살리기 위하여 창원시는 전국 최초로 민·관 도시재생 거버넌스를 구축하여 도시재생 사업의 '주민 직접적 참여' 계기를 만들어 창동예술촌, 창작공예촌 등이 조성되었고, 오동동 문화광장 조성, 250 골목 가꾸기 등 많은 사업들이 Bottom-up 방식으로 진행되어 주민 자력형 도시재생이 추진되었던 것이다(김석호, 2019).

인천 원도심 개항장 주변에 있는 '아트플랫폼'은 한국 근대건축물을 잘 보존 및 활용하여 지역의 문화예술 공간으로 재생시킨 우수한 사례로 평가받고 있다. 1930-1940년대 인천은 국내 최대의 쌀 집산지이자 미곡 유출의 중심지였다. 그렇다 보니 배가 드나들던 해안동 일대에는 물건을 보관할 창고들과 거대한 규모의 건물들이 들어섰다. 이 건물들의 넉넉한 내부공간은 오늘날 용도에 따라 다양한 콘텐츠를 도입할 수 있다는 장점을 제공하였다. 2003년 마침내 인천시가 근대건축물 복원 작업에 착수하면서 본격적인 문화예술 공간조성사업이 시작됐다. 그 결과 1888년에 완공된 옛 일본우선주식회사 인천지점(등록문화재 제248호)을 비롯해 대한통운 창고, 대진상사, 삼우인쇄소 등 열세 채의 근대건축물이 인천 아트플랫폼으로 다시 태어났다. 이 건물들은 창작 스튜디오, 전시장, 공연장, 생활문화센터 등 각각의 쓰임새를 새롭게 부여받았다. 낙후한 분위기의 개항장 일대는 한때 골칫거리 취급을 받았었지만, 인천 아트플랫폼이 국내에서 가장 성공적인 도시재생 사례로 정착하면서 지금은 이를 벤치마킹하려는 사람들의 발걸음이 이어지고 있다(이지현, 2020).

넷째, 최고 레벨인 슈퍼레벨 도시재생으로는 일본 나오시마 재생 프로젝트, 영국 런던 테이트모던 미술관, 미국 뉴욕 하이라인파크 등을 들 수 있다. 위 도시재생사례는 도시재생의 네 가지 요건, 지역성, 창의성, 파급성, 지속가능성 모두를 충족한 사례로 평가된다. 먼저 나오시마 재생 프로젝트에 대해 살펴보면, 일본 가가와현에 위치한 나오시마 섬은 1917년 미쓰비시가 중공업 단지를 건설한 후 70여 년간 구리제련소를 운영해왔는데, 1980년대 제련 경기가 하락하고 산업폐기물 및 공해로 섬은 흉물로 변했고, 사람들은 점점 섬을 떠나 노인들만 남은 섬이 되었다. 그러던 중 베네세 홀딩스의 후쿠다케 소이치로 이사장이 섬 재생에 관심을 보이며 나오시마를 '문화공간'으로 재탄생시켰다. 베네세 그룹은 나오시마에 어린이들을 위한 국제캠프장 프로젝트를 시작으로, 안도 다다오가 설계한 베네세하우스와 지중미술관, 이우환 미술관, 아트 하우스 프로젝트 등 현대미술을 바탕으로 한 '베네세 아트 사이트 나오시마 프로젝트(Benesse Are Site Naoshima)'를 추진하여 섬을 세계에 알리며 재생을 가져온 사업이다. 나오시마 재생 프로젝트의 성공으로 여행객이 드물었던 섬에 전 세계로부터 연간 50만 명의 관광객이 몰리는 성과를 냈다. 그리고 미술관으로 변신한 빈집을 주민들이 관리하고, 작품의 위치를 안내하는 등 일자리 창출 효과도 가져와 주민들의 자부심 상승과 섬 경제 활성화를 가져온 재생 프로젝트로 높은 평가를 받고 있다(프롬에이, 2016).

다음으로 미국 뉴욕의 하이라인파크 재생에 대해 살펴보자. 하이라인파크는 뉴욕 맨해튼의 남서부 첼시에 있는 폐쇄된 고가철도를 활용하여 만든 녹지공원이다. 원래 이 지역의 철길은 지면 위에 놓여 있었다. 그러나 마차와 자동차와의 교통사고 문제해결을 위하여 1930년 뉴욕시 당국이 지상 9m 높이의 고가철도를 건설했다. 당시 기차와의 교통사고가 빈번히 발생했던 10번 애비뉴는 한때 'Death Avenue'라 불리기도 했을 정도로 교통사고가 빈번했다. 약 2㎞ 남짓 첼시 지역을 관통하던 하이라인은 1934년 처음 운행하기 시작해 화물수송로로서 오랫동안 지역의 산업을 견인했다. 이후 트럭이 그 역할을 대신하게 되면서 하이라인의 가치는 점점 하락했다. 그래서 하이라인은 한때 철거 위기에 처하기도 했으나, 하이라인을 보존·활용하려는 비영리단체 '하이라인 친구들'(Friends of the High Line, 이하 FHL)'이 등장하여 하이라인 지키기 운동을 전개하였다. 뉴욕 시는 FHL과 협력 관계를 유지하며 하이라인파크에 공원을 조성하는 사업을 진행하여, 하이라인의 역사적 가치를 존중하면서 자연과 인공이 결합한 지속가능한 공원 조성을 추진하였다. 그래서 하이라인은 뉴욕이라는 대도시에서 분주하게 살아가는 시민들의 일상 속에 단순함·자연스러움·느림·호젓함의 분위기가 연출된 공원으로 재탄생한 것이다(김도형, 2019). 현재 하이라인파크는 보행자가 걸으면서 맨해튼 빌딩 숲과 허드슨강의 풍경을 즐길 수 있는 매력 넘치는 장소로서, 지역 주민뿐만 아니라 외부 관광객들의 발길이 끊이지 않는 뉴욕의 새로운 명소로 부상하고 있다.

위 사례들로부터 알 수 있는 바와 같이, 도시재생에도 등급이 있으니 저급한 도시재생을 탈피하여 주민과 함께하는 도시재생, 도시 성장의 앵커 역할을 하는 도시재생이 되어야 한다. 이를 위해서는 첫째 지역의 장소적 자원을 발굴하고 부가가치를 창출하는 도시재생이 되어야 하며, 둘째 전문가와 공무원 중심이 아닌 주민과 공동체 중심의 도시재생이 되어야 하고, 셋째 다른 지역의 도시재생을 모방/복제가 아닌 지역의 독특성을 기반으로 창의성이 발휘된 도시재생이 되어야 하고, 넷째로 일회성의 보여주기식 재생이 아닌 주민들의 진정한 삶의 질 향상을 위한 지속가능한 도시재생이 되어야 한다.

7. 도시재생의 주요 문제점

도시재생법이 제정된 2013년 이후 전국에서 도시재생사업이 우후
죽순으로 진행되고 있다. 특히 2017년 문재인 정부가 출범한 후 도시
재생 뉴딜정책이 발표되어 2021년 6월 현재 전국에서 400개 도시재
생사업이 추진되고 있다. 이러다 보니 한국은 '도시재생 공화국'이라
는 말이 나오기까지 한다. 도시재생은 낙후 혹은 쇠퇴상태에 있는 지
역을 재생 활동을 통해 지역 경제의 활성화를 가져오며 주민들의 삶
의 질 향상과 공동체 관계의 회복을 목표로 하는 정책이다. 이런 목적
으로 도시재생이 추진되고 있지만, 그렇다고 도시재생정책이나 사업
이 결코 만병통치약은 아니다. 현재 추진되고 있는 도시재생정책이
안고 있는 주요 문제점으로 다음 네 가지가 부각 되고 있다.

첫째, 도시재생 정책은 있으나 철학과 방향이 부재하다.

둘째, 모방과 복제가 난무하고 단기적, 일회성 사업에 집중하여 지
속가능성이 어렵다.

셋째, 재생사업의 효과가 불확실해서 재개발로 선회하려는 움직임
까지 일고 있다.

넷째, 도시재생의 효과가 특정 집단에 집중되는 젠트리피케이션 문
제가 발생하고 있다.

첫째, 현재 추진되는 도시재생정책의 문제점으로 정책은 있으나 철
학과 방향, 목적과 방법이 모호하다는 비판이 제기된다. 도시재생에

대한 명확한 철학과 방향이 정립되지 못하다 보니 중앙정부가 제시하는 기준에 맞춰 도시재생사업을 구상할 수밖에 없고, 이런 방식으로 도시재생사업을 추진하다 보니 지역 실정에 맞는 도시재생이 이루어지지 못하고 있다. 도시재생법이 제정된 지 8년이나 지난 현재까지도 도시재생의 개념, 사업방식에 대해 명확한 이미지를 가지지 못한 채 정부에서 제시하는 기준에 맞추어 사업이 진행되고 있다. 전문가, 지자체와 중앙부처의 공무원, 시민단체 등 이해당사자뿐만 아니라 동일 주체(stakeholder) 내에서도 도시재생사업을 인식하는 범위와 대상, 내용에 있어 개인적으로 인식의 차이가 큰 문제점이 제기된다.

도시의 미래는 균일한 국가계획으로 성취할 대상이 아니다. 현재 도시재생사업은 지방정부에서 계획하도록 하는 제도이지만, 실제로는 도시 외부에서 주어진 기준을 수용할 수밖에 없는 구조다. 중앙정부에서 만들어 놓은 공모전 경쟁에서 승리하기 위해서는 누가 더 쇠퇴했는지, 누가 더 모범답안에 가까운지 스스로 증명해야 한다. 과거 발전국가의 공간 생산과 차이가 있다면 입지 선정 게임에 지방정부가 스스로 참가할 수 있다는 정도다. 여전히 지방정부는 지역의 문제가 무엇인지 스스로 결정하지 못하며, 지역발전의 목표가 될 가치를 스스로 찾기에는 현재의 도시재생정책이 미흡하다는 지적이다(김동완, 2019). 이런 관점에서 중앙정부는 지방 거점의 활력 제고와 일자리 창출, 전국적 쇠퇴 제어와 노후·저층 주거지의 삶의 질 개선 등에 집중하고 다른 영역은 지역 주도와 자율성을 극대화하는 '선택과 집중'형 역할분담이 필요하다는 주장도 제기되고 있다(서민호 외, 2019).

둘째, 도시재생사업의 내용을 보면 모방과 복제가 난무하고, 단기적·일회성의 보여주기 사업에 치중하여 사업의 지속가능성을 담보하기 어렵다는 비판이다. 아마 도시재생에서 단골 메뉴로 추진된 사업으로는 벽화 그리기와 동화마을이 단연 으뜸일 것이다. 서울에서만 10개가 넘으며, 부산에도 40개가 넘고 전국적으로 얼마나 많은 벽화마을이 만들어졌는지 알 수 없을 정도다. 벽화 그리기는 퇴락한 주거지 골목을 개선해 준다는 사업들이다. 이렇게 해서 전국에는 '공공미술'이라는 이름으로 수많은 벽화마을이 생겼다(한국경제, 2019). 그런데 벽화마을은 지역의 고유성을 고려하지 않은 재생사업으로 정부의 지원이 끊기면 바로 색이 바래고 낙서로 지저분해져서 지속성이 없으며, 또한 마을 주민들의 입장을 고려하지 않는 관광지화로 인해 주민들의 사이는 갈등과 충돌의 문제를 일으킨다.

벽화마을과 마찬가지로 담장 허물기 사업이 그렇고, 축제와 영화제가 그랬으며, 둘레길과 자전거길 조성, 전통시장 선진화 사업, 최근에는 도시마다 흔들다리나 출렁다리 만드는 사업이 유행처럼 퍼져나가고 있다. 이런 현실이 뭘 의미하는가? 도시개발과 재생에서 지역의 독특한 장소적 자원과 가치를 찾는 것이 아니라, 다른 지역에서 각광을 받았거나 매스컴에서 주목받은 사업이나 프로그램을 모방과 복제하여 도시재생을 추진한다는 것이다.

최근에는 메뉴가 좀 변경되어 쇠퇴지역에 동네 폴리와 공동체 활동을 위한 주민센터의 조성이 거의 대다수 도시재생 프로젝트에 등장하고 있고, 도시재생과 고용창출을 연계시키라고 하니까 거의 모든 도시재생사업에 젊은 층 일자리 창출을 위한 창업공간조성이 포함되어 있다. 심지어는 노령층이 높은 분포를 차지하는 지역에서조차 창업플랫폼 조성을 프로젝트에 끼워 넣고 있으니 도시재생사업이 계획대로 추진될지 의심이 든다.

셋째, 최근에는 도시재생사업의 효과가 예상보다 작거나 불확실해서 재개발·재건축 사업으로 선회하려는 움직임이 일고 있다. 문재인

정부 들어서서 매년 10조 예산을 투자한 도시재생사업이 집권 4년 차에 접어들어 비판 목소리가 점차 높아지고 있다. 이런 배경에는 도심의 재생을 통해 삶의 질이 향상되고 부동산 가격이 상승할 것을 기대했으나, 재생사업 후에도 여전히 쾌적한 주거환경이 조성되지 않고 있으며, 예전 뉴타운 사업과 비교해 지가 또한 상승하지 못한 것에 대한 주민들의 불만이 높다. 도시재생사업 1호로 지정되어 800억 예산이 투입된 서울 창신·숭인지구의 사례를 보면, 재생사업 후에도 여전히 상권이 회복되지 않고 죽어가고 있으며, 거주 인구 또한 창신동은 2016년 4월 2만3358명에서 2020년 1월 2만873명으로 2485명(10.6%)이나 줄었다(매일경제, 2021).

도시재생사업 비판에는 낮은 집행률 또한 한 요인으로 작용한다. 2021년 4월 국회예산정책처의 '2021년도 예산안'을 따르면 2021년 준공예정인 도시재생뉴딜사업 58곳 중 예산집행이 30% 미만에 그친 곳이 무려 32%(2020년 8월 기준)에 달해 사실상 계획대로 준공이 어려운 실정이다. 이렇게 집행률이 낮은 이유로는 도시 특성을 고려하지 않은 일률적·중복사업 선정을 꼽고 있다. 도시재생 뉴딜 사업은 지난 2017년부터 지속적이고 광범위하게 선정되어, 2017년 68개 뉴딜 시범사업 선정을 시작으로, 2018년 100개, 2019년 116개, 2020년엔 117개의 도시재생 뉴딜사업지가 선정돼 추진 중이다. 매년 100개씩 500개를 선정하는 물량 위주 공급으로 추진되다 보니 지역에서 실제적 집행에 한계가 있으며, 지방정부에서는 쇠퇴지역 재생이라는 본연의 목적이 아닌 국비를 확보하기 위한 수단으로 사용되고 있다는 비판이 제기되고 있다(이데일리, 2021). 도시재생사업이 주민들이 체감할 수 있는 눈에 띄는 성과를 보이지 못한다는 평가가 제기되면서, 주민들은 점차 재생사업의 효과에 대해 불확실성이 높아지고 있으며,

심지어는 서울 종로구 창신·숭인 뉴딜 도시재생지구 등 몇몇 지역에서는 도시재생지역 해제를 요청하려는 움직임까지 나타나고 있다.

넷째, 도시재생의 효과가 특정 집단에 독점되는 젠트리피케이션 문제가 발생하고 있다. '젠트리피케이션(gentrification)' 말은 꽤 멋지게 들리는데, 나타나는 현상은 비신사적이다. 영국에서 멋을 아는 중산층 노동자를 신사(젠틀맨)로 부르는 것에서 따와 삭막한 동네를 품격 있는 동네로 탈바꿈시키는 현상을 표현하는 용어로 이름 붙여졌는데, 이제는 처음 동네에 들어와 활기 있게 만든 전입자들을 퇴출시키는 비신사적 상황을 표현하는 용어로 쓰이고 있다. 그래서 젠트리피케이션을 우리말로 '둥지 내몰림'으로 부른다. 도시재생은 낙후 혹은 쇠퇴 상태에 있는 지역에 새바람을 집어넣어 지역을 활성화하고 주민들의 삶의 질 향상을 가져오기 위한 활동이다. 그런데 도시재생을 통해 지역이 활성화되면 부동산 가격이 상승하여 임대료가 오르는 현상이 나타난다. 이때 임대료 상승이 매출과 비례하면 이해가 되지만, 과도한 임대료를 요구하는 건물주에 의해 도시 활성화에 기여했던 세입자들이 퇴출되는 현상이 발생한다. 이런 현상을 서울 홍대 앞, 연남동, 압구정동 가로수길, 이태원, 경리단길, 북촌, 서촌 등에서 목격할 수 있으며, 인천 신포동과 부평 평리단길에서도 나타나고 있다.

리차드 플로리다(Richard Florida)의 최근 저서 '도시는 왜 불평등한가'에서 지적한 바와 같이, 도시재생이 일어난 지역에서 빈부격차는 더 크게 나타나고, 핫-플레이스는 점차 동질적인 공간으로 변해가고 있으며, 재생, 혁신, 경제성장, 도시번영의 최대 혜택은 이미 부를 축적한 사람들에게 독점되는 모순된 현상이 도처에서 목격되고 있다(전은호, 2018). 즉, 도시재생을 통해 공동체 회복과 사회통합을 목표로 지역 활성화를 추진한 결과 젠트리피케이션이 발생해 둥지 내몰림 현상이 나타나는 상반된(모순된) 상황은 도시재생이 '만병통치약'이 아니라 '양날의 칼'이 될 수 있다는 것을 잘 보여준다.

8. 인천 도시재생에 대한 시사점

인천시 도시재생에 관한 연구와 정책변화의 흐름을 보면, 첫째 도시재생에 관한 연구는 한국에서 인천이 선도적으로 수행하였다. 인천시청을 비롯해 주요 기관들이 입지했던 인천 구도심은 도시 외연이 확장하면서 구도심을 벗어나 구월동 신도심에 자리 잡아 도시 기능의 상실과 공동화 현상으로 인해 활력이 급격히 저하되어 상주인구의 감소와 지역 경제력 약화를 초래하였다. 그래서 인천연구원에서는 구도심 재생(활성화)을 위한 연구에 착수하였고, 구도심 재생 방향으로 생활 중심의 경제기반을 확립하고, 문화와 역사성이 살아있는 도시재생(생활 + 문화 + 경제)전략이 추진되어야 한다고 이종현·최정환(2003)은 제안하였다. 인천 시는 구도심 공동화 문제를 해결하고자 2004년 도시재생사업, 군·구 균형발전사업, 시민편익시설사업의 3가지 사업을 중심으로 '인천 도시균형발전전략 기본구상'을 수립하고, 2005년부터 가정오거리 도시재생사업 등 선도사업을 본격적으로 추진한 역사를 갖고 있다(조상운, 2007).

둘째 도시재생정책 흐름에 있어서는, 2017년에 인천시 도시정책 방향을 도시재생 중심으로 전환하여, 도시재생정책에 시 역량을 집중하고 주민과 함께 도시재생을 활성화하기 위한 '3대 기본원칙'을 수립하여 추진하고 있다. 그 내용을 보면, 첫째 인천 도시재생은 물리 + 일자리 + 공동체 + 문화를 함께 고려한 통합적 정책을 추진한다. 둘째 인천 도시재생은 소통, 협력을 기반으로 공동체(주민) 중심으로 추진한다. 셋째 인천 도시재생은 장소 중심적으로 추진하고, 공공의 역할을 대폭 강화한다는 내용이다.

인천이 도시재생에 관한 연구와 정책에 중점을 둘 수밖에 없는 배경에는 다른 지역과 비교하여 인천에는 도시재생을 필요로 하는 지역이 도처에 산재해 있기 때문이다. 즉, 앞에서 언급한 도시재생의 4대 과제(구도심 재생, 산업단지 재생, 항만재생, 도서지역 재생) 모두를 인천은 포함하고 있다. 그 내용을 간단히 살펴보면,

첫째, 원도심 재생이 요구되는 지역으로는 중구, 동구, 미추홀구가 대표적으로 제시된다.

둘째, 산업단지 재생을 요구하는 지역으로는 남동공단, 주안공단, 서부 산단 등이 산재해 있다.

셋째, 항만재생이 필요한 지역으로는 인천 내항과 북항 지역 그리고 영종도와 무의도 등에 친수공간 조성을 요구하는 지역이 산재해 있다.

넷째, 도서(섬)지역 재생으로 인천은 168개 섬을 보유한 도시로 동북아 해양 굴기 시대에 재생과 특성화 개발이 필요한 섬들이 산재해 있다.

이런 맥락에서 인천의 미래 도시경쟁력은 위 4대 지역을 어떻게 재생하여 지역 경제를 활성화하고 주민들의 삶의 질 향상을 가져올 것인가에 달려있다고 해도 과언이 아니다. 그래서 이 책 제2부에서는 4대 핵심과제에 대해 중점적으로 논의한다.

이와 더불어 인천 도시재생과 개발에서 다루어야 할 핵심과제를 제시하면 다음과 같다.

첫째, 도시재생은 지역 간 불균형개발 문제를 해소하는데 주안점을 두어야 한다.

둘째, 인천 도시 성장을 위한 DNA 발굴을 통해 앵커 활동을 강화해야 한다.

셋째, 도시재생에 따른 젠트리피케이션 문제해결을 위한 제도 정비가 시급히 요청된다.

9. 맺는말

최근 도시와 관련하여 한국과 글로벌 사회의 큰 흐름은 성장을 위한 도시개발은 지양하고 도시의 역사·전통·문화·예술 등을 보존·계승하는 도시재생에 중점을 두는 패러다임으로 전환이 진행되고 있다. 도시재생 패러다임의 변화를 가져온 배경은 한국과 서구사회가 다르지만, 한국 도시도 이제는 고도성장만을 추구할 것이 아니라 시민들의 삶의 질 향상을 추구하는 품격있는 도시를 조성해야 한다는 공감대가 형성되었다.

이와 더불어 저출산·고령화 현상에 직면한 한국사회는 재개발과 재건축을 지속적으로 추진하여 양적 확대를 가져오는 것보다는 현재 거주하는 지역을 개선하여 주민들의 삶의 질 향상을 도모하고 골목길과 공동체를 복원하는 작업이 중요하다는 것을 인식하게 되었다. 이런 사회변화를 감지하여 2013년 도시재생특별법이 제정되었고, 2017년 문재인 정부가 들어서 도시재생 뉴딜사업이 국가적 아젠다로 설정되어 오늘에 이르고 있다.

도시재생은 단기간에 걸쳐 일시에 공간을 변화시키기 위한 전략이

아니라 장기간에 걸쳐 지역공동체와 다양한 이해관계자들 사이의 협력
과 동반자 관계를 유지하며 점진적 변화를 추구하기 위한 전략이다.
이를 위해 도시재생전략은 기존 장소성을 대체하는 재개발
(redevelopment), 보존 및 유지를 통한 재생(re-generation), 여기서 한
발 더 나가 기존의 장소성을 기반으로 창발적 공간이용을 추진하는
Up-Generation(업-생)까지를 모두 고려할 필요가 있다고 맹다미(2010)
는 주장한다. 필자도 여기에 동감하는 바이다. 재개발은 전면철거에
의한 장소의 기능변화를 추진하는 방식이다(예: 스페인 빌바오 구게하임
미술관). 재생은 현재의 지역 특성을 유지/보존하며 주민의 삶의 질 향상
을 가져오는 방식이다(예: 서울 서촌·북촌 재생). Up-Generation(업-생)
은 현재의 지역 특성 기반 위에 창조적 아이디어를 접목하여 공간의
재도약을 추진하는 방식이다(예: 테이트모던 미술관).[9]

도시재생에도 등급이 있다. 도시재생을 추진한다고 다른 지역의 사
업이나 프로그램을 그대로 모방과 복제하면 충분한 효과를 거두기 어
렵다. 그래서 도시재생을 추진하기에 앞서 지역성, 창의성, 파급성,
지속가능성을 고려하여 도시재생 프로그램을 계획해야 한다. 이 과정
에서 핵심은 대상 지역의 장소적 자원이 무엇인지 확인하고 여기에
부가가치를 부여하기 위한 지역만의 독특한 재생 혹은 성장 DNA를
발굴하여 개발하는 것이다. 도시재생 DNA는 스페인 빌바오와 같이
세계적인 미술관이 될 수도 있고, 인천 개항로 프로젝트와 같이 '노

---

9) 최근 환경친화적 폐기물 이용에서는 재활용(re-cycling)을 넘어 업-활용(up-cycling)
   이라는 방식이 주목을 받고 있다. 즉, 폐기물을 활용하는 방식인데 단순한 재활용이
   아니라 부가가치를 부여한 새로운 용도로 활용하는 방식을 의미한다. 그래서 도시재생
   에서도 단순한 re-generation(재생: 다시 활력 찾기)을 넘어 up-generation(업-생:
   부가적 활력 찾기)이 추진되어야 한다는 주장까지 나오고 있다. 예를 들면, 석유비축기
   지를 문화비축기지로 기능의 변화를 통한 재생, 화력발전소를 미술관/박물관으로 개조
   하여 새롭게 생명을 부여하는 방식을 의미한다.

포'들이 될 수도 있다. 도시재생 DNA가 앵커 역할을 하며 지역 활성
화를 유도하여야 지속가능한 도시재생을 가져온다.

　마지막으로 전경숙(2020)이 제시한 도시재생 과정에서 숙지해야 할
네 가지를 언급하며 제1장을 갈무리한다. 첫째, 도시재생은 완성되는
것이 아니라 지속되는 것이다. 그러므로 주민들의 일상적인 삶의 경
험과 상상을 토대로 시행되어야 한다. 둘째, 도시재생은 도시 전체의
연계성을 고려한 통합적 관점에서 진행되어야 한다. 셋째, 도시재생
은 현재까지의 시공간 맥락과 조화를 이루는 자연스런 맥락으로 진행
되어야 한다. 넷째, 도시재생은 개방성과 포용성 기반의 공동의 이익
즉, 공공성 관점에서 추진되어야 한다.

시스템 이론과 도시재생 시스템

김천권

제2장은 체제적 접근을 통해 도시재생 활동을 고찰한다. 체제적 접근은 사회현상을 연구하는 방법론 가운데 하나로, 시스템과 환경 사이의 상호작용을 투입과 산출 관계를 중심으로 전체적 시각에서 조망하는 연구방식이다. 도시재생은 환경변화에 신속히 대응하지 못해 낙후와 쇠퇴상태에 있는 지역의 활성화를 추진하기 위한 활동이라는 측면에서 체제적 접근은 도시재생을 도시(사회) 전체적 시각에서 이해를 위한 분석 틀을 제공한다. 도시재생을 시스템 시각에서 조망하기 위해서는 먼저 시스템이 무엇인지를 알아야 할 것이다. 그래서 이어지는 1절에서는 시스템에 대해 논의하고, 2절에서는 시스템 이론을 도시재생 활동에 적용해 도시재생시스템에 대해 고찰한다. 3절에서는 도시재생시스템이 현실에서 어떻게 조직화되어 운영되는가를 살펴보고, 4장에서는 사회가 복잡화됨에 따라 일반 시스템에서 복잡계로 시스템 이론의 변화를 가져왔고, 이런 복잡계 이론에 의해 도시재생이 어떻게 설명되는가를 살펴보며 2장을 마무리한다.

1. 시스템 이론

버트란피(Ludwig von Bertalanffy, 1901-1972)와 애슈비(William Ross Ashby, 193-1972)에 의해 확립된 시스템 이론은 사회현상을 부분이 아닌 전체적 시각에서 바라보는 접근방법으로, 이론이 개발된 초기에는 주로 물리학과 생물학 등 자연과학 분야에서 현상을 설명하기 위한 방법론으로 이용되었으나, 최근에는 철학, 사회학, 행정학, 정치학, 경영학, 정보학, 지역학 등 사회과학 거의 전 분야에서 체제적 접근이 시도되고 있다. 그럼, 체제적 접근에 대해 본격적으로 논하기에 앞서 체제(시스템)에 대해 먼저 알아보도록 하자.[1]

1) 체제의 정의와 체제적 접근

먼저 체제의 정의에 대해 알아보면, 체제는 '최소한 두 개 이상의 하위체제로 구성되어 있으며, 환경과의 관계에서 투입과 산출의 상호작용을 수행하는 전체로서의 특성을 갖는 집합체'로 정의될 수 있다. 체제가 둘 이상의 하위체제로 구성되어 있다는 것은 체제 내부에서 하위체제들 사이에 구조와 상호작용을 하고 있다는 것을 의미한다. 예를 들면, 가족체제가 되기 위해서는 체제 내부에 둘 이상의 하위요소가 있어야 가족체제라고 할 수 있지, 혼자면 가족체제가 될 수 없다. 그리고 체제 내부에 두 하위체제가 있으면, 둘 사이에 다양한 구조와 관계가 형성된다. 예를 들면, 둘 사이의 관계는 상하관계일 수도 있고, 평등한 관계일 수도 있다. 민주적 체제가 될 수도 있고, 한 요

---

1) 이 책에서는 시스템과 체제 혹은 체계라는 용어를 혼용하여 사용한다. 한 가지 용어로 통일하는 것도 생각해 보았으나, 문맥의 이해와 융통성을 위해 혼용해서 사용하는 것이 편리하다고 판단되어 시스템, 체제(體制), 체계(體系)가 혼용되어 사용되었으니 혼란이 없기 바란다.

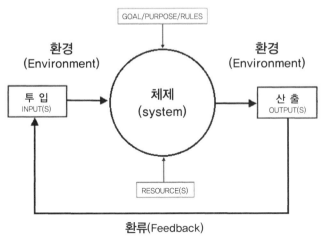

〈그림 1〉 체제적 접근 모형

소가 다른 요소를 지배하는 지배적 체제일 수도 있다.

체제적 접근에서 핵심은 바로 체제와 환경과의 관계이다. 체제가 존재한다는 것은 체제를 둘러싼 환경이 있다는 것을 의미한다. 그래서 체제는 〈그림 1〉과 같이, 환경으로부터 투입을 받아 체제 내부의 처리(processing) 과정을 거쳐 환경으로 산출하는 상호작용을 수행한다. 이 과정에서 체제와 환경 사이에 원활한 소통과 상호작용을 하는가에 따라 개방체제와 폐쇄체제로 분류된다. 예를 들면, 정치권에서 종종 언급되는 북한은 폐쇄체제라는 표현이 있는데, 이것은 북한이 남한을 비롯한 다른 국가들과 소통을 하지 않고 장벽 속에 살아가고 있다는 것을 의미한다. 그러나 사회체제는 엄밀한 의미에서 폐쇄체제는 존재할 수 없으며, 사회에서 폐쇄체제라는 표현은 다른 체제와 비교된 상대적 의미로 이해해야 한다. 즉, 북한은 완전한 폐쇄체제가 아니라 남한을 비롯하여 다른 나라들과 비교해서 폐쇄된 체제라는 의미이다.

기왕에 여기까지 이야기가 나왔으니, 한때 한국 정치권에서 언급되었던 반체제(ant-system)라는 말에 대해 알아보도록 하자. 시스템을 공부하면 이해가 되겠지만, 사실 반체제라는 말은 성립할 수 없는 용어이다. 시스템에 반대하거나 저항한다면 구체적으로 어떤 시스템을 이야기하는지 명확히 해야 한다. 그냥 반체제라는 말은 성립할 수 없고, 박정희 혹은 전두환 체제라든가, 군사독재체제에 반대한다든가, 자본주의 체제나 사회주의 체제에 반대한다는 표현처럼, 구체적으로 거부하는 체제를 명시해야 한다는 것이다. 왜냐하면, 체제에 반대하거나 거부하는 것은 달리 표현하면 체제와 소통하지 않거나 상호작용하지 않는다는 의미이다. 그래서 반체제는 올바른 표현이 아니며, 정확한 표현은 박정희 혹은 전두환 독재체제에 대한 반대와 저항은 반체제가 아니라 박정희 정권 혹은 전두환 정권에 대한 반대로 표현하는 것이 올바른 표현이라는 말이다.

체제적 접근은 현상을 부분적으로 바라보는 것이 아니라 전체적 관점에서 탐구하는 접근이다. 즉, 어떤 사건이 발생했을 때, 부분적으로 사건을 파헤치는 것이 아니라, 전체적 관계와 구조를 통해 사건을 이해한다는 것이다. 예를 들면, 도시재생을 단순히 쇠퇴·낙후지역에 물리적 개선을 통해 지역 활성화를 가져오는 활동으로 해석하는 것이 아니라, 환경과의 관계에서 낙후·쇠퇴를 초래한 사회적 배경과 주요 요인을 탐색하고, 시스템 내부에 주요 요인이 무엇인가를 분석하며, 요인들 사이의 상호작용을 통해 산출된 정책이나 사업이 환경에 어떤 영향을 미치는가를 종합적 시각에서 고찰하는 접근이다.

사회과학에서 체제적 접근이 주목받는 주요 배경에는 20세기의 학문적 경향에 대한 비판과 반성의 의미도 내포되어 있다. 산업혁명 이후 분업화·전문화가 진행되는 과정에서 학문 분야도 점차로 세분화

· 전문화되어, 중세까지 사회철학과 자연철학으로 분류되던 학문이 19세기와 20세기를 거치면서 다양한 분야로 분파되는 현상을 보였다. 사회과학은 사회학, 인류학, 심리학을 기초로 연구되었던 시기를 지나면서, 정치학, 경제학, 행정학, 경영학, 교육학, 법학 등으로 점차 전문화되었고, 최근에는 학문 사이에 합종연횡이 발생하여 사회심리학, 정치심리학, 교육심리학, 경제심리학, 법경제학, 조직심리학 등의 새로운 학문 분야들이 등장하였다. 19세기 초에 오귀스트 콩트(Auguste Comte, 1798–1857)에 의해 연구되기 시작했던 사회학도 뒤르켐, 베버, 마르크스를 거치면서 학문영역이 확대 및 분파되어 최근에는 마르크스사회학, 현상학적 사회학, 비판 사회학, 포스트모던 사회학, 도시사회학, 농촌사회학, 조직사회학, 집단 동태론, 정치사회학, 환경사회학, 교육사회학, 종교사회학 등으로 분파되어 연구되고 있다. 이렇게 학문 분야가 세분화·전문화됨에 따라 사회현상을 각각의 전문분야로 쪼개어 연구 및 분석되는 경향이 심화 되었고, 그 결과로 전체적 시각에서 현상을 설명 및 탐색·비판하는 접근은 입지가 좁아졌던 것이 사실이다. 이런 관점에서 체제적 접근은 사회현상을 부분적으로 조망하는 것이 아니라 전체 체제의 시각에서 바라볼 것을 요구하며, 이를 위해서는 분파된 학문 분야들 사이에 연계와 협력을 통한 총학문적/학제적 접근(interdisciplinary approach)이 필요하다는 것을 보여준다.

예를 들면, 사회현상 분석에서 전통적 접근은 전형적인 인과관계의 분석을 통해 사회현상을 이해하거나 개별 현상으로 분류 및 각개격파 방식(divide and conquer method)을 통해 현상을 분석/해석하려는 경향을 보인다. 이해 비해 체제적 접근은 사회현상을 전체적 관점에서 바라보며, 외부환경과의 관계에서 투입, 처리, 산출, 환류와 제어 등의 연속적 과정에서 체제의 변화와 역동성을 통해 복잡한 사회현상을 설명하기 위한 접근방식을 제공한다(김천권, 2014).

2) 일반체제 모형

체제는 다양한 유형이 있다. 물리적 체제에서 사회적 체제까지, 인체에서 생태체제까지, 가족체제에서 태양계를 넘어 우주체제까지 각양각색의 체제가 존재한다. 버트란피는 이런 다양한 체제에 공통으로 적용되는 원리가 무엇인가를 탐색하여 제시한 모형이 바로 일반체제 모형(General System Model)이다.

인간도 체제이고, 사회도 체제이며, 도시도 체제이고, 국가도 체제다. 그런데 이들 모두에 공통으로 적용되는 원리는 무엇인가를 버트란피가 탐색한 결과, 생물학의 유기체 원리에 의해 설명된다는 것을 발견하였다. 인간이 생존하기 위해서는 공기와 음식물을 투입 받아야한다. 즉, 환경으로부터 공기와 음식물을 섭취하여 인체 내부 하위체제의 처리 과정, 호흡계, 소화계, 순환계, 신경계, 내분비계의 활동을 거쳐 환경으로 산출물을 배출하는 활동을 통해 인간은 생존한다. 이 과정에서 외부로부터 투입이 차단되거나 인체 내부활동이 원활히 작동하지 않으면 생존에 위협을 받게 되고 소멸 즉, 죽음에 이르게 된다. 따라서 유기체로서 인간은 끊임없이 환경과의 사이에서 투입과 산출작용을 수행하는 시스템으로의 속성을 보이며, 환경과 상호작용이 정지되는 순간에 곧 소멸과정이 진행된다.

도시도 마찬가지로 생존을 위해서는 주변 지역과 끊임없이 투입과 산출의 상호작용을 하여야 한다. 앞장에서 논의한 바와 같이, 도시는 대다수가 비농업에 종사하기 때문에 도시인이 살아가기 위해서는 식료품을 외부로부터 조달(투입)받아야 한다. 그리고 외부로부터 조달

받은 투입에 대하여 도시 내부과정에서 무언가를 생산하여 대가를 지불해야 도시가 현 상태를 유지하며 오래 생존할 수 있다.

그렇다고 일반체제 모형이 사회현상을 모두 설명해 주는 것은 아니며, 전체적 시각에서 설명을 위한 분석 틀을 제공하는 것이 모형의 주요 목적이다. 즉, 모형은 현실을 축약해서 설명하기 위한 방법론 가운데 하나라는 것이다. 사회현상에는 수많은 요인이 영향을 미치고 작용한다. 그런데 현실을 설명하기 위해서 영향을 미치는 모든 요인을 고려할 수는 없다. 예를 들면, 지역 소득(GRP)에는 다양한 요인들이 영향을 미친다. 지역의 인구구조, 산업분포, 기후조건, 부존자원, 교육수준, 정치제도, 리더십, 지역 문화, 역사, 전통, 기술 수준, 면적, 인구밀도, 토양, 미디어, 시민단체, 인프라, 인적자원, 사회적 자본, 주변 지역 상황, 시기적 요인, 중앙정부와의 관계, 글로벌 요인, 최근에는 코로나 19와 같은 전염병 요인에 이르기까지 엄청나게 많은 요인이 지역 소득에 영향을 미친다. 그렇다고 지역 소득을 설명하는데 이런 모든 요인을 고려할 수는 없다. 그래서 모형 형성을 위해서는 연구대상에 영향을 미치는 핵심요인들을 검증을 통해 선정하여 모형을 구축하게 된다. 그래서 모형은 현상 전체를 설명하기 위한 것이 아니라, 연구대상을 관심 범위 내에서 집중적으로 설명하기 위한 현실의 축소판인 것이다. 마찬가지로 일반체제 모형도 연구대상이 된 사회현상 모두를 설명하기 위한 것이 아니라, 체제적 관점에서 환경과의 투입과 산출 관계를 중심으로 모든 체제에 공통으로 적용되는 원리를 찾기 위한 분석 틀이다.

3) 일반체제의 속성

일반체제 모형은 모든 체제에 공통으로 적용되는 원리를 찾기 위한 분석 틀을 제공한다고 했다. 어떻게 현상 설명을 위한 분석 틀을 제공하는가? 바로 체제가 가지고 있는 속성에 대입함으로써 현상 설명을 위한 분석 틀이 제공될 수 있다. 예를 들면, 도시재생이 왜 필요한가? 체제적 관점에서는 도시체제가 환경과 투입·산출 관계에서 뭔가 문제가 발생했기 때문에 도시재생이 필요한 결과를 가져왔다고 해석된다. 환경이 변함에 따라 도시체제가 시스템 내부과정을 통해 변화에 신속히 대응했다면 도시재생이 필요하지 않았을 것이다. 미국 디트로이트를 예로 들면, 외부 산업환경이 변하면서 디트로이트 도시의 산업구조가 신속히 변화하였다면 도시 침체나 불황을 경험하지 않았을 것이다. 그런데 외부 산업환경은 변하는데 디트로이트 내부의 산업구조에 변화가 충분히 진행되지 못했기 때문에, 산업경쟁력이 하락하고 급기야는 도시 경쟁력의 하락을 초래하여, 고용이 감소하고 인구가 급감하는 불황에 빠지게 되었다. 체제적 관점에서 보면, 환경으로부터 계속해서 물질, 정보, 자원 등을 통해 도시 시스템에 투입요소를 보냈는데, 도시 시스템이 내부작용을 통해 산출물을 내보낸 결과가 환경변화에 적절하지 못했기 때문에, 도시 시스템의 경쟁력 하락을 가져와 침체와 불황의 늪에 빠졌다는 분석결과를 도출할 수 있다. 그러면 지금부터 시스템 분석을 위한 일반체제의 주요 속성에 대해 고찰해 보자.

환경(Environment)

체제적 접근의 핵심은 체제와 환경과의 관계를 분석하는 것이다. 환경은 시스템을 둘러싸며 지속해서 시스템에 영향을 미치는 외부배경을 의미한다. 환경은 체제에 영향을 미치는 외부요인을 구성하며, 체제의 생존과 변화를 결정하는 주요 요인으로 작용한다. 이런 의미에서 체제를 둘러싼 환경은 체제의 단순한 배경(set)을 넘어선 상위요소(superset)의 의미로 해석되기도 한다. 체제는 환경과 지속된 상호작용을 통하여 생존을 유지하며 성장과 변화를 가져온다. 예를 들면, 유기체로서 인체는 환경으로부터 공기와 음식을 투입받아 생명을 유지하며, 환경의 변화에 따라 인체의 안정을 유지하기 위해 다양한 반응을 보인다. 따라서 계절이 바뀌어 온도가 내려가면 체온을 유지하기 위해 옷을 두툼하게 껴입고, 반대로 온도가 올라가면 가벼운 옷차림으로 활동하는 변화를 보이게 된다.

체제에 영향을 미치는 환경요인은 그 특성에 따라 근접요인 혹은 원격요인, 미시적 요인 혹은 거시적 요인 등으로 분류할 수 있다. 근접요인은 체제에 밀접하게 관계된 근거리에서 작용하는 환경요인을 의미하며, 원격요인은 체제와 멀리 떨어진 원격지에서 영향을 미치는 환경요인을 의미한다. 예를 들면, 도시체제에 영향을 미치는 근린요인으로는 시민, 지역 매스컴, 도시경제, 대학, 시민단체, 부존자원 등을 들수 있다. 이와 함께 도시를 운영하는 데는 중앙정부, 정당, 국가 경제, 과학기술의 변화, 글로벌 경제변화 등과 같은 원격 외부환경요인들이 중요 요소로 작용하기도 한다. 이와 함께 도시 정부를 운영하는 데는 개별시민과 기업들이 미시적 측면에서 영향을 미치기도 하지만, 총체적 측면에서 시민들의 성향과 지역의 기업 분위기, 지역 소득수준 등과 같은 거시적 요인들이 영향을 미치기도 한다. 상기와 같은 설명에서 알 수 있는 바와 같이, 체제적 접근의 핵심은 체제를 둘러싼 주요 환경요인이 무엇인가를 명확히 설정하는 데서부터 시작된다.

경계(Boundary)

경계는 체제를 환경과 분리하는 개념으로 체제의 영역, 범위, 공간

을 표현하기 위해 사용되는 용어이다. 경계는 또한 개방체제와 폐쇄
체제 사이에 차이를 이해하는데 도움을 준다. 즉, 폐쇄체제는 비교적
엄격하고 비소통적인 경계를 갖는 반면, 개방체제는 상대적으로 유연
하고 소통적인 경계를 보인다. 예를 들면, 독재체제는 그들만의 집단
을 형성하고 일반시민과 격리된 조직을 갖는 것으로 인식된 반면에
민주체제는 조직이 시민들에게 개방되고 원활한 소통을 보이는 체제
로 이해된다. 그리고 일반적으로 물리적 체제와 생물학적 체제들은
경계가 명확히 정의되는 반면에 사회체제는 경계를 설정하는 것이 모
호하다. 예를 들면, 자동차는 엔진과 몸체, 그리고 기타 부속장치 등
으로 구성된 물리적 형태를 경계로 가지며, 인체는 피부를 경계로 환
경과 명확히 구분되어 진다. 반면에 시장체제와 같은 사회체제는 개
별 소비자와 생산자, 물류이동과 유통구조, 저장과 운송체제, 마케팅
과 경쟁구조 등을 종합적으로 파악해야하는 체제범위와 경계의 모호
성을 보인다. 그래서 사회현상 연구에는 연구의 범위를 설정하고, 연
구주제에 관해서도 조작적 정의가 요구된다. 즉, 연구범위와 조작적
정의가 곧 연구의 경계를 구성한다는 것이다.

개방체제와 폐쇄체제

시스템이 경계를 넘어 환경과의 관계에서 투입과 산출작용을 원활
히 수행하느냐에 따라 개방체제와 폐쇄체제로 분류된다. 개방체제는
환경과의 관계에서 원활한 상호작용을 하는 체제를 의미하며, 폐쇄체
제는 상호작용이 이루어지지 않는 체제를 의미한다. 일반적으로 사회
체제는 개방체제로 인식하고, 물리적 체제는 폐쇄체제로 이해한다.
물론 이런 판단은 정도의 문제이며, 상대적 개념이다. 예를 들면, 북
한체제를 폐쇄체제, 남한체제는 개방체제로 인식한다. 그런데 북한도

완전한 폐쇄체제는 아니며 남한도 완전한 개방체제가 아니다. 정도의 문제라는 것이다. 북한도 중국, 러시아, 쿠바 등 국가들과 교류와 협력을 하고 있으며, 남한도 모든 자료와 정보가 공개되는 것은 아니기 때문에, 북한체제는 남한체제와 비교하여 상대적으로 폐쇄적이고, 반대로 남한은 상대적으로 개방적이라는 의미이다.

완전한 폐쇄체제는 물리학이나 화학 등 실험체제에서 등장한다. 예를 들면, 태양계는 완전한 폐쇄체제로 가정하기 때문에 행성들의 위치를 정확히 예측가능하다. 중력의 법칙을 계산할 수 있는 것은, 두 물체 사이에만 상호작용하고 다른 물체의 개입이나 간섭이 없는 폐쇄체제이기 때문이다. 마찬가지로, 실험실에서 원소들 사이의 화학반응 결과를 예측할 수 있는 것은, 다른 모든 상태가 통제된 폐쇄체제에서 실험을 하기 때문이다. 그런데 현실에서 대다수의 체제들은 개방과 폐쇄의 혼합적 체제로서의 특성을 보인다. 예를 들면, 정부는 정책수행에 있어서 그들만의 보안과 비밀을 유지하는 폐쇄체제의 속성을 지니고 있으나, 시민들의 의견과 참여를 보장하고 정보를 개방·공유하는 행위에서는 개방체제의 속성을 보인다.

전체성(Wholeness)

체제는 부분의 총합과는 다른 전체로서의 특성을 가지며, 따라서 부분들만으로는 체제를 설명할 수 없는 전체성을 갖는다. 체제로서 성립되기 위해서는 구성요소들이 단순히 모여 있는 것에 그쳐서는 안 된다. 체제는 각 구성요소의 총합과는 구분되는 하나의 집합체로서 전체성을 지녀야 한다. 이 속성은 전체는 체제 각 부분의 총합보다 더 크다는 생각에 기초를 둔 개념으로 부분요소들 사이의 상호관계, 협력관계, 상관관계, 경쟁관계, 보완관계 등의 활동과 기능을 설명하는 논리를 제공한다. 전체성은 체제 각 부분 또는 구성원으로 하여금 전체 체제의 관점에서 조정과 통합하는 기능을 제공한다.

예를 들면, 자동차는 각 부품들이 모인 기계장치로서 설명될 수 없는 운송수단, 이동성, 속도, 재산, 브랜드 개념 등을 제공하며 사회변화의 주요 요인으로 작용하고 있다. 이러한 자동차로서의 특성은 엔진과 바퀴에 의자를 얹은 단순한 기계장치로는 설명될 수 없는 전체성이 존재한다는 것을 보여준다. 마찬가지로 도시는 시민, 도로, 건축물, 스카이라인의 총합으로 설명될 수 없는 독특한 특성을 갖는다. 그래서 뉴욕은 자유의 도시, 파리는 낭만의 도시, 베네치아는 사랑의 도시, LA(할리우드와 디즈니랜드)는 판타지 도시, 예레반은 매혹의 도시, 서울은 (다이내믹한)역동의 도시(?)로 특성을 갖는다.[2] 그럼 인천은 뭐지?

투입-처리-산출행위

체제가 존재하기 위해서는 환경과의 관계에서 끊임없는 상호작용을 하여야 한다. 환경으로부터 에너지, 물질, 자원, 정보 등을 투입받아, 체제 내부의 처리과정을 거쳐, 환경으로 산출하는 과정을 통해 체제의 기능이 유지되며 생존할 수 있다. 인체를 예를 들면, 외부로부터 공기와 음식물, 사랑과 우정, 정보와 지식 등을 투입 받아, 인체

---

2) 예레반은 아르메니아의 수도로 도시계획가 알렉산더 타마니안(Alexander Tamanian, 1878-1936)이 설계한 도시이다. 아마 세상에서 예레반만큼 도시계획가가 존경받는 도시는 없을 정도로, 시민들이 도시를 사랑하고 긍지를 가지며 살고 있다. 그래서 필자의 주관적 생각에 의해 예레반을 매혹의 도시라고 했는데, 자세한 내용을 알고 싶으면 필자가 쓴 책 '진화의 도시'를 참고하기 바란다. 그리고 서울을 다이내믹한 역동의 도시로 지칭한 것도 필자의 주관적 생각이다. 서울은 K-POP, K-Drama, K-Movie에 더하여, 최근에는 K-방역으로까지 세계에 알려지고 있다. 아마 세계에서 한국 서울만큼 다이내믹한 변화가 진행되는 곳도 찾아보기 어려울 것으로 판단되어 '역동의 도시'로 명명하였다.

내부에서 소화, 순환, 암기, 분석, 이해, 축적 등 활동을 거쳐 산출물로서 자식, 친구, 동료, 연인 등 사회의 다양한 구성원으로 활동을 한다. 도시정부도 마찬가지로, 환경으로부터 자원, 에너지, 정보, 물질등 다양한 투입을 받아, 정부내부의 처리과정을 거쳐 환경으로 정책·사업 등의 형태로 산출물을 내보낸다(그림 2 참조).

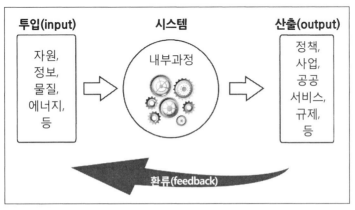

〈그림 2〉 시스템 투입-처리-산출작용

환경으로부터 물질, 에너지, 정보 등을 투입 받아 산출로 전환시키는 체제의 내부 처리과정은 과정의 투명성에 따라 블랙박스(black box)와 화이트 박스(white box: 유리상자)로 나누어 설명될 수 있다. 블랙박스는 환경으로부터 투입을 받아 체제내부에서 어떤 과정을 거쳐산출물로 전환되는지를 알 수 없는 '깜깜이' 접근을 의미하며, 화이트 박스는 내부처리과정이 일반에게 공개되어 알려지는 '유리 상자' 접근을 의미한다.

첫째 블랙박스 접근은, 인체에서 몸이 아파 약을 먹으면, 몸 안에서 어떻게 작용 하는지는 모르지만, 결과적으로 치료되어 정상으로 돌아오는 것을 의미한다. 정부나 조직에서 의사결정을 보면, 구성원 (시민)의 요구와 외부 환경에 관한 자료·정보 등이 체제(조직)에 전달되어 내부처리과정을 거쳐 결정이 나오는데, 많은 경우 어떤 과정을 거쳐 결정이 되었는가를 알 수 없는 경우가 많다. 예를 들면, '5.18 광주항쟁' 발포과정이 그렇고, '세월호 참사'에 대한 구조과정에서 의사결정이 어떻게 이루어졌는지 아직도 투명하게 밝혀지지 않고 있다. 왜냐하면, 시스템 내부과정이 블랙박스로 깜깜하게 이루어졌기 때문이다.

둘째로 화이트박스 접근을 보면, 가정을 운영하는데 월수입이 얼마 들어와, 가계 운영을 위해 식비, 교육비, 여가, 용돈 등에 얼마를 지출하여, 월말 결산에서 흑자 혹은 적자의 결과를 보이는 과정으로 설명될 수 있다. 이 때 화이트박스는 월수입 소비과정이 투명하게 정산되는 것을 의미하며, 블랙박스는 수입 일부가 비자금으로 흘러 들어가 내부과정이 투명하게 드러나지 않는 것을 의미한다. 정부 운영에서도 코로나 19 방역과정에서 보인 바와 같이, 코로나 발생 지역과 건수, 감염과정과 전파경로 등에 관한 자료와 정보 등이 투입요소로 정부체제에 전달되어 내부 의사결정과정을 거쳐 산출물로서 감염 예방을 위한 방역수칙과 진단 및 치료과정, 백신정책 등이 수립되어 K-방역 시스템이 작동되었다. 이 과정에서 내부 의사결정과정이 투명하게 진행되었다고 생각하는 사람은 K-방역 시스템을 화이트박스로 평가하고 있고, 무언가 석연찮은 점들이 많다고 생각하는 사람들은 블랙박스로 평가한다고 볼 수 있다.

사회가 변화하는 과정에서 민주화·개방화가 진행되고 과학기술이 발달할수록, 블랙박스에서 화이트박스로 점차적 전환되는 현상을 보인다. 즉, 민주화·개방화와 함께 의사결정과정에 주민참여가 보장되

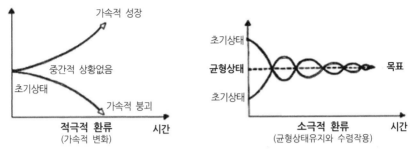

〈그림 3〉 체제의 환류작용

고 공개행정의 요구가 높아짐에 따라 정부 내부의 정책결정과정이 보다 투명하게 공개되고 있으며, 과학기술이 발달함에 따라 개별 주민의 요구가 보다 용이하게 전달될 수 있는 통로가 마련되어 체제 내부과정은 점차적으로 블랙박스에서 화이트박스로 전환되는 추세를 보인다.

환류(feedback)

체제적 접근에서 환류는 목표에 따른 조절과정을 의미한다. 환류는 환경으로부터 체제로 자원, 에너지, 물질, 정보 등이 투입되어 체제 내부의 처리과정을 거쳐 환경으로 산출물이 나온 결과에 따른 후속작용이다. 〈그림 2〉에서 볼 수 있는 바와 같이, 산출결과에 따라 투입으로 환류 되어 체제과정이 반복되는 것을 볼 수 있다. 이 과정에서 체제 활동이 증폭될 수도 있고, 제어/통제될 수도 있다. 예를 들면, 자동차 운전과정에서 신호체계와 다른 차량들의 속도, 그리고 행선지에 따라 자신의 운전속도와 방향을 끊임없이 조절하는 활동을 수행한다. 이와 같이 체제는 주변 환경을 고려하여 산출에 따라 투입을 조정함으로써 체제가 예정된 궤도에서 벗어나지 않도록 하는 환류작용을 수행한다.

체제의 환류작용은 〈그림 3〉과 같이 적극적 환류와 소극적 환류로 분류할 수 있다. 적극적 환류(positive feedback)는 체제의 현재 활동이 더욱 증폭되어 가속적 변화를 보이는 과정을 설명한다. 예를 들면, 조직에서 현재의 활동이 조직목표를 달성하는데 긍정적으로 작용하는 경우에 이 활동을 더욱 강화하여 목표를 조기에 달성 혹은 초과달성하게 하는 행위를 의미한다. 또한 가정을 운영하는데 자녀의 현재행동이 자녀의 미래 삶에 도움이 된다고 판단하면 부모가 칭찬하고 북돋아주고 더욱 매진하도록 하는 행위를 의미한다. 적극적 환류의 결과는 다양한 양태로 나타난다. 조직을 운영하는데 선순환의 고리에서 적극적 환류는 조직의 가속적 성장과 발전을 가져오지만, 악순환의 고리에서 적극적 환류는 조직의 가속적 퇴보와 붕괴를 가져오는 결과를 낳는다.

반면에, 소극적 환류(negative feedback)는 체제의 현재 활동이 예정된 궤도에서 벗어나는 것을 조절 및 제어하는 작용을 한다. 즉, 체제의 활동이 예정된 방향에서 이탈하지 못하도록 현재의 활동을 제어하는 작용을 의미한다. 예를 들면, 조직의 현재 활동이 조직의 목표달성을 위해 부정적인 영향을 미친다고 판단되면 현재 활동을 억제하여 예정된 변화방향으로 복귀시키는 활동을 말한다. 가정을 예로 들면, 자녀의 현재 행동이 자녀의 미래 삶에 보탬이 되지 않는다고 판단되면 부모가 자녀들이 이런 행동을 반복하지 못하도록 설득하고 통제하는 행위를 의미한다. 따라서 소극적 환류는 체제가 예정된 궤적을 유지하며 목표를 추구하게 하는 작용을 수행한다.

계층성(Hierarchy)

체제는 환경을 구성하는 상위체제(suprasystem)와 내부요소를 구성하는 하위체제(subsystem)로 이루어진 계층성을 갖는다. 예를 들면, 가족체제에는 아버지, 어머니, 자녀들로 구성된 하위요소들이 존재하며, 이들 하위요소들 사이에 유기적 연계와 분업, 권위와 협력관계, 역할과 기능에 의해 가족체제의 특성이 결정된다. 또한 가족체제는 상위체제인 근린공동체의 하위체제를 구성하며, 가족과 이웃, 친지들 사이에 유대와 협력관계에 의해 근린공동체의 소속감과 정체성이 형성된다. 더 나아가 근린공동체가 모여 도시를 형성하고, 도시들이 모여 국가가 형성되며, 국가가 모여 지구촌 공동체를 형성하는 계층의 연속성을 보인다.

또한 체제는 소속된 계층에 따라 각기 상이한 기능적 특성을 보인다. 예를 들면, 가족의 구성원으로서 아버지 행위와 도시정부의 구성원으로서 공무원 행위는 동일한 사람이더라도 각기 상이한 가치체계와 행태패턴을 보인다. 최근 코로나 19 백신접종과 관련하여 예를 들면, 20대 자녀를 둔 아버지 입장에서는 백신접종의 부작용을 우려하여 자녀의 접종을 최대한 늦추는 것을 원할 수 있지만, 정부 방역공무원 입장에서는 국민들이 하루빨리 백신을 접종을 하여 집단면역을 달성하기를 바랄 수 있다. 이것은 체제가 속한 집단과 계층에 따라 목표, 기능, 역할이 각기 상이하게 정립되기 때문이다. 예를 들면, 개인이 속한 가정의 목표·기능은 그가 소속되어 있는 직장의 목표·기능과 상이하며, 그가 거주하는 도시정부의 목표·기능과도 상이하고, 더 나아가 그가 살고 있는 국가와 민족의 목표·기능과도 상이한 측면을 보인다. 따라서 체제가 계층과 집단의 연속선상에서 어디에 위치하고 있는가의 문제는 체제의 목표와 기능, 그리고 요소들 사이에 상호관계를 분석하는데 핵심적 요인을 구성한다.

부정적 엔트로피(Negative Entropy)

엔트로피는 열역학 제2법칙에서 빌려온 개념으로 "체제내의 열 현상은 분자들이 무질서한 운동을 하는 방향으로 진행되며, 그 반대 방향으로는 일어나지 않는다"는 것을 설명하는 개념이다.[3] 이 개념에 의하면, 폐쇄체제에서는 엔트로피가 지속적으로 증가하는 현상을 보

---

3) 엔트로피는 계(界)의 에너지 변화를 연구하는 학문인 열역학에서 나타나는 상태 함수이다. 열역학에는 몇 가지 법칙이 있는데, 제1법칙은 "에너지 보존의 법칙, 즉 에너지는 창조할 수도 없고 소멸되지도 않는다는 법칙"이다. 열, 빛, 전기, 화학 및 역학적 에너지와 같은 여러 형태의 에너지는 서로 변환될 수 있지만, 어떤 경우에나 에너지의 총량은 변치 않는다는 법칙인 것이다. 그러나 여러 형태의 에너지 중에서 열은 독특하다. 다른 모든 형태의 에너지는 완전히 열에너지로 변환될 수 있지만 열은 일정한 온도에서 완전히 다른 형태의 에너지로 변환될 수가 없다는 것이 특징이다. 그리고 제2법칙이 바로 엔트로피 법칙이다. "열은 스스로(자발적으로) 찬 것에서 뜨거운 것으로 흐르지 않는다"는 것이 열역학 제2법칙의 한 표현이며, 또 다른 표현으로 "우주 전체의 엔트로피는 계속해서 증가한다"라고도 한다. 일정한 온도에서 열은 다른 형태의 에너지로 완전히 변환되지 않는 독특한 에너지의 특성을 갖는다. 따라서 계의 열 함량은 두 부분으로 나누어 생각될 수 있는데, 하나는 다른 형태의 에너지로 변환될 수 있는 유용한 에너지 부분과 또 하나는 계를 유지하는데 필요한, 변환에 유용하지 못한 에너지 부분이다. 이 유용한 에너지 부분이 자유에너지 부분이고, 유용하지 못한 에너지 부분을 온도와 함께 엔트로피로 나타낸다. 엔트로피는 계의 무질서도(randomness)를 나타내는 성질이기도 한 것이다. 따라서, 물질과 에너지는 유용하지 않은, 무질서한 것으로만 변화되어 간다는 것이다(Rifkin 1981, 엔트로피, 이봉희 해석에서 재인용). 열역학적 엔트로피(entropy)는 열역학적 계(界)의 상태 함수 가운데 하나로 독일의 물리학자 루돌프 클라우지우스(Rudolf Julius Emanuel Clausius)가 1850년대 초에 엔트로피의 수학적 개념을 도입하였다. 열역학 개념에 의하면, 자연계에서는 엔트로피가 낮은 상태에서 높은 상태인 무질서로 변화한다. 클라우지우스에 따르면, 절대온도 T인 열역학계에 ΔQ의 열을 가하는 가역과정 동안의 엔트로피 S의 변화량은 다음과 같이 정의된다.
$$\Delta S = \Delta Q / T$$
즉, 폐쇄체제에 온도(T)를 높이면 내부의 무질서도가 점차 증가하는 엔트로피 증가현상을 보인다. 예를 들면, 고체 상태인 얼음에 열을 가하면 내부의 물 분자들이 분해하여 액체 상태인 물로 변화하며 유연한 모양을 띄게 된다. 여기에서 물에 다시 열을 가하면 물 분자들이 기화하여 수증기로 변해서 공기 중에 흩어지는 현상이 발생한다. 이와 같이 자연계에서의 변화는 요소들 사이에 힘의 평형상태를 이루려는 엔트로피가 증가하는 현상으로 나타나며, 이 과정에서 체제 내부의 무질서는 점차 증가하는 현상을 보인다. 즉, 얼음에 열을 가하면 물로 변하고, 다시 여기에 열을 가하면 수증기로 변하는 과정에서 내부의 무질서도가 증가하는 현상을 엔트로피 증가로 설명된다.

이며, 엔트로피의 극대화는 체제 내부에 무질서의 증가로 나타나 종국에는 체제로서 기능이 종료된다. 예를 들면, 태엽이 감긴 시계가 점차로 태엽이 풀려가면서 종국에는 시계 내부에 힘의 균형상태에 도달하여 시계의 기능이 정지되는 현상이 나타난다. 무기물의 경우에도 예를 들면, 책상은 시간이 지남에 따라 점차로 닳아 없어지면서 책상의 기능이 종료되는 현상을 보인다. 즉, 자연현상 속에서는 책상을 보존하려는 요소들의 힘 사이에 평준화가 진행되는 방향으로 작용하며, 이러한 현상을 엔트로피가 증가하는 것으로 설명한다. 따라서 확률적인 통계에서 볼 때, 엔트로피의 극대화 상태가 가장 높은 발생가능성을 보이는 상태를 의미하며, 폐쇄체제의 균형상태(Equilibrium)를 지향하는 특성을 설명해 준다. 따라서 폐쇄체제에서 엔트로피 변화는 항상 증가하는 특성(positive entropy)을 보이며, 엔트로피의 극대화와 함께 체제의 기능이 종료되는 현상이 나타난다. 이러한 개념을 좀 더 넓게 인체에 비유하면, 인간도 시간이 지남에 따라 생·노·병·사의 과정을 거치며 점차 엔트로피가 증가하는 방향으로 작용하여, 종국에는 인체 내부의 모든 요소들 사이의 힘의 평준화 상태인 엔트로피 극대화 상태에 도달하여 사망에 이른다. 그리고 시간이라는 개념 속에서 가장 확률이 높은 상태는 (일시적으로) 생존해 있는 상태가 아니라 (영원 속에) 죽어서 소멸된 상태인 것이다. 하지만 개방체제에서는 엔트로피의 증가가 억제되며, 심지어는 엔트로피를 감소시키는 부정적 엔트로피(negative entropy)현상이 발생한다. 개방체제는 지속적으로 환경과의 관계에서 투입과 산출작용을 수행하는 과정에서 체제 내부에 힘의 평준화를 억제하기 위한 에너지, 물질, 정보 등을 지원받아 엔트로피의 증가를 억제하는 작용을 수행한다. 예를 들면, 유기체로서 인체는 환경으로부터 공기와 음식물 등을 입수하여 신진대사를 위한 활동을 수행함으로서 새로운 세포를 생산하며 생존을 유지한다. 앞부분에서 언급한 바와 같이, 인체가 환경과의 관계에서 공기와 음식물의 공급이 단절된 폐쇄체제로 작용하면, 인체를 유지하기 위한 하위체제들 사이에 상호작용이 종료되고 하위요소들 사이에 힘의 평준화가 진행되며 인체의 기능이 종료되는 엔트로피의 극대화 현상이 발생한다. 따라서 개방체제는 환경과의 상호작용을 통하여 에너지, 물질, 자원, 정보 등을 투입 받아 내부의 전환과정을 통하여 체제의 생존을 위한 활동을 수행함으로서 엔트로피의 증가를 억제하며 체제가 유지되는 것이다.

여기에서 더 나아가 개방체제로서 인간사회체제는 엔트로피를 감소시키는 부정적 엔트로피 활동을 수행하기도 한다. 사회체제에서 엔트로피 증가는 하위체제들 사이에 힘의 평준화가 진행되며 조직의 무질서가 증가하여 체제로서의 기능이 상실되는 현상으로 설명될 수 있다. 즉, 체제를 관리·통제하기 위한 기능이 붕괴되고, 체제가 나아가야 할 방향을 상실하여 목적 없이 표류하고, 체제 내에 무질서와 혼돈이 증가하는 현상을 엔트로피의 증가로서 설명될 수 있다. 반면에 체제의 조직화(organization)가 강화되어 체제의 관리·통제기능이 원활히 작동하여 체제 내에 하위 체제들 사이에 상호관계가 적절히 유지되고, 환경으로부터 투입된 에너지, 물질, 정보 등이 효율적으로 처리되어 조직의 생산성과 질서도가 증가함에 따라 조직의 경쟁력이 상승하는 현상을 엔트로피의 감소 혹은 부정적 엔트로피 활동으로 설명될 수 있다. 즉, 체제의 조직화를 통하여 환경으로부터 투입된 자원을 보다 효율적으로 처리함으로서 조직의 생산성과 경쟁력을 향상시킴으로서 조직의 결속력과 질서도가 강화되는 현상을 '부정적 엔트로피'로 설명된다. 이런 관점에서 사회체제의 조직화 과정을 엔트로피의 감소 혹은 부정적 엔트로피를 위한 활동으로 이해할 수 있다.

항상적 작용(Homeostastis Principle)

체제가 생존 및 유지되기 위해서는 체제를 둘러싼 외부 환경요인의 변화와 자극에 반응하여 체제의 필수적 요소들이 적정 범위 내에서 작동하도록 관리 및 통제되어야 한다. 예를 들면, 인체가 적절히 활동하기 위해서는 외부 온도가 아무리 추우거나 혹은 덥더라도 체온은 섭씨 36.5도를 유지하여야 한다. 이 범위에서 약간 벗어난 편차는 인체에 치명적 영향을 미치지 않지만, 큰 편차는 인체를 병들게 하며 종국에는 기능의 정지, 곧 죽음을 초래할 수 있다. 따라서 적정체온을 유지하기 위하여 날씨가 추워지면 옷을 껴입어 체온을 올리고, 반대로 체온이 올라가면 땀을 배출하여 체온을 내리는 작용을 수행한다. 체제는 이와 같이 주위나 외부 환경의 변화와 자극에 반응하여 체제 자체의 恒常性을 유지하려는 본래적 활동을 수행한다.

마찬가지로 인간사회체제도 생존과 유지를 위해서는 외부환경요인의 변화에 반응하여 필수요소들이 적정 범위에서 작동하도록 장치가 마련되어야 한다. 예를 들면, 시장경제체제에서 가격조절기능은 수요와 공급의 변화에 대한 반응으로 시장의 균형(equilibrium)을 유지하기 위한 제도적 장치를 제공한다. 즉, 시장경제체제가 안정을 유지하기 위해서는 가격, 이자율, 임금, 지대 등이 수요와 공급의 변화에 따라 자기조절장치(self-adjusting mechanism)로서 작동이 될 것을 요구한다. 만약에 이러한 요인들이 조절기능을 수행하지 못하는 경우에는 시장경제체제는 혼란을 가져오며 침체, 불황, 더 나아가 시장붕괴를 초래할 수 있다. 따라서 체제는 주변 혹은 외부환경의 변화와 자극으로부터 반응하는 과정에서 체제 본래의 항상적 상태를 유지하려는 특성을 보인다. 체제의 항상적 작용에 의해 일상성과 안정성이 유지되어 체제 활동이 예측가능하게 된다.

균형상태(Equilibrium)와 안정상태(Steady-State)

체제의 항상적 작용은 체제가 일상의 상태로 복귀하려는 속성을 설명한다. 그러나 체제는 시간이 지남에 따라 성장 혹은 쇠퇴의 과정이 발생한다. 특히 폐쇄체제는 시간이 경과함에 따라 엔트로피가 점차 증가하여, 종국에는 하위요소들 사이에 힘의 균형상태에 도달하며, 체제 내부에 무질서가 극대화되어 체제기능은 종료된다. 즉, 폐쇄체제의 가장 안정된 상태는 가장 높은 확률 가능성을 보인 상태로서 부분요소들 사이에 힘이 균형에 도달한 상태(equilibrium state)로 설명될 수 있다[4]. 예를 들면, 책상은 시간이 지남에 따라 책상의 모양을 갖추게 했던 연결과 접합장치가 손상되고, 표면이 부식되어 종국에는 책상을 구성했던 나무 혹은 플라스틱 더미로 분해되게 된다.

그러나 개방체제는 환경과의 상호작용을 통하여 외부로부터 에너지, 물질, 자원, 정보 등을 투입 받아 끊임없이 변화하며 체제를 유지하는 역동적 안정상태(dynamic steady-state)를 지향한다. 인체를 예를 들면, 사람은 환경으로부터 공기와 음식물, 지식과 정보를 공급받아 매일매일 신진대사가 이루어지며 변화와 성장 속에서 인체가 유지되고 성인으로 성숙하게 된다. 인간사회체제에서 기업은 급변하는 환

---

4) 폐쇄체제의 균형상태를 설명하는 예로서 용기에 각각 동일한 크기와 숫자의 흰공과 검은공이 들어있는 용기를 생각해 보기로 하자. 이 용기를 흔들어 공을 충분히 섞이게 한 다음에 공을 무작위로 꺼내어 시소의 양쪽 끝에 있는 용기에 배분하면, 가장 높은 확률을 갖는 배분형태는 두 용기에 동일한 양의 흰공과 검은공이 선택되는 방식일 것이다. 즉 폐쇄체제는 외부환경과 상호작용을 하지 않기 때문에, 체제 내부의 변화는 가장 확률이 높은 배열행태를 지향하게 되며, 요소들 사이에 힘의 평준화가 진행된다는 것을 알 수 있다.

경요구에 직면하여 지속적인 변화와 혁신을 추구하며 경쟁력을 유지하고 기업의 생존과 성장을 도모한다. 이 과정에서 체제가 환경의 변화와 요구에 적절히 반응하는가에 따라 체제의 성장 혹은 쇠퇴의 과정이 진행된다. 즉, 체제가 환경의 변화와 요구를 정확히 감지하여 체제 내부활동의 변화와 혁신(self-adjusting or self-regulating)을 추구하면 체제의 성장과 발전이 기대되지만, 체제가 환경의 변화와 요구에 둔감하고 자기변화와 혁신을 거부한다면 체제는 노화와 쇠퇴가 진행될 것이 예상된다.

동일귀착성(Equifinality)

기계적 체제에서는 초기조건과 최종상태 사이에 직접적인 인과관계가 성립하는 반면에 생물학 체제나 사회체제는 주어진 최종상태에 귀착하는 데 있어서 다양한 방법이 있을 수 있음을 의미한다(최창현 2008). 즉, 동일귀착성은 유기체에서 동일한 결과들이 각기 상이한 초기조건과 방식에 의해 형성될 수 있음을 설명한다. 예를 들면, 기계적 체제에서는 "10+1=11"라는 공식이 성립하지만, 사회체제에서는 "10+1=20" 혹은 "10+1=5"라는 등식이 나올 수 있다. 전자의 경우에는 10명이 일하는 조직에 참신한 아이디어를 갖고 있는 신입사원이 들어옴으로 해서 조직의 생산성이 배가되는 경우를 의미하며, 후자의 경우에는 10명이 일하는 조직에 유대관계를 해치는 신입사원이 들어옴에 따라 조직의 생산성이 반감하는 경우를 의미한다. 이와 같이 인간사회체제는 체제의 목표를 다양한 투입요소와 내부작용을 통하여 달성할 수 있다. 즉, 살아 있는 시스템은 상이한 출발점에서, 상이한 자원을, 상이한 방식으로 사용하고서도 특정한 결과를 얻을 수 있는 유연성 있는 조직유형인 것이다. 그리고 체제의 전체성에서 설명한

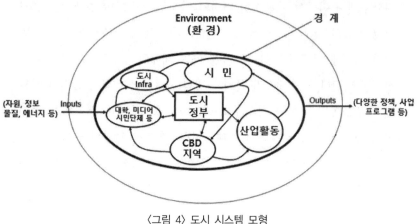

〈그림 4〉 도시 시스템 모형

바와 같이, 체제가 동일한 구조를 가지고 있다 하더라도, 조직이 경직
적인가 유연한가, 보수적인가 진보적인가 등에 따라 주어진 목표를
달성하는 방식과 시점에서 차이가 발생한다. 이것은 특정시점에서 시
스템 활동은 보다 복잡한 기능적 과정의 한 측면 혹은 표현일 뿐이며,
시스템 구조가 시스템 과정과 결과를 결정하는 것은 아니라는 의미이
다(최창현, 2008). 예를 들면, 보수적 문화를 갖는 체제라고 해서 항상
보수적 행위와 결정만을 하는 것이 아니라, 체제의 활동은 복잡한 외
부환경 변화에 생존을 위해 반응이기 때문에, 체제의 구조가 반드시
체제의 과정과 결과를 결정하지는 않는다.

2. 도시재생시스템

본 절에서는 앞에서 논의했던 일반체제 모형을 도시재생활동에 적
용하여 시스템 시각에서 도시재생이 어떻게 수행되는가를 고찰한다.

체제는 둘 이상의 하위체제가 있고, 환경과의 관계에서 투입과 산출 작용을 수행하는 전체로서의 속성을 갖는 집합체라고 정의한다. 이런 시스템 시각에서 도시재생을 바라보면, 도시재생은 외부 환경변화에 적절히 대응하지 못한 결과, 낙후 또는 쇠퇴상태에 있는 지역을 활성화하여 주민들의 삶의 질 향상과 공동체 관계 복원을 추진하기 위한 활동이라고 할 수 있다. 〈그림 4〉는 도시체제를 시스템 시각에서 도식화한 것이다.

　도시는 시민, 산업활동, 대학, 미디어, 시민단체 등이 내부에서 상호작용하며, CBD지역에 다양한 비즈니스와 활동들이 밀집하여 도시 얼굴로 이미지를 창출하고, 도시로서의 인프라(교통, 교육, 상하수도 등 기반시설)를 갖추며, 중앙에서 도시 정부가 관리와 통제의 중심으로 작용하는 시스템이다. 이 과정에서 환경으로부터 자원, 정보, 에너지, 물질 등을 투입받아, 도시 내부의 처리 과정을 거쳐, 환경으로 다양한 정책, 사업, 프로그램 등을 산출하는 작용을 한다. 상기 과정에서 도시 시스템이 외부환경의 변화와 요구에 적절히 대응하여 환경과 투입과 산출의 상호작용을 수행하면 도시가 안정적으로 성장할 수 있다. 반면에 환경변화와 요구에 부적절하게 대응하거나 환경과 원활한 상호작용을 하지 못하면 도시가 낙후하고 쇠퇴상태에 빠지게 되어 도시재생이 필요하게 된다. 그 결과로 원도심이 쇠퇴하거나, 산업단지가 불황에 빠지게 되고, 도시 인프라가 낙후/노후 되거나, 주민들이 빠져나가 슬럼화되고, 상권이 위축되는 결과를 초래한다. 상기와 같이 도시재생이 요구되는 과정을 체제적 속성을 통해 살펴보도록 하자.

　도시재생 환경요인

　시스템 시각에서 도시재생은 환경과의 관계에서 시스템이 원활한 상호작용을 하지 못한 결과로 나타난 현상이다. 예를 들면, 지역의 특화산업은 점차 경쟁력을 잃어가는데 도시는 기술개발이나 우수한 인적자원 확보를 게을리하거나, 산업활동의 다양화를 미흡하게 추진한 결과로 미국 디트로이트나 스페인 빌바오는 침체와 불황을 경험하고 도시재생을 추진하게 되었다. 즉, 20세기 후반에 들어서 도시에서 탈산업화가 진행되었는데 이런 외부환경변화를 충분히 감지하지 못하거나 대비하지 못한 도시들은 결국 경쟁력을 상실하여 침체의 늪에 빠지게 되고, 도시재생이 필요하게 된 것이다.

20세기 중후반에 들어서 나타난 또 다른 현상인 인구의 도시집중은 도시의 외연을 확장시켜, 도시 중심지가 이동하거나 외곽에 신도시가 건설되는 결과를 가져왔다. 그 여파로 구도심의 낙후와 쇠퇴를 초래해 인구가 줄어들며 상권이 축소되는 결과를 가져왔다. 인천의 구도심이 이런 결과로 도시재생을 요구하고 있고, 원주, 문경, 군산 등 도시들이 유사한 상황에 놓여있다.

이와 함께 20세기 후반부터 나타난 한국사회의 초저출산 현상은 소도시와 지방의 인구감소를 초래하여 도시의 낙후와 지방의 쇠퇴, 더 나아가 소멸의 위기에 직면해 있다. 즉, 인구변화를 예측하지 못한 정부는 '덮어놓고 낳다 보면 거지꼴 못 면한다.' '딸 아들 구별 말고 둘만 낳아 잘 기르자.'며 국민을 계몽하였는데, 이제는 인구절벽이니 뭐니 하며 특단의 조치가 필요하다고 부산을 떤다. 어찌 되었든 수도권을 제외한 중소도시와 지방은 거의 모두 인구감소 위기에 놓여있어 재생을 요구하는 상황이며, 이런 맥락에서 지방과 도시의 독특한 특성을 발굴하고 여기에 창조적 아이디어를 융합하여 장소적 가치를 개발 및 육성하는 도시재생에 대한 요구가 확산되고 있다.

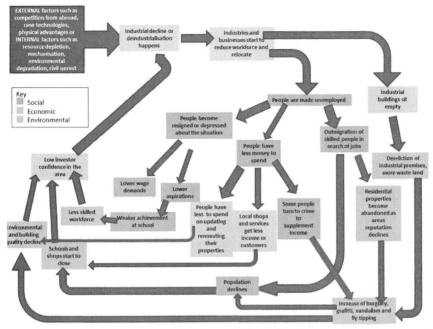

출처: 인터넷 자료, www.coolgeography.co.uk

〈그림 5〉 탈산업화와 도시 쇠퇴과정

도시재생과 체제의 전체성

체제는 부분의 총합과는 다른 전체로서의 특성을 갖는다. 도시도 마찬가지로 지역마다 독특한 특성을 가지며 각자의 색깔에 따라 다양한 문화와 성장행태를 보인다. 도시재생도 같은 논리로 추진되어야 한다. 즉, 쇠퇴지역의 재생이 추진되기 위해서는 도시가 갖는 독특성, 지역이 갖는 역사와 문화, 전통과 인습, 인구구조와 도시지리 등을 탐색하여 지역만의 장소적 자원을 발굴하고, 여기에 창조적(혁신적) 아이디어를 접목하여 공간의 가치를 높이는 방안이 모색되어야 한다. 이 과정에서 도시의 토양과 주민 그리고 그 위에서 벌어지는 산업활동 사이에 조화와 궁합이 잘 맞아야 한다. 디자인 토양이 없는 곳에

'디자인 시티'를 만들 수 없고, 우수한 대학이 없는 곳에 '첨단산업도
시'를 건설할 수 없다. 마찬가지로 젊은 사람들이 없는 곳에서 '창업
단지'가 성공할 수 없고, 풍광이 없는 지역에 '자전거길'을 만들어봐
야 사람들이 몰려들 까닭이 없다. 그래서 도시재생은 지역만이 품고
있는 내생적 가치와 자원이 무엇인가를 먼저 탐색하고 여기에 시대에
맞는 창의적 아이디어를 융합하여 장소적 가치를 발굴하고 육성하는
작업에 주안점을 두어야 한다.

도시재생의 환류(feedback)

도시재생은 도시 활동의 악순환을 선순환으로 전환시키기 위한 활
동이다. 구도심 지역의 침체과정을 보면, 그곳에 입지했던 공공기관
의 이전은 지역 유동인구의 감소를 가져와 상권이 점차 축소되며, 상
권의 축소는 비즈니스 경쟁력 약화를 가져와 상점들이 문을 닫게 되
고, 근린시설이 폐쇄됨에 따라 부동산 경기가 하락하며 지가의 하락
을 초래해 지역이 급속히 낙후되는 현상으로 이어진다. 〈그림 5〉는
탈산업화가 진행된 도시의 쇠퇴과정을 모형화한 것이다.

위 모형을 통해 도시 쇠퇴과정을 설명하면, 먼저 도시 외부환경으
로부터의 변화, 기술 수준과 생산 설비 등의 해외 경쟁력 약화와 국내
의 자원고갈, 환경악화, 자동화 및 시민들의 불안정 등 요인이 작용하
여 지역의 산업경쟁력이 하락하고 탈산업화가 진행되게 된다. 이와
같은 탈산업화 추세는 지역산업과 비즈니스 인력의 감축과 전출을 초
래해 고용이 하락하고 산업체 시설들이 폐쇄되어 빈 공간 혹은 황폐
한 공간으로 남게 된다. 그리고 지역에 고용이 감소하여 실업률이 증
가하면, 지역 소득이 감소하여 내수가 줄어들고, 주민들이 점차 활력
을 잃고 희망을 접게 되며, 일부 시민들은 새로운 일자리를 찾아 전출

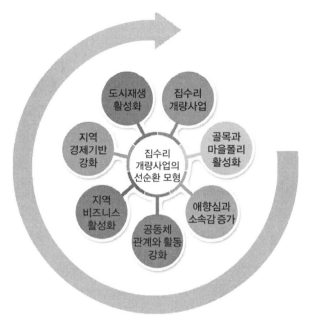

〈그림 6〉 집수리 사업 선순환 모형

하게 된다. 주민들의 절망은 학교에도 영향을 미쳐 교육에 대한 낮은 기대감과 낙서·범죄 등 불법행위가 증가하고, 도시의 재정결핍은 투자 부족으로 인한 도시환경과 공공시설의 낙후와 노후화로 이어져 도시가 급속히 쇠퇴하는 현상으로 이어진다. 이런 일련의 부정적 순환과정을 선순환 과정으로 전환을 추진하는 것이 바로 도시재생이다.

도시재생의 선순환 과정은 〈그림 6〉으로 설명할 수 있다. 〈그림 6〉모형은 요즘 도시재생사업의 한 방식으로 진행되는 저층 주거지 개량사업을 통한 지역 활성화 과정을 도식화한 것이다.

도시재생을 위한 집수리 개량사업은 골목길과 마을 중심인 폴리의 활성화를 가져와서, 주민들의 공동체에 대한 애향심과 소속감을 증가시키고, 공동체 관계와 활동을 강화시켜 근린활동이 활성화되며, 골

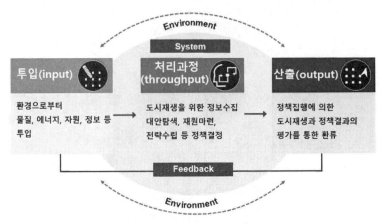

〈그림 7〉 도시재생시스템의 투입-처리-산출모형

목길과 공동체가 살아남에 따라 지역 비즈니스가 활기를 띠게 되어
지역 경제기반이 강화됨에 따라 지역재생이 달성되는 결과를 가져온
다. 즉, 집수리 개량사업이라는 미시적 접근을 통해 도시체제 내부의
선순환 구조에 의해 도시재생이 이루어짐을 볼 수 있다. 문제는 악순
환에 빠져 있는 도시를 선순환 구조로 전환하기 위한 전략과 프로그
램을 개발하는 것이다.

도시재생 체제의 투입-처리-산출과정

도시재생체제의 투입-처리-산출과정은 〈그림 7〉과 같이 도식화할
수 있다. 도시는 외부환경으로부터 물질, 에너지, 정보와 자원 등을
투입 받아, 체제 내부의 처리 과정을 거쳐 도시재생전략을 수립하여,
환경으로 정책을 산출한 집행결과로 도시재생을 가져오며, 마지막으
로 정책평가를 통해 투입으로 환류하거나 정책을 종결하는 일련의 과
정을 거치게 된다.

World Bank에서는 상기와 같은 도시재생 전략과정을 다음 4단계

로 구분하여 설명한다: 도시재생 구역지정, 계획, 자금 조달 및 집행.
그리고 도시재생 과정의 핵심 자산으로 다음 세 가지를 제시한다: 토
지, 공동체 및 환경(그림 8 참조).[5]

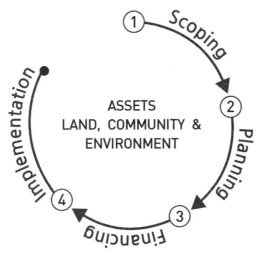

출처: World Bank: Tools for Urban Regeneration

〈그림 8〉 World Bank 도시재생 전략모형

① 재생구역 설정(scoping): 재생 비전의 제시

도시재생 프로세스는 재생을 위한 구역설정에서 시작한다. 재생구

---

5) World Bank는 전 세계 8개 도시(아마다바드, 부에노스아이레스, 요하네스버그, 샌디
에이고, 서울, 상하이, 싱가포르, 워싱턴 DC)의 사례를 참고하여 성공적인 도시재생을
위한 민간참여를 활성화하기 위한 토지 자산의 활용과 규제를 제시하였다. 8개 도시의
경험에 따르면, 성공적 도시재생을 위해서는 토지이용과 관련된 정치적 맥락, 정책 및
규제 도구, 커뮤니티 참여 범위 및 거버넌스 구조가 중요 요인으로 작용하고 있으며,
이와 함께 민간부문의 참여가 핵심적 요인으로 작용하고 있음을 보여준다. 즉, 도시재
생은 공공부문만의 노력 가지고는 성공할 수 없으며, 막대한 재정적 자원을 요구하는
사업이다. 그래서 지속가능한 도시재생을 위해서는 지역사회와 공조체제를 구축해야
하며, 민간부문이 참여하여 활용도가 낮은 공간의 재생이 추진될 것을 제안한다(인터넷
자료, World Bank Urban Regeneration 참조).

역의 설정은 도시가 직면한 문제에 맞서 도시의 과거와 미래 모두를 포함하는 전략적 결정의 도구를 제공한다. 즉, 도시재생은 과거를 외면하거나 지우는 작업이 아니라, 도시의 역사와 도시 고유의 'DNA'를 도시 미래를 위해 활용하기 위한 프로젝트의 의미를 갖는다는 것이다.

② 계획단계(planning): 재생 활동과 방식의 설계

도시재생 지구의 설정 단계는 재생 프로젝트의 분석적 토대와 지구 설정의 합리적 근거 및 설명을 제공하지만, 도시재생 계획은 장기적인 비전과 맥락을 설계하는 단계이다. 이 단계의 핵심은 불확실한 시장과 정치 환경에서 도시재생의 필연적 변화를 통한 지속가능한 재생의 비전을 제시하는 것이다. 그리고 이 과정에서 지나치게 엄격한 계획 구조를 형성하는 것도 바람직하지 않다. 왜냐하면, 과도하게 엄격한 구조와 규제는 민간투자를 유도하는 데 장애로 작용할 수 있기 때문이다. 그래서 효과적인 계획 틀(framework)은 도시재생 비전과 계획원리의 균형을 유지하며 공공, 민간 및 커뮤니티 부문 간의 협력 관계를 촉진할 수 있어야 한다.

도시재생의 건전한 계획 틀이 형성되면 도시재생의 규제 활동과 비전을 연계시키는 기능을 수행한다. 그럼으로써 민간부문이 위험을 감수하면서 투자 가능한 기회를 제공하는 것과 동시에, 공동체는 시장에 종속되지 않으면서 공공의 목표를 성취하는 것을 보장하게 한다. 그리고 도시재생의 계획단계는 재생계획을 어떻게 수립할 것인가의 토대와 방법론을 제시하는 과정에서부터 시작된다. 이와 함께, 도시재생 계획단계에서는 토지, 커뮤니티 및 지역 환경조건을 포함하여, 재생 프로젝트의 모든 필수요소 및 자산에 대한 면밀한 조사와 분석

을 포함해야 한다.

③ 자금 조달 단계(financing): 민간부문 자금 유치

도시재생의 주도권이 공공부문에 있는지 아니면 민간부문에 있는
지 여부는 도시재생을 위한 자금 조달방식에 영향을 미친다. 대규모
도시재생 프로젝트는 계획과 과정이 매우 복잡하며 설정된 계획구현
을 위해서는 막대한 자원이 요구된다. 그래서 이런 대규모 도시재생
사업을 완전히 충당할 수 있는 자원을 가진 도시는 사실 거의 없다.
이런 맥락에서 민간부문과의 파트너-십은 도시재생을 위한 비용 분
담뿐만 아니라 위험과 기술적 역량을 공유하기 위해서도 필요하다.
따라서 도시재생을 위한 자금 조달을 위하여 대다수 도시는 내·외적
자금원을 동원하고, 정책 및 규제 도구를 이용하여 민간부문과의 전
략적 파트너-십을 추구하며 자금을 조달한다.

도시재생을 위한 자금 동원에는 다양한 요인이 영향을 미친다. 가
장 중요한 요소는 재정 관리에 대한 도시의 통제 권한, 특히 도시 재
정수입과 배분에 관한 법적 및 제도적 맥락에서 도시 정부에게 부여
된 권한이 중요 요인으로 작용한다. 예를 들면, 지방 채권을 발행 및
관리할 수 있는 도시 정부의 권한과 신용도가 결정적인 요인으로 작
용할 수 있다. 또 다른 중요 요인으로는 혁신적 금융기법을 도입할 수
있는 도시 정부의 능력, 예를 들면 특정 지역을 개발 혹은 재생을 위
한 재정조달 능력과 권한이 부여되어 있는가가 영향을 미친다. 유럽
도시사례를 기반으로 도시재생자금을 효과적으로 조달하기 위한 두
가지 유용한 도구로서 금융과 규제 도구가 제시된다. 첫째, 금융 도구
로는 다양한 가치산정방식(최소수익 보장, 특별감정, 감가상각 등)의 허
용을 통하여 재생사업을 위한 직접 자금지원을 추진하는 방식이다.

둘째, 규제 도구로는 민간부문 참여를 장려하기 위해 과세 및 비과세 인센티브 활용, 용도구역 규정 및 개발 권한 등 도시 정부가 보유한 다양한 규제 권한을 사용하는 것이다.

④ 집행단계(implantation): 아이디어를 현실로 전환

도시재생의 집행단계는 장기적 비전을 공공과 민간부문 간의 재정적, 계약적 및 제도적 관계로 전환하는 단계이다. 그리고 집행단계에서는 재생 활동과 연계된 다양한 정치·행정조직들과 원활하고 지속적인 상호작용을 위한 건실한 제도와 실행 가능한 조직을 구축하는 단계이다. 또한 이 단계에서 도시재생 비전을 공공과 민간부문 사이의 실질적 파트너-십으로 전환하기 위한 실질적 계약이 체결되는 단계이다.

집행단계에서 가장 중요한 요인 가운데 하나가 바로 정치적 리더십이다. 도시재생은 장기적이며 다양한 이해관계자가 참여하는 혼란과 불확실성을 수반하는 혁신적 변화과정이기 때문에, 도시 미래에 대한 중요성을 이해하고 비전을 실현하기 위한 방안을 찾아 현실을 미래로 변화를 추구할 수 있는 강력한 리더십이 요구된다. 궁극적으로 도시의 정치적 리더십을 통해 도시 미래비전이 현실로 실현되고, 그 결과 커뮤니티 분열이 아니라 더 큰 결속력을 가져오는 도시재생이 되어야 한다.

도시재생의 성공적 수행을 위한 집행단계에서 또 다른 주요 요인은 바로 프로젝트 과정의 명확한 설계와 불확실성을 고려하여 예측모형을 최대한 세밀하게 작성하는 것이다. 다음으로 대규모 도시재생 프로젝트를 관리(통제) 가능한 구성요소로 단계적으로 분류하는 작업이다. 이어지는 작업은 대규모 도시재생 사업과 이를 실제 수행하는 건

설 프로젝트 사이의 복잡한 상호작용을 설명하는 작업이다. 예를 들면, 대규모 인프라 사업(도시기반사업, 교통, 공원, 폐쇄된 공장 내부정비 등)과 '장소성' 정립을 위한 상업과 주거지역 소규모 프로젝트 사이의 상호 연계성을 명확히 설정함으로써 궁극적으로 장기적인 도시재생 과정의 전반적 이해와 사업들 사이의 연계성과 완전성을 제시한다. 도시재생 집행단계의 마지막 중요 구성요인은 재생사업 실행을 위한 최적의 제도를 구축하고 권한과 책임을 적절한 단위와 조직에 부여하는 것이다. 이런 일련의 과정을 통하여 도시재생 계약이 잘 정립되고, 책임과 권한이 적절히 배분되어야 지속가능한 도시재생사업이 성공적으로 추진될 수 있다(World Bank, 2021).

도시재생의 역동적 안정상태와 항상적 작용

체제적 분석에서 물리적 체제와 인간사회체제의 차이는, 물리적 체제는 균형상태를 지향하는 데 비해 인간사회체제는 역동적 안정상태를 추구한다고 언급했다. 물리적 체제는 폐쇄체제로 환경과 투입과 산출작용을 수행하지 않기 때문에 시간이 지날수록 엔트로피가 증가하고, 종국에는 부분요소들 사이에 힘의 평준화가 진행되어 확률이 제일 높은 균형상태에 도달한다. 반면에 개방체제인 인간사회체제는 환경과 지속적인 투입과 산출작용을 수행하기 때문에 엔트로피 증가가 억제되고, 조직화를 통해 부정적 엔트로피 즉, 엔트로피가 감소하는 변화가 가능하며, 환경변화에 대응해 체제 내부의 처리 과정을 통해 역동적 안정상태를 추구한다.

이런 체제적 과정은 도시재생체제에서도 관찰된다. 도시재생은 일시적 행위가 아니라 도시의 지속적인 역동적 변화를 추구하는 활동이다. 환경이 변화하지 않고 항시 일정 상태에 멈춰있다면 도시도 일정

상태를 머물며 생존할 수 있다. 그런데 인간사회체제에서 환경은 끊임없이 변화하고, 변화하는 환경에 적절한 대응을 하지 못하면 도시는 바로 경쟁력을 상실하여 낙후와 쇠퇴의 늪에 빠지게 된다. 이런 논리에서 도시재생은 변화하는 환경에 신속히 대응할 것을 요구하며, 궁극적으로 도시가 낙후를 벗어나 재생하기 위해서는 환경변화에 대해 역동적 대응을 통한 안정상태를 추구할 것이 요구된다.

체제적 접근에서 항상적 작용은 체제의 생존과 유지를 위한 바이탈(vital) 활동을 의미한다. 인체의 예를 들면, 인간이 생존을 위해서는 체온을 36.5-37도를 항시 유지하고, 일정 수준의 혈압과 맥박 그리고 호흡을 유지해야 한다. 자본주의 체제에서 시장경쟁력을 유지하기 위해서는 끊임없이 변화와 혁신을 추구하며 '창조적 파괴'가 진행되어야 한다. 마찬가지 논리에서 지속가능한 도시재생이 되기 위해서는 외부 환경변화에 대응하여 끊임없이 새로운 창의적 아이디어를 창출하기 위한 노력이 지속되어야 한다. 미국 저널리스트인 에릭 와이너(Eric Weiner, 2016)는 그의 책 '천재의 발상지를 찾아서'에서 도시에 대한 재미있는(선정적인?) 말을 했다. '도시는 아이디어가 섹스하러 가는 곳이다'라는 말이다. 즉, 도시는 아이디어와 아이디어가 만나 융합을 통해 자식을 낳고, 끊임없는 변화와 혁신이 연출되는 공간이라는 의미이다. 이런 맥락에서 도시재생체제의 항상성은 일상의 작은 아이디어들이 모여 융합을 통해 자식을 낳고, 대가 이어지며 도시 DNA가 창출되는 지속가능한 도시재생을 의미한다.

요약하면, 도시재생을 위해 체제적 접근을 통해 어떤 목표와 비전을 추구해야 하는가? 아마 여기에 대한 해답을 유럽연합이 추진하는 ROCK 프로젝트에서 찾을 수 있을 것이다.[6] 유럽연합(EU)에서는 도시재생을 통해 시민이 편안한 도시, 안전한 도시, 창의적 도시를 추구

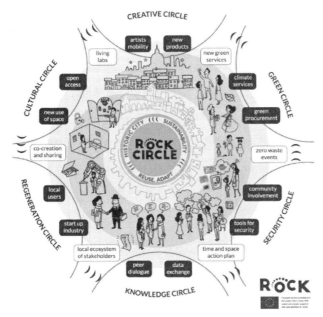

〈그림 9〉 EU Rock Project 도시재생 비전

할 것을 목표로 하고 있다. 〈그림 9〉는 유럽연합이 ROCK 프로젝트
를 통해 추구하는 도시재생의 비전과 목표를 보여준다.

　ROCK 프로젝트는 도시재생을 선형이 아닌 순환적 접근을 통해 기
술과 조직에 사회혁신을 결합하는 방식으로 추진한다. 이는 도시재생
을 추진하는 과정에서 새로운 자원과 파트너십을 유치하면서 지역의
고유한 역사와 장소성을 발굴하는 새로운 구성 요소를 추가하여, 도

---

6) ROCK(Regeneration and Optimisation of Cultural Heritage in Creative and
　 Knowledge) 프로젝트는 유럽연합이 지원하는 도시재생사업으로, 유럽의 유서 깊은 3
　 도시, 이탈리아 볼로냐, 포르투갈 리스본, 북마케도니아 스코페를 대상으로 도시의 문
　 화유산 보존·계승과 현대도시의 주요 이슈인 지속가능성, 접근성, 협업시스템 사이의
　 연계를 모색하기 위한 새로운 접근으로 추진되고 있는 프로젝트이다. ROCK의 이름에
　 서 알 수 있듯이, 도시의 문화유산을 창의적이고 지적인 접근을 통해 도시재생과 최적
　 화를 추구하기 위한 프로젝트이다(Houpert, 2019).

시 문화유산을 유지·강화 및 점진적으로 향상시키기 위한 작업이다. 즉, ROCK은 지역의 숨겨진 문화유산의 잠재적 가능성을 활용하여 장소적 가치를 발굴하고 도시재생을 위한 자원화를 추진하는 활동이다. ROCK 프로젝트는 도시 문화유산이 도시공간에 새로운 창조적 에너지를 가져 오는 원동력이 될 수 있음을 보여주기 위한 프로젝트로, 도시재생에서 핵심 활동 가운데 하나가 바로 지역의 숨겨진 장소적 자원을 발굴하여, 여기에 창조적 아이디어를 융합시켜 지역 활성화를 위한 부가가치를 창출하는 활동이라는 것을 보여준다.

위 그림으로부터 도시재생은 일련의 순환과정이라는 것을 알 수 있다. 도시의 숨겨진 역사와 문화유산은 장소적 가치발굴을 위한 주요 원천이며, 지역 특유의 장소적 자산에 주민들의 집단지혜와 다중지성이 합쳐져 창의적 아이디어를 창출하여 도시재생을 위한 새로운 원동력으로 작용하여, 궁극적으로 도시를 보다 안전하고 지속가능한 도시를 만들 수 있다는 것이다.

그러면, 상기와 같은 도시재생 목표와 비전을 추진하기 위하여 어떤 도시재생조직이 필요한가를 다음 절에서 살펴보도록 하자.

3. 도시재생 조직과 지원체계

본 절에서는 한국에서 도시재생사업을 담당하는 중심조직과 지원체계에 대해 알아본다. 먼저 중앙정부의 도시재생 담당조직과 체계에 대해 논의하고, 다음으로 지자체의 도시재생 지원조직에 대해 고찰하며, 마지막으로 도시재생 지원활동을 전담하는 도시재생지원센터에 대해 논의한다.

1) 중앙정부의 도시재생 지원체계

한국의 도시재생 지원조직과 체계를 보면, 중앙정부에는 도시재생특별위원회를 통해 범부처 협업사업을 패키지로 지원하며, 지자체는 주민과 함께 도시재생지원센터를 운영하며 경쟁력 있는 재생사업을 발굴 및 추진한다. 그리고 도시재생 지원기구는 지자체·주민이 도시재생사업을 추진하는 과정에서 맞춤형 지원을 제공한다(그림 10 참조).

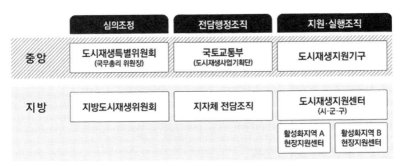

〈그림 10〉 도시재생 지원조직

중앙정부는 도시재생 사업을 효과적으로 진행하기 위해 〈그림 11〉과 같은 도시재생 계획수립 체계를 구성하여 운영하고 있다. 우선적으로 국가에서 '국가도시재생 기본방침'을 수립함으로서 도시재생정책을 좀 더 효율적으로 추진하기 위해 도시재생의 목표·지원 방향 등을 제시한다. 일반적인 경우에는 하위계획으로 지자체마다 '도시 재생전략계획'을 수립하여, 지자체의 사정에 맞게 각각의 추진방향을 설정하고, 좀 더 중점적으로 도시재생사업을 진행할 도시재생활성화 지역을 선정한다. 이후, 도시재생 전담조직과 지원센터가 구성되며 선정된 도시재생활성화지역을 대상으로 도시재생활성화계획 수립을 위해 도시재생 지원센터, 주민협의체, 도시재생 지원기구 등의 협의

가 이루어지며, 이를 토대로 도시재생 사업이 시행된다. 하지만 도시
재생 선도지역의 경우에는 도시재생을 긴급하고 효과적으로 실시하
여야 할 필요가 있고 주변지역에 대한 파급효과가 큰 지역으로, 국토
교통부가 직접지정하거나 지자체가 요청하여 지정한다(배민경·박승
훈, 2018). 그리고 도시재생 선도지역 지정은 기존의 Top-Down(하향
식)의 정책결정과 달리 Bottom-Up(상향식) 방식을 채택하여 지자체
의 의견을 최대한 반영하는 방식으로 진행되고 있다.

앞장 도시재생뉴딜사업에서 논의한 바와 같이, 문재인 정부 들어서
도시재생 지원예산이 확대되어 전국에서 도시재생사업이 추진되고
있다. 그리고 도시재생 뉴딜정책의 주안점은 지원은 하되 간섭은 최
소화한다는 원칙아래 사업이 진행되고 있는데, 사업 추진과정에서 선
택과 집중이 필요하며, 특히 중앙정부와 지방정부 간에 사업 분담이
요구된다(서민호 외, 2019).

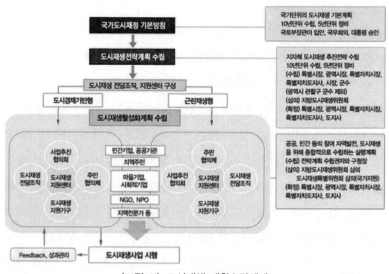

〈그림 11〉 도시재생 계획수립체계

중앙정부는 지역경제 활력제고와 전국적인 도시쇠퇴 제어, 최소한
의 국민 삶의 질 보장에 집중하고, 주거지 정비와 상권 활성화 등 근
린재생은 지역이 주도적으로 추진할 수 있도록 자율성을 극대화하는
것이 중요하다. 즉, 지역이 주도적으로 사업을 추진해야 하는 근린재
생형 도시재생 뉴딜사업에 대해서는 지자체와 공동체 중심으로 사업
이 기획·추진·운영될 수 있도록 예산운용체계 및 사업구조 개선이
요구된다. 지방 거점 조성과 쇠퇴 심각지역에 실효적으로 대응하기
위해서는 중앙정부 지원강화가 필요·중요하고, 지역이 주도하는 장
소 맞춤형 도시재생 추진을 위해서는 포괄적인 지원예산 편성 및 사
업 추진 권한을 지방으로 이양을 할 필요가 있다는 것이다. 이런 논리
에서 서민호 외(2019)는 중앙과 지방정부의 다음과 같은 사업 분담이
바람직하다고 주장한다.

첫째, 중앙정부는 광역 및 지방도시권의 지역 발전거점 조성과 쇠
퇴 심각지역의 기초생활 인프라 확충에 역량을 집중하고, 근린형 도
시재생은 지역에 권한을 대폭 이양하는 '선택과 집중'형 전략이 추진
될 필요가 있다.

둘째, 지방 거점도시의 구도심에 국공유지를 적극적으로 활용한 도
시재생사업을 집중 추진하고, 총괄관리자적 공기업 참여를 패키징한
지역 혁신거점 조성을 지자체 간 도시권 협약제 도입을 통해 실현할
것이 요구된다.

셋째, 쇠퇴 심각지역의 삶의 질 개선은 뉴딜사업과 생활SOC 확충
사업 연계를 통해 추진하고 예산계정·사업선정·운영관리를 통합하
는 범부처 추진조직이 직접 사업을 시행하여 적시·적소 대응을 강화
할 필요가 있다.

넷째, 도시재생의 지역 주도 추진 강화를 위해 지역자율계정 포괄

보조금의 지자체 선택권 강화와 유연한 국고 보조율 적용, 계획계약제에 기초한 도시재생 뉴딜 및 유관 사업의 다년 예산 편성 추진이 요구된다.

2) 지방정부의 도시재생 지원체계

도시재생은 낙후와 쇠퇴상태에 있는 지역을 활성화하여 주민들의 삶의 질 향상과 공동체 관계 복원을 통한 지속가능한 도시를 만드는 것을 목표로 하고 있다. 이를 위해서는 주민이 주체가 되어 지역문제를 확인하고, 문제해결을 위한 정책과 사업을 심의 및 결정과정에 주민이 적극적으로 참여하여 의견제시를 위한 공론화과정을 거쳐 사업이 확정되고 추진되어야 한다. 이것은 무엇을 의미하는가하면, 도시재생사업은 중앙이 주체가 되는 것이 아니라 지방이 주체가 되어 주민들의 의견을 적극적으로 수렴하고, 사업의 목표를 설정하고 계획을 수립하며, 추진을 위한 전반의 활동이 지역차원에서 수행되어야 한다는 것을 의미한다. 이런 맥락에서 중앙정부는 지원은 하되 간섭은 최소화하며, 도시재생사업의 주도권과 재량권을 지자체에게 부여하는 것이 바람직하다는 것이다. 상기와 같이 도시재생활동에서 지방의 역할이 중요한 바, 본 절에서는 서울과 인천의 도시재생 지원조직과 체계에 대해 살펴본다.

(1) 서울시의 도시재생 지원체계

서울시는 다음과 같은 3대 비전과 목표에 주안점을 두고 도시재생 정책을 추진하고 있다(김태현, 2015).

첫째, 함께 만들고: 주민, 민간, 행정이 함께 지속가능한 도시재생 환경을 조성

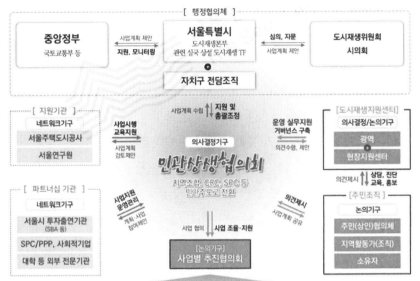

출처: 서울특별시, 2018, 2025 서울시 도시재생 전략계획

〈그림 12〉 서울형 도시재생 추진체계

둘째, 함께 잘살고: 도시를 이끌어 나갈 핵심지역의 경쟁력 향상

셋째, 함께 행복한: 쇠퇴 근린지역의 삶의 질 제고

상기와 같은 도시재생 비전과 목표를 성공적으로 추진하기 위하여 〈그림 12〉와 같은 도시재생 지원체제를 운영하고 있다.

서울시는 도시재생 추진체계의 상위에 중앙정부와 협의를 위한 통로를 마련하고, 각 지자체와 연계를 위한 행정협의체를 운영하고 있다. 서울시 조직 내부에는 민관상생협의회를 구성하여 지원기관, 도시재생지원센터, 주민조직 및 파트너십 기관들과 거버넌스 시스템을 구성하여 사업을 지원 및 총괄 조정하는 활동을 수행한다.

서울시는 서울형 도시재생 개념으로 '공동체 회복과 사회통합(지속 가능한 미래)'을 설정하여, 시민이 행복하고 활력있는 '도시재생특별시 서울'을 조성한다는 목표를 추진하고 있다. 이를 위해 과거 번성하였던 구도심이 보유하고 있는 역사적·문화적 정체성을 활용하여 품격 있는 공간을 조성하고 문화서비스를 확충함으로써 지역정체성 기반의 문화가치와 경관을 회복하는 방안에 주안점을 두고 있다. 또한 도시의 쇠퇴 문제를 직접 고민하고 해결책을 도출하는 '역량 있는 주민'을 육성하고, 민간단체·기업과의 협조체계를 구성함으로써 지역자원을 바탕으로 자율적 재생을 추진할 수 있는 지속가능한 도시기반을 마련하는데 중점을 두고 도시재생사업을 추진하고 있다(민현석·오지연, 2019).

(2) 인천시의 도시재생 지원체계

인천은 도시재생 비전으로 '사람과 문화, 산업이 공존하는 활력있는 인천 만들기'를 설정하여, 주요 추진 목표로는 다음 세 가지를 제시하고 있다(인천 도시재생지원센터, 2019).

첫째, 인천다움을 강화하기 위한 역사·문화·환경재생

둘째, 4차 산업시대 스마트재생을 위한 산업공간재생

셋째, 지속가능성을 확보하기 위한 주거지재생

상기와 같은 목표를 추진하기 위한 전략과 과제로서 〈그림 13〉과 같은 재생사업에 주안점을 두고 인천 도시재생을 추진하고 있다. 주요 내용을 살펴보면, 추진전략으로 낙후/쇠퇴지역의 장소적 자원 발굴과 마케팅, 유휴시설 공간을 활용한 혁신 거점지역 조성, 노후 주거지 재생을 통한 침체지역 재생에 중점을 두고 있다. 도시재생 중점과제로는 지역 고유의 역사 문화자원 네트워크를 구축하여 지역 활성화

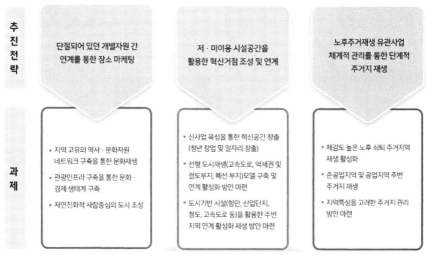

추진전략

| 단절되어 있던 개별자원 간 연계를 통한 장소 마케팅 | 저·미이용 시설공간을 활용한 혁신거점 조성 및 연계 | 노후주거재생 유관사업 체계적 관리를 통한 단계적 주거지 재생 |

과제

- 지역 고유의 역사·문화자원 네트워크 구축을 통한 문화재생
- 관광인프라 구축을 통한 문화·경제 생태계 구축
- 자연친화적 사람중심의 도시 조성

- 신사업 육성을 통한 혁신공간 창출 (청년 창업 및 일자리 창출)
- 선형 도시재생(고속도로, 역세권 및 철도부지, 폐선 부지)모델 구축 및 연계 활성화 방안 마련
- 도시기반 시설(항만, 산업단지, 철도, 고속도로 등)을 활용한 주변지역 연계 활성화 재생 방안 마련

- 체감도 높은 노후 쇠퇴 주거지역 재생 활성화
- 준공업지역 및 공업지역 주변 주거지 재생
- 지역특성을 고려한 주거지 관리 방안 마련

〈그림 13〉 인천 도시재생 추진전략과 주요 과제

를 위한 경제생태계를 구축하고, 내항과 역세권 주변지역 활성화를 통한 청년 창업 및 일자리 창출을 유도하며, 원도심과 쇠퇴지역 주거지와 공동체 회복을 통한 주민 삶의 질 개선사업을 핵심 과제로 추진 중에 있다.

인천은 상기와 같은 도시재생전략과 과제를 추진하기 위하여 〈그림 14〉와 같은 도시재생사업 추진체계를 구축하여 운영하고 있다. 추진체계를 살펴보면, 인천시는 도시재생건설국 소속에 재생정책과를 두어 도시재생정책 전반을 관리조정하며, 중앙의 국토교통부 도시재생기획단과 연락을 주고받고 있으며, 기초자치단체 도시재생과와 업무상 협력관계를 유지하고 있다. 실제적인 도시재생 지원업무는 인천도시공사에 위탁해 운영하고 있는 인천시 도시재생지원센터가 맡아 주민들 교육과 공동체 역량강화를 위한 지원사업을 수행하고 있으며, 주민 및 지역 주체들과 도시재생을 위한 거버넌스 시스템 구축과 도

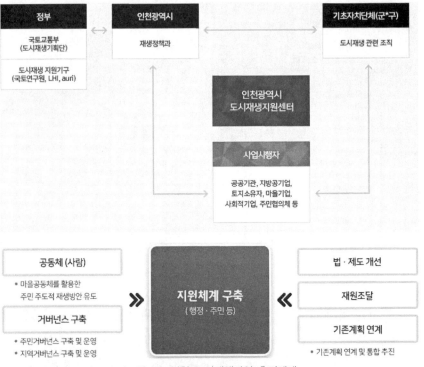

〈그림 14〉 인천 도시재생사업 추진체계

시재생대학 운영 등 전반적 지원활동을 수행하고 있다.

　인천 도시재생지원센터 계층조직을 보면, 인천도시공사 위탁기관으로 인천광역시 도시재생지원센터가 설립되어 기초자치단체 도시재생지원센터를 지원하는 기능을 수행하며, 기초자치단체 도시재생지원센터는 실제로 재생사업이 추진되고 있는 현장 지원센터를 지원하거나 주민, 민간, 행정 등 관련주체와 긴밀히 소통하며 사업실행 지원 역할하고 있다. 광역시 도시재생지원센터는 도시재생과 연관된 활동을 수행하는 사회적경제 지원센터, 마을만들기 지원센터, 집수리 지원센터, 주거복지 지원센터 등과 수평적 관계에서 연계와 협력관계를

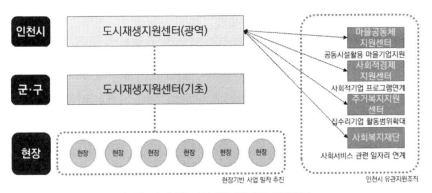

〈그림 15〉 인천 도시재생지원센터 계층조직

유지하며 인천의 도시재생사업을 지원하고, 공동체 역량강화를 위한
교육을 실시하며, 재생활동을 원활하게 추진하기 위한 거버넌스 시스
템 구축 등을 수행하고 있다(그림 15 참조).

최근 들어 광역 도시재생지원센터는 기존에 부여된 역할 외에 도시
재생뉴딜사업의 인큐베이팅 역할을 부가하고, 기초 도시재생지원센
터는 현장·프로젝트 중심의 소규모 조직으로 관련주체와 긴밀히 연
계되어 소통하고 현장에서 사업실행지원을 하는 것으로 역할 부담이
추진되고 있다. 즉, 도시재생 뉴딜정책으로 도시재생의 패러다임이
확장·전환되면서 도시재생지원센터에 요구되는 역할도 증가 및 강조
되고 있는 것이다. 단순히 지역 활성화만을 추진하는 것에 더해 청년
일자리 창출과 유휴공간 활용을 통한 창업활동 지원 및 지역의 숨어
있는 장소적 자원발굴과 마케팅 활동 등 지원센터의 활동영역이 점차
확대되는 추세에 있다(윤혜영, 2017).

3) 도시재생지원센터 주요 기능과 과제

도시재생 지원센터는 도시재생 지역 내에서 재생이 활성화되도록

지원하는 조직으로 현장 중심의 공공과 민간의 거버넌스를 실행하는 조직이다. 도시재생 지원센터는 시도 단위의 광역 도시재생 지원센터와 시군구 단위의 기초 도시재생 지원센터, 도시재생 활성화 지역에 설치하는 현장지원센터로 구분하고 있으며, 일부 지자체는 기초지원센터가 현장지원센터의 역할을 하기도 한다. 도시재생사업에서 규정하고 있는 도시재생 지원센터의 주요 역할 및 기능을 보면 다음과 같다(노현준, 2019).

첫째, 센터 운영업무로서 도시재생 전략계획을 수립하고 해당사업의 지원 역할, 도시재생 사업의 원활한 수행을 위하여 해당 지자체의 조례로 정한 업무 등을 수행한다.

둘째, 도시재생 활성화 지역 내 주민들의 의견을 조율하고 지원하는 역할을 수행한다. 주민과 행정 사이에서 원활한 협치를 도모하며 주민협의를 통한 주민참여 활성화 및 공동체를 지원한다.

셋째, 교육프로그램 기획으로 현장전문가를 양성하기 위한 교육프로그램을 운영하고, 마을기업의 창업 및 운영을 원활하게 할 수 있도록 관계단체와 연계 교육을 지원한다.

도시재생 지원센터의 설치 방식, 인적 구성 등에 필요한 구체적 사항은 지자체가 조례로 정할 수 있고(시행령 제14조제4항), 2020년 11월 현재 전국에 406개 도시재생 지원센터가 설치되어 운영되고 있으며, 지역의 사회적경제 지원센터, 마을관리협동조합 등 사회적 경제조직과 연계·협력관계를 통하여 도시재생 생태계 구축을 추진하고 있다.

도시재생 지원센터가 지역 재생활동의 중심조직으로 자리메김하기 위해서는 현재 수행하는 재생사업뿐만 아니라, 지역공동체가 직접 사업을 수행할 수 있도록 지원하고 지역사회의 요구에 부응하는 사업과 활동을 담당할 수 있는 기반을 구축해야 한다. 도시재생이 성공적으

로 추진되기 위해서는 지역 공동체 형성-도시재생-마을경제 확산 등
을 위한 지역 전체의 사회적 기반이 갖추어져야 하므로, 도시재생 지
원센터는 종합적인 지역 활동 지원을 위한 능력이 배양될 필요가 있
는 것이다. 이를 위해서는 도시재생지원센터와 유관 중간지원조직들
이 공간적-기능적으로 연계하여 유기적인 협력체계를 구축할 수 있
는 방안을 마련하고, 지자체 특성별로 다양한 운영모델을 만들어 성
과를 공유하는 시스템을 마련할 필요가 있다.

다음으로, 도시재생 뉴딜사업 추진으로 도시재생 사업지역이 급격
히 증가함에 따라, 지역별로 관계부서 및 유관기관, 지역 내 단체와의
협업 및 거버넌스 구축의 필요성이 더욱 중요하게 될 것이다. 이런 공
동체 요구에 효율적으로 부응하기 위해서는 지역특성에 맞게 유관부
서 중간지원조직을 동일한 공간에 두거나, 부서 간 칸막이를 넘어선
사업추진이 가능하도록 거버넌스 체계를 유연화할 필요가 있다.

마지막으로, 도시재생사업에 대한 지원이 종료되더라도 지속적인
사업관리와 운영 및 주민들의 관심과 지원을 끌어내기 위해서는 공동
체 역량 강화와 주민과 지속적인 소통을 위한 공론의 장이 마련되어
지역 도시재생 생태계가 확고히 구축될 수 있도록 사후 관리에도 역
점을 두어야 한다(임상연, 2018).

4. 복잡계(Complex System)와 도시재생

20세기 후반 들어 세상이 엄청 빠르게 변하며 고속사회(fast
society)를 연출하고 있다. 예전에는 1세대를 보통 30년 정도로 잡았
는데, 인텔 창업자 고든 무어(Gordon E. Moore)가 매18개월마다 컴퓨

터 용량과 속도가 2배가 되는 시대가 열렸다고 하더니, 이후 삼성전
자 대표였던 황창규는 18개월이 아니라 매12개월마다 컴퓨터 메모리
용량과 속도가 2배가 되는 시대가 되었다고 선언했다. 그래서 요즘은
'쌍둥이 사이에서도 세대 차이를 느낀다'는 우스갯소리가 나올 정도
로 세상이 빠른 속도로 변하고 있다.

사회과학분야에서는 요즘을 '학문의 위기시대'라고 말한다. 예전에
는 사회가 변하면, 변화한 사회를 설명하기 위한 새로운 이론을 개발
할 시간적 여유가 있었다. 그런데 요즘에는 이런 완충 시간이 없이 세
상이 급변하여, 변화된 사회를 설명하기 위해 새로운 이론이 개발되
면, 사회는 이미 저 만큼 다른 세상으로 가있어 개발된 이론이 쓸모없
게 되어버린다는 것이다.

특히 글로벌 사회가 전개된 이후, 지구촌이 하나의 공동체로 연결
되어 사회현상에 수많은 변수와 요인들이 영향을 미치게 되었고, 영
향범위 또한 근린공동체, 지역, 도시, 국가를 넘어 글로벌로 확대되
는 시대가 도래 하였다. 이런 글로벌 고속사회에서 지금까지 체제적
시각에서 사회현상을 설명하기 위해 정립되었던 일반체제 모형으로
는 설명할 수 없는 복잡한 현상들이 발생하였고, 이런 복잡한 사회현
상을 설명하기 위한 원리로 개발된 것이 바로 복잡계(complex system)
이론이다.

1) 4C 이론

사회가 급변하고 복잡해짐에 따라 복잡한 사회변화를 설명하기 위
한 다양한 모형과 이론들이 개발되었다. 시스템 원리에서 볼 때 일반
체제이론이 개발된 이후 사회가 변함에 따라, 변화하는 사회현상을
설명하기 위한 원리로 4C 이론이 개발되었다. 4C 이론을 시기별로

살펴보면, 1960년대 사이버네틱스 이론(Cybernetics Theory), 1970년
대 파국이론(Catastrophe Theory), 1980년대 카오스이론(Chaos Theory)
그리고 1990년대에 복잡계 이론(Complex System Theory)이 등장하였
다. 도시재생에서 복잡계 이론의 적용에 대해 알아보기에 앞서, 4C
이론에 대해 간단히 고찰해 보자.

사이버네틱스 이론(Cybernetics Theory)

사이버네틱스 이론은 미국의 수학자이자 전기공학자인 노버트 비
너(Norbert Wiener, 1894-1964)에 의해 개발된 이론으로, 일반적으로
인공두뇌학으로 알려져 생명체, 기계, 조직과 또 이들의 조합을 통해
통신(communication)과 제어(control) 작용을 주로 연구하는 학문이다.
사이버네틱스는 시스템의 주요 활동으로 의사소통과 조정(통제)을 제
시하며, 조직에서 정보의 관리와 통제, 소통과 흐름이 중요하다는 것
을 밝혔다. 이런 영향으로, 예전에는 조직 활동의 핵심으로 인사관리,
재무관리, 생산관리, 영업관리 등이 제시되었으나, 사이버네틱스 이
론이 개발된 이후 정보(지식)관리가 조직의 핵심활동으로 부각되었다.
사이버네틱스가 학문 분야로서 지닌 주요 특징은, 인간과 기계, 동
물을 구별하지 않고 모두 자기조절기능을 지닌 복잡한 시스템으로 유
기체를 정의한다는 점이다. 여기서 유기체는 두 가지 요건을 갖추어
야 하는데, 첫째는 피드백 루프를 갖고 있어야 하며, 둘째는 자율통제
시스템이 작동하여 한다는 것이다(이희은, 2013). 요즘은 보편적 개념
인 '피드백'의 중요성을 일깨워 준 사람이 바로 노버트 비너이며, 인
간과 기계 사이의 정보전달과 제어/통제, 그리고 피드백 기능이 융합
되어 로봇시스템이 개발되었고, 인공지능으로 진화되는 첫걸음을 사
이버네틱스 이론이 열었다.

파국이론(Catastrophe Theory)

파국이론은 프랑스 수학자 르네 톰(René Thom, 1923-2002)에 의해 개발된 이론으로, 겉보기에 안정한 계(시스템)가 (사실은 불안정하여) 외부의 아주 작은 자극이나 간섭을 받을 때 불안정이 점점 증가하여 아주 짧은 시간에 계(시스템)에 갑자기 큰 변화가 일어나는 현상을 물리학적으로 파국이라고 한다. 예를 들면, 산사태나 눈사태 현상이 파국이론에 의해 설명될 수 있다. 겉보기에는 평소와 다름없이 안정된 상태인 것 같은데, 폭우가 내리거나 폭설이 내리면 갑자기 산사태/눈사태로 번져 큰 변화를 가져오는 현상을 파국이론으로 설명한다.

이런 현상을 사회에서도 종종 목격된다. 겉보기에는 건실한 회사로 보였는데, 어느 날 갑자기 도산하여 폐업하는 기업들을 도처에서 볼 수 있다. 사람도 평소에 온화한 성격으로 느꼈는데, 어느 순간엔가 분노를 참지 못해 폭발하는 현상을 볼 수 있다. 역사 속에서 1789년 발생한 프랑스 대혁명, 1989년 발생한 동구권 붕괴, 한국에서 2016년 발생한 촛불집회와 박근혜 정권붕괴 등을 파국이론으로 설명한다.[7] 즉, 시스템 내부에서는 끊임없는 변화가 진행되었는데, 이런 시스템 내부 작용이 겉으로는 감지되지 않다가, 외부환경의 작은 충격이나

---

7) 2016년 발생한 촛불시위와 이어진 박근혜 정권붕괴를 파국이론으로 설명할 수 있다고 필자는 생각한다. 박근혜 정권은 단순히 최순실 국정농단에 의해 붕괴된 것이 아니라, 이전에 발생했던 일련의 사건들, 국정교과서 파문, 개성공단 폐쇄, 세월호 참사의 부실한 해명과 조치 등으로 인해 정부에 대한 신뢰를 잃고 속이 부글부글 끓었었는데, 여기에 최순실 국정농단이 밝혀져 충격으로 작용하여 그동안 분노를 참았던 국민들이 밖으로 뛰쳐나와 집단행동을 보인 것이 대규모 촛불시위이며, 결과가 박근혜 탄핵으로 이어져 정권이 무너지는 현상을 초래했다. 역사를 논하며 가정을 대입시키는 것은 의미가 없지만, 만약 세월호 참사가 발생하지 않았거나, 개성공단을 폐쇄하지 않았고, 국정교과서 추진이라는 무리수를 두지 않았다면, 최순실 국정농단이 있었더라도 박근혜 탄핵까지 가는 대규모 촛불시위가 발생했을까 하는 생각을 해본다. 그리고 북한 정권붕괴도 아마도 파국이론에 따르지는 않을지 심히 궁금하다.

개입에 의해 시스템 전체의 거대한 변화가 일어나는 현상을 파국이론
을 통해 이해할 수 있다.

카오스 이론(Chaos Theory)

1960년대 미국의 기상학자 애드워드 로렌츠(Edward Lorenz, 1917-
2008)에 의해 개발된 이론으로, 3체 미분방정식을 풀던 중 실수로 소
수점 셋째짜리 미만을 생략했는데, 이를 나중에 검토하는 과정에서
초기 조건의 아주 미세한 오차가 기상 예측에 극심한 차이로 나타난
다는 것을 발견하게 되었다. 이를 계기로 미세한 오차가 다른 오차를
낳고, 새로운 오차가 또 다른 오차를 낳는 식으로 연쇄 효과를 일으켜
큰 오차를 내기 때문에 예측하지 못한 결과가 일어난다는 가설이 제
기되었으며, 이후 카오스 이론으로 명명된 분야에 대한 연구가 시작
되었다(나무위키, 2021).

카오스 이론을 설명할 때 자주 등장하는 말 중 하나가 나비효과
(butterfly effect)인데 사실 나비효과는 카오스 이론에 의해 나타나는
현상 중 하나로, 나비의 작은 날갯짓이 날씨의 큰 변화를 일으키듯,
미세한 변화나 작은 사건이 추후 예상하지 못한 엄청난 결과로 이어
진다는 것을 의미한다. 나비효과라는 말은 1972년 미국과학진흥협회
에서 실시했던 강연제목인 "브라질에서 나비가 날갯짓하면 텍사스에
서 토네이도가 일어날까?"에서 유래했다. 브라질에 있는 나비가 날개
를 한 번 퍼덕인 것이 대기에 영향을 주고, 이 영향이 시간이 지나면
증폭되어 긴 시간이 흐른 후 미국을 강타하는 토네이도를 동반한다는
기후영향을 나타낸 표현이다(YTN사이언스, 2019).

이런 카오스 이론의 주요 논점은 자연현상에 내재된 복잡성의 원인
이 무작위성이 아니라 예측불허성이라는 것이다. 즉, 동일한 초기조

건이 주어지면 항상 같은 결과에 도달한다는 결정론적 관점이 무작위적인 요인을 배제하면, 초기조건이 조금만 달라져도 결과는 크게 바뀌어 예측이 불가능하게 된다는 것이 혼돈(카오스)이론의 근본 개념이다. 이런 카오스이론은 무질서하게 보이는 혼돈 속에 현상의 원인이 되는 작은 요인이 숨겨져 있으며, 겉보기에는 한없이 무질서하고 혼돈된 불규칙한 것으로 보이지만 내부에는 어떤 질서와 규칙성이 숨어 있는 현상들이 존재한다는 것을 설명한다. 이러한 예로는, 자연현상에서 철새들의 군무와 바다 속에서 작은 어류인 정어리의 집단 이동 행태를 들 수 있다. 철새의 군무가 오랫동안 먼 길 이동을 위한 연습 비행인지 대열정비를 위한 비행인지는 명확히 알려지지 않았지만, 집단비행을 통해 생존확률을 높인다는 중요한 의미가 있다. 마찬가지로 바다 속 정어리의 무리이동은 상어나 다랑어 등 큰 어류로부터 생존을 위한 집단 활동의 결과이다. 정어리와 같은 작은 어류들은 무리를 짓지 않고 단독으로 행동할 경우 포식자의 먹잇감이 되기 쉽지만, 무리를 이루며 다닐 경우 포식자의 공격을 막아내는데 유리한 점이 많기 때문이라고 한다.[8]

유사한 현상이 인간사회체제에서도 관찰된다. 대표적 사례로 시장경제체제를 들 수 있다. 정치경제학자인 아담 스미스는 그의 책 「국부

---

8) 정어리들이 무리지어 다니면 하나의 거대한 생명체 같이 보이는 효과가 있기 때문에 포식자가 함부로 다가오지 못한다고 한다. 또한 무리 근처에 맴도는 포식자를 가장 먼저 발견한 작은 어류가 몸을 숨기기 위해 비교적 안전한 쪽으로 몸을 숨기면 나머지 어류들 또한 자신들의 본능에 의해 몸을 안쪽으로 숨기면서 무리 전체가 조밀하게 뭉쳐 형태의 변화를 가져오기 때문에 포식자가 지레 겁을 먹고 도망간다고 한다. 또 다른 이유로는 무리를 짓는 것이 번식에도 유리하다고 한다. 어류는 체내 수정이 아닌 체외 수정을 하기 때문에 다른 동물들에 비해 수정될 확률이 낮을 수밖에 없는데, 무리를 이루며 다닐 경우 수정확률이 높아진다고 한다. 또한 다른 동료들이 생존을 위해 어떤 행동을 하는지 배울 수 있어 무리이동으로 생존확률이 높아진다고 한다(수협중앙회, 2016).

론」에서 시장경제는 자유로운 상태에 놓아두면 〈보이지 않는 손〉이 작용해서 자율적으로 자원의 효율적 이용을 가져온다고 주장한다. 시 장경제에서 가격, 임금, 이자율 등이 수요와 공급활동의 신호체계로 작용해서, 상품시장에서 수요가 증가하면 가격이 높아지고, 가격이 높 아지면 공급이 증가해서 수요와 공급의 균형을 가져오며, 마찬가지로 노동시장과 자본시장에도 임금과 이자율이 동일한 원리로 작용해서 시장경제는 자율적인 균형 상태에 도달한다는 것이다. 즉, 시장 활동 이 무질서하고 불규칙하게 보이지만, 내부에서는 보이지 않는 손이 작 용해서 자원의 효율적 이용을 가져오고, 각 개인의 부가 축적되어 국 가 전체의 부의 축적을 가져온다는 논리이다. 그런데 이렇게만 작동하 는 줄 알았는데, 주식시장에서 초기의 작은 변화가 침체를 가져오고, 불황으로 이어져, 경제공황이라는 대혼란을 야기하기도 한다. 한국에 서도 1997년 글로벌 금융시장 개방이라는 초기 변화가 경제의 복합불 황으로 이어져 국가파산이라는 외환위기까지 몰고 간 상황을 경험하 였다. 이러한 현상들은 기존의 일반체제이론으로는 명확히 설명될 수 없었는데, 이제는 카오스 이론을 통해 잘 이해되고 있다.

복잡계 이론(Complex System Theory)

복잡계는 아직도 진행 중인 개념으로 합의된 정의는 없으며, 완전 한 질서나 완전한 무질서를 보이지 않고, 그 사이에 존재하는 시스템 으로써, 수많은 개별 요소들로 구성되어 있으며, 그들 사이의 비선형 상호작용에 의해 개별 요소의 특성과는 확연히 다른 창발적 특성을, 환경과의 관계에서 자기조절(환류)작용을 통해 만들어 내는 시스템이 다. 〈그림 16〉은 시스템 이론의 진화과정과 복잡계와 관련된 주요 이 론들 사이의 연계 네트워크를 보여준다. Castellani(2009)가 제시한

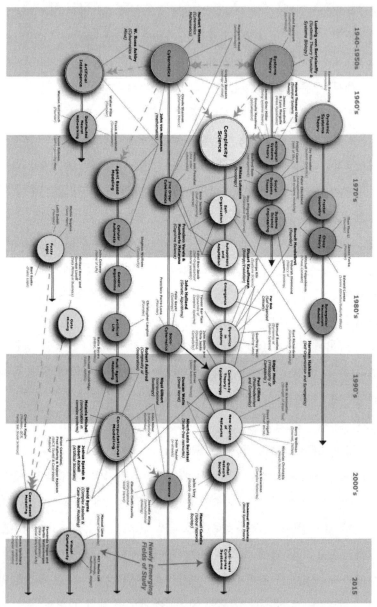

출처: Brian Castellani, Map of the Complexity Science

〈그림 16〉 시스템이론과 복잡계 이론 계보

그림이 복잡계 이론의 계보를 완전하게 보여주지는 않지만, 시스템 이론부터 시작해서 사이버네틱스, 다이내믹 시스템 이론, 프랙탈 디자인, 카오스 이론, 자기조직화 활동, 창발성, 인공지능 등과 연계되어 글로벌 사회까지 진화되는 일련의 과정을 잘 보여주고 있다.

복잡계가 아직도 완전하게 정립된 이론이 아니기 때문에 (앞에서 언급한 바와 같이, 사회가 급변하여 이론을 정립하면 세상은 더 앞서가 있기 때문에), 복잡계가 갖는 속성도 학자들에 따라 다양하다. 김문조(2003)는 복잡계의 속성으로 비평형, 비선형성, 소산구조, 자기조직화, 프랙탈 기하학, 자동생산성, 공진화의 7개 특성을 제시한다. 그런가 하면, Peter Reason and Brian Goodwin(1999)은 복잡계의 특성으로 다음 6가지를 제시하고 있다(Whal, 2006).

첫째 다중적 상호작용(rich interconnections)으로, 복잡계는 다양한 개체들 사이에 다중적이고 복잡한 비선형 상호작용을 수행한다.

둘째 순환성(iteration)으로, 복잡계는 일시적 활동이 아닌 순환반복적 활동을 통해 새로운 창발적(돌발적) 형태로 전이되는 특성을 갖는다.

셋째 창발성(emergence)으로, 복잡계의 전이형태는 개별 개체의 특성으로는 파악할 수 없으며, 개체들 사이의 역동적 관계 내에 작동하는 복잡한 상호작용의 이해를 통해야만 발견할 수 있다.

넷째 전체성(holism)으로, 복잡계는 시스템 부분요소의 총합으로는 설명할 수 없고, 시스템의 모든 부분요소 사이의 상호작용 결과로만 설명되는 독특한 특성을 갖는다.

다섯째 흔들림 혹은 동요(fluctuations)로서, 순환반복과 창발적 전이과정에서 복잡계 내부는 새로운 질서 확립을 위하여 흔들림 혹은 동요와 같은 불안정 상태에 놓이게 된다.

여섯째 혼돈의 가장자리(edge of chaos)로서, 유기체로서 복잡계는 혼돈의 가장자리에서 시스템 전체의 창발적 특성을 찾아내는 잠재적 창의력이 극대화된다.

복잡계는 종합 학문적 접근으로서 다양한 학문 분야-물리학 분야에서 자기조직화와 임계상 원리, 사회과학 분야에서 자발적 질서창출 원리, 수학에서 카오스원리, 생물학 분야에서 적응원리 등-에 기대어 이론이 정립되고 있다. 이런 맥락에서 복잡계는 통계물리학, 정보이론, 비선형 다이내믹, 인류학, 컴퓨터 공학, 기상학, 사회학, 경제학, 심리학, 생물학, 도시학 등 다양한 분야에 걸친 통합적 연구를 위한 접근방식을 제공하는 현재 진행형의 분석방식이라고 할 수 있다.

2) 복잡계와 도시재생

도시는 살아 있는 유기체로서 다양한 개별 활동이 모여 도시라는 전체성을 갖는 집합체를 만들어 낸다. 이 과정에서 환경과 투입과 산출의 상호작용을 통해 도시가 번성하기도 하고 쇠퇴하기도 한다. 환경변화에 대해 도시가 적절히 대응하면 도시 성장과 번영을 가져오지만, 부적절한 대응이나 환경변화를 따라가지 못하면 도시는 경쟁력을 잃게 되고, 결국 침체와 불황의 늪에 빠지게 된다. 특히 최근에는 변화가 급속히 진행되는 고속사회가 진행되어 도시 시스템에도 복잡계 원리가 높은 설명력을 제공한다.

도시재생이 왜 요구되는가? 시스템 시각에서 고찰할 때, 도시가 환경과의 관계에서 투입과 산출의 상호작용을 적절히 수행하지 못한 결과 경쟁력을 잃고 낙후와 쇠퇴가 진행되어 도시재생이 요청된 것이다. 그러면 도시쇠퇴의 악순환을 어떻게 해야 성장의 선순환으로 전환 시킬 수 있는가? 이 질문에 대한 해답을 복잡계 원리에서 찾아보

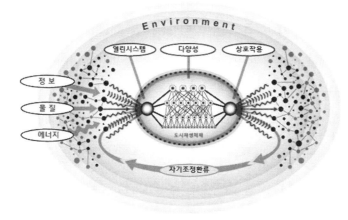

출처: Lucas(2006)
〈그림 17〉 복잡계 도시재생 모형

도록 하자.

　삼성경제연구소의 윤영수 외(2006)가 연구한 '격변기의 자기조직화 경영'은 급변하는 현대사회에 기업이 경쟁력을 갖고 생존을 위한 방안을 복잡계 원리를 이용하여 모색한다. 급변하는 복잡계 환경 속에서 기업이 생존 및 발전하기 위해서는 '자기조직화 경영'을 추구해야 한다고 연구는 주장한다.9) '자기조직화 경영'은 조직을 의도적으로 혼돈의 가장자리로 몰고 가서 구성원들의 자발적이고 바람직한 변화를 유도하는 경영방식을 의미한다. 혼돈의 가장자리에서 기업은 자기조직화를 통해 경영환경의 불확실성과 단절적 변화에 적응할 수 있는 역동적인 구조를 창출할 수 있다. 이 때 자기조직화가 이루어지기 위해서는 '3+1'전략이 요구된다고 연구자들은 설명한다. 첫째 열린시스템 구축으로, 조직이 외부환경과 다양한 정보와 인재를 주고

---

9) '자기조직화'는 시스템을 구성하는 여러 개체가 상호작용을 통해 밑으로부터 자발적으로 환경적응을 위한 새로운 질서를 만들어 내는 활동을 의미한다.

받을 수 있어야 한다. 둘째 시스템의 다양성으로, 구성원들의 다양성
이 높아질수록 환경 적응력이 높아진다. 셋째 상호작용의 활성화로,
조직 내에서 개체들 사이의 정보소통이 원활히 이루어져야 한다. 이
에 더하여 한 가지 더 필요한 것이 바로 '자기조정 프로세스'로, 시스
템의 변화 방향을 기업의 생존과 성장에 부합하도록 유도해야 한다
는 것이다.

급변하는 사회에서 기업 생존과 성장을 위한 복잡계 원리를 도시재
생 시스템에 적용해 논의해 보자. 도시가 쇠퇴의 악순환에서 재생의
선순환으로 돌아서기 위해서는 자기조직화 활동이 요구된다. 스페인
빌바오가 도시재생을 가져온 요인으로는 환경변화에 따라 '조선산업
→ 문화예술'로 스스로 변신과 진화를 시도했기 때문이다. 이런 빌바
오도 성장의 앵커 역할을 했던 '구겐하임 효과'에서 최근에는 '빌바오
의 저주'라는 말이 나올 정도로 사회가 급변하고 있다. 즉, 빌바오가
구겐하임에 대한 의존도가 너무 크기 때문에, 주변 다른 도시가 유사
한 미술관을 유치하면 빌바오는 경쟁력을 잃어 다시 침체에 빠질 수
있다는 것이다. 글로벌 고속사회에서 급변하는 환경에 신속히 대응하
지 않으면 어떤 도시도 결코 안정적 성장을 장담하지 못한다. 이런 맥
락에서 지속가능한 도시재생을 위해서는 〈그림 17〉과 같은 복잡계 원
리를 수용할 것이 요구된다.

도시재생시스템은 환경으로부터 정보, 물질, 에너지, 자원 등을 투
입 받아 내부의 처리 과정을 거쳐 환경으로 도시재생이라는 산출물을
배출한다. 이 과정에서 환경이 계속 변하기 때문에, 산출결과는 재생
시스템에 투입으로 작용하는 순환과정이 반복된다. 이 과정에서 급변
하는 환경에 도시재생시스템이 신속한 대응을 위해서는 다음과 같은
'3+1' 전략이 요구된다.

첫째, 열린 시스템 구축이 요구된다. 도시재생 시스템은 개방체제로서 환경으로부터 재생의 원동력이 될 수 있는 정보, 인적 및 물적 자원, 아이디어 등을 끊임없이 투입 받아야 한다.

둘째, 시스템 구성 요소의 다양성이 확보되어야 한다. 도시재생 시스템은 어떤 특정 개인이나 집단이 주도하는 것이 아니라 다양한 집단과 구성원들이 참여하는 열린 시스템이 구축되어야 한다. 사회에서 가장 단일한 개체로 구성된 조직체를 꼽으라면 아마 군대와 종교집단이 으뜸일 것이다. 군대는 모두 똑같은 막사에서, 똑같은 옷을 입고, 똑같은 시간에, 똑같은 훈련을 받으며, 똑같은 생활을 하는 집단이다. 종교집단도 마찬가지로 똑같은 교리를 믿는 사람들이, 똑같은 시간에 모여, 똑같은 찬송을 하며, 똑같은 신앙생활을 하는 집단이다. 이런 동일 구성원으로 이루어진 체제에서는 변화와 혁신을 기대하기 힘들다. 마찬가지 논리가 도시재생체제에도 그대로 작동한다. 그래서 도시재생체제에는 다양한 구성원과 집단이 참여하여야 다양한 사고와 지식, 아이디어와 창의력이 창출되는 도시재생 생태계를 구축할 수 있다.

셋째, 시스템 구성 요소 사이에 원활한 상호작용이 있어야 한다. 즉, 구성 요소 사이에 칸막이가 제거되어 원활한 의사소통과 공론화가 이루어져야 한다. 구성 개체들이 다양한 시스템에서 원활한 의사소통을 위한 통로가 없다면, 시스템 내부작용은 갈등과 충돌, 반목과 투쟁의 연속일 것이다. 예를 들면, 도시에 다양한 인종과 집단이 거주하는데 이들 사이에 의사소통과 교류를 위한 통로가 없다면, 도시는 홉스 말대로 '만인의 만인에 대한 투쟁의 장'이 될 것이다. 반면에 다양한 인종과 집단이 서로 교류하고 융합한다면, 다양한 아이디어와 창의력이 창출되어 도시는 높은 경쟁력을 유지할 수 있을 것이다. 마찬가지 논리가 바로 도시재생 복잡계에도 적용되어, 다양한 구성원들 사이에 의사소통과 정보교류 및 협력을 위한 다변화된 채널이 조성되어 상호작용을 극대화할 것이 요구된다.

넷째, 자기조정 프로세스가 확립되어야 한다. 자기조정 프로세스란 도시재생 시스템이 환경변화에 따라 도시재생의 방향과 목표 및 계획과 집행 등을 유연하게 조정/제어하는 활동을 의미한다. 예를 들면, 이명박 정부에서 추진했던 4대강 사업을 한번 정해진 일정에 따라 무조건 추진하는 것이 아니라, 먼저 시범사업을 선정해 추진해 보고 시행착오를 줄여 단계적으로 추진했다면 지금과 같은 비판은 피할 수 있었을 것이다. 마찬가지 논리에서, 현재 추진 중인 도시재생 뉴딜 사업도 한번 정책이 수립된 데로 무작정 추진하는 것이 아니라, 외부 환경변화에 유연하게 대응할 수 있도록 도시재생 시스템의 자기조정 프로세스를 도입할 것이 요구된다.

이제 시스템과 도시재생에 관한 논의를 마무리하자. 도시는 복잡계의 전형이다. 도시 내에는 시장도 있고, 학교도 있고, 기업체도 있고, 공장도 있고, 병원도 있고, 구멍가게도 있고, 백화점도 있고, 영화관도 있고, 호텔도 있고, 공원도 있고, 도로도 있고, 아파트도 있고, 단독주택도 있고, 버스도 있고, 지하철도 있고, 택시고 있고, 자전거도 있고, 경찰도 있고, 정부도 있다. 이러한 다양한 개체들이 다양한 목소리를 내며 다양한 스텝을 밟고 사는 공간이 도시이다. 그런데 도시는 홀로 떨어져 생존할 수 없으며, 끊임없이 환경과 투입과 산출의 상호작용을 수행해야 한다. 환경과 원활한 상호작용을 하지 않으면, 유기체로서 도시 시스템은 엔트로피가 증가하고 경쟁력을 상실하며 낙후와 쇠퇴의 길에 들어서게 된다.

특히 급변하는 글로벌 고속사회에서 도시가 경쟁력을 유지하기 위

해서는 환경변화와 함께 공진화(co-evolution)하여야 한다. 외부환경
은 변하는데 도시가 변하지 않으면 결국 도시는 경쟁력을 잃고 도태
될 수밖에 없다. 이런 논리에서 지속가능한 도시재생을 위해서는 환
경변화와 함께 도시가 변화하여 선순환 구조를 정착하기 위한 도시재
생 생태계가 구축되어야 한다.

도시재생과 공동체

김천권

1. 들어가는 말

도시화가 급격히 진행된 한국사회에서는 고도성장에 중점을 두고 사회·경제의 변화를 추진한 결과, 다른 많은 가치들이 매몰되고 지역사회에서 공동체 정신은 붕괴되어 이해관계자들 사이에 갈등과 충돌이 증폭되었다. 이런 상황에서 도시 공동체 회복을 가져오고 주민들의 삶의 질 향상을 목적으로 추진되는 정책이 바로 도시재생이다. 즉, 한국사회도 이제는 선진대열에 접어들었으니, 그동안 고도성장에 밀려 후순위에 있던 주민들의 삶의 질 향상과 공동체 관계 회복이 전면에 등장하게 된 것이다. 이와 더불어 글로벌 사회가 전개됨에 따라 경쟁력의 소재지가 국가에서 도시로 전환됨에 따라 도시 활성화를 목표로 하는 도시재생정책이 주목을 받고 있다. 현대사회에서 경제활동의 주역이 국가에서 도시로, 국가 사이의 경쟁에서 도시 사이의 경쟁으로 변화하고 있다. 이제는 급변하는 환경에 신속히 대응하지 못한 도시는 경쟁력을 잃고 치열한 도시 경쟁에서 도태될 수밖에 없다. 이러한 변화 양상 속에서 종래의 국가 주도 도시재생 정책은 본연의 목적과 기능을 수행하기 어렵고, 도시(지역) 중심, 도시 내 공동체가 중심이 되어 도시재생을 추진하는 것이 보다 효과적이라는 연구결과가 나오고 있다. 이런 추세가 반영되어 도시재생 패러다임이 중앙정부 주도의 하향식(top-down)방식에서 점차 상향식(bottom-up) 방식으로 변화하였으며, 지역 주민과 공동체 참여를 기반으로 도시재생이 추진되는 방향으로 변모하고 있다. 또한 도시재생 정책과정에서도 공동체에 기반을 둔 재생(community-based regeneration)에서 공동체가 주도하는 재생(community-driven regeneration)으로 변화가 진행되고 있다(한연호·박태원, 2019).

이와 같이 공동체가 주도하여 도시재생을 추진한 결과 도시에서 뭔가 의미 있는 긍정적 변화가 감지되고 있다. 도시재생 전과 후를 비교하면 동네가 깨끗해지고, 안전하며, 정주환경과 공동체 융합이 향상된 것을 알 수 있다(송원화, 2018). 이런 사례들은 도시재생에서 주민과 공동체 참여가 매우 중요하다는 것을 보여준다. 즉, 주민이 살고 생활하고 있는 곳을 활성화하고 재생하는 것은 곧 자신의 재산과 삶에 직접적인 영향을 미치고, 공동체 관계의 회복을 통해 정체성 향상과 소속감 및 애향심 증진을 가져오기 때문이다. 이런 맥락에서 도시경쟁력을 갖기 위해서는 공동체 경쟁력, 마을 경쟁력이 있어야 한다. 지금까지는 국가경쟁력을 위해서 도시경쟁력을 갖춰야 한다는 주장이 설득력이 있었다면, 이제는 도시경쟁력을 갖추기 위해서는 공동체·마을·주민이 경쟁력을 갖춰야 한다. 이를 위해서는 인식의 전환이 필요하며, 지역에 거주하는 주민들이 추구하는 가치가 '경제적 가치'에서 '사회적 가치'로 전환돼야 비로소 주민 주도의 도시재생이 성공할 수 있다(정오락, 2019).

2. 공동체 개념

도시재생과 공동체에 대해 논하기에 앞서, 공동체 개념에 대해 먼저 알아보도록 하자. 독일 사회학자 페르디난트 퇴니스(Ferdinand Tönnies, 1855-1936)는 사회를 게마인샤프트(Gemeinschaft)와 게젤샤프트(Gesellschaft) 두 유형으로 분류하였다. 게마인샤프트의 경우 커뮤니티(community)로 해석될 수 있으며, 어떤 목적으로 형성된 것이 아닌 자연적인 의지로 결합된 공동체이다. 퇴니스는 게마인샤프트가 세 가지 형태로 존재한다고 주장한다. 첫째는 혈연(blood)에 기초한 관계이며, 친족관계를 포함한다. 둘째는 장소(place)에 기초한 관계로 주거지역을 공유하는 근린관계(neighborhood)로 발현된다. 셋째는 정신(mind)에 기초한 관계로 공통된 가치체계를 공유하는 공동체로 나타난다. 게마인샤프트에서는 서로 간의 특별한 이해가 성립되며 이는 구성원들이 서로 공감할 수 있게 하고 공동체를 유지하는 동력으로 작용한다.

게젤샤프트는 사회(society)로 해석될 수 있다. 표면적으로는 게마인샤프트와 유사한 것처럼 보이지만 자연적 의지가 아닌 선택적 의지에 따라 후천적으로 만들어진 결합체이다. 게젤샤프트는 사회 구성원들의 활동, 권력의 영역이 철저하게 분리되어 있고, 다른 구성원의 침범이 적대적으로 받아들여진다. 게젤샤프트는 게마인샤프트와 달리 타산적인 계약을 기반으로 한 관계이기 때문에 가시적이고 물질적인 것이 선호되며, 자신이 제공하는 것과 동등한 보상이 없다면 타인을 위하여 활동을 하지 않는다. 또한 감정과 같이 가시적 물질적으로 변환될 수 없는 요소도 교환할 수 있는 대상으로 물화될 수 있다. 이러한 특징 때문에 게젤샤프트에서 다른 구성원들과의 경쟁은 불가피하

다. 퇴니스는 사회가 발전할수록 게마인샤프트에서 게젤샤프트로 변
해간다고 주장한다(원일, 2020). 상기와 같은 퇴니스의 공동체 개념에
서 도시재생은 게마인샤프트의 장소를 기초한 근린관계를 복원하기
위한 활동이라고 할 수 있다.

미국에서 도시 공동체에 대한 논의는 시카고학파 도시사회학자 루
이스 워스(Louis Wirth, 1897-1952)에 의해 제기되었다. 워스는 1938년
에 발표된 「생활양식으로서의 도시성」이란 논문에서 도시가 어떤 요
소에 의해 농촌의 정주체계와 다른 사회적 상호작용 형태를 형성하
고, 그리하여 어떻게 도시와 농촌의 생활양식이 상이하게 되는지 탐
구하였다. 이 연구에서 워스는 '도시성(urbanism)'을 "도시의 독특한
생활양식을 구성하는 집합적인 속성"으로 규정하며 세 가지 핵심적
요소, 규모, 밀도, 사회적 이질성이 도시와 농촌의 생활방식의 차이
를 가져오는 요인이라고 주장하였다.

그의 주장을 살펴보면 첫째 인구규모(size)로서, 인구가 많아지면
개체적 변이와 잠재적 분화가 일어나는데, 도시 지역사회 구성원의
개인적 기질, 직업, 문화생활, 아이디어는 농촌주민의 그것보다 더
넓은 범위를 가질 것으로 예상할 수 있다. 또한 인구가 많아지면 분절
적인 역할관계와 이차적인 관계를 형성한다. 한 개인이 다수의 사람
들과 일차적인 관계를 맺기가 불가능하기 때문에 개인 간의 접촉은
대부분 비인간적, 피상적, 일시적, 분절적으로 될 수밖에 없다는 것
이다.

둘째 인구밀도(density)는 도시의 각종 환경 속에서 수많은 '타인'이
존재한다는 것을 의미하는데, 물리적 접촉은 긴밀하지만 사회적 접촉
은 소원해진다. 이는 여러 가지 사회심리학적 결과를 초래한다. 높은
인구밀도에 의해 감정적·정서적 연대를 갖지 못하는 시민들의 사회

생활은 경쟁, 세력부식, 상호착취의 정신을 조장하고, 상당한 사회적 거리를 지니면서 긴밀하고 잦은 물리적 접촉과 연대 없는 개인들 상호간의 침묵을 야기하고 고독을 만들어 낸다. 혼잡한 곳에서 많은 수의 사람들의 잦은 이동의 필요성은 마찰과 불화를 낳게 한다. 그리고 밀도와 규모는 서로 결합하여 도시 사회조직에 영향을 끼친다. 대규모 인구는 전문화된 업무의 증가를 가져오고 높은 밀도는 분화를 산출한다.

셋째 이질성(heterogeneity)으로, 도시에는 다양한 사람들이 살기 때문에 상대주의적 관점과 상이성을 용인하는 태도가 나타난다. 소규모 지역사회의 주민들은 같은 조상과 인생관을 공유하면서 살 수 있지만 도시인들은 다양하게 살아간다. 그들은 소규모 공동체 주민들처럼 민족 중심적 세계관으로 뒷받침되어 있지 않다. 워스는 상대주의적 관점과 상이성을 용인하는 태도가 도시인의 합리성과 현실성의 전제 조건임을 내세운다. 워스의 이론에 의하면 이질성은 또한 엄격한 신분제도와 계층 간의 경계를 허물어뜨린다. 도시는 통합된 사회보다 다양한 이질적 계층이 혼재하며, 계층·지역 간 이동성은 불안정성과 불안감을 낳으며 집단성원의 이탈은 매우 빠르게 나타난다.

상기와 같은 워스의 이론은 후대 학자들에 의해 호된 비판의 대상이 된다. 즉, 농촌사회와 구분되는 도시성이 있을 수 있지만, 농촌사회도 도시 못지않게 갈등과 충돌, 계층이나 집단 사이의 혼란 등이 존재하며, 도시에서도 농촌과 유사한 유형의 공동체 관계와 소집단 문화가 존재한다고 비판한다. 워스를 비판한 대표적 학자로 헐버트 간스(Herbert Gans)에 의하면, 대도시 내에는 사회적 해체와 이질성만 존재하지 않고 비교적 동질적인 집단도 존재한다. 그리고 도시 내에서 볼 수 있는 전이적, 부유적(rootless), 익명적 특성도 반드시 도시생활 그 자체나 워스에 의한 세 가지 변수에 의해서 나타나는 것이 아니라 사람의 유형, 정책의 유형, 기존 시설의 유형 등에 의해 형성된다는 것을 밝혔다.

현대사회에서는 지리적 이동성-사람들이 일하기 위하여 먼 거리를 이동하고, 빈번하게 이주하며, 대중매체가 먼 지역까지 침투하고, 상품과 재화가 다양한 지역으로 수송되는-이 매우 높게 나타나므로 도시나 농촌에서만 독자적으로 일어나는 사회적 활동은 거의 없다. 따라서 도시와 농촌을 이분법적으로 상호 단절된 자폐적인 (self-contained) 사회질서로 파악하기는 어렵다고 남기범(2011)은 주장한다.

도시 공동체에 대한 논의는 20세기 후반에 제인 제이콥스(Jane Jacobs)에 의해 다시 주목받았다. 지역사회 문제와 도시계획, 도시의 쇠퇴에 대해 관심을 쏟은 저술가이자 사회운동가였던 제인 제이콥스는 1961년에 발행된 저서, '미국 대도시의 죽음과 삶(The Death and Life of Great American Cities)'에서 1950년대 미국의 도시재생 정책을 날카롭게 비평하며 지역 공동체를 파괴하는 도시재생 프로젝트를 저지하는 시민운동에 헌신하였다.

1980년대에 이르기까지 진행된 비인간적 및 물신주의적 도시개발에 대한 반성이 일어나게 되었고, 악화되어 가는 환경문제 또한 기존의 물리적 도시개발에 대한 경종을 울린 대표적 운동가가 바로 '제인 제이콥스'다. 그녀는 인간적인 도시는 사람이 걷는다는 사실을 전제로 하고 인간중심적으로 조성되어야 한다는 명제를 제시하면서 미국의 1950-60년대의 천박한 도시개발을 비판하였다. 즉, 기존의 슬럼보다 못한 저소득층 주택단지, 획일화된 도시의 중산층 주거단지, 무미건조한 교외 쇼핑센터와 도시를 단절시켜 버린 고속화도로 건설 등

을 인간을 배려하지 않은 전형적인 비인간적 도시개발로 비판하였다
(조명래 외, 2010).

제이콥스에 의하면, 도시는 자동차 중심이 아닌 인간중심으로 조성
되어야 하며, 공동체가 활기차고 생기 넘치기 위해서는 거리에 많은
사람이 다니고, 역사와 정체성이 유지되며, 인기 있는 업종만이 아니
라 여러 종류의 다양한 가게가 어우러져 조화를 이루어야 한다. 그래
야 도시가 개성과 창의력이 넘치며 활기를 띠게 되고, 이를 위해서는
추억과 정감이 깃든 골목길이 있는 공동체를 유지 및 보존해야 한다
고 주장한다.[1] 제이콥스는 대도시 중심부의 핵심 요소를 '활력'이라
고 보며, 도심 공동화와 쇠퇴 문제에 직면한 도시의 활력을 회복하고
지속할 방안으로 다양성과 공동체 회복이라는 처방을 내렸고, 이런
제이콥스의 이론과 학설이 뿌리를 내리며 '마을 만들기'와 '신도시주
의(New Urbanism)' 운동이 전개되었다.

3. 도시재생과 공동체

도시재생과 공동체 관계는 도시재생의 주요 수단과 목적을 중심으

---

[1] 제인 제이콥스는 살아 숨 쉬는 도시를 만들기 위해서는 다음 네 가지에 주안점을 두고
도시를 개발해야 한다고 주장한다. 첫째, 단일용도 중심의 지구 계획 대신 다양한 용도
가 자연스럽게 뒤섞이게 만들어야 한다. 이런저런 용무로 거리를 이용하는 사람들이야
말로 도시의 다양성과 활기를 만들어 내는 주인공이다. 둘째, 슈퍼블록 대신 짧은 블록
을 만들어야 한다. 지름길과 선택의 폭이 많은 짧은 블록은 그 자체가 걷고 싶은 거리를
이루며, 자주 나타나는 모퉁이는 그자체가 도시의 다양한 모습을 이루고 사람들의 만남
을 유도한다. 셋째, 오래된 건물과 신축 건물을 공존하게 만들어야 한다. 자동차를 가지
고 이용하는 대형 업체만이 아니라 잠깐씩 걸어 다니며 눈요기도 하고, 다양한 사업
기회를 제공하는 작고 오래된 건물이 필요하다. 마지막으로 무조건 저밀도를 추구할
것이 아니라 적정한 인구의 집중을 유지해야 한다.

로 논의할 수 있다. 즉, 도시재생이 성공적으로 수행되기 위해서는 주민과 공동체의 역량강화가 필수적으로 요구된다. 그리고 도시재생의 주요 목적 가운데 하나는 도시 공동체 관계의 복원이라고 할 수 있다.

1) 도시재생에서 주민·공동체 참여와 역량 강화가 갖는 의미는?

도시재생은 앞에서 언급한 바와 같이, 주민이 현재 살고 있는 지역을 활성화하는 활동이기 때문에 필수적으로 주민과 공동체가 도시재생과정에 적극적으로 참여하여야 한다. 도시재생에서 주민과 공동체 참여가 갖는 첫 번째 주요 논제는 르페브르의 도시권에서 찾을 수 있다. 도시재생에 주민의 적극적 참여는 주민이 갖는 기본적 권리로서 프랑스 철학자 앙리 르페브르(Henri Lefebvre, 1901-1991)는 도시에 대한 권리(The Right to the City, 이하 도시권)와 포용도시 철학에서 강력히 주장하고 있다. 르페브르는 도시는 국가(정부)주도로 공간이 생산되는 것이 아니라 거주민 중심으로 공간이 생산되어야 하며, 이런 주장의 근거는 도시가 거주민의 집단적 방식에 의해 생산된 작품(oeuvre)이라는 인식에서 출발한다. 이런 맥락에서 르페브르가 주장하는 도시권은 도시에 살고 있는 사람들이라면 누구나 (토지소유와 시민권 문제와는 별개로) 거주공간에 주요 변화를 가져올 의사결정 과정에 참여할 수 있는 권리를 의미한다. 정부주도의 생산방식의 결과는 정책입안자, 도시계획가, 건축가, 부동산개발업자 등 자본가와 전문가의 지식과 비전이 투영된 공간으로 실제로 지역에 살고 있는 거주자의 일상생활과 요구, 필요성 등은 배제되고 있다고 비판한다(Lefebvre, 1996). 이에 소유권과 시민권 유무와는 무관하게 도시공간에 거주하는 사람들은 누구나 공간의 생산에 참여해야 한다는 도시권 개념이 등장하였다. 그래서 르페브르의 도시권 개념은 도시 거주민이

라면 누구나 공간의 생산과정에 참여해야 하며(포용성), 다양한 생산
방식들 간에 충돌과 그 결과물을 하나의 정치과정으로 인정해야 하고
(다양성), 포용성과 다양성 보장을 위해 기존 사회질서가 변화되어야
한다고 주장하고 있다. 그래서 도시 내 어느 곳에 거주하는지와 상관
없이 거주민이라면 누구나 일정 수준의 공공서비스, 기반시설 및 기
회의 접근성을 보장받아야 하며, 공간이 개발되는 경우 거주민의 의
미 있는 참여를 통한 의사결정이 이루어져야 한다(김수진, 2018).

　도시재생에서 주민과 공동체 참여가 갖는 두 번째 논제는 주민과
공동체 스스로가 도시재생의 주체가 되어야 한다는 것이다. 도시재생
이 지속가능하고, 지역자원과 도시 공간이 선순환하기 위한 도시재생
이 되기 위해서는 주민과 공동체 역량이 강화되어야 한다(민현정,
2016). 도시재생과 활성화를 위해서는 주거 및 생활환경, 서비스 시설
및 관련 인프라 등의 물리적인 개선과 정비도 필요하지만, 지역사회의
일원으로서 지역 공동체 복원과 구성원의 역량강화가 핵심이라는 의
미이다. 지역 문제를 해결하기 위해서는 주민, 전문가, 공무원, 시민단
체 등이 상호 협력적 시스템과 공감대가 형성되어야 함으로, 관련 지
식의 습득과 교육을 시행하여 지역의 잠재력과 자원을 창조적으로 활
용할 수 있는 공동체 역량을 갖추는 것이 중요하다. 그래서 도시재생
사업은 지역주민의 자발적 참여와 주민주도의 사업추진체계가 구성되
어야 하며, 지역 잠재력 및 자원조사를 기초로 독창적이고 내생적인
사업구상을 마련하기 위해서는 지역 주민의 자생적인 참여와 역량강
화를 위한 프로그램이 필요하다. 이런 맥락에서 성공적인 도시재생을
위해서는 공공, 주민, 전문가, 시민단체 등 각 참여주체들이 상호 협력
할 수 있는 사회적 공감대와 시스템이 구축되어야 한다(추용욱, 2014).

　세 번째로 도시재생사업에서 주민과 공동체의 적극적 참여가 갖는

주요 가치로 숙의민주주의 구현을 위한 시민의식 배양의 학습장 역할을 한다는 것이다(주은혜, 2019). 지역주민들은 도시재생 뉴딜사업의 추진과정 및 방식을 통해 민주시민으로서 성장할 수 있는 교육과 학습의 기회를 제공받을 수 있다. 즉, 주민들은 사업을 추진하는 과정에 실질적 참여를 통해 민주적 정책결정방식을 경험하게 되고, 이를 통해 숙의민주주의가 무엇인지 학습하는 기회를 경험하는 것이다. 도시재생사업에서 주민은 정책의 수혜자가 아닌 정책의 결정 및 추진을 담당하는 공급자로 참여하며, 행정 등의 공공조직과 전문가들은 주민의 활동을 지원하고 이해관계를 조정하는 보조자로서 참여 하게 된다. 정책결정과정에 대한 주민 참여는 많은 비용과 시간이 드는 일이지만, 참여의 과정은 민주주의와 공공선을 배울 수 있는 최적화된 교육기회를 제공한다. 따라서 비용편익분석의 결과와 관계없이, 정책결정 및 시행과정에 대한 주민의 참여는 민주시민으로서 학습하고 성장할 수 있는 교육과정과 기회가 될 수 있다는 점에서, 비용편익적 차원의 성과 여하를 떠나 도시재생사업이 갖는 의미가 크다. 이런 맥락에서 도시재생사업은 주민과 공동체의 적극적 및 실질적 참여를 통한 숙의민주주의의 실현에 주안점을 두고 추진되어야 한다(주은혜, 2019).

　도시재생에서 주민과 공동체 참여와 역량강화의 필요성을 정리하면, 첫째 도시재생은 주민·공동체 활동과 밀접하게 연계되어야 한다. 도시재생지역은 추상적 물리적 공간이 아니고 주민들이 실제로 살고 생활하는 장소이다. 그래서 도시재생지역을 도시 전체의 맥락에 놓고, 단순한 물리적 공간이 아닌 주민들이 활동하고 관계하며 삶의 의미와 공동체 이미지가 구현되는 장소로서 접근해야 한다. 즉, 도시재생을 위한 접근은 총체적이어야 하고 공동체 활동과 종합적으로 연계되어야 한다는 것이다.

둘째, 도시재생은 주민과 공동체 주도로 수행되어야 한다. 도시재생 계획은 종합적이고 장소중심적인 사업의 추진, 용도지역과 기존 도시계획의 경직성을 완화, 변화에 대한 전략적이고 탄력적인 대응을 가능케 하고 도시 전체 맥락을 고려하여 수립하여야 한다. 그리고 도시재생에 있어 가장 중요한 주체는 해당 지역의 주민이며 재생의 가치를 이들이 주도하는 사회적 과정으로 도시재생이 추진되어야 한다.

셋째 성공적인 도시재생을 위해서는 주민과 공동체 능력을 키워주는 숙의민주주의를 위한 학습장이 되어야 한다. 도시재생은 이해당사자인 주민이 다양한 주체와 협력을 통해 주도적으로 계획을 세우고 사업을 추진하는 과정이 되어야 한다. 이런 일련의 과정에서 전문가는 공동체의 논의와 활동을 주도하는 것이 아니라 그것이 가능하도록 공동체 능력을 키워주는데 주안점을 두어야 한다. 그래서 도시재생을 통해 숙의민주주의를 위한 학습장을 제공할 것이 요구된다.

2) 공동체 관계 활성화를 어떻게 추진해야 하는가?

도시재생사업의 주요 목표 가운데 하나로서 주민들 사이에 공동체 관계의 회복과 활성화가 추진되고 있다. 낙후·쇠퇴하는 지역의 활성화를 위해 정부가 아무리 많은 재원을 투자한다 하더라도 주민들 사이에 공동체 관계가 축적되지 않으면 지속가능한 도시재생이 될 수 없다. 즉, 대다수 지역에서 정부가 마중물 사업으로 도시재생을 추진했지만, 실패한 주요 요인으로 정부 지원이 끊기면 도시재생도 흐지부지 된다는 것이다. 그래서 지속가능한 도시재생이 되기 위해서는 주민들 사이에 공동체 관계가 활성화되어 정부지원이 끊기더라도 공동체가 주도하여 지역 활성화를 이어가야 한다. 그러면 공동체 관계 회복과 활성화를 어떻게 추진해야 하는가? 이를 위한 주요 방법론을 논의해 보자.

앞에서 언급한 바와 같이, 체제가 존속하기 위해서는 주위 환경과 조화를 이루며 투입과 산출작용을 수행하고, 체제내부의 전환과정을 통해 외부욕구를 충족시키며 체제 존립의 정당성을 확립하여야 한다. 도시재생도 외부 환경과 끊임없는 상호작용을 수행하며, 체제 내부의 전환과정을 통해 낙후된 지역에 필요한 공공서비스를 제공함으로써 지역 활성화와 공동체 관계 복원을 확립하여야 한다. 이러한 도시재생과정은 목표추구를 위한 의사결정의 연속과정으로 해석되며, 목표추구를 위한 행위는 방법론적 원리에서 결정론(determinism)과 목적론(teleology) 두 가지 접근으로 설명할 수 있다.

첫째 결정론(決定論)적 접근으로, 도시재생의 목표추구는 인과관계를 중심으로 선형적(linear)으로 전개된다는 것이다.[2] 즉, 도시재생의 정책 혹은 목표는 현재의 환경과 조건을 바탕으로 형성되며, 환경과의 관계에서 투입과 산출관계는 원인과 결과의 관계를 형성한다는 것이다. 시제를 중심으로 설명하면 〈그림 1〉과 같이, 시간은 과거에서 현재,

---

2) 결정론은 도덕적 선택을 비롯한 모든 사건은 앞서 존재하는 원인에 의해 전적으로 결정된다는 이론이다. 이 원인은 자유의지를 배제하며 다르게 행동할 수 있는 가능성도 배제한다. 이 이론에 따르면 어떤 주어진 상황을 완전히 인식하면 그 미래도 정확히 알 수 있기 때문에 우주는 지극히 합리적이다. 결정론의 고전적 틀을 제시한 사람은 18세기 프랑스 수학자 피에르 시몽 라플라스(Pierre-Simon Laplace)였다. 그는 우주의 현재 상태가 바로 앞 상태의 결과이자 바로 다음 상태의 원인이라고 주장했다. 인간정신이 어느 주어진 순간에 자연에서 작용하고 있는 모든 힘과 자연을 구성하고 있는 모든 요소들 각각의 위치를 알 수 있다면, 크건 작건 상관없이 모든 것의 과거와 미래를 확실하게 알 수 있다고 주장했다 …(중략)… 반면에 비결정론은 행동유형과 외부에서 작용하는 어떤 힘이 인간행동에 영향을 미친다는 사실을 인정하면서도, 인간의 선택은 실제로 자유롭다고 주장한다. 결정론을 주장하는 사람들은 결정론이 도덕적 책임과 양립할 수 있음을 변호하려고 애쓴다. 예를 들어 인간은 어떤 행동이 낳을 나쁜 결과를 예견할 수 있는데, 결정론자들에 따르면 이러한 사실은 본질적으로 인간에게 도덕적 책임을 지우며 그 행동을 억제할 수 있는 외적인 원인을 만들어낸다(엠파스 백과사전에서 발췌 재인용).

목표추구/변화방향

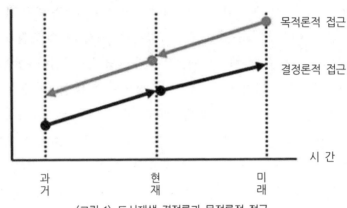

〈그림 1〉 도시재생 결정론과 목적론적 접근

그리고 현재에서 미래로 진행되는 선형적 관계를 보이며, 도시의 과거 행태가 현재를 결정하였으며, 그리고 현재의 도시재생행태가 도시의 미래를 결정한다는 인과론적 접근을 보인다. 도시의 재생정책을 예로 들면, 목표추구의 결정론적 접근은 지역이 낙후하여 상권이 위축하면, 지역 활성화를 위한 목표가 현재 상황에서 설정되고, 도시재생사업과 활동이 추진됨에 따라 낙후/쇠퇴문제가 해소된다는 논리로 설명된다. 즉, 과거부터 인구가 점차 줄어들어 현재 상권의 축소를 초래하였으며, 도시재생사업이 추진됨에 따라 지역낙후/쇠퇴문제가 해결된 미래가 예상된다는 것이다. 이와 같은 결정론적 목표추구모형은 전형적인 소방적 접근 혹은 문제해결모형으로, 도시문제가 심각하게 부각된 다음에 이를 해결하기 위한 대안과 정책이 모색되는 후진적 접근방식이다.

둘째로 목적론(目的論)적 접근으로, 도시재생은 바람직한 미래를 중심으로 비선형(non-linear)적으로 전개된다는 것이다.[3] 즉, 도시재생

---

3) 목적론은 그리스어로 '목적'을 뜻하는 telos와 '이성'을 뜻하는 logos에서 유래된 용어

사업 혹은 정책은 바람직한 미래에 대한 계획에 따라 단절적으로 진
행된다는 것이다. 시제를 중심으로 설명하면, 〈그림 1〉에서 볼 수 있
는 바와 같이, 바람직한 미래에 대한 계획이 현재의 행동을 지배하며,
현재에 대한 구상이 과거의 노력을 촉발하였다는 논리를 제공한다.
이와 같은 목적론적 사고에 의하면, 시간은 과거에서 현재 그리고 현
재에서 미래로 진행되는 것이 아니라, 미래에서 현재 그리고 현재에
서 과거로 진행된다는 보편적 인과관계의 역전이 발생한다.4) 도시재

로서, 세계 안에서 일어나는 모든 사건을 목적과 관련지어 설명하는 이론이다. 작용인
(作用因)만으로 설명하는 방식과 대비하여 목적인과론이라고도 한다. 보통 이성적인
인간행위는 그 행위를 목적에 비추어 이해할 수 있다. 또 인간은 자연에 존재하는 다른
사물의 행위에 대해서도 같은 식으로 유비(類比)하여 그 사물이 스스로 어떤 목적을
추구한다든가 초자연적 정신이 짜놓은 목적을 위해 노력하고 있다는 식으로 이해하는
경향이 있다. 아리스토텔레스는 어떤 사물을 완전히 설명하려면 질료인(質料因)·형상
인(形相因)·작용인뿐만 아니라 목적인(目的因 : 그 사물이 존재하거나 만들어진 목적)
도 고려해야 한다고 주장했다. 16, 17세기 근대 과학이 등장하면서 모든 관심은 자연현
상에 대한 기계론적 설명에 쏠렸는데 이 설명은 오로지 작용인에만 호소한다. 기계론적
설명은 설령 목적론적 설명을 이용한 경우에도 아리스토텔레스의 목적론에서처럼 사물
이 자신의 본질에 내재해 있는 목적을 실현하기 위해 발전한다는 식으로 말하지 않고,
생명체조차도 어떤 지성적 존재가 교묘하게 고안해놓은 기계로 보았다. 이 같은 목적론
을 주장한 전형적 인물은 18세기 프로테스탄트 변증론자 윌리엄 페일리(William Paley)
였다. 이마누엘 칸트는 〈판단력 비판 Kritik der Urtheilskraft〉(1790)에서 자연의 놀
라운 조화를 인정하고 찬사를 보내면서도 목적론이 인간 지식의 규제원리일 뿐 구성원
리는 아니라고 경고했다. 즉 목적론은 실재의 본성을 밝혀주지 못하며 다만 탐구행위를
이끄는 안내자일 뿐이다. 19세기말에는 생명체의 특징인 성장·재생·생식 현상을 기계
론만으로 설명할 수 있느냐를 둘러싸고 논쟁이 벌어졌으며 …(중략)… 생물학적 과정을
물리화학만으로 설명할 수 있는가, 아니면 목적론이 구조적·기능적·유기적 조직이라
는 문제를 해결하기 위해 반드시 필요한가는 여전히 문제로 남아 있다. 20세기 중엽
루트비히 폰 버틀란피가 주장한 유기체 이론은 이 문제에 새로운 전망을 열어주었다(엠
파스 백과사전에서 발췌 재인용).

4) 이와 같은 미래→현재→과거의 시간흐름에 대한 역전현상은 인간 행동에서 관찰할 수
있다. 인간이 삶의 과정에서 목표를 추구한다는 것은 곧 미래가 현재를 지배한다는 것
으로 해석할 수 있다. 예를 들면, 미래에 영화감독을 삶의 목표로 한다면, 그 사람은
대학에서 연극영화과에 다니며 학습을 하거나 혹은 서울 충무로에서 경험을 쌓는 일을
하는 것이 합리적 행위일 것이다. 미래에 공무원을 희망하는 사람은 대학에서 행정학을
전공하거나 혹은 신림동 고시촌에서 열심히 공부에 전념하는 것이 합리적 행동일 것이
다. 이와 같이 합리적 사고를 기초로 할 때, 시간은 단순히 과거→현재→미래로 흘러가

생정책을 예로 들면, 인천시는 2019년 12월 '2030년 인천시도시재생
전략계획'을 수립하여 「사람과 문화, 산업이 공존하는 활력 있는 인천
만들기」를 추진하고 있다. 이를 위해 문화 및 산업 자원을 활용한 도
시 경쟁력 회복을 통해 원도심과 신도시의 조화를 도모하고, 사람중
심 원도심 활력 회복으로 주변 도심과 상생하는 인천 만들기를 목표
로 전략계획을 수립하였다. 목적론적 접근에 의하면, 현재의 인천은
과거에 의해 지배되는 것이 아니라, '2030년 활력 있는 인천 만들기
'라는 미래를 위해 자기조직화(self-organization)하는 과정에 있다.[5]
이와 같은 목적론적 목표추구모형은 규범적 접근 혹은 기획정책모형
(planning policy model)으로, 인천의 원도심과 신도시의 균형발전이라
는 바람직한 미래비전과 목표에 따라 현재의 도시재생정책과 대안이
모색되는 선진형 접근방식이다.

　이제 똑같은 목표를 추구하더라도 어떤 개념으로 도시재생을 시도
해야 하는지를 이해했을 것이다. 결정론에 의하면 현재의 도시재생에
의해 인과적, 선형적 미래가 예측되는 반면에 목적론에 의하면 미래
의 비전에 의해 현재의 도시재생이 수행되는 계획적 활동이 수반된

는 것이 아니라, 미래의 목표가 현재의 행위를 지배하는 시제흐름의 역전이 발생한다.
"젊은이여 꿈을 가져라", "젊은이여 대망을 품어라"는 문구들은 단순히 꿈과 야망을 가
지라는 것이 아니라, 이 꿈과 야망이 현재의 행동을 지배하는 목표지향적 삶을 살라는
것을 의미하는 것이다.
5) 격변기에 환경에 적응하기 위해서는 조직을 하나의 기계가 아닌 살아있는 유기체로 바
라보는 관점이 필요하다. 즉, 미리 결정된 규칙이나 방식에 지나치게 의존하는 기계적
조직은 불확실하고 불안정한 상황에 적응하는 것이 어려우며, 급변하는 환경에서 관행
이나 규칙에 충실한 일사분란함은 안정과 질서의 신호가 아니라 경직화의 출발점이 될
수 있다고 비판한다. 따라서 격변하는 환경하에서는 끊임없는 변화를 통해 스스로 적응
해야만 조직의 생존과 성장을 가져올 수 있다. 즉, 유기체와 같이 각 부분이 자율적으로
상호작용하면서 무의식적으로 스스로를 진화시켜가는 시스템이 적응력이 높은 시스템
이라고 할 수 있다. 따라서 자기조직화는 급변하는 환경에 직면해서 시스템을 구성하는
여러 개체가 상호작용을 통해 밑으로부터, 자발적으로 환경적응을 위한 새로운 질서를
만들어내는 것을 의미한다(윤영수 외, 2006).

다. 이런 맥락에서 결정론에 의한 현재의 도시재생은 단기간의 도시 활성화를 기대할 수는 있지만, 장기적으로는 또 다른 문제의 원인으로 작용할 수 있다. 반면에 목적론에 의한 현재의 도시재생은 미래의 장기적 비전을 성취하기 위한 단계적 활동이기 때문에, 바람직한 도시 활성화를 위한 계획적 접근을 제공한다. 이 즈음해서 바람직한 도시재생 정책과정을 살펴보는 것도 의미가 있을 것 같다.

4. 도시재생 정책과정

세상은 아는 만큼 보인다고 유럽 미술사학자 에른스트 곰브리치(Sir Ernst Gombrich, 1909-2001)는 말했다. 즉, 알아야 무언가 주도할 수 있고, 주장도 하며, 요구도 할 수 있다는 것이다. 도시재생도 마찬가지다. 앞에서 도시재생은 주민과 공동체가 주체적으로 주도해야 한다고 했는데, 도시재생 활동을 주도하기 위해서는 주민과 공동체가 도시재생이 무엇인가를 알아야 하고, 도시재생 사업과 정책이 어떻게 결정되는지에 대해 인지하여야 한다. 그래서 도시재생을 주도하기 위해서는 주민과 공동체의 역량 강화가 필수적으로 요청된다는 것이다. 이런 목적으로 본 절에서는 도시재생 정책과정에 대해 개괄적으로 살펴본다.

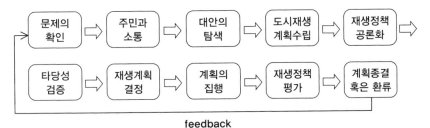

〈그림 2〉 도시재생 정책과정

〈그림 2〉는 일반적인 도시재생 정책과정 모형을 도식화한 것이다. 모형을 중심으로 도시재생 정책과정을 설명하면, 첫째 재생정책은 문제의 확인에서부터 시작된다. 문제의 확인은 인구의 현저한 감소, 상업 활동의 급격한 위축, 산업 경쟁력 약화에 따른 지역 경기침체 혹은 불황 등에 의한 지역낙후와 쇠퇴 문제의 확인에서 출발한다. 인천 구도심을 예로 들면, 1985년 인천시청이 중구에서 남동구로 이전하고 1990년대 후반 송도와 청라 경제자유구역이 조성됨에 따라 구도심과 신도시 사이의 불균형이 현저히 나타났으며, 이런 현상은 구도심의 인구감소와 상권의 수축으로 이어져 개항로 주변의 낙후와 쇠퇴 현상을 초래했다. 상기와 같은 현상에 대한 지역 자료와 연구, 주민들의 민원과 현장방문 등을 통해 문제가 확인되면, 다음 단계 주민과 소통으로 넘어간다.

둘째 단계 주민과 소통에서는, 지역낙후 혹은 쇠퇴 현상에 대해 어떻게 대응할 것인가를 주민·공동체와 의견을 교환 및 지식과 정보를 공유·교류하는 단계이다. 도시재생의 주체와 객체가 모두 지역 주민이기 때문에, 지역 현황을 주민에게 명확히 알리고 어떻게 대처할 것인가를 주민 공동체와 모색하는 단계이다. 인천 구도심을 예로 들면, 구도심 낙후와 쇠퇴가 확인되면 주민들을 만나 어떤 조치를 취해야 하는가에 대한 의견을 듣고, 주민과 공동체가 원하는 도시재생 방향이 무엇인가를 확인해야 한다. 그래서 주민들이 현재 거주지에 살면서 지역이 활성화되기를 희망하는 것을 확인한 다음 도시재생을 위한 대안 탐색 단계로 넘어간다. 그런데 다수 주민과 공동체가 도시재생이 아니라 재건축이나 재개발을 원하는 경우에는 또 다른 정책과정이 진행된다.

셋째 대안의 탐색 단계로서, 이 단계에서는 도시의 낙후/쇠퇴 문제를 풀기 위한 다양한 대안들을 탐색하고 공동체와 함께 논의하는 단계이다. 즉, 지역을 살리기 위한 역사적/장소적 자원이 무엇인가를 찾고, 여기에 창의적 아이디어를 부여하여 지역을 활성화하기 위한 다양한 방안을 탐색하는 단계이다. 대안 탐색 단계에서는 지역에 이어져 온 역사적/지역적 자원과 공동체의 특성을 파악하기 위한 활동으로 집단지성과 다중지혜를 도출하기 위하여 주민과 공동체의 적극적 참여와 협력이 특히 필요하다. 인천 구도심(개항로) 도시재생을 예로 보면, 지역이 갖는 장소적 자원으로 30년 이상 된 노포, 대다수의 상점들이 세입자가 아닌 자가 소유, 다양한 자영업과 작은 골목길, 노후한 고급주택과 저층 밀집지역 등의 장소적 가치를 확인하고 개항로 프로젝트 회원(대표 이창길)들의 창의적 아이디어가 부가되어 도시재생을 위한 다양한 대안들이 탐색되었다.

넷째는 재생계획의 수립단계로서, 도시재생을 위한 아이디어와 창의성을 현실의 실현을 위한 계획을 수립하는 단계이다. 즉, 머릿속에 그려진 상상을 현실에 옮기기 위한 설계도를 작성하는 단계이다. 인천 구도심 재생사업을 예로 들면, 개항로를 살리기 위해서 어떤 앵커 활동이 필요하고, 골목길을 어떻게 살리며, 노포들을 어떻게 알릴 것인지에 대한 구체적 실행방안이 구상 및 제시되는 단계이다.

다섯째는 주민과 전문가 공론화 단계로서, 재생계획이 수립되면 주민과 공동체에 적극적으로 알려 수용 가능한 계획인가에 대한 논의와 의견수렴을 위한 공론화가 진행되는 단계이다. 대다수 재생계획이 용역회사 혹은 전문가에 의해 수립되어 주민들에게는 형식적으로 공람 혹은 공청회를 개최하여 알리는 과정을 거치는데, 이런 형식적인 면피성 공론화가 아니라 지역의 역사적/장소적 자원의 반영 여부 및 앵커 활동의 적정성, 재생사업에서 주민의 동참과 역할 등에 대해 심층적 논의가 진행되어야 하는 단계이다. 인천 구도심 재생사업을 예로 들면, 실행방안이 제시된 다음 주민들과 협의 과정에서 노포들의 요구사항이 무엇인가를 재확인하고, 개항로를 알리기 위한 프로젝트에 주민들이 어떻게 참여할 것인가, 거리의 경관개선을 위해 주민들이 할 수 있는 일은 무엇인가 등을 함께 논의하는 단계이다.

여섯째는 타당성 검증과정으로, 아무리 멋지고 우수한 계획이라도 실행이 불가능하면 공염불에 불과하다. 그래서 타당성 검증단계에서는 제안된 계획이 기술적, 재정적, 운영적 타당성이 있는가를 검증하는 단계이다. 기술적 타당성은 제안된 계획이 현재의 기술로 실행가능한가를 검증하는 과정이며, 재정적 타당성은 계획이 재정적으로 지원이 가능한 범위인가를 검증하는 과정이고, 운영적 타당성은 재생사업이 지역차원에서 지속가능하게 운영될 수 있는가를 검증하는 과정이다. 예를 들면, 아무리 우수한 재생계획이라 하더라도 도시 한가운데서 바다체험 프로젝트를 수행할 수는 없으며, 엄청난 재원을 요구하는 베네치아를 옮겨 놓을 수는 없고, 지역 인력이 아닌 외부 인력에 의존하는 재생사업은 운영적 타당성을 상실한다는 것이다.

일곱째는 계획의 확정 단계로, 제시된 계획이 기술적, 재정적, 운영적 타당성이 검증되면, 공동체와의 협의를 거쳐 최종적으로 재생계획을 결정하는 과정이다. 계획을 최종적으로 결정하기 전에 반드시 주민·공동체와 협의를 통해 지역을 살리는 최선의 선택인가를 재확인하고 계획을 최종적으로 결정한다.

여덟 번째는 계획의 집행과정으로, 결정된 계획을 주민과 협력을 통해 지역재생을 실현시키는 단계이다. 이 과정에서 계획은 현장에서 실행가능 하도록 시범사업, 단계적 사업, 핵심사업 등으로 세분화되어 집행되어 진다. 즉, 도시재생사업이 일시에 통합적으로 추진되는 것이 아니라, 사업의 우선순위를 정하여 현장에서 시범사업을 실시하여 시행착오를 최소화하는 방식으로 단계적으로 추진된다. 재생사업의 경우, 앞 단계에서 주민·공동체와 충분한 협의와 공론화를 거쳐 재생사업이 결정되었다면, 집행과정은 일반적으로 큰 문제없이 진행될 수 있다. 반면에 주민·공동체와 충분한 의견교환과 소통이 없이 사업이 결정되었다면, 재생사업이 진행되는 현장에서 주민·공동체와 갈등과 충돌이 발생할 가능성이 높다.

아홉 번째는 재생활동의 평가로서, 수행된 재생사업이 본래의 목적을 얼마나 달성했는가를 평가하는 과정이다. 재생사업 전과 후를 비교해서 대상범위의 상권 변화, 매출과 수입의 증감, 인구와 통행량 변화, 주민과 공동체의 인식변화, 외부의 평가 등을 고려하여 재생사업을 종합적으로 평가하는 단계이다. 재생사업은 수치상 양적 변화(예를 들면, 매출액, 인구증감, 통행량 등)를 중심으로 하는 정량적 평가와 함께, 주민·공동체의 인식변화와 외부인들의 지역에 대한 이미지 변화 등을 포함하는 정성적 평가도 동시에 진행되어야 한다. 그리고 재생사업 평가는 일시적·부정기적으로 수행하는 것이 아니라 정규적·반복적으로 수행되어야 한다. 그래야 시간이 지남에 따라 재생사업 효과에 어떤 변화가 있는가를 감지하여 지속가능한 도시재생을 추진하는데 유용한 자료로 이용할 수 있다.

열 번째는 계획의 종결 혹은 환류단계로서, 재생사업이 수행되면 평가를 거쳐 사업이 종결되는 과정이 진행된다. 도시재생사업의 경우 대다수가 마중물 사업이기 때문에, 사업집행이 완료되면 정산과정을 거쳐 종료되는 것이 일반적이다. 그렇다고 사업이 완전히 끝난 것이 아니라, 마중물사업은 말 그대로 물을 끌어올리는 펌프질 사업임으로, 도시가 재생을 통해 활기를 유지하기 위해서는 지속가능한 재생이 되어야 한다. 그래서 정부지원은 종료되더라도, 재생활동과 경험을 통해 주민과 공동체의 역량이 강화되어 상기 정책과정의 순환·환류가 진행될 것이 요구된다. 즉, 체제와 환경 사이에 끊임없는 투입과 산출과정을 통해 체제가 유지 및 안정적 성장을 가져오는 원리와 마찬가지로, 도시재생도 환경이 변함에 따라 재생지역의 끊임없는 변화와 혁신이 지속되어야 경쟁력을 유지하며 활기 있는 지역으로 살아남을 수 있다.

제1장에서 언급한 바와 같이, 일본의 가장 성공적인 도시재생사업으로 꼽히는 '롯폰기 힐스'사업은 주민과 공동체를 설득하는 데에만 14년을 보냈다. 실제 공사 기간은 마스터플랜이 수립된 날로부터 3년밖에 걸리지 않았다. 상기 사례는 재생사업에서 가장 중요한 요소가 바로 주민·공동체와의 끊임없는 소통과 협력이라는 것을 보여준다. 도시재생사업은 주민이 주체인 동시에 주민의 삶이 재생사업의 객체이다. 결국에는 주민이 자율적으로 지역을 주도하고 운영해야 공동체가 유지되고 소속감과 애향심이 증진될 수 있으며, 재생사업이 성공적으로 수행되면 결과로서 지역에 활력이 넘치며 주민과 공동체의 삶의 질 향상을 가져오게 된다. 그러기 위해서는 주민들이 많이 공부하고 깨어 있어야 하며, 공동체의 역량이 강화되어 지역의 사회적 자본이 튼튼하게 축적될 것이 요구된다.

5. 주요사례 연구

본 절에서는 사례분석을 통해 도시재생에서 주민참여와 공동체 역량 강화가 성공적 사업수행을 위해 얼마나 중요한가를 고찰한다. 사례로는 한국 도시재생사업의 1호로 꼽히고 있는 창원시 창동·오동동 도시재생사례, 서울의 대표적인 도시재생사례로 제시되는 성미산 마을공동체 운동, 수원 연무마을 도시재생사업을 살펴본다.

1) 창원시 창동·오동동 도시재생 사례

1970년대 한국 경제성장의 견인차 역할을 했던 마산은 산업구조가 중화학공업 위주로 바뀜에 따라 섬유·봉제, 조립 위주의 마산 수출자유지역이 급격히 쇠퇴하기 시작했고, 1980년대 창원시가 마산시에서 분리되고 경남도청이 창원으로 이전함에 따라 마산시의 많은 인구가 창원시로 유출되었고, 자연스럽게 마산시 원도심 창동·오동동에 모여들던 사람들이 줄어들기 시작하였다. 2000년대 창원시의 성장과 함께 인근지역의 신도시 조성 및 상권이 형성되면서 창동·오동동은 마산 원도심이 되어 쇠퇴를 맞이하게 되었다.

마산 원도심의 쇠퇴가 도시 전체의 쇠퇴로 이어짐에 따라 마산시는 도시재생을 촉진하기 위해 도심재생 기본계획을 수립하였다. 이 과정에서 마산 도시재생을 위한 모임의 필요성이 제기되며 2007년 6월 '마산도시재생위원회'가 창립되었다. 이후 다양한 지역인사가 동참하여 2008년 12월에는 '마산원도심민관협의회'가 구성되었다. 이는 전국 최초로 구성된 도시재생민관협의회로서 민간이 주도하여 관리·지원하는 협치체계를 구축하였다는 점에서 '대한민국 도시재생 1번지'로서의 시발점이라는 의미를 가진다.

쇠퇴한 마산 원도심을 재생하기 위하여 이곳에서 출생한 세계적인 조각가인 '문신' 선생에게 아이디어를 얻어 세 가지 콘셉트를 중심으로 '창동 예술촌' 조성계획을 수립하였다. 문신예술과 예술인이 융화하는 '창동 예술촌', 마산 르네상스시대의 맥을 이어가는 '에꼴드 창

〈그림 3〉 마산 창동·오동동 자력형 도시재생모델

동(école de Chang dong)', 마산의 추억과 정취를 느낄 수 있는 '스토리텔링' 흔적골목으로 구성된 내용은 각 골목에 콘셉트로 작용하여 마산원도심의 특색공간으로 조성되었다. 이 과정에서 창원시는 전국 최초로 민·관 도시재생 거버넌스를 구축하여 도시재생사업의 '주민 직접적 참여' 계기를 만들었다. 결과로서 창동예술촌, 창작공예촌이 조성되었고, 오동동 문화광장 조성, 250 골목 가꾸기 등 많은 사업들이 Bottom-up 방식으로 진행되었다. 즉, 주민자력형 도시재생이 추진되었던 것이다(김석호, 2019).

〈그림 3〉에서 볼 수 있는 바와 같이, 창원시 도시재생사업은 도시재생에 사람을 더하고, 사람이 중심인 사업으로 인식하여 '행정은 객체로, 주민이 주체로'라는 개념을 기반으로, 지역주민이 지역문제를 진단하고 개선책을 기획하는 공동체 주도적 추진 방식이 작동한 대표적 사례라고 할 수 있다. 사업이 진행되는 과정에서 많은 갈등과 문제점들이 제기되었지만, 도시 속에서 삶을 이어가는 주체들이 모여 지역의 독특한 방식으로 방안을 만들어가고 문제를 해결하는 과정에서

주민과 공동체 역량이 강화되어 지역민이 주도하는 자력형 도시재생
모델을 구축하였다.

2) 서울 성미산 마을공동체 사례

성미산 주민들에 의해 2007년 결성된 성미산 마을공동체는 주민의
주도에 의해 어떻게 도시재생이 실행되는가를 보여주는 좋은 사례이
다. 2007년 마을 최대의 이슈인 '홍익 부속 초·중·고등학교 성미산
이전 문제'에서 시작된 성미산 살리기 운동은 이후 구와 시의 도시계
획위원회 결정에 영향을 주어 성미산에 지어질 학교를 제외한 나머지
부지는 일반용지에서 공원용지로 전환을 주도하였다. 즉, 삶의 터전
을 고민하고, 생태·환경을 생각하는 주민 모임이 정부 도시계획위원
회 결정에 영향을 미쳐 주민들의 의견이 적극 반영된 사례이다.

성미산 마을 공동체가 갖는 의미는 크다. 도시계획에 대처하면서
사후 대책보다는 사전 대안이 얼마나 중요한 것인가를 보여주는 것이
다. 그리고 지금까지는 관이 도시계획을 입안했지만 이젠 주민들이
주체적으로 도시재생과 계획에 참여하여 공동체 삶의 질 향상에 주요
역할을 한다는 것을 보여주었다. 여기서 더 나아가 주민과 전문가 그
리고 정부 사이에 협력관계가 형성되어 공동체 문제에 대한 주기적
워크숍이 열리고, 주민들과 전문가와 구청 직원들도 동참하여 창의적
아이디어와 의미 있는 결과물을 활발하게 만들어 냈다(경향신문,
2009). 성미산 공동체운동은 도시재생에서 기존의 접근방식이 아니라
애자일 접근방식이 보다 적절하다는 것을 보여준다. 즉, 기존의 하향
식(top-down)의 경직적 접근이 아니라 주민이 주도하는 상향식
(bottom-up) 유연적 접근이 성공적인 도시재생을 위해서는 보다 적절
하다는 것이다.

〈표 1〉 애자일 방법론 vs. 기존 방법론

구분	애자일(Agile) 방법론	기존 방법론
요구사항관리	지속적인 요구사항 개발 및 병경수용	조기 요구사항 수집 및 엄격한 변경 관리
계획수립	두 단계 계획(잦은 계획 수립 & 경신) 경험 기반 프로세스	상세한 계획수립(up-front) 계획 기반 프로세스
설계	적시(just-in-time) 설계	상세한 사전(up-front) 설계
문서화	경량 프로세스 및 문서화보다 코드 강조	중량 프로세스 및 상세한 문서화 강조
역할	전체 팀워크를 중요시	엄격한 역할 분리

출처: 김태달. (2015).

〈표 1〉은 애자일과 기존 접근방식의 차이를 보여준다. 애자일(agile)의 사전적 의미는 '기민한, 날렵한'이다. 애자일은 기존의 '낙수모델(top-down model)'에 반대되는 개념으로 지역개발이나 재생에서 수요자 중심으로 개발을 진행하는 접근방식이다. 즉, 애자일 방법론은 꾸준히 주민의 반응을 반영하면서 계획을 개발하는 방법론으로 문서기반의 개발보다는 실질적인 소통을 통한 방법론이라 할 수 있다. 그래서 청사진(미래)을 미래 정해 놓고 하부계획을 수립하는 방식이 아니라, 주민과 밀접한 ·주기적 접촉을 통해 대안을 모색하고 시험해보는 과정을 진행하여 끊임 없이 개발 및 수정하는 일을 반복하면서 주민이 가장 만족할 수 있는 방향으로 도시재생사업을 진행하는 방식이다(SD아카데미 블로그, 2018).

애자일 접근방식의 핵심으로는
• 짧은 주기의 개발단위를 반복하여 하나의 큰 프로젝트를 완성하는 방식
• 애자일의 핵심은 협력과 피드백
• 유연한 진행 + 변화에 신속히 대응

출처: 김형구·강동구, 2020.
〈그림 4〉 수원 연무동 소규모 재생산업과 뉴딜사업과의 연계 추진

애자일 방법론이 시사하는 바와 같이, 사실 도시재생에는 정도가 없다. 왜냐하면 외부환경이 고정된 것이 아니라 끊임없이 변화하고, 지역이 살아남기 위해서는 변화하는 환경에 민첩하게 대응하여 공진화를 추구해야 한다. 이런 급변하는 고속사회에서 낙후와 쇠퇴상태에 있는 지역을 재생하기 위해서는 루이스 캐럴의 '거울나라의 엘리스'에서 붉은 여왕이 지배하는 마을의 도로에서 뒤처지지 않고 앞서 나가기 위한 전략으로 애자일 접근방식이 유용할 것으로 판단된다. 그리고 명심해야 할 것은 도시재생은 혼자 하는 것이 아니라 함께 하는 것이며, 주민과 공동체가 주도해야 한다는 것이다

3) 수원 연무마을 도시재생사업 사례

수원 연무마을 도시재생사업은 지역 내 공공 및 사회복지시설과 주

민 및 주민조직(공동체)의 소통을 통해 도시재생의 공감대를 형성하고, 상생 기반의 도시재생 방향 및 세부사업계획을 도출하여 주민과 공동체가 추진한 모범적 재생의 사례로 꼽힌 사업이다. 김형구·강동구(2020)의 연구를 중심으로 연무마을 도시재생사업을 간략히 살펴보자.

수원 연무마을은 2012년부터 주민공모를 통한 마을 르네상스 사업 및 안전마을 만들기 사업 등 주민주도의 사업을 지속해서 시행하였고, 2018년에는 '찾아가는 학습프로그램(도시재생)' 운영을 통해 도시재생사업 추진을 위한 주민역량 강화를 도모하였다. 이런 도시재생과정에서 지역의 특성과 자원, 주민활동 등을 고려하여 실효성 높은 지역특화 재생사업을 추진하였고, 다양한 연계사업을 발굴하여 실현 가능성과 파급효과를 높이기 위해 노력하였다.

도시재생 과정에서 주민 스스로 필요한 사업을 도출하여 소규모 재생사업을 우선적으로 추진하였으며, 연무동 뉴딜사업 공모 이전에 소규모 재생사업(2019년)에 선정되었다. 주민 제안을 통해 추진되는 소규모 재생사업과 행정의 주도로 추진되는 도시재생 뉴딜사업이 긴밀하게 연계되어 주민과 공동체, 행정이 함께 준비하고 협력하는 도시재생을 추진하였다(그림 4 참조).

도시재생 사업계획을 수립하는 과정에서도 지역 내 공공 및 사회복지시설과 주민 및 주민조직(공동체)의 소통을 통해 도시재생의 공감대를 형성하고, 상생 기반의 도시재생 방향 및 세부사업계획을 도출하였으며, 지역 전문가 및 수원시 공공건축가의 참여를 통해 거점시설의 구체적인 조성계획도 수립하였다.

수원시는 오는 2023년까지 연무동 지역에 도시재생사업을 추진해 다양한 스마트 서비스를 연계하고 주민들이 주도하는 사업을 선정해 지속가능하고 스마트한 도시재생 플랫폼을 구현한다는 구상이다(그림

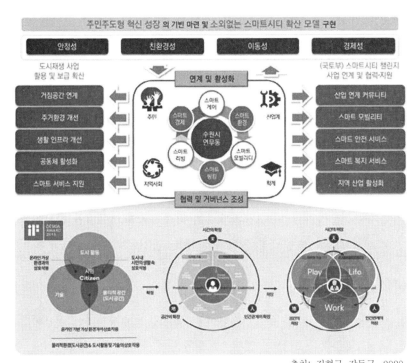

출처: 김형구·강동구, 2020.

〈그림 5〉 수원 연무동 스마트시티 도시재생 모형

5 참조). 특히 공동체를 활성화하기 위해 주민들의 역량을 강화하는 거점으로 '메이커스 캠퍼스'를 만들어 시민단체와 교육기관, 창업기관 등을 연계 운영함으로써 시민주도의 현안 발굴이 더욱 신속하고 활발하게 이뤄질 수 있도록 지원할 계획이다(환경과 조경, 2020). 수원시 연무동은 주거지원 도시재생에 스마트시티형 재생사업을 융합하여 미래형 도시재생의 새로운 모델을 시도하고 있다.

6. 인천에 대한 시사점

도시재생사업이 성공을 거두기 위해서는 민관의 지속적 소통과 협력을 위한 상호작용이 요구된다. 사실 많은 도시재생사업이 희망을 안고 출범하였지만 당초 목표를 성공적으로 달성한 사업은 많지 않다. 예를 들면, 국내 도시재생사업 1호로 추진된 마산 창동·오동동 사업도 현재 침체를 경험하고 있으며, 서울의 대표적 도시재생사업인 창신·숭인동 재생사업도 성과에 대해 주민들이 높은 불만을 표하고 있는 것으로 나타났다. 인천에서도 대표적 도시재생사업인 만부마을 도시재생사업이 현재 내홍에 휩싸여 있다. 인천일보 2021년 1월 20일자 기사내용을 보면,

국토교통부 도시재생 뉴딜사업의 1호 마을관리 협동조합인 '만부마을'이 내홍을 겪고 있다. 일부 조합원들은 회계 처리 등 조합 운영에 문제가 있다며 국토부에 감사를 요청하고 나섰다. 9일 만부마을 마을관리 협동조합 조합원 등에 따르면 지난 18일 국민신문고에 조합 운영 감사를 요청하는 내용의 민원 글을 게시했다. 민원에 동참한 조합원들은 이사장이 조합원에게 지급한 인건비 일부를 다시 가져간 증거가 있지만 구체적인 해명을 내놓지 않고 있다고 주장했다. 이어 그동안 사업 운영을 위해 수천 만 원의 국가지원금을 받았지만 조합원들에게 회계 집행 내역이 공개되지 않았다며 국토부 등 관계기관의 감사를 요구했다(인천일보, 2021).

인천 남동구 만부마을(만부로 7번길)은 1960년대 인천의 산업화와 도시화에 따라 철거민들이 집단 이주해서 사는 정착지로, 철거민들은 산을 깎아 만든 곳에 33㎡(10평)씩 토지를 불하받아 집을 짓고 지금까

지 살고 있다. 2018년'우리 동네 살리기 형' 도시재생 뉴딜 사업지로 선정돼 100억 원(국비 50억 원 포함)의 마중물 예산을 지원받아 공영주차장 등 주거환경 개선을 위한 생활기반시설(이하 인프라) 개선과 공동이용시설 조성, 공공임대주택 공급 등을 추진 중이다.

만부마을은 지금 '주민이 만족하는 집, 만(滿)', '삶의 문화를 함께 지키는 이웃, 수(守)', '근심·걱정 없는 생활, 무(無)', '자연 친화적이고 건강한 환경, 강(康)' 등의 네 글자를 딴 '만수무강'을 재생사업의 모토로 정했다. 인천에서 처음 도시재생을 시작한 만부마을은 주민 중심의 '지역공동체 활성화'가 핵심으로, 뉴딜사업지로 선정되기 이전 이미 조직된 주민협의체를 중심으로 지역 내·외부기관과 단체, 전문가 등과 활발한 교류를 이어가며 스스로 학습해 마을을 가꿔왔다(문화일보, 2020). 마을관리협동조합 선진지로 알려져 도시재생의 새로운 모델로 주목받아 왔던 만부마을이 국가지원금이 제공되고 마을관리 협동조합이 만들어지면서 조직운영의 문제로 공동체에 균열이 가기 시작한 것이다. 그러면 이 문제를 어떻게 풀어야하나? 여기에 초점을 맞춰 공동체 문제와 관련된 인천 도시재생의 시사점을 제시하면 다음과 같다.

첫째, 주민들의 적극적 참여와 신뢰관계 구축이 선행되어야 한다.

둘째, 주민을 공동체로 엮는 마을 활동가를 양성해야 한다.

셋째, 지역 시민사회가 형성되어 활발한 의사소통과 합의의 문화가 정착되어야 한다.

넷째, 거버넌스 시스템이 구축되어야 한다.

상기 시사점을 좀 더 구체적으로 살펴보기로 하자.

첫째, 도시재생이 성공적으로 추진되기 위해서는 공동체의 적극적 참여와 주민들 사이에 탄탄한 신뢰관계가 구축되어야 한다. 앞 장에서 논한 바와 같이, 주민의 적극적 참여가 없는 도시재생은 공염불에 불과하며 결코 지속가능하지 않다. 그리고 도시재생은 정량화된 목표(예를 들면, 공용주차장 조성, 빈집 활용, 노령인구 일자리 창출 등) 외에 공동체 회복과 지역문제에 공동체의 적극적 참여 자체가 중요한 목표를 구성한다. 이런 논리에서 도시재생의 시작부터 종료까지 공동체 관계 형성과 신뢰관계 구축은 지속가능한 도시재생의 필수 요건라고 할 수 있다.

두 번째로 주민을 공동체로 엮어내는 역량 있는 마을 활동가를 양성해야 한다. 공동체 회복 과정에서 가장 중요한 요인 가운데 하나는 '리더'의 역할이다. 도시재생에서 리더는 '지역문제 개선이 필요하다고 느끼는 적극적인 주민'을 의미한다. 도시재생사업과 조직에서 직책이나 직위가 중요한 게 아니라, 주민들과 함께 지역 주거환경 의제를 만들어내고 '방향을 논의해보자'는 목소리를 이끌어내는 역할을 수행하는 적극적 활동가가 있어야 한다. 즉, 흩어져 있는 구슬을 목걸이와 팔찌 등으로 엮어 공동의 가치(도시재생)를 발굴 및 창출하는 기술자를 양성해야 한다는 것이다. 마을 활동가는 주민들을 연결해 목소리를 이끌어내고, 공동체 조직을 돕기 위한 활동을 수행한다. 그리고 마을 활동가는 도시재생 마중물사업이 끝나고 나면 마을 지킴이 역할을 하여 도시재생을 지속가능하게 한다. 이런 면에서 지속가능한 도시재생이 되기 위해서는 지역에 오랫동안 살면서 마을의 역사와 스토리를 아는 주민을 활동가로 키워내는 작업이 선행되어야 한다.

셋째, 지역 시민사회가 형성되어 활발한 의사소통과 합의의 문화가 정착되어야 한다. 위키백과에 시민사회(市民社會, civil society)는 사회에서 국가 및 시장과 구별되는 영역으로 자발적인 공공 및 사회 조직과 기관의 총체를 일컫는 말로서, 공유된 이해·목적·가치를 둘러싼 강제되지 않은 집합적 행동의 장으로 정의하고 있다.[6] 도시재생은 정부와 주요 이해관계집단에 의해 강력히 지원 및 추진된다 하더라도 주민과 공동체의 참여와 지원이 없다면 도시재생 목표를 달성하기가 어렵다. 결국 도시재생의 결과는 지역에 영향을 미치는 것인데, 시민들이 과정에서 소외되고, 격리되며, 배제된다면, 본래의 목표추구가 어려울 뿐만 아니라, 도시 재생의 왜곡 혹은 정당성 상실이 초래될 수 있다는 것이다(Bunar, 2011: 2860-1). 이런 문제가 바로 인천 만부마을의 내홍을 가져왔다고 볼 수 있다. 이것은 비단 인천 시민사회의 문제뿐만 아니라 한국의 시민사회가 도시재생의 효율성을 가져올 정도로 성숙하지 못했다는 점이 문제점으로 제시된다. 그 이유로는 시민사회의 주체인 시민들이 적극적 활동주체로 참여가 저조하며, 사회운동이나 시민단체에 대한 가입 또한 낮은 실정이다. 특히 지방에서 시민사회 활동은 매우 저급한 실정이며, 중소도시나 농어촌 지역의 경우에는 과거의 정치권력 유지나 정부의 필요성에 의해서 만들어진 관변단체들이 주를 이루고 있다. 따라서 한국에서 도시재생이 활성화되기 위해서는 시민들의 적극적 참여와 시민단체의 건전한 발전이 선행되어야 한다(허철행 외, 2008: 3-4).

넷째, 도시재생에서 공동체 활동이 적절히 작동하기 위해서는 민주적이고 합리적인 거버넌스 시스템이 구축되어야 한다. 다음 장에서 심층적으로 논의하겠지만, 도시 거버넌스는 도시문제를 결정하는 과정에서 어떤 특정 개인이나 집단(예를 들면, 정부)이 주도적 역할을 하

---

6) 시민사회라는 용어는 단순한거 같지만, 그 의미는 학자들마다 그리고 시대에 따라 매우 다르게 해석되고 또 통용되고 있다. 시민사회에 대한 이러한 다양한 정의는 당연한 것으로 국가와 사회의 발전이 각 나라마다 다르며, 동시에 역사적 발전단계, 문화적 요인, 정치적 풍토 등이 상이하기 때문이다.

는 것이 아니라, 지역의 주요 집단들(주민, 공동체, 소상공인, 전문가, 정부, 시민단체 등) 사이에 소통과 협력을 통하여 주요 문제의 해결방안을 찾는 접근방법을 의미한다. 도시 거버넌스는 지속가능한 도시재생의 핵심요인이다. 도시 거버넌스는 도시 환경, 경제, 사회, 문화 등 공공개발과 관련된 정책과 의사결정을 민관이 협력하여 대안을 찾고 문제를 해결하는 과정으로 설명된다. 이 과정에서 거버넌스는 공공기관과 민간부문, 그리고 시민사회와 도시의 지속가능성을 위한 끊임없는 상호작용을 한다. 도시재생 관점에서 도시정부는 재생을 지원하는 기관의 의미를 갖는 반면에, 거버넌스는 도시재생이 직면한 문제를 주민과 공동체가 자치적으로 대안을 찾고 해결하는 과정으로 이해될 수 있다(Murphy, 2000: 243). 이런 맥락에서 공동체 활동을 통한 도시재생이 원활히 수행되기 위해서는 거버넌스 시스템이 잘 구축되어 운영되어야 한다.

요약하면, 주민에 의한(by) 주민을 위한(for) 주민의(of) 도시재생이 추진되기 위해서는 주민 공동체의 역량이 강화되어야 하며, 이를 위해서는 시민사회의 성장이 수반되어야 주민 참여와 의견제시를 통한 주민이 원하는 도시재생이 추진될 수 있다. 안토니오 그람시(Antonio Gramsci)의 시민사회론에 의하면 시민이 주도권과 헤게모니를 쟁취해야 민주사회의 원활한 소통이 가능하고, 시민사회와 정치사회가 활발한 교류와 협력 및 정보공유가 이루어져야 도시의 불확실성과 불안정이 감소되어 위험도시 가능성이 감소되며, 공동체가 적극적으로 참여하는 거버넌스 시스템이 작동하여야 집단지성/다중지혜를 동원한 보다 바람직한 도시재생이 추진될 수 있다.

7. 맺는말

지금까지 도시재생사업이 추진되는 양상을 보면 계획부터 실행까지 지역주민은 단지 동원 대상이 되었을 뿐이며, 행정기관이나 전문가 주도로 도시재생이 추진되어왔다. 이런 결과 행정기관의 지원을 받는 동안에는 재생이 이루어지다 지원이 끝나면 다시 원상태로 돌아가는 요요현상이 반복되었다. 이런 결과가 반복된 이유는 도시재생이 주민과 공동체 주도로 이루어지지 않았기 때문이고, 주민과 공동체 주도로 도시재생이 추진되지 못했던 주요이유는 주민과 공동체가 충분한 역량을 갖고 있지 못했기 때문이다. 이런 맥락에서 본 장은 지속 가능한 도시재생을 위해 주민과 공동체 역량 강화가 필수적이라는 것을 논의하였다.

도시재생이 제대로 추진되려면, 먼저 도시 공동체가 존재해야 한다. 도시재생을 위한 공간은 처음부터 거기에 있었던 것이 아니라, 거기서 탄생했던 것을 이해해야 한다. 지금 공동체라는 이름을 달고 벌어지는 많은 활동은 자율, 연대, 생태, 자립, 자치와 같은 삶의 방식으로 사회를 재구성하려는 집합적인 움직임에서 시작되었다. 마을공동체라는 근린 생활의 최소단위를 사회적, 생태적, 경제적, 인간적으로 복원하려는 끈기 있는 노력이 곧 도시재생이다. 지역공동체의 재생에 대한 공통적인 관심사가 형성되고, 주민들 사이에 소통이 이루어져야, 집단지성과 다중지혜가 생겨나고 해체되었던 공동체 관계망이 다시 연결되면서 크고 작은 실천들을 켜켜이 쌓여가며 도시재생이 이루어진다(오마이뉴스, 2021).

이런 맥락에서 도시재생은 주민이 중심이 되는 씨앗을 공동체에 심는 작업이라고 할 수 있다. 즉, 도시재생 사업의 가장 중요한 동력은 사람이기 때문에 사람을 잃지 않고 함께 만들어가는 시스템을 조성해야 한다는 것이다. 그래서 이를 위한 방안으로 도시재생 주민발굴단을 결성하기도 하고, 도시재생거점연합체를 출범하기도 하며, 도시재생대학을 개설하기도 하고, 메이커스 캠퍼스와 같은 창업지원 프로젝트 등 다양한 활동을 통해 주민과 공동체 역량 강화를 추진하고 있다(안평환, 2018). 그 결과 도시재생의 씨앗들이 점차 지역에 뿌리를 내려, 과거에는 몇몇 사람들이 고민하여 살기 좋은 동네 만들기를 위한 도시재생을 시도하였던 것과는 달리, 도시재생사업의 모든 단계에서 주민과 공동체가 적극적으로 참여하여 공동체 활성화 프로그램을 비롯한 주민주도의 마을 만들기 사업, 실질적인 주민 참여계획의 수립과 반영, 다양한 주민활동 경험의 도시재생 접목을 통한 통합재생 기반 조성 등 점증적 변화가 지역에서 감지되고 있다.

여기에 더해 최근에는 도시재생에 스마트 기술이 결합하여 스마트 도시재생까지 시도되고 있다. 스마트 도시재생은 도시의 생활공간을 사회적, 물리적, 경제적으로 재생하는 과정에 주민의 적극적 참여와 실천을 도모하기 위하여 다양한 스마트 기술과 설비, 프로그램, 네트워크 등을 이용하는 것을 의미한다(이희정 외, 2019). 한국이 IT 기술 선도국인 것을 고려할 때, 도시재생과정에 주민의 적극적 참여를 유도하기 위하여 빅 데이터와 리빙랩(living lab) 기술7) 등을 이용한 스마트 도시재생 플랫폼 구축이 급속히 확산될 것으로 예상한다.

마지막으로, 외국의 사례를 보면 도시재생 정책이 효과를 나타내는 데는 최소 10년 정도가 걸린다. 도시재생은 100미터 달리기가 아니라

7) 리빙랩(living lab)은 말 그대로 살아있는 연구실을 의미하며, 기술을 이용한 사회문제를 해결하는 방식으로 연구자가 연구실 안에서만 진행하는 연구가 아니라, 시민이 직접 참여해 함께 문제를 풀어나가고 결과물을 민드는 개방형 실험실을 의미한다.

마라톤이다. 아무리 좋은 정책이라도 주민과 공동체로부터 외면 받으
면 그 효과를 기대하기 어렵다(류중석, 2019). 이런 맥락에서 도시재생
은 주민과 공동체의 참여가 필수적이며, 정부는 지원하되 간섭은 최
소화 하는 원칙확립이 요구된다.

도시재생과 거버넌스

김천권

1. 서론

현대 도시는 세계화·정보화·분권화를 기반으로 하며 상호연결성 증대에 따른 복잡성, 빠른 변화에 따른 불안정성, 다원성, 파편성 등으로 대변할 수 있는 사회구조를 이루며, 다양한 사회구성원들로 이루어진 관계 속에서 복잡한 이해가 충돌하고 있는 공간이다. 이러한 도시환경은 개인 또는 집단들로 하여금 자신들의 이익을 추구하기 위한 참여를 증대시켰으며, 과거의 합리적 도시계획 하에서는 구성원들의 의견을 수렴하는데 한계를 지니고 있다. 즉, 단순한 가치들이 지배하고 있는 환경에서 도시계획은 설정된 목표를 전제하고 실현할 수 있는 수단을 탐색하는 효율적 수단이라고 할 수 있다. 하지만 다양한 가치들이 경쟁하는 도시에서는 정부 중심(government-centered) 및 거시 구조적(macro-structural) 도시계획에 기반한 정책 결정과 계획 과정이 현재의 상황에서는 그 기능을 제대로 수행할 수 없다(한연오·박태원, 2019). 무수한 가치가 경쟁하는 도시에서 구성원의 다양성과 상호의존성은 대화의 필요성을 가중시켰으며, 상호 이해 및 합의를 도출하는 소통의 중요성이 증대되었다. 소통은 구성원들이 대화를 통해 공통의 목표 등을 수렴하게 할 수 있으며, 경험적 학습에 의한 문제해결 방안(heuristics)으로 거버넌스 시스템을 요구한다.

도시 거버넌스는 도시문제를 해결하는 과정에서 정부 혹은 특정 집단이나 개인이 주도적/독점적으로 처리/결정하는 것이 아니라, 도시를 구성하는 다양한 주체들 사이에 협력과 동반자 관계를 형성하여 도시문제의 해결방안을 찾아가는 접근방식이다. 즉, 거버넌스 과정을 통해 도시의 다양한 주체들의 참여와 소통적 능력 형성을 추구하는 협력적 과정으로 특히 도시재생에서 발생하는 다양한 문제해결을 위한 유용한 기제로 작용한다. 도시재생사업의 성공적 추진을 위해서는 지역 단위에 실제 적용을 위한 다양한 지역 주체의 상호신뢰 관계 구축과 이해주체들 사이의 협의 형성 과정, 소통 및 협력적 운영을 위한 네트워크 구축, 지속가능성을 위한 재원 마련 및 재생활동 지원을 위한 조직 및 제도적 뒷받침이 이루어져야 한다. 이러한 도시재생을 위한 협력 기반과 의사결정과정을 주도하는 원리로서 제시되는 것이 바로 거버넌스 접근이라고 할 수 있다.

도시재생은 지역의 다양한 주체들 사이에 거버넌스를 통해 지역재생을 위한 지역만의 고유 DNA를 찾는 작업이다. 어떻게? 바로 거버넌스 구축을 통해 다중지성과 집단지혜를 도출하여 지역의 장소적 가치를 발굴하고 재생의 앵커 기능을 수행하는 지역만의 고유 DNA를 발굴·육성하는 작업을 통해서다.

도시재생정책은 쇠퇴하는 지역에 공적 재원을 집중적이고 전략적으로 투입하여 지역의 활력을 회복하고, 민간투자를 견인하는 '마중물' 역할을 수행하는 것을 목적으로 추진되는 정책이다. 그런데 지금까지의 도시재생사업은 민간투자를 견인하지 못하고 재정사업인 '마중물 사업'을 중심으로만 사업이 추진되고 있다는 비판을 받아 왔다.

왜 이와 같은 도시재생정책이 문제인가? 정부 지원이 종료되면 도시 재생 사업이 중단되고 다시 지역이 낙후와 쇠퇴의 과정이 진행된다는 것이다. 그래서 도시재생이 일회성이 아닌 지속가능한 도시재생이 되기 위해서는 지역 이해관계자들 사이에 연계와 협력을 위한 거버넌스 시스템이 구축되어야 한다. 즉, 공공부문이 독자적으로 주도하는 도시재생으로는 지속가능한 도시재생이 추진되기 어렵고, 주민과 공동체 그리고 민간부문의 적극적 참여를 통한 도시재생이 추진되어야 한다. 본 장에서는 도시재생과정에서 이해관계자와 민간부문의 적극적 참여를 통해 지속가능한 도시재생을 추진하기 위한 거버넌스 접근에 대해 심층적으로 논의한다.

2. 도시재생과 거버넌스

도시재생과 거버넌스에 관한 논의에 앞서 도시 거버넌스 개념에 대해 살펴보고, 거버넌스가 왜 도시재생을 위한 유용한 접근방식인가에 대해 논의해 보자.

1) 도시 거버넌스 개념

도시 거버넌스는 다양한 참여자들 사이에 대화와 소통, 협력, 조절과 통제, 그리고 합의를 통해 문제해결을 추구하는 과정이다(김천권, 2014). Stone(1987)에 의하면, 도시발전은 공공부문과 민간부문의 주체들 사이에 적절한 조절을 통해서 이루어지며, 이 과정에서 정부통치의 개념이 점차 약화되고, 참여자들 사이에 네트워크 중심의 도시 거버넌스 체제로 대체되고 있다. 도시 거버넌스는 정책 및 서비스 공급과정에서 참여자들 사이에 고도의 유연성을 함축하고 있으며, 이 과정에서 시민 또는 이해관계자 중심의 상호작용을 통하여 도시의 문제해결을 추구하는 과정으로 이해된다(정원식, 2007: 136).

이 과정에서 거버넌스가 가지는 본질적 특징은 전통적인 정부운영 방식과 다른 공동체 중심의 운영방식을 도입하는 것이다. 이를 두 가지로 구분하면, 첫째는 전통적으로 공식적 권위에 바탕을 둔 통치를 나타내는 것과는 달리 거버넌스는 사회에 존재하는 다양한 행위주체들이 자율적으로 참여하여 상호 호혜적 관계에서 협력하여 사회를 이끌어가고 조정하는 일종의 제도적 의미를 가지는 것으로 이해될 수 있다. 둘째로 공공부문과 민간부문간의 경계가 모호해지는 것을 의미한다. 즉, 그동안 뚜렷한 경계를 가졌던 정부와 민간부문 간의 경계가 없어지고, 정부와 시장 그리고 시민사회간의 파트너십을 통한 협력관계를 통하여 사회를 관리하는 새로운 통치행태를 의미한다(최준호, 2005: 337). 따라서 도시정부 운영과정에 공식 정부조직에 민간 및 비정부 조직이 보완되어 파트너십을 형성하거나, 정부의 권한을 민간부문과 공유 및 이양하기도 하며, 시민과 이해관계 집단이 함께 참여하는 협력적 관계를 형성하기도 한다. 이러한 거버넌스 접근으로 공공과 민간부문에 대한 구별이 모호해져서 도시정부 운영이 복잡·난해해지는 사회현상이 야기되기도 한다.

도시정책과정에서 정부주도인 거버먼트(government) 방식과 도시 주체들 사이의 협력관계인 거버넌스의 차이는 도시재생과 관련하여 다음과 같은 차이로 설명될 수 있다. 도시재생을 위한 주요 정책으로 자주 추진되는 것이 기업촉진지구(BID: Business Improvement District) 정책이라고 할 수 있다. 이러한 정책을 종래의 거버먼트 방식으로 접근하는 경우에는, 도시정부와 BID 사이에 공식적인 관계만 존재하고,

적극적인 파트너십이나 긴밀한 관계는 기대하기 어렵다. 이러한 이유로 두 집단 사이에는 주로 주기적인 보고와 평가를 통해 최소한의 의무와 책임이 부여된 관계가 형성된다. 반면에 거버넌스 접근은 두 집단 사이에 상호보완과 협력관계의 형성을 통해 도시재생을 위한 파트너십 역할이 기대된다. 도시정부의 각 부서들은 기업촉진지구의 개발을 위한 동반자 관계를 형성하며, 지역경찰은 지구의 안전과 범죄예방을 위해 노력하고, 문화환경부서는 낙서제거와 보도정비 등을 통해 경관개선을 시도하며, 경제부서는 민간투자를 유치하기 위한 노력을 시도하는 등 공공부문과 민간부문이 원활한 소통과 정보공유를 통하여 다양한 아이디어를 창출하고 긴밀한 동반자 관계를 유지하게 된다 (Wolf, 2006: 71). 이러한 도시 거버넌스 접근에서는 참여 주체들 간의 수평적·대등한 네트워크 관계를 형성하며 상호영향력을 행사한다. 즉, 도시의 복잡하고 역동적인 문제해결에 요구되는 각종 자원과 정보, 자료와 지식 등이 공유 및 교환되는 상호작용이 발생한다. 이러한 상호신뢰와 의존에 기초하여 참여 주체들 간에 자원 의존도가 높을수록, 상호혜택에 대한 기대가 높아지고, 보다 안정적 및 지속적 네트워크 관계가 유지될 수 있다.

마지막으로, 도시운영의 거버먼트 방식에서 진화된 거버넌스 접근은 Vabo & Røiseland(2012: 936)에 의하면 다음 5가지 주요 특성을 갖는다.

첫째, 거버넌스에 참여하는 구성원은 독립적 자율성이 보장되며, 구성원들 사이에 수평적 상호관계를 형성한다. 여기서 핵심은 네트워크 구성원 누구도 다른 구성원에 대하여 상하관계의 계급적 통제권을 가지지 못한다는 것이다.

둘째, 거버넌스 구성원들 사이에는 합의도출을 위한 지속된 협의과정이 진행된다.

셋째, 거버넌스 네트워크는 제도화된 틀 내에서 작동한다. 이런 의미에서 네트워크는 제도로서 인식되기도 한다(Scott, 1994; Bogason, 2000).

넷째, 거버넌스 과정은 주어진 범위 내에서 자기조절(self-regulating) 작용을 수행한다. 이 말은 거버넌스의 주된 목적, 이슈와 토의내용이 네트워크 내의 협의를 통하여 어느 정도 유연성이 있다는 것을 의미한다.

다섯째, 거버넌스는 공익을 추구하기 장치이다. 즉, 거버넌스는 공익을 추구하는 범위 내에서만 거버넌스로서 작동한다. 이 말은 사익 혹은 특정 집단 이익을 독점적으로 추구하는 경우에는 '거버넌스'라는 명칭이 사용될 수 없다는 것이다.

2) 도시재생과 거버넌스

도시재생은 추상적·물리적 공간을 대상으로 하는 것이 아니고, 주민들이 실제로 살고 생활하는 장소를 대상으로 한다. 그래서 도시재생지역을 도시 전체의 맥락에 놓고, 단순한 물리적 공간이 아닌 주민들이 활동하고 관계하며 의미와 이미지가 구현되고 있는 장소로서 접근해야 한다. 즉, 도시재생을 위한 접근은 총체적이어야 하고 공동체 활동과 종합적으로 연계되어야 한다는 것이다. 그래서 도시재생에 있어 가장 중요한 주체는 해당 지역의 주민이며 재생의 가치를 이들이 주도하는 사회적 과정으로 도시재생이 추진되어야 한다. 이런 맥락에서 도시재생은 이해당사자인 주민이 다양한 주체와 협력을 통해 주도적으로 계획을 세우고 사업을 추진하는 과정이다. 이런 일련의 과정에서 전문가는 공동체의 논의와 활동을 주도하는 것이 아니라 그것이 가능하도록 공동체 능력을 키워주는데 주안점을 두어야 한다.

도시재생은 도시의 주체인 시민들에게 실질적인 권한을 위임함으로써 이들의 요구와 필요를 반영하여 낙후된 지역을 활성화하고, 도시문제를 해결하는 과정이다(강지선 외, 2018). 따라서 지속가능한 도시재생의 핵심은 도시 마케팅을 위한 랜드마크의 구축이 아니라, 위계적이고 수직적인 도시정책의 방식을 시민참여 기반의 거버넌스 방식으로 전환하는 데 있다고 할 수 있다. 도시재생사업의 추진에 있어 주민협의체는 실질적 주민참여를 보장하는 거버넌스 메커니즘이라 할 수 있다(그림 1 참조). 주민협의체는 도시재생 활성화지역 내의 토지·건물 소유자, 세입자, 상인 등 다양한 이해관계자들로 구성되며, 효율적이고 합리적인 의견수렴이 이루어질 수 있도록 권역별·계층별·분야별로 고루 구성되어야 한다. 이와 같은 주민협의체는 도시재생 뉴딜사업에 대한 지역주민의 이해증진, 활성화계획 수립을 위한 의견수렴, 이견·갈등 조정을 위한 창구역할 등을 수행하게 된다. 즉, 도시재생 활성화 지역 내 주민·상인 등의 역량을 강화하고, 협의체 내에서 결정된 사항에 대하여 주민·상인 등의 공감대와 참여를 이끌어 내는 역할을 거버넌스 원리에 기반한 주민협의체가 수행하는 것이다.

주민들이 이러한 도시재생의 핵심주체로 기능하기 위해서는 무엇보다 그에 맞는 역량강화와 개발이 우선적으로 이루어질 필요가 있다. 그래서 도시재생 현장에서 지역주민들의 역량 강화가 이루어질 수 있도록 도시재생지원기구 및 각 지자체별 도시재생대학을 운영하고 있다. 도시재생대학은 지역주민, 소상공인 등 도시재생의 참여주체들을 대상으로 실전형 교육과 같은 다양한 교육방식을 적용하는 주민참여 역량강화 교육 프로그램으로, 지속적으로 확대·운영되는 추세이다(주은혜, 2019). 도시재생 뉴딜사업을 추진하는 전 단계로 '도시재생에 대한 주민인식 확산과 교육, 공동체 활성화 프로그램을 비롯

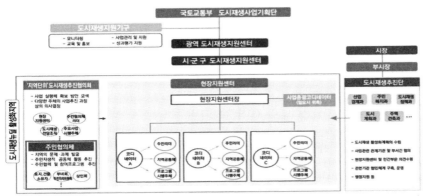

출처: 국토교통부

〈그림 1〉 주민참여형 도시재생 거버넌스 모형

한 주민 주도의 작은 마을 만들기 사업, 실질적인 주민 참여계획의 수립과 반영, 다양한 주민활동 경험의 도시재생 접목을 통한 통합재생기반 조성' 등 주민활동이 토대가 되는 도시재생 준비과정과 노력이 매우 중요하다는 것이다. 이러한 주민과 공동체 역량강화를 위한 교육이 선행된 다음, 도시재생을 위한 거버넌스 시스템이 구축되어야 한다.

그러면 주민주도의 도시재생을 위한 거버넌스 시스템은 어느 시점에서 구축해 운영하여야 하는가? 도시재생 사업에 앞서 선 거버넌스 구축, 후 재생사업을 추진하는 것이 적절한 정책 방향이라고 학자들은 주장하고 있다(남철관, 2018). 즉, 도시재생 전략을 수립하기에 앞서 주민, 정부, 전문가, 지역 소상공인, 시민단체 등이 참여하는 통합 거버넌스를 구축하여 소통과 공유 중심의 협의체를 조성한 후, 도시재생사업을 추진할 것을 제안하고 있다(최호운, 2018).

다음으로 도시재생 거버넌스 시스템은 무엇을 해야 하는가? 도시재생과정에서 발생하는 이해관계자들 사이에 갈등과 충돌을 조정하

고, 도시재생을 위한 장소적 가치를 발굴하여 지역 도시재생의 앵커
기능을 수행하는 지역만의 독특한 재생 DNA를 발굴·육성하는 활동
을 수행해야 한다. 어떻게? 도시재생 거버넌스 시스템에 풍부한 지역
지식과 정보를 갖는 다양한 주체와 전문가 집단이 참여함으로써 집단
지성과 다중지혜를 통해 도시재생의 핵심이 되는 활동 및 전략을 발
굴 및 제안해야 한다. 그럼 도시재생 거버넌스 시스템에 누가 참여해
야 하는가? 다음 절에서 여기에 대해 심층적으로 논의한다.

3. 도시재생의 주요 이해관계자

도시재생과정에서 적절한 거버넌스 시스템의 구축은 사업의 성패
에 영향을 미치는 핵심적 요인이다. 거버넌스 시스템이 잘 구축된 경
우에는 구성원들의 집단지성과 다중지혜를 이용하여 이해관계로부터
발생하는 갈등과 충돌을 합리적으로 조정하고, 도시재생의 앵커기능
을 수행하는 재생 DNA를 발굴 및 육성하여, 지속가능한 도시재생이
추진될 수 있다. 반면에 거버넌스 시스템이 적절히 구축되지 못한 경
우에는 도시재생과정은 영국 정치경제학자 토마스 홉스(T. Hobbes,
1588-1679)가 말한 '만인에 대한 만인의 투쟁의 장'으로 전락할 수도
있다. 그런 경우에는 재생사업은 한 치도 진행되지 못하고, 극단적인
경우에는 2009년 발생한 용산참사로 치달을 수도 있다. 그만큼 도시
재생과정에서 적절한 거버넌스 시스템 구축이 필수라는 것이다.

그럼 도시재생 거버넌스 시스템에는 어떤 사람/집단이 참여해야
하는가? 도시재생과 관계된 다음과 같은 주요 이해관계자/집단이 참
여하여야 한다.

- 주민
- 지역 소상공인
- 지자체
- 전문가 집단
- 시민단체
- 민간 디벨로퍼(developer) 등

첫째 주민으로, 도시재생 현장에서 재생사업으로부터 직접적으로 영향을 받는 집단이다. 주민은 도시재생계획 수립과정에서 지역 자원을 새롭게 발굴하고, 독창적이고 특색 있는 아이디어를 제안하며, 사업 시행과 시행 이후의 운영 및 유지관리에 적극적으로 참여하는 집단이다(임거배 외, 2019). 따라서 도시재생과정에서 지자체, 전문가 집단, 민간 투자자 및 기업 등과 거버넌스 시스템을 구축하는 데 적극적 역할을 수행해야 한다.

주민은 자가 소유자와 세입자 두 집단으로 구분된다. 자가 소유자는 재생사업이 추진되면 재산 가치가 높아져 수혜를 받는 반면, 세입자는 재생사업으로 주변 가치가 높아지면 임대료 상승 등으로 퇴출 위기에 직면할 수 있다. 따라서 거버넌스 시스템에 참여하는 주민도 자가 소유자와 세입자를 구분하여 두 집단 모두를 이해관계집단으로 참여시켜야 한다.

둘째 소상공인집단으로, 도시재생으로 아마 가장 큰 혜택을 받는 집단이다. 즉, 낙후와 쇠퇴에 있는 지역에 도시재생을 통해 지역 경제가 활성화되면 고객과 통행량이 증가하여 매출이 늘어 그만큼 이익이 창출되기 때문이다. 그래서 도시재생에 가장 적극적인 집단이 소상공인이라고 할 수 있으며, 따라서 도시재생 거버넌스에 소상공인 집단이 반드시 참여해야 한다. 문제는 주민과 마찬가지로 소상공인 집단도 상점을 소유하고 있는 자가 상공인과 임대를 해서 영업하는 임차 상공인으로 구분된다. 자가 상공인은 재생을 통해 지가가 상승하면 그만큼 재산가치의 증식을 가져오지만, 임차 상공인은 임대료 상승을 가져와 '둥지 내몰림'이라는 젠트리피케이션 문제에 직면할 수 있다. 따라서 거버넌스에 참여하는 소상공인도 자가와 임대 상공인으로 구분하여 두 집단 모두 이해관계집단으로 참여시켜야 한다.

셋째, 지자체는 지역 주민의 아이디어를 토대로 해당 지자체의 도시재생전략계획과 도시재생 활성화계획을 수립하고 도시재생사업을 추진한다. 이 과정에서 부서 간 협업을 통해 다양한 사업들이 서로 상생하여 목표치를 달성할 수 있도록 관리하고, 도시재생사업 참여 주체 간 이해관계와 갈등관리를 조정하는 역할을 수행해야 한다. 즉, 도시재생 거버넌스 시스템에서 지자체는 재생사업은 적극적으로 추진하지만, 그렇다고 지자체가 거버넌스의 다른 구성원보다 우위를 점하는 것이 아니라 수평적으로 동등한 입장에서 거버넌스에 참여한다. 그리고 지자체는 가급적 도시재생사업을 지원은 하되 간섭은 최소화하고, 도시재생과 관련된 주요 의사결정이 거버넌스 시스템을 통해 이루어지도록 지원하는 기능을 수행하는 것이 바람직하다.

넷째, 전문가 집단은 도시재생에 관한 전문지식을 현장에 적용을 위해 자문활동을 하는 집단이다. 도시재생과 관련된 전문가 집단으로 도시재생지원센터의 코디네이터, 도시재생 활동가, 도시개발/계획 전문가, 건축/디자인 전문가, 문화예술전문가 등 다양한 집단들이 도시재생과 관련하여 전문가 집단을 형성한다. 또한 주요 전문가 집단으로는 지역 대학과 연구소를 들 수 있다. 즉, 대학과 연구소에 다양한 분야의 전문가들이 포진해 있기 때문에, 도시재생사업을 추진하는

과정에서 거버넌스 시스템에 참여하여 전문지식과 아이디어를 제공
하는 역할을 하고 있다. 그런데 명심해야 할 것은 전문가들은 전문지
식의 제공을 통해 재생활동을 보조 및 자문하는 역할이지 도시재생을
주도하는 역할을 수행하는 집단은 아니라는 것이다. 그리고 가급적이
면 지역에 대한 풍부한 지식을 갖고 있는 전문가를 거버넌스 구성원
으로 포함해야 적절한 역할을 수행할 수 있지, 아무리 역량 있는 전문
가라도 지역 사정을 모르는 전문가를 초빙하면 기대된 효과를 얻기
어렵다.

다섯째, 도시재생 거버넌스에 시민단체는 이해관계자보다는 시민
전체의 중립적 시각과 사회적 약자집단 보호를 위한 형평성 차원에
서 주로 참여한다. 예를 들면, 원도심 재생에 참여하는 시민단체는
주로 세입자 보호와 젠트리피케이션 방지를 위한 형평성 차원에서
거버넌스에 참여한다. 또 다른 사례로 인천 캠프마켓 이전지역 재생
에 참여하는 시민단체는 시민 전체 차원에서 이전지역 이용방안과
지속가능한 재생을 위한 녹색지대 보존 등에 관심을 갖고 재생사업
에 관여한다.

여섯째, 도시재생 거버넌스에 민간부문이 디벨로퍼로서 계획수립
과 재정분담을 위한 역할로서 참여한다. 도시재생 거버넌스에서 민간
부문 디벨로퍼의 역할은 한국에서보다 유럽 등 선진도시 재생과정에
서 핵심적 역할을 수행한다. 예를 들면, 영국에서는 도시재생 패러다
임의 변화과정에서 재생사업의 주체가 공공 주도에서 파트너쉽으로
전환되면서 1990년대 이후 민간 비즈니스가 도시재생사업의 기획단
계부터 참여하여 사업의 창의성과 사업성을 높이고 민간 자본 유치를
도와주는 역할을 수행해왔다(한슬기·김정빈, 2016). 민간 디벨로퍼는
사업의 기획단계에서는 재생사업의 목표를 실현하기 위한 창의적 재

생전략을 수립하는 기획자 역할을 수행하였고, 사업의 추진단계에서 디벨로퍼는 재생 사업에 민간 자본을 끌어들이는 투자자 역할을 수행하였으며, 재생사업의 운영단계에서 디벨로퍼는 재생 사업의 지속가능성을 증진시키는 관리자 역할을 수행하고 있다.

도시재생 거버넌스에 디벨로퍼가 적극적으로 참여함으로써 결과적으로 재생사업의 가능 지역 자체를 넓히는데 기여할 수 있다. 재생사업 추진단계에서 디벨로퍼는 공공재원 중심으로 운영되는 도시재생사업에 민간 자본을 끌어들이는 투자자 역할을 함으로써, 재정이 제한된 도시재생 사업에서 리스크를 민간부문에 분담하는 역할을 하며, 더 나아가 민간 투자를 통해 도시재생사업의 재정적 규모를 확대하는데 효율적 접근방식을 제공한다(한슬기·김정빈, 2016).

4. 도시재생 거버넌스 시스템 구축

성공적인 도시재생을 위해서는 도시재생을 주도할 앵커조직이 필수적으로 요청된다. 도시재생을 위한 앵커조직은 도시 활성화를 위한 앵커산업과 재생 DNA를 발굴 및 육성하는 활동을 수행해야 한다. 즉, 앵커산업과 재생 DNA는 도시재생을 위한 소프트 요인과 동시에 경제적 요인으로 작용한다. 이를 위한 조직으로 〈그림 2〉와 같은 도시재생 거버넌스 시스템이 구축될 필요가 있다.

도시재생을 통해 지역활력 증진 및 공동체 활성화를 위해서는 지역주민의 의견을 대표하고, 지역 문제의 주도적·자발적 조정과 해결을 모색하는 허브조직으로서 지역 커뮤니티 앵커 조직을 육성할 필요가 있다. 장기적으로 지방정부와 동등한 입장에서 지역주민의 요구와 문

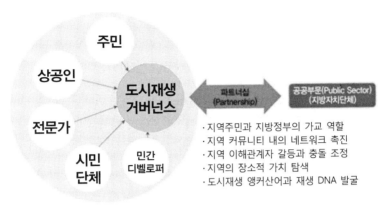

〈그림 2〉 도시재생 거버넌스시스템 구성모형

제들을 협의하고 공동으로 해결할 수 있도록 공식적인 지역 도시재생
거버넌스 시스템을 구축하여 제도화하는 것이 필요하다. 도시재생 거
버넌스의 구성원으로는 앞에서 논의한 도시재생 이해관계집단이 모
두 포함되어야 한다. 도시재생 거버넌스 시스템은 주민과 지방정부의
가교 역할을 수행하며, 커뮤니티 내의 네트워크 형성을 촉진하고, 이
해관계집단 사이의 갈등과 충돌을 조정 및 해결하는 역할을 수행한
다. 그리고 도시재생을 위한 지역의 장소적 가치를 탐색하여 재생을
견인하기 위한 앵커산업과 재생 DNA를 발굴 및 육성하는 역할을 수
행해야 한다.

어떻게? 바로 거버넌스에 참여한 구성원들 사이의 자료와 정보의
교류 및 공유, 자유로운 의사소통과 의견개진 및 공론화를 통해 집단
지성과 다중지혜를 끌어내어 지역 고유의 장소적 가치를 발굴하고,
부가가치를 부여할 참신한 아이디어와 재생 DNA를 발굴하여 도시재
생을 견인하는 앵커활동을 수행해야 한다.

이러한 도시재생 거버넌스의 대표적 사례로서, 영국의 경우 지역에 기반한 자발적 주민조직, 비영리 단체 및 지역 내 공공기관 등은 건강한 지역공동체를 형성하고 자발적·적극적으로 지역문제를 해결하는 등 커뮤니티 거버넌스 시스템을 구축하여 점진적으로 자리를 잡아가고 있다. 이런 커뮤니티 부문에서 주도적 역할을 수행하는 허브조직을 커뮤니티 앵커라고 할 수 있으며, 커뮤니티 앵커조직은 지역 내 다양한 의견을 공유 및 수렴하고, 지자체와 주민을 연결하는 가교 역할을 수행할 뿐만 아니라, 지역 커뮤니티 기반 수익사업을 자발적으로 추진하고 수익금을 지역에 환원하여 선순환 고리를 만드는데 앞장서고 있다. 그래서 도시재생은 물리적 환경과 시설의 재생뿐만 아니라 사회적, 경제적 부문까지 고려한 도시재생 거버넌스 시스템을 구축하여 추진해야 한다(김상민, 2017).

5. 도시재생 거버넌스의 주요 요인

많은 연구들이 도시 거버넌스를 주제로 연구하였으며, 성공적인 거버넌스 운영을 위해서 다양한 요건들을 제시하고 있다. 선행연구들이 거버넌스 형성의 주요 요인으로 제시한 것을 열거하면 다음과 같다: 상호의존성, 자원교환, 게임의 규칙, 정부정책의 개방성과 투명성, 상호의존적이고 자율적인 복합체계, 자발적인 협동에 의한 사회적 조정, 정부와 NGO 간의 파트너십, 공동의사결정의 형태, 동등한 의사결정권, 시민참여, 민주성, 자율성, 상호의존성, 협력과 조정, 네트워크, 대화, 공동의 문제해결방식, 정당성, 책임성, 정책의 투명성과 효과성, 정부와 시민사회간의 수평적 관계, 파트너십을 통한 협력양식, NGO 내부역량 확보, 신뢰와 참여, 시민단체, 사회적 자본, 지역문화,

규범, 게임의 법칙, 전문성과 자율성, 정보의 공유, 정보의 공개 등으로 나타난다(진관훈, 2102: 210).

본 절에서는 도시재생 거버넌스의 성공적 구축을 위한 핵심요소로서 다음 여섯 가지를 제시하였다: 주민참여, 네트워크 형성, 신뢰관계 구축, 규칙과 규범의 정립, 사회자본 축적. 도시재생 공공관리자의 역량.

첫째, 도시재생 거버넌스가 성공적으로 작동하기 위해서는 주민참여가 보장되어야 한다. 도시재생 거버넌스는 낙후와 쇠퇴상태에 있는 지역을 활성화하기 위하여 주민, 공무원, 이해관계자, NGO, 전문가 등이 동등한 지위(position)에서 만나서 지속적인 담론을 통해 재생문제를 풀어가는 방식이다. 이 과정에서 주민은 커뮤니티를 대표하고, 공무원은 행정기관을 대표하며, 소상공인은 지역경제를 대표하고, NGO는 사회를 대표하여 낙후된 지역을 살리기 위한 지속적인 담론을 이어가는 과정이 거버넌스 접근이다(Häikiö, 2007: 2147-8).

둘째, 도시재생 거버넌스 형성을 위해서는 도시의 주요 주체와 이해관계자들 사이에 네트워크가 구축되어야 한다. 네트워크란 포괄적인 의미에서 물질적인 것이든 비물질적인 것이든 망 모양의 구조를 이루고 있는 구조나 양태, 또는 그 속성을 나타내는 용어이지만, 그 활용에 있어서는 네트워크가 이용되는 분야나 맥락에 따라 다양한 의미로 사용된다. 사회에서 네트워크는 특정한 범위 내의 사람, 대상 또는 사건들을 연결하는 관계의 유형으로 정의할 수 있다. 거버넌스에서 네트워크는 '구성원들 사이에 존재하는 관계들의 패턴'으로 참여자들 사이에 교환과 상호작용, 개별적 이해와 신념 등을 연결시키는 공식적, 비공식적 연계를 포함하는 경쟁과 협력의 상호의존적 구조를 의미한다(김준현, 2010: 55). 거버넌스 참여자들의 원만한 관계구축을

위한 네트워크 형성은 구성원들 사이에 정보·지식의 공유 및 상호이
해의 증진을 가져와 도시재생문제를 해결하는데 효과적 기제로 작용
한다.

셋째, 지역사회의 신뢰 구축과 신뢰를 바탕으로 한 협력관계와 합
리적인 소통은 거버넌스 형성의 중요한 전제 조건이라고 할 수 있다
(진관훈, 2012: 226). 즉, 도시재생과 관련된 주체들 사이에 신뢰관계가
형성되어야 협력과 동반자 관계가 형성되기 때문에 도시재생 거버넌
스 형성을 위해서는 주요 주체들 사이에 믿음과 신뢰가 구축되어야
한다. 아울러 도시재생 거버넌스 구축을 위해서는 주요 주체들 사이
에 신뢰에 기반한 합리적 소통이 이루어져야 한다. 즉, 주요 구성주체
인 지방정부, 주민, 민간 디벨로퍼, 시민단체, 대학, 소상공인 집단
사이에 의사소통을 위한 다양한 채널이 구축되어 다자간 자료와 정보
를 공유하고, 신뢰와 협력관계를 형성하여야 도시재생을 위한 공조체
제가 구축될 수 있다는 것이다.

넷째, 도시재생 거버넌스 구축을 위해서는 거버넌스 운영을 위한
규칙과 규범이 마련되어야 한다. 거버넌스의 원활한 운영을 위해서는
공식적인 운영방식, 감시 및 제재장치와 갈등해소장치 등 제도적 규
칙과 규범 등의 기반이 마련되어야 한다. 도시재생 거버넌스에 있어
서 공식적 운영규칙과 규범이 없다는 것은 거버넌스 운영에 있어서
치명적인 약점이 된다(배재현, 2010: 216). 특히 거버넌스 운영과정에
서 다양한 참여자들 사이에 견해차이로 인한 갈등이 발생하였을 때,
소통의 다양화와 이해관계의 조정과 중재를 통한 합의를 도출하기 위
한 운영규칙과 갈등해소장치 등이 공식적으로 제도화될 필요가 있다.

다섯째, 도시재생 거버넌스 구축을 위해서는 사회자본 축적이 선행
되어야 한다(진관훈, 2012: 225). 사회자본은 시민들의 자원 활동과 조

직, 공익을 목적으로 하는 사회적 네트워크 등에 자발적으로 참여 및 봉사하려는 성향으로 이해된다. 아무리 커뮤니티가 오랜 역사와 문화를 보유하고 있더라도 사회자본이 축적되어 있지 않는다면 도시재생 거버넌스 구축은 어렵다. 따라서 지역사회의 사회자본 형성과 배양을 위해 교육기관, 사회·문화·시민단체, 기업체, 지자체, 대학, 연구기관, 언론매체 등이 연계하여 사회자본의 중요성을 계몽하고 축적을 위한 제도의 정비가 요구된다. Putnam(1993)이 지적한 바와 같이, 사회자본이 축적될수록 구성원들 사이에 상호작용이 활성화되어 공동체의 결속력이 높아지고, 갈등해소가 용이하며, 타협과 합의를 위한 거래비용이 감소한다.

　마지막으로, 도시재생사업의 추진에 있어 가장 중요한 성공요인은 주민의 참여와 다양한 참여주체 간의 거버넌스 구축에 있으며, 이 같은 성공요인을 이끄는 핵심 동력은 공공관리자의 역량에 있다고 할 수 있다. 주민들은 수평적, 상향식 의사결정구조로 이루어지는 도시재생사업의 추진방식에 익숙하지 않은 경우가 많다. 이에 주민참여가 소극적, 형식적 의견제안 및 청취로 끝날 가능성도 높다. 따라서 주민들의 참여를 이끌어내고 이들이 제시한 의견을 제대로 반영하여 계획을 수립·진행해나갈 수 있기 위해서는 무엇보다 해당 업무를 담당하고 있는 공공관리자의 역할과 역량이 무엇보다 중요한 요인이다. 이에 지자체의 담당 공무원들과 도시재생지원센터 직원들에 대한 역량강화교육이 형식적 차원이 아닌, 실질적 차원에서 지속적으로 이루어져야 할 것이다. 더불어, 도시재생 분야에 적합한 역량을 가진 체계적 인재양성 방안도 마련되어야 할 것이다(주은혜, 2019).

6. 도시재생 거버넌스 주요 사례분석

본 절에서는 도시재생 거버넌스를 통해 성공적으로 도시재생을 추진한 국내외 주요 사례를 살펴보았다. 한국의 주요 사례로 시흥 한울타리 마을을 살펴보았고, 해외 사례로는 이탈리아 토리노 도시재생과 일본 요코하마 CVC사업을 거버넌스 구축을 통한 성공적 도시재생사례로 논의하였다.

■ 주민 주도 도시재생 거버넌스 사례: 시흥 햇살 가득 한울타리 마을

시흥시 대야동 한울타리 마을은 전형적인 노후 일반주택지역으로 2011년 주민투표를 통해 뉴타운 지역에서 해제된 후 주민갈등이 심하고, 주거환경 쇠퇴가 가중되어왔다. 이를 극복하고자 2013년부터 작은 골목길을 중심으로 주민들이 자발적으로 모여 시흥시의 희망마을 만들기 주민지원사업 공동체 활성화 프로그램을 추진하였다. 이후 2015년부터 시흥시에서 주최한 도시재생 아카데미를 통해 도시재생에 대한 이해를 높인 후, 2016년 설립된 시흥시 도시재생지원센터와 함께 도시재생을 위한 주민계획을 수립하며 도시재생에 대한 의지를 모았다.

주민계획의 수립과정은 2017년 초부터 8개월여 동안 주민계획가 모집 → 설문조사 → 1단계 워크숍 → 제안사업별 행정 협의 → 2단계 워크숍 → 주민협의체 구성 → 주민총회 등으로 진행되었다. 이후 2017년 말 도시재생 뉴딜 공모에서는 선정되지 못했지만 주민협의체가 매주 회의를 하면서 활동을 지속하였고, 시흥 자체의 원도심 도시재생시범사업, 국토교통부 소규모 재생사업을 거쳐, 2018년 도시재생 뉴딜사업에 최종 선정되었다(김상신, 2019).

■ 도시재생 거버넌스 해외사례: 이탈리아 토리노 도시재생

도시정책은 일반적으로 지자체 중심으로 수행되는 것이 대부분이었다. 정부는 정책을 하달하고, 주민들은 그것을 받아들였다. 하지만 최근에는 주민들이 정부를 향해 외치는 목소리가 날로 커지고 있으며, 과거와 같은 일방적인 정책추진은 어렵게 되었다. 이제 '주민참여'는 정책 수행에 곁다리가 아니라 정책 목표달성을 위한 필수적 활동이 되었다. 이에 따라 정부와 주민들 간의 관계를 재정립해야 할 필요성이 제기되고, '거버넌스(Governance)'라는 개념이 부상하게 되었다. 토리노의 도시재생은 이런 민관협력 거버넌스를 모범적으로 수행하여 성공적 도시재생을 가져온 대표적 사례이다.

이탈리아 북부도시 토리노는 민관협력을 통해 성공적으로 도시재생을 이루어냈다. '관(官)'은 가능한 많은 '민(民)'들의 지지를 받을 수 있는 비전을 정립하고, 그들이 정책 수행을 잘 하고 있는지 모니터링하며, '민(民)'은 '관(官)'이 내세운 비전과 정책을 수행하면서 정책추진을 가능케 하였다. 민주적으로 정책을 기획하고, 민주적으로 그것을 집행하는 것이 진정한 민관협력이자 거버넌스의 본래 의미인데, 바로 토리노가 민관이 함께하는 도시재생 거버넌스 과정을 통해 토리노 도시재생을 성공적으로 추진한 것이다(박현재, 2016).

토리노는 세계적인 자동차 메이커 피아트가 지배하던 도시로, 피아트가 공장을 이전하며 유휴공간이 발생하였고, 따라서 피아트의 도시 영향력이 감소하였다. 그래서 토리노는 '전략적 계획'이라는 이름으로 도시재생계획을 세우게 되는데, 이 과정에서 실질적인 주민참여가 이루어져 전문가, 공무원, 정부기관, 민간단체 및 협회 등이 도시재생계획에 동참하였다. 시장(市長)과 이를 지지하는 '토리노 국제협회'가 주축이 되어 각종 주체들의 역할을 조정하고 사업추진과정을 모니

터링하며, 'ITP'라는 민관협력기구를 만들어 토리노를 대외에 알리고, 투자를 유치하였다. 즉, 시 정부는 사업 추진자(정책 추진자)가 되며, 기업들은 이러한 사업(정책)을 지원해주었던 것이다.

이러한 토리노 도시재생의 성공 열쇠는 바로 민관협력을 통한 도시재생 거버넌스 시스템 구축이었다. 토리노는 피아트 공장이 도시 외부로 이전함에 따라 부득이하게 도시재생정책을 추진했지만, 그럼에도 '민관협력'이라는 원동력이 있었기에 좋은 성과를 낼 수 있었다. 앞에서도 언급하였듯 '토리노 국제협회'와 '민관 협력 투자 유치단(ITP)'이 토리노 도시재생과정에서 핵심적 역할을 하였다. 또한 토리노는 무조건 철거와 재개발을 외치지 않았다. 낡은 공장을 포함한 기존 도시의 역사적 건축물들을 보전하는데 초점을 맞추었고, 토리노는 문화적 도시로 새롭게 태어나 효율성과 아름다움은 물론 도시의 정체성도 잃지 않았던 것이다.

■지역대학과 도시재생의 연계: 일본 요코하마 시립대학 COC사업 사례

일본은 2007년 학교교육법을 개정하여 대학의 교육이나 연구 성과가 사회발전에 기여할 수 있도록 현장중심의 실천적 연구를 강화하고 지역개발사업에 능동적 참여를 강조하였다. 이를 위한 정책으로 2005년 12월 내각부 도시재생본부에서는 '도시재생 프로젝트'(제10차 결정)를 통해 대학과 지역 연계 협동에 의한 도시재생을 추진하기로 결정하였다. 이후 대학을 지역재생의 중요한 파트너로 포함하고, 지방공공단체, 주민, NPO 등과의 다차원적 연계협력 활동을 추진하고 있다.

2013년 문부과학성이 Center of Community(이하 COC) 공모사업을 통해 지역재생, 지역활성화와 연계한 협력사업을 중앙정부가 주도

하여 추진하게 되었다. 문부과학성은 COC사업을 통해 선정 대학에는 최대 5년간, 연간 최대 5800만 엔(약 5억 6천만 원)을 지원하고 있으며, 2015년부터는 地(知)의 거점대학에 의한 지방창생추진사업(COC+)으로 사업이 변경·확대되어(예산 44억 엔), 대학 당 연간 최대 6800만 엔을 5년간 지원하고 있다(국가균형발전위원회 2018, 27). 2013년 COC 사업으로 선정된 86개 사업 중 하나인 요코하마시립대학교는 쇠퇴하는 나미키 지역 등에 지역거점을 설립하여 마을 만들기 프로젝트를 직접 추진하고 있다(배유진·김유란, 2019).

　신도시로 개발된 나미키 지역은 건설한 지 40년이 지나면서 인구 감소 및 고령화로 인해 지역의 활력이 떨어지는 문제가 발생, 평균나이 65세의 한촌이 되었다. 인구가 줄어들고 고령화가 지속됨에 따라 마트 등 생활기반시설이 줄어들어 시민들의 불편함이 늘어나고 이는 다시 인구 유출로 연결되는 악순환이 발생하였다. 요코하마시립대학교는 문부과학성의 지원(2013년부터 5년간)을 받아 지역 활성화를 위하여 나미키 도시디자인센터(Urban Design Center for Namiki, 이하 UDCN)를 설립하여, ① 지역커뮤니티 활성화, ② 장수환경 만들기라는 두 가지 목적을 가지고 활동하고 있다. 센터를 운영하면서 학생들은 학교 스튜디오 수업을 UDCN에서 수행함으로써 도시계획 학생들은 참여적 현장학습을 통해 이론의 실현가능성을 높일 수 있는 시험공간으로, 간호학과 학생들에게는 건강을 위한 데이터 수집을 위한 공간 등으로 활용하고 있다. 고령화된 지역주민 입장에서는 젊은 학생들이 지역에 활력을 불어 넣어주고, 학생들의 입장에서는 주민들에게 필요한 체육시설이나, 문화강좌, 지역이야기 등 문화프로그램 등을 직접 기획할 수 있는 공간을 제공받고 있다.

　COC지원 종료 후 나미키 도시디자인센터(UDCN) 운영 방안을 위하

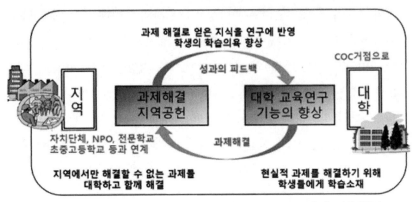

출처: 문부과학성, 2013.

〈그림 3〉 일본 요코하마시립대학 COC사업 개념도

여 가칭 에어리어 매니지먼트(산업단지+마을동네) 조직체를 구성하여 지속가능한 도시재생을 추구하고 있다. 향후 에어리어 매니지먼트 프로젝트는 ① 지역에 필요한 정보 수집과 ② 지역 간 연결, ③ 거점 조성 등 활동을 추진할 계획이다(배유진·김유란, 2019).

　한국에서도 유사한 사례를 안산 월피동 도시재생사업에서 찾아볼 수 있다. 안산시 월피동 도시재생 활성화사업은 '월피동 지역과 서울예술대학의 역사가 하나 되어 흐른다'는 주제로 추진되고 있다. 도시재생사업은 공공복지 활성화 사업, 주거환경 활성화 사업, 지역경제 활성화 사업, 예술문화 활성화 사업 등 4개 분야 17개 사업이 월피동과 서울예술대학의 협력관계에 의해 추진되고 있다. 도시재생 사업은 서울예술대학과 광덕지구 주민들의 소통과 상생을 통한 공생관계(CONFLUX)의 물리적·비물리적 지원을 통해, 안전한 교육환경 및 정주환경 제공, 서울예술대학교 학생들 창업 교육 및 창작의 기회 제공으로 청년 일자리 창출과 지역 재정착률 향상 및 지역 상권 활성화에 기여하고 있으며, 이와 함께 문화와 활력 있는 대학촌으로서 관광자 원화를 통한 재투자 등 지역경제 활성화의 선순환을 위하여 도시재생 거버넌스 시스템을 가동하고 있다(박정덕·지재경, 2019).

7. 인천지역 도시재생과 거버넌스

인천은 도시재생의 백화점이라고 할 수 있다. 중구 개항로를 중심으로 원도심 재생이 진행되고 있고, 내항 1·8부두를 중심으로 항만재생이 추진되고 있으며, 주안과 남동공단을 중심으로 산업단지 재생이 진행되고 있고, 168개 도서지역(36개 유인도와 128개 무인도)에서는 다가오는 해양시대를 위한 섬 개발이 주목받고 있다. 다양한 도시개발과 재생사업들이 현재 인천에서 추진되고 있는데, 이 중에는 잘 추진되는 사업도 있지만, 갈등상태에 있거나 지지부진한 사업도 있다. 인천의 주요 도시재생사업을 거버넌스 시각에서 논의해 보자.

■ 인천형 도시재생 더불어 마을 희망지 사업

인천시는 2021년 2월부터 주민 중심의 거버넌스를 구축해 사업 초기부터 주민이 직접 참여해 스스로 계획을 결정하는 과정을 통해 마을계획을 수립하고, 지역맞춤형 사업을 발굴하여 원도심의 노후 저층 주거지 재생을 위한 목적으로 '인천형 도시재생 더불어 마을 희망지 사업'을 추진하고 있다. 도시재생에 대한 공감대를 형성하고 주민역량을 강화하기 위한 희망지 사업은 도시재생, 주민공동체 활성화, 주민역량강화 분야의 전문 지식과 인문·사회·경제적 기반을 보유한 지원단체를 주민모임과 연계하여 도시재생사업의 실효성을 높일 목적으로 추진되고 있다.

인천시는 지속적인 '희망지 사업' 추진을 통해 주민역량을 강화하고, 마을공동체를 활성화하여 주민과 함께 원도심 노후 저층주거지역에 대한 다양한 문제를 발굴하고, 적극적 해결방안을 모색하여 원도심 주민과 더불어 잘 살 수 있는 인천형 시민 중심의 마을 재생에 역량을 집중 할 방침이다(i-view, 2021).

그런가 하면 인천도시재생사업이 오랫동안 갈등상태에 있거나 거버넌스 부재에 의해 지지부진한 사례도 있다. 전자는 인천 배다리 도시재생사업이며, 후자는 내항 재개발 사업이다. 두 사업을 거버넌스 관점에서 분석해 보도록 하자.

■ 도시재생 사업과정에 관과 민 사이의 갈등상황: 인천 배다리 사례

인천 동구가 2020년부터 추진하고 있는 '배다리 문화의 거리 조성 사업'을 둘러싸고 동구와 배다리 활동가 등 주민들 사이에 갈등이 지속되고 있다. 인천 동구는 2020년 6월 배다리 헌책방거리 및 창영초교, 영화초교 등 근대건축물이 위치한 금곡·창영동 일대 도로 2.2km 구간을 문화예술의 거리로 활성화한다는 계획을 마련해 사업을 진행하였다. 사업 대상지에 문화예술인 및 청년·다문화 상인 등 권장업종 창업예정자를 공모하여 30팀을 입점시켜 거리에 활력을 불어넣는 한편 도깨비장터, 로드갤러리, 북 페스티벌 등 다양한 문화상품을 개발해 역사와 테마가 살아있는 관광지를 만들겠다는 목적을 가지고 추진하고 있다. 그러나 최근 배다리 마을에 청년사업가들의 입점이 진행되는 가운데 사업을 둘러싸고 동구와 배다리 활동가들의 다툼이 발생하였다.

갈등의 주요 내용은, 배다리에서 오랫동안 활동한 거주민과 활동가

들은 배다리의 역사적, 문화적 자산에 대한 조사와 연구를 새로운 시각으로 접근해야 한다고 강조한다. 이들은 탈바꿈이 아닌 다양한 관점으로 배다리를 바라보며 재조명하는 등 배다리 자체가 인천의 시대를 보여주고 있어 역사성을 보존하며 명맥을 이어야 한다는 입장이다. 그러나 구청은 마을에 깊이 있는 조사·연구에 기반한 역사문화마을 조성이 아닌 '관광명소' 기획에만 초점을 맞추었고, 배다리만의 개성을 지키며 사업을 계획했어야하는데 '헌책방 거리와 조화로운 사업 아이템들이면 뭐든 좋다'라고 애매하게 선정조건을 정해 사업을 추진했다는 것이 배다리 활동가들의 설명이다.

청년사업가 및 배다리 활동가들은 동구에서 추진하고 있는 사업이 배다리의 전통과 개성을 보존하며 진행하는 사업이 아니라 일명 '핫-플레이스 만들기'에만 초점을 둔 사업이라고 문제를 제기하고 있다(인천in, 2021).

왜 이런 갈등이 발생하였는가를 거버넌스 시각에서 보면,

첫째, 주민(활동가)과 정부(동구청) 사이에 소통과 협력 부재가 주요 문제로 제기된다.

둘째, 도시재생에서 '가급적이면 정부는 지원은 하되 간섭은 최소화'해야 한다는 기본 원리를 무시한 점이 보이며, 동구청이 가시적 실적위주의 정책을 밀어붙인 것으로 나타난다.

셋째, 도시재생에서 지역의 역사성·문화적 가치 발굴에 대한 노력이 부재하며, 거버넌스의 핵심인 집단지성, 다중지혜를 도출하려는 노력이 부족하다.

■ 인천 내항 1·8부두 도시재생: 컨트롤타워 부재와 거버넌스 미작동

제8장 항만재생에서 심층적으로 논의되겠지만, 인천내항은 1990년

부터 수출입 물동량 증가, 선박 대형화에 대응하여 인천 남항, 북항, 신항 등 대체 항만이 차례로 개발되면서 인천내항의 기능은 축소되었고 시설 노후화로 항만으로서의 경쟁력을 상실하였다. 항만 이용률도 급격히 저하되어, 기능 재편이 추진되면서 내항과 연계된 지역산업 및 고용 기반이 위축되어 산업·경제적 측면의 쇠퇴가 진행되면서 배후지역의 상주인구가 감소하고 지역상권의 약화를 가져왔다. 이러한 맥락에서 지역주민들과 시민단체가 중심이 되어 노후항만을 친수공간으로 만들어 인천시민들에게 돌려달라는 요구를 제기되었고, 2016년 인천내항 8부두가 시민들에게 개방되었다. 많은 분진과 소음, 매연을 유발했던 인천내항을 1년 365일 시민이 즐겨 찾을 수 있는 새로운 워터프런트 공간으로 바꾸기 위한 해법 찾기가 시작되어, 이후 인천내항 재생문제는 인천지역사회에서 높은 관심을 받고 있다. 그런데 사업은 아직도 지지부진 상태에 있으며, 2022년 1월에 들어선 현시점에도 관계된 정부기관인 인천시와 해양수산부, 인천항만공사(IPA)가 인천내항 1·8부두에 대한 조속한 항만재생사업·시민우선개방을 위해 힘을 모으기로 의견을 모으는 수준에 머물러 있다(중앙일보, 2022).

거버넌스 관점에서 인천 내항 재생사업의 문제점을 논하기에 앞서, 내항 재개발사업의 역사에 대해 간략하게 알아보도록 하자. 42만 8,316㎡의 '인천 내항 1·8부두 재개발사업'은 2015-2016년 실시한 사업시행자 공모가 잇따라 유찰되면서 인천시, IPA, LH공사가 공동 사업시행자로 나서는 공영개발 방식으로 전환했으나 사업을 주도하던 LH공사가 2019년 사업성 부족을 이유로 참여를 철회했다. 이에 따라 2021년 초부터 IPA(인천항만공사)가 단독으로 사업계획을 수립하여 2021년 10월 해수부에 '인천 내항 1·8부두 항만재개발사업 제안서'를 제출하였고, 현재 인천항만공사가 우선협상대장자로 선정되어 단독으로 사업을 추진하고 있는 상태다(세부 계획내용은 8장을 참고).

인천 내항 재개발사업과 관련된 거버넌스에는 해양수산부와 인천시가 각기 다른 시민참여위원회를 현재 운영하고 있다. 해양수산부는 2021년 2월 전문가 및 시민·사회단체·항만이용자·인천시의원·관계 행정기관 등이 참여하는 '인천항 내항 1·8부두 재개발 추진협의회'를 구성했는데, 참여 위원에 대한 적정성 문제가 불거져 갈등상태는 지속되고 있다. 인천 시민사회단체들로 구성된 '인천 내항 1·8부두 및 주변지역 공공재생을 위한 시민행동'은 인천항만공사가 제출한 제안서에 대해 성명을 내고 "시민들은 제안서에 대한 타당성 검토는커녕 의견 개진 기회조차 얻지 못했다"며 "친수공간이 돼야 할 부두 앞에 초고층 빌딩이 들어선 부산 북항 재개발 1단계 사업의 재판이 될 것"이라고 비판하고 있다.

인천시 2020년 12월 제정된 '인천시 내항 공공재생 시민참여위원회 운영 조례'에 따라 시민과 전문가, 공무원 등 총 35명으로 제1기 인천시 내항 공공재생 시민참여위원회를 구성하여 현재 운영 중이며, 균형발전 정무부시장과 민간위원이 공동위원장을 맡아 2년간 1기 위원회를 이끌어가고 있다. 이와는 별도로 인천시는 2021년부터 갈등관리추진위원회를 두어 2021년 중점갈등관리대상사업 중 하나로 인천내항(1·8부두) 재개발 사업을 선정했다. 인천시는 산적한 공공갈등관리에 대한 전문적 지원으로 시민의 시정 만족도를 높이고, 사업부서가 적극적으로 정책을 수행할 수 있도록 하겠다는 방침이나 해수부(중앙정부)와 인천시 시민참여위원회를 구성한 사업에 대해 갈등관리추진위가 어떤 해법을 제시할 지에 대해서는 의문이다(인천일보, 2021).

이제 상기 내용을 기반으로 거버넌스 맥락에서 인천 내항 1·8부두

재생사업에 대한 문제점을 분석해 보자.

첫째, 위원회 구성이 적절했는가? 인천 시민단체에서는 해수부가 주관한 '인천항 내항 1·8부두 재개발 추진협의회' 위원의 구성에 문제가 있다고 비판하고 있다. 참여위원이 주민과 인천 시민단체의 목소리를 충분히 대변하고 있지 못하다는 비판이 제기되고 있는 현실을 감안할 때, 위원회 구성의 대표성에 문제가 제기된다.

둘째, 위원회 전문성 문제가 제기된다. 해수부와 인천시 시민협의체 위원들의 경력을 보면, 도시재생이나 항만재생과 관련된 전문가가 별로 눈에 띄지 않는다. 양 위원회 위원장 또한 도시재생이나 항만재생과는 무관한 인사가 선출되어 위원회를 끌어가는 현실을 보면, 정부의 다른 위원회와 유사하게 형식적으로 위원회를 운영하고 있다는 비판에 자유로울 수 없다.

셋째, 해수부와 인천시가 동일 목적의 각기 다른 위원회를 운영하며, 소통과 협력방안이 부재하다. 즉, 인천 내항 재개발과 관련된 통일된 컨트롤타워(control tower) 부재 문제가 제기된다. 이 문제는 내항 재개발과 관련된 초기부터 제기된 문제이다. 인천 내항개발과 관련하여 토지는 중앙정부의 해수부가 소유하고, 개발계획과 관련된 허가권은 인천시가 갖고 있으며, 개발은 인천항만공사가 추진하고, 실제로 사업영향은 인천 중구에 미치는 실정이니 사업이 복잡다기하게 엮길 수밖에 없는 상황이다. 이런 상황에서 해수부와 인천시가 각기 다른 시민협의체를 구성하여 운영하고 있으니, 과연 어떤 협의체가 인천시민의 의견을 대변하는가에 대한 의문이 들 수밖에 없다.

넷째, 상기와 같은 결과로 거버넌스 시스템이 작동하지 않는다는 비판이 제기된다. 거버넌스가 작동하기 위해서는 구성원의 대표성, 주민들의 의사소통을 위한 통로개방, 구성원·시민과 신뢰관계 구축,

게임의 룰 설정 등이 정립되어야 한다. 그런데 내항 개발과 관련해서
는 두 위원회 가운데 어떤 위원회가 대표성을 갖는지 의문이 제기되
고, 두 위원회 사이에 소통과 협력관계가 부재하여 각기 다른 의견이
제시되는 경우에 어떻게 갈등을 해소하고 합의에 도달할지 의문이다.
이런 문제가 있기 때문에 내항 재개발이 지지부진 할 수밖에 없으며,
결과적으로 거버넌스 시스템과 컨트롤타워 문제를 풀지 않으면 인천
내항 1·8부두 재생사업은 장기적으로 표류할 것으로 예상된다.

8. 정책시사점

도시재생 거버넌스 시스템에서 논의한 바와 같이, 지속가능한 도시
재생을 위해서는 민간부문과 협력이 필수적이다. 주민과 민간부문의
적극적 참여가 없으면 도시재생은 마중물 사업으로 끝나고, 도시는
다시 낙후와 쇠퇴지역으로 전락할 가능성이 높다(이태희, 2020). 이런
맥락에서 지속가능한 도시재생을 위해서는 다음과 같은 정책 시사점
들이 제시된다.

첫째, 도시재생이 본래적 원칙과 의미에 충실하기 위해서는 주민
주도의 거버넌스 실행체계가 실질적으로 작동될 수 있도록 주민과 커
뮤니티의 역량강화가 필수적이다. 이를 위해서는 도시재생사업을 추
진하는 선행 작업으로 도시재생에 대한 주민인식 확산과 교육, 공동
체 활성화 프로그램, 실질적인 주민 참여계획의 수립과 반영, 다양한
주민활동 경험의 도시재생 접목을 위한 기반 조성(예를 들면, 도시재생
대학 운영) 등 도시재생 준비과정이 실시되어야 한다(김상신, 2019).

둘째, 주민들의 의견이 균형 있게 반영될 수 있는 거버넌스 구성이

필수적이다. 도시재생에 참여하는 주민 주체가 구역 내 토지건물 소유자와 상인 등에 국한되지 않고, 연관한 주민자치조직과 사회적 경제주체, 마을활동가, 청년 등 다양한 주체들을 포괄할 수 있도록 하여 '공적 혁신가치 실현'과 '필요에 기인한 참여 동력'이 조화롭게 발현될 수 있도록 조율하는 것이 필요하다. 그리고 적극적인 참여자와 직접적 이해당사자 외에도, '침묵하는 다수'와 간접적 이해당사자의 의견도 적절히 반영될 수 있도록 공론의 장을 가급적 자주 마련해야 한다.

셋째, 도시재생 거버넌스가 성공하기 위해서는 정부의 지원도 중요하지만, 주민들의 자치적 참여와 역량이 중요하고, 지자체는 가급적 보조적·지원적 역할을 수행하는 것이 바람직하다. 서울 성북구 삼선동 일대의 달동네인 '장수마을 살리기'를 취재한 김민호(2013)의 기사를 보면, 주민들과 NGO인 대안개발연구소가 주도로 마을 살리기를 추진할 때는 주민들이 적극적으로 참여하여 마을을 보수하고 공동체가 점차 활성화되는 성과를 보였다. 이러한 소식이 알려지자 서울시가 지원하겠다고 나서며, '마을 맞춤형 계획안'이 만들어지면서 주민들의 참여는 저조해지고, 마을 만들기는 보여 주기식 속도전으로 변형되어 주민들의 참여는 소극적으로 전환되었다. 이러한 사례들은 도시재생 거버넌스가 제 역할을 하기 위해서는 주민들의 자율적이고 적극적인 참여가 중요하며, 도시정부는 가급적이면 보조적·지원적 역할을 하는 것이 바람직하다는 것을 보여 준다. 관이 주도하게 되면, 참여하는 공무원이 실적을 올려야 하기 때문에 무리하게 밀어붙일 수밖에 없고, 결국 거버넌스는 공동체의 중지를 모으기보다는 업적 중심의 기구로 전락하게 된다.

넷째, 도시재생을 위한 거버넌스 시스템은 사업이 시행된 후에 구축되는 것이 아니라, 도시재생사업 초기에 도입되어 주민의 의견을 수렴하고 집단지성을 도출하는 실질적 장치로 기능을 수행해야 한다. 사실 지자체에서 다양한 위원회 설치를 통한 거버넌스 시스템을 도입하여 운영하고 있으나, 대부분 의사결정을 위한 통과의례나 형식적 제도로 운영되는 것이 다반사다. 이런 방식으로 도시재생 거버넌스 시스템을 운영하면 주민들의 의견을 수렴할 수 없으며, 지역의 역사와 장소적 가치를 담은 내생적 재생 DNA를 발굴 및 창출할 수 없다. 그래서 도시재생 거버넌스 시스템은 재생사업이 추진되는 초기부터 도입되어 지역과 시스템 사이에 활발한 투입과 산출작용이 이루어지는 개방체제로 작동할 것이 요구된다.

다섯째, 도시재생 거버넌스는 가급적 다양한 이해관계자들이 구성원으로 참여하여, 다양한 의견과 이해관계를 표출 및 교환하고, 갈등을 조정하며, 궁극적으로 합리적인 합의를 도출하기 위한 과정이다. 그래서 거버넌스는 목적 지향적이 아닌 과정 지향적 의미를 가지며, 가능한 많은 이해관계자와 집단들이 거버넌스에 참여하여야 한다. 즉, 다양한 사람들이 모여야 집단지성과 다중지혜를 통해 다양한 아이디어와 창의력이 표출되고, 궁극적으로 지역만의 내생적 재생 DNA를 찾는 데 도움을 줄 것이다.

마지막으로, 한국사회에서 도시재생 거버넌스가 활성화되기 위해서는 우선적으로 시민사회가 잘 정립되어야 한다. 학자들의 연구에 의하면, 한국사회에서 거버넌스에 시민들의 참여도가 매우 낮은 것으로 나타나며, 도시재생 거버넌스에 시민참여를 활성화하는 것도 중요하지만, 거버넌스 시스템이 제대로 작동하기 위해서는 시민의 참여가 형식적이 아닌 실질적이어야 한다(김순은, 2004: 426). 한국 사회에서 바람직한 거버넌스 형성을 위해서는 주민대표성, 정부의 거버넌스에 대한 인식변화, 커뮤니티의 내부역량 강화 등이 요구되는 것으로 나타난다(김형양, 2004: 15). 그리고 도시 정부와 지역 커뮤니티 사이에 우호적 관계가 설정되어야 보다 협력적이고 생산적인 거버넌스 운영을 기대할 수 있다.

9. 맺는말

한국사회에서 도시화가 진행되면서 도시정부와 주민, 주민과 주민, 지역과 지역들 사이의 관계가 더욱 단절되어갔다. 1960-70년대까지는 그래도 동네에 누가 살고 있고, 동장이 누구이며, 이웃 마을과 주기적으로 다양한 행사를 치루며 서로 연계된 삶을 살아왔다. 그런데 이후 급격한 도시화가 진행되면서 공동주택·아파트들이 건설되고, 이웃집과의 소통단절, 이웃동네와의 관계단절, 도시정부와의 공식관계만이 남아있는 소통부재, 자폐의 사회를 초래하였다. 여기에 더하여 공무원의 전문성을 바탕으로 한 행정, 관료제의 위계질서에 의한 조직생활은 도시정부와 주민들 사이의 간격을 더욱 벌어지게 만들었으며, 주민들은 도시정부를 시민을 위해 봉사하는 조직으로 인식하기보다는 군림하는 조직으로 인식하고, 정부에 대한 불만과 불신이 팽배된 환경을 조성하였다.

그런데 역설적이게도 초기에 건설되었던 아파트들의 노후화에 따른 재개발과 재건축, 그리고 마을의 슬럼화를 방지하기 위한 도시재생 사업 등을 통해 주민과 주민 사이의 접촉이 활발해지고, 도시정부와 주민들 사이의 협력관계가 조성되기 시작하였다는 것이다. 즉, 낙후와 노후화된 지역의 도시재생을 위해서는 도시정부와 주민 사이에 긴밀한 관계가 형성되어야 하고, 살기 좋은 마을 만들기를 위해서는 주민과 주민 사이에 신뢰와 협력관계가 형성되어야 하는 필요성에 의해서 시도된 도시재생 거버넌스 접근은 도시정부와 주민들 사이의 소통부재, 이웃과의 단절을 회복시키는 장치로 작동하게 된 것이다. 이제 달라진 도시운영방식은 시민, 소상공인, 행정가, 학자, 시민단체 등 모두에게 바람직한 도시재생을 위한 거버넌스 접근을 요구하고 있다.

그렇다고 도시재생 거버넌스가 재생문제를 풀어줄 만병통치약은 아니다. 그러나 거버넌스를 통해 다양한 이해관계자와 도시 주체들이 재생과정에 적극적으로 동참함으로써 도시재생을 위한 집단지성과 다중지혜를 끌어낼 수 있다. 도시재생을 위해 주민, 소상공인, 정부, 전문가, 시민단체 등이 협력과 동반자 관계를 형성함으로써 지역의 역사와 장소적 가치를 찾아내고, 여기에 부가가치를 부여함으로써 재생의 앵커 역할을 위한 내생적 DNA를 발굴 및 육성할 수 있다는 것이다.

마지막으로 도시재생 거버넌스가 정착되기 위해서는 다음 두 가지 측면의 변화가 요구된다. 첫째는 시민의식의 변화이며, 둘째는 정부의 시민에 대한 인식변화이다. 첫째, 한국에서 도시 거버넌스가 정착 및 작동하기 위해서는 시민들이 소극적 고객에서 적극적 참여자로 의식변화가 동반되어야 한다. 또한 도시정부도 시민을 단순히 정책의 대상자로 인식하는 것이 아니라, 정책의 동반자로서 정책의 전 과정에 시민을 참여시키고, 시민의 목소리를 경청하는 행태변화가 있어야 한다. 궁극적으로 도시운영에 대한 권한을 도시정부가 독점하는 것이 아니라 시민들에게 돌려주어, 시민들이 자신의 삶의 질 향상과 방향설정을 도모하는데 지원적 역할을 도시정부가 수행하여야 한다.

제2부

도시재생 접근방식과 사례분석

문화적 도시재생

문화활용 전략과 문화적 활동전략

김상원

1. 들어가는 말

창조도시의 저자로 알려진 찰스 랜드리(Charles Landry, 1996)는 창의적인 문화적 활동이 지역 및 국가적으로 광범위한 도시재생의 촉매로 사용되고 있다고 밝히고 있다. 이 현상은 스페인의 빌바오와 바르셀로나, 영국의 글래스고(Glasgow), 폴란드의 우츠(Lodz)와 같은 도시의 산업이 쇠퇴하는 데 따른 도시재생 현상에서 파악할 수 있다고 말하고 있다.

한국의 도시정책 역사는 그리 길지 않다. 한국은 2010년대에 이르러 비로소 정부 차원에서 도시정책을 추진하기 시작하여 법 제정과 조례를 준비하고 조직과 재원을 확보하기 위한 노력을 시작했다. 2013년 6월에 「도시재생 활성화 및 지원에 관한 특별법」이 제정되어 한국의 도시정책은 새로운 패러다임에 진입하게 된다. 이것은 곧 기존의 물리적 환경 정비에 집중하던 도시정책이 '도시재생' 정책으로 전환하게 되었다는 것을 의미한다. 이 법은 도시재생의 목적 중의 하나로서 '문화적 활력 회복을 위하여'1)란 표현을 사용하고 있다. 또한

이 법의 제2조9항2)은 '마을기업'의 정의에서 '문화'를 활용해야 할 자
원 중에 하나로 분류하고 있고, 제13조는 도시재생전략계획3)과 관련
된 항목에서 '문화적 여건' 분석을 포함해야 한다고 명시하고 있다.
이처럼 「도시재생 활성화 및 지원에 관한 특별법」의 전문에 '문화'라
는 용어는 세 번 나타나고 있어, 도시재생에서 '문화'의 중요성을 이
해하는데 부족하지 않으나, 그 의미는 구체적이지 않다.

　도시재생사업은 국토교통부(이하 국토부)의 주요 정책사업의 하나이
나, 문화체육관광부(이하 문체부) 그리고 기타 정부 부처들이 함께 부
처 간 사업으로 진행되는 경우도 있다. 정부의 각 부처와 부처 간 협
력사업으로 진행되는 도시재생 관련 사업 중에 '문화'라는 용어를 사
용하거나, 사업의 내용 중에 '문화'를 사용하는 사업명과 사업내용이
일치하지는 않는다.

　국내에서 문화적 도시재생 사례를 살펴보면, '문화예술', '문화',
'예술' 또는 '문화와 예술' 등에 대한 개념적 구분 없이 '문화적 도시재
생'을 예술적 개입, 즉 예술가에 의한 또는 예술가의 개입에 따른 도
시재생과 같은 개념으로 간주하는 경우가 종종 있다.

　본 장에서는 문화예술을 활용한 도시재생이 마치 '문화적 도시재생'
의 전형인 것처럼 인식되는 문제의 원인을 진단하고, 예술적 개입에

---

1) 「도시재생 활성화 및 지원에 관한 특별법」 제1조(목적): "이 법은 도시의 경제적·사회
　적·문화적 활력 회복을 위하여 공공의 역할과 지원을 강화함으로써 도시의 자생적 성
　장기반을 확충하고 도시의 경쟁력을 제고하며 지역 공동체를 회복하는 등 국민의 삶의
　질 향상에 이바지함을 목적으로 한다." [시행 2021. 9. 21.] [법률 제18313호, 2021.
　7. 20., 일부개정]
2) 「도시재생 활성화 및 지원에 관한 특별법」 제2조9항: "'마을기업'이란 지역주민 또는
　단체가 해당 지역의 인력, 향토, 문화, 자연자원 등 각종 자원을 활용하여 생활환경을
　개선하고 지역공동체를 활성화하며 소득 및 일자리를 창출하기 위하여 운영하는 기업
　을 말한다." [법률 제18313호, 2021. 7. 20., 일부개정]
3) 「도시재생 활성화 및 지원에 관한 특별법」 제13조: 〈개정 2017. 12. 26., 2019. 8. 27.〉

의한 도시재생의 의의와 한계, 그리고 예술적 개입이 아님에도 문화적 도시재생의 범주에 속할 수 있는 '문화적'의 의미영역과 관련 정책 및 사업 영역을 살펴보고 '문화적 도시재생' 개념을 정의하고 그 의의를 탐색하고자 한다.

2. 문화적 도시재생에서 '문화'

1) 문화정책 영역에서의 개념적 혼란

사전적 정의[4]에 따르면, '예술'은 "원래 기술과 같은 의미를 지닌 어휘로써, 어떤 물건을 제작하는 기술 능력을 가리켰다"라고 정의하고 있다. 동양에서는 '예술'의 '예(藝)'는 "인간적 결실을 얻기 위하여 필요한 기초 교양의 씨를 뿌리고 인격의 꽃을 피우는 수단"으로 여겼고, '술(術)'은 "어떤 곤란한 과제를 능숙하게 해결할 수 있는 실행방도"로서의 '기술'을 의미하고, 서양에서는 "일정한 과제를 해결해낼 수 있는 숙련된 능력 또는 활동으로서의 '기술'을 의미"했으나, 18세기에 이르러 "예술활동의 특수성 때문에 미적 의미로 한정"하는 의미로도 사용되기 시작했다. 결국 동양과 서양에서 모두 '기술'이라는 의미로 사용되었던 '예술(藝術, Art)'의 사전적 의미는 '기술'과 '예술'의 의미를 모두 포함하고 있지만, 일상적으로 "아름다움을 표현하려는 인간의 활동 및 그 작품"이라는 의미로 일반화되어 사용되고 있다.

우리의 문화 및 예술과 관련된 법을 살펴보면, '문화'와 '예술'의 개념을 하나의 복합어인 '문화예술'이란 표현으로 사용하고 있다. 이 표현은 「문화기본법」, 「지역문화진흥법」, 「예술인복지법」, 「문화예술교

---

4) 참조: [네이버 지식백과] 예술 [art, 藝術] (두산백과).

육 지원법」 등 문화와 관련된 법에 수없이 사용되고 있으며, 특히 「문화예술진흥법」에서 '문화예술'의 개념을 "문학, 미술(응용미술을 포함한다), 음악, 무용, 연극, 영화, 연예, 국악, 사진, 건축, 어문, 출판 및 만화를 말한다."라고 정의하고 있다. 이러한 '문화예술'의 정의는 "특별한 재료, 기교, 양식 따위로 감상의 대상이 되는 아름다움을 표현하려는 인간의 활동 및 그 작품, 공간 예술, 시간 예술, 종합예술 따위"라는 '예술'의 속성을 표현하는 사전적 정의와 동일한 개념으로 이해할 수 있다.

이러한 '문화예술'의 법적인 정의는 사전적 의미의 '예술'과 일치한다고 볼 수 있으나, 왜 이러한 복합어 표현을 법조문에 명시했는지 그 근거를 확인하기 어렵다. 현재 한국문화관광연구원의 전신이라고 할 수 있는, 1994년에 개원한 한국문화정책개발원에서 발행한 「1995 문화예술통계」를 살펴보면 '문화예술'이라는 명칭을 확인할 수 있다. 당시 통계보고서의 제목은 「1995 문화예술통계 Culture & Arts Statistisce in Korea」로 표기되어 있다. 이 보고서의 연구 제목에서 확인할 수 있듯이 '문화예술'이란 복합어는 'Culture & Arts'를 번역한 것으로 볼 수 있다. 그러나 보고서 내에서 사용된 '문화예술인', '문화예술 활동', '문화예술행사', '문화예술교육'에서 사용된 '문화예술'은 각각 'Artist', 'Artistic Activity', 'Artistic Events', 'Art Education'의 번역으로 사용하고 있다(한국문화정책개발원, 1995: 53).

또한, 보고서에서 "문화예술인의 창작활동, 창작환경에 대한 인식, 사회·경제적 여건, 분야별 예술 활동 실태" 조사를 위한 모집단과 표본의 항목은 '문학', '미술', '사진', '건축', '양악', '국악', '무용', '연극', '영화', '기타'로 구성되어 있다. 이 항목은 사전적 의미의 '예술' 분야에 한정되어 있음에도, 관습적으로 '문화'를 넣어 '예술'을 '문화예술'로 사용하고 있으며, "문화예술단체의 활동, 국제교류, 재정현황" 조사를 위한 분야별 특성에서 "문화일반(Culture in General)"의 세부 항목에 "문화원(Culture Center)·문화예술단체(Culture & Arts Groups)", "생활문화(Life Culture)" 그리고 "기타(Others)"란 표현으로 볼 때 'Culture'는 '문화'로 'Arts'와 'Culture & Arts'는 모두 '문화예술'이란 용어로 사용하고 있음을 알 수 있다.

이러한 용어의 혼용은 연구보고서에 국한되지 않는다. 2005년에 민간 자율기구로서 설립된 '한국문화예술위원회(Arts Council Korea)'에서 영문인 'Arts'를 국문으로 표기할 때 '문화예술'로 표현하고 있으며, 한국문화예술위원회의 전신인 '한국문화예술진흥원'은 1972년 8월 3일에 공포된 「문화예술진흥법」에 근거하여 1973년에 설립된 기관이나, 이미 1973년에 '문화예술'이라는 복합어를 기관 명칭으로 사용하고 있음을 확인할 수 있다. 여기서 주목해야 할 것은 '문화'와 '예술'의 개념적 혼용이 정책영역에서도 진행되고 있어 정책사업에서도 혼선이 있다는 점이다.

문화체육관광부의 「제2차 지역문화진흥기본계획(2020-2024)」에서 '문화'와 '예술'을 포함하는 정책적 표현으로 '문화정책'을 사용하고 있다. '문화'와 '예술'은 '지역의 문화 기초역량 강화 지원'이란 차원, '기초지자체 및 문화재단 등 네트워크 구축'이란 차원, 그리고 '지역문화예술단체의 효율적 경영'이란 차원 등의 정책적 방향을 포괄하는 표현으로써 '문화정책'을 사용하고 있다. '예술'의 개념적 범주가 '문화'의 부분집합이라는 점에서 올바른 정책적 용어로 간주한다고 할 수 있다. 반면에 2020년 12월에 발표된 「2019 문화예술정책백서」의 세부 항목을 기술할 때는 '문화정책'과 '예술정책'을 구분하여 사용하고 있으며, '예술정책'에서 사용된 '예술인 복지증진 체계 마련', '문화예술 기부문화 확산 지원', '공연 예술창작 및 유통 지원체계 강화', '일상공간 속 문화가치 확산', '문화예술교육의 지원 강화' 그리고 '장애인 문화예술지원' 등이 주요 정책 현안으로 기술되면서 여전히 '문화예술'이란 표현이 등장하고 있다.

용어의 혼란은 도시재생 정책사업 영역에서도 나타나고 있다. 도시재생의 방법으로서 '문화적'이란 용어를 사용하지만, '예술적'이란 의미와 동일한 의미로 해석되는 경우가 발생하고 있다. '문화적 도시재생'이 예술적 개입에 의한 도시재생으로 이해하는 것은 문제가 없으나, '문화적 도시재생'이 곧 예술에 의한 것으로만 국한되는 것은 경계되어야 한다.

2) '문화'의 정책적 및 이론적 개념과 정의

(1) '문화'의 정책적 개념

「문화기본법」 제3조는 "'문화'란 문화예술, 생활양식, 공동체적 삶의 양식, 가치체계, 전통 및 신념 등을 포함하는 사회나 사회구성원의 고유한 정신적·물질적·지적·감성적 특성의 총체를 말한다"라고 정의하고 있다. 이는 '문화'가 '예술'을 포함하는 의미론적 집합 관계를 정의하는 것이라고 할 수 있다. 따라서 개념적으로 '문화'의 부분집합에 속하는 '예술', 즉 예술적 개입을 통한 도시재생이 '문화적 도시재생'의 전부인 것으로 해석되어서는 안 된다. 그리고 '문화'의 정의에 포함된 '문화예술'이란 복합어의 의미는 좀 더 면밀하게 살펴볼 필요가 있다. 왜냐하면 '문화예술'이란 표현이 통상적으로 사용되고 있지만, 정책영역에서 혼란이 초래될 수 있기 때문이다.

문화체육관광부의 문화정책과 예술정책, 문화적 도시재생 정책 그리고 국토교통부의 문화적 도시재생 정책에서도 마찬가지로 '문화',

'예술' 그리고 '문화예술'의 개념적 정의가 분명히 구별되지 않는다.

'문화로 도시를 재생하다' 또는 '문화적 도시재생'은 종종 예술을 통한, 또는 예술가들에 의한 도시재생을 의미하는 방식으로 이해되곤 한다. 이러한 방식이 틀렸다고 말할 수 없으며, 실제로 예술가에 의한 도시재생 사례를 많이 접할 수 있다. 그러나 우리는 '문화'로 도시를 변화시키려고 할때 문화도시를 지향하게 되는데, 문화도시의 필요충분한 기본적 조건은 문화시민이다. 왜냐하면 문화시민이 없는 문화도시를 상상하기 어렵기 때문이다. 여기서 문화도시의 문화시민은 문화를 만드는 주체이면서, 문화로 인해 변화되고, 문화를 통해서 도시의 지속가능한 발전을 추동하고 견인하는 성숙한 시민이라고 할 수 있다.

(2) '문화'의 이론적 개념

최근 문화체육관광부에서 추진하고 있는 "2018 문화적 도시재생사업" 공모에서 '문화적 도시재생'을 "도시공간을 문화적으로 활용하여 침체된 도심과 공동체의 기능을 활성화하는 것"이라고 정의하고 있다(문화관광부, 2018 보도자료). 여기서 '문화'는 도시공간과 공동체 기능을 회복하기 위해 활용되는 수단으로 간주된다. 그러나 '활용 수단으로서의 문화'에서 그 '문화'의 의미가 무엇인지 개념적 정의를 파악하기는 어렵다.

이러한 활용 수단으로서의 '문화'는 연구영역에서도 다양한 의미로 사용되고 있다. 문화적 도시재생이 일차적으로 지역의 문화예술과 자원을 결합하여 지역 산업을 육성하는 것으로 보고, 지역산업을 육성하기 위해 문화적이며, 친환경적인 환경 조성을 바탕으로 창의성이 발현될 수 있는 지역을 만드는 개발 형태로 간주하는 경우도 있고(김효정, 2007), 문화적 콘텐츠를 중심으로 도시를 재생시키는 방식으로 간주하고, 이를 성공적인 도시재생의 가장 일반적인 유형으로 간주하는 경우도 있다. 전자의 경우는 '문화'를 '문화예술'과 '자원'의 결합으로, 후자의 경우는 '문화콘텐츠'를 문화로 간주하는 경우라고 할 수 있다.

또한 '문화'를 지역사회의 주도적 참여와 자율권을 확대하면서 지속해서 지역사회의 발전과 유지가 가능한 개발수단으로 간주하고, 이를 위해 지역사회가 가지고 있는 문화적 자원을 활용하는 도시재생 방식을 '문화를 통한 도시재생'으로 정의하는 경우가 있다. 이러한 '문화를 통한' 도시재생은 지역의 고유한 문화와 자원을 활용하기 때문에 지역 이미지의 품격을 높일 수 있다고 보기도 한다(조명래, 2011; 이호상 외, 2012). 그밖에 도시재생에서 '문화'를 수단이자 방법인 동시에 그 자체로서 결과가 되고 추구해야 할 목적이 되는 것으로 보고, "도시의 재생을 이루기 위한 수단이자 방법으로써 문화예술을 활용하는 것"과 "도시재생의 목표이자 결과로서 도시의 문화를 되살리는 것"으로 정의하는 경우도 있다(김연진 외, 2015). 전자의 경우에서 '문화'는 '고유한 문화와 자원'으로 간주된다. 이 '고유한'의 의미가 역사적일 수도 있고, 아니면 해당 지역만의 특수성일 수도 있고, 아니면 둘 다를 포함하는 개념으로 볼 수 있을 것 같다. 후자의 경우에서 '문화'는 수단이고, 목표이며 결과로 간주되지만, 여기서 '문화'는 도시재생의 수단으로서의 '문화예술'로 의미를 국한해서 사용된 것으로 보인다(김연진 외, 2015).

'문화적 도시재생'은 관련된 정책 및 연구에서 '문화주도 도시재생', '문화적 도시재생', '문화를 통한 도시재생', '도시의 문화재생', '문화에 기반한 도시재생' 등 다양한 용어로 사용되고 있으나, 그 개념은 법·제도 영역과 이론 영역에서도 명확하게 정의되어 있지 않다. 분명한 것은 국내외에서 도시재생을 언급할 때 '문화'는 지역적 차이는 있지만, 수단이자 방법으로, 목표이며 결과로 간주되어, 도시재생의 중요한 전략으로 활용되고 있다.

(3) '문화'의 이론적 정의

도시재생의 전략적 수단으로서의 '문화'라는 표현은 서구의 개념사적 관점에서 국가 또는 문화권에 따라 '문화(Culture)' 또는 '문명(Civilization)'으로 구분하여 사용되곤 했다.

'문명'은 라틴어의 '시비스(civis)'에서 유래된 것으로 '시민'이라는 의미를 지닌다. 18세기 초에 영국과 프랑스에서 '형사소송에서 민사소송으로의 전환'이라는 표현에서 처음 나타난 신조어로서 확인되며, 18세기 후반에 진보적인 역사철학의 출현과 함께 처음에는 프랑스에서, 그리고 이어서 영국과 미국에서 포괄적인 문화개념을 설명하기 위한 목적으로 '문명'이란 단어가 사용되었고, 이후 사회학, 철학 및 문화이론 영역에서 주로 사용되었다. 이러한 포괄적인 문화개념으로서의 '문명'은 독일에서는 여전히 '문화'와 같은 의미로 간주되어, '문명'이란 표현보다는 '문화'라는 표현이 사용되었다(Hrsg. von Jürgen Mittelstraß, 1984).

영국과 프랑스를 포함한 유럽 대륙의 로망어 군에 속하는 국가들에서 주로 선호되는 '문명'은 '문화'와 마찬가지로 인간에 의해 만들어진 모든 것을 지칭하는 의미를 지니고 있으나, '문명'이란 표현은 문화상대적인 차원에서 각각의 문화를 인정하고 존중하기보다는 자신이 속한 또는 서구 유럽 문화의 우월성을 내포하는, 즉 '반문명'의 대립 개념으로써 사용되는 경우가 있다.

반면에 독일어권에서는 인간에 의한 물리적 성과로서의 결과물에 대한 표현으로 간주하는 '문명'보다는 인간의 순수한 정신적 활동의 산물인 예술, 종교, 학문 등을 지칭하는 의미로서의 '문화'라는 표현을 선호한다. 그 이유는 칸트의 도덕주의 영향의 결과라고 볼 수 있다. 칸트의 도덕주의 관점은 '도야' 및 '교양'이라는 의미의 고전적인 문화개념을 수용하고 있다. 즉 인간은 문화에 의해 타락하는 것이 아니라 문화에 의해 도야 된다는, 즉 인간화된다는 관점이다. 칸트의 문화와 문명을 구분하는 근본적인 차이는 도덕성에 있다(원승룡, 2001).

'문화(Culture)'는 라틴어의 '콜레레(colere)'에서 유래된 것으로 '(밭을) 갈다, 경작하다', '살다, 거주하다', '키우다, 양육하다', 그리고 '숭배하다, 존경하다'라는 의미를 갖고 있다(Hrsg. von Jürgen Mittelstraß, 1984). 이 개념은 물질적인 인간의 성과물로서의 의미를 주로 내포하고 있으나, 시간이 지나면서 인간의 정신적인 성과물로서의 의미로 확장되어 사용되고 있다.

우리의 도시재생에서, 특히 '문화적 도시재생'의 '문화'란 개념을 다시 정의할 필요가 있다. 개념사적 관점에서 특정한 개념을 정의할 때 정의 방식은 크게 두 가지 범주로 분류할 수 있다. 하나는 사실의 본질을 설명하기 위해 시도하는 '내포적 정의(Intensional definitions)' 방식이고, 나머지 하나는 사실의 속성을 내포하고 있는 대상의 목록을 나열하는 '외연적 정의(Extensional definitions)' 방식이다. '내포적 정의'는 예를 들어 명사의 경우 대상이 이 용어의 지시 대상으로 간주되기 위해 가져야하는 필요충분조건을 지정하는 것과 같으며, 반대로 '외연적 정의'는 그 정의에 해당하는 속성을 가진 대상을 모두 나열하는 것이다.

지금까지 살펴본 '문화적 도시재생'에서 기술되고 있는 '문화'의 개념적 정의는 대체로 '외연적 정의' 방식을 답습하고 있으나, '문화'의 개념에 부합하는 무한한 지시 대상 집합을 가진 용어에 대한 '외연적

정의'를 제시하는 것은 불가능하며, 시도된 '외연적 정의'는 반례를 통해 그 정의의 개념이 모호해져 논리적 방어가 어려워질 수 있는 위험 요소를 갖고 있다.

'문화적 도시재생'에서 '문화'를 정책적 수단으로 간주하려면, 먼저 '문화'의 '내포적 정의'에 대한 시도가 우선될 필요가 있다. '문화'의 속성을 '내포적 정의' 방식으로 추출하기 위한 전통 학문적 접근방식의 하나는 이항 대립적 범주화를 통해서 가능하다. 이원론적 범주화 관점에서 '문화(Culture)'의 대립어는 '자연(Nature)'이다. 여기서 '자연'은 일반적으로 '산', '강', '들'과 같은 풍경개념으로 이해되곤 하지만, '자연'은 '산', '강', '들'과 같이 대상이 '있는 그대로 또는 스스로 그렇게 있는 것'을 의미한다. 이런 의미에서 '자연'은 아직 사람에 의한 것이 아니고, 반대로 '문화'는 사람에 의한 것으로 정의될 수 있다. 즉, '사람의 손이 닿지 않은 상태'인 '자연'의 대립 개념인 '문화'는 인간으로부터 기원한 것, 즉 '언어', '종교', '국가', '사회'는 물론이고 인간에 의해 의한 물리적 산물 역시 '문화적 산물'로 간주한다.

이러한 '문화적 산물'은 문화사회학적 관점에서 그리고 도시재생 영역에서 중요한 활용 수단으로서의 '자본(Capital)'으로 간주된다. 이러한 '자본'은 '축적'이란 본질적 속성이 있어, 제도화가 가능하며, 이것은 사회적 교류의 형태 중 하나로 간주하여, 사회적 및 경제적 요소와 결합을 할 수 있고, 특정한 유형 내에서 자본 유형을 서로 변형시킬 수 있어 도시재생 영역에서 중요한 전략적 수단으로 사용될 수 있다. 그러나 이 자본은 공평한 분배가 불가능하다는 속성 때문에 '문화'를 통한 도시재생의 결과가 모든 시민에게 공평하게 나누기는 어렵다고 할 수 있다.

자본으로서의 '문화'는 결과물로서의 문화를 향유할 수 있는 능력을 포함하며, 사회의 지배적인 문화에 대한 이해와 관련한 고급 언어를 사용하고 이해할 수 있는 능력, 특정한 사회적 집단이 유지하고 있는 문화적 자산, 행동, 습관, 태도, 그리고 사회의 주도적 계층이 이끌어가고 있는 문화적 행동, 즉 취향, 태도 등에 대한 인식 혹은 이를 이해할 수 있는 능력을 포함한다(Hrsg. von Reinhard Kreckel, 1983).

도시가 가진 문화자본의 차이는 기회와 장애의 사회적 현실 구조를 결정하는 데에도 영향을 미치기도 한다. 이런 의미에서 쇠퇴한 도시를 재생한다는 것은 기존의 문화자본을 활용하여 도시의 경쟁력을 확보하고 시민의 삶의 질을 높이는 것뿐만 아니라, 시민 활동을 통해서 사회적 가치를 공고히 하는 과정에서 축적되는 시민역량도 역시 문화자본이다.

문화는 물적 및 경제적 자본과 마찬가지로 특정 개인이나 집단에 전유될 수 있으며, 성숙한 문화를 소유하거나 향유할 수 있는 집단에 실제적인 이득을 가져다줄 수 있고, 또한 상속할 수 있어서, 쇠퇴한 도시가 도시재생에 필요한 문화자본을 형성하기 위해서는 시민들의 역량 강화가 필수적이다. 그러나 필요한 문화자본은 저절로 습득되지 않는다.

따라서 '문화적 도시재생'에서 '문화'는 전통과 예술과 같은 기존의 성과물을 활용하는 도시재생뿐만 아니라, 지역문화를 진흥시키기 위한 새로운 문화적 활동 역시 '문화'로 간주하며, 이런 의미에서 국토부, 문체부 등 각 부처의 도시재생에서 요구되는 '주민참여', '주민주도', '커뮤니티 활성화', '공동체 역량강화'와 더불어 네트워크 활성화를 위한 제도, 프로그램, 운영 등 도시재생과 관련한 인간의 모든 활동은 '문화'로 간주하여야 한다. 우리의 도시재생 정책은 이러한 일련의 시민역량강화 프로그램을 포함하고 있으나, 이것을 '문화적 도시재생'이라고 하지는 않는다. 아직 우리는 기존 인간의 성과물로서의 '문화'를 자원으로 활용하는 도시재생만을 '문화적 도시재생'이라고 하는 경향이 있다.

넓은 의미에서 사람에 의해 만들어진 것이 '문화'라면, 사람의 손이 닿는 순간 가치가 발생하게 된다. 그러나 이 가치는 상대적 가치라고 할 수 있다. 상대적 가치가 특정한 시기에 특정한 계층에게만 이득이 되는 방식으로 존재한다면, 이 문화는 지속될 수 없을 것이다. 따라서 '문화적 도시재생'에서 인간의 활동으로서의 '문화'는 보편적 가치로 다수에게 승인될 수 있어야 하며, 이때 지속가능한 문화로서 유지되고, 가능한 다수에게 이득을 주는 방식으로 지역발전에 기여할 것이다.

지금까지 '문화'의 개념적 정의에서 살펴본 바와 같이 '문화적 도시재생'은 인간에 의한 기존의 성과물로서의 '문화'를 자본으로 활용하는 도시재생 방식을 포함하고, 그리고 지역문화진흥을 위해 필요한 새로운 활동을 지원하기 위한 제도구축, 역량강화 등과 같은 지역민의 활동과 그 활동을 지원하는 모든 것을 포함하는, 즉 '문명'이 내포한 '시민성'을 위한 시민역량 강화를 위한 과정 자체가 '문화적 도시재생'이라고 할 수 있다. 전자는 도시재생을 위한 '문화활용' 전략이라고 할 수 있고, 후자를 '문화적 활동' 전략이라고 할 수 있다.

3. 문화적 도시재생 전략 유형

1) 문화집적(Cultural Agglomeration) 전략

도시재생은 쇠퇴한 지역의 역동성을 추동하여 도시의 활력을 강화하고 성장을 지향하는 전략을 채택하고 있다. 이러한 전략은 먼저 하드웨어를 중심으로 도시환경을 개선하는 방식으로 진행되었고, 이는 재생과 젠트리피케이션이라는 현상을 동시에 수반하는 다양한 관행으로 귀결되면서 상당한 변화를 겪게 된다.

도시재생에서 '문화'는 기존의 문화를 활용하는 도시재생을 위한 수단으로 간주하여 도시의 매력을 증진시키는 요소이면서 동시에 도시 브랜딩을 위한 자원으로 인식되었으며, 유럽은 이러한 도시재생 전략을 '문화주도 도시재생 프로젝트(Culture-led regeneration projects)', 즉 '선도적 문화 발전(Flagship cultural developments)' 전략으로 간주하고 약 10여 년간 중시하고 있다(Evans, 2009).

문화주도 도시재생 전략은 크게 '문화생산지향전략(Cultural production oriented strategies)'과 '문화소비지향전략(Cultural consumption oriented strategies)으로 구분되며, 전자는 창조산업(Creative industry) 중심의 전략적 지원방식이고, 후자는 관광, 쇼핑, 호텔 및 케이터링 등을 진흥하기 위한 요소로서 도시의 문화적 매력과 활동을 개발하고 활성화하기 위해 선도적인 거점 기반시설(Flagship infrastructure)을 설치하거나 대규모 이벤트를 개최하여 다양한 형태의 투자로 가능한 소비 기반 전략 (Consumption-based strategies)이다(Bianchini, 1993b).

그러나 이러한 '문화주도 도시재생'과 '대표적 문화 프로젝트'가 지역 경제에 일반적으로 긍정적인 역할을 하면서 실제 도시재생에서 '문화주도(Culture-led)' 전략이 통용되어왔던 반면에, 많은 연구자는 문화적 및 사회적 관점에서 지역사회에 미치는 영향이 제한적이라고 간주하기도 한다(Ettlinger, 2010).

세계화는 경제의 구조조정 압력으로 작용했고, 도시들은 낙후된 지역의 경쟁력을 확보하기 위해 다양한 '문화활용' 및 '문화적 활동'을 포함한 문화자본을 응집하여 활용하는 도시재생 전략을 모색하기 시작하였다.

라바린야즈드(Rokhsaneh Rahbarianyazd)는 그의 최근 연구에서 지역발전을 위한 진보적 의제로 채택되는 문화적 도시재생의 전략을 6가지 유형의 문화응집 전략으로 다음과 같이 재구성하고 있다.

1. 유·무형의 문화적 활동을 포괄하는 생산지향 전략(Product-oriented strategy)
2. 문화 활동의 과정지향 전략(Process-oriented strategy)
3. 문화적 장소지향 전략(Place-oriented strategy)
4. 문화적 다양성과 지역 맞춤형 주제지향전략(Theme-oriented strategy)
5. 사람지향 전략(People-oriented strategy)
6. 시간지향 전략(Time-oriented strategy)

첫째, 도시재생에서 유·무형의 문화적 활동을 포괄하는 '생산지향 전략'은 문화적인 생산물은 항상 도시공간과 연결되어 있다는 점에 주목한 전략이다. 문화적 생산물은 다양하지만, 특히 음악, 영화, 비디오, 멀티미디어, 패션, 산업디자인, 인쇄 및 출판, 그리고 시각예술과 공연예술과 같은 문화산업에서 열거되는 문화상품을 포함한다. 이러한 문화산업과 관련된 문화생산전략은 취업기회를 제공하면서도 관광에 필요한 환경을 조성하는 효과가 있다. 이러한 문화적 생산물은 생산자와 런던의 디자인 및 광고 클러스터, 파리의 패션지구, 벨기에 앤트워프(Antwerp)의 패션 지구처럼 클러스터 형식으로 집적된 기업에 의해 생산되지만, 이러한 문화적 생산물은 생산, 유통, 소비가 집적된 플랫폼을 통해서 소비된다.

이러한 생산지향 전략은 문화산업에만 국한되지 않는다. 정부는 해

외의 문화주도 전략의 일환으로 예술가들을 특정 지역에 집적시켜 예
술가들의 공동체가 어떻게 도시재생에 기여하는지에 대한 관심을 가
지고 이를 정책적으로 활용하고자 시도하였다. 이러한 문화 클러스터
는 크게 자생형, 민간주도형, 정책지원형으로 구분된다. 자생형 문화
클러스터의 경우, 재개발과 젠트리피케이션의 위험에 노출되어 있고,
민간주도형은 예술인들이 자발적으로 단지를 조성하거나 유휴시설을
활용하여 창작 공간을 조성하는 경우에 해당한다. 이러한 유형은 대
부분 교외 지역에 조성되는 경우가 많고, 이미 입지를 확보한 기성 예
술인들이 주도하는 경우가 많다. 정책지원형은 정부나 지방자치단체
가 문화적 도시재생의 하나로 예술가에게 창작 공간을 제공하여 형성
되는 유형이다. 지역 여건에 따라 도심지역, 폐교, 유휴산업시설 등
다양한 공간에 형성되고 있으며 대부분 단기간의 레지던시 사업을 기
반으로 하는 경우가 많다(박세훈 외 2011).

둘째, 문화활동이 이루어지는 '과정지향 전략'은 도시재생을 위한
촉매로 간주된다. 문화활동을 통해서 이루어지는 창조적 과정은 개인
이나 그룹의 정신적 활동을 포함하며, 이러한 문화적 활동 과정은 문
화적 공간을 조성하는 데 필수적 전제조건으로 간주하곤 한다. 따라
서 이러한 문화적 활동의 과정을 포함하는 축제나 이벤트가 도시재생
전략의 하나로 활용되곤 한다. 이러한 과정지향 전략은 시민들의 문
화적 활동의 규모, 콘텐츠 유형, 장소, 타이밍에 따라 분류될 수 있지
만, 문화적 도시재생에서 문화적 활동의 규모는 문화적 이벤트의 규
모에 의해 결정된다고 할 수 있다. 라바린야즈드는 이러한 문화적 이
벤트의 규모를 세 개의 유형으로 구분하고 있다:

◆ 소규모 활동(Minor activities) 전략 :

사람들은 더 살기 좋은 도시공간을 찾고 있으며, 이것은 지역의 인구 규모와도 관계가 있다. 살기 좋은 공간은 일반적으로 중소 규모의 혼합경제에서 주로 발생하는 다용도 지역으로 간주되곤 한다. 소규모 활동 전략은 '창작자의 창작과정'을 경험할 수 있는 기회가 제공되는 공간, 중산층 고객을 위해 소매활동이 가능한, 즉 방문자를 위한 다수의 소규모 유희시설이 포함된 공간에서 소규모 문화적 활동이 가능한, 작은 규모의 지역으로서 주거가 혼합된 지역을 조성함으로써 도모하는 문화적 도시재생을 의미한다.

◆ 메이저 이벤트(Major events) 전략 :

도시는 성공적인 이벤트를 통해서 중요한 무대를 만드는 경향이 있다. 이러한 이벤트는 다양한 방식으로 상이한 무대를 조성하는 방식으로 도시를 축제로 가득하게 만든다. 이러한 이벤트는 대부분 예술축제, 스포츠 행사, 카니발 등 이와 유사한 규모의 행사들을 의미한다. 라바린 야즈드는 도시재생 관련 연구자들의 결과를 토대로 영국의 항구 도시의 축제인 브리스톨 하버 페스티벌(Bristol Harbour Festival)의 규모를 메이저 이벤트 규모로 예를 들고 있다. 브리스톨은 영국의 남쪽에 아본 강(Avon)에 위치하고 있는 도시로 영국 남서부에서 인구가 가장 많으며, 2020년 기준으로 도시 근교를 포함해서 약 47만 명이 거주하는, 영국에서 11번째로 인구가 많은 도시이다. 브리스톨 하버 페스티벌은 1971년부터 매년 개최되었고 2012년에는 약 30만 명 이상의 방문객이 올 정도로 규모가 큰 축제이며, 코로나로 인해 2022년에 50주년 행사를 마련하고 있는 역사가 깊은 타의 추종을 불허하는 문화 및 예술 축제로서 300명 이상의 예술가와 공연자, 200척 이상의 선박이 참여하는 메이저 이벤트이다. 이러한 메이저 이벤트는 도시재생 차원에서 중요한 행사로 간주된다.

국내에서도 메이저 이벤트를 통해서 도시의 경제적 활성화를 도모하는 시도가 많이 있다. 도시형 축제로서 '하이 서울 페스티벌'을 들 수 있다. 2003년부터 시작한 서울시의 대표축제로서 매년 5월에 개최되고 있으며, 국가의 대표축제로 지정된 충남 보령의 머드축제와 안동 국제탈춤 페스티벌 그리고 진주 남강 유등축제 등은 메이저 이벤트에 해당한다고 할 수 있다. 이외에도 김제 지평선 축제, 자라섬 국제 재즈 페스티벌, 화천 산천어 축제 등은 문화관광 대표축제로 지정된 바 있다. 그러나 축제 일몰제가 적용되면서, 보령 머드축제와 안동의 국제탈춤 페스티벌은 명예졸업축제가 되었고, 정부 지원으로 육성되었던 축제가 명예 졸업 후에 그 명맥을 유지하지 못하고 있다. 이는 예산뿐만이 아니라 행정 차원에서도 자생적인 지역의 메이저 이벤트로 성장할 수 있는 역량을 갖추지 못한 것이 쇠퇴의 원인이라고 할 수 있다.

◆ 메가 이벤트(Mega events) 전략:

메가 이벤트가 도시브랜딩 전략의 목적으로 활용되려면, 처음부터 철저한 계획과 관리가 필요하다. 월드컵, 올림픽, 세계박람회, 엑스포 등이 해당하며, 이런 메가 이벤트를 개최하기 위해서는 도시 간의 경쟁을 통해서 선출되는 과정이 포함되어 있다. 이러한 메가 이벤트 전략은 국가 차원에서 진행되는 경우가 많고, 투입비용이 엄청나서, 이벤트 자체의 성공도 중요하지만, 이벤트가 끝난 후에 경제적 효과의 연속성을 보장할 수 있어야 한다. 한국 역시 88서울올림픽과 2002 FIFA를 개최한 바 있다.

셋째, 문화적 '장소지향 전략'은 하드웨어와 같은 물리적 특성을 고려한 전략이다. 장소는 물리적 공간을 갖고 있지만, 상상적, 정서적 그리고 주관적인 관점에서도 중요한 도시재생 전략의 수단으로 간주한다. 예를 들어, 역사적인 시대, 상징적인 건축물, 독보적인 특성이 있는 또는 현대적 디자인 건축물 그리고 고급스러운 건축물 등이 이에 포함된다. 이러한 장소지향전략은 지역의 경제적 활성화를 촉진하여 도시의 경쟁력을 확보하며, 이를 통해 시민의 자부심을 유인하는 목표를 갖고 있다. 문화적 장소지향전략은 일반적으로 '새로운 핵심 프로젝트형(New flagship projects)'과 차별화된 '문화유산으로서의 건축물(Heritage buildings) 조성형' 방식을 취한다.

전자의 경우는 막대한 공적 재원을 투입함으로써 침체한 도시구역 내에 도시재생 촉진 목적의 사업과 투자를 유치하여 문화소비 환경을 조성하는 경우가 많다. 예를 들어, 컨벤션센터, 스포츠경기장, 특정한 단지 내 도서관, 대학시설, 박물관 등이 이에 해당한다. 스페인 빌바오의 구겐하임 박물관은 박물관의 미학적 외형과 뉴욕 구겐하임 미술관의 콘텐츠 공유, 주변 지역의 문화 지구화를 통해 도시에서 가장 주목받는 공간으로 인정된 대표적 사례라고 할 수 있다. 그러나 이러한 '새로운 핵심 프로젝트형' 장소지향 전략은 고가시성을 확보하여 도시마케팅 및 브랜딩 차원에서는 효과가 있으나, 고비용 문제와 고가시성의 지속성 확보 차원에서 한계점을 지적하는 경우가 있다. 이러한 '새로운 핵심 프로젝트형' 도시재생전략은 주변환경에 의존도가 높아 해당 지역의 예술관련 기업이나 조직의 요구를 충족시킬 수 있는지에 대한 확인이 함께 고려되어야 한다.

후자인 '문화유산으로서의 건축물 조성형' 전략은 1970년 이후에 문화적 도시재생의 촉매 수단으로 활용되기 시작했다. 도시는 경제적 활동을 유지할 수 있는 산업이 없어졌을 때 도시의 유산을 다시 주목하기 시작한다. 왜냐하면 역사적 및 문화적 유산은 대부분 도시의 옛 산업 유산이 있었던 곳이나 기타 도시 내부에 위치하는 경우가 많기 때문이다. 역사 문화적 유산이나 산업 유휴지를 이용한 도시재생의 경우 관광을 목적으로 하는 경우가 많다. 이때 주의할 점은 문화유산에 과부하가 걸리지 않도록 유의할 필요가 있다.

넷째, 문화적 다양성과 지역 맞춤형 '주제지향전략'은 도시재생의 과정 중에 사용되는 발전전략으로 간주된다. 이 전략은 특정한 테마를 도시에 접목하여 타 도시와 차별화하는 방식으로 대부분 쇠퇴한 지역과 도시에 효과적이다. 유네스코 창조도시 네트워크(UNESCO Creative Cities Network) 사업은 대규모로 진행되는 도시를 주제화하는 대표적인 전략이라고 할 수 있다. 2000년 영국의 도시계획가인 찰스 랜드리(Charles Landry)가 개념화한 창조도시이론을 토대로 하고 있으며, 2004년에 유네스코에 의해 지속가능한 도시개발을 위한 전략적 요소로 도시 간의 협력을 촉진하기 위해 만들어졌다. 이 사업은 근본적으로 창조도시를 지향하며, 창조도시를 위해 선택된 도시의 주제가 유네스코로부터 인증되면, 관련 주제로 선정된 도시 간에 동일한 주제에 대한 국제적 수준의 경험과 지식 그리고 전문기술을 교환하는 네트워크를 구축하고 이를 통해서 도시의 문화적 자산과 창의력을 통해서 문화산업을 육성하는 방식을 취하고 있다. 이 사업은 도시를 개발하기 위한 도시의 창의적 잠재력을 강화하고, 노하우를 교환하며, 국제적 수준에서의 도시간 협력을 촉진하는 도시재생의 '주제지향전략'으로 간주된다.

유네스코 창조도시 네트워크 사업에서 지정한 도시의 주제는 7개로 구성되어 있으며, '공예와 민속예술', '디자인', '영화', '음식(Gastronomy)', '문학', '미디어 아트' 그리고 '음악'이 이에 해당한다. 서울은 디자인, 부산은 영화, 전주는 음식, 경기도 부천과 강원도 원주는 문학, 광주는 미디어 아트 그리고 통영시와 대구는 음악으로 유네스코 창조도시 네트워크 주제로 선정되어 있다.

도시의 주제화 전략은 테마파크 방식을 수용하여 주변 환경을 상징

적으로 조성하는 중소 규모 방식도 가능하다. 예를 들어, 라 빌레 공원
(Parc de la Villette)은 프랑스 파리에서 세 번째로 큰 면적을 갖고 있다.
이 공원에 유럽의 최대 과학관, 3대 공연장, 음악원 등의 문화공간을
집적시켜 문화복합공간으로 도시공간의 일부를 주제화하였다.

　다섯째, '사람지향 전략'은 리처드 플로리다가 주장하는 창조계급을
도시로 유인하여 도시를 재생하는 방식이다. 이 이론은 다양성을 존중
하는 열린 사회는 창조성이 높다는 데 근거하고 있다. 예술과 문화의
감성이 풍부한 곳이 바로 열린 공간이고, 이런 공간에 하이테크 종사
자, 과학자, 예술가, 의료관계자, 기술자, 교수, 건축가, 지식정보산업
종사자, 경영인, 즉 창조계급에 속하는 사람들이 모여들고, 이들은 고
소득자이면서, 삶의 질을 추구하는 성향이 있다. 플로리다는 하나의
도시나 지역이 발전하기 위해서는 기술(Technology), 재능(Talent) 그
리고 관용(Tolerance), 즉 3T가 조화되어야 한다고 주장하며, 특히 관
용이 중요하다고 강조하고 있다. 중요한 창조적 핵심 그룹인 창조적
전문가들이 모이는 도시는 경제와 산업이 발달하며, 자신들은 물론이
고 다른 사람들의 삶의 질도 높아진다고 말한다. 왜냐하면 창조적 전
문가들의 창의성으로 경제적 부가가치가 발생하고, 이로 인해 사회가
발전하면서 일자리가 창출되기 때문이다(리차드 플로리다, 2011).

　물론 플로리다의 창조계급론은 경제 중심적 결정론으로서 성장을
우선으로 고려하고 있다는 차원에서 그리고 집단의 층위를 계급으로
본다는 차원에서 비판적 한계를 노출하기도 한다. 왜냐하면 창조적
전문가들이 계급의식을 갖고 있다고 획일화하는 것도 문제이고, 집단
적으로 동일하다고 보는 것도 문제이며, 그리고 그런 집단이 지역에
성장과 풍요를 가져다준다는 증거도 불충분하기 때문이다.

　그러나 플로리다가 제시하는 창조계급이 모이는 지역은 다양한 고

용기회가 주어지는 두터운 노동시장과 다양한 생활양식이 제공되며, 사회적 상호교류와 상호작용이 가능하고, 외부인에게 개방된 다양한 공동체가 공존하며, 역사적 문화유산과 독특한 문화적 특성이 존재하며, 주거와 일이 공존하는 지역의 정체성을 갖고 있다는 점에서 도시재생에서 '사람지향 전략'은 주목할 만하다. 이런 의미에서 창조계급을 유인하기 위한 도시환경을 조성하는 것도 필요할 수 있으나, 이미 거주하고 있는 지역민의 역량을 강화하여 자신이 거주하는 지역에서 문화행위자로 활동하게 하는 것 역시 중요하다.

낙후된 도시환경에 처한 저소득 지역민들이 당면한 문제를 해결하기 위한 능력을 갖추게 하도록 창조적 교육이 가능한 공간을 조성하고, 이곳에서 문화교육, 기술교육이 행해지며, 고용기회가 확대될 수 있는 환경을 조성하는 것도 필요하다. 이렇게 지역민의 자발적 참여와 능동적 문제해결 능력을 갖추게 하는 것 역시 도시재생을 위한 사람지향 전략으로 간주한다.

여섯째, 문화적 도시재생의 마지막 전략의 유형은 '시간지향 전략'이다. 이것은 지역민과 유입된 창조적인 사람들을 관리하는 전략으로 시간과 밀접한 관계가 있다. 몽고메리(Montgomery)는 도시를 활성화하기 위한 성공전략은 저녁 시간의 경제적 활성화에 달려있다고 말한다(Montgomery, 2003). 일과를 마치고 집에 머무는 저녁 시간에 문화적 소비가 이루어질 수 있는 야간전략이 필수적이란 뜻이다. 라바린 야즈드는 몽고메리와 로우(Rowe)의 연구를 근거로 문화지구를 개발할 때 성공의 열쇠는 저녁 시간 경제에 달려있다고 말한다.

2) 지역혁신시스템(Regional Innovation System)과 '문화적 활동'으로서의 지역기반학습(Community based Learning)

우리의 도시재생 정책은 여전히 정부와 지자체 주도의 하향식 방법에 치중되어 있다. 이러한 하향식 정책은 성장지역과 쇠퇴지역 간의 격차가 더 벌어지게 하고 있으며, 한시적이고 고용 없는 방식으로 진행되고 있다. 지속가능한 발전을 목표로 한 도시재생 정책은 쇠퇴한 지역이 혁신을 통해서 가능하며, 지역혁신을 위해서는 생태계가 우선으로 조성되어야 하고, 이런 환경 속에서 주민들의 자발적이고 역동적인 활동에 기반한 사회적 가치를 확산시켜 종국에 경제적 가치를 견인할 수 있는 방식을 지향해야 할 것이다. 그러나 도시재생의 궁극적 목표라고 할 수 있는, 지역민의 삶의 질을 회복하기 위한 지역의 지속가능한 발전은 아직 정책적 목표에 불과한 상황이다.

프리만(Freeman)과 룬트발(Lundvall) 등의 학자들은 국가혁신시스템(National Innovation System)에 관한 논의를 시작으로 확산한 지역혁신시스템(Regional Innovation System) 연구에서 지역 주민의 학습을 지역혁신의 전제조건으로 제시하고 있다. 유럽연합은 지역혁신시스템(Regional Innovation System)을 지역의 성장 잠재력과 지역 경쟁력을 향상시키기 위해 지역 내의 기업과 주민의 혁신 역량을 자극하는 시스템으로 간주하고, 도시재생을 위한 정책적 수단으로 간주한다(Cooke, 2000). 왜냐하면 도시재생에서 지역혁신의 주체는 기업과 주민을 포함하며, 특히 소규모 도시재생에서 주민의 학습은 지역혁신의 필수 요소 중 하나로 간주하기 때문이다.

우리나라에서 진행되고 있는 도시재생 정책의 기본 방침인 "일자리 창출 및 도시경쟁력 강화, 삶의 질 향상, 생활복지구현, 쾌적하고 안전한 정주환경 조성, 지역 정체성 기반 문화가치, 경관회복, 주민역량강화 및 공동체 활성화" 등은 지역혁신의 주체인 주민의 역량강화를 위한 학습과 밀접한 관계가 있다. 지역혁신을 위한 지역기반 학습은 개인의 고용가능성을 확대하고 인적 자본의 가치를 높이면서 삶의 질 향상을 목표로 하고 있다.

지역기반 학습은 실제 지역사회의 상황과 연계하는 특성이 있어서 과학적 개념을 학습하고자 할 때 학습교재를 지역의 환경 생태계와 연결하고, 사회적 및 정치적 개념을 학습하고자 할 때 지역의 역사적 사건과 연결하는 방식으로 지역을 이해하는 도구적 성격을 갖고 있다.

또한 지역기반학습은 지역의 기관, 단체, 회사, 전문가 등을 활용하여 교육하는 방식으로 지역민과 지역의 학생들에게 학습경험을 향상시킬 수 있어 지역사회를 통합적으로 활용하는 커뮤니티 통합적 수단으로 간주하기도 한다. 학생이나 주민이 지역사회에 참여하여 지역의 연구기관과 함께 지역문제를 공동으로 연구할 수도 있고, 지역의 기업에서 인턴십이나 직업훈련을 할 수도 있고, 지역의 문제를 해결하기 위해 자원봉사를 할 수도 있다. 이러한 지역기반 학습은 지역의 문제를 확인하고 표현하거나 해결하는 방식으로 지역사회에 참여하는 특징을 갖고 있다. 또한 지역의 문제와 관련하여 청원서를 제출하거나, 캠페인 등에 직접 참여함으로써 교육적 효과를 확보할 수 있어 도시재생 차원에서도 주민들의 자발적 참여를 독려하는 직접 행동으로 실행하는 역량을 견인할 수 있다.

도시재생은 지역의 혁신을 필요로 하며, 이러한 혁신은 기업과 지역 더 나아가 국가의 성장 엔진으로 간주된다. 권력과 자원의 분산은 탈영토화를 촉진하는 경향이 있다. 이런 의미에서 정부 주도의 하향식 정책보다는 지방자치단체의 자체적이고 주도적인 정책이 지역혁신에 더 효과적일 수 있다. 따라서 사람지향, 과정지향, 시간지향 전략은 지역혁신을 위한 '문화적 활동' 전략으로 간주된다.

4. 해외의 '문화활용' 전략과 '문화적 활동' 전략

1) 문화활용 전략으로서의 유럽문화수도 사업과 유네스코 창조도시 네트워크 사업

유럽의 선진국들은 오래전부터 도시의 경쟁력을 확보하기 위한 문화적 접근방식을 채택하고 있다. 이를 활성화하기 위한 국가 간의 협력과 시너지 효과를 끌어내기 위해 유럽연합의 '유럽문화수도(European Capital of Culture)' 사업과 유럽위원회(European Commission)의 '시범도시 프로젝트(UPPs: Urban Pilot Projects)' 사업 그리고 '도시 행동 유럽 (URBACT: Urban Action Europe)' 등을 들 수 있다.

'유럽문화수도' 사업은 1985년 그리스 아테네를 시작으로 현재까지 유럽의 각국에서 진행됐으며, 2033년까지 후보 도시가 예정되어 있다. 유럽문화수도 사업에 선정된 도시는 다양한 이벤트와 문화예술프로그램을 추진하면서 문화적, 사회적, 경제적 이익을 창출할 기회를 포착하고, 이를 기반으로 도시재생을 촉진하여 도시 이미지를 바꾸려는데 목적을 두고 있다.

선정된 도시는 유럽연합으로부터 '유럽문화수도'의 타이틀을 부여받고 일정액의 재정지원을 받으며 6년간의 준비과정을 거쳐 1년간 유럽의 문화수도 임무를 수행한다. '유럽문화수도' 선정은 유럽적인 문화 예술적 가치, 문화 활동의 참여와 협력 가능성, 창조적 가치, 유럽문화의 대표성, 문화 교류 등의 선정기준에 따라 심사되고 있다. 유럽문화수도로 선정된 도시는 인지도 상승으로 관광객 수가 증가하고,

도시 기반시설 확충 및 환경 개선에 도움이 되며, 지역문화에 역동성을 부여하여 지역의 경쟁력 제고에 도움이 되는 긍정적 성과에도 불구하고, EU 자체적 예산지원의 부족, EU 내 전담 조직의 부재, 목표의 명확성 미흡, 성과의 평가 시스템의 부재 등의 문제점이 지적되고 있으며, 도시에 따라 목적한 성과에 도달하지 못해 도시의 재정적 위기를 유발하는 문제점도 드러내고 있다(이순자, 2008).

또한 앞서 주제지향 전략의 사례로 들었던 유네스코 창조도시 네트워크 사업은 창조도시 기준을 마련하여 창조도시 역량을 갖춘 지역을 인증하는 방식으로 진행된다. 도시가 창조도시 네트워크에 가입하기 위해서는 분야별로 문화산업의 규모와 인프라, 교육, 홍보, 운영능력 등으로 구성된 선정기준을 충족해야 한다. 유네스코 창조도시들은 문화예술에 대해 국제적 수준의 경험과 지식, 전문기술을 가진 도시 간의 네트워크를 형성하여 상호협력을 통해 노하우를 공유하고 지속 발전을 가능케 하며, 이런 공유를 통해 스스로 창조적 공동체로 발돋움할 수 있게 된다. 창조도시 네트워크는 문화산업의 창조적, 경제적, 사회적 잠재력을 국제사회 차원에서 연결할 수 있게 하며, 이를 통해 지역사회는 문화적 자긍심을 얻고 부가적으로 발생하는 창조산업의 발전이라는 성과를 얻을 수 있다(김상원 외, 2012).

유네스코가 말하는 '창조산업'은 본질적으로 문화적이고 대부분 무형의 콘텐츠를 창조하고, 생산하고, 상품화하는 것으로 여기서 생산된 문화상품은 대부분 저작권에 의해 보호된다.

7개의 주제영역에 해당하는 '문학'은 문학작품이 지닌 인문학적 가치에만 국한된 것이 아니라 문학과 관련된 모든 자원을 이용하여 문화경영의 자원으로 활용하는 것을 포함한다. 예를 들어 문학을 활성화하기 위해 이벤트나 축제를 개최하거나, 도서관, 책방, 공공 문화센터 내지는 사설 문화센터를 통해 국내외 문화작품들의 보관, 배포, 그리고 문화 활동을 증진하기 위한 문학작품의 번역, 출판, 또는 새로운 미디어와 결합한 문학 관련 활동을 활성화해 문학 시장을 육성하여 경제적, 사회적, 문화적 생명력을 불어넣어 도시를 활성화하는 것이다.

'영화'라는 주제는 영화산업과 관련된 인프라 구조, 즉 영화관, 영화제작 스튜디오 또는 관련 주변 환경 같은 것들을 중시한다. '음악'은 국내외적인 이벤트나 페스티벌과 같은 문화행사, 음악센터, 음악학교, 연습실, 사설 아카데미, 대학, 연구소 등과 같은 음악과 관련한 다양한 인프라와 합창단, 오케스트라와 같은 음악단체, 음악의 특별한 장르나 음악을 듣거나 연주할 수 있는 실내외 문화공간 등을 통해서 도시를 특성화시키고, 이를 기반으로 모든 형식의 음악산업을 증진시키는 것이다. '문학', '영화', '음악'이란 주제외의 나머지 주제영역도 도시들이 이미 가진 "강력한 역사적 배경과 문화적 배경"이다.

이런 의미에서 유럽문화수도 사업은 유럽 문화의 대표성을 선정기준으로 삼고 있다는 점에서 이미 만들어져 있는 문화를 도시 활성화의 수단으로 간주하는 문화활용 전략으로 간주하며, 유네스코 창조도시 네트워크 역시 기존에 갖추어진 문화적 역량을 참고한다는 점에서 문화 활용적 성격이 강한 문화적 도시재생 전략으로 간주한다.

2) '문화활용' 및 '문화적 활동'의 통합전략

(1) 도시 시범 프로젝트(Urban Pilot Projects: 이하 UPPs)

UPPs는 유럽의 낙후된 지역을 중심으로 공간 재생 사업에 유럽위원회의 지역 정책 분과(Regional Policy, European Commission)가 재정 지원을 하는 사업이다. 1차로 1990년부터 1993년까지, 당시 유럽연

합의 11개 회원국에서 33개 도시가 선정되었으며, 2차로 유럽연합의
14개 회원국의 503개 도시가 지원하였고, 1997년부터 26개 도시가
사업 대상으로 선정되어 1999년까지 위원회의 지원을 받았다.

도시는 오늘날 경제적 성장과 발전, 기술혁신과 공공서비스의 중심
지로서 기본적으로 지역의 경제적 발전을 지향하는 속성을 가지고 있
다. 유럽위원회는 UPPs의 목적은 "도시를 계획하고 재건할 때, 더 폭
넓은 지역사회 정책이 미치는 범위 내에서 사회적, 경제적 유대를 증
진할 수 있도록 (도시의) 혁신을 지원하는 것"5)이라고 정의하고 있다.

이 UPPs 사업은 교통혼잡과 폐기물 관리에서 노후화된 하드웨어
시설 개선과 쇠퇴한 도시의 경제를 활성화 그리고 사회적 및 문화적
인 광범위한 도시문제를 해결하기 위해 통합적인 접근방식을 채택하
고 있다. 이 사업에서 채택된 전략은 환경적, 사회적, 경제적 지원 조
치와 더불어 지속 가능한 발전을 촉진하고, 시민의 삶의 질을 증진하
기 위해 대상 지역과 인구를 명확하게 특정하는 방식으로 대상 지역
의 시민들이 참여할 수 있는 여건을 만드는 데 역점을 두고 있다.

유럽위원회는 침체한 유럽의 도시 중에서 거점 도시를 선정하여 부
수적으로 주변 도시들의 혁신을 유도하여 유럽의 총체적인 경제적 부
흥을 견인할 수 있기를 기대했다.

(2) 도시 행동 유럽(Urban Action Europe, 이하 URBACT)

유럽연합은 도시재생 시범사업인 UPPs와 더불어 '도시 행동 유럽'
프로그램을 추진하고 있다. URBACT는 2002년부터 도시재생을 위한

---

5) http://ec.europa.eu/regionalpolicy/ urban2/urban/upp/src/framel.htm: "The
Urban Pilot Programme aims to support innovation in urban regeneration and
planning within the framework of the broader Community policy for promoting
economic and social cohesion." (2021년 12월 19일자).

통합적인 도시개발을 위한 것이다. 첫 번째 프로그램인 'URBACT I'
은 2002년부터 2014년까지, 두 번째인 'URBACT II'는 2007년부터
2013년까지, 그리고 세 번째인 'URBACT III'는 2014년부터 2020년
까지 진행되었다.

URBACT는 불평등, 주택 부족, 도시 불안, 실업, 혼잡과 같은 도시
가 직면한 경제적, 사회문화적 및 환경적 문제를 지속 가능한 방식으
로 해결하기 위한 유럽연합의 도시정책 중의 하나이다. UPPs가 도시
재생을 위한 소프트웨어와 물리적 환경을 개선하기 위해 조직을 구성
하고 예산을 투입했다면, URBACT는 탄력적이고 포용적인 도시개발
을 촉진하기 위한 조직보다는 지속 가능한 유럽을 구축하기 위한 도
시정책의 필요성에 주목하고 있다. 또한, 이 프로그램은 각 도시가 도
시재생과 개발의 경험에서 학습한 것을 교류하고 좋은 관행을 교환하
면서, 기술과 노하우를 향상시켜 유럽 전역에 그 교훈을 공유하기 위
한 정책적 측면이 강하다고 할 수 있다.

URBACT는 의사결정자, 도시실무자 그리고 시민이 지역 거버넌스의
새로운 모델을 개발하는 데 도움이 될 수 있는, 'URBACT 방법(URBACT
Method)'으로 알려진, 프로세스와 도구를 개발하는데 촉매 역할을 하고
있다. 'URBACT 방법'은 '통합(Integration)', '참여(Participation)', '행동
학습(Action learning)'이라는 세 가지 핵심 원칙에 기반하고 있다.

URBACT는 지속 가능한 도시재생과 개발을 촉진하기 위한 유럽연합
의 교류 및 학습 프로그램이다. 유럽연합 28개 회원국의 각 도시가
URBACT를 통해서 도시문제에 대한 해결책을 개발하고 도시정책에
관련된 모든 이해관계자와 모범사례, 교훈 및 해결책을 공유하고 있다.

특히 URBACT III 프로그램은 유럽 도시가 공통으로 관심을 두고
있는 '연구, 기술개발 및 혁신강화', '모든 부문에서의 저탄소 경제로

의 전환지원', '환경보호 및 자원 효율성 증진', '고용촉진 및 노동의
이동성 지원', 그리고 '사회적 통합 촉진과 빈곤퇴치'와 같은 공통주
제에 초점을 두고 있고, 통합적이고 참여적인 방식으로 지속 가능한
도시정책 및 관행을 관리하여 도시의 능력을 향상시키기 위한 '정책
전달능력', 지속 가능한 전략 및 실행 계획의 설계를 개선하기 위한
'정책 설계', 통합되고 지속 가능한 도시전략 및 실행 계획의 실행을
개선하기 위한 '정책 실행', 모든 수준의 실무자와 의사 결정자가 지
식에 대한 접근성을 높이고 지속 가능한 도시개발의 모든 측면에 대
한 노하우를 공유하여 도시개발 정책을 개선하기 위한 '지식 구축 및
공유'와 같은 4가지 목표를 지향하고 있다.

　유럽위원회의 UPPs와 URBACT 사업은 낙후된 문화적 및 산업적
유산을 활용한다는 점에서 문화활용 전략으로 간주하며, 낙후된 인프
라 개선을 위해 지역민의 역량을 강화해 참여, 고용촉진, 사회통합을
유도한다는 차원에서 문화적 활동 전략으로 간주한다. 이런 의미에서
UPPs와 URBACT 사업은 문화활용과 문화적 활동을 모두 활용하는
지속가능한 발전을 도모하는 문화적 도시재생 전략이라고 할 수 있다.

5. 문화적 도시재생 사례[6)

1) 독일 드레스덴(Dresden)

　드레스덴은 독일의 작센(Sachsen)주에 속하는 도시로 작센주 정부
와 의회가 소재하고 있다. 드레스덴은 전국에서 인구 규모가 12번째

6) 문화적 도시재생 사례의 주요 내용은 서울역사편찬원 주최로 진행된 2021년 하반기
서울역사강좌 "세계도시 설명서" 중 제13강(김상원, 2021) '문화로 도시를 재생하다 -독
일과 스페인 사례를 중심으로'의 강연내용을 참조하였음.

로 약 78만 명 이상이 거주하는, 지역의 면적 규모 면에서도 베를린, 함부르크, 쾰른에 이어 4번째로 큰 도시이다.

드레스덴은 베를린, 브레멘, 노이키르헨과 함께 UPPs의 1차 사업에서 선정된 4개의 도시 중에 하나다. 드레스덴이 지원한 사업목적은 19세기에 지어진 수영장인 '노르트바트(Nordbad)'를 복원하는 것이다. 노르트바트 복원사업은 수영장으로서 역사적 가치가 충분한 기념비적인 건축물을 재건하는 사업으로 지역에 활기를 불어넣는데 기여도가 높은 사업으로 인정받았다.

드레스덴시 외곽은 70년대의 공업화 시대의 무분별한 도시팽창으로 인하여 도시 기반 시설이 제한된 빈민가가 형성되었고, 이 중 65%에 달하는 주택들이 기본 욕조 시설조차 설비되어있지 않은 낙후된 곳이었다. 그런데도 2차 세계 대전 당시 폭격을 피한 건축학적 가치를 지닌 건물들이 다수 존재하였는데 그중 하나가 '노르트바트(Nordbad)'이다.

1894년에 설립된 노르트바트는 문자 그대로 도심으로부터 북쪽(Nord)에 있는 수영장(Bad)을 의미한다. 노르트바트는 처음부터 수영장이며 동시에 러시아식 한증막이 있는 목욕탕이었다. 드레스덴에서 가장 오래된 수영장 겸 공중목욕탕이라고 할 수 있다. 2차 세계 대전 당시 큰 피해를 보지 않은 노르트바트 건물은 1950년부터 운영이 재개되었으며, 1952년에는 한 달에 24,000명의 방문자가 있을 정도로 호황이었으나, 지속적인 관리를 받지 못했으며, 1974년에 이르러 지역의 행정 명령으로 수영장이 폐쇄되고, 1975년에는 스파 부서 운영도 중단되어 1992년까지 건물은 방치되었다.

그러나 이 지역이 재개발지역으로 확정되자, 지역 주민들은 '노르트바트 복원' 사업 캠페인을 진행하였고, 1993년 드레스덴시는 지역 주민들의 의견을 수렴하여 '노르트바트 복원' 및 주변 환경 개선 정책을 시행하였다. 이때 드레스덴시는 UPPs 사업에 지원하여, 유럽위원회에서 선정한 33개 도시 중의 하나로 선정된 것이다. 드레스덴의 UPPs 사업은 '노르트바트' 복원뿐만 아니라 주변 지역 및 도시 중심부 외곽지역에 대한 도시재생 사업을 포함하고 있다.

노르트바트는 도시의 건축물 보존목록에 등재된 역사적으로 가치가 매우 높은 건축물에 해당하며, '노르트바트 복원'은 주민들에게 새로운 레저 시설을 제공하고, 사우나와 물리치료 센터를 통합하는 사업일 뿐만 아니라, 건축물 개보수 현장을 수영장에 필요한 기술적 전문성과 장인정신을 전수하는 현장 교육시설로써 활용하는 계획이 포함되어 있었다.

드레스덴시는 이 사업을 통해 역사적으로 보존 가치가 있는 건축물 재생에 필요한 전문 건축 기술을 청년 실업자들에게 전수될 수 있는 방식을 도입하였고, 이 프로젝트 자체를 시의회 출자기관이 관리하도록 설계하였다. 그 밖에 수익자 집단이 프로젝트의 설계와 실행에 참여하여 환경친화적인 건축기법에 관한 타당성 연구를 수행하였다. 그 결과 에너지 사용과 관련하여 다른 지역의 유사한 건축물 복원을 위한 모델로 전수되는 하나의 모범사례로서의 성과를 얻을 수 있었다.

또한, 노르트바트는 지역 내 1040개 건물 중 66%가 목욕이나 샤워시설이 없어 지역 주민들이 이 시설을 폭넓게 활용할 것으로 예측되었다. 당시 '노르트바트 복원' 사업이 끝나고 월 1,600명 이상의 방문객이 이용하였고, UPPs의 투자 여력에 따라 이용객의 숫자는 더 늘어날 것으로 예측되었다. 현재는 폐쇄되어 2022년 개보수를 할 예정이다.

이 사업은 '유럽지역발전기금(ERDF: European Regional Development Fund)'으로부터 전체 사업비의 약 45%에 달하는 3,500만 에퀴(ECU:

European Currency Unit: 1999년 이후 유로로 바뀜, 현재 환율 기준으로 약 470억)를 지원받았으며, 그 외의 부족한 자금은 드레스덴시, 작센주, 도시재생을 위한 독일 연방기금으로부터 받아 진행되었다.

1993년에 착공하여, 지역대학과의 협력으로 친환경기술을 도입하였으며, 1996년에 완공된 노르트바트는 단순히 역사적 공간의 복원사업이 아닌 지역의 정체성을 유지하는 동시에 지역민의 응집력을 강화하기 위한 사업이었다. 현재 12,000여 명의 지역 주민들에게 수영, 목욕, 사우나 등의 휴양시설을 제공하고 있으며 1997년 한 해 방문자만 7만 명에 달했다.

또한, 노르트바트의 개장은 실업률로 인해 지역에 대한 애착심이 떨어진 지역민들에게 일자리를 창출해 주는 한편, 그들의 모임 장소를 제공해줌으로써 지역 커뮤니티를 활성화하는 계기가 되었다. 특히 지역 주민들의 의사를 반영함으로써 지역민들의 능동적인 참여를 유도하였고, 이는 결국 도시 외곽의 지역경제와 커뮤니티 개선을 가능케 하는 동시에 정주의식을 일깨워 주는 데 큰 역할을 하였다.

드레스덴시의 '노르트바트 복원사업'의 목적은 주민복지와 지역 활성화에 있다고 할 수 있다. 지역 정체성이 반영된 19세기 건물의 복원은 지역을 재생하는데 촉매 역할을 하였다. 복원된 노르트바트는 복합 휴양시설의 기능뿐만 아니라 재교육 된 실업자들에게 일자리를 제공하는 역할도 하였다. 여기에 고용된 지역민들은 지역의 교육기관과 연계를 통해 직업교육을 받은 인력들이다. 드레스덴시 지역 재생사업에서의 핵심 요소는 기존에 갖고 있던 지역의 정체성이 반영된 역사적 건축물을 재건하고 지역의 전통을 보존하며, 주민들에게 향유가 가능하도록 유지시키는 것에 있다. 또한, 지역 인력 및 인프라를 최대한 활용하여 지역 경제 활성화와 더불어 정주의식을 일깨워 주는 역할을 했다는 것에 의의가 있다고 볼 수 있다.

UPPs 사업의 하나인 '노르트바트 복원' 사업은 오랫동안 재개발계획으로 거주민들이 위협받았던 지역에 대한 새로운 도시재생 접근방식을 수행하여, 지역 활성화는 물론이고 낙후된 주변 거주 시설의 주민들에게 혜택을 주는 복지적 성격뿐만 아니라 지역 활성화를 위한 상징적 가치가 있는 역사적 및 문화적 도시재생 사례로 간주된다.

드레스덴은 현재 48,000명의 학생과 나노기술, 광전지, 생명과학 및 생명공학과 같은 연구·개발이 있는 교육의 허브이면서, 관광, 미술 및 문화로 과거의 명성을 되찾은 유명한 도시가 되었으며, 유럽연합의 URBACT 프로그램을 추진하면서 버려진 공간, 문화유산, 공공장소 등과 같은 균형 잡힌 물리적 도시재생을 지속하면서, 경제, 환경, 도시정책의 지속 가능한 발전을 모색하고 있다.

2) 스페인 빌바오(Bilbao)

빌바오시는 스페인의 북동쪽에 있는 바스크 광역자치주에 속해있다. 바스크(Basque) 광역자치주는 알라바(Alava), 비스카야(Biscay), 기푸스코아(Gipuzkoa)와 같은 세 개 지방으로 나누어져 있으며, 그중에 빌바오는 바스크 광역자치주에서 가장 큰 비스카야 지방의 수도이고, 스페인에서 10번째로 큰 도시다.

빌바오의 눈부신 성장은 스페인 내전과 제2차 세계대전 중에도 계속되었다. 그러나 20세기 말에 들어서면서 철강 산업은 위기를 맞았으며, 1988년에 빌바오의 주력산업 중의 하나였던 조선소가 문을 닫았다. 지금도 빌바오 해양박물관에 남아 있는 카롤라(Carola) 크레인은 빌바오 조선 산업의 상징으로 남아 있다.

20세기 말에 닥쳐온 산업구조 조정은 빌바오도 피할 수 없었다. 빌바오시는 도시의 자연을 회복하고 환경 및 도시재생을 위해 1980년부터 강을 정화하기 위해 환경정비 사업을 시작했고, 1986년에 도시기본계획을 발표하였다. 당시 미국의 구겐하임 재단은 유럽에 분관을 설립하고자 했고, 구겐하임 분관을 유치하기 위해 베네치아, 잘츠부르크와 그리고 빌바오가 경쟁하였다. 이 경쟁에서 선정된 빌바오시는 1991년 구겐하임 박물관 설계를 공모하여 1997년에 개관하였다. 이제 '빌바오' 시를 생각하면 프랭크 게리(Frank Gehry)가 디자인한 구겐하임 박물관 빌바오(Guggenheim Museum Bilbao)가 연상될 정도로 유명한 도시로 부상하였다.

이 박물관은 바스크 분리주의 테러에 시달리고 있던 쇠퇴해가는 산업도시를 구출하기 위해 일종의 변형프로젝트(a transformational Project)로서 경제적 쇄신의 동인으로서 대중을 설득할 수 있는 긍정적 이미지를 창조하고, 도시의 자존감을 강화할 수 있는 상징물이 되었다.

이는 문화마케팅 차원에서 그리고 도시 브랜딩 차원에서 매우 성공적인 평가를 받고 있으며, 낙후된 도시를 프로젝트 하나로 재생시키는 효과가 필요할 때 또는 여행을 가고 싶은 충동을 표현할 때 사용하는 '빌바오 효과' 또는 '구겐하임 효과(Guggenheim Effect)'라는 용어가 생길 정도로 빌바오 구겐하임 사업은 '문화적 장소지향 전략'의 하나로 진행된 매우 유의미한 도시재생사업으로 평가되기도 한다.

구겐하임 박물관을 건축하기 전에 예상했던 방문객 수로 연간 45만 명을 예상했으나, 예상과 달리 개관했을 때 당시에 약 136만 명이 다녀갈 정도로 그 효과는 기대 이상이었다. 구겐하임 미술관의 영향으로 3년간 총 350여만 명이 빌바오를 방문하였고, 바스크 지역 국민총생산의 0.5% 규모인 4천 300억여 원의 경제유발 효과와 전체 노동인구의 약 0.5%에 해당하는 8,899명의 고용 창출효과를 보았다.

그리고 구겐하임 미술관이 건립된 아반도이바라(Abandoibarra) 지역은 컨벤션센터와 음악당이 들어서는 등 문화지구로 변모하게 되었다. 예전에는 빌바오로 가는 직항 항공노선이 없었으나, 구겐하임 박물관으로 인해 해외 항공사들이 빌바오를 경유지로 채택하면서 외국인 방문객이 20%에서 30%로 늘어났고, 빌바오는 제2의 빌바오를 희망하는 다른 도시 정치인들의 벤치마킹 대상이 되었다.

그러나 '구겐하임 효과'가 긍정적인 평가만 받는 것은 아니다. 건축비용으로만 당시 1억 3천만 유로가 소요되었고, 운영비용은 빌바오 건축비의 약 6배에 달하는 8억 유로 이상이 들고 있어 빌바오시는 물 소비세를 인상하여 그 비용을 충당하고 있다. 136만 명에 이르던 방문객들의 수는 점차 줄어들어 1919년에 약 86만 명이었고, 2020년은 코로나로 인해 전년도와 비교하면 약 45%가 줄은 약 32만 명으로 집계되고 있다.

구겐하임 박물관 효과는 고용률 측면에서도 매우 고무적이라는 평가가 있었으나, 8천 9백여 명의 고용 창출의 일부는 미술관 건립으로 새로 창출된 수요가 아닌 이전부터 존재해온 고용수요가 미술관 설립 이후 흡수된 것이며, 새로 창출된 고용수요는 대부분 미숙련, 저임금의 관광 연계 직종의 임시직으로 비노조적인 기업 성격이 강하다. 또 고메즈(M. Gomez)의 주장에 따르면, 1997년부터 3년간 고용률은 연속 하락하는 결과를 보여 주고 있다. 다시 말해 구겐하임 미술관 효과가 실업률 자체를 줄일 수는 있었으나 고용의 질 및 삶의 질 향상에 크게 기여하지 못한 것을 알 수 있다. 또, 미술관 설립 이후, 도심의 전반적 물가 상승으로 거주민들이 인접 도시로 이주하는 현상이 발생하며 일차적으로 혜택을 받아야 하는 주민이 소외되는 결과를 초래했다.

2007년을 기점으로 실업률이 상승하고 있어, 장기적인 차원에서 '구겐하임 효과'는 지속되고 있지 않은 것으로 보고되고 있다. 또한, 표면적인 경제효과에 가려져 드러나지 않고 있는 것 중의 하나는 예술 측면에서의 경제적 효과이다. 구겐하임 박물관 개관 이후에 지역의 미술관을 찾는 사람들이 많아졌고, 경매회사와 같은 예술 관련 시설이 늘어났다. 그러나 매출 부분에서는 크게 효과를 내지 못하고 있는 것으로 보고되고 있다.

랜드마크의 상징인 '구겐하임 효과'라는 명성에도 불구하고 지역민의 삶의 질에 관해서 그 효과를 감지하기 어렵다. 구겐하임 박물관의 사회적 역할에 관한 기여도 측면에서도 지역의 전통과 정체성, 상징성을 잘 반영하지 못한 것으로 평가된다. 문화적 및 예술적 기능보다는 경제적 파급효과 및 물리적 영향에 초점이 맞춰져 있다는 것을 알 수 있다.

도시재생에서 지향해야 할 지역의 특성이나 정체성을 보존하고 전파하는 사회적 역할보다는 상대적으로 소비 경향이 높은 외래 관광객을 대상으로 하는 기획전시 위주의 상업적 운영이 주가 되면서 지역사회를 대표하는 상징과 중심의 역할을 해내지 못하는 것으로 평가되기도 한다. 구겐하임 박물관 유치는 빌바오시의 성공적인 랜드마크형 도시재생 정책으로 평가되고 있으나, 실제 주민의 삶의 질을 높이기 위한 문화적 도시재생의 성과는 빌바오의 다른 도시재생 정책에서 찾아볼 수 있다.

빌바오시는 두 차례 UPPs의 지원을 받은 바 있다. UPPs 사업의 성과는 구겐하임 미술관 유치와는 대조적으로 지역사회 구성원에게 실질적인 혜택을 제공할 수 있는 결과로 구현되었다. 빌바오 UPPs의 주요 목표는 라 비에하(La Vierja) 지구, 즉 구도심 지역에 새로운 사업 및 고용 기회를 창출하는 것이었다. 이 지역의 인구는 약 15,000 명이었고, 시내 중심부에 있음에도 불구하고 물리적, 사회적, 경제적으로 고립되어 있었으며, 실업률은 30%에 달했다. 이 UPPs 사업은 지방자치 단체, 각 업계 대표, 금융 기관과 대학이 협력하여 메트로폴리탄 빌바오를 위한 전략 계획을 세웠는데, 빌바오 구도심 도시재생 사업은 그 전략 계획의 하나로서 도심에 고립된 입지에 형성된 빈민가와 개선된 도시 공간과의 연결에 중점을 둔 사업이었다.

UPPs의 사업내용은 건강, 위생 센터와 공공 교육의 개선을 포함한 교육도시 인프라를 삼각형의 꼭짓점에 물리적인 시설물을 조성하는 것이었고, 이 세 개의 장소를 매력적인 지역으로 만들어 줄 각종 편의 시설 조성을 포함하여 소프트웨어 연구소, 시립 정보 센터, 교육 공원, 공예품 센터, 도시재생 활동 교육센터를 그 안에 유치하는 것이었다.

이 프로젝트는 설립된 공공시설에서 주민들의 '자기 재활(Self Rehabilitation)'이란 차원에서의 주민교육을 포함하고 있다. 여기에서 시 교육기관은 필요한 직업 코스를 설계하고 구현하는 역할을 담당했다. 이 사례는 사업 초기에 광범위한 협력 후원을 받았고, 인근 지역에 도시재생 의지를 자극하였으며, 공공재원을 통한 정책의 효과적인 목표와 미션을 달성했다는 점에서 주목할 만하다.

구겐하임의 사례와 UPPs 도시재생 사례의 가장 큰 차이는 주민 중심과 협력에서 찾을 수 있다. 지역의 사회적 문제를 개선하기 위해 주민을 교육하고 의식을 전환하여 스스로 자생의 방안을 찾을 수 있도록 하는 점에서 선순환의 발판을 마련하게 된 것이다. 구겐하임 미술관이 지역으로부터 외부를 향한 채널이었다면, UPPs 사업은 지역 내부에 직접 영향을 미친 사업이라고 할 수 있다.

빌바오 시가 주도한 부정적 의미를 함축하고 있는 아반도이바라 문

화지구 사업과는 달리, Upps 사업의 지원을 받은 빌바오시의 '오픈
도어(Puerta Abierta)' 프로젝트는 긍정적인 시사점을 우리에게 보여
주고 있다. 이 사업은 강의 두 지류 사이에 삼각지처럼 끼어 있는 폐
탄광 지역이면서 구 탄광 철로가 가로지르고 있어 접근성이 어려운
고립된 우범지대를 오픈하기 위한 소규모 사업이다. 이 사업은 빌바
오시의 구 도심지역의 지구단위계획에서 출발한다. 이 사업은 빌바오
시의 재원과 Upps의 재정지원으로 지역 주민의 삶의 질을 개선함은
물론이고 문화지역으로서 경제적, 사회적, 문화적 가치를 고양시킨
'문화적 활동' 전략을 활용한 문화적 도시재생 사례라는 점에서 많은
시사점을 주고 있다.

3) 인천 문화적 도시재생의 단초들

문화활용과 문화적 활동으로서의 도시재생사업은 국토부에만 국한
한 것으로 볼 수 없다. 국토부의 도시재생 뉴딜사업, 문체부의 문화적
도시재생 사업, 부처간 협력사업 그리고 문화재청의 근대역사문화공
간 재생활성화 사업 등은 모두 문화적 도시재생과 관련이 있다. 문화
활용과 문화적 활동으로서의 도시재생은 물리적 환경 개선을 넘어서
협력적 거버넌스 구축, 혁신적 제도와 프로그램을 도입하고, 공동체
활성화를 기반으로 전반적인 주민의 삶의 질을 개선하는데 목표를 두
고 있는 문화적 도시재생이라고 할 수 있다.

정부 주도의 도시재생 사업들은 지자체의 다양한 행정영역에서 담
당하고 있어 어떤 특정 부서의 명칭으로 통일하기 어렵다. 인천광역
시의 경우 도시재생녹지국에서 도시재생뉴딜사업을 관리하고 있다.
또한 인천광역시는 출자기관인 인천도시공사를 설립하여 신도시 개
발은 물론이고 임대주택의 공급과 관리 그리고 그밖에 다양한 주민주

거복지, 주택건설, 도시개발, 도시재생 등 다양한 공공정책 사업을 수행하고 있다. 또한 인천광역시가 설립한 도시재생지원센터 역시 현재 인천도시공사 산하에서 다양한 도시재생사업을 관리 및 추진하고 있다.

인천광역시의 도시재생녹지국의 역할은 기초자치단체의 다양한 명칭의 담당 부서에서 담당하고 있다. 예를 들어 인천광역시 동구의 경우, 안전도시국의 도시정비과에서는 도시계획, 도시정비, 재개발사업과 주거환경개선사업을 관할하고 있고, 건축과에서는 공공주택 및 공공임대주택 그리고 소규모 주택정비사업을 담당하고 있다. 도시재생을 다루는 주 업무부서는 도시전략실이라고 할 수 있다. 도시전략실에서는 금창동 도시재생뉴딜사업, 일진전기 부지를 대상으로 한 공업지역 활성화 시범사업, 그리고 그밖에 원도심 활성화 사업과 스마트시티 조성사업을 관할하고, 관련부서와 연계된 협업사업을 발굴하고, 도시재생추진단과 도시재생 사업 추진협의회를 구성하여 운영하고 있으며, 도시재생뉴딜공모사업을 추진할 때 필요한 행정지원 등의 역할을 수행하고 있다. 동구는 송림골 도시재생 뉴딜사업, 화수정원마을 도시재생 뉴딜사업, 금창동 도시재생 뉴딜사업 등의 도시재생사업을 진행하고 있다.

인천광역시가 도시재생지원센터를 설립하여 도시재생사업을 추진하고 관리하는 것처럼 동구와 같은 기초자치단체들은 각각의 도시재생지원센터를 설립하여 운영하고 있다. 인천의 경우 10개 군구 중에 동구, 미추홀구, 계양구, 연수구, 남동구, 강화군에서 도시재생지원센터를 설립하여 운영 중이며, 그밖에 다양한 현장 중심의 '도시재생현장지원센터'들을 운영 중이다.

〈표 1〉 인천의 도시재생지원센터 및 도시재생현장지원센터 현황

센터명	유형	소재지
동구 도시재생지원센터	기초	동구
미추홀구 도시재생지원센터	기초	미추홀구
계양구 도시재생지원센터	기초	계양구
연수구 도시재생지원센터	기초	연수구
남동구 도시재생지원센터	기초	남동구
강화군 도시재생지원센터	기초	강화군
동인천역 도시재생현장지원센터	현장	동구
가좌4동 가재울 마을 도시재생현장지원센터	현장	서구
50년을 돌아온 사람의 길 인천광역시 도시재생현장지원센터	현장	서구
함박마을 도시재생현장지원센터	현장	연수구
안골마을 도시재생현장지원센터	현장	연수구
신흥·답동 도시재생현장지원센터	현장	중구
수봉마을 도시재생현장지원센터	현장	미추홀구
비룡공감 용현2동 도시재생현장지원센터	현장	미추홀구
제물포역 도시재생현장지원센터(준비중)	현장	미추홀구
효성동 도시재생 어울림 복지센터(22년 6월 예정)	현장	계양구
계양구 도시재생현장지원센터	현장	계양구
부평구 도시재생현장지원센터	현장	계양구
남동구 만부마을 도시재생현장지원센터	현장	남동구
강화읍 도시재생현장지원센터	현장	강화군
강화읍 남산마을 도시재생현장지원센터	현장	강화군
옹진군 평화의 섬 연평도 도시재생현장지원센터	현장	옹진군

　도시재생을 주관하고 있는 인천광역시, 인천도시공사, 인천광역시 도시재생지원센터, 기초자치단체의 도시재생지원센터와 현장 중심의 도시재생현장지원센터의 역할과 기능은 정부가 표방하는 「국가도시 재생 기본방침」에서 찾아볼 수 있다. '국민이 행복한 경쟁력 있는 도 시재창조'를 비전으로 상정하고, "일자리 창출 및 도시경쟁력 강화",

"삶의 질 향상 및 생활복지 구현", "쾌적하고 안전한 정주환경 조성", "지역 정체성 기반 문화 가치, 경관 회복", 그리고 "주민역량 강화 및 공동체 활성화"라는 5가지 목표를 제시하고 있다. 이 다섯 가지 목표는 우리나라에서 진행되고 있는 다양한 유형의 도시재생사업에 적용되고 있다고 볼 수 있다.

'국가도시재생 기본방침'은 도시재생에서의 주체를 주민, 지방자치단체, 국가, 민간투자자 및 기업, 도시재생기구로서의 도시재생지원센터와 같은 5개로 명시하고 있다. 여기서 주민의 역할은 지역자원을 발굴하고, 아이디어를 제안하며, 사업시행, 운영, 유지관리에 참여하고, 주민협의체를 구성하고, 각 주체들과의 협력체계를 구축해야 한다. 인천광역시, 기초자치단체, 인천도시공사의 역할은 곧 지방자치단체의 역할로 간주되며, 지방자치단체는 주민의 아이디어를 바탕으로 도시재생전략 계획과 도시재생 활성화 계획을 수립히고 추진하여야 하며, 이 과정에서 협업하고 참여주체간 이해관계와 갈등을 조정해야한다. 도시재생 주체로서의 도시재생지원센터 역시 주민교육 프로그램을 개발하고 교육을 실시하며, 도시재생 전문가를 양성하고, 파견하며 지원해야하며, 주민의 아이디어를 구현하기 위한 계획을 수립하고 지원하며, 마을 기업의 창업과 운영에 대한 컨설팅을 시행해야 한다.

그러나, '국가도시재생 기본방침'에서 추구하는 도시재생의 방침에 따라 도시재생의 주체들은 주어진 역할을 수행하는데 많은 문제를 안고 있다. 예를 들어 인천도시공사의 경우 도시재생사업의 다양한 영역 안에서 하드웨어와 관련된 부분에 특성화된 조직과 역량을 가지고 있으나, 주민교육, 마을 기업의 창업과 운영 등과 같은 소프트웨어 부분에는 한계를 갖고 있다고 할 수 있다. 도시재생센터의 경우 기초단위별 지역자원과 주민에 대해서, 그리고 도시재생현장지원센터의 경우 더욱 구체화된 기초자치단체의 세부 지역에 대한 지역자원과 주민에 대한 정보와 관계형성에 특화된 역량을 갖고 있다고 할 수 있으나, 하드웨어나, 교육과 창업, 일자리 등과 같은 소프트웨어에 대한 전반적인 영역에 특화된 역량을 갖고 있는 것으로 간주하기 어렵다.

이와 같이, 광역자치단체, 기초자치단체, 그리고 각각의 자치단체가 설립한 도시공사, 도시재생지원센터 및 도시재생현장지원센터가 갖고 있는 역량만으로 '국가도시재생 기본방침'에서와 같이 정부가 요구하는 사업내용을 충족하기 어렵다. 국토부, 문체부 그리고 부처 간 도시재생 관련 사업들은 대부분 각각의 단위 사업 내에 하드웨어, 소프트웨어, 그리고 휴먼웨어 관련 사업을 모두 포함하고 있으며, 이 모두를 한 사업에서 실현시켜야하는 방식으로 사업이 진행되고 있다. 하드웨어 역량이 특화된 기관은 당연히 하드웨어를 멋지게 구성하여 제공하지만, 그 하드웨어를 움직일 소프트웨어와 휴먼웨어를 제공하고 운영 및 유지하는 역량에는 한계를 갖고 있다. 이러한 문제는 인천에만 국한된 문제라고 볼 수 없다.

특정한 하나의 기관이나 민간이 도시재생에서 요구되는 하드웨어, 소프트웨어, 휴먼웨어를 모두 잘 할 수 있다는 것은 너무 이상적이다. 이 세 가지 역량은 지역에 있는 다양한 역량을 갖춘 기관들의 협력과 네트워크로 그 문제를 해결할 수 있다.

다행히도 인천의 경우 '인천연구시정네트워크(ICReN)'를 발족했다. 아이씨렌은 물론 도시재생에 국한된 연구네트워크는 아니다. 이 네트워크에는 출자기관으로서의 공사공단, 출연기관인 인천문화재단, 인천의료원, 인천신용보증재단, 인천테크노파크, 인천글로벌캠퍼스 운영재단, 인천여성가족재단, 인천인재평생교육진흥원, 인천사회서비스원, 인천광역시 교육청, 인천연구원 등이 결합된 네크워크이다.

최근 아이씨렌에 소속된 인천광역시, 인천광역시 교육청, 인천도시공사, 인천연구원, 인천문화재단 등이 모여 「인천 구도심의 문화적 활성화 방안」 연구를 기획하고 추진하였으며, 그 결과 유휴공간 문화재생 사업의 사례와 같이 문체부에서 추진하는 문화적 도시재생 사업에 지역문화재단이 사업기획부터 사업운영까지 참여가 증가하는 사례를 주목하고, 앞서 언급한 광역 및 기초자치단체, 인천도시공사, 인천연구원, 인천관광공사, 인천문화재단이 각각 특화된 역량별로 연계 협력하여 도시재생사업을 추진하는 방식을 도출하였다. 도시재생 사업의 준비 단계부터 추진, 운영 및 관리 단계에 이르기까지 하드웨어, 소프트웨어 및 휴먼웨어의 역할을 분담하고 협력하는 방식에 대한 내용을 담고 있다.

문화활용과 문화적 활동을 모두 요구하는 국내의 도시재생 사업은 이제 하나의 기관이 주관하는 방식으로 지속가능한 성과를 담보하기 어렵다. 인천에서의 아이씨렌과 같은 협력네트워크는 바로 도시재생 사업의 문제를 해결하기 위한 문화적 활동의 단초라고 할 수 있다. 이미 인천의 동구 도시재생지원센터와 인천문화재단은 상호 협력하여 도시재생 공모에 응모하여 선정되었으며, 각자의 특화된 역할과 기능을 분담하기 위해 논의가 진행 중이다.

6. 맺는말

'문화를 통한 도시재생' 또는 '문화적 도시재생'은 종종 예술을 통한, 또는 예술가들에 의한 도시재생의 의미로 한정되는 경우가 있다.

이러한 해석이 틀렸다고 말할 수 없으나, 이러한 도시재생 방식이 문화적 도시재생 방식의 전체 집합을 포괄하는 의미로 이해되어서는 안 된다.

‘문화적 도시재생’은 또한 이미 인간에 의해 만들어진 결과물로서의 문화를 활용하는 도시재생 방식만을 문화적 도시재생으로 간주하는 경우도 있다. 물론 이 경우 역시 ‘문화적 도시재생’의 하나로 간주될 수 있으나, 이 역시 문화적 도시재생의 전체 집합을 포괄하지 않는다.

이처럼 예술(가)에 의한 또는 결과물로서의 문화를 도구로 사용하는 도시재생 방식은 문화활용 전략이라고 할 수 있다. 반면에 기존의 문화를 활용하는 과정에서 또는 도시를 혁신하기 위해 새로운 문화를 만들어가는 과정에서 필수적인 인간의 활동은 도시를 재생하는데 필요한 ‘문화적 활동(Cultural activies)’ 전략이다.

정부는 시민들의 능동적 참여를 독려하고, 거버넌스 체계의 중요성을 강조하는 해외의 모범적인 도시재생 방법을 수용하여 기존에 생산된 문화를 활용하거나, 새로운 문화를 창출하는 문화적 활동을 유인하는 문화적 도시재생 전략을 정책에 반영하고 있다. 그러나 ‘문화활용’ 전략은 문화적 도시재생으로 간주되나, ‘문화적 활동’ 전략은 문화적 도시재생으로 간주하지 않는다.

낙후된 지역을 재생하기 위해 지자체별로 다양한 아이디어에 기반한 도시재생 사업을 계획하고 실행할 때, 해당 주제나 방향의 옳고 그름을 말하기보다는, 사업계획을 수립하고 사업을 실행할 때 나타날 수 있는 오류와 한계를 극복하기 위해 경험을 공유하고 실패를 반복하지 않는 네트워크 체계와 조직을 고민해야 한다.

‘문화’는 ‘사람에 의한 것’이고, 사람에 의해 만들어진 것은 가치를 가지며, 그 가치는 상대적이다. 가치 선택에 있어 어떤 가치가 보편적

인 가치인가, 즉 가능한 다수에게 필요한 가치인가를 고민할 필요가
있다.

　우리에게 아직 부족한 것은 도시재생 계획과 실행이 스스로 완벽할
수 없다는 사실을 인정하지 않는 것이다. 해외사례에서 살펴보았듯이
우리가 주목해야 할 것은 실패와 한계 그리고 문제해결에 대한 경험
과 노하우를 교환하기 위한 노력이라고 할 수 있다. 지속 가능한 방식
으로서 시민들의 참여는 기본이고, 경제적 가치를 견인하기 위한 직
업교육과 알선, 그리고 도시재생사업이 도시의 문제를 통합적인 연계
시행을 위한 도시 내외의 다양한 요소들과 연결되어 있다는 점, 그리
고 '누구를 위한 도시재생인가?'라는 질문에 대한 답변으로써 구체적
인 타겟 설정과 사업시행의 구체적인 기대효과에 대한 설정에 주목할
필요가 있다. 이 모든 과정을 만들어가는 것 자체가 '문화'이며, '문화
적 도시재생'이다.

환경과 도시재생: '그린 뉴딜' 정책

김상원

1. 들어가는 말

'뉴딜(New Deal)'은 카드게임에서 사용되는 용어로 '재혼합'하여 '재분배'한다는 의미가 있다. '그린 뉴딜(Green New Deal)'은 1929년에 시작된 글로벌 경제위기에 대응하기 위하여 미국의 루스벨트 정부가 만든 '뉴딜'이란 용어에서 차용된 것이다. '새로운 출발'의 의미로 2007년 뉴욕타임스에 실린 토머스 프리드먼(Thomas L. Friedman)의 두 편의 기사에서 처음 등장한 이 용어는 2008년 7월 21일 「그린 뉴딜 보고서(A Green New Deal)」를 발표한 영국의 '그린 뉴딜 그룹(the green new deal group)'[1]에 의해 채택되어 각국의 환경계획과 관련된 정책

---

1) '그린 뉴딜 그룹'은 현재 10명의 회원으로 구성되어 있다. 래리 엘리엇(Larry Elliott)은 케임브리지 피츠윌리엄 대학에서 공부하였고, 가디언 잡지에서 1998년부터 10년 이상 경제면 편집자로 일하고 있다. 콜린 하이네스(Colin Hines)는 '그린 뉴딜 그룹'의 공동 창립자로 영국 녹색당의 고문으로 활동했고, 원자력 반대 운동을 한 경력을 갖고 있으며, 현재 '그린 뉴딜 그룹'을 소집하는 일을 하고 있다. 제르미 레겟(Jerrmy Leggett)은 사회적 기업을 운영하고 있으며, 작가이다. 그는 세계에서 가장 존경받는 태양에너지 기업 중 하나이자 혁신 기업에 대한 '퀸즈 어워드(Queen's Award)'를 수상한 솔라 센츄리(Solar Century) 수익으로 설립된 자선 단체인 '솔라 에이드(Solar Aid)'의 설립자이자 의장이다. 그는 '신에너지대회(New Energy Awards)'에서 올해의 기업가로 선정되었고, 기후 변화에 대한 국제 리더십 부문에서 최초로 '힐러리(Hillary)'상을 받았다. 클라이브 루이스(Clive Lewis)는 2015년 5월 영국 노리치 사우스(Norwich South)의

용어로, 산업사회의 생태적 전환을 유도하기 위한 개념으로 사용되고
있다.

'그린 뉴딜'은 2018년부터 미국의 민주당에 의해 정책으로 수용되
었으며, 유럽은 2019년 유럽위원회의 대표인 우어줄라 폰 데어 라이
엔(Ursula von der Leyen)에 의해 유럽연합의 시민들과 경제에 도움이
되는 지속 가능한 생태학적 변화를 유도하기 위한 '유럽을 위한 녹색
협정(Green Pact for Europe)'으로 시작되었다. 유럽연합은 2019년 선
거 슬로건으로 '그린 뉴딜'을 내세우기 시작하였고, 새로 선출된 유럽
위원회는 '유럽 그린 뉴딜'이란 정책을 발표하고 2050년까지 탄소배
출 제로라는 목표를 제시하였다.

노동당 하원으로 선출되었고, 의원이 되기 전에 그는 전국 학생연합(National Union
of Students)의 부회장이자, BBC TV의 정치기자로 활동했으며, 육군 보병장교로 2009
년에 아프가니스탄에서 복무한 바 있다. 그는 '기후 및 에너지 변화'의 장관, 국방 차관,
비즈니스·에너지 및 산업 전략 차관을 역임한 바 있다. 현재 재부부 차관으로 환경경제
학과 지속가능한 금융에 관한 일을 맡고 있으며, 2019년 3월에 탈탄소화 및 경제 전략
법안으로 알려진 '그린 뉴딜' 법안을 처음으로 상정한 바 있다. 캐롤라인 루카스
(Caroline Lucas)는 영국 녹색당의 첫 번째 MP였다. 그녀는 당 대표와 공동대표를 역임
했으며, 기후 변화에 관한 의회 그룹의 의장, 연료, 빈곤에 관한 그룹의 공동의장, 그리고
동물복지, 공공 및 상업 서비스 및 지속가능한 주택 의회 그룹의 부의장으로 활동하고
있다. 2019년 3월에 그녀는 '그린 뉴딜' 법안을 클라이브 루이스와 함께 상정한 바 있다.
리차드 머피(Richard Murphy)는 공인회계사로 2015년부터 런던대학교 국제정치경제
학 교수로 재직 중이다. 그는 약 20여년간 세금, 환경 및 정치경제 문제에 대한 캠페인을
벌였으며, 2019년 11월부터 회계법인(Corporate Accountability Network)의 대표로
활동하고 있다. 앤 페티퍼(Ann Pettifor)는 첫 번째 금융위기를 예측한 인물로 알려져
있다. 2003년에 뉴 이코노믹 재단의 편집부에서 일한 바 있으며, 현재 그녀는 '진보
경제 포럼(Progressive Economy Forum)'의 이사로 활동하고 있다. 앤드류 심즈
(Andrew Simms)는 작가이자 정치경제학자이고 운동가이다. 그는 생태학적 수단 이상
으로 살기 시작하는 해를 의미하는 'Earth Overshoot Day'를 고안하고 주요 쇼핑지역이
대형 체인점에 의해 지배되어 다른 도심지와 구별되지 않고 균질화된다는 의미의 'Clone
Towns'라는 용어를 만든 인물로 알려져 있다. 마지막 열 번째 인물인 제프 틸리(Geoff
Tily)는 2014년 8월에 시니어 이코노미스트로서 합류했으며, 25년 동안 정부 통계 및
경제 서비스 위원으로 일한 바 있다. 최근에는 재무부의 거시경제 고문으로 활동하였다
(참조, https://greennewdealgroup.org/about-the-group/).

'그린 뉴딜' 정책은 단순한 환경정책에만 국한하지 않는다. 오늘날 기후 변화와 관련한 환경적 영향과 관련된 문제는 정치, 경제, 사회, 문화 등 전방위적인 분야에서의 변화를 요구하고 있다. 기후 위기를 극복하고 녹색경제를 기반으로 국가와 지역의 지속 가능한 개발을 공동으로 모색하는 것은 이제 피할 수 없는 과제가 되었다.

도시의 미래는 도시와 관련한 다양한 주제에 대한 전반적인 재고를 통해서 주요 변화에 적응하는 방법을 모색하는 것과 관계가 있다. 도시재생 뉴딜 정책은 쇠퇴한 도시기능을 회복하여 지속가능한 발전이 가능한 구조로 변화를 촉진하는 정책으로서 도시의 자연적 또는 인위적 취약점으로부터 도시를 보호할 수 있는 근본적인 문제를 해결하는 방안을 포함하고 있어야 한다. 이런 의미에서 도시재생은 환경적 비상 상황으로부터 도시를 보호하고, 도시 생활의 질을 개선하고 오염과 싸우기 위한 생태적 자원을 보호하고 활용하는 방법, 그리고 사회적 결속과 지역의 정체성 확보를 위한 장치로써 개입할 방안이 고려되어야 한다.

본 장에서는 '그린 뉴딜'의 의미와 의의를 살펴보고, 관련 분야에 대한 개관을 다룬다. 특히 미국과 유럽위원회에서 진행 중인 '그린 뉴딜' 정책과 사업을 살펴보고, 한국에서의 '그린 뉴딜' 정책과 사업을 살펴볼 것이다. 또한 도시재생과 관련된 '그린 뉴딜' 정책과 사업을 살펴보고 도시재생에서의 '그린 뉴딜' 정책과의 연관성을 살펴보게 될 것이다.

2. '그린 뉴딜'의 의미

'그린 뉴딜'은 '그린'과 '뉴딜'의 합성어로 저탄소사회를 지향하는 '그린'과 정부의 재정투자로 구조의 전환을 추구하는 '뉴딜'이 합쳐진 표현으로 코로나19 경제위기와 기후 변화 극복을 위한 저탄소사회 경제로의 전환정책을 의미한다.

'그린 뉴딜'개념은 2007년에 영국의 경제, 환경 및 에너지 전문가로 구성된 '그린 뉴딜 그룹'이 제안하면서 처음 알려졌고, 같은 해에 미국 뉴욕타임스 칼럼니스트인 토머스 프리드먼이 그의 저서 '코드 그린(Hot, Flat, and Crowded: Why we need a green revolution)'을 통해 대중화되기 시작했다. 그는 이 책의 제목인 첫 번째 키워드인 '뜨거움(Hot)'은 지구온난화를 의미한다. 무분별한 벌목, 가축의 대규모 방목, 산업화로 인한 자연의 훼손과 이산화탄소 배출 에너지의 대규모 증가로 인해 지구 온난화가 진행되고 있다는 것을 의미하고, 두 번째 키워드인 '평평함(Flat)'은 정보 커뮤니케이션 기술의 혁신으로 국가 간 장벽이 무너지고, 세계의 자본주의 경쟁을 심화시키는 결과를 초래한 결과의 산물을 의미한다. 자본주의는 중국과 인도에서 2억 명 이상의 사람들이 빈곤을 벗어나게 하는데 기여하였고, 18억 명 이상의 사람들이 빈곤에서 벗어나게 하는데 기여한 것으로 평가되고 있다. 자본주의화가 더 가속화되면서 생산과 유통에서의 혁신은 무분별한 소비를 촉발하는 원인으로 작동하고, 비효율적인 소비는 자연을 훼손하고 기후를 변화시켜, 결국 인간 멸종으로 다가가게 될 것으로 경고하고 있다. 그리고 그의 세 번째 키워드인 '혼잡(Crowded)'은 도시화로 인한 인구증가를 의미한다. 의료서비스의 발달과 경제 발전은 도시의 인구증가를 야기시키고, 이러한 인구의 치우침 현상은 도시에 필요한 물, 에너지, 공공서비스 등에 대한 요구를 충족시키지 못할 것 이라고 경고하고 있다.

2018년, '기후 변화에 관한 정부 간 패널(The Intergovernmental Panel on Climate Change: IPCC)'의 '1.5℃ 특별 보고서(Global Warming of 1.5℃)'가 발표되면서 기후 위기와 경제위기를 동시에 타개할 수 있는 대안으로 '그린 뉴딜'에 대한 관심이 급증했고, 코로나19가 전 세계로 확산한 이후 '포스트 코로나 시대'의 중요한 정책으로 주목받기 시작했다(Myles et al., 2018).

이 보고서는 정책입안자가 숙지해야 할 네 가지 연구 결과를 제시하고 있다. 첫째는 1.5℃의 지구온난화에 대한 이해가 필요하다고 제시하고 있다. 인간의 활동은 산업화 이전 수준보다 약 1.0℃의 지구온난화를 유발한 것으로 추정하면서, 지구온난화가 현재와 같은 속도로 증가하면 2030년과 2052년 사이에 1.5℃에 도달할 가능성이 있다고 주장하고 있다. 두 번째는 예상되는 기후 변화와 이로 인한 잠재적 영향 및 관련 위험 요소를 제시하고 있다. 기후모델은 현재와 1.5℃ 사이, 그리고 1.5℃와 2℃ 사이의 지구온난화와 지역의 기후 특성의 7가지 차이를 예측하여 제시하고 있다. 육지 대부분과 해양 지역의 평균기온이 상승하고, 대부분 거주지역이 고온으로 상승하게 되며, 여러 지역에 폭우가 발생하게 되고, 일부 지역은 가뭄과 강수량이 부족할 확률이 높을 것으로 예측하고 있다. 세 번째로 1.5℃ 상태의 지구온난화와 일치하는 배출경로와 시스템 전환에 대해서 제시하고 있다. 지금부터 1.5℃ 이상의 오버슈트가 없거나 제한되는 상황이라면, 2030년까지 인위적인 CO_2 배출량은 2010년 수준에서 약 45% 감소하게 되어 2050년에 제로에 도달한다고 제시하고 있다. 지구온난화를 2℃ 이하로 제한하기 위해 CO_2 배출량은 2030년까지 대부분의 경로에서 약 25% 감소하며, 2070년에는 완전 제로(Non Zero)에 도달할 것으로 예상하고 있다. 오버슈트를 없애거나 제한적으로 지구온난화를 1.5°C로 제한하는 경로는 에너지, 토지, 도시 및 기반시설(운송 및 건물 포함), 산업 시스템에서 빠르고 광범위하게 전환시켜야 한다. 이러한 시스템 전환은 규모 면에서 볼 때 전례가 없는 정도로 크지만, 속도 면에서 볼 때 빠르다고 볼 수 없다. 광범위하고 큰 규모로 시스템을 전환하기 위해서는 투자규모가 매우 클 것으로 예상하고 있다. 따라서 정부의 개입을 의미하는 뉴딜이 필요한 것이다. 마지막 네 번째 방향은 지속 가능한 개발과 빈곤퇴치를 위한 노력이라는 차원에서의 글로벌 대응을 강화해야 한다고 제시하고 있다. 지구온난화가 2°C가 아닌 1.5°C로 제한된다면, 그리고 경감과 적응이란 동반상승 효과를 극대화할 수 있다면, 기후변화가 지속 가능한 개발, 빈곤퇴치 및 불평등 감소에 미치는 영향은 더 클 것이라고 밝히고 있다.

최근 당면하고 있는 코로나 위기는 인간의 무차별적인 환경파괴와 관련이 있다고 보는 견해가 지배적이다. 코로나19를 비롯해 대규모 감염병 등 기후 생태 문제를 초래하는 고탄소 경제사회 시스템에 대한 자성의 목소리가 커지고 있다.

코로나19 대유행의 충격으로 세계 경기침체 위기 및 고용 위축 장기화도 우려되는 상황으로, IMF는 2020년 4월 전 세계적으로 마이너스 3%의 역성장을 전망하고 있으며, 이와 같은 유례없는 경제위기에 대응하고 많은 일자리를 만들기 위해서는 대규모 재정투자 등 강력한 정책적 뒷받침이 필요하다고 강조하고 있다. 따라서 인류의 생존을 위협하는 환경 위기에 대응할 수 있는 선제적 전략으로서 시급한 정부 개입에 의한 '그린 뉴딜'이 필요한 상황이다. 세계 주요 선진국들은 이미 온실가스의 양을 추가하지 않는 것을 의미하는 '넷 제로(Net zero)'를 선언하는 등 기후 위기 대응 노력을 강화하고 있다. 여기서 '넷 제로'가 모든 탄소 배출량을 '0'으로 줄일 수 있다는 것이 아니라, 남아있는 배출량을 보상하거나 나무를 심는 것과 같은 방식으로 상쇄해야 하는 것을 의미한다.

개인이나 국가에 '넷 제로'는 쉽지 않은 목표이다. 개인이 넷 제로에 도달하려면 화석 연료에서 재생에너지로 전력 사용방식을 전환하고, 휘발유나 디젤 차량보다는 전기와 수소 차량을 선택해야 할 것이다. 국가의 입장에서 철강산업과 같은 에너지 집약적인 산업을 폐쇄한다면 탄소 배출량을 줄일 수 있지만, 철강은 필요하다. 그러나 철강생산 국가로부터 철강을 수입한다면, 수입국은 온실가스 총량을 줄이는 대신, 수출국에 탄소 배출량을 전가하는 방식으로 상쇄할 수 있다.

3. '그린 뉴딜'의 목표: '넷 제로(Net Zero)'

1) '넷 제로'의 의미

유럽연합은 유럽의회(European Parliament)가 승인한 2019년 12월 파리 협정에 따라 기후중립(Climate-neutral)을 2050년까지 도달하겠다는 장기 목표를 제시하고 있다. 그 목표는 전력 부문에서 산업, 자동차, 건물, 농업과 임업에 이르기까지 사회 및 경제 영역의 모든 부분에서 온실가스 배출량이 제로를 달성하는 것이다. 유럽위원회(European Commission)의 '유럽연합 행동(EU Action)'을 위한 '2050 장기 전략(2050 long-term strategy)'을 제시하고 있다. 이 전략은 2050년까지 현실적으로 필요한 기술에 투자하고, 시민에게 권한을 부여하여 산업정책, 금융 및 연구와 같은 중요한 영역에서 탄소배출 제로를 위해 유럽의 행동을 조정하고 공정한 녹색경제로의 패러다임 전환을 위한 사회적 공정성을 보장하는 데 초점을 두고 있다.

유럽위원회가 추진하고 있는 '넷 제로 온실가스 배출 경제(an economy with net-zero greenhouse gas emissions)'를 실현하기 위해 세계자원연구소(World Resources Institute: WRI)는 8가지 질문과 답변으로 그 비전을 제시하고 있다(Kelly et al., 2019).

① '넷 제로'에 도달한다는 것은 무엇을 의미하는가?

'넷 제로' 배출은 인간이 방출하는 모든 온실가스가 탄소를 제거하는 과정에서 제거됨으로써 균형을 이룰 때 달성된다는 것을 의미한다. 화석연료 차량과 공장에서 배출되는 탄소는 가능한 한 제로에 가깝게 감소되어야 하며, 나머지 온실가스는 산림복원이나 공기 포집이나 저장 기술을 통해 탄소가 줄어드는 양과 동등하게 균형을 이루어야 한다. '넷 제로' 배출에 도달한다는 것은 '기후중립'에 달성하는 것과 유사하다고 할 수 있다.

② '넷 제로'는 언제까지 도달해야 하는가?

온난화를 1.5°C로 제한하는 '넷 제로' 시나리오에서 CO_2는 2044년에서 2052년 사이에 도달해야 하고, 총 온실가스 배출량은 2063년에서 2068년 사이에 도달해야 한다. 만약 목표의 초반에 '넷 제로'에 도달하면 일시적으로 1.5°C를 초과한다고 할지라도 초과했을 때의 위험을 피할 수 있다. 왜냐하면, 1.5℃ 이상의 온도가 일정 기간 유지하다가 결국에는 내려가기 때문이다. 온난화를 2℃로 제한하는 '넷 제로' 시나리오에서 이산화탄소는 2070년까지 '넷 제로'에 도달해야 한다. 그렇게 된다면 총 온실가스 배출량은 세기말이나 그 이후까지 '넷 제로'에 도달해야만 한다.

　IPCC의 '1.5℃ 특별 보고서'는 세계가 2040년까지 '넷 제로' 탄소배출에 도달한다면 1.5℃로 유지하게 되어 온난화를 방지할 가능성이 크다고 밝히고 있다. 그렇다고 모든 국가가 동시에 '넷 제로'에 도달해야 한다는 것은 아니다. 과거에 이미 탄소를 배출한 것에 대한 책임과 일인 당 배출량을 줄일 수 있는 능력을 포함해서 국가 간의 형평성을 고려한다면, 배출량이 많은 선진국부터 먼저 '넷 제로'에 도달하는 일정을 앞당겨야 한다고 제안하고 있다. '넷 제로'에 도달하는 시간은 이산화탄소 배출만을 목표로 하는 것과 이산화탄소를 포함해서 메탄, 아산화질소와 불소화 가스와 같은 기타 온실가스 배출만을 목표로 하는 것과 다를 수 있다. 따라서 국가가 '넷 제로' 목표가 이산화탄소만 포함할지, 아니면 모든 온실가스를 포함할지 결정하는 것은 매우 중요하다고 할 수 있다. 그러나 '넷 제로' 목표는 모든 온실가스를 포함하고 더불어 이산화탄소를 감축해야 한다.

　③ '넷 제로'를 달성하려면 어떻게 해야 하는가?

　WRI는 '넷 제로' 목표에 도달하려면 정책, 기술 그리고 실천 역시 전반적으로 작동되어야 한다고 밝히고 있다. 예를 들어 1.5℃까지 온도가 상승하는 과정에서 재생에너지는 2050년까지 전기의 70%에서 85%까지 공급할 수 있을 것으로 예상하고 있다. 에너지 효율과 연료를 전환하는 조치는 운송에서 매우 중요하다. 그리고 식량 생산의 효율성을 개선하고, 식생활 방식을 바꾸며, 삼림 벌채를 중단하고, 황폐한 토지를 복원하고, 식량 낭비와 폐기물을 줄이는 것 역시 탄소배출을 감소시키는데 기여할 수 있다. WRI는 온실가스 배출을 줄이는데 필요한 10가지 해결책을 제시하고 있다.

〈그림 1〉 온실가스를 줄이는데 필요한 10가지 해결책

첫 번째 해결책은 석탄발전소의 단계적 폐쇄이고, 두 번째는, 청정
에너지와 효율성에 대한 투자이고, 셋째는, 건물의 리모델링, 넷째
는, 시멘트, 철강 그리고 플라스틱에서의 탄소 제거, 다섯째는, 전기
차로의 전환, 여섯 번째는, 대중교통 확대, 일곱 번째는, 항공과 해운
에서의 탄소 제거, 여덟 번째는, 삼림 벌채 중단과 황폐한 토지 복원,
아홉 번째는, 음식물 손실과 낭비를 줄이기, 그리고 마지막 열 번째는
고기 소비를 줄이고 채식을 하는 것이다.

④ 세계는 '넷 제로'에 도달하는 단계에 진입했는가?

WRI는 '기후행동(Climate Action)'의 장점에도 불구하고 세계가 세기 중반까지 제로에 도달하거나 2030년까지 필요한 배출량 감소를 충족시키기에는 속도가 너무 느리게 진행되고 있으며, 어떤 경우에는 배출량이 더 악화된 경우도 있다고 보고 있다. 재생에너지 분야의 발전이 가속화됨에도 불구하고 2030년과 2050년 목표를 달성하려면 그 속도를 다섯 배 높여야 한다고 말한다. 예를 들어 주거용 및 상업용 건물의 현재 리모델링 비율은 연평균 1%에서 2%지만, 2030년까지 연간 2.5%에서 3.5%에 도달해야 하며, 삼림 벌채를 획기적으로 줄이고, 숲을 확보하기 위한 속도를 다섯 배 더 빠르게 증가시켜야 한다.

⑤ 얼마나 많은 국가가 '넷 제로' 목표를 가지고 있는가?

부탄은 2015년에 '넷 제로' 목표를 설정한 최초의 국가였다. 유럽연합, 미국, 중국과 같은 주요 경제국이 '넷 제로' 목표를 설정하고 있고, 현재 전 세계 배출량의 절반 이상을 차지하는 50개 이상의 국가에서 '넷 제로' 목표를 설정하고 있다.

⑥ 세계의 각 국가는 2030년까지 배출가스 감축 목표에 맞춰야 하는 이유와 방법을 제시하고 있는가?

각 국가는 '넷 제로'에 도달하기 위하여 장기적인 목표를 세우고 단기적인 행동을 추구해야 한다. 이렇게 해야 각 국가는 탄소 집약적이고 비탄력적인 인프라와 기술에 종속되는 것을 방지할 수 있으며, 추후에 녹색 인프라에 투자하고 일관된 정책을 설계하고, 민간의 '기후행동' 영역에 투자하라는 신호를 보내어 장단기적인 비용을 절감할 수 있다. 파리 협정에 따라 각 국가는 기후 계획을 5년마다 제출하기로 되어있다. '국가결정기여(a nationally determined contributions: NCD)'라는 기후계획은 단기적 및 장기적 목표를 일치시키려는 중요한 도구로 간주된다. 국가의 장기 비전에 대한 정보를 얻을 때 이 문서는 정부의 중기 목표를 실현하는데 필요한 정책, 신호, 목표 그리고 기타 개선 전략을 단기적으로 실현할 때 도움이 될 수 있다. '넷 제로' 목표를 가진 국가들은 그 목표를 다른 법률과 정책문서를 통해 표현하고 있으나, 최근에는 여러 국가가 단기 NCD에 통합하고 있다.

⑦ 파리 협정은 국가들이 '넷 제로' 배출을 달성하도록 약속하는가?

파리 협정은 '넷 제로' 배출 달성을 위한 글로벌 목표를 설정하고 있지만, 국가별로 그 목표를 달성해야 하는 것은 아직 미해결 상태로 남아있다. 그러나 정부가 배출량을 급격히 줄이기 위한 계획을 제시하고, '넷 제로' 배출량에 도달하기 위한 노력을 강화할 것을 약속하고 있다.

⑧ '넷 제로' 목표는 온실가스의 한 유형인가?

이 질문에 대답은 '아니다'이다. '넷 제로' 목표는 정부와 기업의 참여를 견인하는데 기여하지만, 한편으로 그에 대한 회의적인 시각이 존재한다. '넷 제로'의 목표인 '넷(net)'이라는 표현은 빠르게 배출량을 줄이려는 노력을 위축시킬 수 있다는 견해가 있다. '넷(순)'이란 표현은 이산화탄소 제거에 대한 의존성을 조장하여, 정책 결정자들이 단기적으로 배출감소를 회피하기 위한 '넷 제로' 목표를 사용할 수도 있다고 비평가들은 우려한다. 이런 우려를 불식시키기 위해서 의사결정자는 장기적인 '넷 감소' 목표와 함께 절대 감소 목표를 설정하여 이러한 우려를 해결할 수 있다. 또한 일부 국가의 '넷 제로' 목표는 배출량 감소 구매에 의존하게 되어 자국의 범주 내에서 감소를 지연시킬 수 있다는 견해가 있다. 이것은 자국의 목표를 위해 다른 국가의 배출량 감소에 투자하거나 비용을 지불하는 '넷 제로' 목표를 설정하고 있어, 정부 지도자들이 장기적으로 배출량을 줄이기 위한 수단으로 이러한 전략을 사용할 수 있다는 우려가 있다. 이를 방지하려면, 배출량 감소 목표를 설정함으로써 이러한 우려를 해결할 수 있다. 그리고 2050년까지의 '넷 제로' 목표가 시간상으로 매우 멀게 느껴질 수 있다. 현재의 인프라는 수십년간 지속될 수 있어 세기 중반의 목표에 큰 영향을 미칠 수 있다. 의사결정자는 NDC의 일부로 2030년까지의 배출 감축 목표를 설정하고, '넷 제로' 배출에 대한 단기 및 중기 이정표를 수립함으로써 문제를 해결할 수 있다.

2) 국가별 '넷 제로' 동향

(1) 미국

해외에서 '그린 뉴딜' 정책을 처음 추진한 국가는 미국이다. 부시 정부 말기인 2008년 9월에 시작된 세계 금융위기를 극복하고, 동시에 기후 위기에 대응하기 위해 오바마 대통령은 '그린 뉴딜' 정책을 대선공약으로 제시하였고, 당선 직후 2009년부터 2017년까지 '그린 뉴딜' 정책을 추진했다. 집권 후 기후 변화 관련 입법을 몇 차례 추진하였으나 모두 실패해 연방정부 차원의 기후변화법이 부재한 악조건 속에서 오바마 정부는 의회의 입법 절차 없이 대통령 권한으로 진행할 수 있는 다양한 정책 이행 수단[2]을 활용하여 '그린 뉴딜'을 적극적

---

2) 미국 행정부의 대통령 권한 정책 이행 수단에는 ①법규명령(regulation), ②집행명령(executive orders), ③대통령 선언(presidential proclamations), ④대통령 메모(presidential memoranda), ⑤입법 제안을 위한 행정요청(recommending legislation:

으로 추진하였다.

이후 트럼프 정부는 기후 위기를 부정하고 신기후체제에서 탈퇴하였고, 석탄산업을 다시 활성화하는 등 오바마 정부의 '그린 뉴딜'과 역행하는 정책을 추진했다. 그러나 2019년 미국의 2대 도시인 뉴욕과 로스앤젤레스에서 '그린 뉴딜' 정책을 수립해 지자체 차원에서 자체적으로 추진한 바 있다.

오바마 정부는 미국의 경기회복과 재투자를 위한 경기부양책으로써 '그린 뉴딜' 정책을 추진하는 과정에서, 오바마 대통령과 당시 바이든 부대통령이 공동으로 수립한 '미국을 위한 신에너지 종합계획(New Energy for America plan)'을 통해서 '그린 뉴딜' 정책을 추진했다. 이 정책의 주요 골자는 재정적으로 어려운 서민에게 단기 재정지원금을 제공하고, 민간 영역에서 미래의 청정에너지 산업의 토대를 마련하기 위해 10년간 1,500억 달러를 전략적으로 투자하여 500만 개의 새로운 일자리를 창출하고, 10년 이내에 중동 및 베네수엘라로부터 수입되는 원유보다 더 많은 양의 원유를 절약하여, 2015년까지 갤런 당 150 마일(63.8㎞/L)까지 주행 가능한 미국산 플러그인 하이브리드 자동차 100만 대를 보급하는 것과 전체 발전량 중 재생에너지 발전 비중이 2012년까지 10%, 2025년까지 25%가 되도록 추진하고, 경제 전반에 탄소배출권 거래를 시행하여 2050년까지 온실가스 배출량을 80% 절감하는 것이다.

오바마 정부는 '그린 뉴딜' 정책을 발표한 뒤에 '미국 경제회복 및 재투자법(American Recovery and Reinvestment Act of 2009)'[3]을 2009

---

executive communication), ⑥의회 특별소집(calling Congress into special session), ⑦거부권(veto power), ⑧조약체결(power to execute treaties), ⑨국가안보 명령(national security directives), ⑩국가수반 혹은 정당의 수장으로서 영향력 행사 등이 있다(박시원, 2015: 212).

년 2월에 입법화하여 700억 달러에 이르는 청정에너지와 교통수단에 대한 직접 지출 및 세액공제를 추진하였다(유현정, 2009). 이 법은 지능형 전력망(smart grid)을 위해 110억 달러, 신재생 에너지 프로젝트 보조금 대출로 60억 달러, 에너지 효율성 및 청정에너지 보조금으로 63억 달러, 중산층 가정의 내후성 제고를 위해 50억 달러, 연방정부 건물 에너지 효율화를 위해 45억 달러, 전기 자동차용 고성능 배터리 보조금으로 20억 달러, 대중교통을 위해 84억 달러, 고속철 건설 목적으로 93억 달러, 신재생 에너지, 플러그인 하이브리드카 및 에너지 효율성 세금 우대와 세액공제 목적으로 200억 달러를 지원하는 내용을 포함하고 있다.

오바마 정부와 민주당은 기후 변화에 대응하기 위해 '미국 청정에너지 안보법(American Clean Energy and Security Act of 2009, ACESA)'을 상정하여 2009년 6월 26일에 가결하였다. 이 법률을 통해서 녹색성장과 녹색고용, 온실가스 감축과 탄소배출권 거래를 통한 청정에너지 경제의 달성 및 기후 변화 대응에 필요한 내용을 제도화하였다. 또한, 2009년을 기준으로 2020년까지 온실가스 배출량 17% 감소 목표, 2050년 83% 온실가스 감축 목표를 설정하였으며, 재생가능 에너지 확대, 에너지 효율 향상, 연비 강화, 건물 에너지절감, 총량 제한 배출권 거래제 도입 등의 규제와 장치를 마련하였다.

---

3) 법안 원문: https://www.congress.gov/bill/111th-congress/house-bill/1/text

〈표 9〉 미국 청정에너지 안보법의 주요 내용

구분	주요내용
청정에너지 사용 확대	신재생 전기 의무할당제(RES) 신재생 전기 공급의무 면제권(RECs) '저탄소 연료 기준 프로그램 시행' 전력 회사들은 플러그인 하이브리드 자동차(PHEVs)와 순수 전기자동차(EVs)의 사용을 촉진할 수 있는 인프라 구축계획 수립 스마트 그리드 확산정책
에너지 효율 향상	국가시범 빌딩에너지 절약법규를 3년마다 한 번씩 업데이트(업데이트 때 에너지절감 목표는 기준 연도보다 30% 상향 조정되어야 하며, 2016년부터는 50% 상향 조정되어야 함) 에너지·환경성과를 위한 구식설비 개조 프로그램 각종 차량에 대한 온실가스 배출기준 수립 산업공장 에너지 효율 기준 수립
온실가스 감축	온실가스 배출 등록소 개설 총량 제한 배출권 거래제도 상쇄 프로그램
청정에너지 경제로의 전환	기업의 비용 보상을 위해 리베이트 제공 수입 연계 배출권 구매 의무화

자료: 이정찬 외(2020), 68쪽, 표 4-1.

오바마 정부의 '그린 뉴딜' 정책의 첫 번째 효과는 일자리 창출이다. 오바마 정권 동안 약 11,651,000개의 일자리가 창출되었고 직원 채용(job opening)은 97%로 증가하였으며, 실업률은 4.8% 감소하였다(Jackson, 2018: 이정찬 외에서 재인용). 그러나 이 성과가 '그린 뉴딜'에 기인한 것인지에 대한 근거는 분명치 않다. 다만, 2017년 기준 석탄 연소 기술 관련 산업의 고용인력은 9만 명인 데 비해 저탄소 배출 기술 및 에너지 효율 산업 고용인력은 각각 80만 명과 225만 명으로 급성장하였고, 특히 태양광 일자리는 지난 7년간 168% 성장하였으며 풍력발전 터빈 기술자는 가장 빨리 증가하는 직업 중 하나로 밝혀져, 일자리 창출에 대한 '그린 뉴딜'의 인과성을 유추해볼 수 있다(Carlock

& Mangan, 2018). 이와 더불어 연료 효율적인 친환경 첨단자동차산업 육성을 위해 실시한 3개 프로젝트(포드, 닛산, 테슬라)에 의해서 총 35,800개의 일자리를 창출(US DOE; 이유진·이후빈 2019에서 재인용)하였으며, 태양광에너지 관련 일자리는 9만 4천 개(2010)에서 26만 개 (2016)로 약 2.8배 증가하였다(이정찬 외, 2020: 69).

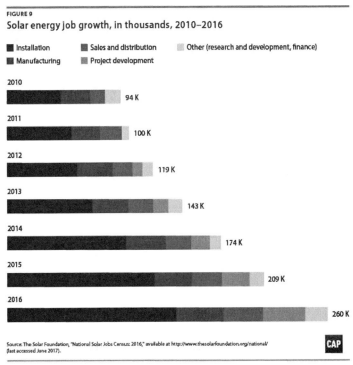

자료: Center for American Progress, www.americanprogress.org

〈그림 2〉 2010-2016 미국 태양광일자리 창출 현황

  오바마 정부의 '그린 뉴딜' 정책의 두 번째 성과는 환경·경제적 효과 라고 할 수 있다. '신재생 에너지 발전설비 투자세액 공제(Business Energy Investment Tax Credit, ITC)', '신재생 에너지 생산세액 공제

(Renewable Electricity Production Tax Credit, PTC)' 등의 세제 혜택에 따른 발전단가 하락으로 신재생 에너지가 경쟁력을 확보하면서 오바마 대통령 재임 기간에 신재생 에너지 생산량이 4배 이상 증가하였다. 또한, 풍력 및 태양광 발전량이 오바마 재임 동안 369% 증가하여 전체 전력 발전량의 1.4%(2008)에서 6.5%(2016)로 4.6배 증가하였고, 특히 태양광 발전은 43배 증가하는 효과가 나타났다(2008-2016)(Jackson, 2018). 동시에 오바마 재임 동안 에너지효율(energy intensity)이 약 6.7 QBTU(Quadrillion British Thermal Units: 6천 7백조 BTU)(2008)에서 약 5.8 QBTU(2016)로 12% 이상 감소하는 성과도 나타났다. 오바마 재임 동안 총발전량은 39.7억 MWh(2008)에서 39.2억 MWh(2016)로 1.4%가량밖에 감소하지 않았으나 발전 섹터의 CO_2 배출량이 23.7억 TCO2eq(2008)에서 18.2억 TCO2eq(2016)로 23% 절감되었으며, 이산화탄소집약도(carbon dioxide intensity)는 22% 이상 감소하였다(이정찬 외, 2020: 70).

'그린 뉴딜' 정책의 세 번째 성과는 사회적 효과이다. 미국 에너지성(Department of Energy, DOE)은 매년 3만 4천 개 주택에 1가구당 평균 4,695달러를 투입하는 내후화(weatherization) 보조사업을 통해서, 가구당 연간 에너지비용 283달러 절감 효과, 1달러 투입 당 1.72 달러 에너지 편익 및 2.78 달러 비(非) 에너지 편익 창출 효과가 발생함을 분석하였고, 이를 통해서 저소득층 가구 및 지역사회에 다양한 사회경제적 효과가 발생함을 입증하였다(이정찬 외, 2020: 71).

워싱턴 DC는 2021년 11월 3일에 아르헨티나, 칠레, 이집트, 인도네시아, 나이지리아 그리고 우크라이나와 함께 '넷 제로 월드 이니셔티브(Net Zero World Initiative)'를 발표했다. 이 이니셔티브는 기후행동 계획의 약속을 이해하고, 탄력 있고 포용적인 에너지 시스템으로

의 전환을 가속하기 위한 국가 간 파트너십이다. '넷 제로 이니셔티
브'는 2050년까지 '넷 탄소 배출량 제로'로의 글로벌 전환을 주도하기
위해 국가 간 협력하는 미국의 적극적 입장과 관련한 경쟁력을 높이
겠다는 미국의 약속을 반영한다.

미국의 에너지부(Department of Energy: EOE)는 국립 연구소의 최
첨단 기술과 세계적 수준의 전문지식을 동원하여 파트너 국가를 도울
것이라고 천명하고, 청정에너지 전환을 위한 기술과 시장 그리고 투
자 로드맵 개발을 위해 지원하고, 지역에 대한 전반적인 영향력을 극
대화하고, 즉각적이고 지속적인 혁신 프로젝트를 지원하며, 피어-투
-피어 학습(peer to peer learning)을 가능하게 하는 네트워크를 통해
국가 간 교류를 촉진하고, 국가 간 신뢰 구축을 위해 노력하겠다고 선
언한 바 있다. 미국은 파트너 국가에 대한 로드맵을 위해서 2022년까
지 '넷 제로' 에너지 기술, 시장 및 관련 투자계획을 준비하거나 강화
하고, 단기적 기회가 왔을 때 실행하며, 2023년까지 국가가 '넷 제로'
전환을 달성하기 위한 정책과 프로그램을 구현한다. 그리고 2024년
까지 청정에너지 인프라와 프로젝트 투자에 최소 100억 달러를 동원
하고, 2025년까지 새로운 청정에너지 일자리를 창출하여, 그 중에 최
소 50%는 여성을 위해, 40%는 소외지역을 위해 지원하도록 설정하
고 있다.

(2) 독일

독일의 프라운호퍼 연구소(Fraunhofer)는 2016년 7월에 '기후 보호 시
나리오 2050(Climate Protection Scenario 2050)'을 발표했다(Repenning
et al., 2016). 독일도 지구 기후 변화에 대처하는 것이 세기의 핵심과제
중 하나로 간주하고 있다. 이 보고서에 따르면, 2010년 9월에 발표된

에너지 컨셉과 2011년 기후 보호, 에너지 및 운송 분야의 에너지 전환 정책 결정은 세기 중반까지의 전략 수립의 첫걸음이었고, 2014년 12월 독일 정부는 2020년까지 온실가스 배출량을 1990년 대비 40%를 줄이기 위한 목표에 도달할 수 있는 신뢰할만한 추가 조치를 포함하는 '기후 보호를 위한 행동 프로그램(Action Program for Climate Protection)'을 결정했다고 보고하고 있다. 그러나 유럽위원회는 2016년에 발표된 '기후 보호 시나리오 2050'을 2050년 목표를 실현하는데 필요한 추가 감축 단계로 지정하고 있다. 2020년, 2030년, 2040년까지 온실가스 배출량을 줄이기 위한 중간 목표는 각각 40%, 55%, 70%를 최소 목표치로 설정하고 있지만, 2050년의 감축 목표는 80%에서 95%로 감소하는 것이다.

2040년과 2050년 사이에 70%의 배출감소를 가능하게 하기 위한 목표 로드맵에 따라 2050년까지 95%를 감소하려면 10년 이내에 25% 감소가 필요하다고 할 수 있다. 따라서 2020년에서 2040년까지의 최소 목표 설정은 2050년까지 80%로 감소하는데 충분하다는 시나리오가 있지만, 독일이 2050년까지 배출량을 95% 감축하기 위해서는 최소 목표가 실질적으로 초과 달성되어야 한다.

2021년 10월 19일 독일은 '넷 제로 독일: 2045년까지 기후 중립을 위한 도전과 기회(Net-zero Germany: Chances and challenges on the path to climate neutrality by 2045)'를 발표하였다. 유럽위원회는 2020년에서 2030년까지 1990년 대비 55% 감소, 2050까지 기후중립을 실현할 수 있는 기후목표를 설정하고 이를 위한 초기 목록을 제안했다. 독일 연방 하원은 2045년까지 기후중립에 도달한다는 국가 목표를 명시한 새로운 버전의 기후 보호법을 통과시켰다. 최종 목표를 달성하기 위해 온실가스 배출량은 1990년 수준에 비해 2030년까지 최소

65%를 감소해야 한다. 산업 비중이 큰 유럽의 경제로 기후 중립 목표에 도달하는 것은 독일의 입장에서는 매우 버거운 시도가 될 수 있다. 독일이 '넷 제로' 목표를 달성하려면, 기술혁신과 사회적 혁신을 해야 하고, 가치사슬을 재구성하고, 전력 부분의 혁신을 특히 가속화해야 한다. 배기가스 없이 이동할 수 있어야 하며, 이러한 에너지를 개발하기 전에 인프라를 구축하고 조정할 필요가 있다. 그러나 독일의 '넷 제로'로의 전환에 대한 출발 여건은 다른 나라들에 비해 좋은 편이다. 독일이 기후중립 세계를 만들기 위한 글로벌 혁신을 독자적으로 달성할 수 없다고 할지라도, 수출지향적 선두 주자로서의 역할을 다하고 모범을 보여야 하며, 필요한 신기술을 개척하고 인큐베이팅하여 새로운 비즈니스 모델을 창출해야 한다.

 독일이 2045년까지 기후 중립을 달성하려면, 물리적 자산에 대한 상당한 투자가 필요하다. 물리적 자산 투자에 1조 유로의 추가 투자와 5조 유로의 투자 전환이 포함된다. 후자는 노후화된 기반시설, 장비나 건물을 교체하기 위해 투자하는 것이다. 총 투자 규모인 6조 유로는 2045년까지 연간 평균 투자액이 약 2,400억 유로이고, 독일 GDP의 약 7%에 해당한다.

 향후 10년은 독일이 기후 중립으로의 전환을 달성하고 그것이 창출하는 경제적 기회를 포착할 수 있는지를 결정할 것이다. 필요한 시스템 전환을 하려면 변화율이 지난 30년 동안 3배가 증가한 것과 비교하여 향후 10년간 3배 증가해야 하는 상황이다. 이러한 변화를 완성하기 위한 결정적 조치로 10가지 핵심 방안을 제시하고 있다.

 1. 재생에너지 발전의 확대를 대대적으로 가속한다.
 2. 에너지 그리드를 확장하고 유연성을 증가시킨다.

3. 공정 및 생산기술 혁신을 통한 기초 소재산업의 탈탄소화를 실현한다.

4. 수소 생산 및 운송, 배터리 공장, 충전 인프라 및 재활용과 같은 청정 기술 구현을 가속화 한다.

5. 100% 무공해 운송 수단으로 전환한다.

6. 스마트 공유 모빌리티 구축을 통해 자원 생산성을 향상한다.

7. 건물 스톡의 난방시스템을 현대화시켜 50% 이상 열효율을 확보한다.

8. 회복력 있고, 지속 가능한 농업을 위한 유망한 핵심 기술을 개발한다.

9. 건강한 식생활과 지속 가능한 소비자 행동을 위한 트렌드를 가속한다.

10. 녹색 포트폴리오를 개발하여 자금을 조달하고 '넷 제로' 변환을 지원한다.

이러한 핵심 이니셔티브 외에도 특히 태양광 및 풍력 발전의 확장과 시급하게 필요한 추가 기반시설을 위한 지역을 지정하고, 다양한 영역에서 탄소를 제거할 수 있는 교육과 훈련 같은 중요한 조력자 및 프레임워크 요소가 필요하다. 이 요소들은 기업가와 의사결정자부터 노동자와 교육생에 이르기까지 전면적이고, 다양한 수준에서 중요하다. 이러한 것들에 관한 결정은 의사결정자와 시민들의 지지에 기반하는 것이다. 독일이 기후중립 사회로 전환하기 위해서는 정치, 기업, 시민의 노력과 투자 그리고 행동변화가 필요하며, 앞으로 10년이 특히 중요하다고 할 수 있다. 이미 사용 가능한 탈탄소화 기술은 모든 영역에서 광범위하게 빠른 속도로 구현되어야 한다.

(3) 영국

영국의 그린 뉴딜 그룹은 경제적 위기, 급속한 기후 변화, 화석 연료의 부족이란 위기에 지면하고 있는 경제를 회복하기 위해 '그린 뉴딜'을 제안한 바 있다. 영국은 매년 유엔이 개최하는 26차 기후 회의

인 'COP26(Conference of the Parties)'에서 향후 몇 년간 진행하려는 탈탄소화 목표를 제시하고 있다.

영국은 탈탄소화 정책을 통합하고 부서 간 및 부문 간의 위계를 구별하는 총체적인 접근 방식을 중요시하고 있다. 또한 영국은 적절한 시기에 필요한 조처를 하지 않으면 다음에 훨씬 더 큰 투자가 필요할 수 있다고 인식하고, '넷 제로'를 달성하기 위한 이른 조치가 결국 영국 경제를 강화하고 수준을 높일 수 있는 기회를 제공할 것이라고 믿고 있다.

영국 정부는 '열과 건물 전략(Heat and Buildings Strategy)'을 취하면서 에너지 요금을 할인하고 단열재를 보강함으로써 취약한 사회 계층을 지원하려고 노력하고 있다. 이 전략은 화석 연료 사용에 대한 의존도를 단계적으로 없애고 불안정한 연료 가격으로부터 사람들을 보호하기 위하여 정부 주도로 가정 에너지를 관리하는 방법을 안내하는 것이다. 영국의 이 정책은 이미 스코틀랜드와 웨일즈에서 가정의 에너지 효율 개선에 대한 정보를 기반으로 각 가정이 선택할 수 있도록 지원하는 성공적인 방식에 기반을 두고 있다. 이 전략은 가정에서 화석연료를 사용하는 대신 열 펌프를 선택하여 저탄소 열로 전환하는 사람들을 위한 지원계획을 포함하고 있다. 이러한 전략은 영국 전역의 사람들과 기업을 위한 기회를 개선하고 평준화하는데 기여할 수 있으며, 이는 아울러 일자리와 투자 기회를 제공하게 될 것이다.

또한 운송수단은 탄소배출의 중요한 원인이지만, 모든 사람의 삶에서 매우 중요하기 때문에 포기할 수 없는 것으로 간주된다. 영국은 마을과 도시 여행에서 절반을 걷거나 자전거로 다닐 수 있도록 조치하였다. 이 목표를 달성하기 위해 20억 파운드의 예산을 확보하였으며, 전기자동차의 충전소 확장을 위해 추가 예산을 투입할 계획을 하고 있다.

(4) 프랑스

'기후협약 사무국(UNFCCC : United Nations Framework Convention on Climate Change)'은 프랑스의 '장기 저배출 개발 전략(LEDS)'을 발표하였으며, 이 전략에서 프랑스는 2050년까지 온실가스 '넷 제로' 배출을 위한 경로를 설명하고 있다.

'국가 저탄소 전략(National Low Carbon Strategy)'이라는 프랑스의 '장기 저탄소 발전 전략(Long-term low greenhouse gas: LEDS)'은 프랑스의 "탄소중립을 위한 생태적이고 포괄적인 전환"에 대해서 설명하고 있으며(IISD, 2021), 기후변화 계획에 대한 국가의 적응과 더불어 완화라는 두 가지 기후 정책을 제시하고 있다.

탄소중립을 달성하기 위한 프랑스의 전략은 네 가지를 목표로 하고 있다. 첫째, 2050년까지 탄소가 발생하지 않는 에너지를 생산하고, 둘째, 설비의 에너지 효율성과 생활방식을 통해서 에너지 소비를 절반으로 줄이며, 셋째, 농업 영역에서 2015년 대비 38%, 산업 공정에서 60%를 포함하여 비에너지 배출량을 큰 폭으로 줄이는 것이다. 그리고 마지막으로 토양 및 산림과 같은 탄소 흡수원을 확대하고, 보호하여 바이오 경제에서 탄소 포집 및 저장(CCS) 기술과 제품을 촉진시키는 목표이다.

프랑스는 탄소 흔적을 줄이기 위해 탄소 누출 방지에 초점을 두고 있으며, 이때 유럽 연합의 그린 뉴딜 정책에 따라 유럽연합 국경을 넘어가는 무역협정에 따라 탄소가격을 책정하는 방식을 도입하고, 지속 가능한 개발 문제를 개선하려고 노력하고 있다.

4. 한국의 '그린 뉴딜'[4)]

우리나라의 '그린 뉴딜' 정책은 이명박 정부의 '녹색 뉴딜'과 문재인 정부의 '한국판 뉴딜(디지털 뉴딜+그린 뉴딜)'이 있다. 이명박 정부의 '녹색 뉴딜'은 해외와 마찬가지로 환경과 경제의 두 가치를 동시에 실현하는 녹색성장 전략을 채택하여, 4년간 약 50조 원의 대규모 재정을 투입하여 이를 고용창출의 목표로 하고 있다.

사업 추진은 자원, 에너지, 환경, 안전 등과 관련하여 에너지 절약, 자원재활용 및 청정에너지 개발 등과 같은 '자원 절감형 경제 구축사업', 녹색 교통망을 구축하고, 맑은 물을 공급하기 위한 '편리하고 쾌적한 생활환경 및 삶의 질을 높이기 위한 사업', 탄소 저감과 수자원 확보를 위한 '지구 장래와 차세대 안전을 위한 선제적·예방적 사업', 산업·정보 인프라를 구축하고 관련 기술을 개발하기 위한 '미래를 대비하고 에너지 효율을 높이기 위해 필수적인 사업'과 같은 네 가지 사업을 기본 방향으로 설정하고, 이와 관련하여 녹색 SOC, 저탄소·고효율의 산업기술, 그리고 친환경·녹색생활을 위한 세 가지 사업을 주력 분야로 설정하였다.

녹색 뉴딜은 총 36개 사업으로 구성되어 있으며, 이것은 다시 9개 핵심사업과 27개 연계사업으로 구분된다. 9개 핵심사업에 총 38조 원 규모를 투입하여 69만 개 일자리(이중, 청년 일자리 7만 개)를 창출하고자 했으며, 27개 연계사업에는 총 11조 원의 규모를 투입하여 27만 개 일자리(이중, 청년 일자리 3만개)를 창출하고자 했다. 녹색뉴딜 관련 사업과 정책의 안정적 추진을 위해 국가전략으로 5년마다 수립하여 중장기적으로 추진하도록 하는 '녹색성장 5개년 계획'을 2009년

---

4) 한국의 '그린 뉴딜'은 이정찬 외(2020)가 제시한 내용을 중심으로 정리하였다.

부터 도입·실시하였다. 이 계획은 저탄소 녹색성장에 대한 최상위 국가 실행계획으로 연도별 달성목표, 투자계획, 수행주체 등의 내용을 포함하고 있다.

2009년 4월 런던 G20 정상회의에서 '한국의 그린 뉴딜은 국제사회에 위기 극복을 위한 영감을 준다'는 평가를 받은 바 있다. 정부는 우선 법·제도와 관련하여 '대통령 직속 녹색성장위원회'를 만들었고, 2009년 12월에는 세계 최초로 '저탄소 녹색성장 기본법'을 법제화하였고, 재정 분야와 관련된 '녹색기후기금(Green Climate Fund: GCF)'을 유치하였다. GCF는 온실가스 감축과 관련하여 개도국의 기후변화 대응 노력을 지원하기 위한 국제기금 기구로서 환경분야의 세계은행이라고 할 수 있다. 전략적 측면에서 2010년에 '글로벌 녹색성장기구(Global Green Growth Institute: GGGI)'를 국내에 유치·설립하였다. GGGI는 개발도상국의 녹색성장을 위해 설립된 국제기구로 글로벌 전략을 수립하고, 컨설팅을 제공하며, 선진국 녹색성장의 경험과 지식을 공유하게 하여, 녹색성장 모델을 제시하는 역할을 수행하고 있다. 기술 분야에 관련해서는 자체적으로 '녹색기술센터(Green Technology Center: GTC)'를 설립하였다. GTC는 글로벌 협력 네트워크를 구축하여 한국의 녹색기술 성과를 확산시키는 것은 물론이고, 해외 우수 녹색기술 연구기관과의 공동 협력을 통해 녹색기술의 경쟁력을 제고하는 선제적 종합 정책을 기획·지원하고 있다.

문재인 정부의 '그린 뉴딜'은 코로나19로 인한 경기침체와 일자리 충격 등에 직면한 위기상황을 극복하고, 코로나 이후 글로벌 경제를 선도하기 위해 마련된 국가발전전략의 정책방향 중 하나로 볼 수 있다. 코로나19를 계기로 기후변화 대응 및 저탄소 사회로의 전환 필요성에 대한 인식이 더욱 팽배해지게 되었다.

해외 주요국들은 글로벌 기후변화 대응, 에너지 안보, 친환경산업 육성 등의 차원에서 저탄소 경제·사회로의 전환시점을 앞당기기 위한 노력을 하고 있으나, 국내 온실가스 배출은 계속 증가하는 탄소 중심 산업생태계가 여전히 유지되고 있다. 경제·사회의 패러다임 전환의 필요성이 높아짐에 따라 정부는 '넷 제로'에 도달하려는 목표를 실현하기 위하여 에너지 절약과 환경 개선, 신재생 에너지 확산의 토대가 되는 '그린 에너지 댐'을 구축하기 위한 친환경 에너지 인프라를 구축하고, 운송기술과 에너지 기술의 경쟁력 강화를 토대로 글로벌 시장을 선점하기 위한 정책을 추진하고 있다.[5]

이러한 정책 기조에 따라 정부는 2025년까지 총 73조4,000억 원(국고 42조7,000억 원)을 투입하여 65만9,000개의 일자리를 창출하고 1,229만 톤(2025년 국가 온실가스 감축 목표량의 20.1%)의 온실가스 감축을 목표로 하고 있다.

〈표 10〉 '그린 뉴딜'의 3대 분야 8개 추진과제

1. 도시·공간·생활 인프라 녹색 전환	2. 저탄소·분산형 에너지 확산	3. 녹색산업 혁신 생태계 구축
① 국민생활과 밀접한 공공시설의 제로에너지화 ② 국토·해양·도시의 녹색 생태계 회복 ③ 깨끗하고 안전한 물 관리체계 구축	④ 신재생 에너지 확산기반 구축 및 공정한 전환 지원 ⑤ 에너지 관리 효율화 지능형 스마트 그리드 구축 ⑥ 전기차·수소차 등 그린 모빌리티 보급 확대	⑦ 녹색 선도 유망기업 육성 및 저탄소·녹색산단 조성 ⑧ R&D·금융 등 녹색혁신 기반 조성

자료: 대한민국 정책브리핑(2020.07.16.)

5) 관계부처 합동(2020.7.14.), 한국판 뉴딜 종합계획–선도국가로 도약하는 대한민국으로 대전환, 4쪽.

녹색성장 5개년 계획은 녹색성장 국가전략의 효율적·체계적 실행을 위해 이명박 정부에서 도입한 중기전략으로 2009년 「제1차 녹색성장 5개년 계획」을 시작으로 2014년에 「제2차 녹색성장 5개년 계획」을 수립하였으며 가장 최근에는 「제3차 녹색성장 5개년 계획(2019-2023)」을 수립하였다.

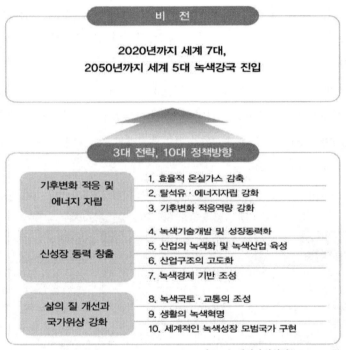

자료: 녹색성장위원회(2009, 31쪽)
〈그림 3〉 제1차 녹색성장 5개년 계획 비전 및 중점추진 과제

「제1차 녹색성장 5개년 계획」은 2020년까지 세계 7대, 2050년까지 세계 5대 녹색강국 진입을 목표로 기후변화 3대 전략(기후변화 적응 및 에너지 자립, 신성장 동력 창출, 삶의 질 개선과 국가 위상 강화) 및 10대

정책 방향을 제시하였다. 「제1차 녹색성장 5개년 계획」의 10대 과제
중 핵심과제를 선정하고, 적게는 0.7조 원에서, 많게는 36.3조 원까
지를 2013년까지 투자하는 것을 목표로 로드맵을 설정하고 이에 따른
주요 기대효과를 설정하였다. 이와 연계하여 기업의 녹색기술 투자
비중을 2013년에는 20%를 목표로 하였으며, 주력 사업 중 녹색제품
수출 비중을 15%로 설정하였다.

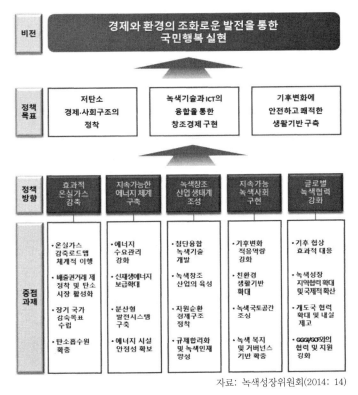

자료: 녹색성장위원회(2014: 14)

〈그림 4〉 제2차 녹색성장 기본체계 및 중점추진 과제

「제2차 녹색성장 5개년 계획」에서는 "경제와 환경의 조화로운 발전을
통한 국민행복 실현"을 목표로 '저탄소 경제·사회구조의 정착', '녹색기

술과 ICT의 융합을 통한 창조경제 구현', '기후변화에 안전하고 쾌적한 생활 기반 구축'을 정책목표로 설정하였다. 목표 달성을 위한 정책 방향은 '효과적인 온실가스 감축', '지속가능한 에너지 체계 구축', '녹색 창조산업 생태계 조성', '지속 가능 녹색사회 구현', '글로벌 녹색 협력 강화'이다. 이 계획은 2014년 기준 10조 원 수준의 예산을 투자하고, 그 중의 '효과적인 온실가스 감축'에 7.2조 원, '지속가능한 에너지 체계 구축'에 0.2조 원, '녹색 창조산업 생태계 육성'에 0.6조 원, '지속가능한 녹색사회 구현'에 1.7조 원의 예산을 투입하는 계획을 수립하였다(녹색성장위원회, 2014).

〈표 6〉 제3차 녹색성장 5개년 계획 기본체계

3대 추진전략	5대 정책방향	20개 중점과제
① 책임 있는 온실가스 감축과 지속가능한 에너지 전환	❶ 온실가스 감축 의무 실효적 이행	① 온실가스 감축 평가·검증 강화 ② 배출권 거래제 정착 ③ 탄소 흡수원 및 국외 감축 활용 ④ 2050 저탄소 발전전략 수립
	❷ 깨끗하고 안전한 에너지 전환	⑤ 혁신적인 에너지 수요 관리 ⑥ 재생에너지 중심의 에너지 시스템 구축 ⑦ 에너지 분권·자립 거버넌스 구축 ⑧ 정의로운 에너지 전환 추진
② 혁신적인 녹색기술·산업 육성과 공정한 녹색경제	❸ 녹색경제 구조 혁신 및 성과 도출	⑨ 녹색산업 시장 활성화 ⑩ 전 주기적 녹색 R&D 투자 확대 ⑪ 녹색금융 인프라 구축 ⑫ 녹색 인재 육성 및 일자리 창출
③ 함께하는 녹색사회 구현과 글로벌 녹색협력 강화	❹ 기후적응 및 에너지 저소비형 녹색사회 실현	⑬ 녹색국토 실현 ⑭ 녹색교통 체계 확충 ⑮ 녹색생활 환경 강화 ⑯ 기후변화 적응 역량 제고
	❺ 국내외 녹색협력 활성화	⑰ 신기후체제 글로벌 협력 확대 ⑱ 동북아·남북 간 녹색협력 강화 ⑲ 그린 ODA 협력 강화 ⑳ 녹색성장 이행점검 및 중앙·지방간 협력 강화

자료: 국무조정실 국무총리비서실(2019.5.20.).

「제3차 녹색성장 5개년 계획」은 포용적 녹색 국가 구현을 비전으로 설정하여, '책임 있는 온실가스 감축'과 '지속가능한 에너지 전환', '혁신적인 녹색기술·산업 육성'과 '공정한 녹색경제', '함께하는 녹색사회 구현'과 '글로벌 녹색 협력 강화'를 추진전략으로 제시하였다. 목표 달성을 위한 정책 방향은 '온실가스 감축 의무의 실효적 이행', '깨끗하고 안전한 에너지 전환', '녹색경제 구조혁신 및 성과도출', '기후적응 및 에너지 저소비형 녹색사회 실현', '국내외 녹색협력 활성화'로 설정하였다(녹색성장위원회, 2019).

문재인 정부는 2020년 4월 22일 '5차 비상경제회의'에서 포스트 코로나 시대의 혁신성장을 위한 대규모 국가 프로젝트로서 '한국판 뉴딜'을 처음 언급하였으며, 5월 7일 홍남기 부총리 겸 기획재정부장관 주재 '제2차 비상경제 중앙대책본부 회의'에서 3대 프로젝트와 10대 중점 추진과제를 담아 그 추진방향을 발표했다. 이후 한국판 뉴딜 추진 전담조직(TF) 구성, 분야별 전문가 간담회, 민간제안 수렴 등을 거쳐 7월 14일, '제7차 비상경제회의' 겸 '한국판 뉴딜 국민보고대회'를 통해 추진계획이 발표됐다.

2021년 7월 14일, 제4차 한국판 뉴딜 전략회의는 한국판 뉴딜 추진 1주년을 맞아 그간의 성과를 공유하고, 새로운 요구와 상황 변화에 맞춘 '한국판 뉴딜 2.0'을 발표했다.

정부는 내부적으로 코로나19로 인한 학습결손의 심화, 가정환경과 소득수준에 따른 돌봄, 문화, 경제의 확대, 미래 인적 자산인 청년 고용, 소득, 주거 불안이 가중되고 있으며, 전 분야로 디지털화가 급속히 확산되고, 기후변화 대응을 위한 친환경, 저탄소 경제로의 전환이 가속화되면서 소프트웨어 등 신성장 분야를 중심으로 인력수요가 급증하는 상황에 직면하고 있고, 대외적으로는 글로벌 디지털 경쟁에서 획득한 선도적 지위를 공고히 하고, 탄소중립을 전략적으로 활용할 필요성이 대두됨에 따라, 이에 대응하기 위한 '한국판 뉴딜 2.0'의 필요성을 제시하고 있다(기획재정부, 2021). '한국판 뉴딜 2.0'은 '디지털 뉴딜'과 '그린 뉴딜'이란 두 개의 기둥에 '안전망 강화'를 '휴먼 뉴딜'로 확대하여, 세 개의 기둥을 축으로 추진하는 정책이다(대한민국 정책브리핑, 2021.9.30.).

자료: 관계부처 합동, 2021.

〈그림 5〉 한국판 뉴딜 2.0

'한국판 뉴딜'은 2025년까지 160조 원(국비 114.1조 원)을 투입해 190만 개의 일자리 창출이 목표였다면, '한국판 뉴딜 2.0'은 220조 원으로 그리고 일자리는 250만 개 수준으로 확대되었다.

'한국판 뉴딜 2.0'은 '디지털 뉴딜' 영역에 기존의 '교육 인프라 디지털 전환'과 '비대면 산업 육성'이란 두 항목을 합쳐, '비대면 인프라 고도화'로 통합하였고, 기존의 'D.N.A 생태계 강화'와 'SOC 디지털화'에 '초연결 신산업 육성' 분야를 신설하여 네 개의 영역으로 확대하였다.

'그린 뉴딜' 영역은 기존의 '도시·공간·생활 인프라 녹색 전환', '저탄소·분산형 에너지 확산', '녹색산업 혁신 생태계 구축'이란 세 개의 영역에 새로운 '탄소중립 추진 기반 구축' 영역을 신설하여 네 개의 영역으로 확대되었고, 기존의 '안전망 강화' 영역은 '휴먼 뉴딜'로 확대 변경되었다. '휴먼 뉴딜' 영역은 기존의 '고용·사회 안전망'과 '사람투자' 항목의 우선순위를 바꾸어, '사람투자', '고용·사회 안전망' 순으로 배치하고, '청년정책' 영역과, '격차해소' 영역을 신설하여 네 개의 항목으로 확대되었다.

'한국판 뉴딜 2.0'은 '디지털 뉴딜', '그린 뉴딜', '휴먼 뉴딜'에 추가로 지역활력을 제고하고 균형발전을 지향하는 '지역균형 뉴딜' 영역, 구조개편 지원을 통해서 선제적으로 사업구조를 개편하고 인력전환 지원체계를 마련하여 산업구조 변화에 대응하는 공정한 노동전환 지원체계를 구축하기 위한 '제도개선' 영역, 그리고 민간 공모와 국민 참여형 사업 등을 통해 국민의 관심을 제고하기 위해 '민간참여' 영역을 추가로 제시하고 있다.

5. '그린 뉴딜'에서의 '지속가능한 발전' 개념과 생태적 도시재생

1) '지속가능한 발전(Sustainable Development)' 개념

정부가 제시한 '제3차 녹색성장 5개년 계획 기본체계'에서 3대 추진전략의 핵심은 '온실가스 감축', '녹색경제와 관련된 기술과 산업', '함께하는', 즉 '국내외 녹색협력'이다. 3대 추진전략과 '한국판 그린 뉴딜 2.0'에서 지향하는 목표의 원인 중 대부분은 도시의 문제와 관련이 있다. 왜냐하면 도시는 "유기체와 같아서 필요한 자원을 지속적으로 흡수하고 폐기물을 배출"하고, "에너지와 자원을 대량으로 사용하여 엄청난 양의 이산화탄소와 쓰레기를 배출"하기 때문이다(Timothy Beatley, 2000: 이시철 옮김에서 재인용).

'한국판 그린 뉴딜 2.0'의 세 개의 핵심 기둥 중에 도시와 관련된 항목은 '그린 뉴딜' 영역의 "도시·공간·생활 인프라 녹색 전환"과 밀접한 관련이 있다고 할 수 있다. '도시, 공간, 생활 인프라의 녹색 전환' 그리고 이와 관련된 경제적 효과는 신도시 개발은 물론이고 쇠퇴한 도시재생과 관련된다. 온실가스 배출의 주요 원인 중에 대규모 방목과 대규모 공장식 축산을 제외하고는 대부분 도시와 관련되기 때문이다.

도시재생에 관한 법에 따르면, 도시재생은 "인구의 감소, 산업구조의 변화, 도시의 무분별한 확장, 주거환경의 노후화 등으로 쇠퇴하는 도시지역의 역량 강화, 새로운 기능의 도입·창출 및 지역자원의 활용을 통하여 경제적·사회적·물리적·환경적으로 활성화시키는 것"[6]이라고 정의하고 있다. 여기서 '환경적'으로 활성화에 관한 사항은, 「자

---

6) 「도시재생 활성화 및 지원에 관한 특별법」 제2조(정의) 1항.

연환경 보존법」, 「환경개선비용 부담법」 등 관련법이 열거되어 있지
만, '환경개선 부담금'을 부과하지 않는 경우, "하천에 대하여는 환경
부장관을 관리청으로 본다"는 경우 정도만 기술되어 있을 뿐이다.

'그린 뉴딜'은 미래의 국가 경쟁력 차원에서 그리고 글로벌 협약과
지속가능한 발전 목표에 부합하는 보편적 가치 차원에서 진행되는 정
책사업이지만, 도시재생 역시 이 두 가지 차원에서 추구하는 목표와
일치한다.

「그린 어바니즘」의 저자인 티모시 비틀리(2000)는 '지구적 지속가
능성'을 위한 '도시의 역할'의 중요성을 제1장에서 강조하고 있다. 그
는 "도시들은 생태적 제한과 환경적 제약에 대한 고려 없이 토지와 자
원을 낭비"해 왔고, "도시의 성장과 발전으로 소비되는 토지 면적이
인구성장률을 훨씬 넘어서고" 있으므로 "세계적인 기후 변화와 생물
다양성 상실 및 기타 어떤 환경문제에서도 도시는 그 해결 과정에서
중추적 역할을" 해야 한다고 말하고 있다(Beatley, 2000: 22-25).

'그린 뉴딜' 그리고 '도시재생' 모두의 궁극적 목표는 모두를 위한
'지속가능한 발전(Sustainable Development)'이다. '지속가능성' 개념은
독일의 산림경제학자인 한스 카를(Hans Carl)이 1713년에 산림경영과
관련한 언급에서 그 시초를 찾아볼 수 있다. 이 개념은 1952년에 일
반 경제학에 수용되었고, 1980년에 환경연구단체의 보고서에서 '지속
가능한 발전(Sustainable Development)'이란 개념으로 등장하게 된다.
오늘날의 '지속가능한 발전' 개념은 1987년에 개최된 유엔의 브룬트
란트 보고서(Brundland report)에 채택되면서 인류가 추구해야 할 보
편적 가치를 지닌 인류의 목표 개념으로 제시된 바 있다.

지속가능한 발전을 추구하면서 지구의 생명을 연장하기 위해 17개
의 실천 목표(빈곤퇴치, 기아퇴치, 건강한 삶, 평생학습 기회 제공, 성 평등,

물과 위생의 이용과 관리, 지속가능한 에너지, 일자리, 지속가능한 산업, 불평등 감소, 지속가능한 도시와 공동체, 지속가능한 소비와 생산, 기후 변화의 대응 행동, 해양자원의 보존, 평화, 이행 수단의 강화)를 정하고 있다.

이러한 17개의 실천 목표는 개인의 실천과 더불어 지역과 국가 그리고 세계가 동의하고 실천하는 것은 물론이고 이행을 위한 강력한 제도를 구축하고 상호 교류를 통한 한계극복을 지향하고 있다. 그러나 개인, 지역, 국가 간 차이가 있어 그 목표에 다가가기가 쉽지 않은 것이 현실이다.

'지속가능한 발전'을 실현하기 위한 이론적 논의 역시 수정을 거듭하고 있다. 지속가능한 발전을 위해서는 먼저 세 가지의 가치(생태적, 사회적 및 경제적 가치)가 전제되어야 하는 것으로 논의된 바 있다. 이 세 가지 가치가 전제될 때 지속가능한 발전이 담보될 수 있다는 모델은 소위 '세 개의 기둥이론(Three pillars theory)'이라고 한다. 이 세 가치가 교차하는 지점에서 지속가능성이 확보될 수 있다는 견해이다. 그러나 가치의 우선순위에 대한 고려가 없어, 국가 또는 지역마다 가치의 우선순위를 다르게 설정하고 있어 문제로 인식되고 있다. 최근 중시되는 '강력한 지속가능한 발전(Strong sustainable development)' 모델은 '생태적, 사회적, 경제적' 가치 순으로 우선순위를 부여하여 관련 정책을 시행할 것을 권고하고 있다. 그럼에도 이러한 형식적인 논리적 모델은 현장에서 적용되고 있지 못한 것도 사실이다. 왜냐하면 정책을 집행하는 관계자 및 정책 결정자 그리고 현장의 이해관계자가 이러한 '지속가능한 발전' 모델과 우선순위에 대한 이해가 충분히 숙지되고 있지 못하기 때문이다.

그리고 관계자들이 이러한 정책적 우선순의의 필요성과 당위성을 인식했다고 할지라도, '강한 지속가능한 발전'을 위한 우선순위만으

로는 그 실천 목표에 도달하기 어렵다는 사실을 깨닫게 되었다. 오스
트레일리아 연구자이면서 활동가인 존 혹스(Jon Hawkes)는 지속가능
한 발전을 위한 네 번째 기둥인 '문화'를 제안하였고, '문화'라는 기둥
은 인권, 문화적 다양성, 지속가능성, 참여 민주주의 및 평화를 위한
조건 조성에 전념하는 세계의 도시와 지방정부에 의해 2004년에 승
인된 '문화를 위한 의제 21(Agenda 21 for culture)'에 포함되었다.

　2015년 70차 유엔총회는 '문화를 위한 의제 21'을 보완하고, 이를
더욱 효과적으로 만들기 위해 시민권, 문화 그리고 지속가능한 발전
사이의 상호의존성을 높이고, 달성 가능한 그리고 측정 가능한 행위와
약속을 지원할 수 있는 글로벌 프레임워크를 제공하기 위해 "우리는
문화가 포함된 미래"라는 공동 성명을 발표하였다. 이 성명서에는 시
민과 함께 그리고 시민을 위한 정책을 실행하고 발전시키기 위한 지방
정부 역할의 중요성을 강조하고, 지역문화 정책의 강화를 제안하고 있
으며, 지역발전모델의 기초 단위로서의 문화통합을 제안하고 있다.

　독일은 지속가능한 발전을 위한 네 번째 기둥인 '문화'를 정책적 수단
으로 간주하며, 이를 '문화교육'으로 표방하고 있다. 독일정부와 문화협
의회는 '지속가능한 발전을 위한 교육(Education for sustainable
development: ESD)'이란 맥락에서 환경교육을 자원의 책임 있는 사용과
이를 문화화시키기 위한 문화교육으로 연계하고 있다. 이러한 문화교육
은 자신이 속한 사회의 지속가능한 발전에 대한 시민 토론을 자극하고,
이를 통해 변화를 끌어내는 것을 목표로 삼고 있다. 이를 실현하기 위해서
독일 지방정부는 지역문화조정사무소(Koordinationsbüro Kulturregion)
를 두고 공공 및 민간 문화종사자와 지역의 문화담당자(기관) 사이의
소통(Kommunikation), 협력(Kooperation), 조정(Koordination) 그리고 합
의도출(Konsensfindung)을 지원하고 있다.

2) 생태적 도시재생

'지속가능한 발전' 모델을 위한 정책 수립과 시민들의 참여와 협력을 유인하기 위한 '문화'는 단시간에 이루어지기 어려운 과제이다. 1992년 6월 리우데자네이루에서 열린 유엔 환경개발회의(UNCED)의 최종 결의안 중 하나인 '아젠다 21(Agenda 21)'의 28장은 '지속가능한 발전'에서 도시, 마을 및 지역사회 역할의 중요성을 강조하고 있다. 1993년부터 1997년까지 5년간 진행된 "라이프치히 동부지역 프로젝트(Leipzig Ostraum Project)"는 '아젠다 21'이 강조하는 바를 수행한 모델로 간주되곤 한다. 이 프로젝트는 유럽위원회(EC: European Commission)의 '라이프(LIFE: Eruopean Climate, Infrastructure and Environment Executive Agency) 프로그램'으로부터 그 당시까지 가장 큰 보조금(4,3백 만 마르크)을 받아 진행된 사업이다. 이 프로젝트의 핵심 목표는 경제 및 고용정책의 혁신적인 전략과 함께 지속 가능한 도시의 구조조정과 관련한 지식을 활용하여 실험하고, 필요한 것을 추가로 개발하는 것이다. 이 프로젝트는 유럽위원회의 '테르미(THERMIE: international cooperation in energy technology)' 프로그램과 독일 연방연구소인 '엑스보스트(ExWoST: Experimenteller Wohnung - und Städtebau)' 프로그램으로부터 추가로 지원 받은 서브 프로젝트들이 결합한 형태로 진행되었다.

이 프로젝트는 '생태적 도시 재구조화(Ecological Urban Restructuring)' 와 '지역 아젠다 21'이 추구하는 시민참여와 협력이 서로 조화를 이루고 있어, 향후 도시개발에 대한 합의를 끌어낼 수 있는 결정적인 역할을 할 수 있는, 즉 도시의 모든 행위자가 '승자'가 될 수 있음을 보여준 사례로 간주되곤 한다.

라이프치히는 1990년대 동독 도시의 전형적 모습을 하고 있었다. 노후화된 건축물의 80%가 그리고 전체 건축물의 약 60%가 열악한 것으로 나타났다. 제2차 세계대전 이후 건물들은 최소한의 기능적 기준을 충족시키는 정도로만 유지되고 있었다. 지붕이 새고, 벽면이 벗겨지고, 수해로 인한 파손된 벽과 발코니는 라이프치히에서 흔히 볼 수 있는 모습이었다. 라이프치히에 있는 아파트의 약 60% 이상은 욕조가 없고, 난방시설이 노후화되어 제대로 작동하지 못하는 상태였다. 도심의 쓰레기 처리 시스템, 거리, 대중교통수단, 공원 등 도시 전역 인프라의 재정비가 절실했던 상황이었고, 1993년 당시 실질 실업률이 30% 이상이었고, 도시 공기의 질 역시 산업 배출 가스로 인해 매우 나쁜 상태였다.

　이렇게 열악한 상태임에도 불구하고 다행히도 긍정적인 요소들이 발견되었다. 지역의 문제가 '아젠다 21'의 초기 단계라는 점과 도시 설계 및 계획 수립을 위한 중요한 기회들, 도시재생을 위한 지원금을 받을 수 있는 기회가 주어진 것이다. 그리고 잘 보존된 역사적 거리와 이웃 간의 관계가 주목할 만하고, 서독 도시들과는 달리 도시 외곽지역은 대부분 개발되지 않은 상태로 있었다는 점이다. 특히 목초지, 광활한 농경지, 가치가 있는 역사적 마을들은 도시 경계 지역에 있어 문화적 활용 가치가 높고, 토지이용 패턴 역시 대부분 전쟁 이전의 상태를 유지하고 있다는 점은 도시재생에서 긍정적인 요소로 인식되었다.

　다행히도 동서독의 통일과 정치적 변화는 시민과 지방정부의 건설적 협력관계로 이어졌으며, 1990년대 초에는 많은 문제가 협력 과정으로만 해결될 수 있다는 인식이 팽배해 있었기 때문에 새로운 종류의 협력관계를 모색하는 것이 어렵지 않은 편이었다. 따라서 자연스럽게 지역 주민과 외부 전문가가 한자리에 모여 구체적인 문제점과 사업을 추진하는 과정에서 생태도시 개발 과제에 대응할 수 있는 해결책을 개발하는 등의 협의 과정이 마련될 수 있었다.

"라이프치히 동부지역 프로젝트"는 4가지 목표를 강조하고 있다
(Hahn & LaFond, 1997).

1. 12개의 개별 프로젝트 모두 실현 가능한 모델을 개발한다. 도시
   와 도시 외곽지역의 생태적 개발을 지향하되, 다양한 이니셔티
   브의 네트워킹을 통해 얻을 수 있는 잠재적 시너지를 활용하는
   데 중점을 둔다.
2. 참여하는 모든 사람의 역량을 강화하고, 잠재된 자생력을 추동
   하기 위해 다양한 이해 집단 간의 새로운 형태의 협력과 공동생
   산 그리고 새로운 공공 참여 접근법을 시험한다.
3. 독일의 '생태적 기업협회(The Association of Ecological Enter-
   prises)'와 국내외 전문가들의 긴밀한 협력으로 생태 지향적 경제
   프로세스를 개발하는데, 새로운 생태적 고용 형식을 실험한다.
4. 지속 가능한 계획과 개발 프로세스를 탐색하고, 이를 입증하기
   위한 국제 워크숍을 조직하여, 다른 지역사회와 경험을 교류하고
   장려하며, 지역 문제를 해결하기 위한 세미나와 워크숍을 확대하
   여 국내외에서 가장 선진적인 프로젝트와 아이디어를 모은다.

12개의 개별 프로젝트는 각각의 문제와 조직 관계에 따라 3개의 프
로젝트로 범주화하였다.

프로젝트 영역 1: 도시생태학 (개별 프로젝트 1-5)
이 영역은 노이슈타트 시장(Neust dter Markt) 재생, 로이트니츠(Reu-
dnitz)와 앙어(Anger) 인근지역 개발, 아일렌부르거 기차역(Eilenburger
Bahnhof) 녹지화, 오버도르프슈트라세(Oberdorfstrasse) 생태정착촌 모

델, '그린 워크샵'이 가능한 문화복합공간 건물인 에코슈타찌온(Ecostation) 건축 프로젝트가 포함되어 있다. 특히 "에코슈타찌온(Ecostation)"은 4가지 목표 중, 두 번째 목표를 실현하기 위한 목적으로 '그린 워크샵'이 가능한 새로운 형태의 인프라로 설계되었다. 이 영역의 개별사업들은 생태적인 도시 재구조화 방법, 실행을 위한 체계적인 적용, 그리고 추가 개발에 우선순위를 두고 있다.

프로제트 영역 2: 농촌 개발 (개별 프로젝트 6-9)

이 영역에는 린케호프 발스도르프 농장(Linke-Hof Baalsdorf Farm), 묄카우 시립 농장(Municipal Farm Mölkau), 프롭스테이다(Probstheida)/리이취케(Rietschke), 개별 프로젝트를 연결하기 위한 원 구조로 된 녹색 도로 구축사업인 녹색 순환도로(Green Radial with networked paths)와 같은 4개의 개별사업이 있다. 이 프로젝트들은 도시와 농촌을 생태적으로 개발하는 과정에 대한 디자인 시연과 실행에 목적을 두고 있다.

프로젝트 영역 3: 경제와 고용 (개별 프로젝트 10-12)

이 영역에는 생태사회적 비즈니스와 서비스 센터, 생태사회적 빌딩 계약업체, 그리고 지역 비즈니스와 고용 프로그램이 포함되어 있다. 이 영역의 사업들에서 강조되는 것은 혁신적 경제 프로세스를 위한 체계적인 개발과 지원이다.

프로젝트 영역 1은 지속가능한 발전 모델에서 생태적 가치를 실현하기 위한 것이고, 프로젝트 영역 2는 사회적 가치를, 그리고 프로젝트 영역 3은 경제적 가치를 실현하기 위해 적용된 사례라고 할 수 있다. 이 프로젝트가 실행될 당시에는 2015년 이후 나타난 네 번째 기둥인 '문화적 가치'와 관련된 사업영역은 적용되지 않았다. 그러나 "라이프치히 동부지역 프로젝트"의 두 번째 목표에서 알 수 있는 것처럼 주민들의 역량 강화 프로그램이 중요한 사업의 하나로 적용되고 있음을 알 수 있다.

"라이프치히 동부지역 프로젝트"는 '생태적 도시 재구조화'의 개념을 설명하기 위한 시범사업으로 진행되었다. 이 프로젝트는 라이프치히의 동부지역에 녹색 방사축을 만드는 사업으로 주변 도시 외곽지역을 도심 한가운데 버려진 철도 용지와 연결하는 것이지만, 생태적, 사회적, 경제적 가치를 실현하기 위해 영역별로 개별사업을 배치하였고, 당시에 주민참여와 협력을 위한 역량강화를 위한 노력을 동시에 진행했다는 점은 주목할 만하다.

이 프로젝트가 진행되고 14개월 후에 도시 생태 개발을 위한 계획이 참여자들에 의해 합의되어 제시되었다. 이 프로젝트는 도시 설계, 교통, 에너지, 물, 열린 공간, 시민참여, 그리고 지역 경제와 고용전략 분야에서 다양한 프로젝트를 통합하는 방식으로 진행되었고, 참여관계자들이 다양한 분야에서 서로를 보완하고 모두가 참여하는 방식에 대해 이해할 수 있는 혁신적이고 구체적인 조치를 마련했다는 점은 우리에게 시사하는 바가 크다. 참여한 이해관계 그룹들이 모두가 혜택을 누릴 수 있는 통합적인 차원에 대한 이해가 가능했기 때문에 합의도출이 가능했다고 평가되고 있다. 이러한 통합은 목표에 도달하고 해결하기 어려운 문제에 대한 갈등이 있는 경우에도 결국 합의해냈다는 점을 주목해야 한다. 모든 사람에게 어떤 식으로든 도움이 될 수 있는 방법을 찾으려는 노력은 이 프로젝트의 성공요인으로 평가되고 있다.

6. 맺는말

'그린 뉴딜'의 개념은 2007년 영국의 경제, 환경 및 에너지 전문가로 구성된 '그린 뉴딜 그룹'이 제안하면서 처음으로 알려지게 되었지만, 관련법을 토대로 한 정부 정책의 영역으로 수용된 것은 거의 10년이 지난 후에야 가능했다. 특히 2015년 파리협정에 따른 신기후체제로의 전환 선언을 계기로 '그린 뉴딜'의 필요성이 정부 차원에서 적극적으로 고려되기 시작했다. 미국의 경우 2018년에 민주당에 의해 처음으로 '그린 뉴딜'의 정책적 필요성이 제기되었고, 2019년에 의회 결의안으로 채택되었으며, 유럽의 경우는 2019년에 유럽연합의 '유럽을 위한 녹색 협정'으로 시작되었다.

우리의 경우 2008년부터 정책영역으로 처음 수용되었고, 2020년에 '한국판 뉴딜 종합계획'에 이어 2021년 7월에 '한국판 뉴딜 2.0'을 발표했다. '한국판 뉴딜 2.0'은 '디지털 뉴딜', '그린 뉴딜' 그리고 '휴먼 뉴딜'이란 세 개의 축을 토대로 2025년까지 220조 원을 투입하여 기후변화에 대응하고 저탄소사회로 전환하는 데 있어 관련 기술을 개발하고, 새로운 일자리를 창출하여 글로벌 경제를 선도하려는 국가의 전략과제로 추진하고 있다.

'그린 뉴딜' 정책을 포함 '한국판 뉴딜 2.0'은 단순한 환경정책에 국한하지 않는다. 기후변화와 관련한 환경적 위기는 정치, 경제, 사회, 문화 등 모든 분야에서의 변화를 요구하고 있다. '그린 뉴딜'이 요구하는 변화의 궁극적 목표는 '지속가능한 발전'을 위한 시스템을 필요로 하고, 이는 다양한 분야로 확산되고 있다.

도시재생 정책의 목표와 방법도 '그린 뉴딜'의 그것과 닿아 있으며, 최종 목표는 역시 도시의 '지속가능한 개발'이다. 도시 규모의 확장은 환경적으로 민감한 서식지를 감소시키고, 농지와 산림을 파괴했으며 높은 경제적 비용과 기반시설에 대한 비용부담을 발생시키면서, 생태적 제한과 환경적 제약에 대한 고려 없이 토지와 자원을 낭비해 왔다. 도시재생 정책사업들은 대부분 주민의 자발적 참여, 협력, 공동체 활성화 등 주민들의 역량강화를 통해서 지역의 문제를 스스로 해결할 수 있는 방향으로 진행되고 있으나, '지속가능성' 측면에서 실현가능성을 찾기는 아직 어려운 것이 현실이다. 도시의 지속가능성 원칙은 '도시관리의 원칙', '정책통합의 원칙', '생태시스템적 사고의 원칙', 그리고 '협력과 동반의 원칙'을 요구한다(Timothy, 2000: 44-45).

'그린 뉴딜' 정책은 '뉴딜'이 의미하는 바와 같이 정부의 적극적인 개입으로 진행된다. 물론 이 정책 역시 시민들의 역량강화에 기반한 문화민주주의적 이념을 포함하고 있지만, 이를 실제로 실현하기 위해서는 '라이프치히 동부지역 프로젝트'의 4가지 목표가 어떻게 실현되었는지 주목할 필요가 있다.

원도심 재생: 개념, 유형, 성공사례*

김경배

1. 들어가는 말

최근 세계 도시는 도시 외연 확산, 신도시 건설 등으로 인해 활력과 경쟁력을 상실한 원도심(=구도심) 재생을 위한 다양한 정책과 사업을 추진하고 있다. 도시여건에 따라 다양한 방식, 서로 다른 모습으로 원도심 재생사업을 진행하고 있다. 원도심 재생사업의 공통점은 과거 도시의 중심지, 비즈니스 거점, 상권밀집 지역, 주거밀집 지역 등을 되살려내기 위해 노력하고 있다는 점이다. 즉 노후한 원도심(마을, 시장, 역세권 등)의 경쟁력 강화를 목표로 하고 있다.

한국 정부도 노후하고 경쟁력을 잃고 있는 원도심을 재생시키기 위한 다양한 도시재생 정책과 사업을 추진하고 있다. 2007년부터 국가주도 도시재생 R&D사업이 시작되었다. 2013년에는 도시재생 특별법이 제정되었다. 2014년부터 본격적으로 국가지원 원도심 재생사업(선도사업 13개)이 추진되었고 미비점을 보완하여 2016년 33개 국가주도 원도심 재생사업이 시작되었다.

현재 막대한 공공예산을 투입하여 공모방식으로 추진되는 도시재

---

* 필자의 기고문(2004, 2005, 2010, 2019)의 내용을 일부 발췌하고 첨삭하여 작성하였음.

생 뉴딜사업(2017년 68개, 2018년 99개, 2019년 116개, 2020년 117개, 2021년 55개)이 전국적으로 진행되고 있다. 다양한 부처가 참여하고 있다. 국토교통부는 노후한 원도심 재생을 위해 경제기반형 도시재생사업, 근린재생형 도시재생사업, 주거지 재생사업 등 다양한 유형의 도시재생 사업을 추진하고 있다. 문화관광부는 원도심의 역사성과 장소성을 활용하는 원도심 문화관광 사업을 추진하고 있다. 산업자원부는 노후 산업단지(국가산단, 일반산단, 도시첨단산단)의 경쟁력 강화를 위한 구조고도화 사업을 추진하고 있다. 중소벤처기업부과 문화체육관광부도 원도심 노후 재래시장을 대상으로 일자리 창출, 정주환경개선, 상권활성화를 위한 다양한 사업(청년몰, 스타트업 등)을 추진하고 있다.

인천과 수도권 서남부 도시들도 서로 다른 원도심의 정체성을 다시 찾고 새로운 일자리와 활력을 재창출하기 위해 다양한 노력을 하고 있다. 경제기반형 도시재생사업, 일반근린형 도시재생사업, 전통시장 활성화 사업, 우리동네 주거환경개선사업, 산업단지 재생사업 등 다양한 도시재생사업을 진행하고 있다. 2021년 현재 인천과 수도권 서남부에 약 150개의 원도심 재생사업(산단재생 약 23개 포함)이 진행되고 있다.

이글에서 필자는 이론적 고찰을 통해 원도심 재생의 개념과 유형을 제시하겠다. 또한 인천개항 창조도시 재생사업을 대상으로 원도심 재생의 핵심 주체와 계획과정, 계획요소를 설명하겠다. 마지막으로 국내외 원도심 재생의 주요사례를 소개하고 시사점을 분석해서 향후 발전 방향을 제시하고자 한다.

2. 원도심 재생: 개념과 유형

원도심 재생이란 노후하고 경쟁력을 잃은 구도심의 정주환경을 개선하고 삶의 질 향상, 도시활력 회복(물리적, 사회적, 환경적), 일자리 창출, 공동체회복, 사회통합을 위한 노력이다. 원도심 재생이란 마을 재생, 근린주구 재생을 의미한다. 재개발, 재건축을 포함하는 폭 넓은 개념이며 구시가지에 새로운 기능을 도입하고 창출하는 창조적 작업이다. 역사성과 장소성을 고려한 계획이다. 그러나 단순한 역사성 보전이 아닌, 새로운 창조적 작업을 의미한다. 경제기반형 도시재생 사업, 일반근린형 도시재생사업, 주거지 재생사업, 도시재생 인정사업, 혁신지구 재생사업 등 사업유형도 다양하다. 현재 추진 중인 도시 재생 뉴딜사업의 유형과 핵심 내용을 요약하면 다음과 같다.

첫째, '경제기반형 도시재생사업'은 원도심 재생사업 중에서 가장 규모가 크고 많은 예산이 투자되는 사업이다(최대 500억, 50만㎡ 내외). 중앙정부와 지방정부가 매칭방식으로 예산을 지원하고 주도하는 사업이다. 철도 역세권, 이전적지, 산업단지 등 대규모 환경변화가 예상되는 지역에서 추진할 수 있다. 공공지원과 민간투자 활성화를 통해 새로운 경제거점과 일자리 창출을 목표로 하는 사업이다. 장소에 따라 국토교통부, 해양수산부, 문화체육관광부, 중소기업벤처부 등 부처협업이 필요하다. 상권 활성화, 정주환경 개선, 일자리 창출 등을 목표로 한다. 대표사례는 인천 중구 개항창조도시재생사업과 부천 춘의동 허브렉스 도시재생사업이다.

둘째, '중심시가지형 도시재생사업'은 중심상권 활성화, 정주환경 개선을 목표로 한다. 원도심 상업지역을 포함해야 한다. 사업규모는 20만㎡ 내외이다. 쇠퇴원인을 명확하게 진단하고 원도심 기능회복,

지역정체성 강화, 중심상권 활성화를 위한 공간계획과 지원정책을 수
립해야 한다. 청년/소상공인 창업, 상인협의회 육성, 새로운 공공거
점 조성 등 물리적, 사회적, 환경적 개선을 위한 사업(1단계 목표 5년,
중장기목표 10년)을 진행한다. 대표사례는 인천 서구 50년을 돌아온
길, 인천 부평 11번가, 시흥 정왕동, 화성 진안동, 평택 신평동 중심
시가지형 도시재생사업이다.

셋째, '일반근린형 도시재생사업'은 골목상권과 주거지가 혼재된 원
도심 근린주구 재생(=마을재생)을 목표로 한다. 사업규모는 약 $10만m^2$
– $15만m^2$ 이고 준주거 지역을 대상으로 한다. 4년 동안 국비지원 금액
은 100억 원이다. 골목상권 활성화, 정주환경 개선을 위한 사업이며,
현재 가장 많은 도시재생 사업유형이다. 대표사례는 인천 만부마을,
부천 소사본동, 안산 월피동, 시흥 신천동, 화성 송산, 평택 신장동
일반근린형 도시재생사업이다.

넷째, '주거지원형' 사업은 저층 주거밀집 지역의 마을재생(100억,
$5만m^2$–$10만m^2$ 이하)을 위한 사업유형이다. 마을단위의 골목길정비, 주
거환경개선, 생활편익시설 정비 등을 위한 사업이다. 대표사례는 인
천 서구 상생마을, 안산 본오 2동, 화성 화산동 주거지원형 도시재생
사업이다.

다섯째, '우리동네 살리기' 사업은 국가균형발전 특별법에 따라 진
행되며 가장 작은 마을(근린주구)단위의 도시재생사업이다(50억, $5만m^2$
이하). 주차장, 공동이용시설 등 생활편익시설 개선사업이 추진된다.
빈집 및 소규모주택정비에 관한 특례법 등 개별법을 활용한 소규모사
업($1만m^2$ 이하)의 추진도 가능하다. 대표사례는 안산 대부도 상동, 시
흥 대야동, 평택 신장2동 우리동네 살리기 도시재생사업이다.

여섯째 '도시재생 인정사업'은 2019년 도시재생 특별법 개정을 통

해 시작되었다. 도시재생전략계획이 수립된 지역에서 점단위 사업(생활SOC구축, 소규모주택정비 등)에 대해 별도 활성화계획을 수립하지 않고 자치단체장(시, 도)이 재정, 기금 등 정부 지원을 받아 실시하는 사업이다. 사업규모는 10만㎡ 이하 소규모이다. 대표사례는 인천 남동구 간석1동, 만수5동, 부천 중동, 평택 서정동, 인천 부평 하곡마을 도시재생인정사업이다.

　마지막 '도시재생 혁신지구' 사업은 공공주도 도시재생사업이다. 공공주도(지자체, LH, 공공기관, 지방공사)로 지역거점을 조성하는 지구단위 개발사업이다. 사업성 개선을 위해 주차장, 도로, 공원 등 기반시설과 생활SOC시설 설치를 위한 재정지원이 가능하다. 그리고 입지규제 최소구역, 용도지역변경 등 규제특례를 제공할 수 있다는 장점이 있다. 대표사례는 부천시 원미혁신지구 사업이다.

〈그림 1〉 인천과 수도권 서남부 지역 도시재생 활성화 지역

3. 원도심 재생: 핵심주체, 계획과정, 계획요소

1) 핵심주체

원도심 재생을 위해서는 다양한 기관과 전문가, 주민이 함께 참여해야 한다. 우선, 지속가능한 정책과 예산을 수립하고 계획지침을 수립하는 중앙정부의 역할이 중요하다. 그리고 현장기반 재생정책 수립, 지역자산 발굴, 사업기획, 예산집행, 소통업무를 담당할 수 있는 실무능력을 갖춘 지방정부, 공공기관, 프로젝트 팀, 마을주민, 현장지원 센터장, 코디네이터 등이 필요하다. 마지막으로 가장 중요한 핵심주체, 내집과 마을, 내가 사는 도시의 변화를 꿈꾸고 만들기 위해 노력하는 주민이 있어야 한다. 원도심 도시재생사업의 핵심주체(중앙정부, 지방정부, 프로젝트 팀, 주민)의 역할을 간단하게 소개하면 다음과 같다.

중앙정부와 지방정부는 원도심 재생을 위한 지원정책 수립, 마중물사업 예산지원, 성과 모니터링 등 중요한 역할을 담당한다. 인천개항창조도시 도시재생사업에서 국토교통부는 마중물 사업(상상플랫폼, 우회고가정비, 역사문화가로정비)을 위한 국비를 지원하고 관문심사를 통해 성과를 모니터링 하고 있다. 그리고 인천광역시는 지역자산 발굴, 수요분석 등을 고려해서 인천 원도심 재생정책(도시재생전략계획, 도시재생활성화계획)을 결정하고 집행하고 있다. 상상플랫폼, 도로, 주차 등 기반시설 확충을 위해 시비를 지원하고 있다. 이처럼 중앙정부와 지방정부 공무원의 역할은 중요하다. 능력있는 공무원이 필요하다. 지속가능한 정책과 예산을 만들고, 집행하는 공무원, 지역특성을 이해하고 소통능력을 갖춘 역량있는 공무원이 있어야 성공할 수 있다. 열정있는 공무원을 찾고, 이들의 도시재생 전문성 제고를 위한 특화

교육 프로그램을 만들고 운영할 필요가 있다.

도시재생지원센터(광역, 현장, 기초)는 도시재생사업의 성공적 추진을 위해 매우 중요한 역할을 한다. 도시재생법에 근거를 두고 있는 중간지원조직이며 행정과 주민을 연결한다. 주민, 행정, 민간, 전문가, 유관조직 등 도시재생 거버넌스 기반 구축의 핵심주체이다. 광역지원센터는 광역단위 도시재생사업을 위한 정책발굴, 주민역량강화 교육 프로그램 운영, 마을기업 지원 등 다양한 역할을 수행한다. 기초현장센터도 규모는 작지만 비슷한 역할을 수행한다. 가장 중요한 현장지원센터는 지역자산발굴, 마을계획 수립, 예산집행, 주민교육 등 매우 중요한 역할을 담당한다. 그리고 사업 진행과정에서 다양한 이견을 조율하는 역할을 수행한다. 전문성과 소통능력을 갖춘 현장지원센터장과 코디네이터가 필요하다. 갈등을 최소화하고 사업의 파급효과를 극대화 할 수 있다.

프로젝트 팀은 원도심 재생을 위한 세부 사업계획을 만드는 핵심주체이다. 토지소유자와 다양한 그룹의 전문가들이 참여한다. 원도심 재생을 위한 마스터플랜(도시재생 활성화계획)을 만들고, 도시, 건축, 조경, 역사, 문화, 관광, 교통, 금융 등 다양한 전문가 그룹이 함께 작업을 한다. 세부 사업계획을 수립하고 집행하기 위해서는 오랜 시간이 필요하다. 정책 결정권자가 사업 중간에 바뀔 수도 있다. 따라서 오랜 시간동안 흔들리지 않고 지속될 수 있는 마스터플랜 수립이 가장 중요하다. 인천개항창조도시 재생사업의 마스터플랜은 인하대학교, 인천연구원, 인천광역시, 민간기업 전문가의 협업을 통해 만들어졌다. 소규모 전문가 워크숍으로 시작했고 도시재생대학, 주민참여 워크숍, 공청회를 통해 다양한 의견을 수렴했다. 정부공모 사업을 통해 최종확정 되었다. 인천개항창조도시의 미래비전과 전략, 세부사업이 확정된 것이다.

주민과 시민단체도 원도심 재생을 위해 중요한 역할을 한다. 끊임없이 민원을 제기하고 성과를 모니터링하고 발전방향을 함께 고민한다. 오늘날 주민은 자신이 사는 지역의 공간(일터, 삶터, 놀이터)을 고치고 바꾸는 작업(설계)에 직접 참여하는 계획수립의 주체가 되고 있다. 주민들이 지역의 현황, 자원, 문제점 및 개선점, SWOT 등을 함께 논의하고 이를 토대로 계획안을 작성하는 방식으로 변화되고 있다. 밀실에서 행정과 전문가 중심의 일방적인 도시계획에서 주민들의 의견을 먼저 듣고 계획수립을 하는 '선경청 후계획'의 기조로 패러다임이 변화하고 있다. 인천개항창조도시 재생사업도 주민민원으로 시작되었다. 2013년 중구와 인하대학교가 함께 주관했던 주민참여 도시설계 워크샵(도시재생대학)을 통해 경제기반형 도시재생사업의 아이디어가 발굴되었다.

이처럼 원도심 재생사업의 주체는 다양하다. 사업주체(중앙정부, 지방정부, 프로젝트 팀, 주민 등)의 협업과 공감대 형성, 합의도출이 필요하다. 이를 통해 원도심 재생사업을 성공적으로 추진할 수 있다.

2) 원도심 재생: 계획과정

도시재생 특별법에 따라 국토교통부가 주관하는 원도심 재생사업의 계획과정은 4단계로 구분할 수 있다. 도시재생전략계획 수립, 도시재생활성화계획 수립, 국비/지방비 공모사업 신청, 실시계획 승인 및 시행단계이다. 원도심 도시재생사업의 계획과정을 간단하게 소개하면 다음과 같다.

1단계는 도시재생전략계획 수립단계이다. 도시재생전략계획은 지방자치단체(시, 도)가 수립한다. 10년 단위 기본계획이고 5년 단위로 재정비된다. 공청회 등을 통해 주민 의견을 반드시 청취해야 한다. 원칙적으로 도시재생전략계획에 포함된 지역에서 뉴딜사업을 진행할 수 있다. 그러나 최근 전략계획에 포함되지 않더라도 시급성이 인정되는 경우 도시재생 혁신지구 사업을 진행할 수 있다. 2단계는 도시재생활성화계획 수립단계이다. 도시재생활성화계획은 지방자치단체(시, 군, 구)와 공기업(토지주택공사, 인천도시공사 등)이 수립한다. 주민 참여를 통해 원도심 재생을 위한 도시재생 사업계획을 수립하는 과정이다. 국비가 투자되는 마중물사업이 구체화된다. 그리고 민간사업을 발굴하고 구체적인 시행계획을 수립해야 한다. 시/군/구 의회 의견 청취도 반드시 필요하다. 3단계는 국비/지방비 공모 신청 단계이다. 사업계획의 우수성, 창의성, 실현가능성 등을 고려해서 국비/지방비 지원 여부가 결정된다. 사업예산을 확보하지 못하면 도시재생활성화 계획은 구속력이 없는 계획으로 폐기된다. 인천개항창조도시 도시재생사업도 1차 공모에서 실패했었다. 2차 공모를 준비하면 계획내용이 변경, 추가되었고 사업범위도 확대되었다. 공청회 등 모든 절차를 다시 진행해야 하는 불편함이 있었다. 4단계는 실시계획 승인 및 시행 단계이다. 도시재생지원기구 컨설팅을 통해 최종, 확정된 활성화계획에 따라 마중물 사업과 개별사업을 진행한다. 커뮤니티 어울림센터 등 마중물 사업의 건축행위를 위해서는 개별법에 따른 건축인허가 절차를 별도로 진행해야 한다. 최초 활성화 계획의 기본방향과 원칙은 유지해야 하고 사업추진 성과에 따라 차년도 국비지원 규모가 조정될 수 있다.

3) 원도심 재생: 계획요소

원도심 재생을 위한 계획요소는 다양하다. 물리적 환경을 어떻게 개선할 것인지 고민해야 한다. 쇠락한 상권 재생을 위한 계획도 필요하다. 사회적 관계 회복, 공동체 유대감 강화, 마을리더 양성을 위한 노력도 필요하다. 고령화 문제대응, 범죄예방, 보행 안전성 확보를 위한 계획이 필요하다. 그리고 차별 없이 함께 이용할 수 있는 공공공간을 계획하고 환경적 지속가능성, 사회적 형평성을 만들기 위한 계획을 수립해야 한다. 커뮤니티 활성화, 일자리 창출, 집수리 사업 등 정주환경 개선을 위한 세부사업도 필요하다. 필자는 원도심 재생(마을재생, 근린주구 재생)을 위한 다섯 가지 계획요소를 제안한다.

　첫째, '사람'에 대한 계획/고민이 필요하다. 지속가능한 원도심 재생은 주민참여를 통해 이루어져야 한다. 지역현안에 대해 문제의식을 갖고, 발전방향을 고민하는, 실천하는 주민리더가 필요하다. 전문가 강의를 듣고 선진사례를 답사하는 주민리더 교육프로그램(마을대학, 도시재생대학)을 개설하고 운영할 필요가 있다. 마을단위 교육과 광역단위의 교육도 필요하다. 타지역의 경험과 성공사례를 서로 보고 배울 수 있는 기회가 있어야 한다. 경쟁을 통해 마을공동체의 중요성을 이해하고, 소속감과 결속력을 키울수 있다. 도시재생대학은 기초, 중급, 심화 과정으로 분리해야 한다. 어떻게 마을리더를 발굴하고 육성할 것인지? 단단한 마을조직을 어떻게 만들것인지? 고민하는 것이 원도심 재생을 위한 첫 번째 단계이다. 이러한 과정에서 전문성을 갖춘 공무원, 센터장, 코디네이터가 있어야 한다. 소통능력을 갖춘 공무원이 필요하다. 성공할 수 있는 '사람'을 발굴하고 육성하는 구체적인 방법을 고민하고 예산과 시간을 투자할 필요가 있다.

　둘째, '정주환경' 개선을 위한 계획이 필요하다. 원도심은 소규모 도시공간이다. 살아 숨 쉬는 공간이 되기 위해서는 인간이 사는 데 꼭 필요한 주거와 공원, 녹지, 기초 편의시설이 서로 긴밀하게 연결되어야 한다. 커뮤니티 가로 조성, 어울림센터 건설, 통학로 안전성 확보, 주차문제 해결, 공공주차장 건설, 집수리 지원 등에 대한 고민이 우선 필요하다. 독거노인, 청년가장 등을 위한 집수리와 모든 주민을 대상으로 지원하는 포괄적 집수리가 필요하다. 복합적 토지이용이 필요하다. 재난/재해(홍수, 가뭄, 폭염 등) 대응을 위한 고민도 필요하다. 지역 특성을 가장 잘 아는 주민참여가 필요하다. 그리고 건축에는 좋은 디자인과 나쁜 디자인이 있다는 점을 주목해야 한다. 설계공모, 주민공모 등 다양한 공모 방식을 도입해서 정주환경 개선을 위한 좋은 건축, 특화디자인을 만들어 낼 필요가 있다.

셋째, '상권' 활성화를 위한 방법을 고민해야 한다. 오래된 골목상권 특성을 분석하고, 쇠락하는 상권을 어떻게 회복할수 있는지?, 새로운 거점상가를 어떻게 육성할 것인지?, 기존상가의 혁신을 어떻게 만들어 낼 것인지? 지역자산은 무엇이 있는지? 다양한 고민을 해야 한다. 새로운 변화를 수용하고 만들어 낼 수 있는 '젊은 상인회'가 중심이 되어야 한다. 기존상권에 새로운 변화가 필요하다. 새로운 미래를 개척하는 청년들의 열정과 상상력을 활용해야 한다. 인천개항로, 부산 영도, 거제도처럼 지역문제를 고민하고 실천하는 젊은 리더가 필요하다. 직접 땅과 건물을 매입하고 지속가능한 상권을 만들기 위해, 성공하기 위해, 치열하게 고민하는 상인 그룹이 있어야 골목상권 활성화는 가능하다. 지역특성을 고려한 마을축제, 마을지도, 마을상가, 간판정비, 특화거리 조성, 새로운 매뉴개발, SNS 홍보방법 등을 함께 고민해야 한다.

넷째, '지역자산'을 발굴하고 활용하는 계획이 중요하다. 원도심 모든 장소는 서로 다른 지역자산을 가지고 있다. 역사, 문화, 환경, 건물, 사람, 상권 등 지역의 강점을 찾고 약점을 보강하는 전략이 필요하다. 지역주민 관점과 외부인 관점에서 지역자산을 평가해야 한다. 지역주민들에게는 일상적인 것들(창고, 공터 등)이 보는 관점을 바꾸면 새로운 성장을 위한 재생거점(어울림센터, 마을장터 등)이 될 수 있다. '모든 곳에 있는 것'이 아닌 '이곳에만 있는 지역자산'을 발굴하고 육성해야 한다. '사람과 공동체'가 지역자산이 될 수 있다. '과거의 것'이 아닌 '새로 만들어진 것'이 지역자산일 수 있다. 역발상이 필요하다. 전문가의 도움도 필요하다. 역사문화, 건축디자인, 상권, 마케팅 등 다양한 관점에서 지역자산을 찾고 창조적인 방법으로 활용할 필요가 있다.

마지막으로 '갈등관리'가 중요하다. 다양한 참여주체의 협업이 필수적이기 때문에 다양한 유형의 갈등(공공-공공, 공공-민간, 민간-민간)이 나타난다. 갈등의 유형을 이해하고, 갈등해결을 위한 맞춤형 해법을 찾아야 한다. 서로에 대한 믿음과 유대감이 형성되면 갈등은 최소화될수 있다. 도시재생 사업예산이 확정되면 갈등이 발생하기 시작한다. 사업비 투자 우선순위에 대한 이견이 생기기 시작한다. 거점시설 조성을 위한 토지매입 가격 결정에 이견(매수자, 매입자)이 생긴다. 따라서 도시재생활성화계획 수립단계에서 주민, 공공, 전문가가 참여하는 워크샵 과정을 통해 서로에 대한 신뢰가 생겨야 한다. 주민, 공공, 전문가 사이에 충분한 유대감이 형성되어야 한다. 전문가 특강, 사례답사, 논리적 고민보다 함께 하는 막걸리 한잔이 더 중요할 수 있다. 서로 다른 점을 이해하고, 함께 논의하는 과정에서 갈등은 해결될 수 있다.

지금까지 필자가 제안한 원도심 재생을 위한 다섯 가지 계획요소(사람, 정주환경, 상권, 지역자산, 갈등관리)는 지역특성을 고려해서 선별적으로 적용되어야 한다. 모든 곳에 적용될 수 있는 만병통치약이 아니다. 사회적 합의를 통해 선택적으로 차별성 있게 적용할 필요가 있

다. 해법은 현장에 있다. 원도심 재생 현장에서, 마을단위 문제해결
을 위한 전문가, 공무원, 주민, 시민단체가 참여하는 해법 찾기 과정
이 매우 중요하다.

4. 주요사례 연구

1) 뉴어바니즘 운동(New Urbanism Movement in USA and Canada)

뉴어바니즘 운동은 도시의 무분별한 확산에 의한 도시문제(생태계
파괴, 공동체의식 약화, 지역성의 약화, 보행환경 악화, 인종과 소득계층별
격리현상 등)를 극복하기 위한 대안으로 1980년대 미국과 캐나다에서
시작되었다. 뉴어바니즘이 추구하는 바는 교외화 현상이 시작되기 이
전의 인간적인 척도를 지닌 근린주구(=마을)가 중심인 도시로 회귀하
자는 것이다(박영춘, 류중석, 2000). Peter Calthorpe, Andres
Duany, Elesabeth Plater-Zyberk 등 북미의 저명한 도시계획가,
설계가, 교수들을 중심으로 진행되고 있는 이 운동의 행동강령(The
Charter of the New Urbanism)은 1996년에 제정되었다. 1997년 토론토
에서 세계 18개 국가대표들이 모인 대규모 총회를 개최한 이후 현재
전 세계적으로 많은 전문가들과 개발업자, 공무원, 사회운동가들까지
참여하고 있으며 최근 Smart Growth 운동으로 변환되어 발전하고
있다(스마트성장의 개념과 원칙, 시사점은 윤혜정, 2002, 참조)

뉴어바니즘의 기본개념은 근린주구 구성기법에 근거한, 1) 걷고 싶
은 보행환경체계 구축; 2) 편리한 대중교통체계 구축; 3) 복합적인 토
지이용; 4) 다양한 주택유형의 혼합; 5) 건축 및 도시실계 코드 사용;

6) 고밀도 개발; 7) 녹지공간의 확충; 8) 차량사용의 최소화이다. 뉴어바니즘은 건물, 가로, 블록, 근린지구, 지구, 타운, 도시 및 지역에 이르는 다양한 분야에 대한 세부적인 도시설계 및 건축계획 지침을 제안하고 있다. 이러한 원칙과 지침들은 뉴어바니스트들의 프로젝트를 통해 실현되고 있다. 미국에서만 400여개의 프로젝트가 계획수립 단계에 있다고 한다.

뉴어바니즘의 이념과 개발사례에 대한 평가는 관점에 따라 많은 차이가 있다. Bressi(1994)는 뉴어바니즘은 도시 확장을 더욱 조장하고 이를 위한 이론적 근거를 제공하고 있다고 비평하였다. 실제로 Seaside Florida 프로젝트와 같은 초기 뉴어바니즘 사례들은 대중교통수단과 연계되지 않은 교외지역의 휴양도시 개발이었다. 또한 뉴어바니즘은 과거생활방식에 대한 낭만적인 회고에 근거한 이상적인 계획으로 21세기 생활과는 동떨어진 이상이라고 주장한다. Alder(1995)는 뉴어바니즘은 무지한 시민들을 테마공원에 살도록 현혹하고 있다고 비평하였다. 또한, 소규모 상점들의 경쟁력 확보와 저렴한 주택공급(affordable housing provision)의 가능성에 대해 많은 의문점을 제시하고 있다. 마지막으로, 비평가들은 뉴어바니즘의 디자인 코드를 사용한 도시계획 및 설계 방법이 현실을 충분하게 반영하기 힘들다는 점을 지적하고 있다. 그러나 뉴어바니즘 운동은 도시주택의 미래형태에 대한 새로운 대안을 제시하고 지속가능한 도시건축을 추구하기 위해 대중교통 접근성 확보, 보행자 중심계획, 복합용도 근린주구 설계의 필요성을 재발견하고 있다. 도시의 수평적 확산을 가져오는 교외화를 지양하고 중심지 개발을 장려하고, 경전철과 연계 개발된 복합용도의 자족적도시를 추구하고 있다. 공공 공간의 개방성과 보행 접근성을 확보하고, 환경친화요소 도입을 추구하고 있다.

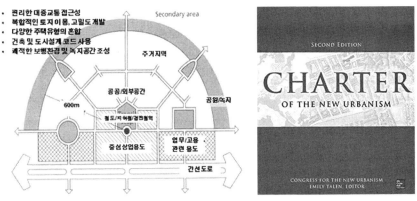

- 편리한 대중교통 접근성
- 복합적인 토지 이용, 고밀도 개발
- 다양한 주택유형의 혼합
- 건축 및 도시설계 코드 사용
- 쾌적한 보행환경 및 녹지공간 조성

〈그림 2〉 뉴어바니즘의 주요 요소

2) 어번빌리지 운동(Urban Village Movement in the UK)

어번빌리지운동은 쾌적하고 인간적인 스케일의 도시환경(liveable urban environments) 계획을 목표로 1989년에 영국에서 시작되었다. 이 운동의 출발점은 '지속가능한 도시건축을 위해서는 관련 전문가들의 반성과 변화, 그리고 실천이 필요하다'는 찰스 황태자의 영국건축비평서(The Vision of Britain: A Personal View of Architecture)이다(Thompson-Fawcett, 1998). 황태자의 주장에 공감한 건축가, 계획가, 주택개발업자, 교육가들은 1989년 어번빌리지 협회(1993년 어번빌리지 포럼으로 전환)를 조직하고, 어번빌리지의 기본개념과 계획원칙을 구체화시키고 있다.

어번빌리지 계획과 설계지침에 대한 보고서(Urban Village: a concept for creating mixed-use urban development on a sustainable scale)에 구체화된 어번빌리지의 기본개념은 1) 복합적인 토지이용; 2) 도보권내 초등학교, 공공시설 및 편익시설 배치; 3) 융통성 높은 건물계획; 4) 보행자우선계획; 5) 적정개발 규모(이상적인 개발규모는 40ha, 거주인구

〈그림 3〉
영국의 찰스 황태자의 어번빌리지 운동

300-5000인); 6) 지역특성을 반영한 고품격 도시 및 건축설계; 7) 다양한 가격, 규모의 주거유형 혼합을 통해 경제적, 사회적, 환경적으로 지속가능한 커뮤니티를 개발하는 것이다. 또한 대중교통 네트워크와 기존도시와 연계된 개발을 목표로 하며, 교외지역의 녹지개발보다는 기성시가지 기개발지역의 재생에 주안점을 두고 있다. 어번빌리지의 개념이 적용된 최초의 사례는 영국 런던의 도크 랜드 지역에 있는 웨스트 실버타운개발(West Silvertown)이다.

어번빌리지의 기본개념과 계획사례에 대한 전문가들의 평가는 다양하다. Till(1993), Thompson-Fawcett(1998) 등은 어번빌리지는 영국의 전통적인 전원도시생활과 도시미에 대한 향수에 기인한 낭만주의적이고, 과거지향적인 개념이라고 평가하고 있다. Madanipour(2001)는 주민참여의 효과와 가능성에 대한 과학적인 근거부족의 문제를 지적했다. 즉 현대사회의 높은 이동성 때문에 주민들의 지속적이고 강한 유대감과 소속감을 형성하는 것이 불가능하다는 것이다. 반면 어번빌리지의 복합용도개발 원칙에 대한 긍정적인평가도 존재한다. McArthur(2000)는 크라운 스트리트 개발(Crown Street Regeneration) 사례에 적용된 복합용도 개발의 성과가 매우 좋다고 지적하였다.

〈그림 4〉 어번빌리지의 기본개념

Poundbury 프로젝트에서 주민들 간에 강한 유대감과 소속감이 형성되고 있다는 조심스러운 평가도 있다(Thompson-Fawcett, 2003). 최초의 어번빌리지인 웨스트 실버타운 (West Silvertown)이 높은 수준의 자족성과 커뮤니티 구성원의 다양성(소득수준, 가족구성, 연령 등)을 이룩하고 있다는 사례분석 결과도 있다(Tait, 2003). 초기 어번빌리지 개발사례의 경험을 기반으로 해서 현재 어번빌리지의 기본개념은 영국 중앙정부의 정책으로 구체화되고 있고, 이러한 정책변화에 따라 새로운 시범사업들이 일어나고 있다. 영국정부는 21세기 새로운 주거모델 개발을 목표로 밀레니엄 빌리지 건설 시범사업을 추진하고 있다. 마을단위 도시재생, 지역특성을 고려한 계획, 주민참여 계획, 보행자 우선계획 등 어번빌리지 그룹의 기본개념은 새로운 생태근린주구 계획이론으로 발전하고 있다.(Huge Barton, Sustainable Communities)

3) 빌바오 도시재생사업(Bilbio Urban Regeneration Project in Spain)

빌바오는 스페인 북부 지방의 중심도시이다. 전통 산업(철강, 석재, 조선 등)이 발달한 산업도시이다. 빌바오 지역경제는 1950년부터 1970년대 중반까지 전성기였다. 그러나 철강, 조선 등의 전통 산업의 몰락과 함께 일자리가 47% 감소하고 실업률이 26%까지 급증하였다. 경제가 몰락하고 원도심이 급속히 쇠퇴하였다.

빌바오 도시재생을 위해 바스크 정부는 광역적 차원에서 1) 빌바오를 포함하는 3개 대도시의 상호보완적인 관계 정립, 2) 15개 중소도시의 차별화된 역할분담, 3) 지역문화 정체성 확립 및 유지를 골자로 하는 지역균형발전을 계획을 수립하였다. 그리고 '네르비온강 살리기'와 '쇠퇴한 도심재건'을 위해 민관협력 도시재생전략계획을 수립하였다. 계획수립 주체(빌바오 메트로폴리 30)는 바스크 지역 130여개의 공기업과 민간기업으로 구성된 민관 협력단체이다. 800여명의 학자와 전문가가 도시재생의 비전과 전략을 연구하였다. 빌바오리아 2000은 스페인 정부, 바스크 정부, 빌바오시가 공동으로 투자하여 설립한 개발공사로써 빌바오 재생사업을 체계적으로 관리하고 있다. 구겐하임 미술

〈그림 5〉 스페인 빌바오 아반도이바라 전경

관과 같은 대규모 프로젝트를 추진하는 역할을 담당하였다.

빌바오시의 도시재생 프로젝트는 크게 아반도이바라(Abandoibarra) 구역, 아메졸라(Amezola) 구역, 바라칼도(Barakaldo) 구역으로 구분되어 단계적으로 진행되었다. 역사, 문화, 자연의 보존과 최소한의 개발을 목표하였다. 교통 인프라의 정비와 네르비온강 수질정화 사업도 도시재생을 위한 첫 단계 사업으로 진행되었다. 지하철과 철도 그리고 보행도로 환경개선 사업이 추진되었다. 영국건축가 노먼 포스터가 설계한 지하철 역 입구는 사람 식도를 형상화한 설계로 랜드마크가 되었다. 이는 빌바오시가 공공시설물의 디자인에 관해서도 많은 노력과 관심을 기울이고 있다는 증거이다.

도심 한가운데를 가로지르는 철길을 외곽으로 이동시킴으로써 도시공간을 재조직했다. 철길로 인해 분할되어 있던 도심부의 연결성을 회복함으로써 접근성이 눈에 띄게 향상되고 인근의 슬럼가도 점차 사려졌다. 네르비온 강의 다리와 강변도로의 건설은 문화시설과 원도심의 연계성 강화를 위한 사업이었다. 강변의 차도를 줄이고 인도와 자전거 도로를 조성했다. 새로 건설한 네르비온강의 다리 3개중 2개는 순수 인도교로만 설계 되었다. "빌바오 사람들의 약 80%는 걸어서 다

닌다"는 말이 나올 정도로 안전하고 쾌적한 친환경 보행환경이 조성
되었다. 시민들에게 환경보호 의식을 심어주기 위해 바스크주립대에
친환경 강좌를 개설하고, "빌바오 가든(Bilbao Garden)"이라는 프로젝
트를 진행했다. 원도심에 소규모 공원 27개를 만들고 시민들이 자연
과 환경에 관심을 갖도록 유도하였다.

도로, 공원, 수변공간 정비를 마무리한 바스크 정부는 문화산업을
유치하기 위해 1억 2천만 유로를 들여 빌바오에 구겐하임 미술관을
건설하였다. 미국의 건축가 프랭크 게리가 설계한 이 건물은 천문학
적인 액수의 건축비 때문에 반대가 심했다. 하지만, 97년 10월 개관
한 구겐하임 빌바오는 3년 만에 투자비를 회수했고, 6000명의 직·간
접적인 일자리를 창출하는 효과가 있었다. 구겐하임 미술관은 빌바오
를 문화관광도시로 부각시키는데 중요한 역할을 하였다.

빌바오시는 한발 더 나아가 "빌바오리아 2000" 계획을 통해 구겐하
임 미술관을 구심점으로 네르미온 강가를 대규모 문화단지로 조성하
고 다양한 도시재생사업을 추진하고 있다. 1700석짜리 공연장인 컨
벤션 센터를 건설하였고, 쉐라톤 빌바오 호텔이 구겐하임 옆에 건축
되었다. 또한 아반도이라바 경계에 위치한 국제회의장, 콘서트 홀,
해양박물관 등을 조성해서 문화관광 거점을 만들고 있다. 구리를 만
들던 공장을 리모델링해 콘서트 홀로 사용하고, 조선소를 개조해 박
물관으로 바꾸기도 하였다. 구겐하임 미술관 바로 옆을 지나가는 고
가도로를 철거하지 않고 그대로 존치함으로써 과거와 현재가 공존한
다는 상징성을 갖도록 하였다. 이러한 창의적인 발상으로 빌바오는
새로운 개발이 과거의 것들을 지우는 것이 아니고 공존할수 있도록
유도했다. 이를 통해 빌바오는 어느 도시보다 독특하고 강력한 정체
성을 지닐 수 있는 도시로 발전할 수 있었다.

〈그림 6〉 구겐하임 전경 1

〈그림 7〉 구겐하임 전경 2

〈그림 8〉 구겐하임과 수변공간의 조화 1

〈그림 9〉 구겐하임과 수변공간의 조화 2

4) 리버플 도시재생사업(Liverpool Urban Regeneration Project in the UK)

리버플은 항구도시이다. 유럽, 아프리카, 신대륙과의 중계무역으로 성장한 도시이다. 영국의 관문도시이고 다양한 문화와 스포츠의 중심지였다. 하지만 리버플은 2차 세계대전으로 인한 기반시설 파괴, 무역량 감소, 산업구조 재편으로 가난한 철강도시 이미지로 낙인되었다. 원도심이 쇠퇴하였다. 부두가 폐쇄되고, 실업률이 증가했다. 인구감소, 범죄률 증가, 불법마약 사용 등 사회적 문제가 발생했다.

원도심 활성화를 위해 리버플은 다양한 역사문화보존사업과 워터프론트 재생사업을 추진했다. 1981년 리버플은 머지사이드 개발회사(Merseyside Development Corporation)를 설립하였다. 다양한 공공기관

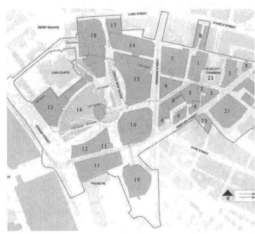

<〈그림 11〉 공사전경1

〈그림 10〉 리버플원 마스터 플랜

〈그림 12〉 공사전경2

〈그림 13〉 내부공원 조감도　　〈그림 14〉 주요가로 투시도　　〈그림 15〉 리버플원 조감도

〈그림 16〉 ACC 배치도

〈그림 17〉 ACC 항공사진

과 민간부문으로 구성된 개발회사는 머지강변에 버려진 항만재생을 위한 법적 구속력과 역사문화보존 및 신규개발을 위한 사업비를 지원받았다. 머지사이드 개발회사의 가장 대표적인 프로젝트는 앨버트 독

(Albert Dock) 재생사업이다. 1846년 개장한 엘버트독은 세계에서 가장 큰 대표적인 방화형 창고이다. 1941년 폭격으로 피해를 입고, 1972년 폐쇄되었다가 역사문화유적 보전 방침에 따라 성공적으로 복원되어 박물관과 쇼핑센터로써 1988년 재개장하였다. 앨버트독 재생사업은 리버플의 역사 항구를 관광지로 탈바꿈시킨 첫 번째 성공 사례로써 재생사업의 시발점이 되었다.

이후 머지강변 주변에 아파트, 오피스, 상가, 호텔을 포함하는 복합개발과 머지사이드 해양박물관, 비틀즈 박물관, 국제 노예박물관, 테이트 아트갤러리 등을 포함하는 신규개발이 지속적으로 전개되었다. 원도심에 위치한 19세기 각종 공공건축물, 20세기의 영국 성공회 및 로마 카톨릭교 성당 등 역사문화유적을 보존함과 동시에 머지강변과 연계하여 관광자원화 하여 지역경제 활성화를 도모하였다. 이러한 노력으로 리버플은 역사문화 유적을 기반으로 한 매력적인 수변공간과 원도심을 재생시켰다. 매년 4만명에 이르는 관광객들이 리버플 원도심을 방문하고 있다. 원도심 재생사업은 약 2500여개의 일차리 창출효과가 있는 것으로 조사되었다.

1998년 시의회와 민간개발업자가 합작으로 원도심 활성화를 목적으로 머지강변과 도심부 사이에 42에이커의 복합용도 재개발 계획을 수립하였다. 이 계획은 현재 정부에서 추진하고 있는 경제기반형 도시재생사업 또는 중심시가지 도시재생사업이라고 볼수 있다. 리버플 원(Liverpool One)이라고도 알려진 이 사업은 기존에 존재하던 파라다이스 거리(Paradise Street)를 중심으로 개발구역을 남북으로 구분하였다. 6개의 구역으로 나뉘어져 있는 파라다이스 쇼핑지구는 30개의 신축건물과 두 개의 대형 백화점, 공원, 호텔, 극장, 그리고 600채 규모의 주거단지로 변화되었다. 입체복합 개발방식으로 대규모 공원녹지

(지상)와 공공주차장(지하)이 원도심에 새롭게 조성되었다. 대규모 쇼 핑가로가 건설되었다. 쇼핑센터의 교외지역 이주으로 인한 도심쇠퇴 의 해결방안으로써 제시된 리버플 원 계획안은 대규모 건축물을 통한 인공적인 실내 환경의 조성보다는 도시적 문맥을 살린 거리 위주의 쇼핑가로 계획안을 채택하였다. 기존도시 맥락을 존중하면서 도심과 수변공간을 다시 연결시키고, 도심부에 새로운 활력을 만드는 중요한 역할을 할 것으로 기대하고 있다.

아레나 앤 컨벤션센터는(ACC: Arena and Convention Center)는 킹스 독에 위치한 대형 스포츠 및 국제행사장이다. 리버플 시정부는 국제 적인 이벤트, 회의, 문화산업 유치를 통한 재정확보, 세입증진, 일자 리를 창출을 위해 ACC를 건설하였다. ACC는 10,000석 규모의 다목 적 강당, 1350석 규모의 국제회의장, 그리고 전시장을 포함하고 있 다. 사실 시의회는 이런 대규모 건축물이 머지강의 수변공간에 건립 되는 것을 매우 조심스러워했다. 스포츠 스타디움과 같은 건축물은 대규모의 주차공간과 넓은 건설 부지를 필요로 했기 때문에 전통적인 도시조직과 스케일의 보호를 위해서 도시외곽에 지어야 한다는 주장 이 있었다. 하지만 도시재생사업에 박차를 가하고 수변공간의 활성화 를 도모하기 위해 ACC 건립 계획을 승인하였다. 주변도시 조직과의 연계를 위해 ACC는 세심한 계획과 설계를 통해 건축되었다. 주요 도 로축이 건물을 관통하도록 디자인해서 수변공간과 주변 관광지, 호 텔, 도심 중심부와의 연결성이 끊기지 않도록 배려하였다. 또한 주변 역사적 건축물과 현대적인 ACC의 경관적인 조화를 고려하였다. 앨버 트 독과 함께 ACC는 머지강 수변공간의 상징적인 랜드마크로 인식되 고 있다.

리버플 도시재생사업의 시사점은 다음과 같다. 첫째, 리버플은 원도심 재생을 위해 역사문화 유산을 적극 활용하고 신규개발 사업을 동시에 추진하였다. 정책적인 지원 하에 다양한 지역문화 자산을 발굴하고 새로운 문화산업을 육성하여 시너지 효과를 내고 있다. 비틀즈 박물관과 테이트모던을 역사유적지인 앨버트독에 이전/조성했다. 원도심 재생을 위해 보존과 재생, 새로운 개발을 함께 추진하는 전략이 필요하다. 둘째, 시는 구체적인 계획들을 시민들과 공유하기 위해 '리버플 첫 번째 워크북'을 발간하여 구체적인 전략과 계획목표를 제시하였다. 이는 시민들로 하여금 목표의식을 갖게 하고 공공정책의 시행에 있어 폭넓은 지원을 얻는 역할을 하였다. 리버플 역사환경사업(HELP)에서 출판물을 제작하여 지속적인 관심을 유도하고 시민들과 함께 리버플을 함께 만들어 간다는 의지를 공유하였다. 정보공개, 참여행정은 성공적인 도시재생 사업을 가능하게 한다. 마지막으로, 공공분야와 민간분야의 협력을 통해 문화관광 자원을 개발하고 국제적인 축제와 이벤트를 수시로 유치하였다. 큰 산업적 인프라 구축 없이 효율적으로 발전할 수 있는 계기를 만들었다. 민관협력을 통해 재정부담을 줄이고 장기적인 투자와 공공사업에 집중할 수 있는 환경을 조성해 주었다.

5) 런던 사우스뱅크 도시재생사업(London South Bank Regeneration)

런던 사우스 뱅크(South Bank)는 템즈강 남측, 런던 시청과 테이트 모던, 웨스트민스터 다리에 이르는 넓은 지역이다. 수백년 동안 런던에서 가장 낙후된 지역으로 여겨졌던 장소이다. 20세기 중반 로열 페스티벌홀(국립극장)이 문을 열면서 런던의 문화예술을 대표하는 장소로 성장했지만, 20세기 중반을 지나면서 점차 낙후되었다. 방문자가

〈그림 18〉 London Eye

〈그림 19〉 TATE Modern

줄고, 주거환경이 악화되었다.

사우스뱅크를 런던의 문화, 예술 중심지로 환원시키기 위한 영국 정부의 계획은 20세기후반부터 본격화되었다. 2000년에 시작된 밀레니엄 프로젝트가 시작이었다. 밀레니엄 프로젝트는 낙후된 지역을 재생하기 위한 국가 프로젝트이며, 막대한 사업비용은 복권기금을 통해 조성되었다. 밀레니엄 브리지(Millennium Brige), 테이트모던 갤러리(Tate Modern Museum), 런던아이(London Eye)는 경쟁력을 잃고 낙후된 장소, 사우스뱅크 지역에 큰 변화를 가져왔다.

1999년 12월 31일 역사문화도시 런던의 도시경관을 조망할 수 있는 전망대(135m), 런던아이가 처음 오픈했다. 그리고 뱅크사이드 화력발전소를 개조한 테이트 모던 갤러리가 2000년 5월 개장했다. 2002년 보행자 전용도로. 밀레니움 브리지(370m)가 재개통(최초개통, 2000년 6월)되면서 사우스뱅크 지역은 런던의 문화관광 거점으로 발전하고 있다.

템즈강 수변 보행로가 정비되었고 새로운 공공공간으로서 사우스뱅크 지역을 바꾸는 도시재생사업들이 지속되고 있다. 로열 페스티벌홀이 리모델링 되었다. 매일 새로운 행사와 축제가 진행되고 있다. 차링크로스역과 사우스뱅크를 연결하는 보행자 전용도로, 헝거 포드 브리지 (Hungerford Bridege, 골든쥬빌리브리지(Golden Jubillee Bridge)로

명명) 리모델링사업도 2002년 완공되었다. 런던 올림픽을 준비하면
서 수변산책로, 뱅크사이드 선착장, 페스티벌 피어 선착장도 재정비
되었다.

밀레니움 프로젝트 기간(5년)이 끝나면 런던아이는 철거될 예정이
었다. 역사도시 런던의 분위기와 어울리지 않는다는 비평도 있었다.
그러나 현재, 런던아이는 관광도시 런던을 상징하는 랜드마크가 되었
다. 시민이 반대할 거라는 우려와는 반대로 연간 수백만 명이 찾아오
는 명소가 되었다. 임시구조물 하나가 도시경관을 바꾸고 새로운 문
화자산으로서 가치를 인정받고 있다. 현대적이고 미래적인 모습을 담
고 있지만 역사도시 런던의 도시경관과 조화를 이루고 있다. 새로운
생각, 창의적인 아이디어로 런던을 대표하는 새로운 관광명소가 만들
어졌다.

테이트 모던(Tate Modern) 미술관은 화력발전소를 재생시킨 건물이
다. 1981년 폐쇄된 뱅크사이드 화력발전소를 창조적으로 재생한 건물
이다. 99m 굴뚝과 벽돌외관을 유지했다. 화력발전소 외관 80% 이상
을 원형 보존하고 내부는 현대미술 전시공간으로 조성했다. 철제빔과
천장크레인을 보존하고 터빈실 공간을 대규모 전시공간으로 유지했
다. 건물 상부에 템즈강변 도시경관을 조망할수 있는 전망 테라스를
추가했다. 1층에는 대규모 오픈스페이스를 조성했다. 화력발전소 공
간을 창조적으로 재구성해서 현대미술 전시공간을 만들었다. 버려진
화력발전소를 창조적으로 재생시킨 테이트 모던은 연간 500만 명 이
상의 관광객이 즐겨 찾는 런던의 문화관광 거점으로 활용되고 있다.

런던 사우스뱅크 도시재생 사례의 시사점은 다음과 같다. 첫째, 창
조적인 아이디어와 수준 높은 도시설계가 필요하다. 버려진 화력발전
소, 철거대상 런던아이, 런던브리지가 도시재생을 위한 새로운 거점

〈그림 20〉 런던 사우스뱅크 전경 1   〈그림 21〉 런던 사우스뱅크 전경 2

〈그림 22〉 런던 사우스뱅크 전경 3   〈그림 23〉 런던 사우스뱅크 Festival pier

이 되었다. 1년 내내 지역 주민들을 위한 행사는 물론이고 국제적인
행사들이 개최되고 있다. 음악, 미술, 조각, 공연, 전시, 영화 등 다양
한 행사를 위한 문화거점으로 유럽 내에서도 독특한 장소로 자리매김
하고 있다. 둘째, 공공공간 계획이 중요하다. 도시재생을 통해 만들
어진 사우스 뱅크 수변 산책로와 공원, 녹지, 광장은 템즈강 최고의
공공공간으로 사용되고 있다. 다양한 볼거리를 제공하는 공간이다.
이를 통해 사우스 뱅크는 나이를 불문하고 관광객에서 주민에 이르기
까지 모든 사람들이 템즈강을 즐길 수 있는 장소로 재생되었다. 셋째,
국가주도 도시재생사업이 필요하다. 테이트 모던, 런던아이, 런던브
리지 등 국가주도 도시재생사업은 지역 이미지를 크게 바꾸어 놓았

다. 이를 통해 버려진 장소, 사우스 뱅크는 많은 사람들이 선호하는 문화예술공간, 주거지역, 업무지역으로 발전할 수 있었다. 마지막으로 토지이용의 복합화가 필요하다. 복합적 토지이용을 통해 사우스 뱅크는 문화 예술시설과 주거, 상업, 업무시설들이 다 함께 공존하는 도시공간으로 발전하고 있다. 많은 사람들이 찾고 오랫동안 머물 수 있는 조건을 만들었다. 도시재생은 지역상권 활성화, 지역경제에 도움이 된다.

6) 인천 개항창조도시 재생사업

인천개항장은 국내에서 대표적으로 원도심 재생사업이 추진되고 있는 지역이다. 2016년 경제기반형 도시재생사업지구로 선정되었다. 2021년까지 약 250억 원의 마중물 예산(총사업비 5998억원)이 투자되고 있다.

인천개항장은 인천내항이 있는 중구, 동구 지역을 의미한다. 인천개항장은 서구의 문화가 한국의 지역정서와 조화되어 새로운 문화로 발전된 공간이다. 또한 인천개항장은 1883년 개항을 통해 산업화와 국제화가 급격하게 진행된 곳이다. 우리나라 최초의 은행이 설립된 장소이고 하와이 공식이민을 위한 선박이 출항했던 곳이다. 대한민국 최초의 자장면이 탄생된 공간이고 서양식 근대건축물이 많이 남아 있는 장소이다. 도시경관과 일몰풍경이 아름다워 사진작가들이 즐겨 찾는 명소이다. 최근 영화로 만들어진 인천상륙작전의 주요배경이 되는 지역이다. 신포시장, 차이나타운, 월미도, 자유공원, 인천역 등이 인접해 있다.

인천개항장에는 대한민국 최초, 최고의 가치를 지닌 많은 역사문화자원이 존재한다. 최초의 외국인 마을, 은행, 우체국, 영사관, 기상대, 성냥공장 등이 있었다. 개항박물관, 한국문학관, 자장면박물관, 이민사박물관, 역사박물관, 인천문화재단, 아트플랫폼, 문학관 등 다양한 문화공간이 밀집되어 있다. 자장면, 쫄면. 신포 닭강정, 공갈빵, 만두 등 많은 음식문화의 발상지이다. 이처럼 인천개항장은 다양한 볼거리, 먹거리, 즐길 거리가 넘쳐나는 아름다운 도시 인천의 보물창고이다.

인천개항장은 1000만 수도권 시민들이 즐겨 찾는 보석이며 관광도시 인천의 자랑이다. 최근 수인선이 개통된 이후 인천개항장과 신포시장, 차이나타운, 월미도, 아트플랫폼을 찾는 내국인과 외국인들의 방문이 급속하게 증가하고 있다. 차이나타운 보행거리에는 활력이 넘치고 있다. 인천개항장과 월미도, 차이나타운, 동화마을을 연결하는 새로운 관광코스에 관광객의 발길이 끝이지 않고 있다. 근대역사문화자원을 활용한 새로운 도심관광 산업이 증가하고 있다.

인천개항장은 고층고밀의 아파트가 점령한 300만 대도시 인천의 열악한 도시환경에 전혀 다른 매력을 제공하고 있다. 역사와 문화를 활용한 새로운 도시재생의 가능성을 보여주고 있다. 특히 노후창고를 창조적으로 활용한 인천아트플랫폼은 송도, 청라, 영종 국제도시에서 행해지는 도시개발방식과는 전혀 다른 새로운 도시설계방식, 즉 지역의 역사문화자원을 활용한 장소기반 도시재생이 가능하다는 것을 보여주고 있다. 인천아트플랫폼은 차이나타운처럼 많은 관광객이 밀집한 공간은 아니지만 월미도, 차이나타운과 함께 인천관광의 대표적인 장소가 되고 있다. 인천문화예술의 새로운 거점으로 인천개항장과 주변지역이 부각되고 있다.

장소기반 도시재생, 즉 지역의 장소성에 대한 충분한 이해와 지역자산의 적극적 활용이 매우 중요하다. 인천 개항창조도시 재생사업은

〈그림 24〉 2013 도시재생대학 인천 개항장 도시재생프로젝트

철저하게 장소기반 도시재생 사업을 추구하고 있다. 국비가 투자되는 상상플랫폼 조성사업은 내항 8부두에 위치한 노후 곡물창고를 리모델링해서 새로운 문화관광 거점공간을 만드는 사업이다. 인천 개항장의 역사성과 장소성을 활용하는 계획이다. 독특한 지역 특성을 최대한 살리고 지키기 위한 계획이 도시재생을 위해 필요하다.

　국토교통부가 지원하는 경제기반형 인천개항창조 도시재생사업은 인천내항 개방에 대한 시민들의 민원을 통해 시작되었다. 그리고 아주 작은 주민참여 도시재생대학을 통해 발전되었다. 2014년 인천 중구청이 지원하고 인하대학교가 주관했던 인천도시재생대학(특강-답사-스튜디오 실습이 포함된 8단계 교육과정)에서 고민했던 결과물이 정부예산을 확보하는 단초가 된 것이다. "도시락": 도시에서 시도 때도 없이 즐거운 도시공간으로 1.8부두를 만들자는 미래비전을 제시한 도시락 특공대(시민, 학생, 전문가로 구성된 인천도시재생대학 참가팀의 명칭)의 작은 희망이 큰 결실을 맺은 것이다.

주민참여 결과, 2016년 오랜 기간 닫혀 있던 인천내항 8부두가 시민들에게 개방되었다. 많은 분진과 소음, 매연을 유발했던 노후항만 공간이 1년 365일, 많은 사람들이 즐겨 찾을 수 있는 새로운 워터프런트공간으로 진화를 시작하고 있다. 해양도시 인천의 새로운 문화공간 거점을 형성하기 위한 인천개항창조도시 재생사업이 주민참여를 통해 시작된 것이다. 이처럼 주민참여는 강력한 힘을 갖고 있다.

공모사업 이후 더욱 강력하고 지속적으로 주민참여 기회를 제공할 필요가 있다. 추진과정에 참여했던 많은 주민들과 전문가, 학생들이 함께 모여 더 많은 고민을 할 필요가 있다. 이를 위해 더 많은 정보를 제공할 필요가 있다. 도시재생대학처럼 더 많은 주민참여 워크샵 기회가 제공되어야 한다. 많은 것을 결정하고 늦게 시작하는 주민참여는 의미가 없고 지속가능성도 매우 낮기 때문이다.

우선 가장 많은 공공 예산이 투자되는 마중물 사업에 대한 주민참여가 필요하다. 인천 상상플랫폼 조성사업의 경우에는 누가 운영할 것인지? 공공공간을 어떻게 활용할 것인지? 민간사업자 공모 기준은 무엇인지? 공공의 역할은 무엇인지? 개방된 공간을 임시적으로 활용하는 방법은 없는지? 함께 고민할 필요가 있다.

아직 개방된 8부두는 적극적으로 활용되고 있지 못하고 철망에 둘러싸인 공간으로 방치되고 있다. 공공참여(예산투자, 종합적 지원, 아이디어 발굴 등)가 필요하다. 토지매입, 보안문제 등 수없이 많은 이해관계를 해결하기 위한 솔로몬의 지혜와 리더십이 더 필요하다. 국토해양부, 해양수산부, 항만공사, 인천시, 항운노조, 주민 간의 공감대 형성을 위한 시간도 더 필요하다.

  민간투자를 유치하기 위한 마중물 사업에 국비와 지방비가 투자되고 있다. 개방된 8부두와 노후창고를 창조적인 도시공간으로 활용하기 위한 도시재생사업이 진행 중이다. 시드니 달링하버, 런던 사우스뱅크 등 선진 해양도시에서 볼 수 있듯이 새로운 워터프런트 도시디자인이 필요하다. 공공성, 안전성, 쾌적성이 확보된 한국형 워터프런트 도시공간을 창출하기 위한 새로운 아이디어 발굴이 필요하다.

  해양도시 인천의 가치재창조를 위한 새로운 미래발전 동력으로써 인천내항의 새로운 변화가 필요하다. 보행연결성과 대중교통 접근성이 획기적으로 개선되어야 한다. 다양한 역사문화자원을 활용한 인천개항장의 스토리 발굴과 콘텐츠 개발이 필요하다. 새로운 앵커기능 도입이 필요하다. 인천개항장의 산업구조 변화를 정확하게 예측하고 개방된 인천개항장의 워터프런트를 누가, 언제, 어떻게 활용할 것인지? 수없이 많은 고민과 연구가 필요하다. 인천시민, 항만노조, 인천광역시, 해양수산부, 철도청, 인천항만공사, 시민단체, 전문가들의 적극적이고 창조적인 소통과 협력이 절실하게 필요한 시점이다. 인천내항의 개방은 2016년 시작되었고 2030년 이후까지 진행될 예정이다.

5. 맺는말

도시는 진화하는 생물과 같다. 도시는 생물처럼 탄생, 성장, 소멸하는 과정을 겪는다. 끊임없는 변화와 혁신을 통해 생명력을 이어간다. 경쟁을 통해 성장한다. 사회적 합의를 통해 발전한다. 원도심도지속적인 변화와 혁신을 통해 발전하고 있다. 원도심 도시재생사업은노후한 원도심(마을, 시장, 역세권 등)의 변화와 혁신, 경쟁력 강화를 목표로 한다.

국내외 성공사례는 서로 목적이 다르고 추진 시점도 다르지만, 노후 원도심을 창조적으로 재생시켜 살고 싶은 장소/마을을 만들고 있다, 서로 다른 경험과 우선순위를 바탕으로 원도심 특성을 살리고 정체성을 강화할수 있는 장소기반 도시재생사업을 추진하고 있다. 원도심 재생을 위한 새로운 비전과 전략, 핵심사업을 도출하고 실천하고있다.

이글에서 필자는 '원도심 재생'의 개념과 유형, 핵심주체, 계획과정, 계획요소를 설명하였다. 그리고 국내외 사례를 소개하고 시사점을 분석해서 향후 발전 방향을 제시하고자 했다. 결론을 요약하면 다음과 같다. 첫째 성공적인 원도심 재생을 위해서는 사람에 대한 계획(마을리더, 공동체조직, 공무원, 센터장, 코디네이터 등)이 우선 필요하다. 주민참여를 위한 변화와 혁신(법제도 개선, 지원센터, 등)이 필요하다. 둘째, 지역자산(역사, 문화, 건축물, 광장 등)을 적극적으로 활용하고 재생하는 장소기반 도시재생이 필요하다. 모범답안은 없다. '지역특성을 고려한 다양한 해법 찾기'가 해법이다. 마지막으로 원도심 재생을 성공적으로 추진하기 위해서는 공공의 적극적 참여와 지원(정책수립, 재정투자, 우수인력 파견, 아이디어 발굴, 교육프로그램 운영 등)이 필요하다. 작은 생각과 실천이 전체를 바꿀 수 있다. 더 많은 관심과 참여가 필요하다. 원도심 재생을 위해 주민과 전문가, 공무원, 기업, 시민단체들이 함께 고민하고 실천해야 한다.

[사진 자료를 제공해 주신 분들께 감사드립니다.]

항만재생: 개념, 유형, 성공사례*

김경배

1. 들어가는 말

최근 노후항만 재생에 대한 관심이 높아지고 있다. 세계 많은 국가들은 노후항만 도시재생 사업(항만재개발사업 포함)을 추진하고 있다. 대표적인 해양도시 영국은 런던, 리버플, 카디프, 브리스톨, 버밍햄 등 주요 대도시에서 다양한 항만재생 사업을 진행하고 있다. 독일, 네덜란드, 미국, 캐나다, 일본도 마찬가지이다. 런던 도크랜드, 함브르크 하펜시티, 카디프 베이, 요코하마 미라토미라이 21, 호주 달링하버 등 비록 서로 목적이 다르고 추진 시점은 다르지만 노후하고 낙후된 항만과 주변지역의 재생을 통해 일자리를 창출하고 도시환경을 개선하는 방식으로 진행하고 있다. 도시 경쟁력 강화를 위한 수단으로 항만재생 사업을 추진하고 있다.

항만재생은 한국에서도 추진되고 있다. 인천과 수도권 서남부에는 많은 노후 항만이 존재한다. 무역항, 연안항, 국가어항, 어촌정주어항, 소규모 항포구 어항 유형도 다양하다. 인천과 수도권 서남부에 2020년 현재 약 126개의 항만재생 사업이 진행되고 있다. 해양수산

---

* 필자의 기고문(2004, 2005, 2010, 2019)의 내용을 일부 발췌하고 첨삭하여 작성하였음.

부는 노후항만 재생을 위한 항만재개발사업, 어촌뉴딜 300 사업을 추
진하고 있다. 국토교통부는 노후항만을 재생하는 경제기반형 도시재
생사업, 어촌마을 재생사업 등을 추진하고 있다. 어촌, 어항 재생을
위한 문화관광부 사업, 커뮤니티 재생을 위한 행정안전부 사업도 추
진되고 있다.

인천내항은 국내에서 가장 대표적인 노후항만 재생사업이 추진되
고 있는 지역이다. 국토교통부와 해양수산부 사업이 함께 추진되고
있다. 국토교통부는 인천내항과 동구, 중구 원도심 재생을 위한 인
천개항창조도시 재생사업을 추진하고 있다. 해양수산부는 인천내항
1·8부두 항만재개발 사업을 추진하고 있다. 사업명칭과 사업내용,
추진주체, 추진방식은 다르지만, 공통점은 노후한 인천내항과 주변
지역의 경쟁력을 강화시키는 사업이다. 노후항만의 경쟁력 강화를
목표로 하고 있다.

이글에서 필자는 이론적 고찰을 통해 항만재생의 개념과 유형을 제
시하겠다. 그리고 인천내항을 대상으로 항만재생의 핵심주체와 계획
과정, 계획요소를 설명하겠다. 마지막으로 국내외 항만재생의 주요사
례를 소개하고 시사점을 분석해서 향후 발전 방향을 제시하고자 한다.

2. 항만재생: 개념과 유형

항만재생은 "노후한 항만과 주변 지역의 경쟁력을 향상시키기 위한
노력이다. 보존과 재생, 개발이 함께 필요하다. 필자는 이글에서 보
존, 재생, 개발을 포함하는 포괄적 개념으로 '항만재생'이라는 용어를
사용하겠다. 법과 제도만 다를 뿐 목적은 동일하기 때문이다.

항만재생 사업유형은 다양하다. 추진주체도 다르다. 그리고 다양한 방식으로 진행되고 있다. 물리적, 경제적, 사회적 항만재생 사업이 추진되고 있다. 현재 국내에서 추진되고 있는 항만재생 사업의 유형은 세 가지로 구분할 수 있다. 세 가지 유형은 경제기반형 도시재생사업 (국토부), 항만재개발 사업(해수부), 어촌뉴딜 300 사업(해수부)이다.

경제기반형 도시재생사업은 노후 항만과 주변 지역의 재생을 위해 국토교통부가 추진하는 사업이다. 사업 대상지는 과거 지역경제를 선도하던 국가 핵심시설(노후항만 포함)과 그 주변 지역 또는 이전적지, 유휴부지 등으로 한정된다. 핵심목표는 새로운 경제활동의 거점형성, 양질의 일자리 창출이다. 노후 항만을 마리나 등 문화·관광형 항만으로 조성하고 업무·문화·주거 등 복합기능을 유치하여 지원하는 경제기반형 도시재생사업 모델이다. 가장 대표적인 사례는 인천내항과 인천 원도심 재생을 위한 인천개항창조도시 재생사업이다. 인천개항창조도시 재생사업은 인천 중동구의 구도심지역과 인천내항 1·8부두를 재생하는 사업이다. 인천개항창조도시 재생사업의 핵심내용은 7장(원도심재생)에서 다루고, 인천내항 1·8부두 항만재개발 사업의 세부내용은 본 절에서 다룬다.

항만재개발 사업은 해양수산부가 추진하고 있다. 항만재개발사업은 노후 유휴항만을 지역혁신을 위한 새로운 성장 거점으로 재탄생시키는 사업이다 (해양수산부, 2019). 선박대형화, 항만자동화로 인해 벌크화물을 주로 처리하던 재래부두의 기능 재배치가 필요했고, 쇠퇴하는 배후도심의 지역경제를 되살리고자 도입되었다. 지역특성을 고려한 항만재개발을 통해 개발효과를 극대화하고 지역성장 동력을 강화하며, 항만과 인접 배후도심의 통합개발로 새로운 도시성장 거점을 조성하는 것이 목표이다. 정부에서 수립하는 항만재개발 기본계획은 10

〈그림 1〉 인천과 수도권 서남부 항만재생 지역

년 단위로 수립되고 5년마다 재정비 된다. 2030년까지 19개 항만재개발 사업이 추진될 예정이다. 부산 북항 1단계, 2단계 항만재개발사업, 인천내항 1·8부두 항만재개발 사업이 대표사례이다. 부산 북항 항만재개발 사업은 바다를 매립해서 새로운 땅을 만들고 부산 원도심과 항만배후 지역을 연계 개발하는 사업이다. 사업자는 부산항만공사이다. 부산 북항 항만재개발 사업의 세부내용은 다음절에서 다루겠다.

어촌뉴딜 300 사업은 2024년까지 300개의 어항, 어촌마을을 통합 정비해서 사회, 문화, 경제, 환경적으로 어촌마을의 혁신을 이끄는 사업이다. 해양수산부가 주도하고 있다. 약 3조원 예산이 투입된다. 노후 항만시설 정비, 정주환경개선, 차별화된 콘텐츠 발굴 등 어촌·어항의 통합재생을 목표로 하고 있다. 꾸준히 증가하는 해양관광, 레저 수요를 고려해서 어촌, 어항의 해상교통시설을 현대화하고, 정주환경을 개선하는 사업이다. 해양관광 특화개발 등 지역경제 활성화를 위해 새로운 일자리를 창출하는 사업이다. 어촌마을 공동체 역량강화를 위한 사업도 포함된다. 현재 무의도, 덕적도 등 약 300개의 섬에서 진행되고 있다.

3. 항만재생: 핵심주체, 계획과정, 계획요소

1) 항만재생: 핵심주체

항만재생을 위해서는 다양한 기관과 전문가, 주민이 함께 참여해야 한다. 기획, 집행, 소통업무를 담당할 수 있는 실무능력을 갖춘 공공기관, 지방정부, 지역전문가, 마을주민이 필요하다. 노후항만 재생사업의 핵심주체는 중앙정부, 지방정부, 프로젝트 팀, 주민과 노조, 시민단체 등이다. 중앙정부는 노후항만의 미래발전을 위한 정책을 수립하고 마중물 예산을 지원하는 역할을 담당한다. 인천내항 1·8부두 항만재개발사업의 핵심주체는 해양수산부이다. 해양수산부는 산업체 수요와 물동량 분석, 국가항만 운영계획 등을 고려해서 인천내항 1·8부두의 활용 방향을 결정하는 권한을 가지고 있다. 해양수산부는 도로 등 기반시설 확충을 위해 국비를 지원할 수도 있다. 항만재개발사업의 기본방향은 해양수산부가 결정, 고시하는 항만재개발 기본계획에 우선 반영되어야 한다. 인천내항 1·8부두, 8,6만평은 유휴 항만시설로 기본계획(2016)에 확정되었고 이에 따라 현재 인천내항 1·8부두 항만재개발사업이 추진되고 있다. 아직 인천내항 2, 4, 5, 6, 7 부두는 노후 항만시설로 지정되어 있지 않다. 항만재개발 사업 추진을 위해서는 대체부두 마련, 항운노조 협상 등이 필요하다.

지방정부는 장소중심 항만재생 정책을 수립하고 계획지침을 수립하는 역할을 한다. 높이, 밀도, 용도 등을 조정하는 중요한 도시계획 권한을 가지고 있다. 인천광역시와 중구청은 인천내항 1·8부두 항만 재개발 사업을 추진하는 과정에서 해양수산부가 반드시 의견청취를 해야 하는 대상이다. 개발밀도, 높이 등 도시계획 전반에 대한 내용을 협의한다. 그리고 사업주체로서 항만재개발 사업에 참여하는 것도 가능하다. 현재 인천광역시는 토지소유주로서 항만재개발 사업에 참여하고 있다. 항만재개발 구역에 있는 노후창고와 부지를 매입해서 마중물 사업(상상플랫폼)을 진행하고 있다. 국토부 마중몰 사업으로 추진되고 있는 상상플랫폼 조성사업의 사업주체는 인천광역시이다. 인천광역시는 계획수립 과정에서 시민단체, 군부대, 해양경찰청 등과 많은 협의를 진행하고 있다. 인천광역시는 인천내항 주변 원도심 지역에 대한 다양한 도시개발 정책을 수립하고 관리하는 정책 결정자로서 중요한 역할을 담당하고 있다.

인천항만공사는 토지소유자이다. 그리고 현재 인천내항 1·8부두 항만재개발 사업주체이다. 지역의 다양한 이해 주체들과 협의해서 사업계획을 제안하고 실행하는 역할을 하고 있다. 정부출연 공기업으로서 인천항만공사는 해양수산부의 정책 결정에 따르고 있다. 토지소유권을 해양수산부로부터 출연 받았고 사업계획 수립권자가 해양수산부이기 때문이다. 따라서 인천내항 1·8부두 항만재개발 사업의 실질적인 정책 결정권자는 해양수산부이다.

프로젝트 팀은 항만재생을 위한 세부 사업계획을 만드는 핵심주체이다. 토지소유자와 다양한 그룹의 전문가들이 참여한다. 항만재생을 위한 도시계획 마스터플랜을 만들고, 도시설계, 건축, 조경, 항만, 시공, 금융 등 다양한 전문가 그룹이 함께 작업을 한다. 세부 사업계획을 수립하고 집행하기 위해서는 오랜 시간이 필요하다. 프로젝트 팀

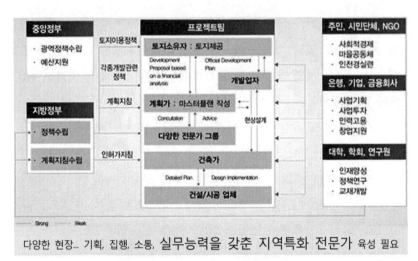

다양한 현장... 기획, 집행, 소통, 실무능력을 갖춘 지역특화 전문가 육성 필요

〈그림 2〉 항만재생을 위한 마스터플랜 수립과정

과 정책 결정권자가 바뀔 수도 있다. 따라서 오랜 시간동안 흔들리지 않고 지속될 수 있는 마스터플랜 수립이 가장 중요하다. 항만재생의 기본방향과 원칙을 수립하는 것이다. 인천내항 항만재개발 마스터플랜은 국제공모를 통해 확정되었다. 해양수산부 장관과 인천시장이 최종확정 발표했다. 인천내항의 미래비전, 큰틀이 확정된 것이다. 이에 따라 1,8부두 항만재개발 사업을 위한 사업타당성 평가와 민간사업자 공모 절차가 현재 진행되고 있다.

주민과 시민단체도 항만재생을 위해 중요한 역할을 한다. 민원을 통해 새로운 항만재생 사업을 시작하는 첫 계기를 제공하기도 한다. 그리고 사업추진협의회에 직접 참여해서 사업방향, 사업내용 등에 대해 논의하고 다양한 의견을 제시할 수 있다. 실제 인천내항 1·8부두 항만재개발 사업은 지역주민들의 청원으로 시작되었다. 부산 북항 1·2단계, 인천내항 1·8부두 등 항만재개발사업 마스터플랜 수립과정에서 다양한 의견을 제시하고 참여하고 있다.

민간투자, 공적투자 등을 통해 사업성이 확보되어야 항만재생 사업을 원활하게 추진할 수 있다. 따라서 민간기업과 공공기업의 역할은 매우 중요하다. 난개발을 방지하고 적정 이윤을 어떻게 확보할 수 있는지 고민해야 한다. 성공적인 항만재생을 위해서는 창의성과 경쟁력을 갖춘 기업참여가 매우 중요하다. 그리고 새로운 활력을 만들어 낼 수 있는 앵커시설 선정과 유치를 위한 인센티브 발굴 등을 위해 다양한 고민과 합의과정이 필요하다.

이처럼 항만재생 사업의 주체는 다양하다. 항만을 소유하고 있는 항만공사, 항만재생의 실질적 권한을 가지고 있는 해양수산부, 도시계획 협의 권한을 가지고 있는 지방자치단체, 항만에서 생업을 이어가고 있는 항만 종사자와 항만재생 사업을 통해 직간접적인 영향을 받는 지역주민들이 함께 참여하고 있다. 사업주체들의 합의가 중요하고 이를 통해 항만재생 사업을 성공적으로 추진할 수 있다.

2) 항만재생: 계획과정

항만재생을 위한 정책수립은 해양수산부, 국토교통부, 지방정부에서 할 수 있다. 항만법에 따른 해양수산부가 주관하는 항만재개발은 3단계로 구분하여 시행된다. 기본계획수립, 사업계획 수립, 실시계획 승인이다. 인천내항 1·8부두 항만재개발 사업도 이에 따라 진행되고 있다.

1단계는 기본계획수립 단계이다. 해양수산부는 10년마다 국가적 차원에서 항만재개발 기본계획을 수립하고 5년마다 수정계획을 수립한다. 2016년 10월 31일 13개 항만, 19개의 항만재개발 대상지역이 지정되었다. 인천내항 1·8부두(286천m2)와 부산 북항 1단계(1532천m2), 2단계(2199m2)가 포함되었다. 5년마다 수정계획을 수립할 때 지방자치단체 요청이 있는 경우 타당성 검토를 통해 변경 가능하다. 2단계는 사업계획 수립단계이다. 민간공모 또는 제안을 통해 우선협상대상자를 선정한다. 이후 실시협약을 통해 사업시행자가 선정되고 사업계획과 사업구역이 최종 확정된다. 사업시행자는 국가, 지자체, 공공기관, 항만공사, 지방공기업, 자격요건을 만족하는 민간 투자자 등이다. 최소면적은 1만m2 이상이다. 3단계는 실시계획 승인단계이다. 사업시행자가 실시계획 도서를 작성해서 제출하면 관계기관 협의, 중앙항만정책심의회 의결을 통해 실시계획이 승인된다. 그리고 실시계획 승인단계에서 도시/군 관리계획 등이 수립된다.

도시재생특별법에 따라 국토교통부가 추진하는 경제기반형 도시재생 뉴딜사업은 3단계로 진행된다. 도시재생 뉴딜 사업계획은 공공주도로 수립된다. 지방자치단체와 공기업이 중요한 역할을 수행한다. 유휴항만, 이전적지, 역세권 등에서 경제기반형 도시재생 뉴딜사업이 가능하다.

1단계는 도시재생전략계획 수립단계이다. 도시재생전략계획은 지방자치단체(시, 도)가 수립한다. 10년 단위 기본계획이고 5년 단위로 재정비 된다. 공청회 등을 통해 주민 의견을 청취해야 한다. 원칙적으로 도시재생 전략계획에 포함된 지역에서 뉴딜사업을 진행할 수 있다. 그러나 최근 전략계획에 포함되지 않더라도 시급성이 인정되는 경우 도시재생 혁신지구 사업 등을 진행할 수 있다. 2단계는 도시재생활성화계획 수립단계이다. 도시재생활성화계획은 지방자치단체(시, 군, 구)와 공기업(토지주택공사, 인천도시공사 등)이 수립한다. 주민참여, 장소중심 도시재생 사업계획을 수립하는 과정이다. 국비가 투자되는 마중물사업이 구체화된다. 그리고 민간사업을 발굴하고 구체적인 시행계획을 수립해야 한다. 시의회(or 군, 구) 의견 청취도 필요하다. 국비지원은 공모를 통해 확정된다. 사업계획의 우수성, 창의성, 실현가능성 등을 고려해서 국비지원 도시재생 뉴딜사업이 결정된다. 3단계는 시행단계이다. 최종, 확정된 활성화계획에 따라 마중물사업과 개별사업을 진행한다. 커뮤니티센터 등 마중물사업의 건축행위를 위해서는 개별법에 따른 건축인허가 절차를 진행해야 한다. 사업계획이 일부 변경되기도 하지만 활성화 계획의 기본방향과 원칙은 유지해야 한한다. 사업추진 성과에 따라 차년도 국비지원 규모가 조정될 수 있다.

3) 항만재생: 계획요소

항만재생을 위한 계획요소는 다양하다. 물리적 환경을 어떻게 개선할 것인지 고민해야 한다. 단절된 동선, 기능, 사람을 연결하는 계획이 필요하다. 원도심과 상생할 수 있는 토지이용계획이 필요하다. 보행 연결성을 확보해야 한다. 그리고 차별 없이 함께 이용할 수 있는 공공공간을 계획하고 환경적 지속가능성, 사회적 형평성을 만들기 위한 계획을 수립해야 한다. 물 순환시스템 도입, 수질 개선을 위한 세부사업도 필요하다. 필자는 항만재생을 위한 계획요소로 다음과 같은 다섯 가지 관점을 제안한다.

첫째, 노후항만을 새로운 도시공간으로 에코 시스템(Ecosystem)을 가진 소규모 도시공간으로 인식하고 계획해야 한다. 계획의 대상을 하나의 생태계로 보고 그 생태계에서 배출되는 공해·오염·쓰레기·하수를 줄이면서 에너지·물·자원의 자족성을 높일 수 있도록 계획함으로써 한 단계 더 지속 가능한 개발을 이룰 수 있기 때문이다. 비오톱 조성, 빗물 재활용, 중수도 설치 등 물 순환 시스템을 적극 도입할 필요가 있다.

둘째, 노후항만 재생을 통해 새롭게 만들어진 워터프런트의 접근성과 도시공간과의 연결성을 혁신적으로 개선해야 한다. 전세계적으로 지역 특성에 따라 서로 다른 모습의 항만재생 사업을 추진하고 있지만 공통적으로 추진하고 있는 핵심 계획요소이다. 소규모 도시공간으로서 항만 워터프런트가 살아 숨 쉬는 공간이 되기 위해서는 인간이 사는 데 꼭 필요한 주거와 공원, 녹지, 기초 편의시설이 서로 긴밀하게 연결되어야 한다. 특히 보행자와 대중교통을 중심으로 연결하는 것이 중요하다. 영국과 캐나다의 사례처럼 항만 워터프런트와 연계된 공원 녹지 네트워크를 만들기 위한 큰 틀을 만들어 운영할 필요가 있다.

셋째, 항만재생 사업은 친환경 설계를 목표로 추진해야 한다. 즉 건물 디자인과 조경 디자인이 친환경적으로 바뀌어야 한다. 과거에는 예산에 맞춰 나무를 심었다면 이제는 새로운 생태 녹지공간을 디자인하는 컨셉으로 조경을 계획해야 한다. 나무는 인간에게 녹색이라는 미적 가치를 주는 동시에 소음을 흡수하고 동식물의 서식처를 제공하는 역할을 한다. 아주 작은 새도 나무 종류와 크기, 밀도에 따라 서식처를 정한다는 생태계의 기본 원칙을 다시 생각해 볼 필요가 있다.

넷째, 고품격 디자인을 추구해야 한다. 똑같은 비용을 들이더라도 좋은 디자인과 나쁜 디자인이 있다는 점을 주목해야 한다. 디자인의 품격 향상을 위해서는 지금까지 시행해 왔던 최저가 입찰 방식을 철폐하고 다양한 공모 방식을 적극 도입할 필요가 있다. 충분한 시간과 지침을 제시한다면 지역 특성을 반영한 새로운 항만 워터프런트 디자인을 창출할 수 있다. 특히 이용자의 특성과 공간 이용의 패턴을 고려한 설계가 필요하다. 주변지역과 조화된 건축 형태, 융통성 있는 디자인, 개인화가 가능한 공간 디자인 등 지역적 맥락을 고려한 설계 원칙을 다시 한번 중요하게 생각해야 할 것이다.

마지막으로 항만재생은 주민참여를 통해 이루어져야 한다. 미약한 현행법 제도의 틀 안에서 주민 참여를 강화하는 것은 매우 어려운 일이다. 도무지 끝을 알 수 없는 주민 참여 방식도 바람직하지 못하다. 캐나다 밴쿠버의 사례에서 볼 수 있듯이 지방 정부가 구체적인 정책목표와 가이드라인을 제시하여 주민의 참여를 유도하고 전문가 팀을 운영해야 한다. 참여의 기회는 법적으로 제공되어야 하며 항만 워터프런트 디자인을 수립하는 계획 과정의 중심에는 전문 공무원이 있어야 한다. 따라서 전문성을 가진 공무원을 육성하고 이들에게 책임과 권한을 함께 부여하는 노력이 필요하다.

지금까지 필자가 제안한 5가지 계획요소는 현장특성을 고려해 사회적 합의를 통해 선택적으로 차별성 있게 적용할 필요가 있다. 해법은 현장에 있다. 현장의 문제해결을 위한 전문가, 공무원, 주민, 시민단체가 참여하는 해법 찾기 과정이 매우 중요하다.

4. 주요사례 연구

1) 영국 웨일즈 카디프 베이 항만재생 프로젝트[1]

영국 웨일스의 수도인 카디프(Cardiff)는 노후항만 재생사업을 성공적으로 추진하고 있다. 카디프는 조수 간만의 차이가 매우 심한 지역이다. 특히 항만재생 프로젝트가 진행되는 카디프 베이(Cardiff Bay)는 2000년 이전까지만 해도 우리나라의 서해안처럼 물이 빠지면 갯벌이 드러나는 장소였다. 브리스톨, 리버풀과 함께 영국의 대표적 항구도시인 카디프는 산업화 시대에 식민지로부터 노예와 석탄을 실은

---

1) 필자의 기고문(2004, 2005, 2010, 2018)의 내용을 일부 발췌하고 첨삭하여 작성함.

출처: Benbow & Gill(2005), 145쪽 　　　 출처: Benbow & Gill(2005), 133쪽

〈그림 3〉 공원녹지 전경 　　　　　 〈그림 4〉 워터프론트 전경

배들이 드나들던 장소였다. 그러나 산업혁명 이후 석탄 산업이 사양길로 들어서면서 카디프 항만은 점차 경쟁력을 잃고 방치되었다. 그 결과 점차 일자리가 없어지고 실업률이 높아지면서 이곳은 마약과 사고가 넘치는 범죄의 소굴이 되었다. 영국 웨일스 정부와 카디프 시는 노후한 항만 지역의 재생을 위해 새만금처럼 둑을 막아 24시간 물을 볼 수 있는 새로운 모습의 수변도시를 조성하고 있다. 또한 영국 정부는 웨일스 국회의사당(National Assembly for Wales),

비즈니스파크, 국립 웨일스 문화회관(Wales Millennium Centre), 오페라 하우스, 5성급 호텔, 홍보 센터 등을 유치해서 웨일즈의 수도로서 카디프 항만지역을 새로운 도시공간으로 변모시키고 있다.

노후한 카디프 항만재생을 위해 영국 정부는 1994년 카디프 베이 둑(Cardiff Bay Barrage)을 건설하기 위한 법을 제정했다. 1980년대 최초로 제안된 둑 건설계획이 조류 서식지와 갯벌 생태계를 파괴하고

어민의 생활공간을 소멸시킨다는 우려가 있었지만 찬반 논란을 거쳐 사업이 확정된 것이다. 산란을 위한 연어의 이동 통로를 확보하고 각종 어업 피해를 보상하는 등 많은 우여곡절 끝에 둑은 1999년 완성되었고 약 2㎢에 달하는 바다가 새로운 호수로 탈바꿈하게 되었다. 둑이 완성된 이후 영국 정부는 새로운 워터프런트에 민간 기업과 관광객을 유치하고 도시환경의 질적 향상을 위해 국제공모전을 실시하여 수준 높은 건축물을 워터프런트 주변에 건설했다.

카디프 베이에서 가장 대표적이고 상징적인 건축물인 웨일스 국회의사당은 프랑스 파리의 퐁피두센터(Centre Pompidou)를 설계한 영국의 대표적인 건축가 리처드 로저스(Richard George Rogers)의 작품이고, 카디프 베이 오페라 하우스는 세계적으로 저명한 이라크 출신의 건축가 자하 하디드(Zaha Hadid)의 작품이다. 둑을 막아 새롭게 탄생한 워터프런트에는 쾌적한 산책로와 자전거길, 공원 녹지 네트워크를 조성했다. 그리고 과거 어업을 했던 상인들의 조합 건축물을 보존하여 지역의 정체성과 장소성을 유지했으며, 수상 버스를 도입하여 관광객과 시민들을 위한 시설을 새롭게 조성했다.

카디프 항만재생 사업은 도시의 경쟁력을 높이고 열악한 주변 환경의 질을 향상시키는 등 매우 긍정적인 효과를 창출하고 있다. 과거 석탄 부두의 모습이 사라진 이곳은 국회의사당, 호텔, 과학교육 센터, 오피스, 음식점 등이 어우러진 새로운 워터프런트의 모습을 갖추면서 많은 관광객들이 찾는 공간이 되었다. 아직 계획한 목표 수준에는 도달하지 못했지만 상당한 수준의 진보를 가져온 것으로 평가된다. 항만 재생사업을 통해 영국 정부는 카디프라는 노후한 항구 도시를 세계적인 도시로 발전시키고 있다.

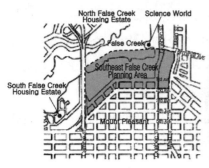

〈그림 5〉 캐나다 밴쿠버 펄스크릭 항만재생 개발지역

2) 캐나다 SEFC 항만재생 프로젝트[2]

항만재생 사업을 성공적으로 추진하고 있는 또 다른 사례는 캐나다 밴쿠버이다. 특히 펄스 크릭(False Creek) 워터프런트 재생사업에서 진행되고 있는 많은 노력을 주목할 만하다. 이 사업은 밴쿠버 도심의 수변공간에 마지막으로 남아 있는 대규모 산업 용지를 고층·고밀도 주거단지로 개발하고 새로운 워터프런트로 조성하는 프로젝트다.

밴쿠버 시는 이미 고층·고밀도·복합 개발의 원칙에 따라 대규모 개발 사업을 시행해 왔다. 하지만 '지속가능한 개발'이라는 개념에 입각해 노후한 워터프런트 개발의 기본 방향과 세부 지침을 수립한 것은 펄스 크릭 프로젝트에서 처음으로 이루어졌다. 밴쿠버 시는 워터프런트를 정비하는 동시에 에너지 사용을 최소화하고, 생태적으로 지속 가능하며, 다양한 인종과 소득 수준의 사람들이 함께 사는, 대중교통 중심의 도심 주거단지를 조성한다는 목표를 설정하고 사업을 추진하고 있다. 36ha의 대상지는 밴쿠버 시 정부가 소유한 땅으로 밴쿠버 도심의 남쪽 펄스 크릭에 인접해 있다.

---

2) 필자의 기고문(2004, 2005, 2010, 2018)의 내용을 일부 발췌하고 첨삭하여 작성함.

1800년대 이후 오랫동안 선박 건조, 쓰레기 처리, 아스팔트 생산, 철강 제조 등 다양한 항만, 산업용지로 사용되어 왔기 때문에 이곳에는 광범위한 산업 폐기물 매립에 따른 토양오염 문제가 존재하고 있었다. 그리고 오염된 토양을 완전히 재처리하는 비용이 약 150만 달러(한화 약 17억 원)정도 예상되었기 때문에 시 정부의 적극적 참여 없이는 과도한 고층·고밀도 개발이 불가피한 지역이었다.

밴쿠버 시 정부는 1999년 12월에 개발의 기본 방향(SEFC Policy Statement)을 수립하고, 2003년 5월에 공식적인 기본 개발안(Official Development Plan)의 수립을 완료했다. 이에 따라 민간 개발사업자의 투자를 유치하기 위해 오염된 토양을 재처리하고 대규모 공원 녹지 네트워크를 워터프런트 주변에 조성했다. 그리고 서쪽 부지를 2010년 밴쿠버 올림픽 선수촌으로 개발하는 것을 시작으로 대상 지역의 개발을 추진했다.

펄스 크릭 프로젝트는 낙후된 항만과 워터프런트를 정비하는 동시에 주거·상업·업무공간이 보행거리 안에 복합적으로 어우러진 직주근접형 도심 커뮤니티 개발을 목표로 하고 있다. 이 프로젝트의 가장 큰 특징은 밴쿠버 시 정부가 3년 6개월(1996년 5월~1999년 12월) 동안 전문가와 시민들을 참여시키는 심층적인 과정을 통해 워터프런트 정비 방향을 설정하고, 지속 가능한 도심 커뮤니티 계획·설계를 위한 핵심 과제와 세부 지침을 시 정부의 공식적인 정책 문서로 수립한 점이다.

지속가능성을 평가하는 구체적인 틀을 설정함으로써 계획 수립 단계부터 완료 후 관리에 이르기까지 지속 가능성의 확보 정도를 객관적으로 평가할 수 있도록 한점도 특징이다. 그리고 펄스 크릭 프로젝트는 역사성 보존, 오염된 토양의 재처리, 대중교통 접근성 확보, 에

토지이용계획도 동계올림픽 선수촌 개발(안)

출처: 밴쿠버시(2003): 5, 10, 40, 55, 65쪽

〈그림 6〉 캐나다 밴쿠버 펄스크릭 프로젝트계획도

너지 절약, 물 사용 최소화, 빗물 이용, 쓰레기 재활용 확대, 생태계 복원을 위한 옛 건물의 보존, 경전철 도입, 중수도 설치, 비오톱 조성, 옥상 녹화, 친수 공간 조성, 자연경관 보존 등과 같은 다양한 친환경 계획기법을 적용하고 있다.

워터프런트와 연계하여 조성된 대규모 공원 녹지 네트워크에는 아파트(18-27층), 콘도(4-9층), 연립 주택(3-4층)등 다양한 주거유형으로 구성되어 있으며, 저소득층을 위한 주택과 일반 분양용 주택을 구별 없이 동일한 단지에 배치함으로써 소득 수준과 계층이 서로 다른 사람들이 함께 살 수 있는 기회를 제공하고 있다. 장기간의 시간과 재정 투자를 통해 지속 가능한 워터프런트 개발을 위한 공감대를 형성해 가고 있는 밴쿠버 시의 노력은 향후 워터프런트 개발 사업을 추진하고자 하는 정치가, 시민 단체, 전문가, 관련 공무원들에게 많은 시사점을 제공하고 있다.

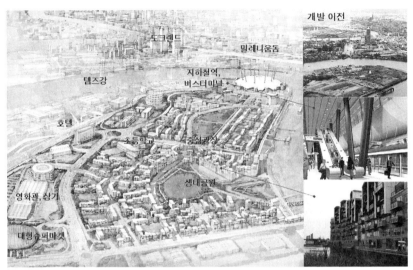

(출처: English Partnership, 2000, p.3, 필자 재편집)
〈그림 7〉 그리니치반도 재개발 종합계획안

3) 그리니치반도 항만재생 프로젝트[3]

영국 런던의 그리니치반도(Greenwich Peninsula) 항만재생 프로젝트는 영국 정부의 도심 재생사업 기관인 잉글리시 파트너십(English Partnership, EP)이 추진하고 있는 사업이다. 대상지는 최근 백여 년 동안 가스 정제 및 저장, 선박 제조 등과 같은 산업용지로 사용되었기 때문에 심각한 토양오염 문제를 가지고 있었다. 이곳은 잉글리시 파트너십 소유의 땅으로서 템스 강과 런던의 대표적인 초고층 업무시설인 카나리 워프(Canary Wharf), 밀레니엄 돔(Millennium Dome)에 인접해 있어 지하철과 버스 등 대중교통의 접근성이 좋은 지역이다.

잉글리시 파트너십은 토지를 매입한 후 광범위하게 오염된 토양을

---

3) 필자의 기고문(2004, 2005, 2010)의 내용을 일부 발췌하고 첨삭하여 작성함.

제거하고 재처리하는 작업을 수행했으며, 현상설계를 통해 그리니치 반도 재생사업을 진행하고 있다. 영국의 대표적인 건축가인 리처드 로저스(Richard Rogers)가 작성한 초기 마스터플랜은 토지를 복합적으로 이용하여 공원, 상가, 학교, 병원, 커뮤니티 시설 등의 다양한 지원 시설을 개별 주호로부터 5분 보행거리(400~800m)안에 배치하고 있다. 랄프 어스킨(Ralph Erskine)과 헌트 톰슨(Hunt Thompson)이 그리니치 반도에 설계한 주거단지 마스터플랜은 전통적인 도심 주거형태인 중정형 건물과 아파트를 단지 내 공원 주위에 배치하고 차량과 보행자의 동선을 분리하여 보행자 우선 계획을 추구했다. 그리고 여러 계층의 주민들이 함께 살 수 있는 커뮤니티 건설을 목표로 다양한 주거유형을 공급하고, 주민의 참여로 커뮤니티 관리가 이루어지게 했다. 열병합 발전, 태양광 발전, 풍력 발전, 중수도, 빗물의 재이용, 고단열 기법, 인트라넷 구축, 생태공원, 가변형 주택설계, 무장애 설계(Barrier-free design)등 다양한 친환경 설계 기법과 신기술을 도입한 점도 특징이다.

이 프로젝트의 또 다른 획기적인 점은 영국 최초로 지속 가능한 개발의 목표와 평가 인자를 수립함으로써 계획의 진행 과정과 성취정도를 모니터링 할 수 있도록 체계화했다는 점이다. 모니터링을 통해 축적된 노하우와 지식들은 향후 지속 가능한 개발 사업을 추진하는 데 필수적인 정보를 제공할 수 있었다. 또한 이 프로젝트는 전문가, 추진 주체, 협력업체들 간의 끊임없는 분쟁으로 발생할 수 있는 과도한 시간 낭비 문제를 최소화하기 위해 계획을 수립하는 초기 단계부터 지속가능성 목표와 평가 인자를 수립하는 것이 필요하고, 전체 계획 과정을 총괄하고 이견을 조율할 수 있는 총괄 기획자(Master Architect)의 역할이 매우 중요하다는 교훈을 주고 있다. 그리고 생활권 단위 마

스터플랜을 먼저 수립한 주거단지 개발 마스터플랜을 계획함으로써
복합적인 토지 이용과 종합적인 기반시설의 확보가 가능했고, 공공의
적극적인 참여와 투자가 가능했기 때문에 높은 수준의 지속가능성을
확보할 수 있었다. 마지막으로 이 프로젝트는 민간의 자발적인 참여
와 변화를 유도하는 것이 매우 중요하고, 이를 위해서는 공공의 적극
적인 의지 표명과 투자, 시범 사업 추진, 관련법 개정 등이 선결되어
야 한다는 점을 보여주기도 한다. 영국 정부는 그리니치 반도 재생사
업을 추진하면서 노후한 공장 밀집 지역과 토양오염 지역, 또 아무도
살지 않는 땅으로 방치되어 있는 항만과 워터프런트를 재생하고, 저
탄소 녹색 성장이라는 변화를 받아들이지 못하는 보수적인 영국 사람
들과 개발업체의 혁신을 유도하는 두 마리 토끼를 잡기 위해 노력하
고 있다. 이러한 맥락에서 영국 정부는 항만재생 사업과 연계하여 친
환경 워터프런트 도시재생사업을 지속적으로 추진하고 있다. 영국은
노후항만을 새로운 도시공간으로 보고 도시의 정체성과 경쟁력을 키
우고 있다.

4) 인천내항 항만재생 프로젝트[4)]

인천내항 항만재생 프로젝트는 현재 진행 중이다. 해양수산부가 인
천내항 항만재개발 사업을 추진하고 있다. 2018년 국제공모에서 당
선된 인하대학교 산학협력단 컨소시움(연구책임, 인하대 김경배)의 마
스터플랜에 따라 인천내항 항만재개발 사업이 진행되고 있다.

인천내항은 1918년 아시아 최초로 갑문이 설치된 장소이다. 1974
년에 완공된 동양 최대의 갑문항이다. 하와이 공식이민을 위한 선박

---

4) 필자의 기고문 (2018)의 내용을 일부 발췌하고 첨삭하여 작성함.

〈그림 8〉 인천 내항 전경

이 출항했던 곳이다. 1883년 개항을 통해 산업화와 국제화가 급격하
게 진행된 곳이다. 인천역, 월미도, 신포시장, 자유공원, 차이나타운
과 인접해 있어 대중교통 접근성이 좋다. 최근 수인선이 개통된 이후
인천개항장과 신포시장, 차이나타운, 월미도, 아트플랫폼을 찾는 사
람들이 증가하고 있다.

그러나 인천내항은 1990년부터 수출입 물동량 증가, 선박 대형화
에 대응하여 인천남항, 인천 북항, 인천 신항 등 대체 항만이 차례로
개발되면서 인천내항의 기능은 축소되었고 시설 노후화로 항만으로
서의 경쟁력을 상실하고 있다. 항만 이용률도 급격히 저하되고 있다.
항만기능 재편에 따라 인천내항과 연계된 지역산업 및 고용기반이 위
축되어 산업·경제적 측면의 쇠퇴가 진행되었다. 배후지역의 상주인

구가 감소하고 지역상권이 약화되기 시작했다.

　이러한 맥락에서 지역주민들과 시민단체가 중심이 되어 노후항만을 친수공간으로 만들어 인천시민들에게 돌려달라는 요구를 제기하였다. 2016년 인천내항 8부두가 시민들에게 개방되었다. 많은 분진과 소음, 매연을 유발했던 인천내항을 1년 365일 많은 사람들이 즐겨 찾을 수 있는 새로운 워터프런트 공간으로 바꾸기 위한 해법 찾기가 시작되었다. 이후 인천내항 재생문제는 인천지역사회에서 높은 관심을 받고 있다.

　필자는 2018년 9월 19일, 인천내항 항만재개발 국제공모전에서 1등으로 당선되었다. 해양수산부와 인천광역시가 실시한 인천내항 재개발 마스터플랜 수립을 위한 개발컨셉 아이디어 국제공모전이다. 필자가 이끈 인하대학교 산학협력단 팀에는 인천지역의 다양한 도시문제를 연구하고 제안을 제시하고 있는 사단법인 인천학회와 인하대도시계획설계연구실, 네덜란드 KCAP, 나우동인 건축사 사무소가 함께 참여했다. 국제공모에 당선된 마스터플랜은 글로벌 해양문화관광도시 인천의 도약을 위한 "다시 개방"을 선언하고 100년 이상 지속될 인천내항의 새로운 미래발전 전략으로 SMART Harbor City 구상을 제시하였다. 인천내항을 지속가능한 미래도시, 다기능 복합도시, 개방된 열린도시, 되찾은 친환경도시, 활기찬 매력도시로 육성하기 위한 계획이다.

　인천내항과 원도심의 상생발전을 위한 청사진으로 3축, 5대 특화지구 개발계획이 제안되었다. 원도심 연계축은 인천개항장, 차이나타운, 신포시장 등과 인천내항 1부두, 8부두의 연결성을 확보하기 위한 전략이다. 시각통로를 확보하고 보행 연결성을 확보하는 것이 중요하다. 개항창조도시 연계축은 인천역과 고품격 수변공간으로 변화하는

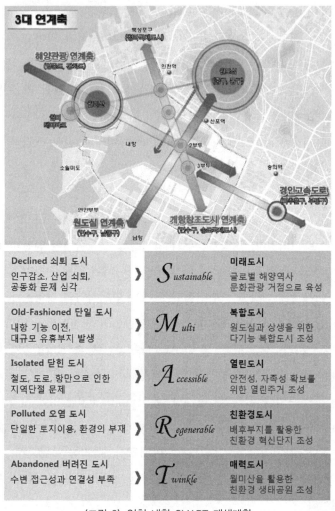

Declined 쇠퇴 도시	$\mathcal{S}$ustainable	미래도시
인구감소, 산업 쇠퇴, 공동화 문제 심각		글로벌 해양역사 문화관광 거점으로 육성
Old-Fashioned 단일 도시	$\mathcal{M}$ulti	복합도시
내항 기능 이전, 대규모 유휴부지 발생		원도심과 상생을 위한 다기능 복합도시 조성
Isolated 닫힌 도시	$\mathcal{A}$ccessible	열린도시
철도, 도로, 항만으로 인한 지역단절 문제		안전성, 자족성 확보를 위한 열린주거 조성
Polluted 오염 도시	$\mathcal{R}$egenerable	친환경도시
단일한 토지이용, 환경의 부재		배후부지를 활용한 친환경 혁신단지 조성
Abandoned 버려진 도시	$\mathcal{T}$winkle	매력도시
수변 접근성과 연결성 부족		월미산을 활용한 친환경 생태공원 조성

〈그림 9〉 인천 내항 SMART 재생계획

인천내항 1·2·3·8 부두를 연결하는 축이다. 시민들과 관광객들이
즐겨 찾는 상징거리가 조성될 것이다. 해양관광 연계축은 미래 생태
관광의 거점으로 육성되는 월미산과 6부두, 7부두를 인천내항 2부두,
3부두와 연결하는 축이다. 월미산, 월미문화의 거리, 인천내항을 연

결시켜 해양관광도시 인천의 경쟁력을 강화시키는 전략이다.

인천내항은 5개 특화지구로 개발된다. 인천역과 인접한 1·8부두는 다양한 친수공간과 문화시설이 어우러진 해양문화지구로 육성된다. 체험형 해양역사 문화관광 거점이다. 상상플랫폼, 인천광장, 김구광장 등이 조성된다. 인천개항장과 항만을 연결하는 보행자 중심 동선체계가 구축되면 인천시민들의 삶과 가장 밀접한 수변공간이 될 것이다.

2·3부두는 일과 삶이 공존하는 다기능 복합업무지구이다. 정주인구 확보, 일자리 창출을 위한 새로운 앵커시설의 도입이 필요한 장소이다. 제2국제여객터미널 이전부지와 2부두를 중심으로 인천내항 행정타운을 조성하여 일자리 창출을 위한 거점으로 육성할 필요가 있다. 3부두에는 인천내항의 진입공간 역할을 담당하는 상징광장(인천대로 연결)과 플로팅 아일랜드를 배치하였다. 다양한 수변활동을 즐길 수 있는 개방된 공간이다. 많은 사람들이 편하게 먹고, 마시고 즐길 수 있는 마켓 플레이스가 조성된다.

4부두는 수변주거 지구이다. 24시간 살아있는 정주공간이 될 수 있도록 4부두에는 블록형 주거를 도입하고 다양한 수변산책로(하버워크, 내항 둘레길)와 공원을 배치하였다. 다양한 계층의 사람들이 바다와 공존하면서 살 수 있는 안전한 주거단지와 수변공원, 마리나가 조성된다. 도심공동화 현상을 방지해줄 것이다. 그리고 인접한 인천항과 석탄부두를 연결하는 폐선예정 철도를 친환경 트램으로 전환하여 대중교통 접근성을 강화시키고 5부두를 해양관련 첨단물류산업단지로 육성할 것을 제안하였다. 창의적인 지식을 생산하고 육성하는 장소로서 민간이 소유하고 있는 배후 물류단지는 4차산업 등 신산업에 대응하기 위한 혁신산업지구로 변모한다.

6부두는 생태관광레져 지구이다. 6부두와 월미산, 삼양사 사일로

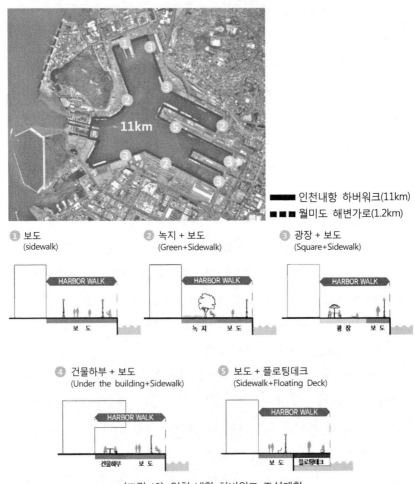

〈그림 10〉 인천 내항 하버워크 조성계획

등을 활용해서 친환경생태공원이 조성된다. 싱가포르 Gardens by the Bay처럼 수많은 사람들이 즐겨 찾는 생태문화관광 거점으로 육성된다. 월미산과 연계된 새로운 수변공원, 수상데크, 하버패스, 하버워크, 인공섬, 특급호텔, 복합레저 공간 등을 조성하는 계획이 제시되었다. 장기간 항만으로 사용해야 하는 7부두는 대한제분 사일로와 부두, 주차장을 입체적으로 활용하여 누들 뮤지엄과 하버워크를 조성하는 새로운 아이디어를 제시하였다.

수변 특화방안도 제시되었다. 1년 365일 누구나 쉽게 이용할수 잇는 9km의 하버워크, 선박과 보행접근성을 획기적으로 개선하기 위해 필요시 좌우로 스윙되는 하버브리지, 시민들에게 볼거리와 즐길거리를 제공하는 하버플라자, 월미도와 연계된 수변산책로 조성계획이 제시되었다.

인천내항 재생 프로젝트의 특징은 수도권 최초로 항만재생 마스터플랜을 수립하고 개별사업을 진행한다는 점이다. 추진과정에서 발생하는 많은 이견과 끊임없는 분쟁을 조정할 수 있는 기준이 제시되었다. 지속가능성을 확보하기 위한 큰 틀이 마련되었다. 인천내항은 새로운 일자리를 창출하고 다양한 행사, 축제, 문화를 유치할 수 있는 플랫폼의 기능을 수행할 것이다. 노후창고, 갑문, 사일로, 산업 크레인을 창조적으로 재생시켜 인천내항의 장소성을 만들 것이다. 2019년 1월 9일 최종 확정된 인천내항 통합마스터플랜에 따라 인천내항의 진화는 순차적으로 진행되고 있다. 부두별 항만기능 상실 또는 대체 시설 확보 후 추진을 원칙으로 1단계(2020-2024년) 1·8부두(0.42㎢), 2단계(2025-2030년) 2·6부두(0.73㎢), 3단계(2030년 이후) 3·4·5·7부두(1.85㎢) 사업이 진행된다.

5) 부산 북항 항만재생 프로젝트

부산 북항 항만재생 프로젝트는 현재 진행 중이다. 2007년 항만재개발 마스터플랜(북항 1단계)이 확정되었고 2008년 1단계 사업이 착공되었다. 2020년 북항 2단계 마스터플랜이 국제공모를 통해 확정되었고 이에 따라 항만재생 프로젝트가 진행되고 있다.

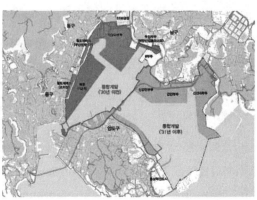

■■■ 시행중('22년 까지)
■■■ 중 기('30년 까지)
▨▨▨ 장 기('31년 이후)

출처: 부산항만공사, 북항재개발사업

〈그림 11〉 부산항 북항 2단계 국제공모 최종보고서 표지

부산항만공사는 북항 1단계, 북항 2단계 사업의 시행을 담당하고
있다. 그리고 해양수산부는 국토교통부, 부산시, LH공사, 철도공사
등이 참여하는 통합개발추진단을 만들고 운영하는 등 주도적인 역할
을 하고 있다. 현재 1단계 구간의 기반시설공사(공원, 도로, 지하차도,
마리나 등)가 90% 이상 진행되었다. 사업비는 약 2조 388억 원이다.

사업 대상지는 부산시 동구, 중구 일원 재래부두이다. 면적은 156
만m2(북항 1단계, 46만평)이고 부산에서 가장 먼저 개항했던 장소이다.
최초 일반화물을 처리하도록 건설되었지만 90년대 중반부터 컨테이
너 화물을 함께 처리하였다. 컨테이너 물동량이 급증하면서 CY시설
부족, 설계하중 초과 등 문제가 점점 심각해졌다. 그리고 원도심 교통
사고와 교통체증을 유발하는 주요 요인으로 지적되었다. 2006년 가
덕도 부산 신항이 신설/운영됨에 따라 부산 북항의 경쟁력은 급격하
게 떨어졌다. 대형선사들이 기항을 기피하는 사례가 점점 증가했고

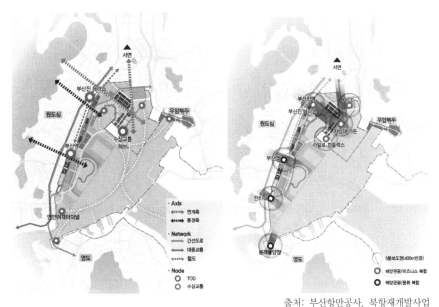

출처: 부산항만공사, 북항재개발사업

〈그림 12〉 연결(Link), 개방(Open) 구축 전략

북항의 기능 재배치가 필요했다.

필자는 부산 북항 2단계 재개발 사업화전략 수립을 위한 아이디어 개념구상 국제공모에 상지엔지니어링건축사사무소의 컨소시움의 일원으로 참여했고 최종 당선되었다. '화물중심' 항만을 '사람중심' 항만으로 변화시키는 계획안을 제안했다. 제시된 미래비전은 연결(Link), 개방(Open), 플랫폼(Platform) 구축을 통한 글로벌 해양수도 부산의 새로운 미래성장 거점, 스마트 하버시티 건설이다. 이는 항구도시 부산의 기억을 '연속'시켜 브랜드 가치를 계승하고, 분절된 도시공간을 다양한 방식으로 '연결'시켜 도시의 새로운 가치를 창출한다는 의미이다. 그리고 모두를 위해 '개방'된 도시공간으로 조성하고 세계와 연결되는 새로운 '성장거점'을 육성함으로써 글로벌 해양수도 부산의

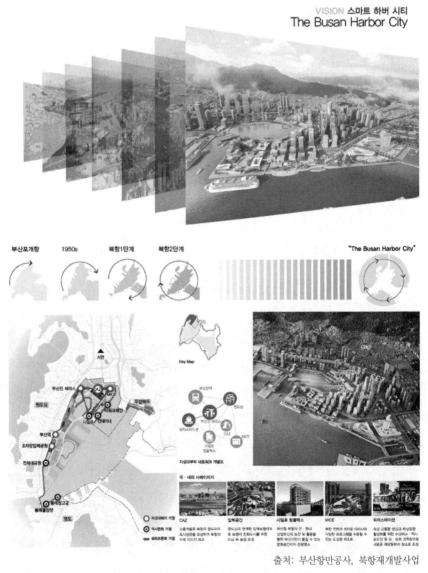

출처: 부산항만공사, 북항재개발사업

〈그림 13〉 플랫폼(Platform) 구축 전략

특성 '부산다움'을 살리고 정체성을 강화, 존중, 계승하겠다는 철학의 표명이다.

도시의 미래발전을 위한 4대 축(원도심상생축, 금융비지니스축, 영화영상문화축, 미래혁신산업축), 3대 전략(연결하기, 개방하기, 거점만들기), 7개 특화지구(친수문화지구, 청년문화허브지구, 국제교류도심복합지구, 근대문화수변상업지구, 해양레저산업혁신지구, 항만물류지구, 해양산업혁신지구) 개발구상을 제안하였다. 이후 국제공모 당선안은 다수의 전문가, 시민단체, 주민들로 구성된 항만재생 라운드테이블을 통해 수정/보완되었고 최종 마스터플랜으로 확정/발표되었다.

부산 북항 항만재생 마스터플랜은 컨테이너 항만을 사람을 위한 공간으로 돌려주기 위해 통과교통 최소화, 충장대로 지하화, 부산역 연결 입체통로, 자성대부두 보행녹지, 통경축 조성, 수상교통 네트워크 구축사업을 포함하고 있다. 그리고 바다를 향해 열린 시야를 확보하기 위해 수정산 통경축, 부산역 통경축, 서면 통경축을 조성한다. 자성대 공원, 부산역 어반테라스, 전차대 공원 등 다양한 성격의 공원, 녹지, 광장을 조성해서 그린 스페이스를 확보하고 도시의 숨통을 틔워주는 전략이 포함되어 있다. 자성대부두는 24시간 활력있는 장소 CAZ(Cental Activity Zone)가 되며 새로운 해양산업, 관광, 비즈니스를 위한 활동거점으로 육성된다. 부산진 테라스, 마이스 콤플렉스, 사일로 콤플렉스를 특색있는 세 개의 특화지구로 육성되며 새로운 일자리 창출과 집객을 위한 교통, 상업, 업무, 주거복합공간으로 개발된다.

부산 북항 항만재생 프로젝트의 가장 특징은 해양수산부가 국토교통부, 부산시, LH공사, 철도공사, 부산항만공사, 부산광역시 등이 참여하는 통합개발추진단을 만들고 사업을 추진하고 있다는 점이다. 그

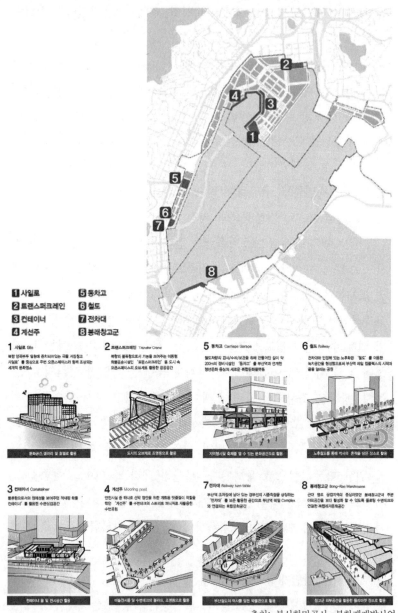

출처: 부산항만공사, 북항재개발사업

〈그림 14〉 건축자산 활용 역사성, 장소성 재생전략

리고 지역사회 중심 추진협의회를 구성해서 운영하고 있다는 점도 주목해야 한다. 현장에서 발생하는 많은 이견과 끊임없는 분쟁을 조정할 수 있는 좋은 대안이다. 불필요한 이견을 줄이고 빠른 의사결정을 할 수 있다는 장점도 있다. 향후 지역기반 통합개발추진단을 설치하고 운영하는 것을 의무화하는 것도 검토할 필요가 있다. 공공의 적극적인 참여가 성공적인 도시재생을 위해 필요한 요소이다.

5. 맺는말

우리나라는 삼면이 바다로 둘러싸여 있으며, 많은 항만시설과 배후지역을 갖고 있다. 일부 항만은 항만산업 생태계의 변화로 인해 경쟁력을 잃고 있다. 영국 웨일즈 카디프 베이와 캐나다 밴쿠버 SEFC, 인천내항, 부산 북항의 사례처럼 노후항만을 재생하는 사업을 적극 추지할 필요가 있다. 각기 다른 서로의 경험과 우선순위를 바탕으로 지역의 특성을 살리고 정체성을 강화할 수 있는 장소기반 항만재생 전략이 필요하다. 항만재생 마스터플랜을 수립해서 노후항만의 미래발전을 위한 새로운 비전을 만들고 이를 기반으로 다양한 이해주체들의 공감대를 형성하는 것이 중요하다.

서로 목적이 다르고 추진 시점도 다르지만, 해외 성공사례는 낙후된 항만 수변공간을 창조적으로 재활용해서 항만과 배후도시의 발전을 위한 새로운 성장동력을 만들고 있다는 사실을 주지할 필요가 있다. 대화와 협력을 위한 시간도 필요하다.

이글에서 필자는 항만재생의 개념과 유형, 항만재생의 핵심주체와 계획과정, 계획요소를 설명하였다. 그리고 국내외 항만재생 사례를 소개하고 시사점을 분석해서 향후 발전 방향을 제시하고자 했다. 아직 필자의 주장은 많은 부분 선언에 불과하다. 객관적 검증을 위한 시간과 후속연구가 필요하다. 지역특성을 고려한 항만재생을 위한 다양한 해법찾기에 많은 연구자들(대학, 기업, 공공, 시민단체 등)의 관심과 참여가 필요하다.

[사진 자료를 제공해 주신 분들께 감사드립니다.]

산업단지 재생

김천권

1. 들어가는 말

1700년대 후반 산업혁명이 발발한 이후 도시는 산업활동의 부산물로서 '생산의 공간'으로 성장하였다. 즉, 산업활동이 발생하는 지역으로 사람들이 모여들어 도시가 성장하며 도시는 산업의 중심지로 자리를 잡아갔다. 산업혁명으로 서구는 과거에 접해보지 못했던, 급속한 도시화·산업화로 상징되는 근대사회·산업사회로 전환되었다. 당시 산업혁명을 견인했던 영국의 도시화율은 1800년 20%에서 1911년 79%로 증가했으며, 런던 인구는 1800년 110만 명에서 1911년에는 716만 명으로 증가했다.

산업혁명 이래 선진도시는 과학기술과 산업 발전을 위해 지속적인 노력을 쏟아 부은 결과로 근대사회가 도래하였고, 20세기를 거치면서 산업과 경제활동의 세계화를 가져와 전 세계에 걸쳐 전통산업의 쇠퇴와 산업시설의 노후화 등 선진도시에 급속한 변화가 진행되었다. 이제 산업사회의 산물은 점차 구식으로 밀려 선진도시에서 퇴출 위기에 직면하여 외곽으로 밀려나거나, 저임 양질의 노동력을 제공하는 개발도상국으로 이전하는 양상을 보이고 있다. 근대의 산업화 시대가

저물고 탈산업사회가 도래하며 도시성장을 견인했던 중공업과 제조
업의 대규모 산업공간들은 점차 퇴출되어 과거의 유산으로 남아 유기
된 공간, 오염의 공간, 쇠퇴의 공간으로 불리며 도시의 애물단지로 전
락하였다. 이와 같은 산업변화에 직면하여 도시 토지이용에서도 새로
운 패러다임이 등장하여 개발에서 재생으로 접근방식의 변화가 진행
되고 있다.

글로벌 산업 구조조정과 생산 공정의 자동화 그리고 저임 양질의
노동력을 찾아 해외로 이전한 공장부지에 남겨진 공간은 도시에서 문
제를 형성하기도 하지만 기회의 공간을 제공하기도 한다. 대다수의
경우 산업 활동의 부산물로 유기된 공간은 도심 인근에 유리한 위치
에 있거나 수로를 따라 수변공간에 위치하여 기존의 기반시설과 연계
된 개발 잠재력이 높은 미실현 자원의 특성을 보인다. 그래서 이런 자
원이 주변지역과 통합되고 생산적 용도로 재활용되면 지역 활성화를
가져올 수 있는 유용한 가치의 자원이라는 것이다.

1980년대에 들어서서 유럽과 미국의 선진도시들은 브라운필드 재
생을 위한 정책에 관심을 집중하기 시작했으며, 폐 산업단지의 유기
된 공간의 재생을 통해 매력적인 공간으로 탈바꿈해서 도심회복(inner
city recovery)을 가져오기 위한 정책들이 추진되기 시작하였다(Jone,
2001). 즉, 폐 산업공간을 첨단산업, 복합 상업 공간, 녹지 및 주거용
부동산 등으로 재활용함으로써 도시에 경제적 기회를 가져온다는 것
을 깨닫기 시작하면서 폐 산업공간의 유용한 활용을 위한 접근이 시
도되었던 것이다.

특히, 탈산업화를 먼저 경험한 유럽 도시에서 폐 산업공간인 공장
이나 창고건물을 허무는 대신 재활용하는 방향으로 산업공간의 재생
이 추진되었다. 프랑스 파리 남동쪽 베르시(Bercy)에 2001년 문을 연

'베르시빌라주' 쇼핑몰도 이런 방식으로 폐 창고가 재활용된 사례이다. 이곳은 19세기까지 부르고뉴와 보르도에서 생산돼 온 와인을 전국으로 보내는 물류창고였다. 하지만 1960년대 이후 교통이 발달하고 소비자들이 생산지에서 직송된 와인을 찾게 되면서 쓸모를 잃게됐다. 파리는 1990년대 베르시 지구를 재개발하면서 버려졌던 와인창고들을 고풍스러운 쇼핑몰로 재탄생시켰다. 19세기에 깔린 돌바닥과 와인 운송용으로 쓰이던 기차 레일들도 그대로 뒀다. 스페인 빌바오(Bilbao)도 30여년간 방치됐던 와인창고를 주정부가 인수해 2010년 시민 문화센터로 변신시켰다. 옛 창고의 외벽만 남기고 내부는 완전히 바꿔 극장과 도서관, 헬스센터, 수영장, 전시장을 배치했다.

폴란드 한가운데에 위치한 도시 우쯔(Łódź)도 유사하게, '폴란드의 맨체스터'라 불릴 정도로 섬유공업이 발달했던 곳이었는데, 20세기 전쟁과 산업구조 변화의 영향으로 섬유공업이 몰락하자 공장 건물 300여개가 애물단지로 전락했다. 경공업의 특성상 공장 크기가 작았기 때문에 다른 공장으로 용도를 바꿀 수도 없어 수십년 동안 공장 대부분이 방치됐었다. 우쯔는 1997년 경제특구로 선정된 후 도시 재정비에 착수해 공장을 철거하고 새 건물을 짓는 대신 리모델링을 하기로 했다. 붉은 벽돌로 지어진 공장들은 아파트와 호텔, 레스토랑, 쇼핑센터로 탈바꿈했다. 1906년부터 2000년까지 화력발전소로 쓰였던 곳은 'EC1'이라는 이름의 문화센터로 변신했다. 우쯔 중심부에 있는 마누팍토라는 폴란드에서 두 번째로 큰 쇼핑몰로 한때 섬유공장이었던 공장을 리모델링해 시민과 관광객들에게 큰 인기를 끌며 호텔과 관광명소로 탈바꿈 했다(경향신문, 2015).

이렇듯 도시재생은 도시의 낙후된 공간의 재활용을 통해 도시 구조의 재구성을 가져오는 중요한 활동으로, 도시 공간이용의 통합과 최

적화를 통해 쇠퇴하는 도시기능에 활력을 불어넣고, 불합리한 도시구
조를 개선하며, 환경과 생태계가 악화되는 것을 방지함으로써 도시의
주요 문제를 해결하는 목적을 갖는다. 특히나 급격한 산업화와 도시
화에 의해 새로운 도시사업을 펼치기 어려운 실정에서 도시재생, 특
히 폐 산업단지의 재생은 도시개발을 위한 새로운 기회와 도전의 공
간을 제공한다(Lai et al, 2020). 미국과 유럽의 서구사회에서 브라운
필드(brownfield) 재생으로 알려진 폐 산업단지 재생은 일반적으로 다
음과 같은 의미로 해석되고 있다.

> 브라운필드는 예전에 산업 활동으로 이용되었지만 현재는 폐기된
> 상태에 있는 공간을 의미한다. 그러나 과거에 산업 활동에 이용되었더
> 라도 시간이 지남에 따라 주변 경관에 통합된 공간은 제외되며, 현재
> 빈 공간으로 유기된 상태이지만 개발 잠재력이 있는 공간을 의미한다
> (ODPM, 2005).

캐나다에서도 브라운필드는 과거에 산업 활동을 하던 곳으로 현재
토지의 재개발 잠재력이 있는 공간으로 유사한 정의를 내리고 있다.
미국에서는 브라운필드를 부동산 개발과 확장 또는 재활용의 잠재력
은 있지만 현재 다양한 이해관계가 얽혀있거나 유해물질에 의해 오염
된 지역을 주로 의미한다(Amekudzi & Fomunung, 2004).

한국도시에서도 최근 급속히 진행되는 산업구조의 첨단화, IT·융
복합 산업의 발달 등으로 인해 제조업 생산시설 중심인 종래의 산업
단지 위상과 역할·기능은 축소되고, 노후 공장지대라는 인식 등 산업
단지의 경쟁력이 지속적으로 약화되고 있다. 이러한 산업구조 변화에
도 불구하고 많은 도시에서 여전히 제조업이 경제활동의 밑바탕을 이

루고 있으며, 산업경쟁력 차원에서 도시의 노후 산업단지에 대한 체계적 관리가 시급한 실정이다. 그리고 노후산업단지의 여건을 보면, 개발당시 지가가 저렴한 외곽지역에 조성되어 교통여건이 열악한 단지에서는 주차문제가 매우 심각하며, 환경기초시설을 제대로 갖추지 않아 소음·악취가 발생하는 경우도 자주 나타난다. 또한 필요한 최소 규모로 조성되면서 지원시설용지, 공공용지 등이 부족하고, 산업단지 조성 후 시간이 경과하면서 주변에 개별공장이 입지하거나 타 용도로 개발되어 정비를 통한 재생이 시급히 필요한 실정이다(이성룡 외, 2016). 산업단지는 점차 노후화되어 기반시설과 생활편의시설 및 여가/주거시설 등이 부족하여 근로환경이 부실하고, 입주기업은 점차 영세화되어 젊은 층은 제조업에 취업을 기피하는 현상이 강화되어 산업단지의 노후화는 점차 가속화되고 있다. 결과로서 도시의 산업경쟁력이 점차 약화되어 우량기업들도 점차 도시를 떠나 지방과 해외로 이전하는 추세가 심화되어 도시의 일자리가 감소하고 도시경쟁력이 약화되는 결과가 초래되고 있다(백운수, 2021).

이런 맥락에서 산업단지 재생은 도시 내 폐 공장 이용과 환경개선 및 오염 방지를 수반하는 활동으로 지속가능한 토지이용을 위한 창의적 활동의 의미는 갖는다. 지속가능한 브라운필드의 재생을 통해 지역경제의 활성화와 생산의 효율성 증진뿐만 아니라 에너지 절감, 수질 개선, 생태계 복원 등 다양한 효과를 창출한다. 또한 브라운필드 재생은 지역의 빈 건축물 이용, 문화공간 확충, 공원 조성, 재생 에너지 이용, 경관 디자인 개선, 녹색 인프라 구축 등을 통해 주민들의 삶의 질 향상과 지역 활성화에 긍정적 영향을 미친다. 본 장에서는 산업사회에서 탈산업사회로 진행되면서 유기된 혹은 폐 공간으로 남아있는 브라운필드의 재생에 대해 심층적으로 살펴보기로 한다.

2. 산업단지와 브라운필드 개념 정립

산업단지 재생에 관해 논하기에 앞서, 산업단지의 개념과 폐 산업
공간을 일컫는 브라운필드 개념에 대해 살펴보기로 하자.

1) 산업단지 개념

산업단지(industrial district)의 대부로 불리는 Alfred Marshall에
의해 정립된 산업단지는 1873-77년 사이에 쓴 「The Pure Theory of
Domestic Value」에 언급되어 있다(Belussi & Caldari, 2008).[1] 마샬에
의하면, 산업단지는 집적의 효과를 통하여 영국경제를 견인할 핵심요
인이라고 제시하였다. 마샬은 산업단지에서 지역만의 독특한 경제와
협력관계가 형성된다고 설파했다. 산업단지 내의 기업들은 동종의 산
업활동에 특화되어 다음과 같은 6가지 집적의 외부효과를 창출한다
는 것이다(Belussi & Caldari, 2008).

첫째 기술 전수효과로서, 산업이 밀집된 지역에서 거래 기술(mysteries
of trade)은 더 이상 신비적 활동이 아니며, 다음 세대에 자연적으로
이어져 지역의 특화된 내생적 DNA를 형성한다.

둘째 파생적 활동의 성장으로, 특정 지역에 산업이 밀집함에 따라
인근에 파생적 협력기업(subsidiary firms)이 성장하여, 소부장(소재,
부품, 장비)생산의 경제효과가 발생한다.

---

1) 이탈리아 경제학자 Sforzi(2015)에 의하면, 산업단지 개념은 Alfred Marshall(1842-
   1924)에 의해 제시되었지만, 그가 쓴 Principles of Economics(Marshall, 1890)와
   Industry and Trade(Marshall, 1919), 그리고 The Economics of Industry(Marshall
   and Marshall, 1879)에는 산업단지를 '분석단위' 혹은 '사회경제학 개념'으로 명확히
   제시하지 않았다. 이 책에서 산업단지 개념화를 위한 요소들을 논하고 있지만, 산업단지
   개념은 Marshall의 작업을 새롭게 해석한 Giacomo Becattini에 의해 명확히 정립되기
   시작했다고 주장한다(Becattini, 1962 & 1975).

셋째 고도의 특화된 기술효과로서, 특정 지역에 산업이 밀집함에 따라 고도의 전문화와 분업화가 발생하여 대량생산을 위한 고도의 특화된 기술이 창출된다.

넷째 특화된 기술을 위한 노동시장 효과로서, 산업이 특정지역에 밀집함에 따라 특화된 노동시장을 형성하여, 전문적 기술을 보유한 근로자를 위한 고용기회가 창출된다.

다섯째 산업 리더십 형성으로, 특정 지역에 산업이 밀집함에 따라 정보와 기술의 선도적 역할과 활력을 제공함으로써 기술혁신의 선도지역이 될 수 있다.

여섯째 신기술 메카로서, 산업이 특정 지역에 밀집함에 따라 참신한 아이디어를 가진 젊은 노동력과 창업활동이 발생하고, 이들 사이에 네트워크가 구축되어 새로운 아이디어와 신기술의 원천으로 작용한다.

알프레드 마샬에 의해 산업단지 개념이 제시된 이래 산업의 공간적 집중현상을 설명하는 다양한 용어들이 등장하였다(Martin and Sunley, 2003). 유사한 개념의 산업공간을 보면, 산업단지(industrial district), 신산업공간(new industrial space), 지역혁신지구(regional innovation millieu), 네트워크 지역(network region), 지식단지(knowledge region) 등 다양한 용어들이 등장하고 있다. 여기에 1990년대에 들어서는 Porter(1990)에 의해 클러스터(cluster)라는 용어가 소개되면서 산업단지와 거의 동일한 의미로 사용되고 있다.[2] 그런데 산업단지와 클러

---

2) 포터는 지리적 측면에서 산업이 클러스터를 형성하는 주요 요인으로 다음의 5가지 위협 요인을 들고 있다: 대체재 등장, 새로운 경쟁기업 등장, 경쟁강도의 강화, 소비자의 협상력 강화, 원료 공급자의 협상력 강화. 포터는 글로벌 경제체제에서 기업이 위협요인을 완화하기 위하여 클러스터를 형성해야 하며, 지리적 측면에서 경쟁력의 주체는 기업이며, 경쟁력 분석단위는 산업이고, 분석범위는 국가가 되어야 한다는 다이아몬드

스터는 학자들에 따라 상이한 개념을 갖는다(김천권, 2017). 마샬에 의
해 도입된 산업단지 개념은 1990년대 Krugman(1991)에 와서는 산업
의 집적에 의해 3가지 외부효과를 창출하는 것으로 설명하고 있다:
전문화 효과, 노동 집적(labour pooling)효과, 지식과 기술 확산효과
(Ortega-Colomer, 2016).

한국에서도 이와 같은 산업의 집중을 통한 집적의 효과를 창출하기
위하여 1960년부터 산업단지 조성이 본격적으로 추진되어 한국사회
의 산업화와 경제성장에 큰 몫을 하였다. 한국에서 산업단지는 「산업
입지 및 개발에 관한 법률(이하 '산입법'으로 칭함)」에 의거하여 개발되
며, 제2조제8호에 다음과 같이 정의하고 있다(이정찬 외, 2015).

> 공장, 지식산업 관련 시설, 문화산업 관련 시설, 정보통신산업 관련
> 시설, 재활용산업 관련 시설, 자원비축시설, 물류시설, 교육·연구시
> 설(도시첨단 산업단지에 한하여 첨단산업과 관련된 시설) 등의 산업시
> 설과 함께 이와 관련된 교육·연구·업무·지원·정보처리·유통 시설
> 및 이들 시설의 기능 향상을 위하여 주거·문화·환경·공원녹지·의료
> ·관광·체육·복지 시설 등을 집단적으로 설치하기 위하여 포괄적 계
> 획에 따라 지정·개발되는 일단(一團)의 토지

한국에서 산업단지는 국가산업단지, 일반산업단지, 도시첨단산업
단지, 농공단지 등 네 유형으로 분류되며, 각각에 대해 산입법 제8조
는 다음과 같이 정의 하고 있다.

> ○ 국가산업단지: 국가기간산업, 첨단과학기술산업 등을 육성하거
>   나 개발 촉진이 필요한 낙후지역이나 둘 이상의 특별시·광역시

모형을 제시하였다.

또는 도에 걸쳐 있는 지역을 산업단지로 개발하기 위하여 (산입
법)제6조에 따라 지정된 산업단지.

○ 일반산업단지: 산업의 적정한 지방 분산을 촉진하고 지역경제의
활성화를 위하여 (산입법)제7조에 따라 지정된 산업단지.

○ 도시첨단산업단지: 지식산업·문화산업·정보통신산업, 그 밖의
첨단산업의 육성과 개발 촉진을 위하여 「국토의 계획 및 이용에
관한 법률」에 따른 도시지역에 (산입법)제7조의2에 따라 지정된
산업단지.

○ 농공단지(農工團地): 대통령령으로 정하는 농어촌지역에 농어민
의 소득 증대를 위한 산업을 유치·육성하기 위하여 (산입법)제8
조에 따라 지정된 산업단지.

알프레드 마샬이 산업단지 개념을 제시한 이래, 도시에서 산업단지
는 지역의 일자리 창출과 내생적 성장을 가져오는 핵심 앵커 활동으
로서, 기업가 정신을 배양하고, 중소기업의 경쟁력을 제공하며, 지속
적인 기술혁신을 촉진하고, 고객과 공급업체 사이의 수직적 연계와
경쟁자들 사이의 수평적 연계 네트워크를 구축하는 중심공간으로 작
용하였다. 그 결과로 비록 산업단지 성공의 전제 조건이 충족되지는
않더라도, 전 세계 많은 도시의 정책 입안자들이 산업단지 정책을
수용하여 추진하였다. 사실 산업단지가 성공적으로 기대된 효과를 보
이기 위해서는 특화된 중소기업의 지역적 집중과 기업가 정신, 기업
들 사이의 협력의 전제 조건인 사회적 자본 및 신뢰의 구축, 우수한
인적 자원의 배양 및 교육, R&D 분야의 적극적 지원 등의 조건이 충
족되어야 한다.

20세기 후반에 들어서 탈산업화 도전에 직면하여 선진국 산업지

구는 다양한 방식으로 대응을 시도했다. 일부는 생산시설을 저임의 양질 노동력을 제공하는 개발도상국으로 이전하였고, 다른 기업들은 신생기업의 인수합병을 통해 몸집을 불려 나갔으며, 또 다른 기업들은 R&D 투자, 마케팅과 디자인 개발 등을 통해 특화된 고급제품을 생산하는 것으로 도전에 대응하였다. 결과로서, 글로벌 경쟁은 더욱 치열하게 진행되었으며, 선진국의 산업단지 가운데 오직 소수만이 이런 도전에서 살아남았고, 전통산업은 점차 사향 산업이 되어 도시의 산업단지는 녹슨 상태로 버려진 브라운필드(brownfield)가 되었다.

2) 브라운필드(brownfield) 개념

브라운필드(brown-field)는 갈색 또는 황색지역을 일컫는 말로, 쇠에 녹이 슬어 변한 낙후/쇠퇴지역을 의미한다. 즉, 과거에 공장으로 이용되었던 지역이 오랫동안 사용되지 않아 녹슬고 폐기되어 갈색으로 변한 지역을 일컫는 말이다. 그래서 도시재생에서 브라운필드는 예전에 산업 또는 상업적 목적으로 사용된 토지가 오랫동안 방치되어 유해 폐기물에 의한 토양 오염이 발생하거나 의심되는 공간을 일반적으로 의미한다.

브라운필드에 대한 개념은 나라와 지역에 따라 다르게 정의된다. 미국에서 산업단지의 재생은 주로 브라운필드를 대상으로 추진되는데, 대다수 지역이 과거에 산업공간으로 이용되었으나 지금은 방치되어 오염된 지역을 의미한다. 유럽, 특히 영국에서 브라운필드는 공장으로 사용되었던 지역을 의미하며 반드시 오염된 지역을 의미하지는 않으며, 현재 비어 있거나 사용되고 있는 지역 모두를 포함한다. 그런데 현재 사용되고 있는 지역의 경우에는 현재의 용도와는 다른 목적으로 재생 혹은 재개발이 추진되는 지역을 브라운필드로 부른다(Adams, De Sousa, & Tiesdell, 2010). 네덜란드에서는, 한국과 유사하게, 과거에 산업공간으로 이용되었던 지역이 오랫동안 방치되어 낙후하거나 쇠퇴상태에 있어 범죄의 온상이나 오염이 진행되는 것을 방지하기 위하여 재생이 추진되는 지역을 브라운필드로 부른다(Ploegmakers & Beckers, 2012).

미국과 유럽에서 브라운필드는 1970년대 중공업과 섬유산업, 광산업 등 전통산업의 침체와 불황에 의해 주요 문제로 등장하기 시작하였다. 여기에 더하여 탈산업사회가 도래하면서 서구 대도시들은 산업구조의 변화, 주거와 상업지역의 교외화 등이 추진되어 도심에서 인구의 전출과 사회구조의 변화가 진행되었다. 지구촌에서 글로벌 경기 침체가 계속되면서 투자는 점차 감소하고 산업 간 경쟁이 점차 치열해지면서 선진사회의 생산시설들이 저임 양질의 노동력을 제공하는 개발도상국으로 이전함에 따라 폐 산업공간, 브라운필드가 점차 증가하였다(Frant l & Martin t, 2013; Payne, 2013). 이와 함께 그동안 도시경제를 견인했던 산업 활동이 위축되면서 도시의 산업단지들이 점차 낙후와 쇠퇴에 접어들어 애물단지로 전락하였다. 이런 상황에서 브라운필드는 인근의 재산 가치를 떨어뜨리는 주역으로 비난의 대상이 되었고, 주변 환경과 위생에 부정적 영향을 미치는 요인, 불법행위와 범죄의 공간으로 인식되어 도시개발의 장애로 등장하였다(Litt, Tran, & Burke, 2002).

그런데 최근 들어 브라운필드로 부르는 폐 산업단지의 재생이 도시계획과 개발업자에게 새로운 도전이자 기회로 떠오르고 있다. 대도시가 지속적으로 팽창하면서 도심의 부족했던 공공의 공간, 비즈니스 공간, 문화예술 공간, 녹지 공간 등을 브라운필드 재활용을 통해 확충할 수 있다는 것을 알게 되었다. 즉, 발상의 전환을 통해 지역의 애물단지가 성장을 위한 기회로 작용한 것이다. 그래서 브라운필드 재생을 통해 쇠퇴한 지역의 재활성화와 새로운 일자리 창출, 지역 조세기반 확충과 주민 건강증진, 공원과 녹색 공간 증가 등을 가져와 지역경제 활성화와 지속가능한 도시생태계 조성에 긍정적 영향을 미친다. 이런 논리에서 학자(Persky & Wiewel, 1996; De Sousa, 2002)들은 그린벨트 해제와 같은 자연 생태계 파괴를 통한 도시개발보다 브라운필드 재생을 통한 도시의 경제·사회·환경적 효과가 한층 크다고 주장한다. 즉, 브라운필드가 방치될 경우 주변에 부동산 가격하락 등 부정적 효과를 초래하는데 반해, 브라운필드 재생은 토양의 질 개선, 주거환경 개선, 경제 재활성화와 녹색지대 증가 등 도시에 긍정적 효과를 창출한다는 것이다.

MIT 교수진(Polenske et al, 2009)의 연구에 의하면, 도시에 방치되었던 브라운필드 재활용은 다음과 같은 많은 긍정적 결과를 가져온다.

○ 환경과 인간의 건강 증진
○ 지역의 환경오염에 따른 낙인과 오명의 제거
○ 지역의 쇠퇴와 실업에 대한 반전을 유도
○ 지역 부동산 가격 상승과 세수입 증가
○ 도시 인프라의 효율적 이용을 통한 비용절감과 수익증대
○ 지역 활성화를 통한 경제성장
○ 지역 녹색경제 성장과 일자리 창출
○ 도시의 가용 토지 증가와 개발제한구역 보존

상기와 같은 목적으로 폐 산업단지의 재활용이 추진됨으로써 도시재생과 살기 좋은 공동체 구축을 위한 가용공간이 제공되고, 저렴하

고 다양한 주거와 대중교통의 통합을 통한 효율적, 압축적, 그리고 활기찬 도시를 조성하기 위한 기회의 공간으로 브라운필드가 재탄생되고 있다.

◆ EU의 산업단지 재생을 위한 RESCUE Project :

2002년부터 EU는 프랑스, 독일, 영국, 폴란드 등 국가들과 컨소시엄을 구성하여 브라운필드(폐 산업단지) 재생을 위한 RESCUE (Regeneration of European Sites in Cities and Urban Environments) 프로젝트를 수행하고 있다. 브라운필드는 과거 번영했던 산업활동의 유산으로 경제·사회·환경적 측면에서 현재의 도시 활동 및 구조에 다양한 영향을 미친다. 브라운필드는 오랫동안 방치되거나 활용되지 않아 토양 오염이 심각한 수준으로 주민들의 생활에 부정적 영향을 미치며, 경제순환에 재통합되기 위해서는 원상회복을 위해 상당한 재원투자가 요청된다. 또한 브라운필드가 산업패턴의 변화와 연계되기 때문에, 심각한 일자리 손실이 발생하며 결과로서 지역과 도시 전체의 쇠퇴를 가져오게 된다. 이러한 맥락에서 브라운필드는 지역의 경제적, 사회적, 환경적 측면에 부정적 영향을 미치고 있으며, 지속가능한 도시개발을 위해서는 경제적 및 공간적 측면에서 브라운필드 재생이 필수적으로 요청된다.

그런데 앞에서 언급한 바와 같이, 브라운필드 재생에는 경제적, 사회적, 환경적 요인들이 복잡하게 얽혀져 다양한 이해관계자(주민, 토지소유자, 개발업자, 임차인과 세입자, 정부, 공동체, 전문가집단, 시민단체 등)의 상이한 이해가 충돌하는 복잡하고 난해한 작업이다. 따라서 바람직한 브라운필드 재생을 위해서는 브라운필드 재생을 위한 기준과 도구들이 잘 정립될 필요가 있다.

그러면 지속가능한 브라운필드 재생을 위한 주요 변수는 무엇이며 어떤 조건이 충족되어야 하는가? 이 질문에 대해 EU RESCUE 프로젝트는 다음과 같은 활동에서 해답을 찾고 있다(Pahlen & Glöckner, 2004).

○ 철저한 토양과 폐기물 오염과 재활용 관리
○ 브라운필드의 잔존 건축물과 인프라의 철저한 관리
○ 브라운필드의 거시적/통합적 토지이용과 도시디자인
○ 브라운필드 이용 계획과 정책과정에 시민들의 적극적 참여보장
○ 브라운필드 프로젝트의 섬세하고 치밀한 관리

3. 산업단지 재생 주요 사례

산업사회에서 탈산업사회로 전환되면서 산업단지 재생이 주요 추세로 자리 잡고 있다. 이제 브라운필드는 지역의 애물단지가 아니라 지역경제의 활성화를 가져오는 기회의 공간이라는 인식이 확산되어 다양한 전략과 아이디어들이 폐 산업단지 재생을 위해 제안되고 있다. 본 절에서는 폐 산업단지 재생의 대표적 사례로서 제시되고 있는 국내외 주요 사례를 중심으로 재생과정과 효과를 살펴보았다.

1) 국내 산업단지 재생사례: 구로디지털단지와 광명동굴

아마 한국에서 산업단지 재생을 들라면 첫 번째로 꼽히는 곳이 구로공단일 것이다. 구로공단은 최근 '구로디지털시티' 혹은 '구로 테크노밸리'라고 부를 정도로 환골탈퇴의 모습을 보였다. 그런데 구로공단은 사실 공식명칭이 아니며, 별명이 본명이 된 사례이다. 구로공단의 원래 명칭은 1963년부터 10년간 조성된 한국수출산업공업단지 6개 가운데 1·2·3단지로 서울 구로구에 조성되어 구로공업단지라는 이름을 얻게 되었고, 인천에 조성된 4단지는 부평공업단지로, 5·6단지는 주안공업단지로 불려 왔다. 즉, 구로공단 명칭은 한국수출산업공업단지 1·2·3단지의 별칭이다(김묵한, 2015).

　우리나라 최초의 국가산업단지인 구로공단은 섬유·봉제·조립금속 등 노동집약적 산업을 중심으로 1970년대와 1980년대에 우리나라 수출의 10% 내외를 차지하면서 경제성장의 견인차 역할을 하였다. 그러나 1980년대 중반 이후 수출침체와 극심한 노사분규 및 과도한 임금상승으로 채산성이 악화되고, 일부 입주기업들이 생산 공장의 해외이전 등을 추진하면서 구로공단은 쇠퇴의 길로 들어섰다. 1990년대 후반 대내·외적 경제 환경의 변화에 대응하여 입주대상 업종이 확대되고 지식산업센터(종전의 아파트형공장) 건설에 대한 규제가 완화되면서, 구로공단은 새로운 도약의 기회를 맞게 된다(정순구·최근희, 2013). 지식산업센터들이 대량 건설되고, 그 공간에 중소 규모의 첨단 기업들이 입주하여 기업과 고용자 수가 증가하면서 '도시형 산업공원'으로 탈바꿈하였다. 섬유봉제 등 경공업 생산기지에서 시작된 구로공단은 석유화학, 전기전자, 인쇄출판, IT/SW 등 계속해서 새로운 산업을 받아들여 현재는 중소·벤처기업 집적지로 바뀌었다. 구로공단의 비제조업 부문은 2000년대 초에 급속히 성장하기 시작해서 2004년을 기점으로 업체 수에서 제조업 부문을 넘어서기에 이르렀다. 그 결과 구로공단은 주요 국가산업단지 중에서 유일하게 사무직과 연구·개발직(R&D)의 비중이 70%를 넘어 생산직의 비중을 압도하는 지역이 되었다. 즉, 최근 구로공단에 대한 이미지 변화는 바로 이러한 비제조업 부문의 성장에 기인하고 있다(김묵한, 2015).

　국내 산업단지 재생의 본보기를 보인 구로공단 재생의 주요 요인을 살펴보면 첫째로, 벤처단지로 특화를 들 수 있다. 2000년 이후 기업 인큐베이터 기능이 본격적으로 도입되면서 대기업의 R&D 및 시제품 생산시설, 지식산업, 정보통신, 소프트웨어, 패션디자인 관련 기업이 다수 입주하기 시작하였다. 특히, 2002년 이후 서울 강남의 테헤란

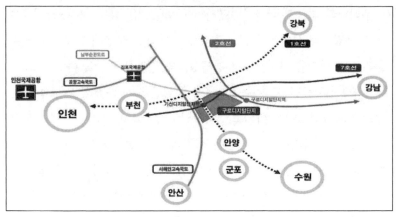

〈그림 1〉 구로공단의 교통 연계망

밸리를 비롯해 서울 시내에 산재해 있던 중소 벤처기업이 구로단지로
대이동이 진행되었다. 구로단지로 이전해 온 벤처기업 중 약 40%는
강남권에서 왔으며, 서남부와 도심, 강북에서도 고르게 이주하였고,
약 11%는 서울 이외 지역에서 이전할 정도로 구로단지의 매력도가 향
상되었다(박용규 외, 2007).

둘째로, 구로공단이 위치한 입지적 비교 우위를 들 수 있다. 구로
공단은 서울에 위치해 있고, 서울에서도 사람, 물류, 정보의 접근이
용이한 요충지에 위치해 있어 공단이 재생될 수 있었다. 구로공단은
교통의 요충지로서 인력 및 물류 이동이 편리한 지역에 위치하여 고
급 기술인력과 현장 기능인력의 출·퇴근이 편리하며, 경인고속도로,
시흥대로, 서해안 고속도로와 직접 연결되어 인천, 시흥, 안산, 평택
등 서울 서남부지역과 물류 이동 및 연계가 편리한 입지적 강점을 가
지고 있다(그림 1 참조).

셋째로, 구로공단 재생의 주요 요인으로 집적의 효과를 들 수 있다.
집적의 효과 중 지역화 효과와 클러스터 효과가 구로공단 재생의 주요 요인으로 제시된다. 즉, 구로공단은 동종 또는 연관업체가 밀집하여 입지하면서 협력업체 및 인력 확보가 용이하고, 업종별 선도업체가 입주하면서 협력 및 경쟁업체의 입지가 촉발되었다. 예를 들면, 조립 PC업체인 앱솔루트코리아가 2003년에 입지한 이후 협력 및 경쟁관계에 있는 PC 주변기기 업체들의 동반이전이 추진되었고, 공구상가의 금형, 사출, 부품, 소재 분야의 제조업체가 밀집하면서 중소 벤처기업과 시제품 제작 등에서 시너지 효과가 창출되었다(박용규 외, 2007). 동종 및 유사 업종의 기업들이 밀집하면서 노동시장이 형성되고, 우수한 노동력이 몰려들면서 새로운 아이디어와 혁신 기술 및 제품이 개발되었으며, 기업 간 경쟁이 치열해지면서 구로공단은 지식과 정보, 기술혁신의 중심지로서 우뚝 서게 되었다.

그렇다고 구로공단의 지속가능성이 완전히 보장된 것은 아니다. 구로공단이 디지털단지로 탈바꿈은 했지만, 단지의 주 업종에서 기술을 선도하거나 우수 인력의 육성과 유인을 위한 매력요인이 충분히 조성되지 못한 상태에 있다. 즉, 디지털단지에서 시제품이 제작되고 시험기반(test-bed)은 마련되어 있지만, 기획과 R&D 부문에서는 아직 초보상태에 있어 기술개발에서 제품화 단계에 이르기까지 연결고리가 성숙되어 있지 않은 상태라는 것이다. 지역이 기술선도와 혁신의 중심지가 되기 위해서는 기초교육과 연구를 위한 전문대학과 기술 교육기관이 있어서 지속해서 기능인력과 전문기술인력을 교육 및 배양해야 하고, 여기서 연구 및 배양된 기초연구를 상업화를 위한 응용연구로 전환을 위한 기획과 R&D(연구개발) 활동이 진행되어야 하며, 응용연구 결과 상업화가 가능한 기술과 상품의 제품화를 위한 연계활동이 산업단지 내에서 유기적으로 추진되어야 한다. 그런데 구로디지털단지는 산업단지에서 산업공원으로 탈바꿈하였지만, 기초

와 응용연구 및 우수 인력 교육과 배양을 위한 산업 캠퍼스 활동이
미흡하여, 지속가능한 구로디지털단지가 되기 위해서는 향후 이 부
문에 대한 보완이 요구된다. 구로디지털단지가 지속가능하기 위해서
는 베이징 중관촌 클러스터를 벤치마킹하는 것도 바람직할 것으로
판단된다.

베이징의 '중관촌(中關村)' 클러스터
● 중관촌에는 대학 및 연구소, R&D 센터뿐만 아니라 IT관련시장이 대규
모로 형성
 -. PC 및 주변기기, 소프트웨어, 휴대전화 등 IT제품의 판매점이 영세
  점포까지 포함하여 2만개 이상이 집적
● 중관촌 클러스터는 첨단기술기업의 '상호작용적 혁신'을 촉진하는 데
매우 유리한 조건을 갖추고 있음
 -. 제품의 판매시장이 인접해 있기 때문에 시장의 수요를 신속하게
  파악할 수 있고 시장에 진입하는 제품의 성과를 조기에 측정 가능

한국의 폐 산업단지의 성공적 재생의 또 다른 사례로서 경기도 광
명시에 있는 광명동굴을 들 수 있다. 경기도 광명시 산속에 버려져 있
던 폐 광산 광명동굴이 재생을 통해 부활하여 시민들에게 사랑을 받
으며, 외래 관광객을 불러들이는 명소로 자리 잡아가고 있다. 1930년
일제 강점기에 문을 연 금광, 5백여 명의 조선인 광부가 하루 250톤
의 광석을 채굴하던 곳이다. 당시 이름은 '시흥광산'이었다. 강제노역
과 수탈의 현장이었던 시흥광산은 1971년 폐광되어 버려진 공간으로
한때 젓갈 저장고로 쓰여 3천여 통의 새우젓이 동굴을 가득 채웠고,
비린내가 주변까지 진동했다.
2011년 광명시가 폐광을 구입하여 40년 만에 어둠을 걷어내고, 이

름도 '광명동굴'로 바꿨다. 질퍽거리던 바닥을 말끔히 포장했고, 머리 위 암벽도 안전을 위해 철제 구조물로 덮었다. 길이 7.8km, 100만여 ㎡의 갱도는 스무 개의 테마를 가진 공간으로 리모델링했다. 광명시민들은 동굴의 재탄생에 폭발적 반응을 보였다. 개방 이후 210만 명이 넘는 관람객이 이곳을 찾았고, 2017년부터는 유료 개장을 했다.

동굴의 일부는 공연장으로 활용하였다. 깊고 어두운 지하에 공연장이라니, 의아할 수도 있지만 지하 암벽은 인공 스피커가 구현할 수 없는 천연의 울림을 낼 수 있다는 점에 착안했다고 한다. 좁은 갱도에 중장비가 진입할 수 없었기 때문에, 공연장 부지를 마련하기 위해 4천 톤이 넘는 흙을 손으로 파냈다. 결국 350개의 좌석과 음향시설을 갖춘 국내 최초 동굴 공연장이 완공됐고, 광명동굴의 대표적인 명소로 자리매김했다.

동굴의 또 다른 일부는 와인 저장고로 이용되고 있다. 사시사철 볕이 들지 않고, 일정한 온도와 습도가 유지되는 곳, 동굴은 와인을 저장하기에 최적의 조건을 갖추고 있었다. 전국 18개 시·군에서 온 100여 종의 와인을 보관하며, '한국의 와인 메카'로 떠오르고 있다. 테마별 체험관부터 공연장, 와인저장고까지, 일제 강점기 광부들이 직접 파내려간 아픔의 동굴은, 이렇게 80여 년 만에 온전히 시민에게 돌아와 사랑을 받는 장소로 주목받고 있다(MBC 문화방송, 2016).

2) 해외 산업단지 재생사례: 이탈리아 토리노와 스페인 빌바오

(1) 이탈리아 토리노 산업단지 재생

서구 선진국의 공업도시들은 1970년대 들어 제조업의 사양화로 대표되는 탈산업화(De-industrialization) 현상을 겪으며 쇠퇴의 길을 걷게 되었다. 이런 경험을 한 대표적 도시로는 미국의 디트로이트(Detroit),

피츠버그(Pittsburgh), 영국의 셰필드(Sheffield), 글래스고(Glasgow), 독일의 도르트문트(Dortmund), 이탈리아의 토리노(Torino) 등이 있다. 이 도시들은 탈산업화에 대응하기 위해 산업 공동화로 인해 방치된 공업용지를 재개발하고, 각종 서비스산업 및 문화산업을 유치하기 위한 노력을 기울였다. 이 중 이탈리아의 토리노가 모범적인 도시재생의 모델을 제시하였다고 평가되어 토리노가 제조업의 사양화에 어떻게 대응하고, 도시재생을 위해 어떤 노력을 기울였는지를 박현재(2016) 연구를 통해 살펴보고자 한다.

토리노의 위기 :

토리노는 이탈리아의 북서쪽 알프스산맥에 인접해 있는 도시로, 이탈리아어로 토리노(Torino)라 부르며, 영어로는 튜린(Turin)이라 부르기도 한다. 로마 제국의 멸망 이후 1500년이 넘게 여러 도시국가로 분열되어 있었던 이탈리아의 통일운동(Risorgimento)을 주도한 19세기 사르데냐 왕국의 중심지로, 현재 인구는 약 90만 명 정도를 유지하고 있으며, 이탈리아의 대표 자동차 업체인 피아트가 바로 토리노에 자리 잡고 있다.

피아트는 1899년 설립된 이탈리아 최초의 자동차 업체로서, 지난 120여 년 동안 토리노의 산업화를 주도하고 지역경제의 중추적 역할을 했던 기업으로 지역에 미치는 영향은 매우 크다. 그러나 1970년대 이후 탈산업화 경향으로 인해 피아트는 자동차에만 집중하던 사업을 철강, 부품 생산 등으로 다각화하였고, 생산시설을 이탈리아 남부지방이나 해외로 이전하여 토리노에 집중되었던 산업을 다른 지역으로 분산시켰다. 이로 인해 토리노에서의 생산규모는 지속적으로 감소하게 되었고, 지역 경제는 큰 타격을 입게 되었다. 기존에 토리노에서 운영되던 피아트의 대규모 공장들이 하나 둘 문을 닫음에 따라 폐 공장부지가 흉물스럽게 남게 되고, 피아트 공장의 폐쇄로 인해 관련 부품업체들이 연달아 도산하게 되었다. 이 때문에 토리노의 인구도 전성기에 비해 크게 감소했고, 빈 집이 늘어났으며, 범죄 역시 증가했다. 이것이 토리노가 '도시재생 정책'을 추진하게 된 주요 배경이다.

  토리노의 도시재생사업 :

  토리노의 도시재생사업은 크게 도심 재개발 사업, 시장 재개발 사업, 컨벤션 산업 육성 등으로 요약된다. 토리노시는 우선 도심 재개발 사업을 통해 피아트의 공장 지구였던 링고토(Lingotto) 지구의 건물을 보수하고 주변을 정비하여 쇼핑센터를 조성하고 컨퍼런스 센터를 신축하였다. 피아트 본사가 있던 미라포리(Mirapiori) 지구는 신산업 공간으로 재개발하여 첨단 정보통신업체 및 자동차 산업 클러스터를 조성하였고, 철도역 등이 있던 기존 도심 스피나(Spina) 지구 또한 기존 시설과 공간을 지하화하고 지상에는 연구개발, 쇼핑, 업무, 여가 등의 공간을 조성하였다. 아울러 이러한 물리적 환경 개선에만 그치지 않고 시장 재개발 사업 'The Gate'를 통해 도심 상가지역을 재개발하면서 전통시장의 열악한 환경을 개선하여 환경오염과 범죄를 완화하고 고용을 창출하고자 했다. 또한 컨벤션 산업 육성을 통해 2006년 동계 올림픽, 2007년 동계 유니버시아드, 2008년 국제 건축대전 등을 유치하여 도시를 알리는데 주력하였다.

  토리노가 이처럼 활발하게 지역재생정책을 추진할 수 있었던 이유는 역설적이게도 과거 지역경제의 중심이었던 피아트가 지속적으로 산업시설을 지역 바깥으로 내보내 도시 내부에 여유 공간이 생겼고, 이로 인해 토리노에 미치는 피아트의 영향력이 줄어들었기 때문이다.

과거에는 피아트가 중앙정부와 긴밀한 관계를 유지하고 지역의 정치, 경제를 좌우하였기 때문에 어떤 도시계획사업을 추진하려고 해도 늘 피아트가 걸림돌이 되었다. 하지만 피아트가 토리노 내의 생산 설비를 줄이면서 자연스레 도시재생정책을 위한 비전을 정립할 수 있는 발판이 마련되어, 토리노는 '전략적 계획' 이라는 이름으로 도시재생 계획을 세우게 되는데, 이 과정에서 실질적인 주민참여가 이루어져 전문가, 공무원, 정부기관, 민간단체 및 협회 등이 모두 이 계획에 동참하게 되었다. 시장(市長)과 이를 지지하는 '토리노 국제협회'가 주축이 되어 각종 주체들의 역할을 조정하고 사업추진과정을 모니터링하며, 'ITP'라는 민관협력기구를 만들어 토리노를 대외에 알리고, 투자를 유치하였다. 즉, 시 정부는 사업 추진자(정책 추진자)가 되며, 기업들은 이러한 사업(정책)을 지원해주었던 것이다.

사업은 1차 및 2차 계획으로 나누어 1차 계획은 1997년부터 시작하여 2010년을 목표연도로 추진되었다. 1차 계획에 따라 도심재생프로젝트들이 성공하자, 2002년에는 2020년을 목표연도로 정하여 제2차 전략계획을 마련하였다. 2차 계획은 토리노시 곳곳의 공장 부지를 포함하는 도심 재개발 및 역사적, 예술적으로 가치가 높은 건물들을 도시의 중심을 따라 새롭게 배치하는 것, 그리고 올림픽 등 국제대회의 유치로, 이러한 노력을 통해 토리노는 도시경관을 개선하는데 성공하였고, 각종 국제행사 유치에도 성공하여 시민들의 자부심을 높였으며 지역 홍보 효과도 거두었다.

토리노의 성공 열쇠 - 민관협력과 거버넌스(Governance)

토리노는 피아트 공장이 도시 외부로 이전함에 따라 부득이하게 도시재생정책을 추진했지만, 그럼에도 '민관협력'이라는 원동력이 있었기에 좋은 성과를 낼 수 있었다. 앞에서도 언급하였듯 '토리노 국제협회'와 '민관 협력 투자 유치단(ITP)'이 토리노 도시 재생 과정에서 핵심 역할을 하였다. 또한 토리노는 무조건 철거와 재개발을 외치지 않고, 낡은 공장을 포함한 기존 도시의 역사적 건축물들을 보전하는데 초점을 맞추었으며, 토리노는 문화적 도시로 새롭게 태어나, 효율성과 아름다움은 물론 도시의 정체성도 잃지 않았던 것이다.

　과거에는 정부 주도로 도시재생 정책이 수행되어, 정부는 정책을 하달하고 주민들은 그것을 수동적으로 받아들였다. 하지만 최근에는 주민들이 정부를 향해 외치는 목소리가 날로 커지고 있으며, 과거와 같은 일방적인 정책추진은 어렵게 되었다. 이제 도시재생에서 '주민참여'는 핵심적 활동으로 등장하였다. 이에 따라 정부와 주민들 간의 관계를 재정립해야 할 필요성이 제기되고, '거버넌스(Governance)'라는 새로운 접근이 시도되고 있다. 토리노의 도시재생은 이런 민관협력 거버넌스를 모범적으로 수행한 사례로서, '관(官)'은 가능한 많은 '민(民)'들의 지지를 받을 수 있는 비전을 정립하고, 그들이 정책 수행을 잘 하고 있는지 모니터링하며, '민(民)'은 '관(官)'이 내세운 비전과 정책을 수행하면서 정책 추진을 가능케 하고 있다. 민주적으로 정책을 기획하고, 민주적으로 그것을 집행하는 것이 진정한 민관협력이자 거버넌스의 본래 의미이다. 한국의 도시들도 도시재생정책을 추진하고자 할 때는 이 점을 꼭 명심할 것이 요구된다.

　◦ 상기와 같은 토리노 도시재생 사례는 인천에 시사하는 바가 크다. 인천 부평에는 중심에 토리노 사례와 유사하게 GM 부평 자동차 공장이 자리 잡고 있다. 부평 GM 자동차 공장이 부평에서 차지하는 비중은 아마 토리노에서 피아트가 차지하는 비중에 버금갈 것이다.

최근 들어 GM 부평 자동차 공장에서 구조조정 이야기가 나오고 노사 분규가 자주 발생하며 2022년에 한국GM 부평공장이 문을 닫을 것이란 이야기가 심심찮게 나오고 있다(서울경제, 2019). 그때마다 지역에서는 GM 부평공장이 문 닫으면 인천경제에 큰 타격을 가져올 것으로 예상하는데, 토리노 사례를 보니 GM 부평공장의 이전 혹은 폐쇄가 부평에 부정적으로만 작용할 것인가 새삼 생각해 볼 필요가 있다. 이 곳을 자동차 공장으로 이용하는 것이 아니라 구로디지털단지처럼 신산업공간으로 개발하면 부평의 경쟁력에 긍정적으로 작용할 것으로 예상된다. 서울 서남부 영등포에서 불과 20분이면 도착하는 부평의 GM 공장을 언제까지 인천이 눈치를 보며 정책을 펴야 하는가? 토리노의 지혜를 빌려오는 것도 좋을지 싶다.

(2) 스페인 빌바오 도시재생

대서양 연안 스페인 바스크 지방의 중심 도시이며 제철과 중공업 거점도시였던 빌바오(Bibao)는 1980년대 들어 관련 산업의 침체로 경제가 붕괴되는 위기를 맞았으나, 1990년대 중반 문화서비스 도시로 재생·부활하는 데 성공했다. 도시재생의 핵심에는 바로 빌바오 구겐하임 미술관(Bilbao Guggenheim Museum)이 자리하고 있다. 1991년 빌바오시는 미국의 구겐하임 재단에 미술관을 지어 운영해 달라고 제안했고, 당시에 구겐하임 미술관 분관 건립을 추진 중이던 재단의 글로벌 전략과 들어맞아 빌바오 구겐하임 미술관 건립이 전격적으로 추진되었다. 당시 미술관 건립과 관련된 상황을 잠시 돌아보는 것도 흥미 있을 것 같다.

1960-80년에 만성적자에 시달리던 솔로몬 R 구겐하임 미술관은 MBA 출신 Thomas Krens 관장을 영입하였다. Krens 관장은 미술관

운영에 있어 '브랜드'라는 개념을 도입하여 구겐하임을 세계화시키는 글로벌 마케팅 전략을 세운다. 공간 확보의 어려움으로 소장품 6500점 중 극히 일부만 전시할 수밖에 없는 현실을 감안하여 분관을 세우고 순회전시를 통해 수익을 창출하는 프랜차이즈(franchise) 전략이었다. 애초에 이탈리아 베네치아에 있는 페기 구겐하임 미술관을 확장해 솔로몬 구겐하임 규모로 키우려 했으나 베네치아의 현실은 보존정책에 묶여 공간 확보가 불가능하여 무산되었다. 이때 후보지로 제안된 곳이 오스트리아 잘츠부르크였다. 그러나 검토가 완료된 시점에 베를린 장벽이 무너지고 독일이 통일되었는데, 당시 구소련이 붕괴되는 불안정한 정치적 상황에서 잘츠부르크는 적격지가 아니라는 의견이 제기되었다. 이때 스페인 바스크 자치의회 집권당 PNV는 빌바오를 문화산업 도시로 바꾸기 위해 구겐하임 미술관 분관을 유치하기로 의결하고, 1991년 4월 토마스 크렌스 솔로몬 구겐하임 미술관 관장을 빌바오로 초청하여, 건설비 1억 달러, 작품 구입비 5천만 달러, 구겐하임 수수료 2천만 달러, 매년 박물관 보조금 1,200만 달러를 제공하겠다는 파격적 조건을 제시하여 미술관을 유치하였다(김흥기, 2016).

구겐하임은 단지 미술관의 건립과 운영을 맡으면 되었고, 건축에 8,900만 달러, 한화 1천억 원이 최종 투입된 미술관은 1997년 10월 18일 개관했다. 개장 첫 3년 동안 전 세계에서 400만 명이 몰려, 5억 유로, 한화 7천억 원의 수입을 올렸다. 시의회는 걷힌 세금만 1억 유로, 한화 1,400억 원에 달해 건축비를 훨씬 초과했다고 밝혔고, 지금도 빌바오에는 구겐하임을 보러 연간 100만 명 내외가 방문하고 있다. 위기의 정점에서 빌바오와 빌바오 시민들은 이른바 '빌바오 효과'라는 신조어가 생겨날 만큼 극적인 성취를 일궈내는 데 성공했다. '빌바오 효과'는 오늘날까지 이어져 도시재생과 문화예술이 어떻게 접목되는지를 보여주는 대표적 사례로 꼽히고 있다(매일경제, 2017).

상기와 같은 빌바오 효과가 전 세계에 알려지며 산업단지의 침체로 불황에 허덕이던 많은 도시에서 빌바오를 벤치마킹하는 사례들이 점차 등장하고 있다. 특히, 1980년대 유럽을 강타한 석탄산업의 침체로 위기에 빠진 도시들에게 빌바오 효과는 복음이었다. 라인강 기적의 주역 독일의 북서부의 루르 졸페라인 탄광지대는 지역경제가 쇠퇴하자 전 세계를 상대로 대안 모색에 나섰다. 탄광을 유네스코 세계문화유산에 등재하고 세계적으로 명망있는 건축가들의 참여하에 문화예술공간으로 부활하여 연간 250만 명이 찾아오는 명소로 만들었다.

인구 약 20만 명의 영국 게이츠헤드 역시 호경기를 누리던 석탄·철강산업의 침체로 고용, 교육, 의료 등 삶의 질이 극도로 열악해졌다. 1990년대 들어 문화·교육 중심의 도심재생을 통해 세계에서 가장 창조적 도시로 불리면서 가장 방문하고 싶은 곳으로 선정되었고, 2012년 방문객 190만 명을 기록하며 연간 4억 파운드(약 7000억 원)의 경제적 효과를 낳고 있다.

자존심 강한 프랑스도 북부의 탄광들이 폐쇄되면서 지역 살리기가 여의치 않자 빌바오 구겐하임 벤치마킹에 나섰다. 2004년부터 세계의 건축가, 디자이너들에게 문호를 개방하고, 약 1.5억 유로, 한화 2,200억 원의 예산으로 제2의 루브르 랑스 박물관 건립에 나섰으며, 2012년 개관했다. 연간 55만~70만 명의 방문을 예상하였으나, 개관 첫해 90만 명 이상이 박물관을 다녀갔다(김종민 외, 2012).

그렇다고 빌바오가 마냥 행복한 것만은 아니다. 구겐하임 효과를 연구한 양윤서(2017)의 연구에 의하면, 경제 측면·예술 측면·삶의 질 측면에서 구겐하임 미술관 건립은 상당한 효과와 더불어 한계점을 표출하고 있다. 첫째, 경제적 측면에서 긍정적인 효과로 조명 받아온 부

분인 일자리 생성에 관한 측면과 투자금 회수에 관한 부분은 상당한
긍정적 효과를 보이는 것으로 평가를 받고 있다. 그리고 미술관 방문
객은 지금까지도 비슷한 수치로 유지되고 있지만, 도시의 방문객과
실업율에 있어서의 효과는 지속되지 못하고 있다.

둘째, 구겐하임 재단(Solomon R. Guggenheim Foundation)의 명성과
빌바오 구겐하임 미술관 (Guggenheim Museum Bilbao)을 디자인한 건
축가 프랭크 게리(Frank Gehry)의 명성과 영향력이 구겐하임 효과에
큰 영향을 미쳤다고 평가된다. 하지만 미술관을 도시의 랜드마크로
고려할 때 지역의 정체성을 반영하지 못하고 있고, 소프트웨어적인
측면에서도 지역민들을 위한 공간으로 역할하지 못하는 한계점이 제
시된다.

셋째, 도시재생 사업을 계획 할 때 삶의 질 측면을 고려하는 것이
중요한 목표 중 하나였음에도 불구하고 사회적 수준에서 지역민들의
삶의 질을 향상시키기 위한 전략이 연계되지 않았다. 그리고 도시재생
의 전형적인 부작용으로 볼 수 있는 젠트리피케이션 현상이 미술관이
있는 아반도이바라(Abandoibarra) 지역에 예외 없이 나타나고 있다.

마지막으로 도시재생, 특히 산업단지 재생하면 산업혁명이 최초로
발생한 영국의 산업단지 재생을 이야기하지 않을 수 없다. 아마 도시
재생이 가장 먼저 추진된 나라를 꼽으면 영국일 것이다. 최초로 산업
혁명이 발생한 영국에서는 도시 곳곳에 공장과 창고들이 들어서고 항
만과 운하를 중심으로 경제가 성장하게 되었다. 그런데 공장들이 값
싼 노동력이 있는 곳을 찾아 이전하게 되었고, 영국경제 자체도 금융
업과 서비스업 중심으로 산업구조가 바뀜에 따라 도시에서 공장과 창
고들이 문을 닫고 폐 공간으로 남게 되었다. 영국은 이런 공간에 1950
년대부터 다양한 도시재생이 시도되었고, 1990년대부터 본격적으로

산업단지 재생이 시작되어 도시 활력을 찾는데 주요 전략으로 추진하고 있다. 대표적인 사례로 런던, 리버풀, 맨체스터 등 도시는 화력발전소, 대형 창고들이 재생되어 새로운 공간, 특히 문화공간으로 재활용되고 있다. Tate Modern, Albert Dock, Castle Field는 폐 산업단지가 박물관·미술관으로 활용되어 새로운 공간으로 다시 태어난 장소들이다(변혜선·정진호, 2019).

4. 산업단지의 진화: 산업공원을 넘어 산업캠퍼스로

Alfred Marshall이 산업단지 개념을 제시한 이래, 최근 들어 산업단지 개념의 진화가 진행되고 있다. 종래의 산업단지는 특정 산업 활동의 집적을 위한 공간조성을 통해 토지확보, 노동력 공급, 기술과 정보 접근성, 시장 접근성, 연관산업 입지 등에서 우세한 입지경쟁력을 갖기 위한 목적으로 조성되었다. 그리고 대다수의 산업들이 공장폐수, 공해, 폐기물, 토양 오염 등을 유발하기 때문에, 산업단지는 시민들의 건강과 안전을 보호하기 위한 목적으로 주거·상업지역과는 멀리 떨어진 독립된 공간에 일반적으로 조성하였다.

그런데 최근 들어서 4차 산업이 주 업종으로 등장하면서 산업 활동에서 발생하는 주거와 환경문제는 거의 해결되어, 산업 활동과 주거 및 근린시설이 복합된 산업단지가 조성되기 시작하였다. 즉, 산업과 주거, 문화, 의료복지, 교육, 휴식시설 등이 복합적으로 배치된 복합 산업단지가 조성되고 있다. 이제 도시 내에 주거와 일터가 결합된 쾌적한 주거와 산업환경 조성을 통해 도시에서 주거와 일자리 창출이 동시에 충족된 자족형 도시가 가능하여, 노후 산업단지의 이와 같은

기존의 산업단지 　　　　복합산업단지(산업/주거/근린시설)

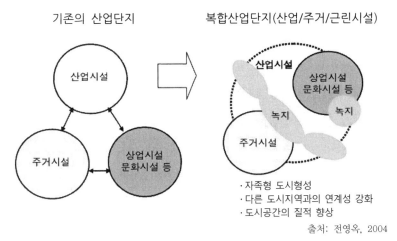

· 자족형 도시형성
· 다른 도시지역과의 연계성 강화
· 도시공간의 질적 향상

출처: 전영옥, 2004

〈그림 2〉 산업단지 개념의 변화

접근을 통해 주거와 행정 등 소비적 기능에 더하여 생산, 연구개발, 물류 이동 등이 연계된 생산적 기능을 보완한 산업단지 재생이 추진되고 있다(전영옥, 2004). 본 절에서는 이와 같은 산업단지의 개념변화를 산업공원에서 산업캠퍼스까지 진화과정을 추적해 본다.

1) 산업공원(Industrial Park)의 등장

산업단지에서 산업공원으로 변화는 미국 노스캐롤라이나 리서치트라이앵글파크(Research Triangle Park: RTP)에서 단초를 찾을 수 있다. 기존의 산업단지는 생산시설이 밀집한 회색빛 공간을 연상시키는데, RTP는 산업(industry) 활동과 공원(park)이 융합된 녹색의 산업공원(industrial park)으로 개발되었다. 그래서 단지에 들어서면 어디가 생산시설이고 어디가 공원인지 구분이 안 되는 일터와 공원의 복합 산업공간을 조성하여 산업공원으로 변화를 가져왔다. 이러한 산업공원으로의 변신은 유럽에서도 진행되어 대표적 산업공원으로 프랑스 소피아 앙티폴리스(Sophia Antipolis)를 꼽을 수 있다.

산업혁명 이후 국가와 도시성장의 견인차 역할을 했던 산업단지들은 20세기 후반에 접어들면서 공해, 소음, 폐수, 폐기물 오염 등으로 주변 도시환경에 부정적 영향을 미쳤다. 이런 문제를 해결하기 위해 공장이나 창고가 밀집한 산업단지의 생태계를 변화시키기 위한 방안으로 산업단지에 숲을 조성하여 무공해 과학 및 서비스 단지로 탈바꿈을 시도하였다. 이러한 산업생태계 변화정책은 1970년대 이후부터 유럽 전역으로 확산되어 현재는 자연생태계를 고려하지 않은 산업과 과학단지 건설은 거의 존재하지 않는다. 1969년 프랑스 남부 지중해 연안에 조성된 첨단과학단지 소피아 앙티폴리스가 유럽의 대표적 산업공원이다.

소피아 앙티폴리스는 6,400헥타르 규모에 최첨단 과학기술을 자랑하는 전자·통신·항공·의료 등 다양한 분야의 1,400개 연구소와 대학, 1,300개 기업이 입지한 상시 고용인구 3만 명이 모인 유럽의 실리콘밸리이다. 이 단지 개발의 핵심적 개념은 앙티폴리스(anti-polis)로, 말 그대로 반(反)도시, 도시를 거부하고 자연생태계와 산업단지를 연계한 산업공원/연구공원으로 조성되었다(테오도르 폴 김, 2011). 이제 산업단지는 단순한 생산을 위한 공간을 넘어 자연생태계와 결합된 산업공원으로 탈바꿈한 것이다.

산업공원으로 변신은 미국과 유럽에서만 시도된 것이 아니고, 한국에서도 산업단지에서 산업공원으로 진화가 추진되었다. 한국 산업단지에서 산업공원으로 변화에 큰 획을 그은 사업을 꼽는다면 '파주 출판문화단지'조성이라고 할 수 있다.[3] 예전에 산업단지하면 공장들의

---

3) 파주출판단지는 1989년 출판인들이 조합을 결성하고 사업부지 확보의 어려움, 업체 간 협력의 한계 등을 해결할 목적으로 도시 외곽에 전용 단지를 조성하려는 목적에서

밀집, 잿빛 풍경, 화물차 소음, 그리고 뭔가 스산한 느낌을 연상시키는데, '파주 출판문화단지'는 이런 사고를 걷어내고 한국에서 최초로 산업단지와 공원이 결합된 산업공원으로 진화하는 큰 걸음을 내딛었다. 즉, 산업단지에는 생산시설을 위한 공장만 있는 것이 아니라, 산업시설과 공원이 결합하여 쾌적한 산업 환경을 조성할 수 있다는 것을 보여주었다. 이지은(2009)의 파주 출판문화탐방기는 이런 변화를 잘 실감하게 한다.

> 흔히 산업단지 하면 시커먼 연기를 내뿜는 회색빛 굴뚝 들이 빼곡히 들어찬 곳을 상상하게 된다. 최소한 자욱한 먼지와 쉴 새 없이 이어지는 기계 소음 정도는 기대했는지 모르겠다. 그러나 직접 가서 본 파주 출판문화정보산업단지는 나의 이런 기대와는 사뭇 달랐다. 조용하고 깨끗하며, 데이트코스로도 부족함이 없을 만큼 뭔가 있어 보였다. 멋진 건물을 배경으로 기념사진 한 컷 찍고 사방이 유리로 둘러싸인 북카페에 앉아 책꽂이에 꽂힌 책 한 권을 꺼내 읽다, 가까운 서점에 들러 평소 사고 싶었던 책 한두 권을 정가보다 싸게 사가지고 갈 수 있는 그런 곳.

산업단지보다는 산업공원이 더 잘 어울리는 파주 출판문화정보산업단지는 경기도 파주시 교하읍 문발리 일대 47만 평에 조성된 국가산업단지다. 1989년 출판인들이 모여 조합을 결성하고, 출판업을 별도의 국가산업으로 인식하여 산업단지 개발을 위한 정책적 지원을 끌

시작되었다. 1998년 출판조합은 토지공사와 시범지구 5만 평에 대한 매입계약을 체결함으로서 단지 조성의 기반이 마련되었고, 이어 건축구상이 시작되는 단계에 건축 코디네이터에 의한 건축지침이 마련되면서 '야심 찬 도시적 목표'가 도입되었다. 그래서 출판단지는 '대지 위에 쓰는 크고 아름다운 한 권의 책'이 만들어지는 도시로 담론화되기 시작했다(조명래, 2007).

어내 파주 산업공원이 만들어진 것이다. 이곳은 산업단지의 모습뿐만
이 아니라 하나의 커다란 건축전시장의 모습도 갖고 있으며, 출판업
외에 소프트웨어, 영화, 방송 및 기타 공연 관련 산업 등까지 진출하
여 문화클러스터로 발전하고 있다.

파주 출판문화단지는 산업단지가 생산을 위한 공간만이 아니라 산
업단지 자체가 하나의 작품이 될 수 있다는 것을 보여주었다. 파주 출
판문화단지의 건축물은 하나하나가 건축 작품이다. 이 중 세계적인
건축상인 프리츠커상을 수상한 건축가들이 지은 건축물도 있고, 한국
의 대표적 건축상인 김수근 건축문화상을 수상한 작품들도 있다. 일
본의 세지마 가즈요와 니시자와 류에가 설계한 동녘출판사, 그리고
파주출판도시의 대표적 모더니즘 건물로 알바루 시자가 지은 열린책
들의 미메시스 아트뮤지엄, 그리고 김병윤 건축가가 설계한 아시아출
판문화정보센터는 건축과 주변 환경의 조화가 돋보이는 건물로,
2004년 제14회 김수근 건축문화상을 수상하였다. 파주 출판문화정보
산업단지는 이제 산업단지가 단지 생산을 위한 제조업 공간을 넘어
주변과 잘 조화를 이루는 공원으로 진화할 수 있다는 것을 보여주어
한국 산업단지 진화에 한 획을 그었다.

2) 산업캠퍼스(Industrial Campus)로 진화

최근 들어 산업단지는 산업공원을 넘어 산업캠퍼스로 진화하고 있
다. 즉, 산업단지의 일터 개념에 쉼터(공원)와 교육 및 연구개발 기능
이 더해져 산업캠퍼스로 변화하는 과정에 있다. 이런 산업단지 개념
의 진화는 바로 첨단 정보통신을 중심으로 한 4차 산업에 의해 주도
되고 있으며, 대표적 사례로 애플, 마이크로소프트, 구글 캠퍼스 등
을 들 수 있다. 이 가운데 대표적 사례로서 애플과 마이크로소프트 산

〈그림 3〉 미국 실리콘밸리 애플캠퍼스

업캠퍼스 조성사례를 살펴보도록 하자.

글로벌 첨단기업 가운데 하나인 애플컴퓨터(Apple Computer)는 캘리포니아주 쿠퍼티노에 애플 파크(Apple Park)를 신설하였다. 원형 모형의 애플 파크는 애플 캠퍼스에 이어 새로 신설된 애플사의 본사 사옥이다. 이 사옥은 맨 처음 애플의 전 CEO 스티브 잡스에 의하여 착안 되었고, Lord Norman Foster가 디자인하였다. 애플파크의 총면적은 71헥타르(약 21만 평) 대지 위에, 4층 높이 건물 총면적 26만㎡의 사옥을 원형으로 건설하였다(그림 3 참조). 원형 건물에는 업무, 연구개발, 레저, 전시 등의 복합적 활동들이 수행되고 있다. 주요 내용을 살펴보면(위키백과 참조),

○ 업무기능: 원형의 중앙 메인 빌딩에는 12,000명 직원들의 업무 공간이 자리 잡고 있다. 스티브 잡스는 애플 캠퍼스를 비즈니스

공원인 동시에 자연의 쉼터 기능을 수행하는 공간으로 계획했으며, 애플 대지의 80%를 녹지가 차지하고 원형 건물 중앙에는 인공연못을 조성하였다.

○ 연구 및 개발 시설: 캠퍼스의 남쪽 가장자리에 있는 2개의 큰 건물이 건설 중이다. 규모는 28,000㎡에 달하며, 최상층에는 R&D 부서가 자리 잡고 있다.

○ 카페: 캠퍼스에는 7개의 카페가 있으며 가장 큰 3층짜리 카페는 3000명을 수용 할 수 있는 곳으로, 밝은 색의 석조 안감과 금속 지지대가 없는 유리 난간이 있다. 1,900㎡의 이층 공간은 외부 테라스에서 600명 혹은 1,750석을 수용할 수 있으며, 하루에 15,000개의 점심 식사를 제공할 수 있다.

○ 강당: Steve Jobs의 이름에서 따와 Steve Jobs Theater이라고 명명된 강당은 Apple 제품 출시 및 기자 회견을 위해서 지어졌다. 캠퍼스의 언덕 꼭대기에 위치하여 커다란 원통형 로비를 따라 강당으로 이어진다. 극장의 지상 로비는 원통형 유리벽으로 되어있으며, 기둥이 없고 탄소 섬유로 지붕이 이루어져 있다. 따라서 녹지로 가득한 캠퍼스 전경을 360도 모든 각도에서 바라볼 수 있다.

○ 피트니스 센터: 캠퍼스의 북서쪽에 위치한 9,290㎡ 규모의 웰니스/피트니스센터는 동시에 최대 2만 명의 직원이 사용할 수 있다. 체육관 장비와는 별도로, 피트니스 센터에는 탈의실, 샤워실, 세탁 서비스 및 단체 전용 룸 등의 편의 시설이 들어가 있다.

상기와 같은 시설과 기능에서 알 수 있는 바와 같이, 이제는 산업단지가 생산을 위한 공간에서 업무 + 연구개발 + 레저 + 휴식공간이 복합된 산업캠퍼스로 진화하고 있다.

〈그림 4〉 미국 시애틀에 있는 마이크로소프트 레드몬드 캠퍼스

다음으로 애플과 경쟁사인 MS(Microsoft) Redmond 캠퍼스에 대해 살펴보자. Microsoft 본사는 미국 북서쪽 Washington주 Redmond (시애틀 근교)에 있다. 총 61만 평 부지에 125개 건물, 약 42만 평의 건물면적에 직원 약 47,000 명이 근무하고 있다. MS는 시애틀 레드 몬드 캠퍼스에 회의실 등 역할을 할 나무집도 조성했다. 그래서 MS 직원들은 자연 속의 나무집에서 일한다고 알려졌다(연합뉴스, 2017). MS는 직원들의 야외 생활을 강조하며 재미와 게임을 위해서가 아니 라, 업무 중 야외 활동으로 스트레스를 해소하고 창의력을 자극할 수 있으며, 직원들의 변화를 추구하는 데 도움을 준다는 것이다.[4]

---

4) 마이크로소프트 본사의 상징이 된 '나무 위 오두막 회의실(Tree house)'을 기획한 개발 담당자는 "처음에 오두막을 짓는다고 했을 때 헛돈을 쓰는 거라며 재무라인의 반대가 심했지만 결과적으로는 가장 사랑받는 공간이 됐다"며 "과거 십자가형 빌딩이 이런 오 픈 스페이스 사옥으로 바뀐 것은 좋은 인재를 확보하기 위한 인력 유치 전쟁의 결과"라 고 한다(매일경제, 2019).

〈그림 5〉 2024년 완공 예정인 인천 서구의 하나금융타운

Microsoft 캠퍼스는 작은 도시 규모로서 Redmond 인구의 약 1/4 정도가 마이크로 소프트 직원이다. Redmond 캠퍼스는 61만평 부지에 사무실, 직장, 이벤트 공간, 레크리에이션 시설, 레스토랑, 상점 및 공용 공간으로 구성된 125개 건물과 야외 공간 및 약 10km이상의 나무가 우거진 산책로로 조성되어있다. 그리고 MS 캠퍼스 내에 14,000㎡에 달하는 쇼핑 몰 'The Common'는 레스토랑과 상점의 혼합으로, MS 직원들의 편의를 위해 레스토랑, 카페, 은행, 음반가게, 미용실 및 자동차 정비소 등 다양한 근린/편의 서비스를 제공한다. 즉, 업무공간과 편의공간을 한 곳에 모아 놓았다.

캠퍼스 내에 업무 공간과 R&D 실험실 면적은 약 42만평에 달하며, 센서 30,000대에 의해 상호 연결된 시스템으로 관리·통제되고 있다 (리테일온, 2017). 이러한 공간에서 Microsoft는 하나의 대학과 같은 기능을 수행한다. Microsoft는 유능한 인재들과 대규모 프로젝트를 수행하며 미국 국방부, 병원, 석유 회사, 자동차 제조업체, 도시 및 연방 정부 기관 등과 협업을 수행하면서, Microsoft 기술연구 및 솔루션 개발에 매진하고 있다.

산업단지의 변화는 미국과 유럽의 서구사회에서만 관찰되는 것이 아니고, 한국 산업단지에서도 진화가 진행되고 있다. 그 대표적 사례로 인천 서구 청라에서 진행되는 하나금융타운과 청라의료타운을 들 수 있다.

하나금융그룹 본사는 인천 서구 청라에 하나드림타운 3단계 사업을 추진하며, 1단계 조성사업인 통합데이터센터(전산·개발)와 2단계 조성사업인 하나글로벌캠퍼스(인재개발원·체육관)의 건립을 성공적으로 마무리하고, 현재 3단계 하나금융그룹 본사가 이전하는 사업을 진행 중에 있다. 2024년 1월 입주가 시작되는 하나금융그룹 본사는 규모 면에서나 영향력 면에서 서구의 랜드마크이자 주요 앵커시설로 지역산업 활력 회복과 지역경제 활성화에도 큰 변혁을 일으킬 것으로 예상된다. 연면적 4만여 평에 지하 7층, 지상 15층 규모로 들어서는 하나금융그룹 본사는 하나금융지주와 하나은행, 하나금융투자, 하나카드, 하나생명 등 주요 계열사 임직원 3000여 명이 근무할 예정이다(그림 5 참조). 특히 하나금융그룹 본사는 스마트-에코-모델로 설계되어 자연과 어우러지는 친환경 녹색 건물을 콘셉트로 옥상까지 걸어서 올라갈 수 있는 램프와 바깥 테라스 등 건물 일부를 주민들에게 개방, 힐링과 휴식 명소로 조성하게 된다. 하나금융그룹 본사 이전이 완료돼 3단계에 걸친 하나드림타운이 완성되면 최소 6000명에 달하는 임직원과 연수 및 이동 인구를 포함한 연인원 1만5000여 명이 서구에 머물 것으로 예상되어, 인천 서구의 고용 유발 효과와 일자리 창출, 인구 유입은 물론이고 세수 증대에도 큰 기여를 할 것으로 예상된다

(일간경기, 2021).

인천 청라에는 또한 새로운 의료단지 개념으로 청라의료복합타운 건립을 추진하고 있다. 청라의료복합타운은 청라국제도시 해안가 26만㎡ 규모의 부지에 500병상 이상 되는 종합병원과 의료바이오 관련 산·학·연 및 업무·상업 등의 시설을 조성하는 사업이다. 종합병원·연구시설·거주시설 등이 복합된 청라의료복합타운 내에는 연구개발 허브 역할을 할 '라이프 사이언스 파크', 국내 바이오산업을 육성할 '최첨단 스마트 교육센터' 등을 설립해 궁극적으로 글로벌 바이오메디컬 클러스터를 조성한다는 방침이다(인천일보, 2021).

요약하면, 산업사회에서 탈산업사회로 변화함에 따라 산업단지의 개념이 진화하고 있다. 종래에 산업들의 밀집을 통해 집적의 효과를 추구하던 산업단지가 일터 기능에 쉼터가 결합된 산업공원으로 변신하더니, 최근 들어서는 일터와 쉼터에 연구개발과 교육기능이 결합된 산업캠퍼스로 진화하고 있다. 이런 맥락에서 폐 산업단지의 재생뿐만 아니라 기존의 산업단지도 산업 활동만 들어서는 산업단지 개념에서 주거와 근린활동, 교육과 연구개발, 상업과 휴식활동 등이 공존하는 복합단지로 조성될 것이 요구된다.

5. 산업단지 재생 방법론

본 절에서는 산업단지 재생을 위한 방법론에 대해 논의한다. 먼저 재생의 대상이 된 산업단지를 순환적 토지이용모델을 통해 어떤 방식으로 재생이 추진되는지를 살펴보며, 다음으로 산업단지 재생의 주요 방식으로 이용되고 있는 문화예술을 통한 산업단지 재생에 대해 논의

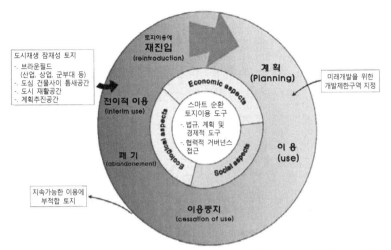

출처: Jamecny & Husar, 2016

〈그림 6〉 스마트 순환 토지이용 모형

하며, 마지막으로 산업단지 재생은 단순한 재활용을 넘어 재창조가
되어야 한다는 논리를 업-사이클(up-cycle) 개념을 통해 제안한다.

1) 브라운필드의 스마트 순환 토지이용모델

　Jamecny & Husar(2016)에 의해 제시된 '스마트 순환 토지이용 모
형'은 브라운필드의 재생을 '방치-재활용-재생'의 순환과정을 통하
여 유기된 폐 산업단지의 효율적 이용을 위한 통합적 재생 거버넌스
접근을 추진하는 방식이다. 스마트 토지이용 접근은 지역을 재활용한
다는 아이디어를 기반으로, 폐기물이나 물 관리 분야에서 자원 순환
을 이용하여 재활용하는 방식을 브라운필드의 스마트 순환 재활용에
적용한 접근방식이다. 도시는 다양한 라이프-사이클 단계를 가진 특
이한 유형의 사회적/생태적 시스템이다. 그래서 도시의 라이프-사이
클의 특정 단계에서는 토지의 일부 또는 특정 지역 전체가 후대의 사

용을 위해 변경되지 않고 현 상태 그대로 보존될 필요가 있다.

이러한 상황에서 재활용에 적합하지 않은 시설이나 구조물은 철거되거나 복원되고, 빈 공간은 새로운 아이디어와 용도에 의해 다시 채워진다(그림 6 참조). 이 과정에서 폐 산업공간은 세 유형으로 분류되어 이용되어 진다. 첫째 개발제한 공간으로, 미래세대를 위해 개발이 제한된 공간이다. 둘째 개발중지 공간으로, 지속가능한 토지이용에 부적합한 공간으로 이용이 중지된 공간이다. 셋째 개발잠재력이 높은 공간으로, 폐 산업단지의 재생을 통해 지역 활성화를 견인할 수 있는 공간이다.

스마트 순환 토지이용 개념은 도시에서 건물배치, 개발, 이용, 폐기 및 재사용에 적용된 순환 재활용 개념을 수용하여, 지역의 주어진 조건 하에 현재의 공간자원을 최대한 활용하여 지역의 장소적 가치를 창출함으로써 브라운필드의 재생을 추구하는 접근이다. 이 과정에서 지속가능한 브라운필드 재생을 위해서는 지자체와 산업체, 지역 주민과 민간개발업자 사이의 긴밀한 협력적 거버넌스 구축이 필수적으로 요구된다. 그리고 토지 재활용을 통한 이윤추구에 주안점을 두기보다는 도시의 거시적/통합적 계획과 연계하여 미래세대의 토지이용을 저해하지 않는 지속가능한 도시재생이 추진되어야 한다.

2) 문화예술을 통한 폐 산업단지 재생

산업이 쇠퇴하여 유기된 상태에 놓여있던 폐공장이나 산업단지를 문화예술로 접근하여 활성화하는 '창의적 폐 산업시설(creative brownfield)' 재생은 유럽을 중심으로 선진도시에서 탈산업사회 이후 추진된 주요 도시재생전략이다. Hutton(2006: 1839)이 언급한 바와 같이, 일부 도심지역의 독특한 산업공간과 건축 환경은 과거 영화로웠던 산업

활동의 기억과 볼거리, 소비 및 오락의 (재)창조에 도움을 주어 도시
활성화를 가져오고 있다. 뉴욕(Zukin, 1988), 런던(Pratt, 2009), 베를
린(Colomb, 2012)과 같은 도시의 브라운필드(폐 산업시설 혹은 단지)가
문화예술 주도로 재생된 주요 사례로 꼽을 수 있다. 그런데 브라운필
드가 문화예술이 접목되었다고 창의적 재생이 자동으로 일어나는 것
은 아니며, 창의성을 기반으로 장소적 가치를 발굴하고 공간에 부가
가치를 부여하는 작업이 수행되어야 한다(Peck, 2012). 이런 맥락에서
재생의 대상이 되는 창의적 브라운필드는 지역의 '상징적 문화 인프
라(iconic cultural infrastructure)'로서 Richard Florida(2019)의 창의
계급을 유인하는 매력요인뿐만 아니라, 소비를 유인하는 경험 경제
(Pine and Gilmore, 1999)의 장소적 가치를 내포하여 주변 지역과 도시
의 재생을 위한 강력한 공간적 앵커의 역할을 수행한다(Andres &
Golubchikov, 2016).

　도심에 있는 폐 산업공간은 문화예술가들에게는 작품 활동을 위한
매력적인 공간을 제공한다. 넉넉한 작업 공간, 저렴한 임대 및 유지비
용, 넓은 전시 및 공연 공간, 편리한 접근성 등은 문화예술가들이 꿈꾸
어 왔던 공간이다. 그런데 이런 브라운필드에 지금까지 문화예술가들
의 접근을 허용하지 못한 주요 요인으로는 다양한 이해관계자(토지 소
유자, 개발자, 지방정부, 주변 시민 등)들 사이에 상충된 이해가 충돌하였
기 때문이다. 이런 충돌과 긴장은 브라운필드가 이해관계집단의 기대
와 다른 용도로 개발되거나 특정용도(대다수 경우 공동주택단지로 전환을
요구)로 전환되는 방식이 허용 임계치의 범위를 넘어서는 단계에서 분
출된다. 또한 토지 소유자와 개발자들이 문화예술을 통한 창의적 브라
운필드 개발을 희망하더라도, 현실에서는 토지나 건물의 임차인과 세
입자의 보호 등 다양한 문제들이 내포되어 있다. 이런 맥락에서 브라

운필드의 공간 재생은 Andres와 Grésillon(2013: 53)이 관찰한 것처럼 두 가지 방향 중 하나로 보통 나타난다. 첫째는 점진적으로 거시적·종합적 도시 정책과 연계되어 보다 일상적이고 덜 갈등적인 공간이용으로 전환되는 적응적 과정이며, 둘째는 외부의 경제·문화·정치적 압력에 대처하지 못하여 공간적 실체로서 소멸되는 과정이다. 전자의 과정으로는 인천 아트플랫폼과 서울 상암동 문화비축기지 등을 들 수 있으며, 후자의 과정으로는 경남 마산의 사라진 한일합섬 공업단지와 인천 용현동의 석유공사와 동양화학공장 등을 들 수 있다.

도시재생이 주요 트랜드로 등장하면서 문화·예술가는 폐 공장지역과 황폐한 동네를 힙스터와 보헤미안들이 몰려드는 핫 플레이스(hot place)로 변형시켜 재개발과 재투자를 가져오는 활성화의 주체로 인식되기 시작하였다. 그리고 플로리다(R. Florida)로부터 영감을 받은 도시 거버넌스의 문화적 전환으로 인하여 창의적인 브라운필드는 창조적인 도시 경제를 위한 핵심적 공간으로 주목받기 시작했다. 결과로서 도시공간에서 창의적 예술가와 창조적 브라운필드가 결합하여 폐산업단지의 재생이라는 새로운 작업이 현재 많은 도시에서 추진되고 있다.

3) 폐 산업단지의 Up-cycling

과거에 산업단지로 이용되었지만 지금은 방치 혹은 유기된 상태로 남아있는 폐 산업공간에 대한 재생은 단순한 순환 토지이용을 넘어 업사이클링(up-cycling) 되어야 한다. 업사이클링은 리사이클링(recycling)과 차별성을 갖기 위해 만들어진 용어로, 폐기물·폐자재와 같이 쓸모없거나 버려지는 물건을 새롭게 디자인해 예술적·환경적 가치가 높은 물건으로 재탄생시키는 새활용 방식이다. 새활용(upcyling)이란

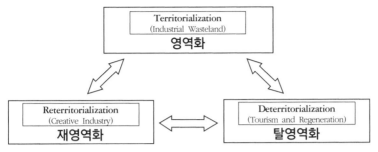

출처: Philip Feifan Xie, 2015

〈그림 7〉 폐기된 산업단지의 생애주기모형

용어는 리너 필츠(Reiner Pilz)가 처음 언급하여 탄생한 단어로, 영어 단어 'upgrade'와 'recycling'을 합친 것이다. 한국어 "새활용"은 "이미 있던 것이 아니라 처음 마련하거나 다시 생겨난"이라는 뜻의 관형사 "새"와 "재활용"의 "활용"을 합친 말로, 특정 용도로서의 수명을 다해 버려지는 제품을 단순히 재활용(recyling)하는 것을 넘어, 기존의 형태나 역할을 가져가되, 새로운 디자인을 더 하는 등의 과정을 거쳐 새로운 용도의 제품으로 만드는 것 즉, 역할을 다한 폐품을 해체하지 않고 잘 활용하여 기존의 제품보다 더 발전한 제품으로 새롭게 탄생시키는 과정 을 의미한다(위키백과: 새활용, 2021).

Xie(2015)에 의하면, 브라운필드(폐기된 산업단지)는 최소한 다음 세 단계, 영역화-탈영역화-재영역화 단계를 거쳐 재활용 혹은 재창조된 다. 영역화는 역사적 경험과 탈산업화 이미지를 도시 재개발 현장으 로 끌어들여 소비 전략으로 전환하는 작업을 의미한다. 탈영역화는 도시재생에 새로운 의미와 가치를 주입하는 단계로서, 산업시설의 본 래 기능은 중지되지만, 산업유산은 문화예술과 첨단기술 및 기법을 이용하여 새로운 목적으로 공간이 재활용되는 과정을 의미한다. 마지막 단계인 재영역화는 산업유산에 창의적 활동을 통하여 새 생명을 불어넣는 과정으로, 예를 들면, 기존 산업단지에 문화예술의 새 생명을 불어넣어 미술관/박물관으로 새활용시키는 작업을 의미한다. 이런 일련의 과정을 거쳐 산업단지는 재활용(recycling)을 넘어 새활용 (up-cycling)되는 생애주기과정을 갖는다(그림 7 참조).

이와 같은 폐 산업공간의 새활용 사례를 도처에서 확인할 수 있다. 대표적인 사례로서 뉴욕 하이라인파크를 들 수 있다. 뉴욕의 하이 라인은 전 세계 도시가 예전의 산업 현장을 up-cycling을 통해 어떻게 도시를 변화시키는지 보여주는 대표적 사례이다. 현재 뉴욕 High Line은 맨해튼의 대표적인 공공공간과 정원으로 사랑을 받으며, 500종 이상의 식물. 그리고 연간 760만 명이 이곳을 방문하여 다양한 커뮤니티 프로그램, 예술 작품 및 공연을 즐기고 있다. 한국에서도 앞서 언급한 광명동굴 새활용, 포천 아트밸리 조성, 서울 상암동 하늘·노을공원과 문화비축기지 새활용을 통해 이제는 도시재생이 단순한 재생을 넘어 환생으로 이어지는 접근방식이 추진될 것이 요구된다.[5)]

6. 한국 산업단지 정책변화

본 절에서는 한국 산업단지 현황과 주요 정책변화, 산업단지 노후화에 따른 문제점 및 정부가 추진하는 대안과 인천 산업단지 문제점을 중심으로 한국의 산업단지 실태와 인천 산업단지 문제점을 살펴본다.

---

5) 환생(還生): 불교에서 '죽은 사람이 모습을 바꾸어 다시 이 세상에 태어나는 것'을 의미한다. 폐기된 산업 공간이 공원이나 예술 공간 등 새로운 용도로 바뀌어 다시 활용되는 것은 단순한 재생(recycling)을 넘어 환생(up-cycling)으로 표현하는 것이 적절할지 싶다.

1) 한국 산업단지와 노후산업단지 현황

한국 산업단지 조성현황을 보면, 2021년 10월 기준으로 산업단지는 총 1,246개가 조성되었다(표 1 참조). 2016년 1,158개에서, 2018년 1,207개, 그리고 현재 1,246개로 지속적으로 증가하고 있고, 특히 도시첨단산업단지와 일반산업단지의 증가율이 상대적으로 높게 나타난다. 산업단지 분양현황을 보면 국가산업단지를 비롯하여 분양률이 94.8%의 높은 분양률을 보이고 있다. 단위 유형별로 보면, 국가산단 96.5%, 일반산단 93%, 도시첨단산단 72.2%, 농공산단 95.9%의 분양률을 기록하고 있다. 입주업체 통계를 보면, 국가산단에 57,006개 업체에 1,075,568명이 종사하고 있고, 일반산단에 44,939개 업체에 1,006,324명이 근무하고 있어, 전체 산단의 92.4%가 국가산단과 일반산단에서 일하고 있는 것으로 나타난다.

〈표 1〉 한국 산업단지와 고용현황(2021년 2분기 기준)

단지유형	단지수 (개)	지정면적 (천㎡)	관리면적 (천㎡)	입주업체 (개)	가동업체 (개)	고용 (명)
국가	47	808,814	488,363	57,006	52,218	1,075,568
일반	690	546,889	539,035	44,939	41,671	1,006,324
도시첨단	33	8,473	8,465	1,278	1,157	18,953
농공	476	77,334	76,814	7,824	7,046	151,500
총합	1,246	1,441,510	1,112,677	111,047	102,092	2,252,345

출처: 산업통상자원부, 전국산업단지 현황통계.

전국산업단지 노후화 현황을 보면(표 2 참조), 2010년 당시 256개에 불과했던 노후산단이 2020년 2분기에는 450개로 176% 증가했다. 같은 기간 동안 노후산단 비율도 28.4%에서 36.8%로 10%p 가까이 높아져 노후산단 문제가 심각한 것으로 나타났다. 특히 2020년 10월 현재 국가산업단지 47개 중 노후산단은 32개로 전체 68.1%를 차지하고, 일반산업단지 1,176개 중에서는 노후산단이 418개로 35.5%에 이른다. 지역 별 노후산단 분포를 보면, 가장 많은 국가산업단지를 보유하고 있는 경남은 9곳 중 7곳, 호남권도 12곳 중 8곳이 노후산단으로 지방산단에 대한 정책적 지원이 절실한 상황이다(뉴스핌, 2020).

〈표 2〉 전국 노후산업단지 현황 및 증가 추이

(단위: 개, %)

구분	2010	2011	2012	2013	2014	2015	2016	2017	2018	2019	2020. 2분기
전체 산단 수	901	948	993	1,033	1,074	1,124	1,158	1,189	1,207	1,220	1,223
노후 산단 수	256	288	321	348	368	393	413	428	436	448	450
노후산단 비율	28.4	30.4	32.3	33.7	34.3	35.0	35.7	36.0	36.1	36.7	36.8

출처: 뉴스핌, 2020.

노후산업단지에 대한 재생 또는 경쟁력 강화가 필요하다는 논의가 2000년대 후반부터 본격적으로 논의되어왔으며, 산업통상자원부는 2009년부터 '산업 단지구조고도화사업'을 통해 노후산단 환경개선과 업종고도화를 추진, 2010년 QWL밸리사업, 2013년 혁신사업, 2015년 경쟁력강화사업으로 확대해 나갔다. 2018년 '스마트산단 프로젝트'와 '청년 친화형 산업단지 조성', 2019년 '캠퍼스 혁신파크 조성' 등 지속적인 새로운 정책이 추진되어 왔다. 또한 국토교통부는 2009년부터 기반시설 개선 중심의 '산업단지 재생사업'을 통해 노후산단의 입지기능 개선을 추진하였고, 2015년 「노후거점산업단지활력증진및경쟁력강화를위한특별법」제정으로 산업부와 국토부의 노후산단 지원사업을 연계하여 추진하고 있다.

그럼에도 불구하고 산업단지 노후화는 지속해서 진행되고 있는데,

주요 요인으로는 열악한 근무환경, 산업구조의 고도화, 산업단지에 대한 인식변화 등에 정부가 적절히 대응하지 못하기 때문으로 분석된다. 이와 같은 산업단지 노후화 주요 요인을 간단히 살펴보면,

첫째 산업단지의 열악한 근무환경으로, 산업단지 굴뚝에서 뿜어 나오는 매연, 소음, 회색빛 공장지대의 이미지는 젊은이들이 종사하기 꺼리는 3D 직종의 산업 현장으로 인식되어 중소기업체는 근로자를 구하기 어려운 인력난에 직면해 있다.

둘째 산업구조의 첨단화와 지식기반산업의 성장으로, 비제조업의 고용이 증가한 반면 산업단지에 집중했던 섬유, 의류, 목재, 식료품 등 노동집약적 경공업 업종은 점차 쇠락하는 추세를 보이고 있다.

셋째 산업 환경과 근로자의 인식변화로, 산업단지는 생산을 위한 공간만이 아니라 도시 기반시설 및 근린 편의시설이 복합된 공간으로 요구가 높아지고 있는데 비해, 노후화 산업단지는 아직도 단순 생산기지 역할만 수행하여 기반시설 및 지원시설이 부족하여 산업단지 경쟁력이 저하되고 있다.

2) 한국 산업단지 주요 정책변화

한국 산업단지와 주요 정책변화는 김홍주 외(2020) 연구를 중심으로 살펴보았다. 1965년 구로공단이 지정된 이래 2021년 10월 기준으로 지정되어 있는 산업단지는 총 1,246개소, 지정면적은 1,442㎢이다. 산업단지 유형별로 보면 국가산단 47개소, 일반산단 690개소, 도시첨단 33개소, 농공단지 476개소로 총 1,246개소이다. 이렇게 1965년에 시작된 산업단지는 산업정책과 국토정책의 틀 안에서 지속해서 증가하였다. 1960년대 수출주도형 경공업을 중심으로 정부는 제1차 경제개발 5개년계획(1962-1966)을 수립하고, 이를 위해「공업지구조

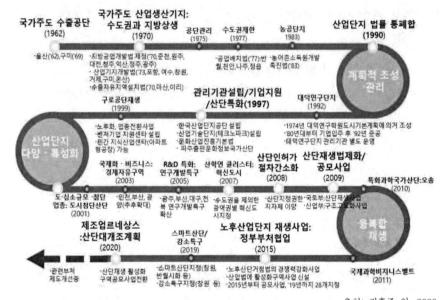

출처: 김흥주 외, 2020

〈그림 8〉 한국 산업단지정책 변화추이

성을 위한 토지수용특례법」(1962.1), 「도시계획법」(1962), 「수출산업
공업단지개발조성법」(1964)을 제정하고 1965년 구로공단과 울산공단
을 조성하였다.

이후 제2차 경제개발 5개년계획 기간 동안 중화학공업의 기반을 구
축하기 위하여 「지방공업개발법」(1970), 「수출자유지역설치법」(1970),
「산업기지개발촉진법」(1973), 「공업단지관리법」(1975) 등을 제정하여
산업단지를 확대하였다. 1977년에는 「공업배치법」을 제정하여, 전국
차원의 공업 입지정책을 보다 구체화하여 대도시지역의 공업집중 억
제와 지방분산정책을 동시에 추진하였다. 이를 계기로 서울 및 인근
지역의 산업입지는 제한된 반면, 수도권의 외곽지역에 많은 산업단지
가 조성되어 반월공단과 남동공단 등이 개발되었다.

1980년대는 제5차 경제사회개발계획(1982-1986)과 제2차 국토종합개발계획(1982-1991)을 추진하며 산업단지의 지방 분산을 유도하기 위해 1982년「중소기업진흥법」을 제정하여 지방 이전 기업에 대한 지원근거를 마련하였고, 수도권 내 산업입지에 대한 강력한 규제를 담은「수도권정비 계획법(1982)」을 제정하였다. 1980년대 산업입지정책에서부터 지역균형발전의 측면이 강조되면서 산업적 기반이 열악한 낙후 지역과 농촌 등에 다수의 공업단지가 조성되었고, 이를 통해 수도권 등 대도시 내 기업집중이 완화되고, 공업의 지방 분산이 추진되었다.

1990년대는 지식기반경제로 산업구조 패러다임이 변화하면서 제조업의 발전과 기술개발의 중요성이 부각 되었고, 글로벌화·개방화·정보화 등 새로운 환경에 직면하여 첨단기술산업단지의 조성과 산업구조의 고도화, 공업과 환경의 조화를 기반으로 하는 정책 방향의 전환을 가져왔다. 2000년대에 들어서는 첨단지식산업이 핵심산업으로 등장하였고 기존산업들의 구조화가 새로운 과제로 떠올라 혁신창출형 경제체제로 전환하기 위한 산업입지정책이 추진되었다. 특히 산업의 지식기반화와 융·복합화, 도시화의 진전 등으로 생산 기능뿐만 아니라 R&D 지원, 비즈니스 서비스, 정주 여건 등과 같은 다양한 기능을 포괄하는 복합단지에 대한 요구가 늘어나면서 2001년「산업입지 및 개발에 관한 법률」(이하 산입법)을 개정하여 도시지역에 소규모로 입지할 수 있는 '도시첨단산업단지'제도가 도입되었다. 이를 지원하기 위하여, 2000년대에는 연구개발특구의 확대지정(광주, 부산, 대구, 전북), 2007년 세종특별시를 비롯하여 수도권을 제외한 광역권별 혁신도시 지정, 2003년 국제화와 비즈니스를 강화한 경제자유구역(부산, 인천, 광양, 추후 확대)지정, 2009년 첨단의료복합단지 등 다양한 첨단산업단지들이 등장하였다.

2010년 이후 산업입지 및 경제의 중요한 키워드는 제조업의 강화와 산업간 융·복합, 4차 산업혁명, 공유경제 등 새로운 변화를 맞이하여 산업단지에 산업시설과 지원·공공시설 등 시설 간 융·복합 입지가 가능한 '복합용지' 제도가 2014년 도입되어 '판교 도시첨단산업단지'를 조성하는 법 제도가 마련되었다. 복합용지제도가 도입됨에 따라 노후화된 기존 산업단지에 구조고도화와 산학융합지구사업 등을 통해 연구시설과 대학을 입주 가능토록 하는 산업단지 재생사업이 추진되었다. 2019년에는 「산업단지 대개조 계획」을 수립하여 4차 산업혁명을 주도할 제조업의 산실인 산업단지 지원을 허브산단 중심의 지역혁신 종합지원방식으로, 중앙주도에서 지역주도로, 부처 간 협력·연계 미흡을 패키지 지원방식으로, 규제중심에서 투자확대를 유도하는 방향으로 현재 추진하고 있다.

3) 한국 산업단지의 주요 문제점

한국사회에서 산업단지는 경제발전의 견인차 역할을 수행했지만, 최근 들어서 경제여건 및 공간구조의 변화, 공장시설의 노후화, 기반시설의 부족 문제 등으로 인해 환경문제를 유발할 뿐만 아니라 지식경제시대의 지역경쟁력 제고에 부응하지 못하는 문제점을 드러내고 있다. 또한 기후변화의 시대를 맞이하여 우리나라의 산업단지는 온실가스 다량 배출원으로 지목받으면서 또 다른 변화의 압력을 받기에 이르렀다. 산업단지 중에서 특히, 도심에 입지한 노후 산업단지는 도시갈등의 원인이 되어 도시여건에 맞춰 재생하는 것이 당면과제로 부각되고 있다(최정석, 2011).

이정찬 외(2015)가 연구한 한국 노후산단 문제점 진단 결과에 의하면, 노후산단의 가장 큰 문제점으로 ① 주차문제, ② 편의시설 부족, ③ 인력수급난, ④ 건물 노후화, ⑤ 진입도로 순으로 나타났다. 생산시설보다 주차난, 편의시설 부족 등과 같은 기반시설, 정주여건 등이 중요한 문제점으로 제시되고 있다. 주요 문제점 내용을 살펴보면,

첫째 기반시설의 노후로, 기반시설 준공 년 수는 평균 24.9년으로 국가산단, 대도시 입지산단 노후가 더 심한 것으로 나타났다.

둘째 공장 건축물의 노후화로. 노후산단 내 건축된지 20년 이상 지난 공장 건축물 비중이 평균 13.9%로 나타났다.

셋째 도로시설 부족으로, 산단 내 20m 이상(4차로 기준) 도로율은 평균 5.1%로 개발계획 기준(8-10%)조차 충족하지 못하는 상황이다.

넷째 주차문제 심각으로, 주차장 면적 비율이 평균 0.11%로 개발계획 기준(0.5-6%)조차 충족하지 못하는 매우 심각한 상황에 있다.

다섯째 지원시설 부족으로, 산단 종사자들의 생활 편익 및 기업의 생산활동 지원을 위한 지원시설의 용지 비율은 평균 5.3%로 매우 낮은 수준을 보이고 있다.

여섯째 녹지면적 비율로, 단지 내 녹지면적 평균 비율이 3.3%로 개발계획 기준(5-13%)에 현저히 못 미치는 것으로 나타났다.

상기와 같은 열악한 여건으로 산업단지의 2008-2013년 사이의 종사자 수 증가율이 25.9%로 非노후산단 42.9%와 비교하여 고용성장이 상대적으로 매우 심각한 상황에 있는 것으로 나타났다.

노후 산단의 문제점 분석결과, 산단의 기반시설 역량은 매우 취약하지만, 산업혁신 역량은 고용성장률을 제외하고는 비(非)노후산단에 비해 오히려 더 뛰어난 것으로 나타났다. 이런 진단 결과는 한국의 노후산업단지는 경관이 불량하고 기반시설이 미비하거나 노후한 상태이지만, 토지의 생산성 측면에서나 입지 접근성 측면에서는 양호한

특징이 있다. 따라서 노후산단의 경쟁력 향상을 위해서는 생산시설과 산업시설의 정비 및 고도화 측면보다 인프라, 편의시설 확충, 정주 여건 개선 등 도시재생의 관점에서 접근해야 한다는 것을 보여준다.

4) 한국 산업단지 주요 정책대안

과학기술의 변화, 글로벌 경제환경의 변화, 산업사회에서 탈산업사회로의 변화, 국내 경제 및 사회환경 변화 등 급변하는 경제·사회·산업·기술변화에 직면하여 산업단지 경쟁력을 높이기 위하여 정부는 다양한 정책대안을 제시하였다. 이 가운데 산업단지 재생과 밀접하게 관계된 주요 정책대안을 제시하면, 기업도시정책, QWL밸리정책, 스마트 그린산단정책 등을 들 수 있다. 그리고 최근 한국형 산업단지의 대안으로 주목받고 있는 판교 테크노밸리에 대해 알아본다.

기업도시: 한국 복합 산업도시 정책

기업도시는 일반적인 의미로 '기업이 주체가 되어 생산시설을 중심으로 연구·개발센터, 유통시설 등 연관 산업시설과 주거, 교육, 의료, 문화, 체육 등 정주시설이 종합적으로 건설되는 도시'를 말한다. 즉, 기업이 주체가 되어 산업시설, 정주시설, R&D센터 등을 건설한다는 점에서 혁신도시나 혁신클러스터와는 도시 건설 주체와 기능에서 차이가 난다. 「기업도시개발 특별법」에서는 기업도시를 '산업입지와 경제활동을 위하여 민간기업이 산업, 연구, 관광, 레저, 업무 등의 주된 기능과 주거, 교육, 의료, 문화 등의 자족적 복합기능을 고루 갖추도록 개발하는 도시'라 규정하고 있다.

〈표 3〉 기업도시와 산업단지와의 비교

구분	기업도시	산업단지
개발주체	• 민간 원칙 • 민간 + 공공도 가능	• 공공원칙 • 민간은 직접사용분에 한해 가능
개발절차	• 조성 + 분양 동시진행 (산업입지와 기업투자가 동시발생)	• 선 개발, 후 입주기업 모집 (산업단지 미분양 빈발)
시행자 요건	• 최소자기자본비율 규정 (총사업의 20% 이상)	• 공공: 없음 • 민간: 직접 사용에 한함
단지규모	• 유형별로 최소규모 추정 (330만㎡~660만㎡ 이상)	• 지방산업단지: 15만㎡ 이상 • 국가산업단지: 없음
소요기간	• 단기간 개발 가능 (기업이 원하는 곳에 직접개발)	• 장기간 소요
생활여건	• 복합도시로 정주여건 마련 (교육·의료·문화 등)	• 생산기능 위주 개발로 정주여건 부족

자료: 건설교통부, 2005.10. 「기업도시 개발제도 설명자료」

　참여정부 시절인 2003년 10월에 전국경제인연합회는 기업도시를 제안하였고, 정부는 2004년 12월 기업도시개발 특별법의 제정 및 2005년 5월 법 시행을 통해서 기업도시의 법적 토대를 마련하였다. 기업도시개발 특별법에 근거하여 정부는 전국 공모를 통해서 2005년 8월에 원주, 충주, 무안, 무주, 태안, 영암·해남 등 6개 기업도시 시범사업을 선정하였다. 2020년 현재, 6개 기업도시 중에 충주와 원주는 2012년과 2019년에 각각 준공하였고, 태안과 영암·해남은 부지조성 등 공사가 진행 중에 있으며, 무주와 무안은 지정을 해제하였다. 현재 4개의 기업도시만 추진 중에 있는데, 2005년 이후 최근까지 민간으로부터 기업도시에 대한 신규 지정 신청은 없어서 기업도시정책이 기대보다 활성화되고 있지 못한 상황이다.

　기업도시 정책이 목표대로 추진되지 못하는 주요 문제점으로는 입주기업 지원을 위한 중장기발전계획이 부재하거나(충주), 선도 기업 등 기업 유치의 지원제도(인센티브) 미흡 및 입주기업의 인력 확보 문

제(원주), 까다로운 준공 절차와 교육기관 유치의 어려움(태안), 비수
도권 지역으로 인해 낮은 입지·교통 접근성, 수익성 부족으로 민간
투자자의 관심 부족(영암·해남), 사업 시행자에 대한 중앙정부의 지원
부족 등이 주요 문제점으로 제시되고 있다(송우경 외, 2020).

기업도시 정책은 폐 산업단지의 재생을 통한 일자리 창출, 산·학
·연 클러스터의 활성화를 통한 민간기업의 참여와 역할 증대, 산업단
지에 주거/근린기능의 융·복합을 통한 재생 등을 효과를 고려할 때,
지역 균형발전 및 산업육성 측면에서 의미가 있는 정책 대안이라고
판단된다.

QWL밸리정책: 노후산업단지 재생 대안

정부는 낙후한 노후산업단지를 청년들이 일하고 싶은 공간으로 바
꾸기 위한 구조 고도화 사업을 2009년부터 추진하며, 2010년 근로생
활의 질이 보장되는 '워라밸(QWL)밸리사업', 2013년 '혁신 산단 조성
사업', 2018년 '청년 친화형 산단 사업' 등을 추진하고 있으나 사업결
과는 아직 가시적으로 나타나고 있지 않다. 예를 들면, 2010년 노후
산업단지를 젊은이들이 일하고 싶은 3터(일터, 배움터, 즐김터)가 어우
러진 공간인 QWL밸리[6]로 재창조하기 위한 사업을 추진하였으나, 주
차장, 주유소, 체육공원, 자전거도로 등 편의시설 중심으로 사업을
추진하여 산업단지에 청년층 유입에는 별 효과가 없었으며, 정권이
바뀌며 정책의 계속성 부재에 의해 현재 흐지부지 되고 있는 실정이
다. 이와 같이 노후산단에 청년 일자리 창출과 구조고도화 사업이 계
획대로 추진되지 못하는 이유로는 노후 산단 재정비사업이 부동산 투

---

6) QWL(Quality of Working Life)은 근로생활의 질을 의미하며 보수 이외에 직무생활의
   만족과 동기, 생산성에 영향을 주는 제반 요인을 강조하는 개념.

기사업으로 전략한 것 아니냐는 우려와 비판이 제기되어 왔다. 특히 민간대행 형식으로 진행되는 구조고도화사업은 민간업체들의 이윤추구를 위한 수단으로 악용되고 있다는 지적이다.

민간기업이나 자본이 구조고도화사업에 그냥 들어오지는 않고, 수익성이 있다고 판단하기 때문에 참여하는 것이다. 그런데 민간기업이 주도하는 구조고도화사업은 자칫 수익 확보만을 목적으로 하는 사업 그것도 부동산 개발 사업으로 전락할 우려가 있다. 왜냐하면, 첫째 사업의 시행 여부가 수익 가능성에 좌우된다는 것, 즉 노후화가 심해서 재배치가 절실한 산업단지라도 수익의 가능성이 없는 경우에는 사업이 시행되지 않고 아직은 재생을 필요로 하지 않지만 도심과의 거리 등을 이유로 개발 시 수익이 발생할 수 있는 산업단지는 사업이 시행되는 것이다. 둘째 수익을 내기 위해서는 산업단지의 기능과 본질을 저해할 가능성이 있다는 것이다. 민간업체는 수익을 내기 위해 분양률이 높은 상업시설을 짓고 시설의 분양가 및 임대료를 높게 책정하여 부동산 투기를 위한 수익사업으로 전락할 가능성이 크다.

스마트 그린 산업단지 정책

세계 주요 선진국들은 넷-제로를 선언하고,[7] 저탄소 경제 선도전략으로서 그린 뉴딜을 제시하는 등 기후위기 대응 노력을 강화하고 있다. 반면, 국내의 경우에는 온실가스 배출이 계속 증가하고, 탄소 중심산업 생태계가 유지되고 있어 경제·사회 구조의 전환이 필요하다는 목소리가 높아지고 있다. 이러한 배경에서 정부는 경제·사회의

---

7) 넷-제로(Net-Zero)는 지구 온난화의 주범인 탄소 배출량을 획기적으로 줄이고, 남은 탄소와 흡수되는 탄소량을 같게 해 탄소 '순 배출이 0'이 되게 하는 것으로 탄소 제로(영어: carbon zero)라고도 한다(위키백과: 탄소중립, 2021).

과감한 녹색전환을 이루기 위해 탄소중립(Net-zero) 사회를 지향점으로 저탄소 산업 생태계 구축을 추진하고 있다. 이를 위해 녹색산업 생태계 조성을 위해 녹색 선도 유망기업 육성 및 저탄소·녹색 산단 조성 R&D·금융 등 녹색 혁신기반 조성을 추진하고 있다(산업통상자원부, 2020). 대표적 사업으로는 스마트 그린산단 조성, 클린 팩토리, 생태공장 구축 사업 등을 들 수 있다. 구체적 지원 내용을 보면,

- ○ '스마트 그린 산단' 사업을 통해 2025년까지 10개 산업단지에 대해 스마트에너지 플랫폼을 구축하고 연료전지, ESS 활용 등을 통하여 에너지자립형 산단을 조성한다.
- ○ 81개 산단을 대상으로 기업 간 폐기물 재활용 연계를 지원하고 미세먼지, 온실가스 등 오염물질 배출을 최소화하기 위해 스마트 생태공장 (100개소)과 클린 팩토리(1,750개소) 구축 사업을 추진한다.
- ○ 또한, 양질의 녹색(환경·에너지) 중소기업을 육성(123개)하고, 그린 분야 스타트업 밀집지역인 그린 스타트업 타운을 조성한다.

스마트 그린 산단은 에너지 발전·소비를 실시간 모니터링·제어하는 마이크로그리드 기반 스마트 에너지 플랫폼을 조성(10개소)하고, 환경 규제 대응 및 공정상 오염물질 배출 최소화를 위해 작업장 진단, 설비교체 등 생산방식 전환을 추진할 예정이다. 정책 의도는 좋지만, 문제는 스마트 그린 산단 계획이 지역 실정과 조화를 이루는가가 문제이다. 즉, 그린 산단 조성을 위해서는 지역에 녹색기술 교육 및 전문가들이 있어야 하는데, 과연 지방에 지속가능한 그린 산단을 조성 및 유지하기 위한 전문 기술인력과 교육기관이 있는가에 대해 의문이 제기된다.

한국형 미래 산업단지의 대안: 판교 테크노밸리

판교 테크노밸리가 한국 정보통신과 생명공학, 문화산업의 새로운 집적지로 부상하며 미래 산업단지의 대안으로 등장하고 있다. 판교 테크노밸리가 성공한 배경에는 다양한 요인이 작용하였지만, 두 가지가 핵심요인으로 작용하였다고 판단된다(김태경, 2015).

첫째, 복합산업단지 개발이다. 즉, 판교 테크노밸리는 단순한 생산공간이 아니라 첨단산업지구, 배후 주거단지, 상업업무지구를 효율적으로 결합한 복합산업/주거/업무공간으로 개발한 것이 주효했다는 것이다. 첨단 산업지구를 중심으로 넓은 공개공지와 집중된 상가배치를 통해 근로자와 방문객들이 편리하게 시설을 이용할 수 있도록 했으며, 인근의 우수한 주거단지 조성을 통해 한국형 융·복합 산업도시의 성공모델을 제시하였다.

둘째, 수익성을 추구하지 않고 입주기업들을 위해 입지요인이 뛰어난 지역 용지를 조성하고, 이를 원가 수준으로 공급함으로써 조기 분양과 조기 입주를 실현한 데 있다. 당시 책정된 토지 공급가격은 3.3㎡당 평균 952만 원대로 강남 테헤란 밸리의 절반도 안 되는 수준이며, 이런 요인으로 강남 지역으로부터의 기업 이전을 효과적으로 유인할 수 있었다.

강남 테헤란 밸리는 비싼 토지가격 및 임대료로 인해 작은 공간에서 많은 인력이 일하고 있으며, 이런 상황에서 직장 내에 여가, 문화생활을 위한 공간을 조성하는 것은 현실적으로 어렵다. 여기에 비해 판교 테크노밸리는 젊고 창의적인 젊은이들과 구매력 있는 30대~40대 연령층 유입을 위한 풍부한 생활편의시설, 지역 특유의 개방적 문화, 주거지역의 인접성을 통한 통근의 편리함 등을 통해 QWL(근로의질)이 높은 우수한 산업과 주거의 융·복합 환경을 제공하는 것이 강점으로 작용하였다.

5) 인천 산업단지 주요 문제점

인천 산업단지의 주요 문제점을 김하운(2015) 연구를 중심으로 살펴본다. 김하운의 분석에 의하면, 산업단지가 지역 내 제조업에서 차지하는 비중을 보면 인천의 경우 산업단지 내에 상대적으로 많은 업체가 밀집되어 많은 인원을 고용하고 있지만, 생산이나 수출에서는 높은 비중을 차지하지 못하고 있는 것으로 나타난다. 인천 제조업체의 40% 정도가 산업단지에 입주하여 인천 제조업 인구의 55% 정도를 고용하고 있는데 비해, 전국적으로는 제조업 업체의 18.7%가 산업단지에 입주하여 48% 정도의 인원을 고용하고 있다. 즉 인천은 산업단지에 상대적으로 많은 업체가 입주해 있지만, 업체당 고용은 전국에 비해 크게 떨어진다. 생산액이나 수출액 역시 인천은 전국에 비해 상대적으로 많은 업체가 입주해 있지만 생산액, 특히 수출액 비중이 전국에 비해 크게 낮아 생산성이 낮은 한편, 지역 내에 항구나 공항을 두고 생산 물품을 국내의 타 지역에 납품하는 하청 구조의 원인이 문제로 제기된다.

이러한 인천 산업단지를 국내 타 시도 산업단지와 비교하면 첫째, 인천 산단은 타 지역에 비해 노후상태가 심하다. 부평·주안의 국가산단의 경우 이미 50년 전에 조성되었으며, 남동공단의 경우도 설립된지 30년을 넘어서고 있다. 그동안 산업단지의 구조고도화를 위한 노력이 있었지만, 생산 설비의 고도화보다는 근로자의 삶의 질 향상을 위한 근로자회관, 주차장, 주유소 건설 및 일부 도로정비 정도에 그치는 수준이었다. 이후 2014년에 이어 2015년 주안, 부평, 남동공단의 구조고도화를 위한 많은 계획이 추진되고 있으나 아직은 입안 단계에 불과하다. 이에 따라 그동안 산업단지 근로자의 자가용 출퇴근 등 근로 생활 방식의 변경, 대형 트레일러 수송 등 물류 방식의 변경 등에 대처하지 못한 채 기반시설이 낙후되어 생산의 차질을 초래하는 요인이 되고 있다.

두 번째의 특징으로 산업단지 입주업체의 소규모 영세화를 들 수 있다. 2015년 1/4분기 현재 인천의 산업단지에 입주해 있는 가동업체 수는 경기에 이어 2위를 차지하면서도 업체당 고용인원은 17.4명으로 전국에서 가장 낮은 고용수준을 보이고 있다. 이렇게 된 가장 큰 이유는 수도권정비법에 따른 규제를 피하기 위한 공장이전과 1990-2000년대의 부동산 개발시대를 거치며 인천 내 산업단지의 대규모 제조업체가 부동산 차익을 거두며 인천을 떠나 다른 지방이나 중국으로 향하면서 그 자리에 다수의 소규모 임차업체가 입주하는 등 업체 이동이 큰 원인으로 작용하였다.

세 번째의 큰 특징은 소규모 영세화 및 임차업체화와 맥을 같이하는 것으로서 인천의 산업단지 입주업체의 국내 하청화 또는 계열화를 들을 수 있다. 인천 지역 내에 항구와 항만이 있다면 당연히 지역 내 산업단지 생산품이 수출로 이어져야 할 것이나 소규모 영세화에 따라 자력으로 수출하기보다는 타 지역에서의 조립 및 임가공을 통해 수출이 이루어져 오히려 인천 산업단지 입주업체의 생산이나 수출 비중이 크게 떨어져 전국 최하위 수준을 면치 못하고 있다.

결국, 인천 제조업의 퇴조는 인천 산업단지의 후진적 운영구조에서 원인을 찾을 수 있다. 거시경제 정책적인 면에서 볼 때 인천 산업단지의 노후화, 입주업체의 영세 소규모화 및 하청화는 지역 내 제조업의 낙후에 그치는 것이 아니라 지역경제의 변동성과 불안정성을 확대하는 한편 경제위기 등 경기변동에 대응한 지역경제의 대처를 어렵게 하여 지역경제 자체의 불가측성을 높이는 요인으로 작용한다. 또한 인천 제조업체의 임차화, 소형화, 영세화는 제조업 생산의 역외의존(중간재를 인천 외의 지역에서 가져오거나, 인천 외로 이출하는 것을 합한 비중)을 심화시킨다. 같은 물건을 만들어도 원자재를 지역에서 조달하여야 부가가치가 지역에 귀속되는 것은 당연하다. 하지만 업체의 소규모·영세화로 지역 내 생산이 어려워 외부지역에서의 이입(移入)에 의존하거나 해외로부터의 수입에 의존하게 되고, 이러한 경향은 시간이 지남에 따라 더욱 악화되어 인천의 제조업 기반을 와해시키게 된다.

따라서 지역경제의 안정과 지속성장의 기반마련을 위하여, 첨단 수출 산업단지로 거듭나기 위한 인천 산업단지 및 운영의 구조고도화가 필요하다. 물론 이에는 수도권정비계획법의 전면적인 개정과 함께 인천 산업단지의 현대화를 위한 관리 주체의 정비, 산업단지공단의 거버넌스 체계에 대한 혁신적인 변화도 수반될 것이 요구된다(김하운, 2015).

다행스럽게도 최근 인천에서 노후산업단지의 고도화를 위한 정책이 추진되어 혁신기지로 탈바꿈이 시도되고 있다. 인천 미추홀구 도화동에 있는 1960-70년대 선도적 기계산업 수출산단이었던 인천 기계산단에 혁신지원센터 건립을 통해 입주기업들의 고도화를 유도하여 유휴·노후화된 산업단지를 첨단기계산업 혁신기지로 전환하고, 스마트 그린 산업단지 지원 허브로 전환을 추진하고 있다(인천광역시, 2021).

7. 정책시사점

산업단지 재생 어떻게 추진해야 하는가? 국내외 산업단지 재생사례와 정책을 고찰한 결과, 지속가능한 산업단지 재생을 위해서는 다음과 같은 정책시사점이 제시된다.

첫째, 산업단지 재생의 핵심은 신산업 성장과 산업구조 변화에 맞춰 추진되어야 한다. 서울 구로공단의 디지털단지로의 변신이 이를 잘 보여준다. 산업구조에서 첨단기술을 기반으로 한 지식기반산업이 차지하는 비중이 증가함에 따라 산업단지에서 필요로 하는 기반시설과 산업입지의 유형도 변화하고 있다. 자원기반경제에서 지식기반경제로 이행하면서 핵심생산요소가 토지와 자본에서 인적 자원, 기술, 제도, 사회적 자본으로 변화하고 있다. 기반시설 측면에서는 종래의 산업구조에서 요구되는 도로, 상하수도, 철도 등의 하드 인프라 외에 연구시설, 정보, 기술인력, 생활환경 등과 같은 소프트 인프라가 중요해지고 있다. 이런 맥락에서 산업단지 재생 과정에 대학, 연구소 등과 기술적 파트너십을 형성하여 기술융합 및 상호 연계를 위한 클러스터를 구축할 필요가 있다. 즉, 하드 스트럭처와 같은 물리적 자본, 금융자본과 같은 전통적 자본 외에 혁신역량, 거버넌스와 같은 사회적 자본(social capital)의 비중이 높아졌기 때문에 산업단지 재생도 산학연 간에는 물론 기업 간 네트워크를 지원할 수 있는 산업 클러스터 접근이 추진되어야 한다는 것이다.[8] 특히 산업단지가 단순생산기지에서 연구개발, 여가, 주거 등의 복합기능을 제공하는 유기체적인 공간으로 변화되어야 하므로 이에 부응한 산업단지 재생정책이 요구된다(박태원·최정호, 2011).

이를 위해서는 단기적으로 산업도시의 경쟁력 강화를 위해 산업단지 재생사업과 산업구조 재편을 추진하고, 지식산업육성을 위한 신규

---

8) 미국의 피츠버그는 민간, 대학 등 협력체의 적극적인 지역 재활성화 노력으로 철강산업에서 첨단산업 및 서비스업으로 성공적인 대체(단절전략)가 진행된 반면, 디트로이트는 지역 이해관계자의 협력을 이끌어내지 못한 채 기존산업 고도화 중심의 전략(보존전략)을 추진하여 도시 경쟁력을 상실하였다(장철순·이윤석, 2015).

산업단지 공급 확대에 초점을 둘 필요가 있다. 장기적 관점에서는 기업과 지역이 경제·교육·환경·행정 등 다양한 분야에서 상생할 수 있는 지역·기업통합형 산업단지로 발전할 수 있도록 기반을 조성해야 한다(장철순·이윤석, 2015).

둘째, 노후산업단지 재생은 단순한 물리적 환경개선에 주력하는 것이 아니라, 산업구조 변화와 인구변화 등 사회변화에 따른 도시계획 차원에서 통합적으로 접근할 것이 요구된다. 즉, 시민의 삶의 질 개선에 더해 근로자의 삶의 질 개선이 결합된 접근이 되어야 한다는 것이다. 2010년 스페인 톨레도에서 개최된 EU의 주택 및 도시개발에 관한 비공식 장관 회의 선언에서 도시재생은 부분적 관점이 아닌 통합적 관점에서 추진되어야 하며, 보다 구체적으로 통합적 도시재생은 도시를 유기체의 관점에서 부분을 넘어선 전체적 기능에서 사회, 경제, 도시구조의 복잡성과 다양성의 균형(balance)을 추구하는 동시에 환경적으로 생태적 효율성을 높이기 위한 일련의 계획과정이라고 선언하였다(EU, 2010).

이런 맥락에서 노후산업단지 재생사업은 도시 전체의 산업·경제구조뿐만 아니라 공간구조에 영향을 미치는 사업으로 도시계획차원의 통합적 접근이 요구된다. 따라서 산업단지재생사업지구만의 접근이 아닌 인근 타 사업, 도시재생사업, 지역개발사업, 주택사업과의 연계를 적극적으로 고려할 필요가 있다(김홍주 외, 2020). 그리고 노후산업단지 재생은 대부분 단지 규모가 적어 자체적 정비계획 수립이 어렵기 때문에도 주변 지역 정비사업과 통합적으로 추진될 필요가 있다. 노후산업단지 재생사업을 도시재생사업과 연계 추진하면 노후산업단지 자체적 재생뿐만 아니라 주변 지역에 대한 정비를 함께 추진할 수 있으며, 도시재생사업을 통한 각종 지원이 가능하여 노후산업단지 재

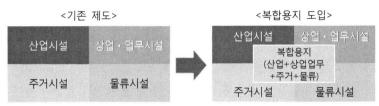

출처: 국토교통부, 2014

〈그림 9〉 복합용지제도

생사업 추진여건에 도움을 주는 장점이 있다. 이와 함께 통합적으로 추진되는 산업단지 재생사업은 다양한 이해관계자가 관여하는 복잡한 사업이기 때문에 사업 기간의 단축을 추구보다는 단계적·중장기적 접근이 필요하다.

셋째로, 산업단지 재생은 도시기능과 산업단지 기능이 적절하게 융합 및 조정된 복합산업단지 개발로 추진이 요구된다. 즉, 산업단지 개발이 생산활동 중심의 산업공간 중심에서 산업+정주+근린+휴식 등이 복합된 토지이용의 융·복합 개발로 추진되어야 한다는 것이다. 1960-1970년대에 개발된 노후화된 산업단지가 증가하고 도심 공업용지의 재정비 필요성이 증가함에 따라 기업의 경쟁력 제고는 물론 도시 활성화를 위하여 계획적인 노후산업단지의 재생과 구조고도화가 중요해지고 있다. 노후산업단지 재생에 있어 도시기능 및 산업단지 기능 양자의 활성화를 동시에 달성할 수 있는 단지 내 공장용지 비율의 적정 조정방안, 주거 및 상업시설의 융·복합화의 정도, 단지별 적용할 수 있는 적정한 재정비방식의 선택, 효율적 추진을 위한 주체 간의 이해관계 조정방안이 강구되어야 한다(박태원·최정호, 2011). 그래서 산업단지에 공장이나 업무시설만 있는 것이 아니라, (그림 9와 같이) 상업과 주거, 교육과 연구개발시설 등이 포함된 복합산업단지로 개발되어야 한다(복합용지는 단일부지에 산업시설, 상업 및 업무시설, 주거시설, 지원 및 물류시설 등이 융·복합된 용지를 의미한다). 산업단지가 복합산업용지로 개발되면 동일 건물에 공장뿐 아니라 상업·업무시설, 주거 및 지원시설 등이 동시에 입주할 수 있어 업무효율이 높아지고, 편의·휴식시설이 확충되어 산업단지의 생활여건이 크게 개선될 것으로 기대된다.

넷째로, 폐 산업단지의 성공적 재생을 위해서는 단지의 장소적 가치를 발굴하여 재생을 견인할 수 있는 앵커활동을 통해 지역으로 사람과 자본을 끌어들이는 매력적인 공간이 되어야 한다. 예를 들면, 스페인 빌바오의 구겐하임 박물관은 '구겐하임 효과(Guggenheim Effect)'라고 부를 정도로 침체된 산업도시 빌바오를 일약 문화예술도시로 바꾸는 데 앵커 역할을 했다. 스웨덴 말뫼의 터닝 토르소는 단순한 주상복합건물로 특별한 기능이 없는데도 불구하고 터닝 토르소는 말뫼의 새로운 도약을 상징하는 대표적인 랜드마크가 되었다. 독일 함부르크 하펜시티는 기존의 유휴항만 건축물에 현대식 건축물을 얹어 Elb Philharmonie Concert Hall(엘베 필하모니 콘서트 홀)이라는 앵커시설을 구상하여 신·구의 조화를 이루는 매력적인 건축물을 조성하여 사람과 자본을 끌어들이는 앵커로 이용하였다. 이 과정에서 폐 산업단지를 전면 철거해서 새롭게 조성하는 방안보다는 단지의 역사를 보존하고 후손에게 장소의 역사와 가치를 계승하는 철학적 재생을 추구하는 것이 바람직하다. 계획철학에 '모든 계획은 역사의 보존으로 시작된다'라는 말이 있듯이, 노후산업단지의 역사적 가치가 있는 건축물을 보존하고, 신·구와 조화를 이루도록 부가가치를 부여하는 디자인과 이미지, 창의성과 아이디어를 창출하여 지역만의 고유한 차별적인 재생 DNA를 발굴하는 작업이 요구된다(이승욱, 2018).

덴마크 코펜하겐은 안데르센이 머물며 작품활동을 한 도시라는 사실을 토대로 그의 동화 속 주인공인 인어공주를 대표적 상징물로 홍보하고 있다. 그래서 코펜하겐은 매년 인어아가씨를 선발하여 도시홍보의 주역으로 내세워 코펜하겐을 방문하는 관광객들 누구나 알고 쉽게 접근할 수 있는 콘텐츠를 통해 도시에 대한 친밀감을 높여주는 동시에 문화가 있는 도시 이미지를 심어주고 있다(김효정, 2006). 폐 산업단지 재생도 지역의 장소적 역사와 자원을 이용한 대표 콘텐츠를 발굴하여 도시에 대한 거리감을 좁히고 도시에 대한 기억과 이미지를 심기 위한 앵커 전략이 수립될 필요가 있다.

마지막으로, 폐 산업단지 재생을 추진하는 과정은 어떤 개인이나 집단이 주도하는 것이 아니라, 주민과 공동체 그리고 지역의 주체들이 참여하는 거버넌스 시스템을 구축하여 재생을 추진해야 한다. 즉, 지역의 주민, 산업체, 정부, 대학, 연구소, 시민단체 등이 적극적으로 참여하여 지역 활성화를 위한 아이디어를 모으고 창의성을 발휘하는 집단지성과 다중지혜를 통해 재생정책이 수립되고 추진되어야 한다는 것이다. 이런 사례는 스페인 빌바오 도시재생을 통해 잘 경험할 수 있다.

산업구조조정으로 인한 지역경제의 위기를 돌파하기 위하여 빌바오는 고용과 실업 보조금 지원 등의 단기적 처방을 넘어 장기적인 차원에서 도시의 산업구조를 재편하는 것이 필요하다는 것을 인식하게 되었다. 지역의 산업적 역량을 분석하는 것과 더불어, 산업구조의 재편과 쇠퇴한 산업지역에 대한 대대적인 도시 구조변화를 위하여 1991년 '빌바오 메트로폴리스-30(Bilbao Metropolis-30)'을, 1992년 '빌바오 리아 2000(Bilbao Ria 2000)'을 조직하였다. 빌바오 메트로폴리스-30은 공공과 민간을 조율하고 협력 거버넌스 구성을 지원하는 싱크탱크 조직으로 800여 명의 연구인력이 소속되어 지역의 산업전환과 도시재생의 정책과 비전을 연구하였다. 이러한 연구를 토대로 지식기반 산업영역 조성, 구도심 재생, 환경보호, 문화주도 재생을 통한 문화적 정체성 강화 등 구체적 실행계획을 수립해 쇠퇴한 지역경제의 부활을 가져왔다.

빌바오 사례에서 볼 수 있는 바와 같이, 폐 산업단지 재생을 위하여 몇몇 사람이 모여 재생방안을 모색하는 것이 아니라, 지역의 주체들이 모여 거버넌스 시스템을 구축하여 시민들의 다중지혜와 집단지성을 끌어내어 지역에 적합한 재생 DNA를 발굴하고, 아이디어를 실행에 옮기는 과정에서는 우수한 연구인력을 보완하여 비전을 현실로 구현하기 위한 조정자(control tower) 기능을 수행하는 거버넌스 시스템이 구축될 것이 요구된다.

8. 맺는말

이제 세상이 바뀌어 도시재생이 주요 패러다임으로 등장한 이후, 과거 산업적 유산인 브라운필드는 도시의 미래를 위한 가치 있는 새로운 기회의 공간으로 재창조되고 있다. 많은 도시에서 브라운필드 재생으로 도시가 재창조되고 새로운 문화공간이 조성되어 주민들의 삶의 질 향상과 주변 경제의 활성화를 가져오는 긍정적인 현상을 도처에서 목격할 수 있다(Farrelly, 2014). 이제 도시의 폐 산업단지는 오염의 공간, 범죄의 공간, 녹슨 황폐한 공간이 아니라 도시의 지속 가능성과 삶의 질 향상을 가져오는 기회의 공간으로서, 문화·예술 공간의 확장, 거주공간의 확대, 녹지 공간 증가, 첨단산업의 공간, 일자리 창출, 조세 기반의 증가, 환경오염의 방지, 시민 건강 증진, 범죄율

감소, 역사/산업유적 보존 등 도시 활성화를 위한 다양한 접근방식이 시도되는 실험의 공간을 제공한다. 한마디로 표현하면, 폐 산업공간은 이제 더 이상 도시의 애물단지가 아니라 경제 활성화를 위한 자원이며 기회의 공간이라는 것이다. 따라서 폐 산업공간을 어떻게 개발하고 이용하느냐에 따라 도시의 투자환경이 개선되고, 도시 공동체가 활성화되며, 시민 정신이 부활하여, 우리도 뭔가 '할 수 있다(can do)'는 가능성과 도전정신, 도시 정체성과 이미지 향상을 가져온다.

폐 산업공간은 공동체와 개인에게 각기 상이한 기억과 유산으로 남아있다. 어떤 사람에게 이 공간은 과거 긍지와 추억의 장소인 반면에 다른 사람에게는 황폐한 쇠락의 공간으로 남아있을 수 있다. 이런 맥락에서 폐 산업공간 재생은 단순한 경제논리, 이윤추구의 논리에 의해 추진되는 것이 아니라 역사적, 사회적, 심미적, 장소적 접근이 결합되어 보다 신중하게 통합적으로 추진될 필요가 있다. 즉, 산업적 유산은 버려야 하는 공간이 아니라 도시 역사를 보여주는 산업 박물관으로서 사회의 지속 가능성을 위하여 현재의 공간에 통합/계승되어 새로운 스토리와 정체성을 구축하는 가치 있는 장소적 자원임을 명심해야 한다.

결론적으로, 쇠락한 도시를 살리는 데 왕도는 없다. 발상을 과감하게 전환하고, 킬러 콘텐츠 발굴에 사활을 걸며, 선택과 집중을 최우선시하고, 우수한 인재 영입에 몰입하며, 운영의 묘를 살리고, 꼭 필요한 투자에 인색하지 않는 것이 첩경이다(김종민 외, 2012). 그리고 폐 산업단지 재생을 위해서는 다양한 이해관계자들이 적극적으로 참여하는 거버넌스 시스템을 구축하여 지역의 역사적·장소적 자원과 가치를 발굴 및 육성을 위한 집단지성과 다중지혜를 발휘하고, 이것을 지역만의 고유한 차별적 재생 DNA로 뿌리내리기 위한 장기적·거시적 노력이 수반되어야 한다.

제3부

도시재생과 사회(공동체)문제

도시재생과 갈등관리

이승우

1. 들어가는 말

 1980년도 5백만 호 건설이란 대규모 주택공급계획이후 정부가 바뀔 때 마다 2백만 호(노태우 정부), 5백만 호(노무현 및 이명박 정부) 등 매년 50만호의 주택공급을 위한 대규모 신도시개발은 반복되어 왔다. 이 과정에서 환경훼손과 난개발, 보상비 등으로 수많은 민원 및 갈등은 증폭되어 왔고, 1980-90년도 민주화과정과 중앙NGO의 등장, 1990년대 분당, 일산 등 5개 신도시 발표 등으로 정부의 일방향적인 정책에 제동을 걸고 저항하는 시민운동이 시작되었다. 1970-80년대 공공사업 갈등이 피해 입증과 이에 따른 보상 문제가 주요 쟁점이었다면, 1990년대 이후 공공사업 갈등은 피해 보상 뿐 만 아니라, 사업의 필요성, 타당성, 적정성 등 사업구상 단계, 사업결정 단계와 같이 계획 과정과 관련된 내용으로 쟁점이 확산되었으며, 사업추진 절차의 민주성, 주민의견 수렴 과정 등과 같은 행정절차상의 문제, 사업 자체의 사회적, 경제적, 환경적 타당성에 대한 문제가 갈등의 주요 쟁점으로 부각되었다. 대규모 정책사업이었던 밀양송전탑, 제주해군기지건설, 평택 미군기지 건설에서의 주민과 정부의 갈등과 민간사업장인

재개발지역에서 일어나 많은 희생자가 발생한 용산참사 등을 경험하면서, 갈등의 유형 면에서도 이해갈등을 넘어서 환경 훼손과 생태계 보전과 관련된 가치갈등의 측면, 행정절차상의 민주성 여부를 따지는 구조적 갈등의 측면, 객관적 사실 검증과 관련된 사실관계 갈등의 측면이 모두 나타나기 시작하였다[1].그동안 해 왔던 결정→발표→방어인 DAD(Decide, Announce, Defend)방식으로 더 이상 개발사업 추진이 어렵다는 것을 깨닫게 되었다. 이에 공공기관의 갈등 예방 및 해결에 관한 규정(2007)과 지방정부의 조례, 위원회 등이 제정되면서 법과 제도 등 사회시스템으로 해결하고자 하는 노력이 시작되었다.

갈등의 주체와 관련하여 주목할 만 한 점은 2000년 이후 지방자치가 정착단계에 이르고, 지역주민의 권리의식이 신장되고, 정보 유통이 원활해지면서 공공사업과 관련하여 해당 지방자치단체와 지역주민들의 목소리가 점점 커지고 있다는 것이다. 중앙 중심의 운동에서 지방 중심의 운동으로 변화되면서 중앙에 있는 단체와 지역에 있는 단체 혹은 지역 주민조직 사이에도 갈등이 발생하고 있다. 공공사업이 진행되는 거의 모든 지역에서 이해득실과 가치에 대한 판단에 따라 다양한 지역조직이 만들어지고 있으며, 중앙 중심의 시민단체와 때로는 연대하고, 때로는 대립하는 복잡한 양상을 보이고 있다. 공공사업을 둘러싸고 정부 내 갈등도 주목할 만하다. 사업을 추진하는 정부와 사업의 수용자인 지방자치단체와의 갈등뿐만 아니라, 정부부처 간의 갈등도 빈발하고 있다.

공공갈등은 갈등 쟁점에 대해 해당 지역의 갈등 당사자에 의해 초

---

1) 개발연대에는 공공사업을 추진하는 정부와 이 사업으로 피해를 당한 지역주민이 갈등의 주요 주체였다. 1980년대 말부터 시민사회가 형성되고 성장하면서 전국적인 조직을 갖는 시민운동 세력이 형성되었으며, 특히 환경보전과 생태계 보호를 주요 이념으로 하는 환경단체가 빠른 속도로 성장하여, 갈등 상황에서 주요 이해관계자로 등장하였다.

기의 민원갈등에서 점차 확대, 표출되면서 집단 갈등으로 발전된다. 이러한 갈등은 초기에 조정되지 않을 경우, 공공갈등은 일반적으로 아래와 같이 갈등주체가 지역 중심에서 점차 중앙의 관련기관의 가세와 연대로, 갈등조정은 지방정부에서 중앙정부의 중재로 확산된 형태로 진행되고 있다.

한편, 대규모 도시개발로 야기되는 여러 문제를 피하고자, 주택재개발과 주택재건축 등 원도심에서 진행하였던 도시 및 주거환경정비법(2002)사업은 사업과정에서 불가피한 갈등으로, 사업추진이 어려워지자, 이를 지원하기 위해 도시재정비 촉진을 위한 특별법(2006), 도시재생활성화 및 지원에 관한 특별법(2013)을 제정하였다. 그러나 도시쇠퇴 및 원도심 공동화를 방지하고, 도시정비에 따른 부작용으로 일어나는 갈등을 최소화, 원주민 재정착과 활성화를 위해 사회, 경제, 문화, 일자리 창출 등으로 공동체를 회복하고자 하는 도시재생사업 역시 사업계획과 준비 및 추진과정에서 예상보다 많은 갈등이 일어나 목적사업이 어려움을 겪으면서 갈등관리의 중요성이 대두되고 있다.

본 장에서는 다양한 사업과정에서 일어나는 일반적인 갈등에 대한 배경과 원인, 관련법과 제도, 이를 예방하고 저감할 수 있는 갈등영향분석과 갈등관리를 위한 협상, 조정, 중재 등 대안적 해결방안인 ADR(Alternative Dispute Resolution), 도시재생에서의 갈등구조와 유형, 갈등관리방안을 모색하고자 한다. 본서에서 다루는 갈등관리는 지역갈등, 노사갈등, 남북갈등 등 다양한 사회갈등 중에서 도시재생사업에서 필요한 공공갈등 중심으로 기술하고자 한다.

2. 갈등이론

1) 공공갈등이란

'공공갈등'(公共葛藤, public conflict)은 정책 목표와 추진을 둘러싸고 이해관계자간의 의견대립과 충돌, 즉, 정부(중앙정부, 지자체, 추진 산하기관 등)가 공중에게 공익을 제공할 목적으로 정책, 사업, 공사 등을 계획 혹은 시행하는 과정에서 다수 국민 혹은 해당 주민(시민)과 이해(利害), 가치(價值), 사실관계(事實關係), 제도(制度), 목적(目的) 등이 상호 충돌하여 사회가 그 영향을 받게 되는 현상을 말한다.[2] 공공갈등의 대상은 중앙정부, 지방정부, 공공기관이 공공의 이익을 목적으로 수행하는 정책과 구체적인 사업이다. 그러므로 그 정책 혹은 사업 주체는 공적기관이다. 공공갈등의 범위는 물리적 차원과 사회적 차원으로 크게 나누어 살펴볼 수 있다. 물리적 차원은 시간적, 공간적인 차원으로 구분할 수 있는데, 시간적 차원으로는 장기화의 가능성과 같이 사안이 단순한 논의로 끝낼 수 있는가의 여부이다. 공간적 차원은 갈등이 퍼지는 여파라고 할 수 있는데, 주변지역으로의 파급성과 관련된다. 다음으로 사회적 차원은 참여자 혹은 이해관계자 구성의 복잡성, 다양성 등과 관련된다. 예를 들어 어느 그린벨트 지역에 광역화장장을 건설하고자 한다. 그러나 그린벨트 지역이라는 이유로 이해관계자는 지자체나 중앙정부, 시민환경단체, 지역주민 등이 다양하게 참여할 것이고 각자 다른 가치와 이해관계로 갈등은 복잡하게 전개될

---

2) 민원은 행정적 처분에 대해 개인 혹은 법인, 단체가 현행 법과 제도하에서 행정적 처리를 요구하는 사안을 의미한다. 정책 혹은 사업 추진과정에서 마을단위의 집단민원이 발생할 경우에는 공공갈등이라 할 수 있다. 공공갈등에서 나타나는 대표적인 행동으로는 찬반 이해관계자가 관련 조직을 구성하고 집단의사를 관철시키기 위한 성명서, 집회, 시위, 소송 등이 있다.

것이다. 또한 주변에 미치는 영향에 대해서도 혐오시설이라는 인식 때문에 주변지역의 반발을 불러일으킬 수 있다. 이와 함께 화장장 필요성에 대한 찬반논란은 매장문화의 화장 문화로의 전환에 대한 사회 전체적인 쟁점으로 이어질 수 있는 등 공공갈등은 범위 측면에서 시간, 공간, 사회적인 파급력을 보이는 특징을 가진다.

〈표 1〉 갈등의 분류

구분	일반적 분류			쟁점중시 분류			
갈등 구분	개인간 갈등	집단간 갈등	복합갈등	공공갈등			사적 갈등
				민관갈등	관관갈등	
당사자	개인대 개인	집단대 집단	개인/집단/ 민관/국가대 국가	[이익집단, 주민]/ [정부, 지자체, 공기업]	정부/정부 정부/지자체	개인/ 집단
				장기화 경향	조정용이	

2) 공공갈등의 구조

(1) 복잡한 전개과정

일반적으로 공공정책은 정부, 지역주민, 시민환경단체, 언론, 기업 등이 참여하게 되는데 이들 가운데서 각 이해관계자가 가진 가치인식, 욕구 등에 따라서 갈등은 보다 복잡한 양상을 띠게 된다. 정책이나 사업결정과정에서 많은 이해관계자들이 등장하게 된다. 사업에 직접 관련된 주민과 인근 지역주민에서 점차 의견들이 표출되고, 간접 이해관계자인 지역NGO활동과 지역 언론들이 참여되고, 여기에 관련 기관, 정치권 등 점차 소수 민원에서 집단으로, 지역문제에서 중앙으로 확대되면서, 의견수렴과 협의, 조정과 합의, 결렬과 소송 및 중재 등으로 많은 시간과 사회적 합의가 필요한 과정이 진행된다.

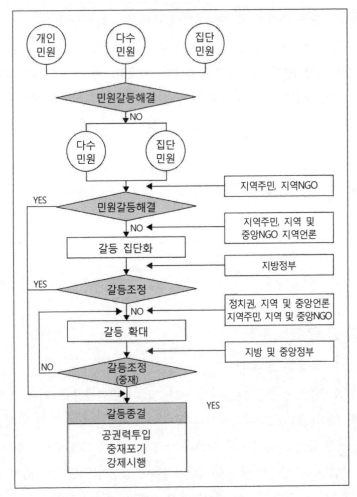

〈그림 1〉 공공갈등의 기본 구조

(2) 공공갈등의 일반적 과정

공공갈등은 일반적으로 정부로부터 관련정책이나 계획발표가 있은 후, 표면화되기 시작한다. 그러나 그 전에도 개발소외, 불만 등으로 인하여 잠재적 갈등상태일 가능성도 있다. 이러한 상황전개는 결국 표면화 이후 쟁점을 다양하게 만들고 심화시키는 요인이 된다. 그러나 여러 인위적인 노력을 통하여 교착상태가 완화기로 접어들고, 당사자의 이해 혹은 강행처리를 통해 사건을 종결시키는 것이 일반적인 갈등의 과정이라 하겠다. 이를 크게 4단계로 정리해 보면 다음과 같이 구분해 볼 수 있다.

첫째, 공공갈등의 정책 혹은 사업계획의 공표와 이에 대한 이해당사자의 반발 등 '갈등출현' 단계이다. 이 전에는 앞서 다양한 정보수단을 통해 관련 사안에 대해서 부정적인 반응을 보여 왔으나 직접적인 행동으로 나서지 않은 상태였다. 그런데 언론이나 공공기관의 공식 발표 등을 통해 알려지면서 해당지역에서 반대하는 당사자들을 중심으로 반대대책위가 꾸려지고 이를 구체적인 행동(시위 등)을 통해서 드러내는 것이다.

둘째, 반대 측의 반발 확산과 찬성 측의 등장으로 인한 '갈등심화' 단계이다. 반대측 주민의 반발이 있지만 공공기관은 법적·행정적 절차를 따라 주민설명회나 공청회와 같은 의견청취과정, 필요에 따라서는 환경영향평가 등을 실시하여 그 계획의 타당성을 갖추어 나간다. 그러나 주민은 의견수렴과정이나 구체적인 이해득실, 가치의 차이 등으로 다양한 쟁점이 형성되게 되며 갈등은 복잡화된다. 게다가 찬성측은 물론 다양한 이해관계를 가진 주변인(전문가, 주변지역 주민, 시민단체 등) 등이 등장하면서 갈등은 더욱 심화된다. 보통 찬반 주민(시민단체 등)측 모두는 시위와 같은 물리적 대응이 주로 이루어지지만, 폭력사태 등에 의해 고소·고발 등이 발생하기도 한다. 공공기관도 반대 측에 대한 이해를 구하는 설득, 시민참여방법 등을 통해서 해결을 꾀하려고 한다.

셋째, '반발의 확산 및 교착'단계이다. 이제는 반발은 더욱 확산되어 더 이상 대화가 이루어지기 어려운 교착상태에 빠지게 된다. 이때의 특징으로 다양한 조직들이 일원화되거나 하여 행정소송 등의 법적 대응을 추진하게 된다. 공공기관의 경우도 대화를 더 이상 하기 어렵다고 판단하고 강행처리를 결정한다.

넷째, '갈등의 해소'단계이다. 결국 교착상태이후에는 사업의 취소·중지·보류와 같은 결과가 있을 수 도 있으며, 반대로 사업이 계속되는 것으로 결정 나는 등 갈등은 해소되게 된다. 그러나 우리나라의 공공갈등은 일반적으로 사안에 대한 해소일지는 모르나 궁극적인 갈등해결로 끝나는 경우는 드물다.

이처럼 공공갈등의 과정에서 갈등해소단계는 단지 현재의 갈등사안만이 해소된 것이므로 갈등사안에 따라 계속 환류 될 수 있으며, 이 사안에서의 감정 등이 다음의 갈등발생에 주요한 잠재적 요인으로서 작용하게 된다.

3) 공공갈등의 유형 및 원인

공공갈등의 유형을 이해하는 것은 갈등을 이해하는데 있어 어떠한 방식으로 갈등구조가 형성되고 해결되는지를 알아보는데 있어 중요한 기초적 사고를 갖게 해준다. 일반적으로 갈등주체에 따른 유형분류와 갈등원인에 따른 유형분류로 구분할 수 있다.

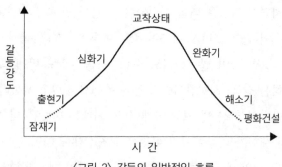

〈그림 2〉 갈등의 일반적인 흐름

(1) 주체에 따른 분류

일반적으로 공공갈등의 주된 주체는 공공기관이라 할 것이다. 왜냐하면 공공기관이 추진하는 정책 혹은 사업이 발단이 되어 이에 주민, 시민환경단체가 반발하기 때문이다.

〈표 2〉 공공갈등의 주체에 따른 분류 및 사례

주체에 따른 분류	주요 내용	구체적 사례
중앙정부 내	행정부 내의 갈등	·국토부−문화관광부 예) 울주 반구대암각화
중앙정부−지자체 간	중앙정부 정책에 대한 지자체의 반발	·국토부−경상남도/충청남도 등 예) 4대강 살리기
중앙정부−지역주민 간	중앙정부 정책에 대한 지역주민의 반발	·국가보훈처−경상남도 산청군 예) 산청 호국원 건립
중앙정부−시민단체 간	중앙정부 정책에 대한 시민환경단체의 반발	·국토부(수공)−환경연합 예) 영월 댐 건설
지자체 간	지자체간의 정책에 따른 갈등	·전라북도 군산−김제−부안 예) 새만금간석지행정구역재조정
지자체−주민 간	지자체 정책에 따른 주민의 반발	·경기도 부천시−주민 예) 부천화장장건립
지자체−시민단체 간	지자체 정책에 따른 시민단체의 반발	·전남 순천시−시민단체 예) 순천 정원박람회
공공단체(공사)−주민 간	공공단체 사업에 따른 주민 등의 반발	·LH공사−주민 예) 성남시 재개발사업 등

주요 공공기관으로는 중앙정부, 지방자치단체, 공사·공단 등의 공공단체가 있다. 또한 기업의 경우도 경우에 따라서 주요 이해당사자가 될 수도 있다. 여기서는 이해당사자를 중심으로 하여 갈등구조를 분류하도록 한다.

(2) 공공정책 및 사업별 분류

공공정책 및 사업별 공공갈등의 분류는 실제 갈등이 발생하는 단위에서 파악하는 분류방법이다. 일반적으로 공공갈등은 정부의 정책추진과정과 사업추진과정에 따라 갈등이 발생하는데 환경기초시설의 설치, 각종 구역지정, 국책사업 추진 등이 대표적이다. 예를 들어 환경기초시설의 경우에는 각종 폐수, 오수 처리장, 쓰레기소각장 및 매립장, 화장장 등이 대표적이며 관리주체가 지자체이므로 이들과의 해당지역 주민간의 갈등이 주로 발생하게 된다. 다음으로 구역지정은 군사시설보호구역, 그린벨트 각종 자연보호를 위한 법적 토지규제를 말하며, 이에 따른 재산권에 미치는 영향에 따라 해당 지역주민 등과의 갈등이 발생하는 것이 일반적이다. 국책사업은 국가정책에 의거하여 추진되는 사업으로 간척사업, 댐건설사업, 신도시건설, 철도·도로 및 항만·공항건설, 군 기지건설 혹은 이전, 각종발전소, 핵폐기물처리시설 및 방폐장, 송전선로 및 변전소 등이 대표적이다. 이밖에 지자체 정책에 의거 추진되는 각종 민간투자사업도 그 추진과정에서 주민 등과의 갈등이 발생하는 경우 공공갈등의 유형에 포함된다고 할수 있다.

〈표 3〉 공공갈등의 정책·사업유형에 따른 분류

구분	대표적인 사례
환경기초기설 관련 갈등	• (폐수, 오수, 분뇨, 하수 등)각종 처리장, 화장장 • 쓰레기소각장/폐기물처리장/ 매립지 등
구역 지정과 행위 제한에 따른 갈등	• 생태/경관보전지역, 습지보호지역, 자연공원, 특정도서, 백두대간, 야생동식물보호구역, 산림유전자보호구역, 4대강 수변지역 지정 • 그린벨트, 군사시설보호구역 등
국책사업 관련 갈등	• 방조제/간척사업, 댐건설 등의 수자원개발 • 대규모 택지개발, 신도시건설 등 주거안정화를 위한 개발

	• 철도 및 도로건설, 항만·공항, 군기지건설, 방폐장/핵폐기물처리시설 • 발전소, 송전선로, 변전소 등 전원시설 등
기타 갈등	• 민간 납골당, 골프장, 위락 시설, 축산단지, 재개발·재건축 등

(3) 갈등원인에 따른 유형

앞서 갈등의 원인에 대해서 살펴보았듯이 가치, 욕구, 이해, 관계, 구조 등 다양한 요소가 관련된다. 여기서 이해와 가치간의 논쟁은 Aubert(1963)가 처음 용어로 사용하면서 갈등을 구분하는 기초가 된다. Aubert는 이해와 가치를 둘러싼 분쟁에 대해서 자기와 타인의 이해 충돌, 즉 이해의 차에 의한 가치분쟁이 일어나게 된다고 주장하며 그 연관성을 설명하였다. 이 주장을 받들어 Hirai(1980)는 '이해분쟁'(conflict of interest)을 '재화가 희소할 때 예로 양자가 모두 이를 가지고 싶어 하지만 양자의 욕구를 만족시킬 수 있을 정도로 있지 못할 경우에 양자 간에 발생하는 갈등'이라고 정의한다. 또한 '가치분쟁'(conflict of value)을 '가치 및 사실의 평가에 대해서 태도의 불일치로부터 발생하는 갈등'이라고 정의하였다.

갈등의 유형에 대한 Aubert의 가치분쟁과 이해분쟁은 Moore(1989)의 연구로부터 보다 구체화된다. Moore는 Mediation라는 자신의 저서에서 5가지 유형으로 정리하고 있으며, 그는 갈등이 왜 발생하는지, 그 해결에 방해물은 무엇인지 확인하고 갈등을 관리 또는 해결하기 위한 지표로서 갈등유형구분을 이용할 수 있다고 하였다. 또한 조정자가 갈등 현상을 평가하고 합의형성에 효과적으로 개입하기 위해서도 이를 구분하여 정리할 필요가 있다고 설명하고 있다. Moore의 5가지 갈등유형[3])은 다음과 같다.

---

3) 미국 갈등조정자훈련기업CDR(Collaborative Decision Resources)의 설립자 Christo-

〈표 4〉 공공갈등의 원인에 따른 유형

갈등의 유형	주요 내용	주요 원인
사실관계갈등	사건, 자료, 언행에 대한 사실해석의 차이 예) 댐건설에 있어 홍수발생가능성	정보의 부족, 오역 관련사실에 대한 인식의 차이 데이터의 해석, 평가수순의 차이
이해관계갈등	한정된 자원이나 지위, 자원을 분배하는 과정 예) 개발에 따른 이득	내재적인 이해관계상의 인식 절차상, 심리적인 이해관계 한정적인 지위, 자원사용의 차이
구조적갈등	사회, 정치, 경제구조와 왜곡된 제도, 관행, 관습 등 예) 상수원보호구역의 지정	부정적인 상호작용 관리·소유권, 자원배분의 불공평 지리적, 물리적, 환경적 제한 시간의 제약
가치갈등	가치관, 신념, 세대, 정치관, 종교, 문화의 차이 예) 터널사업과 도롱뇽 멸종	사고, 행동의 평가기준의 차이 본질적으로 양립할 수 없는 가치목표 생활양식, 이데올로기, 전통 등의 차이
상호관계갈등	불신, 오해, 편견 등 관계 이상 예) 정부에 대한 정책 불신 등	감정, 오해, 고정관념, 편견 커뮤니케이션 부족 부정적인 행동의 반복

첫째, 사실관계갈등'(data conflicts)이다. 사실관계갈등은 객관적인 정보나 학습부족에 의한 이해부족 혹은 해석의 차이로부터 발생하는 갈등이며, 정보부족, 데이터의 해석 등이 원인이다. 이러한 갈등을 해결하는 방법에는 제3자의 개입을 통한 객관적인 자료 및 사실의 증명, 공동조사 등이 있다. 둘째, '이해관계갈등'(interest conflicts)이다. 이해관계갈등은 개인 또는 집단의 욕구 차이로부터 발생하는 갈등으로, 한정적인 지위, 심리적인 이해관계, 절차상 이해관계 등이 원인이다. 이러한 갈등을 해결하는 방법에는 공정한 배분시스템, 합리적 의사결정제도 등이 있다. 셋째, '구조적갈등'(structural conflicts)이다. 구조적갈등은 심리적 상황과 제도, 사회적구조 등 이해당사자의

---

pher Moore는 갈등원인을 크게 5가지로 분류함.

내부·외부적 상황의 영향으로부터 발생하는 갈등으로, 소유권·자원 배분과 관련된 불공평, 지리적·물리적·환경적 제약 등이 원인이다. 이러한 갈등을 해결하는 방법에는 제도 개선과 새로운 문화 창출을 위한 교육과 훈련 등이 있다. 넷째,'가치갈등'(value conflicts)이다. 가 치갈등은 가치관과 이념, 종교, 문화 등의 인식의 차이로부터 발생하 는 갈등으로, 생활양식, 이데올로기, 종교 및 사고, 행동의 평가기준 의 차이 등이 원인이다. 이러한 갈등을 해결하는 방법에는 의견수렴, 다문화에 대한 이해, 환경 및 생태에 대한 교육 등이 있다. 다섯째,'상 호관계갈등'(relationship conflicts)이다. 상호관계갈등은 상호간의 관 계가 부정적, 일방적, 혹은 단절된 상태로부터의 갈등으로, 서로간의 역할, 책임, 권한 등에 대한 입장차이, 커뮤니케이션부족, 고정관념, 인식차 등이 원인이다. 이러한 갈등을 해결하는 방법에는 의견을 표 출할 수 있는 참여방안의 모색(시민참여) 등이 있다.

4) 갈등에 대한 시각과 갈등관리

(1) 역기능적 시각

체제의 유지에 주안점을 두는 사회학에서는 갈등을 체제의 유지를 위협하는 존재, 또는 사회적 비용으로 보고 그 역기능적 측면을 강조한 다. 갈등을 '질병'에 비유하고 사회체제에 대한 위험요소로 보고 있는 입장의 특징은 갈등 그 자체를 문제시 여긴다. 즉 갈등이 나타나게 된 원인이나 갈등 해결의 결과보다는 갈등의 존재 여부에 초점을 맞추고, 갈등이 존재하는 경우 그것을 불가피한 것으로 받아들이기보다는 해결 해야 하고 해결할 수 있는 문제로 받아들이려 한다. 그러나 이러한 입장에 있어서 갈등의 해결은 종종 갈등의 해소이기보다는 갈등의 와해가 된다.

갈등을 역기능적으로 보는 태도는 또한 모든 권위주의적 체제에 공통된 특징이다. 권위주의적 체제는 개별화와 분열을 비난하고 전체화와 조화를 강조한다. 갈등이 존재하면 그 원인이 어디에 있는지를 묻기보다는"체제수호'라는 미명 하에 시급히 갈등을 제거하려 하며, 그 결과 더욱 심화된 잠재적 갈등을 유지한 채 외적인 평온을 유지한다. 그러나 이러한 평화는 강제력이 약화되는 순간 걷잡을 수 없는 갈등의 폭발로 바뀌어 버린다. 그리하여 강제와 혼란이라는 극단적인 과정을 되풀이하게 된다. 이러한 생각의 토대위에서 사회의 질서 및 균형에 관심이 있고 사회질서와 균형을 깨는 갈등의 부정적인 측면을 경험적인 근거로 Burton and Dukes(1986)는 갈등의 역기능을 다음과 같이 기술하고 있다.

첫째, 행정지연과 사회에너지의 낭비(비용)를 초래한다. 양적으로 증가하고 질적으로 다양하게 표출되는 사회 갈등은 국민생활과 밀접한 정책결정과 집행을 지연시키고 기타 국민의 생활에 필요한 시설의 건설 등의 부지선정을 둘러싼 갈등은 공사 지연을 가져온다. 둘째, 사회 안정과 국민통합을 저해한다. 갈등이 장기화되거나 극단적 양상을 보인다면 국민통합을 저해하고 국민과 정부 간의 불신을 조장한다. 셋째, 다수의 힘으로 문제를 해결하려는 경향은 민주적 기본질서를 파괴한다. 지역이나 공통의 이익을 근거로 한 집단들의 지나친 요구와 집단이기주의 경향은 집단의 힘으로 밀어붙여 문제를 해결하려는 성향으로 발전하여 법치주의의 원칙이 무시될 우려가 있는 것이다. 넷째, 아무리 건전한 갈등이라도 그 정도가 통제 불가능한 것이면 정치, 사회적 위기로 몰고 갈 수 있다. 결국은 서로 자신의 주장만 내세우고 적대감을 높여 행정에 대한 불신을 초래한다.

(2) 순기능적 시각

갈등의 역기능적 측면만을 강조하는 태도와 달리 갈등이 사회에 대

해 순기능적 역할도 한다는 사실도 살펴볼 필요가 있다. 갈등의 순기
능적 측면은 다음과 같이 요약될 수 있다.

첫째, 집단 결속의 기능이다. 어떤 집단이나 사회든지 바깥 집단과
의 갈등을 통해서만 자기 정체성(self-identity)을 가질 수 있다. 뿐만
아니라 이미 형성된 사회에 있어서도 그 사회의 정체성이 위기에 봉
착한 경우 이를 해결하고 사회적 결속을 강화하기 위한 수단으로 외
집단과의 갈등이 의도적으로 선택되기도 한다. 또한 자연계의 입자가
인력과 척력을 통해 균형을 이루듯이 사회도 갈등관계를 통해 균형을
유지하는 것이다.

둘째, 집단 보전 기능이다. 갈등은 병 자체가 아니라 병이 존재한
다는 사실을 알게 해주는 증상이다. 따라서 병은 있으되 갈등이 없다
면 사회의 병소(病巢)는 지각되지 않은 채 축적되어 마침내 그 사회를
붕괴시키고 말 것이다. 갈등과 사회의 관계는 통증과 신체의 관계에
비유될 수 있다. 통증은 고통스럽기는 하지만 그로 인하여 신체를 방
어할 수 있는 안전판 역할을 하는 것이다.

셋째, 사회화 기능이다. 갈등은 일종의 게임 상황과 같다. 사회 구
성원들은 갈등을 통하여 사회생활의 규범, 규칙, 제도 등을 만들어내
며, 지속적으로 기존의 규범이나 규칙들을 새로운 것으로 대체해 간
다. 따라서 '사회가 있는 곳에 갈등이 있다'고 말 할 수 있으며, 갈등은
인간을 사회생활의 범주로 끌어들이는 사회화 기능을 하는 것이다.

넷째, 의사결정 보완 기능이다. 인간의 합리성이 불가피하게 제약
되어 있다고 가정할 때, 한 사람이 결정권을 독점하고 있는 상황보다
는 보다 많은 주장들이 상호 경쟁하는 상황에서 더 좋은 의견이 나올
수 있다. 따라서 갈등은 사회적으로 보다 나은 의사결정이 이루어지
는 데 순기능적 역할을 한다.

다섯째, 진보에의 추진력이다. 갈등은 인간이나 사회에 자극제로
서 기능한다. 외집단과의 갈등은 사회에 긴장감을 불어넣어 주고 이
를 극복하기 위한 노력을 촉진시킨다. 따라서 갈등은 진보를 일으키
는 추진력이라 할 수 있다. 갈등이 없다면 그 사회는 진보에의 유인이
없으므로 정체되고 말 것이다.

이러한 갈등의 순기능적 시각은 갈등을 사회생활에 있어서 불가피
한 현상으로 받아들이고 있으며 갈등의 존재 자체에 초점을 맞추기보
다는 갈등이 가져오는 사회적 귀결이 무엇인가에 초점을 맞춘다. 이
러한 순기능적 시각을 '갈등이 언제나 사회에 순기능적이다'라고 이
해하는 것은 오해이다. 그것은 갈등이 언제나 사회에 역기능적인 것
만은 아니라는 점을 지적하고 있을 뿐이다.

(3) 갈등관리

갈등이 사회에 대해 순기능적이냐 역기능적이냐는 이분법적으로,
또는 절대적인 것으로 말할 수는 없다. 이에 대한 판단은 다음 표와
같이 관점, 기능, 방법, 초점 등 구체적인 경우에 따라 달라진다.

〈표 5〉 갈등의 기능 비교

역기능	구분	순기능
갈등은 역사의 산물이다.	관점	갈등은 역사 변동의 원동력이다.
평형상태의 상실과 부조화 등 갈등의 역기능 강조	기능	사회발전/통합을 위한 구조적 필연성 등 갈등의 순기능 강조
갈등은 제도적, 권위적, 강압적 방법으로 관리, 통제, 해소 가능	방법	갈등은 합리적이고 공정한 과정을 통해 해결, 변화 가능
법과 질서	초점	절차와 상호작용
갈등이 없거나 가시적 갈등이 나타나지 않는 사회	건강한 사회	갈등이 평화적 건설적 동력으로 전환되는 제도와 문화가 있는 사회

갈등에 대한 평가가 이렇듯 불확정적인 이유는 아래와 같은 사정에 기인하는 것이라 볼 수 있다. 첫째, 갈등이 역기능적이냐 순기능적이냐는 그 갈등이 일어나는 상황 또는 사회구조의 성격에 따라 달라진다. 예를 들어 적과 교전 중인 상황에서 내부갈등이 일어나면 그것은 매우 역기능적인 결과를 초래할 것이며, 어려운 문제가 주어진 상황에서 여러 사람들이 해답을 제시하고 설득하는 과정에서 일어나는 갈등은 보다 나은 해답의 발견에 도움이 될 것이다. 둘째, 갈등이 역기능적이냐 순기능적이냐는 보는 사람의 관점에 따라 달라진다. 즉 갈등은 해석되어지는 것이라 할 수 있다. 예를 들어 노사갈등을 사용주 측에서는 산업평화를 해치는 것으로 역기능적으로 보는데 비해 근로자 측에서는 보다 형평성 있는 분배를 실현함으로써 사회적 화합을 촉진시킬 수 있는 계기로 순기능적으로 해석하는 경우가 있을 수 있다. 셋째, 대부분의 갈등은 순기능적 측면과 역기능적 측면을 동시에 가지고 있다. 따라서 갈등을 무조건 방치해 둔다거나 무조건 통제(와해)하는 것은 문제가 있다. 즉 갈등으로 인해 발생하는 사회적 비용을 최소화하기 위해서는 갈등의 순기능적 귀결을 최대화하고 역기능적 귀결을 최소화하는 노력이 필요하다 하겠다. 이러한 노력을 갈등관리라고 할 수 있다.

갈등관리란 갈등이 일정 수준 이상으로 악화되는 것을 방지하고, 갈등으로 인해 야기되는 유리한 결과를 최대화하고 불리한 결과를 최소화함으로써, 궁극적으로 갈등의 '해소'를 용이하게 하는 과정이라 할 수 있다. 이러한 갈등의 관리를 행정부에 대한 요구로 재 기술한다면 '사회적 갈등의 통합 또는 제도화를 통한 적절한 정책의 산출'이라 할 수 있을 것이다.[4] 갈등관리는 역기능적이고 파괴적인 갈등을 완화 내지 해소시키고, 갈등의 순기능적이고 건설적인 측면을 촉진시키기 위한 제반 활동을 의미한다.

5) 갈등관련 법·제도적 기준

국내의 대표적인 갈등관리 제도로는 '공공기관의 갈등예방 및 해결에 관한 규정'이 대표적이다. 본 규정은 관련 정부차원의 갈등관리를 제도화하였다는 점에서 의미가 있지만, 앞서 언급한바와 같이 법률이 아니어서 제도적 위상면의 문제에서 비롯되는 다양한 문제가 있다. 예를 들어 여러 예방 및 해결방법의 활용이 권고 수준으로 임의적으로 활용되는 등 강제성이 결여되어 있고, 예산확보 및 조직구성의 어려움 등의 이유로 실질적인 갈등예방 및 해결의 역할에 한계가 존재한다.

(1) 공공기관의 갈등예방과 해결에 관한 규정(대통령령)

본 규정은 중앙행정기관의 갈등예방과 해결능력의 향상, 사회적 합의를 통한 정책 수용성 제고를 목적으로 2007년 2월, 중앙행정기관 등이 공공정책과 관련된 갈등을 체계적으로 관리할 수 있도록 갈등관리에 관한 표준절차인 '공공기관의 갈등예방과 해결에 관한 규정'(제19886호, 현 제21185호)을 대통령령으로 제정하게 되었다. 주요 내용은 다음과 같다.

우선 총칙에서는 갈등과 갈등관리에 대한 주요 용어에 대한 정의와

---

4) 갈등은 반드시 역기능적인 것만은 아니며, 갈등을 보는 시각은 주관적인 것이므로 객관적 사실과 반드시 부합된다고 할 수도 없다. 즉 객관적으로는 별로 역기능적이지 않은 갈등이 매우 역기능적으로 보일 수도 있고 그 반대의 경우도 가능하다. 이러한 인지상의 오류가 발생할 경우 갈등에 대한 대응은 잘못된 귀결을 증폭시키는 결과를 가져오게 되어 매우 큰 비용을 지불하게 될 것이다. 따라서 어떤 행위주체의 갈등에 대한 입장을 평가할 때에는 사실적 측면과 그 행위주체의 인지적 측면을 동시에 고려하여야 정확한 이해가 가능해질 것이다(대통령자문 지속가능발전위원회, 2005).

적용대상 및 책무에 대하여 규정하고 있다. 용어 정의와 관련해서는 제2조제1호에서 '갈등'이란 "공공정책(법령의 제정·개정, 각종 사업계획의 수립·추진을 포함)을 수립하거나 추진하는 과정에서 발생하는 이해관계의 충돌을 말한다"고 정의하고 있다. 갈등예방과 해결을 위한 구체적인 방법인 갈등영향분석에 대하여도 규정하고 있는데 제2조제2호에서는 갈등영향분석이란 "공공정책을 수립·추진할 때 공공정책이 사회에 미치는 갈등의 요인을 예측·분석하고 예상되는 갈등에 대한 대책을 강구하는 것"이라고 정의하고 있다.

〈표 6〉 갈등관리규정(중앙행정기관의 책무)

종합·전략적 갈등대응방안 구축 (제4조의 1)	• 중앙행정기관은 사회 전반의 갈등예방 및 해결 능력을 강화하기 위하여 종합적인 시책을 수립·추진
관계 규정 등의 수정 및 보완 (제4조의2)	• 중앙행정기관은 갈등관리 관련 법령 등을 지속적으로 정비
해결방안에 대한 모색 (제4조의3)	• 중앙행정기관은 신속하고 효율적으로 해결할 수 있는 다양한 수단을 발굴하여 적극 활용
역량강화 (제4조의4)	• 중앙행정기관은 소속 직원을 대상으로 갈등을 예방하고 갈등 해결 능력을 향상하기 위한 교육훈련을 실시하고 갈등관리능력을 기관의 인사운영의 중요한 기준으로 설정·반영

적용대상과 관련해서는 그 대상이 중앙행정기관 적용하는 것이 원칙이나 지방자치단체 및 그 밖의 공공기관이 동일한 취지의 갈등관리제도를 운영할 수 있다고 제3조에서 규정하고 있다. 중앙행정기관의 책무에 대하여는 제4조에서 로서 관련 시책수립 및 마련, 관련 법령정비, 해결수단 발굴 및 활용, 교육훈련의 실시 및 관련 능력의 인사상 중요한 기준으로 설정·반영할 수 있다고 하고 있다.

제2장은 갈등예방 및 해결의 원칙으로 '자율해결과 신뢰확보의 원칙', '참여와 절차적 정의의 원칙', '이익의 비교형량의 원칙', '정보공

개 및 공유의 원칙', '지속가능한 발전방안의 고려 원칙' 5가지를 규정하고 있다.

〈표 7〉 대통령령(갈등예방 및 해결의 원칙)

자율해결과 신뢰확보의 원칙 (제5조)	• 갈등의 당사자는 대화와 타협을 통하여 자율적으로 갈등을 해결할 수 있도록 노력
	• 중앙행정기관의 장은 공공정책을 수립·추진할 때 이해관계인의 신뢰를 확보할 수 있도록 노력
참여와 절차적 정의의 원칙 (제6조)	• 중앙행정기관의 장은 공공정책을 수립·추진할 때 이해관계인·일반시민 또는 전문가 등 실질적 참여가 보장되도록 노력
이익의 비교형량의 원칙 (제7조)	• 중앙행정기관의 장은 공공정책을 수립·추진할 때 달성하려는 공익과 이와 상충되는 다른 공익 또는 사익을 비교·형량
정보공개 및 공유의 원칙 (제8조)	• 중앙행정기관의 장은 이해관계인이 공공정책의 취지와 내용을 충분히 이해할 수 있도록 관련정보를 공개하고 공유하도록 노력
지속가능한 발전방안의 고려 원칙 (제9조)	• 중앙행정기관의 장은 공공정책을 수립·추진할 때 지속가능한 발전을 위한 요소를 고려

제3장은 갈등의 예방을 위한 구체적 방법에 대한 사항을 규정하고 있다. 갈등영향분석의 실시근거 및 방법, 갈등관리심의위원회의 설치 및 운영, 위원회의 기능, 참여적 의사결정방법 활용 등에 대한 내용이 포함되어 있다.

〈표 8〉 갈등관리규정(갈등영향분석)

실시 여부 판단 (제10조의 1)	• 중앙행정기관의 장은 공공정책을 수립·시행·변경함에 있어서 국민생활에 중대하고 광범위한 영향을 주거나 국민의 이해 상충으로 인하여 과도한 사회적 비용이 발생할 우려가 있다고 판단되는 경우에는 해당 공공정책을 결정하기 전에 갈등영향분석을 실시
결과 보고 (제10조의 2)	• 갈등영향 분석서를 작성하여 위원회에 심의 요청
필수 포함 내용 (제10조의 3)	• 공공정책의 개요 및 기대효과 • 이해관계인의 확인 및 의견조사 내용

	• 관련 단체 및 전문가의 의견 • 갈등유발요인 및 예상되는 주요쟁점 • 갈등으로 인한 사회적 영향 • 갈등의 예방·해결을 위한 구체적인 계획 • 그 밖에 갈등의 예방·해결을 위하여 필요한 사항
환경영향평가법과 관련성 (제10조의 4)	• 중앙행정기관의 장이 「환경영향평가법」에 따른 전략환경영향평가 및 환경영향평가 또는 「도시교통정비 촉진법」에 따른 교통영향분석·개선대책 등을 실시하면서 이 영이 정한 갈등영향분석 기법을 활용한 경우에는 갈등영향분석을 실시한 것으로 봄

갈등관리심의위원회는 중앙행정기관의 갈등예방 및 해결 등과 관련한 갈등관리 사항을 논의 및 심의하기 위한 기구이다. 위원회의 주요 역할은 갈등영향분석 실시여부, 갈등해결방안, 종합적 시책 수립 및 추진, 다양한 해결수단 발굴 및 활용, 민간활동 지원, 관련 법령정비, 교육훈련 등의 사항을 심의한다(제13조).

<표 9> 갈등관리규정(갈등관리심의위원회)

설 치 (제11조)	• 중앙행정기관은 소관 사무의 갈등관리와 관련된 사항을 심의하기 위하여 갈등관리심의위원회를 설치
구성 및 운영 (제12조)	• 위원회는 위원장을 포함한 11인 이내의 위원으로 구성 • 중앙행정기관의 장은 소속 직원 또는 갈등의 예방과 해결에 관한 학식과 경험이 풍부한 자 중에서 위원을 임명 또는 위촉하되, 공무원이 아닌 위원이 전체위원의 과반수가 되도록 함 • 위원회의 위원장은 민간위원 중에서 호선하여 선출 • 위원은 중립적이고 공정한 입장에서 활동하여야 함
기능 (제13조)	• 종합적인 시책의 수립·추진에 관한 사항 • 법령 등의 정비에 관한 사항 • 다양한 갈등해결수단의 발굴·활용에 관한 사항 • 교육훈련의 실시에 관한 사항 • 갈등영향분석에 관한 사항 • 갈등의 예방·해결에 관한 민간활동의 지원에 관한 사항
심의결과의 반영 (제14조)	• 위원회의 심의결과를 공공정책의 수립·추진과정에 성실히 반영하여야 함

갈등영향분석 결과 이해관계자, 시민, 전문가 등이 참여하는 의사
결정방법을 활용할 수 있으며, 특히 이미 갈등이 발생한 경우, 그 해
결을 위하여 갈등조정협의회를 구성 및 운영할 수 있다고 규정하고
있다(제16조). 갈등조정협의회는 공공정책 및 사업추진과 관련하여 이
해당사자간의 갈등을 합리적으로 조정하고 합의를 도출하기 위한 논
의 구조이다. 중앙행정기관의 장은 갈등해결을 위하여 필요하다고 판
단되는 경우에는 사안별로 갈등조정협의회를 구성하여 운영할 수 있
다고 규정하고 있다(제16조).

〈표 10〉 갈등관리규정(예방 및 해결을 위한 구체적 논의 방법)

참여적 의사결정방법활용 (제15조)	• 갈등영향분석에 대한 심의결과, 갈등의 예방·해결을 위하여 이해관계인·일반시민 또는 전문가 등의 참여가 중요하다고 판단되는 경우에는 이들이 참여하는 의사결정방법을 활용
갈등조정협의회 (제16조~제23조)	• 중앙행정기관장은 갈등해결을 위해 필요하다고 판단한 경우 사안별로 갈등조정협의회를 설치할 수 있음 • 중앙행정기관, 이해관계인, 전문가 등으로 구성하고 갈등해소를 지원·촉진하기 위한 중립적인 의장을 선임 • 협의회의 구성과 운영은 당사자간 합의한 기본규칙에 따르며 협의결과문은 법령 등에 위배되거나 중대한 공익을 침해해서는 안됨

이밖에 제5장 보칙에는 '갈등관리 연구기관의 지정운영'(제24조),
'갈등관리매뉴얼의 작성 및 활용'(제25조), '갈등관리실태의 점검 및
보고'(제26조), '갈등전문인력의 양성'(제28조) 등이 규정되어 있다.

3. 갈등영향분석

1) 갈등영향분석의 의의

갈등영향분석은 공공정책 혹은 사업을 수립·추진할 때 공공정책이

사회에 미치는 갈등의 요인을 예측·분석하고 예상되는 갈등에 대한 대책을 강구하는 것을 말한다. 갈등영향분석의 목적은 갈등예방 혹은 해결방안을 찾는 것이다. 즉, 예상되는 갈등이나 현재 진행 중인 갈등을 보다 바람직한 방향으로 이끌어 내기 위한 방안을 고민하고 어떻게 하여야 할지를 찾아내기 위하여 실시한다. 갈등영향분석은 단순히 객관적 데이터를 얻는 것뿐만이 아니라 갈등해결을 돕고자 하는 공정한 제3자뿐만 아니라 이해당사자에게도 서로 자신들의 문제를 다른 시각에서 바라보게 되는 계기를 마련하게 된다. 또한 과정상 이들과의 신뢰관계를 구축하는 점도 중요한 의의라 할 수 있다.

갈등영향분석은 미국 CBI(Consensus Building Institute)의 Susskind 등에 의해 구체화 되었으며 주로 사회적 합의형성에 의한 공공갈등 해결에 활용되고 있다. 유사용어로는 상황분석, 갈등분석, 이해관계자 분석, 쟁점분석 등이 있다. 갈등영향분석의 기원은 미국 워싱턴주 스노콸미 강 댐건설(1973)부터이며 이후 미국행정기관협의회, 규제협상의 수법으로서 활용(1980년대)되기 시작했다. 1990년대에 들어 SPIDR(Society for Professional In Dispute Resolution)에서 관련 지침이 정해지면서 보편화되었으며, 이후 CBI에서 Consensus Building Handbook이 발간되고 그 분석법이 Conflict Assessment 모델이 되었다.

우리나라에서의 갈등영향분석에 대한 법제도는 2007년 '대통령령 19886호'에 의거 '공공기관의 갈등예방과 해결에 관한 규정' 제2조 갈등영향분석에 나와 있다. 여기에서 갈등영향분석은 "공공정책을 수립 추진할 때 공공정책이 사회에 미치는 갈등의 요인을 예측 분석하여 예상되는 갈등에 대한 대책을 강구하는 것"으로 정의하고 있다. 이에 따르면 갈등이 우려되는 정책 혹은 관련 사업을 시행하는 공공기관은 추진에 따라 미치는 사회적 영향을 확인할 필요가 있으며 시기에 따

라 갈등의 예방 혹은 해결을 위한 객관적인 분석이 요구된다. 일반적
으로 이러한 일련의 조사 및 분석, 그리고 방안제안 등의 과정을 통틀
어 '갈등영향분석'이라고도 한다.

2) 갈등영향분석의 목적 및 필요성

갈등영향분석의 목적은 갈등예방 혹은 해결방안을 찾아가는 것이
라 할 수 있다. 즉, 예상되는 갈등이나 현재 진행 중인 갈등을 보다
바람직한 방향으로 이끌어 내기 위한 방안을 고민하고 어떻게 하여야
할지를 찾아내는 것이며, 갈등영향분석은 분석을 행하는 그 시점의
갈등상황에 대한 종합적이며 객관적인 평가서이다. 그리고 그 내용이
차후에 행동계획으로 도출되기 위해서는 현 상황과 내용에 대한 상당
한 깊이의 이해가 충분히 이루어져야 한다. 이를 위해 다음과 같이 갈
등상황의 특징을 이해한 상황에서 분석의 필요성이 요구된다.

첫째, 갈등상황은 갈등구조와 진행에 많은 요소가 작용하면서 매우
복잡하게 전개되는 것이 일반적이다. 둘째, 갈등상황에는 많은 요소
들이 밖으로 드러내지 않고 잠재되어있기 때문에 자칫 현 상황에 대
한 오판과 오해의 가능성이 있다. 셋째, 갈등상황에서 당사자들은 일
반적으로 감정적으로 대처하기 쉽고 상황을 객관적으로 보기 어렵다.
넷째, 다양한 갈등사례와 경험들은 갈등예방 및 관리에 대한 객관적
이고 합리적인 판단에 도움이 된다.

3) 갈등영향분석 작성

(1) 갈등영향분석과 법제도적 근거

갈등영향분석과정에 대한 법제도적 근거는 다음과 같다. 갈등분석
프로세스는 추진여부를 결정하는 단계를 시작으로 갈등분석서 작성

단계, 공람 및 수정 단계, 심의 단계, 갈등해결방안 제안 및 심의결과 반영 단계로 크게 나누어 볼 수 있다.

〈표 11〉 갈등영향분석의 절차와 법적 근거

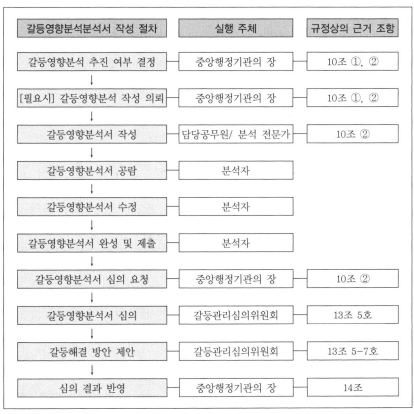

갈등영향분석분석서 작성 절차	실행 주체	규정상의 근거 조항
갈등영향분석 추진 여부 결정	중앙행정기관의 장	10조 ①, ②
[필요시] 갈등영향분석 작성 의뢰	중앙행정기관의 장	10조 ①, ②
갈등영향분석서 작성	담당공무원/ 분석 전문가	10조 ②
갈등영향분석서 공람	분석자	
갈등영향분석서 수정	분석자	
갈등영향분석서 완성 및 제출	분석자	
갈등영향분석서 심의 요청	중앙행정기관의 장	10조 ②
갈등영향분석서 심의	갈등관리심의위원회	13조 5호
갈등해결 방안 제안	갈등관리심의위원회	13조 5-7호
심의 결과 반영	중앙행정기관의 장	14조

(2) 계획·사업단계에 따른 갈등영향분석의 내용

〈표 12〉 갈등이 발생하지 않았을 경우

정책계획 확정이전	- 예방목적의 갈등영향분석(예비적 갈등영향분석 포함) 등을 통하여 갈등발생가능성을 예상. - 특히 계획차원에서의 갈등은 환경적 영향, 종교시설 등 가치차원의 이해관계자에 대한 의견수렴 - 분석에서 제안된 해결방안을 토대로, 예방이 필요하다도 판단될 경우 관련 부서와 함께 문제 해결 모색
설계이후	- 일반적으로 설계과정 단계에서 구체적인 영향 범위가 나타나고 실질적인 이해관계자가 표면으로 드러나게 됨. 실제 이해당사자를 대상으로 조사하고 해당 의견이 갈등영향분석서에 적극 반영 - 해당 부서는 갈등영향분석서를 자체 작성 혹은 제3자에게 의뢰 작성케 하여 사전에 갈등발생가능성을 예상하고 구체적인 예방 및 해결방안 마련 - 갈등영향분석 결과, 합의가 필요한 경우 이해당사자가 주체가 되는 협의체를 구성·운영하고, 이해관계자간 자발적인 논의를 통한 합의 도출에 노력

일반적으로 갈등은 계획 및 사업단계에서 발생하는 것이 일반적이다. 따라서 계획단계, 사업단계 따라 갈등영향분석의 실시도 달라질 수 있다.

일반적으로 〈표 10-12〉, 〈표 10-13〉와 같이 갈등발생 유무에 따른 갈등영향분석의 주요 내용은 달라진다.

〈표 13〉 이미 갈등이 발생한 경우

해결목적의 갈등영향분석	- 갈등의 원인, 구조, 전개과정, 성격, 이해관계자 및 관계 등의 파악 - 갈등해결방안의 제안 - 필요시 중립적 제3자를 통한 추진(예산계획 수립)
사후관리차원의 갈등영향분석	- 주민 간 찬반 갈등으로 사업이 장기화되어 커뮤니티 파괴가 진행된 경우, 관련 부처는 이에 따른 지속적인 사후관리의 필요성 - 사후관리를 위한 주민간 관계 갈등상황을 파악하고 이에 따른 회복방안 제안
해결방법 운영	- 찬반 간의 첨예한 의견 대립으로 당사자 간 갈등해결이 어려운 경우에는 제3자가 개입을 고려하고, 대안적 분쟁해결방식을 선택. - 이 경우 갈등관리전담부서의 행정적 지원. 실무부서 차원의 협의체 참여 등 필수

(3) 갈등영향분석서 작성 절차

갈등영향분석서의 작성과정은 조사 및 정보수집 단계, 분석 단계, 갈등예측 및 해결방안설계 단계, 갈등영향분석서 작성 단계로 이루어진다. 갈등영향분석서 작성 프로세스와 주요 내용은 〈표 10-14〉와 같다.

가. 1단계: 시행 결정

관련 담당자는 갈등영향분석에 대한 시행여부를 주관자(기관의 장)로부터 승인을 받는다. 만약 갈등사안의 성격과 내용에 따라 담당자가 직접 갈등영향분석을 시행하기 어려운 경우 주관자는 분석기관을 선정하여 위탁할 수 있다. 이때 담당자는 위탁한 전문기관의 분석가에게 관련 기초자료와 이해관계자에 대한 정보를 제공하여 관련 내용을 공유하여야 한다. 시행결정 단계에서의 담당자의 주요 업무로는 갈등영향분석 자체 시행 가능성 판단, 분석이 어려울 시 분석기관에 위탁, 분석기관과의 계약 체결, 기초자료 및 관련 정보의 제공 및 공유, 이해관계자에게 관련 분석기관을 소개 등이 있다.

나. 2단계 : 조사

1) 기초조사

정보수집 단계에서는 해당 갈등과 관련한 기초적인 자료 수집을 하는 단계이다. 일반적으로 관련 담당자로부터 자료를 취합하기도 하지만, 예를 들어 갈등이 발생한 경우에는 논문, 보고서, 신문기사, 성명서, 보도자료 등을 통해 갈등사안이 어떻게 알려지고 있는지도 조사할 수 있다. 이러한 결과를 정리하여 종합적으로 갈등

사안이 현재 어떤 상황인지, 갈등흐름 등을 유추할 수 있다. 또한

이해관계자와 핵심이해당사자(단체)가 누구인지, 어떤 쟁점이 이들 간의 대립점인지, 그들 각자가 주장하는 바가 무엇인지도 표면적으로 나마 이끌어 낼 수 있다. 보통 1-2주정도 진행되며 사안에 따라서 시간은 달라질 수도 있다. 이러한 기초조사 결과를 통해 갈등현황과 이해관계자 등에 대한 기본정보를 획득할 수 있다.

〈표 14〉 갈등영향분석서 작성 절차

단계		주요 내용	주관자
1단계 (결정)	시행 결정	- 갈등관리심의위원회 심의 - 공공기관 장이 실시여부 결정 - 분석자 선정(용역시 계약서 작성) - 기초자료 제공	갈등관리담당자
2단계 (조사)	기초조사	- 사업 개요, 갈등 개요 - 문헌을 통한 기초조사 - 대상지역 선정 - 이해관계자 분류	전문 갈등분석자
	조사준비	- 면담대상자 선정 및 목록 작성 - 질문목록 및 면담방안 작성 - 필요시 사전 연락을 통한 일정확정 - 협조 공문 발송 - 질문내용 준비	
	조사시행	- 갈등현황 조사 - 이해관계자 면담 진행 - 면담 결과 정리	
3단계 (분석)	원인 및 배경	- 갈등발생 배경 및 원인 - 과거 갈등경험 - 지역의 조건 등	
	갈등단계	- 갈등을 중심으로 한 일지 작성 - 갈등전개과정 분석	
	이해관계자	- 이해관계자별 입장과 실익 - 주요 쟁점 - 갈등의 유형(성격) - 갈등관계도(갈등지도 작성)	

4단계 (평가 및 제안)	진단 및 평가	[갈등잠재시] – 갈등발생가능성/강도/파장 – 갈등관리 필요성 [갈등표출시] – 긍정적, 부정적 요인/ 발생, 지속 요인 – 합의 가능 쟁점 분류 – 갈등계속 시 사업에 미칠 영향	
	예방 및 해결 방안 제시	– 대안적 예방 및 해결방안 모색 – 주요 해결절차 제시 – 해결 이후 관리 방안	
5단계 (제출)	갈등영향분석서 작성 및 보고	– 갈등영향분석서 작성 – 갈등관리 담당자에게 제출	
6단계 (실행)	회람 및 공유	– 부서 의견 수렴 – 실행을 위한 기간/예산 등 검토 – 갈등관리를 위한 계획 수립	갈등관리담당자

2) 조사준비

본 단계는 해당지역에 대한 이해와 해당 이해관계자에 대한 면접을 진행하기 전에 주요 대상이 되는 갈등 사안에 대한 충분한 정보를 파악하고, 관련 면접 계획을 수립하는 단계이다. 이 단계에서 주로 검토되어야 할 사항으로는 다음과 같다. 첫째, 지역사회에 대한 이해이다. 즉 지역이 가진 문화와 역사 및 전통, 특징 등을 이해하는 것이다. 둘째, 관련 정책 혹은 사업에 따른 법과 제도를 파악하고 이해하는 것이다. 셋째, 갈등이 발생하고 이에 따른 찬반 주민운동이 전개되고 있다면 그 사회운동의 내용과 의미를 파악하는 것이다. 넷째, 이해관계자의 확인과 면접대상자를 선정하는 것이다. 즉 이해관계자 내에서도 관련 의사결정에 중대한 역할을 할 수 있는 사람 혹은 단체가 좋다. 다섯째, 이해관계자 간의 입장과 쟁점을 확인한다. 여섯째, 앞서 정리된 내용을 통해 이해당사자에게 질문할 면접지를 작성한다. 마지막으로, 가능 면담자에 대하여 면접여부를 물어보고 일정을 정한다. 갈등상황에 따라 면담이 불가능한 경우도 존재하지만 가능하면 만나기 가장 어려울 것이라고 예상되는 이해관계자로부터 시작하는 것이 좋다. 이해관계자 면담은 갈등영향분석에서 중요한 조사과정이며 치우침이 없어야 하는 공정하고 객관적인 분석을 위한 시작이다. 따라서 계획된 가능한 모든 이해관계자와의 면담이 이루어져야 하고 그렇게 될 수 있도록 노력하여야 한다. 면담대상자는 면담과정이 자신을 드러내고 정보를 노출할 수 있다고 생각할 수 있으므로 분석자는 최대한 활동에 대한 신뢰를 가질 수 있도록 성실히 노력하여야 한다. 접근방법은 상황에 따라 다르지만 형식을 갖춘 전화통화, 공문을 통한 사전 협조 요청 등이 일반적이다.

기초조사 및 준비단계에서의 분석자의 주요 업무로는 지역사회에 대한 이해, 지역의 역사와 전통, 문화 특징의 이해, 관련 정책 혹은 사업에 대한 법과 제도의 파악, 관련 찬반 주민운동 파악, 이해관계자 확인과 면접대상자 선정, 이해관계자의 입장과 쟁점의 사전 확인, 면접 질문지 작성, 면접 일정 결정, 면접자와의 접근 방법 등이 있다.

3) 직접조사를 통한 갈등현황 파악

① 현장방문 및 갈등현황 조사

현장을 방문하여 갈등 가능성을 예측하거나 갈등이 발생한 경우 지역에 미친 영향을 파악하는 단계이다. 현장방문은 지역의 특성을 이해하는 시간이다. 따라서 조사의 대상은 지형적 특징, 지역구조, 공동체구성(연령), 찬반단체의 특징 등이다. 또한 갈등이 발생한 경우 현장에서 나타나는 활동모습도 파악하여야 하는 중요한 단서이다. 일반적으로 갈등현장에서 나타나는 공통된 모습은 찬반 플래카드, 리플

렛, 표지판, 시위, 단체사무실의 존재 등이다. 특히 플래카드에는 다양한 이해관계집단이 포함되므로 놓쳐선 안된다. 만약 주민설명회 등의 개최는 집단의 의견을 파악하기에 좋은 기회이므로 참여하는 편이 좋다. 또한 해당 이해관계자가 취하는 활동에 대한 내용도 중요한 자료가 되므로 이에 대한 녹화 및 사진 촬영이 병행되어야 한다.

② 면담조사

〈그림 3〉 다양한 관계자를 명시(골프장 갈등)

이해관계자나 피면접자를 직접 면접조사 방식을 통하여 관련 정보를 직접 얻는 단계이다. 면담조사는 상황에 따라 주민간담회, 집담회 등을 통해서 이루어지기도 한다. 가능하면 처음에는 집단면접은 되도록 피하고 개별적인 만남을 통하여 면접을 진행하도록 한다. 왜냐하면 자신의 표면적인 입장을 주로 이야기 하게 되면 각 이해관계자의 실익을 제대로 이해하기 어렵기 때문이다. 면접 장소 및 시간에 대한 고려도 하여야 한다. 가능하면 이해관계자에게 의견을 구하고 편한 곳을 선정하는 것이 좋다. 또한 중요이해관계자는 되도록 후반부에 만나는 것이 좋다. 왜냐하면 앞서 인터뷰과정에서 면담자가 이해할 수 있어 새롭게 질문할 내용도 있으며 앞서 인터뷰 과정에서 쟁점으로 부각되거나 드러난 여러 사실들을 중요 이해당사자를 통하여 직접 확인할 필요가 있기 때문이다.

면접을 진행할 때에는 보조진행자를 수행하여 2인1조로 진행하는 것이 좋다. 가능한 한 녹취기를 사용하는 것이 좋으나 불필요한 오해를 방지하기 위해 가능한 한 상대의 허락 아래 다른 목적이 아닌 연구적 목적에서만 사용한다는 사실을 통해 동의를 받아야 할 것이다. 인터뷰 과정에서 모든 대화 내용을 기록할 필요는 없으나 핵심적인 내용이 빠지지 않도록 주의를 기울인다. 또한 상대가 취하는 반응 등도 상황을 이해하는데 큰 도움이 될 수 있으므로 관심을 가지고 체크하고 대응한다.

③ 설문조사

설문조사는 사회조사방법을 이용하며, 일반적인 상황과 이해당사자의 인식을 이해하는데 사용한다. 이 방식은 첨예한 대립으로 인해 인터뷰 조사를 통해서 일반화가 어려울 경우에 사용되므로 모든 갈등분석에서 해야 하는 것이 아니다. 설문방식은 일반적으로 이해당사자 모두에 대한 직접 대면조사법을 활용하는 것이 효과적이다. 그렇지만 갈등이 지역에 한정적이지 않고 광범위하거나 다양한 이슈를 담고 있는 사안일 경우에는 대면조사법은 어려울 수 있어 상황에 적절하게 대응하는 것이 좋다. 어디까지나 설문조사는 분석가의 생각이 개입되고 조사지 작성이 일률적이며 상황에 맞지 않는 질문이 존재할 수 있어 갈등을 해결하기 위한 직접적인 의견을 얻기에는 한계가 존재할 수 있다. 그러나 아직 갈등이 표면화·구체화 되지 못한 상황에서 예측을 위한 목적에는 도움을 줄 수 있다. 그렇다 하더라도 설문조사는 어디까지나 사안에 대한 지원하는 측면에서 추진되어야 할 것이다.

조사단계에서의 분석자의 주요 업무로는 현장을 방문하여 공동체 특징 형태 및 현장방문에서 갈등이 발생한 경우 나타나는 활동 및 내용을 파악, 면담은 관련 면담대상자와 직접 접촉하고, 면담 시 가능하면 중요이해관계자는 후반부에, 면담은 단체보다는 개별적으로, 2인1조로 추진, 면담 장소 및 시간 선택은 가능한 한 이해관계자의 희망에 따르고 면담내용은 녹취기를 이용하되 최대한 허락을 받아 진행 등이며, 설문조사방식은 사안에 따라 달라질 수 있고, 일반론을 이끌어내어 해결보다는 예측을 위한 목적에 더 적합 되도록 해야 할 것이다.

다. 3단계: 갈등 및 이해관계자 분석

분석 단계에서는 지금까지 진행된 조사내용에 대한 분석결과를 통해 알아낸 사실을 정리·요약한다. 이를 바탕으로 이해관계자의 입장과 실익, 그리고 의견이 일치하는 쟁점과 불일치하는 쟁점을 파악한다. 특히 이해관계자 사이에 의견이 불일치한 쟁점을 정리하는 것은 앞으로 논의·협의구조를 구성하는데 중요한 기초자료가 될 수 있다. 일반적으로 분석의 주요내용은 다음과 같다. 첫째, 기초현황에 대한 분석이다. 이 분석에서는 해당 정책이나 사업에 대한 개요, 갈등의 개요, 지역의 인문·사회적 특징 등에 대하여 분석한다. 둘째, 갈등전개 과정에 대한 분석이다. 이 분석에서는 갈등의 흐름을 이해하고 예측하기 위한 단계이다. 일반적으로 각 이해당사자의 활동내역이 담긴 갈등일지와 설명으로 구성된다. 셋째, 이해관계자에 대한 분석이다. 면담조사 등에서 얻어낸 정보를 취합하여 주요 이해관계자가 누구인지, 각 이해당사자의 입장과 실익 등을 정리한다. 또한 이해당사자간의 관계에 대해서 파악하고 서로가 불일치하는 쟁점을 분석한다.

분석단계에서의 분석자의 주요 업무로는 조사된 결과를 바탕으로 개별분석하고, 갈등이 진행된 상황일 경우 갈등전개과정 분석의 실시, 녹취내용을 각 인터뷰 대상자의 입장, 실익을 정리, 이해관계자

간 충돌하는 이슈, 사실관계의 파악한다. 또한 해당 지역이 갖고 있는 구조적 한계 등도 주요한 분석대상이며, 과거 갈등경험이 지금 정책이나 사업추진에 미칠 영향 및 갈등의 성격 파악, 주민(집단) 간 관계의 파악 등이 이루어져야 할 것이다.

이해관계자 분석은 갈등의 대상자의 실익과 쟁점을 비교하여 해결 가능성의 기초자료를 제공한다는 점에서 매우 중요하다. 주로 파악되어야 하는 내용으로는 갈등행위자와 이들의 분류, 이해관계자간의 관계성, 이해관계자별 입장과 실익의 파악, 이해관계자별 핵심적인 갈등 쟁점의 파악과 정리이다.

〈표 15〉 이해관계자 파악을 위한 주요 내용

입장 및 이해관계 (Position & Interests)	• 갈등당사자의 욕구, 입장, 이해는 무엇인가? • 그것들은 충분히 밝혀져 있는가? • 갈등으로부터 누가 이익을 얻고, 손해를 보는가?
태도와 능력 (Attitude & Ability)	• 목표 집단이 갈등에 어떤 태도를 갖고 있는가? • 그들은 갈등으로부터 어떤 영향을 받는가? • 그들은 일상생활과 경제활동에서 갈등에 어떻게 반응하는가? • 그들이 갈등에 관여하게 된 이유는?
갈등 해결의 역할 (Function)	• 그들은 갈등이 어떤 모습으로 해결되기를 원하는가? • 이해관계자가 갈등의 지속 혹은 해결을 위해 어떤 능력이 있는가? • 이해관계자가 갈등해결과정에서 어떤 역할을 할 수 있는가?

이해관계자 분석은 다른 갈등분석과 비교하여 구체적인 갈등해결안 도출을 위해 결정적인 결과를 얻을 수 있다는 점에서 중요하다. 특히 심층인터뷰 등을 통해 얻어진 정보의 대부분이 이해관계자 분석에서 사용된다고 해도 과언이 아니다. 이해관계자는 앞서의 정리와 같이 갈등원인에 가까운 순서대로 분류하게 된다.

외부이해관계자
간접적이해관계자
직접적이해관계자
갈등원인

〈그림 4〉 이해관계자의 범주

각 이해관계자와의 관계파악은 힘의 배분과 세력 배치를 알 수 있도록 하여 갈등 상황에서 이해관계자 간의 다양한 관계(연합, 대립, 우호 등)를 알 수 있으며 향후 상호관계를 풀어가는 방안을 마련하는데 도움이 된다. 관계파악에 주로 사용되는 방법으로는 갈등지도가 있다. 갈등지도는 이해관계자간의 쟁점과 관계를 알기 쉽게 도식화 한 것으로 이해관계자 간의 힘의 크기, 직·간접적인 관계, 영향력의 방향, 이들 간의 주요 쟁점 등을 주로 도식화 한다. 대립하는 관계에 대한 도식화의 예는 다음과 같다.

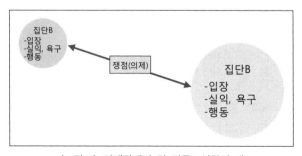

집단B
-입장
-실익, 욕구
-행동

쟁점(의제)

집단B
-입장
-실익, 욕구
-행동

〈그림 5〉 이해관계자 간 갈등도식화의 예

위의 예시와 같이, 대립 이외에도 갈등지도에는 우호, 연합, 비우호가 함께 표시되는데 일반적으로 이를 표현하는 방법은 다음과 같다. 우선 '원'은 각 이해관계자를 표현하고, 원의 크기는 파워의 크기를 의미한다. 아래의 사례는 A집단과 B집단 간 파워의 경우 A가 B보다 큰 것을 알 수 있다.

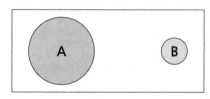

〈그림 6〉 이해관계자 A와 B의 관계에서 파워의 예

다음은 A와 B의 관계에서 우호적 관계를 나타내 보았다.

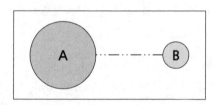

〈그림 7〉 이해관계자 A와 B간의 우호적 관계의 예

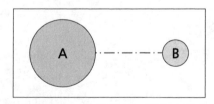

〈그림 8〉 이해관계자 A와 B간의 비우호적 관계의 예

A가 B에 영향력을 행사하고 있는 상황을 도식화 하면 다음과 같다.

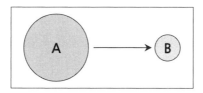

〈그림 9〉 이해관계자 A가 B에 영향력을 행사하는 경우의 예

A와 B간의 관계가 갈등상황임을 도식화하면 다음과 같다.

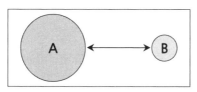

〈그림 10〉 이해관계자 A가 B간의 관계가 대립하는 경우의 예

이상의 관계도를 각 집단 간 입장과 핵심쟁점별로 A, B, C, D, E 등에 대한 관계로 나타내면 다음의 예와 같다.

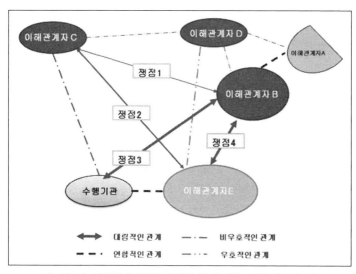

〈그림 11〉 이해관계자간의 관계를 알 수 있는 갈등지도의 예

라. 4단계 : 평가 및 제안

이 단계는 사전적 갈등예방과 갈등해결을 위한 목적에 따라 내용이 달라진다.

1) 갈등에 대한 종합 진단 및 평가

이처럼 갈등현안에 대한 분석결과를 종합 진단하여 갈등발생가능성, 사회적영향(파장), 예상강도 등의 기준을 통해 평가한다. 첫째, 갈등발생가능성이다. 분석결과를 종합하여 현 상황을 유지하는 경우 갈등이 발생할 가능성이 어느 정도인지에 대한 판단을 말한다. 둘째, 갈등의 강도이다. 이는 갈등이 발생하는 경우 이해관계자가 어떤 행동을 취할 것인지에 대한 반응의 정도를 말한다. 셋째, 사회적 파장이다. 갈등이 발생할 경우 사회적으로 영향을 미치게 되는 정도를 말한다.

2) 갈등예방 및 해결방안 제안

갈등발생가능성이 있을 경우에 시행된 갈등분석에서 기술한다. 분석자는 앞서 갈등분석을 통해 예방을 위한 다양한 방법을 제안한다. 어디까지나 제안이므로 상세하고 구체적으로 작성하지는 않지만 발생에 따른 대응 매트릭스의 작성, 즉 갈등관리 방안을 제시하는 것이 좋다. 또한 정책 및 사업 결정이 해당 이해당사자와의 갈등을 야기할 수 있다고 판단되는 경우, 관련 의사결정자의 결정에 제언할 수 있는 의견을 덧붙일 수 있다.

3) 갈등해결을 위한 구체적인 방법(합의형성과정) 설계

본 단계는 분석단계에서 갈등해결이 가능하다는 판단을 내릴 경우에 진행할 수 있다. 그렇지 않을 경우 현 시점에서 해결이 어려운 이

유, 앞으로의 갈등전개과정 예측, 이해관계자의 활동 예상 등의 수준
에서 마무리 짓거나, 의사결정자의 결정에 제언하는 수준에서 의견을
덧붙이는 것으로 종료한다. 갈등해결이 가능하다고 판단되면, 분석자
는 해결의 목적을 제시하여야한다. 이 목적을 달성하기 위해 합의형
성의 다양한 기법 중에 해당갈등사안의 해결에 가장 적합한 기법을
제시한다. 합의형성을 위한 관련 회의(협의회 등)에 참여할 이해관계
자를 제시해야하며, 시간계획 및 회의 스케줄을 제안하고, 사전 규칙
을 제안해야 한다. 기타 추진에 따른 예산 및 재원조달 방법에 대하여
방안을 제시하여야 한다.

진단 및 평가단계에서의 분석자의 주요 업무로는 분석 결과에 대한
종합 진단이다. 진단 방법은 정책 및 사업추진이 지역사회에 미칠 영
향 가능성, 갈등발생 가능성, 사회적 파장, 갈등 강도 등이 주요 내용
이며, 이미 갈등이 발생했을 경우는 전개과정상, 갈등해결의 장단요
인 파악, 진단결과 종합을 통해 갈등해결가능성을 평가, 각 이해관계
자별, 이슈별 해결방향의 제안, 구체적 해결방식의 설계, 해결 방식
의 제안은 이전에 이해관계자의 이해가 전제되어야 할 것이다.

마. 5단계: 보고서 작성 및 제출

분석자는 지금까지 작성한 내용을 정리하여 관련 기관에 제출하고
관련기관의 장은 제출된 갈등영향 분석서에 대하여 관련 법령에 의거
갈등심의위원회(혹은 관련 내부 심의기구)의 심의를 요청한다. 일반적
인 갈등영향분석서는 〈표 16〉과 같다.

〈표 16〉 일반적인 갈등영향분석서 형식

구분	주요 내용
서론	• 분석의 경위 • 주관기관 및 분석자 • 분석 목적 • 조사 개요(조사 수행방법, 피면접자의 수, 조사 일시 등)
개요	• 정책 및 사업의 개요 • 갈등의 개요
갈등분석	• 갈등의 맥락 분석 • 갈등의 전개과정 분석 • 갈등의 이해관계자 분석(입장 및 실익, 관계, 쟁점, 유형 등)
진단평가	• 갈등에 대한 진단 • 갈등해결 가능성 평가
제안	• 갈등예방 및 해결을 위한 방향성 및 전략 • 논의구조(ADR 등) • 이해관계자 구성방식 • 사전규칙 등의 제안

갈등영향분석서는 서론, 사업 및 갈등의 개요, 조사, 갈등분석, 진단·평가, 제안의 순서로 작성한다. 서론에는 분석의 경위, 주관기관, 분석자, 분석 목적, 조사 수행방법, 피면접자의 수, 조사 일시 등을 작성한다. 사업 및 갈등의 개요에서는 관련 정책 및 해당 사업과 갈등 상황에 대해서 요약·기술한다. 갈등분석에서는 피면접자로부터의 의견을 요약하여 서술하되, 각 분석방법을 활용하여 작성한다. 특히 이 과정에서 응답자의 비밀이 노출되지 않도록 주의한다. 진단 및 평가에서는 발견된 사실에 대한 분석자의 판단을 기술하고, 분석의 목적에 따라 평가한다. 마지막으로 제안에서는 현 갈등을 해결하기 위한 방안을 제시한다.5)

---

5) 제안 내용은 갈등영향분석의 목적에 따라 달라진다. 예를 들어 예방을 목적으로 할 경우, 갈등 예방 방안 및 전략 등을 제시하는데, 참여적 의사결정 방식과 해당 절차에

바. 6단계: 공유 및 해결방안 실행

갈등영향분석서 초안이 완성되면 분석자는 주관기관과 필요할 경우 피면접자에 배포하고 의견 청취한 후 수정 사항을 반영한다. 그 다음 해당 기관에게 제출하여 이후 합의형성 절차를 진행할 것인지 여부를 결정한다. 만약 주관자가 이해당사자와의 논의(협의, 협상)를 통한 해결을 진행하기로 결정한 경우, 담당자는 이해관계자들과의 전체회의 소집하여, 합의절차의 목적, 의제, 대표자, 진행계획, 조정자 등을 포함한 사전규칙에 대해 이해관계자들과 함께 결정한다. 또한 논의를 위한 예산의 확보와 외부 조정자가 필요한 경우 관련 계약을 체결한다.

공유 및 실행단계에서의 분석자의 주요 업무로는 해결 방안에 대한 이해관계자와의 공유이며, 공유하는 방법은 설명회, 간담회, 보고회 등 다양한 방식을 활용하되, 의견내용을 바탕으로 수정하고 그 결과를 최종안으로 확정한다. 최종안은 각 기관 등의 갈등관리심의회(혹은 외부자문회의)의 최종의견 수렴하여, 보고서 제작 및 각 이해관계자(인터뷰 대상자 등)에게 배포하며, 이후 ADR, 참여적의사결정 등 제안된 해결방안을 실행하여야 할 것이다.

(4) 갈등영향분석 결과의 활용

일반적으로 갈등관리차원에서 갈등영향분석의 결과는 정책이나 사업을 추진하기 전 기초자료로서 활용되며, 의사정책결정자는 이를 통해 향후 대책을 수립하는 한편 갈등사안을 어떻게 해결해 나갈 것인

대한 설계(안) 등을 제시하는 것이 일반적이다. 그리고 해결을 목적으로 할 경우, 현 갈등을 해결하기 위한 방안으로 ADR방식과 해당 절차에 대한 설계(안) 등을 제시하는 것이 일반적이다.

지 등을 결정하게 된다. 그리고 이 제안을 참조하여 예방 및 해결을
위하여 합리적인 사회적 합의구조를 구체적으로 설계하고 운영하게
된다. 사회적 합의형성에 대한 참여자는 각각의 이해관계를 가진 대
표자가 참여하는 것이 보통이다. 따라서 본 분석을 담당하는 자는 그
과정과 내용 및 결과 등에 대하여 객관성과 불편향성의 유지하여 진
단 및 평가를 하여야 하고, 객관적이며 사실관계에 입각한 보고서를
작성해야 할 의무를 갖는다.

정리하면, 갈등영향분석이란 '갈등발생이 우려되는 정책 및 사업
추진을 둘러싸고, 시행 이전에 그 영향을 받을 것으로 예상되는 지역
과 그 이해관계자(개인 혹은 집단)에 대해 객관적인 조사와 갈등분석
등의 절차를 통해 진단·평가하고, 그 결과를 토대로 향후 갈등예방
및 해결을 위한 방안을 제시하는 일련의 과정 혹은 행동계획(action
plan)'이라고 할 수 있다. 갈등영향분석서 이러한 과정과 결과를 기술
한 보고서를 말한다.

4. 갈등관리와 ADR

1) 갈등관리 필요성

공공갈등은 어느 사회에서나 일어날 수 있는 현상이지만, 갈등이
발생하였을 때, 이를 어떻게 관리하는가에 따라서 그 결과가 긍정 혹
은 부정적 파급효과를 야기할 수도 있다. 공공갈등은 발생의 잠재력
이 큰 반면에 이해관계자 등 모두가 만족할 만한 해결안을 마련하기
가 쉽지 않다. 따라서 근래에는 갈등으로 인한 부정적 파급효과를 줄
이고, 상호 협의를 유도할 수 있는 갈등관리에 대한 관심이 높아지고

있다. 갈등관리란 '역기능적이고 파괴적인 갈등을 해소 또는 진정시키고, 갈등의 순기능적이고 건설적인 측면을 촉진시키기 위한 활동'을 포괄적으로 지칭하는 말이다. 공공사업과 관련하여 지역사회나 주민들의 요구에 부응하고 주민 상호 간의 갈등을 관리할 필요성은 증대하고 있다. 따라서 지역의 갈등관리 역량의 제고는 무엇보다도 중요시되고 있다. 공공사업과 관련된 성공적인 갈등 해결은 추진과정에 나타나는 갈등의 증상뿐만 아니라 묵시적인 원인(행동과 지각)들에서의 변화를 요구한다. 단순히 증상만을 취급하는 권력지향적인 전략을 포기하고, 참여적이고 분석적이며, 비강제적인 접근방법을 취함으로써 억압된 감정을 해소하고, 묵시적 가치들, 동기들을 표면화시키도록 한다.

갈등관리에서는 갈등의 역기능적인 측면보다는 순기능적인 측면을 강조하고 있다. 실제로 표출되는 갈등은 소모적이고 파괴적인 양상을 나타내는 것이 사실이므로, 단기적인 해결책을 강구하는 경우가 많다. 그러나 단기간에 해결하려고 한다면 갈등관리 역량의 형성이나 갈등관리의 제도화에 실패할 가능성이 크다. 갈등관리의 목표는 갈등의 순기능을 극대화하고 역기능을 최소화하여, 이후에 유사한 갈등이 발생했을 경우, 갈등관리 역량을 제고하는 것이다. 성공적인 갈등관리는 갈등 당사자의 주체와 쟁점 등에 대한 갈등영향분석을 통하여 그 방향을 검토할 수 있다.

갈등관리는 상호적으로 수용 가능하고 지속적일 뿐만 아니라, 당사자들 간의 관계도 변화시킬 수 있는 해결책을 만들어 내는 것이다. 사회변화에 따라 빈번한 사회갈등 표출로 인하여 갈등관리가 필요하고 인식의 제고가 요구된다. 이러한 것들은 작금의 한국 사회가 정보화, 민주화 등에 따라 진행되어 온 현상으로 불가피한 결과인 것으로 판단된다.

2) 갈등관리를 위한 구체적 방법

(1) 일반적인 시민참여(Extensive Engagement)

공공기관이 정책이나 사업을 설명하기 위해 필요한 정보를 제공하거나 정책을 형성함에 있어 일반시민의 의견을 수렴할 때 이용되는 방법이다. 주요 유형으로는 학습 및 정보제공 목적, 의견수렴을 위한 방법이 있다.

우선 학습 및 정보제공을 목적으로 하는 참여는 해당 주민들이 공공정책 및 사업의 내용에 관하여 전반적으로 인식할 수 있는 관련 정보를 제공하고, 그 이해를 돕도록 교육하는 것이 목적이다. 이 방법은 공공기관과 주민간의 상호적 의사소통이 없다. 따라서 주민으로부터 정책이나 사업에 영향을 미칠 수 있는 기회는 부여되지 않는다. 대표적인 방법으로, 전단, 홍보책자, 뉴스자료, 대중매체 광고, 인터넷 웹사이트 게시 등이 있다.

다음으로 의견수렴을 목적으로 하는 참여는 해당 주민들에게 관련 정책이나 사업에 관한 정보를 제공하고 그 의견을 수렴하기 위한 목적으로 하는 방법이다. 이는 공공기관과 주민간의 상호적 의사소통이 일어나나 일방적 구조에 머물러 있어 문제에 대한 숙의는 일어나지 않는다. 대표적인 방법으로 공청회, 여론조사 등이 있다.

(2) 참여적 의사결정(Intensive Engagement)

이해관계의 여부, 전문성 유무와 상관없이 일반 시민을 공공의사결정에 참여하게 하여 합의를 통한 문제 해결 방법이다. 공공기관, 전문가, 이해관계자, 일반시민 간의 토론, 논쟁 및 반박과정을 포함하는 상호학습을 통해 정책의 질을 향상시키고 민주적 정당성을 확보하는 것을 목적으로 한다. 공공기관은 시민참여에 의한 집중적인 숙의과정을 거쳐 형성된 논의들을 정책과정에 실질적으로 반영하여야 하며, 그것은 참여과정을 이용하는 공공기관의 목적, 정책 성격 및 단계에 따라 상이한 모습으로 나타날 수 있다. 참여적 의사결정은 시민참여에 의한 집중적인 숙의과정을 거친다는 점에서 일반적인 여론조사와는 차이가 있다. 그 방법론으로는 목적에 따라 크게 '여론 확인'과 '합의'로 나뉜다.

우선 여론확인을 목적으로 하는 대표적인 참여방법으로는 포커스그룹(Focus Group), 공론조사(Deliberative Poll)가 있다. 포커스그룹은 심층적인 여론을 확인하기 위해 특정 주제에 대해 소그룹 형태로 행해지는 토론을 말한다. 공론조사는 통계적 확률 표집을 통해 다양한 계층의 국민을 대표할 수 있는 시민들을 선발하여, 선정된 이슈에 대한 정보를 충분히 제공하여 심사숙고하게 한 후, 이들의 의견을 조사하는 방법이다.

정책에 대한 합의를 목적으로 하는 참여방법으로는 시나리오워크숍(Scenario Workshop), 합의회의(Consensus Conference), 시민배심원제(Citizen's Jury) 등이 있다. 시나리오 워크숍은 지역의 정부나 의회가 지역발전계획 등을 입안하는 경우, 시민들을 포함한 폭넓은 이해관계자들이 토론을 통해 서로의 의견을 수렴하여 자신의 지역 미래상을 수립하는 기법이다. 합의회의는 전국의 다양한 집단에서 선발된 일반시민들로 시민패널을 구성하여 특정주제에 대해 전문가들과의 질의응답을 거친 후 권고안을 발표하는 방식이다. 시민배심원제는 무작위로 선발된 시민들로 배심원단을 구성하고, 전문가 및 증인들의 증언을 듣고 해결책을 토론한 후 최종 결과를 정책권고안 혹은 합의안 형태로 공개하는 방식이다.

〈표 17〉 참여적 의사결정의 주요 방법

방법		내용	목적
참여적 의사결정 (적극적 시민 참여)	포커스 그룹	심층적인 여론을 확인하기 위하여 특정한 주제에 대해 소그룹형태로 행해지는 토론. 공공기관의 목적에 따라 적합한 대상자를 의도적으로 선택하여, 심층적 의견을 수집하기 위하여 자료를 제공	공공정책과 관련하여 정책 수립 시에 관련 문제에 대한 여론을 확인하기 위한 것
	공론조사	과학적 확률표집을 통해 대표성을 갖는 시민들을 선발하여 정보를 제공하고 이에 대해 토론하게 한 수 참여자들의 의견을 조사하는 방식	2차 의견조사를 통해 숙의를 거친 여론 즉 공론(public judgement) 을 확인
	시나리오 워크샵	지역적 수준에서의 발전계획 입안과 관련하여 일련의 관련행위자들 사이의 토론을 통해 서로 의견을 수렴해 가는 조직화된 작업모임	참가자들의 비전과 견해를 확고하게 발전시킨 다음, 다른 참가자들과 공유하는 내용이 무엇이고, 공유하지 못하는 내용이 무엇인가를 밝혀냄.
	위원회 (전문가, 시민자문 등)	지역적 관심을 불러일으키는 문제에 대하여 전문가나 정부정책에 직접적으로 영향 받는 사람들이 대표를 통하여 참여	시민들이 의사결정과정에 참여하고, 상호 의견전달을 증진하고, 다양한 시민들의 전문지식을 활용하는 것
	규제협상	규제로 인해 영향을 받는 이해관계자들과의 상호논의와 협상을 통해 규제 내용에 대한 합의를 도출하고 이 과정을 통해 작성된 정책대안을 규제기관이 수용하는 규제정책의 결정방식	참여자들이 대표하는 이익에 대한 절충과 타협을 통해 합의를 이루는 것.
	협력적 의사결정 (CPS:Collaborative Problem Solving)	환경단체나 일반시민 등이 공공기관과 동일한 권한을 가지고 참여하여 숙의과정을 통해 정책이나 사업에 관한 문제를 결정하는 방법. 치갈등보다 이해갈등에 적합	다수 당사자가 관련된 복잡한 갈등 특히 환경 및 공공정책의 분야에서 이해갈등에 관한 문제에 적용
	시민배심원	선별된 시민들이 특수한 정책 또는 결정문제 등 중요한 공적문제에 대해 전문가가 제공하는 지식과 정보를 바탕으로 4-5일간 숙의과정을 거쳐 결론을 도출하고 정책권고안으로 제출하는 방법	일반시민들이 공공정책의 결정에 참여하여 학습과 토론을 통해 사회적 목표로서의 공공선을 추구

3) 대안적 분쟁해결(ADR ; Alternative Dispute Resolution)

사회의 발전과 더불어 사업형태 또한 복잡·다양하게 발전함에 따라 각종사업에서 발생하는 갈등에 대한 접근을 종래의 설명회, 공청회 등 일방향적인 방법으로는 해결하기 어려우며, 일어난 갈등에 대하여 제3자의 개입 없이 당사자 주도하에 해결하는 것으로 협상을 시도하게 된다. 그러나 이러한 방법으로도 해소하기 어려울 경우 제3자가 개입하여 갈등해결을 시도하게 된다. 이 경우 조정(Mediation), 중재(Arbitration) 등 대안적 해결방법이 제시된다. 대안적 분쟁해결은 이해당사자들이 법원에 소송을 이미 제기하였거나 법적 소송의사를 밝힌 상태에서, 소송 결과에 대한 불확실성, 소송비용, 시간 지연 등을 고려하였을 때, 더 바람직한 해결책을 찾기 위해 시도하는 소송 이외의 대안적 절차이다.

(1) 조정(Mediation)

공공갈등이 당사자 간 협상으로 해소되는 것이 가장 이상적일 것이다. 그러나 갈등 상황에서 이해당사자가 다수이고 이슈도 복잡하여 스스로 문제를 해소하는 것이 어려울 수 있다, 또한 대부분의 공공갈등이 직접적인 이해관계자들을 파악하기도 어렵고 더욱이 대표자도 찾기 어려운 경우가 많다. 이러한 상황에서 전문가의 도움을 받아 당사자 간의 협상을 진행할 필요가 있는데 이를 바로 조정(mediation)이라고 한다. 즉 조정은 강제력을 갖지 않는 중립적이고 객관적인 제3자의 도움을 받아 갈등 당사자 스스로 대화와 협상을 통해 서로 만족할만한 합의안을 도출하는 갈등 해소 방식이다. 이때 조정자는 갈등 당사자들 스스로 갈등의 원인을 파악하고 대안을 탐색한 후 서로 비교·평가하여 합의해 이르도록 하는 합의형성 과정을 도와주는 역할을 한다.

가. 갈등조정협의회

중앙행정기관의 장은 공공정책으로 인하여 발생한 갈등해결을 위하여 필요하다고 판단되는 경우에는 각 사안별로 갈등조정협의회(이하 협의회라 한다)를 구성하여 운영할 수 있으며, 중앙행정기관의 장은 협의회의 구성과 운영에 필요한 행정적 지원을 하여야 한다 (공공기관의 갈등예방과 해결을 위한 규정 제16조).

협의회는 의장 1인, 관계 중앙행정기관 및 이해관계인으로 구성하고, 관계 중앙행정기관 및 이해관계인(이하 "당사자"라 한다)은 필요하다고 인정하는 경우 관련단체와 전문가를 협의회에 참석시킬 수 있으며, 공동의 이해관계가 있는 다수의 당사자는 그 중 1인 또는 수인을 대표 당사자로 선임할 수 있다.(규정 제17조)

협의회 의장은 중립성과 공정성을 바탕으로 당사자 간의 갈등이 해소될 수 있도록 지원·촉진하는 역할을 수행하며, 당사자의 의사를 최대한 존중하여야 하고, 협의회 의장은 당해 사안과 직접 관련이 없는 자 중 당사자 간의 합의에 의해 선정하는 것을 원칙으로 한다.(규정 제18-19조) 조정협의회의 구체적인 구성과 운영은 당사자가 정하는 기본규칙에 따르며, 협의회의 기본규칙은 다음 각 호의 사항을 포함하여 작성할 수 있다.

1. 협의회의 목적
2. 당사자의 범위
3. 협의회 의장의 선정
4. 진행일정
5. 협의의 절차
6. 협의결과문의 작성
7. 협의회 운영과정에서 발생하는 비용 분담에 관한 사항
8. 그 밖에 협의회 운영에 필요하다고 당사자가 합의한 사항

당사자는 상호존중과 신뢰를 바탕으로 공동의 이익이 되는 대안을 창출하기 위하여 적극적으로 협력하여야 한다(규정 제20조). 협의결과문의 내용은 법령 등에 위배되거나 중대한 공익을 침해하지 않아야 하며, 중앙행정기관은 협의결과를 성실하게 이행하도록 노력하여야 한다. 협의절차는 비공개를 원칙으로 하되 당사자들이 모두 합의한 경우에는 공개할 수 있으며, 중앙행정기관의 장과 관계공무원은 협의회 과정에서 알게 된 비밀을 타인에게 누설하거나 직무상 목적 외에 이를 사용하여서는 안 된다(규정 제21조~제23조)

나. 갈등조정협의회 조정과정 및 합의문 작성

갈등조정협의회의 의장(이하 조정자)은 갈등 당사자들이 모두 동의하여야 하며 중립적이고 객관적인 갈등관리 전문가 또는 해당 이슈 전문가를 제3자로 선정한다. 이때 조정자는 갈등의 원인, 대안탐색, 대안 비교 및 합의안 도출 등을 위해 갈등 당사자들을 도와줄 수 있을 뿐 최종 대안 및 합의안을 제시하거나 결정할 권한을 갖지 않는다.

조정의 핵심적 특징은 갈등 당사자들이 스스로 문제해결에 노력을 경주하고, 모두가 수용할 수 있는 대안을 찾을 수 있도록 도와주는 것이다. 결국 조정은 당사자 간의 자율성을 근간으로 하여 당사자 간 스스로의 합의를 특징으로 한다. 이때 합의는 어느 일방 당사자의 패배가 아닌 모든 당사자들의 만족, 즉 승-패가 아닌 승-승을 추구한다. 감정의 대립을 겪는 갈등 당사자들은 종종 승리와 패배라는 이분법적 인식에 매몰되어 결과에 집착하게 된다. 이때 조정자는 만족할만한 대안과 합의안을 찾아갈 수 있도록 과정 설계를 도와주어 결과가 아닌 과정을 중요하게 생각하도록 인식을 전환시켜 준다. 따라서 조정자는 갈등 당사자들에게 자신들의 입장이 아닌 실제 이익을 바탕으로

하는 문제와 이해에 초점을 맞추도록 유도한다. 일반적인 갈등조정협
의회의 과정은

1) 조정 실시에 대해 당사자들이 사전에 (구두)합의
2) 당사자들의 합의 하에 조정인 결정 (또는 조정 의뢰)
3) 갈등영향분석 결과를 반영한 조정 설계 (또는 조정팀이 사전 인
터뷰 실시)
4) 참가자의 대표성 확인 (또는 추후 확인 방안 논의)
5) 조정 실시 (규칙 합의, 의제 합의, 커뮤니케이션 실시, 합의안 도출)
6) 최종 합의문 작성 및 이행과정 모니터링

위 과정에서 주민대표성 문제와 합의문 작성 및 효력에 대하여 종
종 문제가 발생됨으로 특히 유의하여야 한다.

(2) 중재(Arbitration)

중재란 당사자 간의 합의로 재산권의 분쟁 및 화해가능성이 있는
비재산상의 분쟁을 법원의 재판에 의하지 아니하고 중재인의 판정에
의하여 해결하는 절차를 말한다(중재법 제3조). 즉 중재는 사인간의 분
쟁을 법원의 판결에 의하지 아니하고 당사자의 합의로 사인인'중재인
(Arbitrator)'에게 의뢰하여 구속력 있는 판정을 구함으로써 분쟁을 최
종적으로 해결하는 방법입니다. 중재절차에서 판정을 하는 제3자를
'중재인(Arbitrator)'이라고 한다.'중재'라는 단어가 일상적으로는 '다
른 사람이 분쟁에 개입하여 화해시킨다'는 의미로도 사용되고 있기
때문에, 중재는 중재인이 당사자들 사이의 분쟁에 개입하여 조정이나
화해와 같이 타협할 수 있는 방안을 마련하여 주는 것으로 오해하는
경우가 더러 있다. 그러나 중재는 분쟁해결의 원칙적인 수단인 법원

에서의 소송을 대체하는 점에서 조정이나 화해와 함께 대표적인 대체적인 분쟁해결수단에 해당하지만, 당사자들이 중재인이 내린 중재판정에 구속된다는 점에서는 오히려 소송과 유사하고, 제3자가 제시하는 구속력이 없는 타협안을 기초로 당사자들이 합의를 하도록 하는 조정이나 화해와는 구별된다.

가. 중재의 특징

중재의 특징으로 중재합의, 단심제, 신속한 분쟁해결 등이 있다.

1) 중재합의

중재합의라 함은 계약상의 분쟁인지의 여부에 관계없이 일정한 법률관계에 관하여 당사자 간에 이미 발생하였거나 장래 발생할 수 있는 분쟁의 전부 또는 일부를 중재에 의하여 해결 하도록 하는 당사자 간의 합의를 말하며(중재법 제3조 제2호), 중재합의는 원칙적으로 서면에 의한 합의를 인정하며(제8조 제2항), 계약체결 단계에서 미리 계약서에 중재조항의 형식으로 정할 수도 있고, 구체적인 분쟁이 발생한 이후에 별도의 독립된 문서로 합의할 수도 있다(중재법 제8조 제1항).

별도의 합의가 없더라도 당사자 간에 분쟁이 발생한 경우 관할법원에 소를 제기하여 법원으로부터 분쟁에 대한 판단을 받을 수 있으나, 분쟁을 중재에 의하여 해결하기 위해서는 현재 발생하고 있거나 장래 발생할 수 있는 분쟁을 중재에 의하여 해결하기로 하는 당사자 간의 별도의 약정이 필요하다. 이러한 약정을 '중재합의'라고 한다. 당사자들이 어떠한 계약에 관하여 중재합의를 하면, 해당 계약과 관련한 분쟁이 발생할 경우 법원의 재판을 통하여 이를 해결할 수 없는 것이 원칙이다. 즉 중재합의가 있음에도 불구하고 당사자가 법원에 소를 제기한 경우, 상대방이 중재합의가 있다는 항변을 하면 법원이 원칙적으로 그 소를 각하하게 된다(중재법 제9조 제1항 본문).

2) 단심제

중재판정은 분쟁당사자 사이에 있어서는 법원의 확정판결과 동일한 효력이 있다(중재법 제35조). '확정판결과 동일한 효력'이라 함은 중재판정에 대하여 더 이상 불복신청을 할 수 없어 당사자들에게 최종적인 구속력을 갖는 판단이라는 의미이다. 즉 중재판정에 대해서는 당사자들이 불만이 있더라도 법원의 재판처럼 불복하여 상급심의 판단을 구할 수 있다.

이처럼 중재는 단심제로 운영되므로, 법원의 소송과 비교할 때 당사자가 한 번에 주장과 입증에 필요한 조치를 다 할 필요가 있습니다. 또한 본인에게 유리한 주장과 입증 방법을 최대한 신속하게 정리하고, 본인의 입장과 모순되는 내용으로 상대방과 교신이 이루어지지 않도록 하는 등 분쟁 초기 단계에서의 대응에도 유의할 필요가 있다. 한편 중재판정에 대하여 상급심의 판단을 다시 구할 수는 없으나, 중재판정에 법률상 정하고 있는 일정한 취소사유가 있을 경우 당사자는 중재판정의 정본을 받은 날로부터 3개월 이내에 관할법원에 중재판정의 취소를 구하는 소를 제기할 수 있다(중재법 제36조).

3) 신속한 분쟁해결

중재법(제1조)과 대한상사중재원 국내중재규칙(제1조)은 '신속한 분쟁의 해결'을 중요한 이념으로 천명하고 있다. 중재는 소송과 비교할 때 더 빠른 기간 내에 분쟁을 해결할 수 있다.

소송의 경우 민사본안사건 1심 절차에 관하여는 평균 143.4일이,[6)]

항소심과 상고심 절차에 관하여는 평균 239.2일과 평균 132.3일이 각각 소요된다.[7] 즉 법원에서 소송을 진행할 경우 대법원 판결을 받기까지 평균 약 515일이 소요되고, 특히 합의부의 심리 대상인 사건은 거의 2년의 기간이 소요된다. 반면 중재의 경우 국내중재사건을 기준으로 약 170일이 소요되고, 1억 원 이하의 국내중재사건의 경우 약 115일이 소요되며[8], 당사자가 신속절차(대한상사중재원 국내중재규칙 제45조)에 의하여 중재를 진행하기로 합의하는 경우 이 기간은 더욱 줄어들 수 있고, 4-5개월 내에도 분쟁해결이 가능하다.

이외에 특징으로 중재는 단심제이기 때문에 3심제인 소송에 비해 소요되는 비용이 저렴한 장점, 소송은 사건을 재판부에 배당하므로 당사자가 분쟁에 대한 판단의 주체를 지정할 수 없지만, 중재의 경우 당사자들이 자신의 분쟁에 관하여 판단할 중재인을 직접 지정할 수 있다. 또한 법원재판의 심리가 원칙적으로 공개되고 판결의 선고는 반드시 공개되는 것과 달리, 중재는 당사자들이 합의하거나 기관중재에서 중재규칙상 비공개에 관하여 정하고 있는 경우 중재심리는 비공개로 진행되며, 중재판정은 확정판결과 동일한 효력이 있고(중재법 제35조), 원칙적으로 승인과 집행이 보장된다(중재법 제35조).

---

6) 대법원 2016년 사법연감 779쪽. 1심의 경우 합의부 심리 대상 사건의 경우 평균 322.3일, 소액사건을 제외한 단독판사 심리 대상 사건의 경우 평균 187.5일, 소액사건의 경우 평균 116.9일이 소요되고 있다.
7) 대법원 2016년 사법연감 793쪽.
8) 대한상사중재원, 중재를 통한 분쟁해결(2018), 7쪽.

나. 국내중재절차의 진행

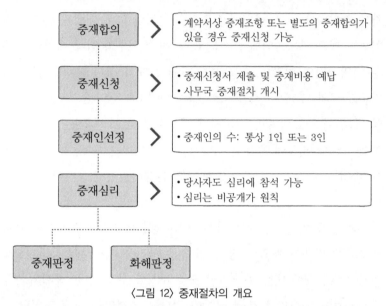

〈그림 12〉 중재절차의 개요

대한상사중재원 국내중재규칙에 따른 중재는 아래와 같은 순서로 진행된다.

(1) 당사자들의 중재합의
(2) 일방 당사자가 신청인으로서 사무국에 중재신청을 하고 사무국의 안내에 따라 중재 비용을 예납
(3) 사무국이 각 당사자에게 사건 접수에 관하여 통지
(4) 상대방 당사자가 피신청인으로서 답변서를 제출
(5) 중재인 선정 절차를 통하여 중재인을 결정하고 사무국이 당사자들에게 중재판정부의 구성을 통지
(6) 중재판정부가 중재심리 절차를 진행
(7) 중재판정부가 중재판정서를 작성하고 사무국이 이를 당사자들에게 송달

다. 중재판정

중재판정부는 심리를 종결하면 당사자가 신청한 사항에 대하여 신속하게 판정을 내려야 합니다. 다만, 중재판정부는 필요한 경우 중간판정 및 일부판정을 할 수 있으며(국내중재규정 제40조 제1항), 중재판정부는 당사자 간에 별도의 합의가 없는 한 심리가 종결된 날로부터 30일 이내에 판정을 하여야 한다(동조 제2항). 3인 이상의 중재인으로 구성된 중재판정부의 경우 중재인 과반수의 찬성으로 판정한다. 이때 중재인 중 일부가 정당한 이유 없이 중재판정을 위한 합의에 불참하더라도 과반수에 해당하는 나머지 중재인들만의 합의로 판정한다(동조 제3항). 중재판정은 서면으로 작성하고 당사자의 성명 또는 명칭과 주소, 중재지, 판정주문, 신청취지, 판정이유, 작성날짜를 기재하여 중재인이 서명하는 방식으로 이루어진다. 다만 당사자가 합의하거나 신속절차에 의한 중재 사건의 경우 중재판정부는 판정의 근거가 되는 이유를 생략할 수 있다(국내중재규칙 제41조 제1항 내지 제3항). 사무국은 중재판정 정본을 당사자 또는 대리인에게 송부하고, 중재판정의 원본을 보관하고, 당사자의 신청이 있는 경우에는 중재판정 원본과 당사자에게 중재판정 정본을 송달한 사실을 증명하는 서면을 관할 법원에 송부하여 보관할 수 있다(동조 제2항). 중재판정은 당사자 간에 있어서는 법원의 확정판결과 동일한 효력이 있다(중재법 제35조). 중재판정은 당사자를 구속하고, 당사자들은 중재판정을 지체없이 이행하여야 한다(국내중재규칙 제41조 제7항). 당사자가 중재판정을 이행하지 아니할 경우 상대방은 법원에 중재판정의 집행을 신청할 수 있다(중재법 제37조, 제38조).

5. 도시재생사업과 갈등관리

1) 도시재생사업의 변화

도시및주거환경정비법(2002년 제정, 이하 도정법) 추진과정에서 주민과 사업시행자, 구청 및 시청 등 관계기관 간의 많은 갈등으로 사업진행이 어려워 많은 사업들이 오랜 시간 방치되고, 주택재개발 및 재건축이 밀집지역에서 계획 없이 이루어져 도시공간에 또 하나의 난개발로 비판받아 왔다. 이에 광역적으로 도시정비를 하기 위해 서울시의 뉴타운사업을 발표(2002년)하고, 뒤이어 총괄관리제도를 중심으로 한 도시재정비촉진을 위한 특별법(2006년 제정, 이하 도촉법)이 시행되었으나, 정치·경제적 이해관계뿐만 아니라, 주민들의 삶과 직결되는 복잡한 이해관계로 유발되는 갈등으로 사업지구 지정 이후 사업추진의 가시적인 성과가 이루어지지 못하였다. 이후 도정법과 도촉법의 문제점과 갈등의 원인이 되었던 원주민 재정착률, 주민주도의 개발 등 사업방식개선 등을 감안한 새로운 도시정비사업으로 도시재생활성화 및 지원에 관한 특별법(2013년 제정)이 탄생되었다.

도시재생사업은 문재인정부가 들어서면서 도시재생뉴딜사업으로 도시경제기반형, 근린재생형(중심시가지, 일반근린형, 주거지지원형, 우리동네 살리기) 등으로 도시재생활성화계획을 수립하고, 공공기관의 공적참여를 위한 인정사업, 혁신지구재생사업, 총괄사업관리자 등으로 영역을 확대해 왔으며, 2021년에 이르러 주택공급활성화를 위해 역세권, 준공업외 노후주거지역에 3080+ 도심복합사업을 적극 추진하고 있다. 이러한 정부 및 공공기관이 주도하는 다양한 사업과 도시재정비와 활성화를 위한 법과 제도의 개정 및 제정이 있음에도 사업과정에서 불가피하게 발생되는 이해관계자 간의 갈등구조로 사업추진에 많은 기간이 필요하고, 정부의 적극적인 재정지원과 노력에 비해 사업성과는 미미한 상황이다.

도시재생의 갈등구조는 일반적인 개발사업에서 발생하는 갈등의 원인과 배경 등은 유사한 상황이나 기존의 개발사업과 달리 주민주도의 사업구조이고 주민중심의 의사결정 구조로 인하여 갈등의 양상은 다소 다르다.

2) 도시재생사업의 갈등구조 및 유형

(1) 다양한 이해와 가치의 충돌

도시재생 사업지역 내에는 일반적인 개발사업과 달리 주민중심으로 이루어지는 사업으로 다양한 이해와 가치의 충돌이 불가피하다. 이에 따라 사업 참여자 간에는 필연적으로 갈등이 발생하며, 갈등은 도시재생사업을 지연시키는 가장 큰 원인으로 지적된다. 특히나 도시재생 사업계획이 가시화되는 사업 초기에 발생하는 주민 간, 주민과 행정기관, 사업자 등과의 주민참여 및 사업방식, 의사결정구조, 보상, 관리처분, 젠트리피케이션, 사업주변의 소음 및 교통, 일조권 등 갈등은 사업의 착수 자체를 지연시키는 바, 이후에 추진될 단위 사업에도 영향을 주어 해당 도시재생사업 전체의 추진에 차질을 빚게 한다. 따라서 도시재생사업에서 사업 참여자 간 이해를 조정하고 갈등을 최소화하는 것은 사업의 성패와도 직결된다.

(2) 재생사업별 갈등유형과 제도적 변화

2013년 「도시재생 활성화 및 지원에 관한 특별법」이 제정되기 이전에는 재건축·재개발 등 물리적 측면의 전면 철거형 정비사업을 대상으로 해당 사업 추진 중 발생한 갈등 사례 연구에서 이슬기 외(2009)는 주거환경정비사업, 주택재개발 및 재건축 등 도시 및 주거환경정비법에 의한 5개 유형 정비사업의 발생한 갈등사례(113건, 2003.7- 2008.12)를 분석하여, 사업단계와 갈등주체에 따라 분류하고, 사업단계에서 관리처분인가, 기본계획수립, 조합설립인가, 조합설립추진위원회, 착공 및 분양, 사업시행인가, 정비구역지정, 사업완료 등 순으로 갈등빈도수가 높았음을 분석하고, 갈등 주체를 세분화한 결과 조합(추진위)과 행정관청간 기본계획 수립단계에서 갈등이 가장 빈번함을 밝혔다.

   이후 공공사업 시행자 입장에서 도시재생사업(도시재개발중심)갈등유형을 분석한 한성수(2015)는 선행연구조사 및 공공사업시행자의 사례조사, 주요 일간지 기사자료를 통해 주택재개발사업에서 나타나는 갈등사례를 사업단계별로 유형 분류하였다. 사업단계를 크게 계획단계, 준비단계, 시행단계, 완료단계로 나누었으며 갈등유형은 구조적갈등(41.9%), 이해관계갈등(38.7%), 가치관갈등(22.6%), 사실관계갈등(12.9%)으로 구분하여 행정기관 및 조합 간 인허가 등 절차적인 갈등과 보상갈등 등이 높은 갈등빈도가 있음을 분석하였다. 임미화 외(2019)는 도시재생 특별법이 제정된 이후 시작된 사업으로 장기간 진행되어 온 '도시재생 선도지역 사업' 참여하는 여러 이해관계자들 사이에서 발생하는 다양한 갈등과 도시재생 사업제안서 상 갈등관리 계획과 실제 발생하는 갈등을 유형별로 분석하여, 갈등주체별로는 공공-민간 간의 갈등이 가장 빈번(63.7%)하며, 내용별로 소통부재, 실행력부족, 의견불일치, 대형자본유치 갈등, 예산부족, 젠트리피케이션, 사업지속력 갈등 등 7개 갈등유형을 도출하였다. 이와 같이 주민들의 주도로 시행하는 도시재생사업 갈등양상은 기존의 개발사업에서 발생하는 공공기관이 주도하는 보상과 관련한 이해갈등이나, 사업추진의 정당성과 절차상 문제점 등 사실관계 등에서 주로 일어나는 갈등양상(이승우, 2009)과 달리 사업단계에서 민간(조합)과 행정청(공공기관) 간의 구조적갈등과 더불어 의사결정과 관련된 소통과 협력 등 관계상 갈등 및 젠트리피케이션 등 가치갈등과 실행력부족 등으로 갈등양상이 변화되고 있음을 파악할 수 있었다.

  이러한 갈등양상에 따라 국토교통부는 도시재생사업의 갈등관리에 대한 중요성을 감안하여 단계별로, 사업유형별로 가이드라인을 제시하고 있지만, 현장에서 실전적으로 적용할 수 있는 매뉴얼과 교육이 미비한 상황이다. 2014년 도시재생선도지역 가이드라인에서 주민들의 의견을 수렴하고 이견과 갈등을 조정하는 역할을 수행할 주민협의체와 사업 추진에 대한 공감대를 형성하여 이견과 갈등을 조정하는 역할을 위한 사업추진협의회를 구성하면서 갈등관리를 제도화 하였고, 2017년 발표된 「도시재생 뉴딜사업 신청 가이드라인」에서 현장지원센터의 역할을 확대하여 지자체 행정부서, 지역활동가, 주민 등 이해관계자들의 갈등관리·협력을 지원하도록 하였다. 또한 2018년 도시재생 뉴딜사업 경제기반형 도시재생활성화계획 수립 및 사업시행가이드라인」, 2019년 도시재생뉴딜사업(중심시가지형, 일반근린형) 도시재생활성화계획 수립 및 사업시행가이드라인에서는 필수적으로 주민·상인협의체를 구성하여 이견·갈등조정창구로, 민관협의체를 중심으로 젠트리피케이션 방지, 협력적 거버넌스를 위한 도시재생추진협의체 구성하는 등 점차 도시재생사업에서 제도적으로 갈등관리에 대한 비중과 중요도가 높아지고 있다.

3) 도시재생에서의 갈등관리

  도시재생특별법은 지원법 형태에서 원도심의 공동체 회복 등에 필요한 모든 정책과 사업법을 적용할 수 있도록 확대하여 다양한 도시재생

사업이 가능하게 되었다. 따라서 도정법에 의한 사업(주택재개발 및 재건축, 주거환경정비사업 등), 빈집 및 소규모 주택정비에 관한 특례법에 의한 사업(2018, 가로주택정비사업, 자율주택정비사업, 소규모재건축사업 등), 노후주거지 환경개선과 도시경쟁력회복을 위한 다양한 도시재생뉴딜사업(2017), 공공기관이 참여되는 2030+ 도심공공주택복합사업(2021), 도시재생사업이 타법에 의해 사업이 시행되는 한계를 개선하고 시행력 강화를 위해 공공기관이 참여, 추진되는 총괄관리자, 혁신지구, 인정사업 등 개발관련 법(도시개발법, 공공주택법, 임간임대특별법, 산업단지 및 역세권 관련법 등) 대부분을 적용할 수 있는 사업이 되었다.

도시재생사업에서의 갈등구조는 이해관계자 즉 주민(조합), 사업자(민간 및 공공), 인허가 등 행정기관, 관련 시민단체 등 구조를 가지고 있어 갈등의 프로세스는 기존의 도시개발에서 일어나는 갈등잠재기, 갈등표출, 증폭기, 조정기, 완화기(제2차 갈등표출 기)등 유사한 과정을 거치고 있어, 갈등관리는 사전적 예방, 갈등영향분석, 협상, 조정 등으로 일반화될 수 있지만, 도시재생사업은 기존의 정부와 공공기관이 주도하는 사업과 달리 주민주도성과 수용성이 전제되는 사업으로 사업추진과정에서 많은 절차와 과정이 요구되며, 다양한 이해관계자로 인해 갈등양상은 다소 차이가 있다. 일반적인 개발사업에서의 갈등양상은 보상과 관련된 이해관계갈등과 사업의 정당성과 관련된 사실관계의 갈등, 환경훼손과 관련한 가치갈등 등이 주요 원인으로 작용하고 있으나, 도시재생에서는 사업계획 및 시행단계에서 사업허가 관련 공공-민간의 구조적인 갈등, 소통부재 관련한 관계상의 갈등, 사업추진과정에서 예산 및 추진력부족, 젠트리피케이션 등 기존의 개발사업과 다른 갈등양상을 보이고 있다.

따라서 도시재생사업은 지역민들의 실질적인 참여와 협력체계가 구축되도록 사업계획에서 사업완료 단계 전 과정에서 갈등주체 간, 즉 주민-주민, 주민-행정기관, 주민-사업시행자(조합,SPC,공공기관 또는 민간 등),행정기관-사업시행자, 주민-행정기관-사업시행자 등 이해관계자 간의 갈등관리가 매우 중요하다. 이러한 과정에서 주민협의체와 도시재생지원체계에서 광역도시재생지원센타, 기초 및 현장지원센타, 빈집 및 소규모주택정비 특례법상의 지원기구, 지속가능한 도시재생사업이 추진되기 위한 마을관리사회적협동조합 등의 운영은 이러한 바탕에서 실질적으로 운영되어야 한다. 다양한 이해관계를 가진 주체들을 어떻게 모으고, 어떤 절차와 과정을 통해 이해와 참여를 모아갈 수 있을지에 함께 고민해야 할 것이다.

국내의 도시재생사업은 아직 초기단계 마중물사업 중심으로 추진되고 있고, 대부분의 사업현장에서 주민들의 기대치와 요구, 행정기관 및 사업시행자 간의 이해충돌 등 이러한 갈등구조에서 사업추진이 매우 부진한 상황이다. 도시재생사업은 주민들의 협력과 주도, 행정력의 지원 등 참여자의 적극적인 의지와 협력 없이는 많은 시간이 소요되는 사업특성이 있기 때문에, 사업계획단계에서 주민과 공공기관들의 사업을 준비하기 위한 프로그램이 매우 필요하다. 도시재생이 필요한 지역주민들을 대상으로 사전적으로 그리고 추진과정에서 공신력 있고 객관적일 수 있는 지역대학이 중심이 되어 시민대학, 재생대학 등을 개설하여 사업에 대한 이해와 협력 등을 위한 프로그램을 진행시키고, 재생사업을 위한 코디네이터를 양성하는 전문 프로그램 역시 진행하여 주민, 시민단체, 행정기관 간의 협력적 거버넌스를 위한 창구를 만들어 갈등을 예방하고, 완화 및 해소할 수 있는 시스템을 구축해야 할 것이다.[9]

사업계획단계에서 발생가능한 보상 등 이해충돌 등 갈등현안들에 대하여 1차적으로 주민·상인협의체에서 협의 및 조정하고, 사업방법과 절차, 구조 등과 관련된 갈등은 행정기관과 도시재생지원센타, 사업추진협의체 등이 주민(조합)간 소통과 협력하는 방안이 모색되어야하며, 사업관련하여 불가피하게 발생될 수 있는 주변지역의 교통, 소음 및 분진, 일조권, 젠트리피케이션 등 여러 형태의 갈등에 대하여는 전문가, 관련 사회단체, 행정기관 및 지역정치인, 언론기관 등과 함께 거버넌스 형태의 갈등조정협의체를 구성하여 조정과 합의과정이 진행되어야 할 것이다. 필요한 경우 대체적이고 보완적인 조정방안인 대안적 분쟁해결방안(ADR) 등이 갈등조정협의체에서 조정안으로 나올 수 있을 것이다. 최근 갈등의 범위와 영향이 큰 경우에는 각 분야의 전문가와 시민 등이 참여하는 공론화 위원회를 구성하여 갈등을 해결하기 위한 새로운 방안이 모색되고 있다. 인천광역시의 공론화 및 갈등관리에 관한 조례에서 공론화·갈등관리위원회(2021)구성한 것은 좋은 사례가 되고 있다, 갈등관리와 관련한 대통령령인「공공사업의 갈등예방 및 해결에 관한 규정」은 중앙부처에 적용되는 법령이므로, 지방정부들은 지역 내 갈등해결을 위한 조례를 제정하고 있는데, 신고리원전 5,6호기 공론화(2017)이후 각 지역에서 지역갈등을 공론화로 해결하려는 여러 사례가 있었다.[10) 최근의 추세에 맞추어 갈등관리와 공론화와 관련한 위원회와 조례가 정비되어 분쟁과 갈등해

---

9) 인하대학교의 대학원 도시재생학과(2020, 석·박사과정), 도시재생전문가 아카데미(2020)가 신설. 도시재생 전문가와 시민단체, 공공기관이 참여하는 전문가양성프로그램과 갈등관리교육과정이 운영되며, 인천도시재생지원센터의 우리마을 도시재생학교, 마을활동가, 코디네이터 교육과정 등과 연계하여 협력적 거버넌스 환경과 갈등관리시스템을 구축 중에 있음(2021,iH공사 자료).

10) 서울형 도시재생활성화지역 후보지(경제기반형, 중심시가지형)의 공론화(2016),대학입시제도 개편 공론화(2018), 광주도시철도 2호선 건설 공론화(2018), 신고리원전 5,6호기 공론화(2017), 대전시, 월평공원특례사업공론화(2018),서부경남 공공의료 확충방안과 정책 권고안 마련을 위한 공론화(2020),평택역 광장 조성 시민공론화(2021).

결을 위한 법적인 체계가 구축되어, 도시재생에서도 참여적 의사결정 과정인 주민중심의 「주민공론장」이 도입되기를 기대해 본다.

갈등발생시 많은 노력에도 협의, 조정으로 해결이 되지 않은 경우 대부분 공권력이나 소송에 의해 해결하여 왔다. 이 경우, 주민중심의 도시재생사업은 공권력에 의한 해결이 사실상 어려워 소송을 선택할 수밖에 없으나, 소송은 3심제로 많은 시간과 비용이 소요되는 상황으로 사업전체를 지연하거나 새로운 갈등이 불가피할 것이다. 그러나 법적인 해결은 주민이나 행정기관 및 사업자 모두 바람직하지 못한 선택이 될 수 있을 것이다. 법적인 선택이 불가피할 경우, 소송보다 비용과 기간이 단축되는 단심으로 판정하는 대한상사중재원 국내중재규칙에 따른 중재제도를 활용하는 방안도 새로운 조정방법이 될 것이다.

도시재생은 계획단계에서 완료까지 전 단계에서 갈등표출이 불가피하여, 이를 효율적으로 합리적으로 조정, 협력하는 것이 원가관리이고 공정관리이며 사업관리가 되고 있다. 재생사업에서 갈등관리는 사업 계획단계에서 갈등을 사전적으로 저감, 예방하는 것이 필요하며, 부득이 발생한 갈등에 대하여 제도적으로 시스템적으로 대처하고 사회적 합의를 할 수 있도록 협력적 거버넌스와 갈등관리시스템 구축이 도시재생사업의 성패를 판가름 하는 중요한 과제라 할 수 있을 것이다.

6. 인천 도시재생사업 갈등사례: 송림 도시재생사업 일조권 갈등

1) 사업 개요

인천의 동인천역 북동쪽에 위치한 송림파크푸르지오 주택건설사업은 기반시설 열악 및 노후불량 건축물 밀집구역으로 주거환경개선을 위해 총 73,629㎡의 면적에 2,562세대의 주택을 건설하여 공급할 예정으로 2022년 8월을 사업 준공 목표로 추진하였다.

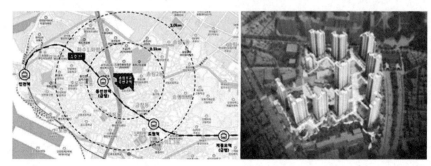

〈그림 13〉 송림파크푸르지오 위치도 및 조감도

〈표 18〉 송림파크푸르지오 사업개요

구분	주요 내용
위치	- 인천광역시 동구 송림동 185번지 일원
면적	- 73,629㎡
시행자	- 인천도시공사(iH)
세대수	- 2,562호(원주민 395호, 공공임대 167호, 민간임대 1,997호)
사업기간	- 2006 ~ 2022
사업비	- 5,127억원
공사규모	- 지하 4층 ~ 지상 48층, APT 12개동
사업방식	- 관리처분방식
사업유형	- 공공지원민간임대주택연계형 주거환경개선사업
정비구역 지정일	- 2008-04-14.
사업시행 인가일	- 2009-10-09.
사업시행 변경 인가일	- 2016-12-28.
관리처분계획 인가일	- 2017-12-29.

2) 갈등분석

가. 갈등의 배경 및 원인

송림파크푸르지오는 도시 및 주거환경정비법에 따른 주거환경개선 사업으로 인천도시공사(iH)가 인천시로부터 2008년 4월 정비구역을 지정 받아 사업을 추진하였다. 그러나 2008년 시작된 글로벌 금융위기로 부동산 경기 침체에 따른 사업성 결여와 iH의 재정여건 악화로 2010년 12월 행정안전부의 경영개선명령으로 사업이 중단되었다. 이후 주민들의 지속적인 사업추진 요구로 사업성 개선 및 사업비 조달을 위해 사업방식을 뉴스테이 사업으로 변경하고, 2016년 1월 인천시, 동구, 주민, iH 4자간에 뉴스테이 사업협약을 체결하면서 사업이 재개되었다. 2019년 1월 원주민 이주를 완료하고 2019년 5월 11년 만에 공사를 착공하였으나 송림파크푸르지오 북쪽에 인접한 솔빛마을 주공1차 아파트 입주민들과의 일조권 갈등으로 2020년 7월 공사가 중단되었다.[11]

나. 갈등의 전개과정

1) 갈등 잠재기(2016.01.~2019.05.)

본 사업지구와 같은 사업 지연 장기화를 해소하기 위하여 도시 및 주거환경정비법 시행령이 개정되어 공공지원민간임대주택(구, 뉴스테이)를 200세대 이상 공급하려는 경우 준주거지역으로 종상향이 가능해 짐에 따라 사업을 재개할 수 있었다. 그러나 이러한 용도지역 변경은 갈등의 원인이 되었다.

---

11) 건축법상 전용주거지역이나 일반주거지역에서는 신축 시 인접 건축물의 일조 등의 확보를 위하여 신축 건물을 정북방향으로부터 이격시켜 건축물의 높이를 제한함. 공동주택의 경우, 동지일 기준으로 오전 9시~오후 3시 중 일조시간이 연속 2시간 이상 확보되거나 오전 8시~오후 4시 중 일조시간을 통틀어 최소한 4시간 이상 확보, 준주거지역은 외부 일조권에 관한 별도규정이 없다.

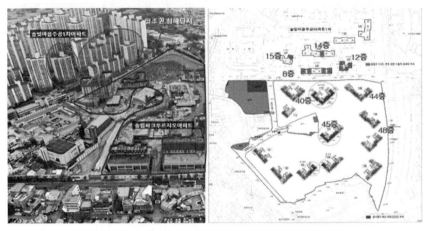

〈그림 14〉 솔빛마을 주공1차 아파트 일조권 침해지역 위치

2008년 정비계획(안)
제3종 일반주거지역, 20-30층, 1,389세대

2016년 정비계획 변경(안)
준주거지역, 40-48층, 2,562세대

〈그림 15〉 송림파크푸르지오 정비계획(안)

2) 갈등 출현기(2019.05.~2020.04.)

건축물이 2019년 5월에 공사가 착공되면서 본격적으로 올라가자 솔빛마을 주공1차 아파트 입주민들이 2019년 9월 공사금지가처분 신청을 하고, 2020년 4월 인천지방법원에서 총 2,562세대 중 220세대에 대한 공사금지가처분을 일부 인용하였다. 이에 언론에서 심층적으로 일조권 문제를 다루기 시작하였고, 사회적으로 관심을 갖는 계기가 되었다.

3) 갈등심화기(2020.07.)

공사금지가처분 일부 인용에 따라 iH는 해당 건축물의 9층까지 공사를 시행한 후 2020년 7월 공사를 중단하고, 원주민 수분양자들은 추가분담금 발생을 우려하여 인천광역시장에게 소송 중재 요청을 하였으며, 이로써 이해관계자가 원주민 수분양자들과 인천시까지 확대되었다.

4) 갈등 교착기(2020.08.~2020.10.)

iH의 공사금지가처분 취소 신청에 따라 인천지방법원에서는 2020년 8월 화해 조정 결정을 내리고, 솔빛마을 주공1차 아파트의 시가 하락분을 감정하였다. 9월 감정결과서에 따라 일조권 침해에 따른 가치 하락분 상당의 금액과 이에 대한 위로금을 입주민들에게 iH가 지급할 것을 권고하였다. 그러나 해당 솔빛마을 주공1차 입주민들은 가치 하락분 상당의 금액과 추가된 위로금과 피해보상금으로 지급할 것을 요구하며 화해권고 결정에 대한 이의신청을 하였다. iH에서는 갈등을 해결하고자 구의원과 협력하여 솔빛마을 주공1차 입주민 대표, 원주민 수분양자 대표, 시의원, 구의원 등 관련 이해관계자와의 갈등협의 간담회를 개최하였다. 간담회에서 적절한 양보와 조속한 합의가 필요하다는 입장을 표명하였으나 갈등은 교착기로 접어들게 되었고, 이해관계자는 지역 정치권까지 확대되었다.

5) 갈등 완화기(2020.10.~2021.2.)

갈등협의 간담회 이후, 동구의회에서는 iH와 솔빛마을 주공1차 아파트 입주민대표에게 화해권고안 제시 및 화해권고 요청을, 동구청장은 iH 사장과의 면담을 통해 조속한 갈등해결을 촉구하는 등 민원해결을 위해 노력하였다. 이에 iH에서는 적극적으로 갈등해결을 위한 합의안을 검토하고, 인천지방법원의 2차 화해권고를 통해 가치 하락분 상당의 금액과 조정된 위로금과 피해보상금을 제시하였고, 2020년 11월 주민설명회를 통해 그동안의 갈등과정과 iH의 합의안을 설명하였고, 솔빛마을 주공1차 입주민들은 iH와의 조정된 합의안을 수용하였다. 2020년 11월 동구의회, 원주민 수분양자 대표, 솔빛마을 주공1차 입주민 대표, iH 등 모든 이해관계자가 참석하는 갈등해결 최종간담회 개최 이후 솔빛마을 주공1차 입주민들이 법원에 공사금지가처분 신청 취하 및 집행 해제 신청서를 제출하였으며, 이에 공사금지가처분 집행이 해제되어 중단되었던 공사는 4개월 만에 재개되었다. 최종적으로 iH는 해당 솔빛마을 주공1차 입주민들에게 2021년 2월 화해권고 결정금을 지급함으로써 갈등 출현 약 16개월 만에 갈등은 해결되었다.

3) 이해관계자 분석 및 갈등해결 시사점

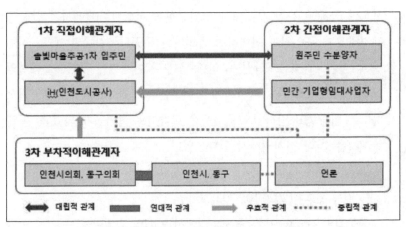

〈그림 16〉 송림파크푸르지오 이해관계자 및 관계도

〈표 19〉 송림파크푸르지오 관련 주요 이해관계자별 입장

갈등과정 / 이해관계자	직접이해관계자		간접이해관계자	부차적 이해관계자
	솔빛마을주공 1차 입주민	iH	원주민 수분양자	구청장, 시·구의원
일조권 침해 문제 제기	송림파크푸르지오 4개동 5층 초과 신축공사 금지 신청	공익 목적 사업 조기 추진 필요 (관련법 적법 이행)	갈등 해소 촉구 (추가분담금 발생)	갈등 해소 촉구 (정치적 이해관계)
피해대책/소송	공가금지가처분 신청	공사금지가처분 철회 및 협의 제안	소송 중재 요청	화해권고안 제안 등 갈등 적극 중재 노력
피배 보상	가치하락분+위로금+피해보상금	가치하락분+조정된 위로금 및 피해보상금	–	가치하락분+위로금+피해보상금 보상금일부 사회공헌발전기금 사용
의견 수렴	갈등 해결을 위한 이해관계자 간담회 참석	갈등 해결을 위한 이해관계자 간담회 참석	갈등 해결을 위한 이해관계자 면담 참석	iH, 솔빛마을주공1차 입주민간 갈등해결 간담회 추진
갈등 해소	2차 화해권고안 수용, 공사금지가처분 신청 취하	화해권고 결정금 지급	–	

　송림파크푸르지오 주택건설사업의 일조권 침해 관련 갈등을 조정하고 해결할 수 있었던 배경을 보면 다음과 같은 특별한 노력을 평가할 수 있었다. 첫째, 무엇보다 사업시행자인 iH가 갈등해결을 위해 적극적으로 대화하고 조정하려는 의자가 있었다. 둘째로는 구의회, 주민, iH 등 관련 이해관계자들이 협력적 거버넌스를 통해 갈등을 해결하고자 노력한 것이다. 세번째는 인천지방법원이라는 대외적 기관을 통해 합리적으로 화해조정 근거를 마련하여 갈등을 해소했다는 것이다.

　본 사례의 시사점은 첫째, 적법하게 관련법의 절차를 이행하여 사업을 추진했다 하더라도 주민의 수용성을 우선시 하는 사회적 가치판단의 변화를 엿볼 수 있다. 둘째, 다양한 관련 이해관계자들의 거버넌

스 등 사회적 합의 및 합리적 근거마련을 통하여 갈등을 해결하는 것이 중요함을 알 수 있다. 셋째, 갈등관리의 중요성이다. 도시재생사업은 다른 개발사업과 달리 복잡한 이해관계자가 있고, 주민의 수용성이 우선되는 사업인 만큼 사업계획단계에서 주민협의체 구성 및 사업절차 등에 대하여 갈등영향분석을 하여 초기단계에서 일어날 수 있는 갈등을 예방하고, 일어난 갈등에 대하여 거버넌스체제의 갈등조정 협의체를 구성하여 합리적인 갈등조정이 필요하며, 그러한 노력에도 첨예한 갈등이 지속되는 경우, 이슈를 공론화하여 사회적 합의를 통한 해결을 모색하고, 법에 의한 해결이 필요한 경우, 시간이 오래 소요되는 소송보다 대한상사중재원의 중재제도를 활용하는 등 갈등관리에 대한 사회적 시스템과 제도, 법령제정이 필요하다 하겠다.

도시재생과 젠트리피케이션

김천권

1. 들어가는 말

세상에 만병통치약은 없듯이, 도시재생도 결코 만병통치약이 아니다. 도시재생을 통해 낙후/쇠퇴하는 지역의 활성화를 가져오지만, 그 휴유증 또한 적지 않다. 예를 들면, 이명박 시장 시절에 서울 청계천이 복원(?)되어[1] 주변지역이 활성화되고 서울 도심의 이미지를 향상시키는데 큰 몫을 했다고 높이 평가하지만, 그 뒤에는 오랫동안 청계천 주변을 지켜왔던 영세상인과 세입자들이 퇴출되는 아픔과 소외의 문제가 뒤따랐다.

도시재생에 따른 젠트리피케이션 문제가 극렬하게 나타난 지역으로는 서울 경리단길을 들 수 있다. 한때 서울 용산의 경리단길 성공신화는 전국적으로 퍼져갔다. 경리단길은 2010년 무렵부터 인근의 이태원 상권지역에 비해 상대적으로 저렴했던 임대료를 찾아 해외에서 활동하던 유학파 셰프들이 식당을 시작한 곳으로, 식당의 독특한 인

---

[1] 이명박 정부에서는 청계천 복원이라고 평가하지만, 어떤 사람은 세계에서 가장 긴 분수의 조성이라고 비판하는 사람들도 있다. 왜냐하면, 청계천의 물줄기가 지천이 모여 흘러가는 것이 아니라 한강물을 끌어와 청계천에 흘러보내는 것을 꼬집는 말이다. 그래도 한강물을 끌어 온다는 발상 자체는 정말 창의적이라고 할 수 있다.

테리어뿐 아니라 다른 곳에서 맛볼 수 없는 메뉴들로 금세 유명해졌다. 인기 연예인들도 이곳에 식당을 오픈하면서 경리단길은 SNS에서 가장 핫한 장소가 되었다. 서울시의 연리단길, 망리단길 뿐만 아니라 인천 부평의 평리단길, 부산의 해리단길, 지방에서도 경주시의 황리단길과 같은 경리단길을 모방한 거리가 형성될 정도였다.

그런데 2018년부터 경리단길은 '신흥 골목상권의 잔혹사'로 소개되어, 주중에도 경리단길을 제법 오가던 사람들이 이제 주말에도 잘 눈에 띄지 않게 되었다. 경리단길의 2차로 차도를 사이에 두고 형성된 중심 상권에도 임차인을 구하는 임대 문의가 붙은 빈 점포들만 남아있는 텅 빈 거리가 되어버렸다. 이렇게 오래된 골목길을 활기 넘치도록 변화시킨 주요 이유는 이태원 인근이 갖는 자유로운 분위기도 있지만 비교적 저렴한 임대료 때문이었다. 새로운 소상공인들은 제한된 경제적 자본으로 소규모 사업을 시작하는 경우가 대부분이기 때문에 도시재생 이후 소규모 상가에서 나타나는 임대료의 급격한 상승은 이들에게 더 이상 사업을 지속할 수 없도록 하는 결정적인 요인으로 작용한 것이다. 똑같은 현상이 삼청동 북촌에서도 발생하여 한류 바람과 함께 급증했던 중국인 관광객들이 2016년 사드 사태 이후 급감하면서 매출이 감소하자 과도한 임대료를 견디지 못한 상인들이 떠나기 시작하면서 삼청동 상권은 내리막길을 걷고 있다(오마이뉴스, 2019).

이런 현상을 보며, 강남 개발로 외면받던 강북의 후미지고 좁은 골목길들에 나타난 즐거운 변화가 오히려 더 비참한 결과를 낳게 될지 모른다는 우려가 증폭되고 있다. 서울의 오래된 골목길들이 또다시 쇠퇴 위기에 처하게 될지도 모른다는 것이다. 이러한 결과의 원인은 무엇일까를 젠트리피케이션(gentrification) 논의를 통해 찾아보도록 하자.

'젠트리피케이션' 말은 멋진데, 나타나는 현상은 비신사적이다. 영국에서 멋을 아는 중산층 노동자를 신사(젠틀맨)로 부르는 것에서 따와 삭막한 동네를 품격 있는 동네로 탈바꿈시키는 현상을 표현하는 용어로 이름 붙여졌는데, 이제는 처음 동네에 들어와 활기 있게 만든 전입자들을 퇴출시키는 비신사적 상황을 표현하는 용어로 쓰이고 있다. 그래서 젠트리피케이션을 우리말로 '둥지 내몰림'으로 부르는데, 이 말도 필자는 별로 적절한 표현으로 생각하지는 않는다. 물론 초기 전입자들이 삭막한 동네에 와서 둥지를 틀고 열심히 일해서 동네에 활기를 집어넣어 사람들이 몰리니까 건물주들이 임대료를 너무 올려서 지역에서 더 이상 영업을 할 수 없어 퇴출되는 현상이 나타나 '둥지 내몰림'이란 용어로 표현한 것은 이해가 되지만, 이런 현상은 이미 도시생태계에서 오래전부터 있어왔던 현상이다. 세상이 공정하지 않고 비신사적인 것은 주지의 사실 아닌가? 그리고 인간사회뿐만 아니라 자연계도 적자생존의 원리가 작동하고 있는 것은 마찬가지다. 즉, 기후가 변화하면서 식물이 토양에 뿌리내리는 과정도 마찬가지라는 말이다. 토종 식물이 있는 곳에 외래종 식물이 침투하면 토종과 외래종 사이에 뿌리내림을 위한 경쟁이 발생하고, 결국에는 환경에 보다 잘 적응한 식물이 뿌리를 내려 번성하고 토종은 점차 퇴출되는 현상이 발생한다. 마찬가지 현상이 도심의 공간이용과 점유를 위한 경쟁과정에서 발생하여 '둥지 내몰림' 현상으로 나타난 것이다(김천권, 2021).

리차드 플로리다(Richard Florida)가 최근 저서 '도시는 왜 불평등한가'에서 지적한 바와 같이, 도시재생이 일어난 지역에서 빈부격차는 더 크게 나타나고, 핫-플레이스는 동질적인 공간으로 변해가고 있으며, 혁신, 경제성장, 도시번영의 최대 동력은 이미 혜택을 누리고 있는 사람들에게 대부분의 이익이 부여되는 현상이 도처에서 목격되고

있다. 즉, 도시재생을 통해 공동체 회복과 사회통합을 목표로 재생을
추진한 결과 젠트리피케이션이 발생해 둥지 내몰림 현상이 나타나 상
반된(모순된) 상황이 서로 얽혀 아슬아슬한 줄타기가 진행되고 있다
(전은호, 2018).

> 도시재생은 필연적으로 젠트리피케이션 문제를 야기한다. 낙후와 쇠퇴
> 상태에 있는 지역에 장소적 가치를 발굴하고 부가가치를 부여하여 지역
> 활성화를 가져오면, 결과적으로 지가와 임대료 상승이 동반될 수밖에
> 없고, 이런 상승분을 감당하지 못하는 저소득층과 임차인들은 퇴출의
> 위기에 직면하게 된다. 그래서 도시재생은 결코 만병통치약이 아니며,
> 지역과 계층 및 집단들 사이에 격차와 불균형을 완화시키기도 하고 심화
> 시키기도 한다.

2. 젠트리피케이션 개념

'젠트리피케이션'은 새로운 자본의 유입으로 기존의 도시공간과 기
능의 성격을 변화시키는 과정을 설명하는 용어로 사용되고 있다. 젠
트리피케이션 현상은 도시재생 차원에서 순기능과 역기능이 공존하
여 논쟁의 여지는 여전히 존재한다. 왜냐하면, 젠트리피케이션은 낙
후지역 재생을 위해 보다 새롭고 핫(hot)한 활동을 유인하여 지역의
경제적 활성화를 견인하는 긍정적 효과와 이로 인해 부동산 가격이
상승하여 공간을 임대하여 사용하고 있는 지역주민과 소상공인의 퇴
출을 강제하는 사회적 문제를 제기하기 때문이다.

'젠트리피케이션' 용어는 1888년 'Memories and Proceedings of
the Manchester Literary & Philosophical Society'란 문헌에서 최

초로 등장하였지만, 현재의 용법으로는 1964년 영국의 사회학자 루스 글래스(Ruth Glass, 1964)가 런던에서 저소득 노동자들이 거주하던 주거공간이 중산층 사람들의 이입으로 대체되어가는 현상을 설명하기 위하여 처음 사용한 것으로 전해진다.[2] 젠트리피케이션은 두 가지 다른 이론을 기반으로 개발되었다: 첫째 도시에 사회 빈곤계층이 거주하는 지역을 신흥 부유층에 의해 점유 이전되는 현상, 둘째 낙후/쇠퇴지역이 문화예술 지향적 재생으로 추진되는 현상을 설명하고 있다(Longa, 2011: 36).

첫 번째 이론은 특정 지역 거주민의 변화를 설명하는 논리로서, 예를 들면 구도심 노동계급이 거주하던 지역에 부동산 자본이 투입됨으로써 기존 계층이 퇴출되고 중산층을 위한 상업 혹은 거주 지역으로 탈바꿈하는 현상을 설명한다(Zukin, 1987, p. 129; Atkinson, et al., 2005). 두 번째 이론은, Tonkiss(2005)에 의하면, 도시의 쇠퇴/낙후지역에 창조 집단(패션 산업에 종사하는 사람들, 예술가, 건축가, 음악가 등)의 문화·예술적/창의적 아이디어와 기술이 투입되어 뉴욕 소호(SoHo)지역과 같이 문화창출(culturenomics) 지역으로 재생시키는 활동을 설명한다.

사람 기반 운동으로서의 젠트리피케이션 현상은 플로리다(Florida)와 멜랜더(Mellander)가 주장한 '창조 집단' 개념과 맥을 같이 하고 있다. 이러한 유형의 도시 재생접근은 문화예술 활동과 집단을 지역에

---

2) 현재 사용되는 '젠트리피케이션' 용어는 영국의 사회학자인 루스 글래스(Ruth Glass)가 1964년에 발표한 『런던: 변화의 다양한 측면들』에서 최초로 설명하였음(S. Jukin, 민유기(역), 『무방비 도시: 정통적 도시공간들의 죽음과 삶』, 국토연구원, 2015: 32). 중산층 이상의 계층이 도심 지역의 노후한 주택 등으로 이사하면서 기존의 저소득층 주민을 대체하는 현상을 말한다. 외곽 신도시로 갔던 중산층(gentry)들이 서민층 주거·상업지인 도심으로 몰려오면서 발생하는 다양한 현상을 말한다.

유인함으로써 지역에 새로운 발전가능성을 창출하여(Zukin, 2010), 지역 쇠퇴의 악순환을 성장의 선순환으로 전환시키는 활동을 수행한다. 이런 맥락에서 Manzi와 동료들(2010)은 젠트리피케이션을 슬럼지역의 최후의 수단이 아닌 선택적 전략으로, 저소득층 노동계급이 밀집한 지역에 신흥 중산층 집단이 이주함으로써 '복합 커뮤니티'가 형성되어 도시의 사회적 지속가능성을 높이는 방안이 될 수 있다고 역설한다.

또한 WCED(환경과 개발을 위한 세계 위원회: World Commission on Environment and Development)와 UNESCO(2007)에서는 경제성장을 통하여 환경을 보호하고, 빈곤을 완화하며 도시민의 삶의 질을 향상시키는 주요 방안으로 사회적 지속가능성을 강력히 건의하고 있다. 이런 맥락에서 시민들의 생활환경을 개선하며, 경제적 활력을 불어넣어 시민의 삶의 질을 향상을 추구하는 젠트리피케이션은 도시의 사회적 지속가능성을 높이는 전략이라고 할 수 있다(ODPM, 2006).

한국사회에서 젠트리피케이션이 발생한 주요 요인으로는 공동체에서 '평판' 매커니즘이 작동하지 않기 때문이라고 우석훈(2017)은 흥미 있는 주장을 펼친다. 한국전쟁 이후 경제가 급성장하던 시기에 건물을 소유한 1세대 건물주들은 지역사회에서 동료 그룹이나 이웃들에게 나쁜 평판을 받아서는 장기적으로 불이익이 발생한다는 것을 인식하였다. 그래서 평판은 1세대 건물주들이 지역에서 장기적인 이익을 위해 신경 써야 하는 주요 요소이었다. 즉, 지금 당장은 낮은 임대료를 받아 손해를 보는 것 같지만, 장기적으로는 지역사회에서 건물주들이 그만한 정치적·경제적 권위를 인정받고, 그 지역 전체가 함께 가치를 일정 수준 유지할 수 있는 것이 바로 평판의 힘이었다.

젠트리피케이션은 바로 이 평판이 사라졌기 때문에 발생하는 사건이라는 것이다. 건물을 물려받은 2세대 건물주들은 그 전 세대와 달리 지역사회의 평판에 전혀 신경을 쓰지 않는다. 지역사회가 존재하기 위해서는 지역경제가 근간이 되어야 하는데 우리의 경제가 대자본 위주로 편제됨에 따라 지역경제 자체가 존재하기 어렵기 때문이다. 그러니 그들이 아무 거리낌 없이 임대료를 터무니없이 올리고, 비싼 가격으로 대자본에게 건물을 팔려고 할 수밖에… 그래서 젠트리피케이션은 평판을 모르는 건물주들이 등장하면서 벌어진 일이며, 지역사회가 더 이상 남아있지 않은 사회에서 나타나는 비극이라는 것이다.

젠트리피케이션론은 외곽으로 나갔던 중산층 및 상업개발자들이 쇠퇴한 원도심으로 돌아오면서 재생을 통해 그 기능이 향상되고, 그에 따라 저소득층이 밀려나는 현상에 주목하는 이론이다. 그러나 이 논의들도 그 원인에 대해서 주장하는 바가 다양하다. 단순히 젠트리피케이션 현상에만 주목할 경우 거주계층의 변화나 상업적 역량의 변화에만 매몰될 우려가 있다. 따라서 지역공동체의 변화를 동시에 살펴보는 입체적 관점으로 접근할 필요가 있다. 사실 젠트리피케이션 현상 자체는 중립적인 개념이다. 중산층의 원도심 회귀를 통해 해당 지역이 활기를 되찾고 주민 평균소득도 증대되며 주민들의 지역 소속감도 강해진다는 긍정적 측면도 있다. 하지만 집값과 임대료 상승 등으로 인해 원주민이나 먼저 자리를 잡았던 청년예술가 등이 동네를 떠나야 하고 기존의 지역 생태계는 파괴될 수밖에 없는 모순적인 면모를 갖고 있다. 따라서 한쪽 면만 갖고 논할 수는 없는 것이며 도심에 투자된 인프라 비용의 활용도, 사회적 다양성 등 복합적 측면을 균형적으로 바라볼 필요가 있다(김형균, 2016).

'젠트리피케이션' 말은 멋진데, 나타나는 현상은 비신사적이다. 영국에서 멋을 아는 중산층 노동자를 신사(젠틀맨)로 부르는 것에서 따와 삭막한 동네를 품격 있는 동네로 탈바꿈시키는 현상을 표현하는 용어로 이름 붙여졌는데, 이제는 처음 동네에 들어와 마을을 활기 있게 만든 전입자들을 퇴출시키는 비신사적 상황을 표현하는 '둥지 내몰림'으로 쓰이고 있다.

3. 젠트리피케이션 실태: 긍정적 vs. 부정적 측면

도시재생은 도시개발과 함께 도시의 다양한 변화를 수반하는 논쟁의 여지가 있는 개념이다. 도시재생에는 공공부문의 개입과 함께 다양한 이해관계집단들 사이에 복잡한 관계를 연출하며, 어떤 집단은 통합되고 다른 집단은 배제되는 양면의 칼로 작용한다. 그래서 도시재생을 통하여 슬럼지역이 개선되기도 하며, 또한 이러한 도시재생의 결과로서 원주민을 몰아내는 현상을 초래하기도 한다. 도시재생은 이와 같이 결과로서 젠트리피케이션을 수반하기 때문에 1960년대 이래 끊임 없는 논쟁의 대상으로 등장했다. Neil Smith(1996)는 젠트리피케이션을 도심에서 자본과 중산층의 유입을 가져와 결과적으로 이곳에 거주하던 빈곤과 근로계층을 추방하는 계급적 활동이라고 정의한다(김욱진, 2020). 그러나 동시에 젠트리피케이션은 저효율의 공간과 거리를 보다 고효율의 이용을 유도하여 저소득 지역을 중산층 혹은 고소득 지역으로 탈바꿈시키는 공간효과를 가져오기도 한다.

긍정적 측면에서 젠트리피케이션은 쇠퇴 또는 낙후지역에 매력 요인을 도입하여 도시 활성화를 위한 앵커작용을 수행한다. 특히, 노후

주택지역이 활성화되면서 중산층이 유입되기 때문에 지역 불균형을 조정하는 역할을 할 수도 있다. 이런 시각에서 지역경제 활성화는 자본이 유입되고 이용계층이 중산층화 되어야 실현될 수 있는 것이므로 도시재생에서 지역경제 활성화와 젠트리피케이션은 매우 긴밀한 관계에 있다(이진희 외, 2017). 이런 맥락에서 Freeman & Braconi(2010)는 젠트리피케이션이 부정적인 결과를 야기하기 보다는 다양한 장점을 가지고 있다고 주장한다. 즉, 젠트리피케이션이 발생했다는 사실은 해당 도시환경이 매력적이라는 반증이기 때문에 이는 더 많은 경제적 기회를 창출할 수 있으며, 도시 환경증진, 사회·경제·인종 등의 통합을 유도할 수 있다. 또한 빈곤의 집중을 감소시키고 더 나은 공공서비스를 이끌어낼 수 있는 정치적 힘을 발휘하는 긍정적 효과를 창출한다.

한국의 경우에도 도시재생에 따른 젠트리피케이션이 부정적으로만 영향을 미치는 것이 아닌 양날의 칼로 작용한다고 조진호·최열(2018)의 연구는 밝히고 있다. 젠트리피케이션은 앞에서 논의한 바와 같이 2가지 측면에서 설명할 수 있다.

첫 번째, 쇠퇴·낙후한 지역에 중산층 등의 외부자본이 유입되어 도시의 경제·문화·사회·물리적 환경이 개선되고 활력을 되찾는 도시재생(도시회춘)현상을 지칭한다.

두 번째, 국립국어원에서 발표한, 구도심이 번성해 중산층 이상의 사람들이 몰리면서 임대료가 오르고 원주민이 내몰리는 '둥지 내몰림'을 의미한다.

상기와 같이 젠트리피케이션이 도시에 미치는 영향은 긍정·부정적 영향을 동시에 내포한다 하여 '양날의 칼'이라 번역될 만큼 젠트리피케이션은 빛과 그림자를 지니고 있다. 〈표 1〉은 젠트리피케이션에 따른 긍정과 부정적 영향을 정리한 것이다.

〈표 1〉 젠트리피케이션 영향

긍정적 영향	부정적 영향
-. 토지, 건물 소유자의 지가 상승	-. 세입자들의 임대료 상승
-. 공실률 감소	-. 지가 상승으로 인한 부담 증가
-. 장래발전 가능성 증대	-. 일시적 투기자산의 증가
-. 지역상권 활성화	-. 원주민의 비자발적 이주
-. 도시 내부의 범죄감소	-. 공동체 갈등
-. 쇠퇴지역의 안정화	

출처: 조진호·최열(2018), 69쪽.

이처럼 젠트리피케이션은 2개의 관점에서 해석이 가능하며, 실증적 연구결과 또한 이론적 원리와 일치하게 나타난다. 조진호·최열 (2018)의 실증적 연구에서 나타난 결과를 보면 젠트리피케이션은 뚜렷한 양면성을 갖는다. 먼저 소득은 젠트리피케이션 영향에 대해 정 (+)의 결과를 나타냈다. 일반적으로 부동산은 개인의 자산에서 큰 비율을 차지한다. 상기 의식의 전제하에 젠트리피케이션이 가지는 영향 중 지가 및 임대료 상승은 부동산을 소유한 개인 자산의 가치상승을 가져온다. 반면 젠트리피케이션에 대한 종합적 의식에 소득은 부(−)의 영향을 나타낸다. 이는 지가 및 임대료 상승이라는 경제적 측면보다 비자발적 이주, 커뮤니티 와해, 공동체 갈등의 사회적 측면이 더욱 부정적으로 의식된 결과로 판단된다. 이런 실증적 연구결과는 젠트리피케이션 문제를 다루기 위해서는 경제적 측면과 사회적 측면을 어떻게 조화를 가져올 것인지에 좀 더 많은 관심을 가져야 한다는 것을 보여준다(조진호·최열, 2018).

그런데 거의 모든 도시개발정책은 근린 공동체의 변화를 가져온다. 즉, 대다수의 도시개발정책이 결과로서 원거주자의 상당부분을 지역에서 내몰고, 도시의 불균형 성장을 초래하는 결과를 가져온다는 것이다. 예를 들면, 도시에서 계층, 집단, 인종 사이에 사회통합을 추구하기 위한 대다수 정책들이 기대된 격리완화의 결과를 가져오지 못했다. 또한 빈곤지역의 생활수준 향상을 위하여 중산층을 유입하기 위한 정책이나 빈곤집단을 다른 집단과 통합하여 대단위로 묶는 정책도 마찬가지로 사회통합을 가져오지 못했다. 이런 결과는 계층이 다른 경우, 아무리 두 집단 사이에 공간을 좁히는 정책을 펴더라도 두 집단 사이에 사회적 네트워크와 근린관계가 형성되지 않는다는 것을 보여준다. 반면에 대다수의 사회통합을 추구한 정책은 공동체의 해체와 근린관계의 연결고리를 끊는 결과를 가져와 한계 집단의 고립을 초래하였다(Bolt et al., 2010; Donzelot, 2012).

왜 이런 결과가 초래하는가? 아마 그 원인을 장소중심(기반)의 도시재생 정책이 갖는 원천적 결함에서 찾을 수 있다. 즉, 장소중심 도시재생은 도시 전체의 시각에서 보았을 때, 도시의 전반적 사회관계와 통합을 가져오는 것이 아니라, 한 지역의 문제를 다른 지역의 문제로 대체 혹은 치환하는 결과만을 가져온다는 것이다. 예를 들면, 청계천 복원을 통한 도시재생은 지역의 활성화를 가져오지만, 동시에 지가의 상승과 임대료 증가를 가져와 현거주민과 세입자를 추방하는 결과를 가져온다. 그래서 청계천 주변의 개발을 가져왔지만, 거주민과 세입자 문제를 다른 지역으로 이전시키는 '폭탄 돌리기' 결과를 초래한다는 것이다. 장소중심 도시재생이 이런 한계와 문제점을 내포하기 때문에, 학자들은 도시재생이 보다 수평적으로, 주민참여에 의해 상향적으로 다른 정책, 예를 들면 주택정책 등과 결합되어 추진되어야 한다고 주장한다(Tosics, 2009).

요약하면, 도시재생의 결과로 수반되는 젠트리피케이션 문제는 부동산 소유주가 지역 활성화에 따른 토지나 건물 가격 상승으로 인한 이익을 모두 가져가는 반면 세입자나 임차상인들은 내몰리기 때문에 발생하는 문제이다. 즉, 젠트리피케이션으로 유무형의 지역 자산가치 상승분이 구성원에게 공정히 분배되지 않고 토지나 건물 소유자에게 대부분 귀속되어 형평성과 사회 정의에 어긋나는 결과를 가져오기 때문에 발생하는 문제이다. 이런 맥락에서 도시재생에 따른 젠트리피케이션은 긍정과 부정의 다양한 측면에서 입체적으로 살펴볼 필요가 있다. 즉, 젠트리피케이션에 따른 집값 상승과 임대료 상승의 부정적 측면만 단순히 논할 수는 없으며, 도심에 투자된 인프라 비용의 활용도, 사회적 다양성, 형평성과 사회적 정의 등 복합적 측면을 입체적으로 논해야 한다는 것이다(김형균 외, 2015).

> 젠트리피케이션은 양날의 칼로 해석된다. 부정적 측면에서 젠트리피케이션은 도심으로 자본과 중산층의 유입을 가져와 결과적으로 이곳에 거주하던 빈곤과 근로계층을 추방하는 불균등한 활동이다. 그러나 동시에 젠트리피케이션은 저효율의 공간과 거리를 보다 고효율의 이용을 유도하여 저소득 지역을 중산층 혹은 고소득 지역으로 탈바꿈시키는 긍정적 효과를 가져오기도 한다.

4. 젠트리피케이션 사례분석, 서울 & 인천

한국도시에서 젠트리피케이션은 서구와 다른 양상을 보인다. 서구의 젠트리피케이션은 주로 거주공간에서 나타나는 것과 비교하여, 한국에서 젠트리피케이션은 주로 상권을 중심으로 나타난다. 예를 들면, 서구에서는 60년대 이후 탈도시화의 물결을 타고 교외로 나갔던 중산층과 여피(yuppie)[3]들이 도심으로 회귀하면서, 저소득층 거주공

간이 신흥 중산층 거주 지역으로 탈바꿈하여 빈곤계층이 강제로 퇴출
되는 현상을 설명하고 있다. 반면에 한국에서 젠트리피케이션은 거주
공간보다는 골목상권에서 나타나는 현상으로, 정체/낙후상태에 있던
골목에 신흥 소상공인 활동(예를 들면, 이국적 레스토랑, 부티크 상점, 북
카페 등)들이 들어와 동네를 활성화한 결과, 부동산 가치와 임대료가
상승하여 골목을 부활시킨 초창기 소상공인들이 퇴출되는 현상을 주
로 설명하고 있다.

서울의 대학로와 신촌지역이 이미 이러한 과정의 한 주기(cycle)를
경험했으며, 이태원, 홍대 앞, 삼청동, 성수동, 북촌, 서촌, 경리단길
등이 변화의 한복판에 있다(남기범, 2016). 그리고 2013년부터 도시재
생이 국가적 사업으로 등장한 이후, 도시재생의 결과로 상권이 살아
난 후 임대상인의 전치 현상과 그로 인한 공동체의 파괴와 장소성 상
실, 사회적 약자의 강제적 유동현상 등이 심각한 문제로 제기되고 있
다. 본 절에서는 이와 같은 한국에서의 젠트리피케이션 사례를 서울
경리단길과 인천 신포지역을 중심으로 고찰하였다.

1) 서울 경리단길 젠트리피케이션 사례분석

아마 현재 한국도시에서 젠트리피케이션 문제가 가장 심각하게 제
기된 곳을 꼽으라면 서울 용산구에 있는 경리단길일 것이다. 용산 이
태원이 외국인과 힙스터들이 몰려드는 핫-플레이스로 인기를 얻으며
떠오르자, 인근에 저층 주거지로 남아있던 골목으로 상권이 확대되면
서 2010년대 초부터 경리단길이 점차 주목받기 시작하였다. 이런 경
리단길이 불과 10년을 버티지 못하고 2018년부터 몰락의 길을 걷기

---

3) 여피는 'young urban professional'을 일컫는 말로 도시에 거주하는 전문가 집단을
   지칭한다.

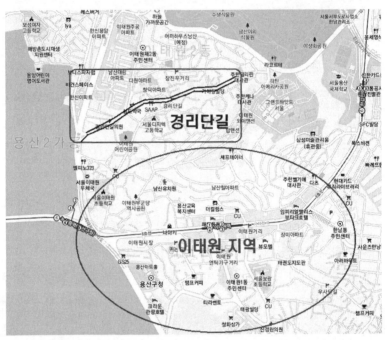

〈그림 1〉 서울 용산 경리단길과 이태원 지구 지도(다음 지도 서비스)

시작했으며, 코로나 19 감염병이 심해진 2021년에는 거의 유령도시가 되었다. 이런 일련의 과정을 김태환(2019)의 '경리단길을 통해 본 핫플레이스의 성장과 쇠퇴' 연구논문을 중심으로 살펴보도록 하자.

○ 경리단길은 서울 용산구에 위치한 골목상권으로 전국 '○리단길'의 원조가 된 지역이다. 입지적 여건으로는 대규모 상권이 형성되기 어려운 지역이나 소셜미디어 등을 통해 특색 있는 음식점과 거리 분위기 등이 알려지면서 전국적인 인지도를 가진 상권으로 성장하였다.

○ '음식'은 경리단길의 핵심 경쟁력으로 음식점을 중심으로 상권이 성장하여 2010년 110개 수준이던 음식점 수는 2016년 289개까지 증

가하였으며, 경리단길 초입이나 가로변을 중심으로 형성된 상권도 주택가 이면도로까지 확장되었다.

◦ 핫플레이스로 주목 받았던 경리단길은 2016년부터 상권이 점차 쇠퇴하기 시작하였다. 외부자본이 유입되고 임대료 상승, 매출감소와 폐업 증가 등의 현상이 발생하기 시작하면서 서울의 대표적인 젠트리피케이션에 따른 부작용 발생지역으로 언급되기 시작하였다. 상권이 활성화되면서 상가 주택 및 건물의 거래가 늘어나고 공시지가가 크게 상승하였으며 임대료도 서울 주요 상권 중 가장 높은 상승률을 기록하였다. 반면에 방문객이 줄어들면서 매출은 감소하고 폐업이 늘어났으며 창업보다 폐업이 많아 전체 음식점 수가 감소하는 상황이 2016년 이후 2년간 지속되었다.

◦ 경리단길 쇠퇴는 ①입지 및 물리적 환경 측면에서 낮은 경쟁력, ②상권의 고유성을 형성하였던 핵심 콘텐츠의 이탈과 노후화, ③경쟁 상권의 등장이 주요 원인으로 파악된다. 쇠퇴원인을 보다 구체적으로 분석하면,

첫째, 소셜미디어 등을 통해 이슈가 되면서 성장한 상권은 소비 트렌드 변화에 민감할 수밖에 없으며 안정적인 상권 형성에는 한계가 있다. 전통적으로 상권 형성의 핵심요인이 되는 사람들을 모을 수 있는 집객 시설, 교통 및 주차 인프라, 편리한 접근성과 쾌적한 보행 환경 등을 갖추지 못한 경리단길은 외부여건 변화에 취약할 수밖에 없는 한계에 직면한 것이다.

둘째, 불리한 입지여건에서도 경리단길 상권이 경쟁력을 가졌던 주요 요인은 음식이라는 콘텐츠와 이를 통해 얻게 되는 독특한 경험이었으나 방문객이 늘어나며 경리단길만의 독특함이 사라지고 매출감소, 비용부담 증가 등으로 개성을 추구하던 음식점들의 이탈이 늘어나며 상권이 쇠퇴하기 시작하였다.

셋째, 경리단길과 유사한 분위기와 콘텐츠를 가진 새로운 핫플레이스들이 등장하고 소비자들의 관심이 이동하면서 방문객이 감소하였다. 즉, 망원동, 연남동, 성수동, 을지로, 익선동 등은 골목, 먹거리, 개성 있는 분위기라는 공통점을 가진 상권들이 형성되면서 경리단길의 장소적 가치가 퇴색되었다.

경리단길은 젠트리피케이션에 의해 골목상권의 성장과 쇠퇴를 보여주는 대표적인 사례로 서울시와 용산구는 지역 상권의 재활성화를 위한 다양한 사업과 정책을 추진 중에 있다. 용산구는 최근 경리단길 재활성화를 위해 차도와 보도 등을 정비하고 보행 환경을 개선하는 '다시 찾고 싶은 거리 조성사업'에 착수하였으며, 서울시는 젠트리피케이션 종합대책을 마련하고 상생협약체결, 장기 안심상가 운영 등 다양한 정책을 추진하고 있다.

경리단길 사례에서 알 수 있듯이, 상권 자체의 경쟁력은 약하지만 소셜미디어 등을 통해 이슈가 되면서 성장한 상권은 소비 트렌드 변화에 민감할 수밖에 없으며 안정적 상권 형성에도 한계가 있다. 이러한 상권이 지속성을 확보하기 위해서는 물리적 환경 개선을 통해 상권의 경쟁력을 강화하고, 새로운 콘텐츠와 이슈를 꾸준히 발굴하여 소비자의 관심을 유발하는 것이 중요한 과제로 제시된다. 즉, 맛집 중심으로 형성된 상권의 이미지 외에도 예술·문화적 요소 등으로 경쟁력을 다양화하는 것이 필요하며 임대인, 임차인, 지역주민 등 이해관계자들의 협력적 관계 유지 등 지역사회 차원의 대응이 필수적이다 (김태환, 2019).

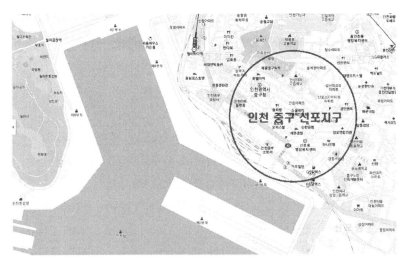

〈그림 2〉 인천 중구 신포동 일대와 내항 지역(다음 지도서비스)

2) 인천 신포지구 젠트리피케이션 사례분석

도시재생에 따른 젠트리피케이션 문제가 결코 딴 동네 이야기가 아
니고 인천이 현재 직면하고 있는 문제이다. 대표적 지역으로 인천 중
구 신포동을 들 수 있다. 신포동이 직면한 젠트리피케이션 문제를 경
인일보 기사(2016. 1. 28)를 중심으로 살펴보자.

신포동 일대는 과거 인천에서 상권이 가장 번성한 지역이었지만,
1985년 인천시가 시청사(현 중구청 부지)를 구월동으로 이전하면서
쇠락의 길을 걸었다. 신포동이 활기를 되찾기 시작한 것은 2009년 창
작·전시공간인 인천 아트플랫폼이 중구청 인근에 개관한 즈음이다.
이 일대가 인천 문화·예술인들의 활동 근거지가 되면서 문화공간이
속속 생겨나고, 사람들이 점점 몰려들기 시작하였다.
신포동 일대가 도심의 핫플레이스로 떠오르자 지역 부동산 경기도
꿈틀대기 시작했다. 이 지역 부동산 공인중개소에 따르면, 2016년에

3.3㎡(평) 당 1천만 원에 미치지 못했던 상가 건물 매매가가 2018년 1천 200만~1천 300만 원으로 상승하였다. 이마저도 건물을 팔려고 내놓은 건물주가 거의 없다고 한다. 단기적으로는 수인선 신포역 개통과 장기적으로는 내항재개발 등으로 인한 매매가 인상 기대심리가 크기 때문으로 분석된다.

이러한 기대심리가 작용하여 건물 임대료도 서서히 오르고 있다. 2016년 33㎡(평) 당 건물 1층 상가 점포 임대료는 평균적으로 보증금 500만 원에 월세 30만 원의 가격대를 형성했는데, 2년이 지난 2018년 현재 월세가 10만 원 정도 상승했다. 이곳에서 영업하는 공인중개사는 '여러 호재가 작용할 전망이고, 때마침 상권도 살아나고 있어 앞으로 임대료가 급상승할 가능성이 크다'고 전망하고 있다. 이 때문에 신포동에 새로 둥지를 튼 임차인들의 불안감이 커지고 있다. 갤러리 겸 카페를 운영하고 있는 임차인은 "계약 기간이 6개월 남았는데, 분위기상 건물주가 임대료를 올려달라고 요구할 것이 확실하다"며 걱정을 토로했다(이상 경인일보, 2016).

수인선 개통 전후로 신포동과 동인천에서 나타나는 '건물주들의 집값 올리기'는 전형적인 젠트리피케이션의 대표적인 사례다. 수인선 개통이 경제적으로 큰 효과를 거두지 못하고 있음에도 건물주들의 '횡포'가 더 심해졌고, 아직까지 상권이 올라오지도 못해 매상은 그대로인데 부담만 늘어났다고 세입자들은 목소리를 높이고 있다.

젠트리피케이션의 가장 큰 문제는 지역에 특별한 콘텐츠를 갖고 왔거나 독특한 분위기를 오랜 기간 가져오면서 SNS 시대에 입소문을 타게 만든 사람들이, 결국은 부동산업자와 건물주들에게 쫓겨나다시피 하면서 나가게 되고, 특색을 갖춰나가던 동네에 다시 특색이 없어지면서 결국은 다시 공동화 현상으로 갈 수밖에 없는 상황을 맞게 될 수밖에 없다는 것이다. 그리고 신포동이 이미 이러한 문제에 직접 직면해 있는 상황이다(인천in, 2016a). 인천 원도심 재생과 인천 아트플랫폼 개관 등에 힘입어 신포동 지역으로 원주민이나 문화예술인들이 이전하여 점차 활기를 찾자 임대료가 상승하여 원주민이나 예술인들이 다시 이전할 조짐을 보이고 있으며, 신포동은 이미 2013년을 기점으로 젠트리피케이션 단계로 진입하였다는 주장도 있다(김준우 외, 2018).

위 사례를 통해 젠트리피케이션은 낙후된 지역을 재생시켜 지역이 활성화되고 소상공인들의 소득과 거주민의 소속감을 높여주는 긍정적인 측면이 있는 반면에, 부동산 가격 및 임대료 상승으로 원주민이 떠나고 공동체가 해체되어 지역 산업생태계를 파괴한다는 점에서 부정적인 측면도 함께 가지고 있다. 인천 중구 일대는 근대건축물과 함께 개항장의 역사와 이야기를 품고 있는 곳이다. 젠트리피케이션으로 인해 지역의 정체성과 문화를 잃어버리는 것을 막기 위한 대책 마련이 시급히 요청된다.

5. 젠트리피케이션 대응방안

그러면 도시재생의 결과로 제기되는 젠트리피케이션 문제를 어떻게 풀어야 하나? 이 문제에 대한 대응방안을 고민하는 중에 다행히도 2021년 7월 27일 '지역상권 상생 및 활성화에 관한 법률(약칭: 지역상권법)'이 제정되어 젠트리피케이션 문제를 해결하기 위한 법적 기반이 마련되었다. 지역상권법은 원주민과 상가 세입자가 임대료 상승 때문에 어쩔 수 없이 다른 곳으로 이주하게 되는 젠트리피케이션 현상이 발생하는 것을 막고, 코로나 19 등으로 침체된 상권을 활성화해 영세 소상공인의 생업터전을 보호하기 위한 목적으로 제정되었다. 그런데

지역상권법 내용을 보면 과연 실효성이 있을지 의문이 든다. 대응방
안에 대한 논의에 앞서 지역상권법의 주요 내용과 문제점을 살펴보도
록 하자.

1) 지역상권 상생 및 활성화에 관한 법률(약칭: 지역상권법)[4]

지역상권법은 제1조 목적에서 '지역상권 구성원 간의 상호 협력을
증진시키고, 지역상생발전 및 자생적·자립적인 상권의 운영에 필요
한 사항을 규정함으로써 지역경제의 활성화 및 국민경제의 균형 있는
발전에 기여함을 목적으로 한다.'고 밝히고 있다. 상기 목적을 달성하
기 위하여 중앙정부의 중소벤처기업부는 지역상권 상생 및 활성화를
위한 종합계획을 3년마다 수립할 것을 법률로 제정하였다. 그리고 광
역지자체는 지역상권 활성화 구역을 지정하여 기본계획을 수립할 수
있는 권한을 부여하였다. 이와 함께 지방자치단체는 지역 내 활성화
구역을 계획 및 운영할 수 있는 조례제정권을 부여하였다.

지역상생구역은 구역 내 상인, 임대인 등 각각의 3분의 2 이상의
동의를 받아 지역상생 발전을 위한 상생협약을 체결하여야 한다는 조
항을 두어 상생협약에 대한 법적 기반을 마련하였다. 지역상권 활성화
구역에 대한 지원을 제30조에 제시하여 국가와 지방자치단체는 활성
화 구역발전을 위하여 다음과 같은 지원을 할 수 있는 길을 열어 놓았
다. ①지방자치단체의 조례로 정하는 조세 또는 부담금의 감면, ②상
가건물 소유자에 대한 건물 개축, 대수선비 등의 융자, ③상인 및 제2
항에 따라 활성화구역에 입주한 자에 대한 시설비, 운영비 등의 융자,
④구역 활성화를 위한 조사·연구비 등의 보조. 또한 제31조에 상생구

---

4) 국가법령정보센터, 지역상권 상생 및 활성화에 관한 법률 참조.

역 내에 소상공인 보호를 위하여 영업 또는 입점을 금지하는 업종 제한에 관한 조항을 넣어 대규모 점포 또는 준대규모 점포가 거대자본으로 밀고 들어오는 것을 막기 위한 법적 기반을 마련하였다.

정부에서는 젠트리피케이션 문제에 대응하기 위하여 지역상권법을 제정하였으나, 내용을 살펴보면 실효성이 있을지 의문이 든다.

첫째, 중소벤처기업부에서 매 3년마다 지역상권 상생 및 활성화 종합계획을 수립 시행한다고 하는데, 과연 지역실정에 맞는 계획이 수립될 지 의문이다.

둘째, 지역별 기본계획 수립이 강제조항이 아닌 임의조항이기 때문에 지자체에 대한 구속력이 없다.

셋째, 지역 상생구역과 자율상권구역의 신청 및 지정을 위해서는 구역 내 상인, 상가건물 임대인 및 토지소유자 각각의 3분의 2 이상에 동의를 받아야 하는데, 과연 지정요건을 충족하는 지역이 얼마나 될지 의문이다. 즉, 법률제정의 효과를 달성할 수 있는지 의문이라는 것이다.

넷째, 지역상권 활성화 구역으로 지정되더라도 지원이 미미하다는 것이다. 즉, 상생협약을 체결하고, 상생협의체를 구성하여 운영할 특별한 인센티브가 별로 없다는 것이다.

그럼에도 불구하고 중앙정부와 지자체에서 젠트리피케이션의 심각성을 인식하고 임대인과 임차인 사이에 상생협약에 대한 법적 기반을 마련하였고, 거대자본으로 소상공인을 밀어내는 대규모 점포의 횡포와 입점에 제동을 거는 장치를 마련했다는데 의의가 있다.

2) 젠트리피케이션 대응방안

앞에서 논의했듯이 지역상권법이 제정되었다고 젠트리피케이션 문제가 바로 해결되지는 않는다. 사실 자유주의 시장경제체제에서 개인의 사유재산이 불법으로 이용되지 않는다면 처벌이 어려운 것처럼, 젠트리피케이션도 토지와 건물 소유주가 임차인과 계약을 맺어 상거래활동을 한 것에 대해 불법이 아닌 한 정부를 포함한 제3자가 관여하는 데는 한계가 있다. 그래도 지역상권법은 정부가 젠트리피케이션 문제를 심각하게 인식하고 있으며, 사회가 문제해결을 위해 무언가 조치를 취해야 한다는 상징적인 공감대가 형성되어 문제해결의 조짐이 점차 나타나고 있어 다행이다.

젠트리피케이션 문제의 해결방안에 대한 논의에 앞서, 이 문제에 가장 발 빠르게 대처한 서울 성동구의 젠트리피케이션 대응사례를 신문기사(인천in, 2016b)를 통해 살펴보자.

2016년 5월 서울 성동구가 주도하여 젠트리피케이션 방지와 지속가능한 도시재생 협약식이 총 37개 지자체 사이에 체결되었다. …중략… 이날 주제 발표에서 정원오 성동구청장은 임대인의 자산증식 요구와 임차인의 안정적인 경제활동, 주민들의 마을공동체 유지라는 상충한 이해가 젠트리피케이션 현상을 불러왔다고 언급하면서, 젠트리피케이션에는 사회적, 경제적, 공공적 측면이 복합적으로 얽혀 있다고 진단했다.

젠트리피케이션 문제를 해결하기 위한 방안으로, 영국의 경우 국가나 지자체 등이 인정하는 정당한 사유 없이는 임차권이 존속토록 했고, 프랑스는 임대차기간 9년 보장, 상가임대차 조정위 조정 작업 및 현장 검증을 임대료 인상이 불가피하다 판단될 때에만 인상토록 하는 제도를 마련했다고 언급했다. 일본도 세금이나 주변 토지 및 건물가격 변동 등 사유가 타당할 때에만 임대료 인상토록 하고 있고, 미국 역시 민관의 협치에 의한 임대료 인상 규제로 정책방향을 가져가고 있다"고

말했다. 지자체가 직접 건물을 매입해 자산화하는 사례도 예를 들었
다. 그는 "영국의 코인스트리트에는 지역공동체가 사회적 기업 설립해
시정부로부터 해당 지역의 건물 저렴히 구입한 다음 도시재생 사업을
하고, 프랑스는 '비탈 카르티에'라는 이름의 사업을 통해 시 정부 주도
로 건물을 매입한 다음 영세상인들이나 예술가들에게 저렴히 임대하
고 있다"고 전했다. 실제 프랑스의 '비탈 카르티에'의 경우 서울시가
최근 젠트리피케이션 방지 정책을 발표하면서 일부 도입키로 해 근자
에 화제가 된 바도 있다.

  이런 상황과 맞물려 성동구는 젠트리피케이션 문제 해결을 위해 상
가 임대인과 임차인, 지역주민이 공동으로 참여하는 주민협의체를 구
성해 운영하고 있다. 즉, 지역 자체의 상승가치가 지역 모두와 공유돼
야 한다는 기본 전제하에, 성동구는 관내 상가임대인과 임차인 지역주
민들이 참여하는 상호협력 주민협의체를 구성했는데, 이들이 관내 지
속가능 발전구역에 들어오는 입점 업종과 업체들을 선별토록 하고, 이
들 협의체가 지역공동체 생태계를 파괴하는 업체나 업소에 대해 직접
임점 거부를 구청에 요청할 수 있도록 한 것은 물론, 만약 젠트리피케
이션 현상을 맞아 집주인에게 쫓겨난 영세상인들이 있을 경우 이들이
구에서 직접 계획해 마련한 대안상가에 입점할 수 있도록 배려하는 제
도를 마련하고 있다고 한다. 또 지역 내 부동산 업자를 중심으로 젠트
리피케이션 방지에 대한 교육도 하고, 건물주와 임차인, 구가 상생을
약속하는 협약을 정책방향으로 추진해 왔다. 실제 성동구 관내 지속가
능 발전구역에 건물을 갖고 있는 건물주의 55%(약 130명대 정도로 추
정)가 이 상생협약에 방향을 함께 하기로 한 것으로 알려지면서 전국
적으로 주목을 받고 있다(인천in, 2016b).

위 사례에서 알 수 있듯이, 도시재생에 따른 젠트리피케이션 문제
해결을 위해서는 지자체와 리더의 문제해결을 위한 의지가 중요한 것

을 알 수 있다. 위 사례에서 제시된 내용을 중심으로 대응방안을 제시
하면 다음과 같다.

첫째, 도시재생사업 초기에 주민과 공동체가 사업에 적극적으로 참
여하는 통로를 제공하여 젠트리피케이션 문제에 선제적으로 대처할
것이 요구된다. 즉, 도시재생사업을 시작하기 전에 지역공동체의 발
전과 지역자산의 공유재화 등을 위한 상생협약 을 체결할 필요가 있
다는 것이다. 쇠락한 지역을 재생하기 위해 지역의 브랜드 자산가치
를 상승시키며 증대된 부가가치가 가져다주는 이익을 공동체 구성원
전체가 기여한 정도에 따라 공정하게 나누어 가질 수 있는 배분 시스
템을 도시재생사업 초기에 주민, 공동체, 정부, 전문가 집단이 함께
참여하여 마련할 것이 요청된다. 도시재생이 추진된 이후 젠트리피케
이션이 발생하면 토지/건물 소유주와 임차인 사이에 이해관계가 분명
하게 나타나서 해결방안 마련에 어려움이 있기 때문에 도시재생 사업
초기부터 젠트리피케이션에 관심을 가지고 대처방안은 모색하는 것
이 필요하다. 그리고 젠트리피케이션이 시작되거나 가속화되고 있음
을 가능한 신속하게 감지하여 대응책을 마련하기 위해서는 정교한 젠
트리피케이션 진단체계를 개발하여 초기부터 적절한 대응정책을 추
진하는 것이 바람직하다(이진희, 2019).

둘째, 도시재생 거버넌스를 구축하여 주민, 소상공인, 정부, 전문
가 집단, 시민단체가 집단지성과 다중지혜를 끌어내어 젠트리피케이
션 문제에 대한 해결방안을 모색할 것이 요구된다. 젠트리피케이션
문제를 먼저 경험한 유럽과 미국 도시에서 제시된 주요 해결방안을
살펴보면 다음과 같다.

○ 지역 자산공유제도/시민 재산화 방안

도시재생에 따른 젠트리피케이션 문제를 해결하기 위한 방안으로 국·공유와 사유를 넘는 제3의 소유 영역인 공유자산(commons)이 설정되어야 하며, 이를 위해서 지역 주민이나 공공의 기여에 의해서 만들어지는 지역사회 공동의 자산, 특히 지역브랜드 자산을 공유재로 제도화하여 관리하는 방안이 강구될 필요가 있다는 것이다. 도시재생에 의해 공간가치의 상승을 가져오는데, 문제는 상승된 가치는 특정 집단에 의해 독점되는 것이 아니라 공동체에 공유되어야 하는 가치라는 것이다. 따라서 도시재생에 따른 가치상승을 공동체가 공유하기 위해서는 시민자산화 전략이 마련되어야 한다. 즉, 공동체가 재생의 성과와 책임을 공유하는 제도를 구축하자는 것이다. 주민과 공동체가 지역 자산의 공유자가 되어 장소의 주인이자, 기획자이자, 운영자가 되어 상생의 구조를 만들면 재생의 혜택이 공유되어 둥지 내몰림을 방지할 수 있을 것이다(전은호, 2018). 대표적인 사례로 미국 클리블랜드 모델로서, 클리블랜드는 장기적인 관점에서 공동체 자산의 기반을 형성하고 축적함으로써 젠트리피케이션의 부작용에 선제적으로 대응하며, 젠트리피케이션을 유발하는 내·외부 잠재 요인들의 발현을 최대한 억제함으로써 커뮤니티 활성화를 추구하고 있다(최명식, 2017).

○ 지방분권화 강화와 다양한 젠트리피케이션 대응방안

도시재생에 따른 젠트리피케이션 문제를 해결하는 방안으로 지방 권한을 대폭적으로 강화하여 다양한 대응방안을 추진하는 것이다. 지방권한이 강화되면 지역문제에 대응을 위한 다양한 해결책이 모색될 것이고, 젠트리피케이션 또한 지역에 따라 다양한 해결방안이 제시될 것이다. 그리고 젠트리피케이션 문제에 적절히 대응하지 못하는 지방정부는 비판을 받게 되고, 지자체 장은 아마 재선에 상당한 부담과 압박으로 작용할 것이 예상된다. 이런 맥락에서 지방분권화가 강화되면 지역 주민과 상권 보호를 위한 다양한 해결책이 모색될 것이고, 젠트리피케이션 문제 또한 보다 공정한 방식으로 다양한 해결책들이 제시될 것으로 예상된다. 이런 사례 가운데 일례로 박수빈·남진(2016)은 젠트리피케이션의 부작용을 방지하는 제도적 장치로 영국 Localism Act를 제시하고 있다. 영국은 Localism Act를 제정하여 지역주민들이 자신들의 문제를 스스로 해결할 수 있도록 지역공동체 발언권, 지역공동체 건설권, 지역공동체 입찰권리 등 지역사회에 대한 새로운 권리와 권한을 부여하였다. 이 중 지역공동체 입찰권리는 지역공동체에게 민간자본보다 우선적으로 부동산을 매입할 수 있는 권리를 갖게 하는 제도로 젠트리피케이션에 의해 지역의 소중한 자산이 지역적 특성을 잃지 않도록 보호하는 것을 목적으로 한다.

젠트리피케이션의 부정적인 영향을 극복하기 위한 노력은 프랑스에서도 추진되어, 파리시는 중심가로 259.3km, 3만여 개 상가를 '보호 상가'로 지정해 특별한 규제를 적용하고 있으며 '비탈 가르티에(Vital Quartier)사업'을 펼쳐 11개 지구 건물에 대해 1층 상점 및 토지 선매권을 공공이 확보해 소상공인에게 저가로 임대하고 있다. 또한 영국 런던의 '해크니프로젝트'는 쇼디치 지역사회조합(개발신탁, 협동조합)을 통한 공존과 지역청년의 일자리 창출을 위한 입점기업들의 참여를 강화해 6년간 7,500여명 참여, 353회 타운미팅을 전개함으로써 젠트리피케이션의 부정적 영향을 완화하기 위한 민관협력사업을 활발하게 펼치고 있다(김형균, 2016). 이런 관점에서 지방자치제와 지방분권화의 강화가 지역의 젠트리피케이션 문제에 효과적으로 대응하기 위한 다양한 해결책을 제시할 것으로 예상된다.

6. 맺는말

도시재생의 성공적 결과로 나타나는 젠트리피케이션, 말은 멋있는데 현실에서 보이는 모습은 참혹하다. 낙후와 정체상태에 있는 지역에 생기를 불어넣어 주민들의 삶의 질 향상과 상권 활성화를 가져온 결과로 나타나는 젠트리피케이션은 그대로 방치하는 경우에는 필연적으로 이해관계자들 사이에 갈등과 충돌을 가져올 수밖에 없다. 아담 스미스는 말하기를 "자본주의 시장경제체제에서 각 개인은 이기적 동기에 의해 시장경제에 개입하여, '보이지 않는 손'의 작용에 의해 개인의 부의 축적을 가져오며, 결국 이것이 모여 사회와 국가의 부가 축적된다."고 하지 않았는가! 그런데 시장경제는 이윤추구에 의해서만 발전한 것이 아니라, 공정과 신뢰의 규칙이 작동해야 시장경제도 활성화되고 도시도 성장한다.

인간이 오랜 세월에 걸쳐 지은 도시가 퇴보하지 않도록 제어하는 장치가 바로 '공손함'과 '예의'이다. 예의는 복잡하고 혼란스러운 도시에서 서로 다른 사람들 사이에 상호작용을 가능케 하는 윤활유 역할을 했다. 그래서 17세기 후반부터 영국이 세상을 지배하게 된 배경에는 '공손함'과 '예의'라는 요소가 작용했다고 도시학자 벤 윌슨(Ben Wilson, 2021)은 말하고 있다. 런던이 세계도시로 다양한 사람과 인종, 기술과 문화를 품고 발전할 수 있었던 배경에는 바로 '공손함'과 '예의'가 혼잡한 도시환경에서 서로 다른 배경을 갖는 사람들 사이에 상호작용을 돕는 윤활유 역할을 했기 때문이라는 것이다. 그래서 영국 신사(gentleman)라는 말이 나왔고, 도시 공간을 품위 있게 만든다는 의미로서 젠트리피케이션(gentrification)이라는 용어가 나왔는데, 이 말이 현재는 '둥지 내몰림'이라는 부정적 현상을 의미하고 있다.

도시재생에는 필연적으로 젠트리피케이션 문제가 수반된다. 문제는 이해관계를 달리하는 토지/건물 소유주와 임차인 사이의 갈등을 어떻게 해소하느냐 하는 것이다. 이런 문제에 적절히 대처하기 위하여 도시재생사업 초기부터 주민과 공동체, 정부와 전문가 집단으로 구성된 거버넌스 체제가 구축되어 공론화를 통한 합의가 이루어져야 한다. 그리고 도시재생의 공론화는 결과보다는 공론에 이르기까지의 과정에 초점을 두어야 한다. 공론화는 다양한 주체들 간의 자유로운 의견 개진과 찬반 토론을 통해 타인에 대한 의견을 청취하고, 수용하며, 나의 의견을 변화시킴으로써 보다 성숙한 공적 판단에 도달하는 과정이다. 따라서 공론화는 시민의 권리와 책임을 행사하고, 타인에 대한 관용과 예의를 배움으로써 시민적 의식과 역량을 함양하는 과정이기도 하다. 이러한 이유로 실질적이고 적극적 주민참여에 의한 공론화는 젠트리피케이션 문제해결을 위한 필수조건인 동시에 지속가능한 도시재생의 전제 조건이라고 할 수 있다(강지선 외, 2018).

도시재생 법제

고상철

1. 도시재생의 사회적, 공공적 의미

세계 각국의 주요 도시들은 18세기의 산업혁명을 계기로 급속한 양적 성장과 영역 팽창을 이루었고, 제2차 세계대전 이후부터 본격적인 산업화, 현대화를 거치면서 수 많은 인구와 대규모 공공·편의 시설, 각종 경제적, 산업적, 문화적 자원들이 고도로 밀집된 현대 문명의 정점이자 핵심 지대로 도약하였다(김성도, 2014: 37-38). 이를 통해, 전 세계 주요 도시들은 20세기 중후반부터 현재까지 각국의 정치, 경제, 사회, 문화 등을 지배하면서 현대 문명 발전을 견인해 오고 있다.

그러나 근현대 도시의 발전, 팽창과 대내외적 헤게모니의 기본 동력을 제공하였던 제조업이 20세기 후반부터 정체 상태에 빠지고, 그 대신 서비스업과 IT 신산업이 급속도로 발전함에 따라, 도시 인구 및 기반 산업·시설의 전면적 재편, 도시 주변부의 단계적 개발과 확장, 도시 중심부의 이전과 변천, 도시 근교의 도시로의 편입 및 신도시 건설 등 복잡하고도 부단한 변화들이 빠르게 전개되었다. 이 과정에서 기존 도심의 쇠퇴와 낙후, 도심 공동화 현상 등이 새로운 도시 문제이자 현안으로 부각되었다(장용일, 2020: 5). 이에 쇠퇴한 기존 도심을 재정비

· 재활성화함으로써, 구도심과 신도심의 격차 및 갈등을 해소하고, 도시 전체의 조화롭고 균형적인 발전을 도모하기 위한 '도시재생' 정책 및 관련 프로젝트의 필요성, 당위성이 대두되었다(김공양, 2016: 12).

도시재생(Urban Regeneration)은 구도심-신도심 간 인구와 자원의 불균형, 장기 경제 침체, 도시 내 주거·교통·환경 악화 등 산적한 문제들이 내재된 도시 전체에 새로운 질서와 활력을 불어넣고, 신도심에 비해 상대적으로 낙후되고 쇠퇴한 구도심 지역의 재정비와 재건, 새로운 기능 창출과 성장 모형 개발 등을 통해, 구도심은 물론, 도시 전체를 사회·경제적, 물리적, 환경적으로 부흥시키고 재활성화하는 거시적 프로젝트를 의미한다(권대중 외, 2018: 18). 따라서 도시재생은 도시민은 물론, 전 국민의 미래의 삶의 질 향상에 중대한 영향을 미치는 동시에, 크고 작은 공동체와 국가·사회의 지속 가능한 미래 발전 동력을 창출하는 핵심 사업으로서, 국가적, 공공적으로 중요한 의미를 지니게 된다. 이런 의미에서 우리나라는 물론, 전 세계 주요 국가들은 자국의 도시재생과 관련된 각종 정책, 제도, 법률들을 지속적으로 정비·재정비하고 보완·개정함으로써, 합리적, 체계적인 도시재생을 보장하고 도시재생으로 인한 사회적 분쟁과 갈등을 최소화하고자 노력하고 있다(조성제, 2019: 28-29).

현대 사회의 산적한 도시 문제들이 과거의 무분별한 도시개발, 또는 질적 지표보다는 양적 지표에 중점을 둔 외화내빈(外華內貧)식 개발로 인해 점진적으로 심화·축적된 사실을 고려해 볼 때, 과거의 도시개발의 불합리성과 문제점들을 청산하고 재건하기 위한 목적의 현대 도시재생은 보다 합리적, 이성적인 방식으로 진행될 필요가 있을 것이다. 즉, 현재의 도시재생 추진과정에서의 사회적, 공동체적 갈등과 분란을 최소화하는 동시에, 수십 년 후의 미래 사회에서 파생될 문

제점까지도 예측하고 고려함으로써, 후속 세대가 겪을 갈등, 난관 등
까지도 어느 정도 예방해 주는 미래 지향적 도시재생을 위한 바람직
하고 건실한 정책적, 법제적 토대를 마련해야 할 것이다. 본 장에서는
이러한 문제의식 하에, 국내외 도시재생 법제의 현황과 문제점 등을
개괄적으로 살펴보고, 보다 합리적, 미래 지향적인 법제 정비를 위한
제언을 하고자 한다.

2. 도시재생 법제의 개념 및 연혁

도시재생은 세계의 다른 지역에 비해 보다 일찍 근현대 도시의 성
장 둔화 및 발전 동력 상실, 구도심 쇠퇴, 구도심-신도심 간 불균형
심화 등의 제문제를 앞서 경험한 유럽 주요국에서 1980년대 후반부터
중요한 정책과제로 대두되었다(최기택, 2012: 8). 이후 1990년대와
2000년대를 거치면서 다른 대륙, 다른 국가들도 유사한 문제를 겪게
됨에 따라, 도시 정책학, 도시 사회학, 도시 경제학, 도시 공학 등 제
분야의 핵심 주제 중 하나로 확대되었다. 이런 흐름 속에서 19-20세
기 도시 구조에 대한 총체적 성찰 하에, 도시의 기능적 편리성은 물
론, 도시 생활의 질을 종합적으로 고려한 'New Urbanism', 'Urban
Village', 'Compact City', 'Smart Growth', ESSD(Environmentally
Sound and Sustainable Development. 환경적으로 건전하고 지속 가능한 개
발) 등 새로운 이념의 도시개발 모델들이 다양하게 탐색되었다(대한국
토도시계획학회 편저, 2015: 16). 이러한 모델들로부터 발전·심화된 도
시재생은 이해관계자 간 합의 및 기존 권리자의 생활 지속성 보장 등
쌍방향적, 개방적 의사 결정 시스템을 중시하며, 도시 관리적 관점,

주택 정책적 관점, 사회 경제적 관점 등을 동시에 고려한 통합적 접근
방식의 정비 개념으로 체계화되고 있다. 현재 우리나라의 도시재생도
이러한 글로벌적 흐름과 현대적 패러다임을 충분히 이해하고 수용하
면서 통합적, 총체적 접근 방식을 준수하고 있지만, 이 단계에 이르기
까지 많은 법제적 변천과 제정·개정·재개정 과정 등을 거쳤다. 이하
에서 우리나라 도시재생 관련 법제의 그 간의 변천 과정을 간략하게
정리해 보면 다음과 같다.

우리나라에서 최초로 등장한 도시재생 또는 도시 재개발 관련 법령
은 1962년에 제정된 〈도시계획법〉으로서, 이는 구도심의 물리적 재
건·재개발에만 중점을 둔 법령으로서, (당연한 얘기지만) 후대의 통합
적, 총체적 도시재생과는 현격한 차이가 있었다. 이어서 1965년에
〈개정 도시계획법〉이 마련되면서 불량 지구 개량 사업 등 도시의 재
건축·재개발을 보다 집중적으로, 대규모로 추진할 수 있게 되었다.
1966년에는 도시계획법으로부터 〈토지 구획 정리 사업법〉이 분리·
제정되면서, 도시 내 토지 개발사업 및 주택지, 공업 용지 구획·조성
사업 등 보다 세분화·다각화 된 도시 재개발 및 공간 구획 사업의 법
적 근거가 마련되었다. 1973년에는 〈주택 개량 촉진에 관한 임시조치
법〉이 추가로 제정되면서, 도시 재개발 사업이 '도심 재개발 사업'과
'주택재개발사업'으로 분리·이원화되었다. 이어서 1976년의 〈도시
재개발법〉 제정 및 이후 수 차례의 개정 과정을 거쳐 도시 재개발법
은 도심지 개발, 주택 개량·재개발, 공장 재개발 등을 아우르는 통합
적 법률로 확장되었다. 1960년대를 통해 산발적, 단편적으로 제정·
개정된 도시계획·재개발 관련 법령들이 1976년 이후의 〈도시 재개발
법〉을 통해 도시 전체에 대한 포괄적, 통합적인 재개발·재활성화로
융합되고 체계화된 것은 우리나라의 초기 도시재생 법제의 큰 성과라

고 할 수 있다. 그러나 이 시점까지의 도시재생은 도시의 물리적 공간
·토지·시설 등의 재개발·재정비에만 중점을 둔 제한적 의미의 사업
으로서, 엄밀하게 말하면 '도시재생'보다는 '도시 재개발'에 보다 적합
한 성격이라고 할 수 있었다.

그러다가 1980년대부터 국민 소득 증가 및 의식 수준 상승으로 인해
도시민의 생활 기반, 삶의 질, 인간과 환경 간의 관계 등에 대한 사회
적 인식이 심화됨에 따라, 도시민의 주거 품질, 생활 편의, 정서적 안
정 등을 중시하는 '도시민 친화적' 또는 '인간 친화적' 도시 재개발 방
식에 대한 수요가 높아지게 되었다(강문수, 2018: 21-24). 이러한 인식
의 전환과 여론 흐름이 반영된 결과, 1989년에 〈도시 저소득 주민의
주거 환경 개선을 위한 임시 조치법〉이 제정되어 도시민을 위한 종합
주거 환경 개선 사업의 기반을 마련하게 되었고, 1997년에는 〈주택건
설촉진법〉을 입법화하여 노후·불량 공동주택의 재건축을 국가 핵심
정책으로 추진하게 되었다.

인간과 환경 간의 조화 및 도시민·전 국민의 생활환경, 삶의 질을
중시하는 도시 재활성화·재생에 대한 이념은 2000년대 이후 더욱 성
숙·심화되어, 2003년에는 도시 공간·시설의 물리적 변화보다 도시
환경의 질적 변화를 우선시하는 〈도시 및 주거 환경 정비법〉이 제정
되었고, 2005년에는 도시재생 사업의 체계적, 종합적인 계획 수립과
포괄적인 사업 추진 체계를 법제화한 〈도시 재정비 촉진을 위한 특별
법〉이 제정되었다. 이어서 2013년 6월 4일에는 해외 도시재생의 최
신 트렌드인 'New Urbanism', 'Urban Village', 'Compact City',
'Smart Growth', ESSD 등의 이념을 수용한 포괄적, 총체적 의미의
〈도시재생 활성화 및 지원에 관한 특별법〉(이하 〈도시재생 특별법〉으로
약칭함)이 제정되어 오늘에 이르고 있다(이동수, 2014: 177-182). 2000

년대 이후 연속 제정된 도시재생 관련 3대 법제, 즉 〈도시 및 주거 환경정비법〉(이하 〈도정법〉으로 약칭함), 〈도시 재정비 촉진을 위한 특별법〉(이하 〈도촉법〉으로 약칭함), 〈도시재생 특별법〉 등은 과거의 물리적, 기계적, 단편적인 도시 재개발의 개념적 한계를 완전히 벗어나서, 도시 거주자의 권익과 편의, 도시민의 삶의 질을 최우선적으로 존중하는 포괄적, 종합적, 통합적인 법령인 동시에(김재광, 2014), 현대 '도시재생'의 의미를 구현한 진정한 의미의 '도시재생' 법제라는 점에서 중요한 의미를 지닌다. 이와 같은 일련의 도시재생 법제 정비·성숙 과정을 거쳐, 우리나라는 전국 도시의 균형 발전 및 전 국민의 삶의 질 향상을 본격적으로 도모하게 되었다.

〈도시재생 특별법〉 제정은 현대 도시재생의 새로운 패러다임을 국내에서 직접 실현할 수 있는 중대하고도 유효한 법적 근거가 되었는데, 실제로 이를 기반으로 국토교통부는 2014년 5월 13일에 새로운 패러다임의 도시재생을 선도하는 13개 지역을 지정하여 장기적으로 사업을 수행하고 있다. 아울러, 2017년 5월 문재인 정부는 신도시 중심 개발의 문제점을 극복하고, 전국 각지의 낙후된 구도심과 불량·노쇠 주거지를 통합적, 포괄적으로 재생하기 위한 국책사업으로서 "도시재생 뉴딜사업"을 체계화하여 추진하고 있다. 이를 위해, '지역 공동체 주도의 지속적, 장기적 혁신 도시'라는 비전 아래, 전 국민 주거복지 확충, 도시 자생력·경쟁력 향상, 일자리 창출, 사회 통합 등을 세부 실천 전략으로 설정하고, 2018년 시범 사업을 개시하였으며, 이를 뒷받침하는 법적 근거로서 〈개정 도시재생 특별법〉을 2019년 11월 28일부터 시행하고 있다. 즉, 현재 우리나라에서 새로운 패러다임의 총체적 도시재생을 추진·구현하는 법제적 근거는 〈개정 도시재생 특별법〉 및 도시재생 뉴딜 사업임을 알 수 있다.

　지금까지 우리나라 도시재생 법제의 개념과 연혁을 살펴보았다. 이를 참고하면서, 이하에서는 현행 도시재생 법제의 구조와 세부 내용을 개괄적으로 탐색하고, 그를 토대로 도시재생 법제의 미래적 발전 방향성을 모색해 보고자 한다.

3. 현행 도시재생 법제의 체계와 내용

　〈도시재생 특별법〉이 제정될 당시인 2013년에는 전국 도시 간 격차 심화와 산적한 도시 관련 문제 등으로 인해, 포괄적, 혁신적인 도시재생 사업이 절실하게 요구되고 있었다. 2003년의 〈도정법〉, 2005년의 〈도촉법〉 제정 및 참여 정부의 정책 방향성 등으로 인해, 전국적인 도시재생 사업 및 뉴타운 사업이 동시 다발적으로 전개되었지만, 2008년에 전세계를 강타한 글로벌 금융 위기로 인해, 사업 자금을 조달하지 못하게 됨에 따라, 완료되지 못하고 중단된 도시재생 및 뉴타운 사업이 급증하였다. 이로 인해 2008년부터 2010년대 초반까지 도시재생은 암흑기를 맞게 되었다. 정부의 무리한 선심성 사업 추진 및 담당 지자체의 역량 부족 등도 사업 부실 및 중단을 촉진한 원인 중 하나로 작용하였다.

　이런 상황으로 인해, 2010년대 초반 우리나라 대부분의 도시들은 도시 기반 시설 부족, 노후 시설에 대한 정비 지체, 지역 산업 쇠퇴와 역외(域外) 이전, 지역 공동체 약화, 유무형 지역 자산 방치 등으로 인해, 도시의 자생적 재생 역량 및 자체 성장 동력이 단기간에 급속도로 쇠퇴하였다(유재윤, 2013: 15). 물적, 인적 기반이 상대적으로 취약한 지방 중소도시에서는 이런 상황이 더욱 심각하여 전국적인 도시 간

격차를 악화시키는 요인으로 작용하였다. 이에 보다 포괄적, 체계적,
도시민 친화적인 동시에, 사회 내부의 갈등과 분쟁을 최소화하고 지
역 공동체는 물론, 전국민 통합에도 기여할 수 있는 새로운 패러다임
의 도시재생의 필요성이 대두되었고, 이를 법제적으로 보장하기 위해
〈도시재생 특별법〉이 제정되었다.

〈도시재생 특별법〉은 현행 도시재생 제도의 미비점을 보완하고,
공공의 역할과 지원을 강화함으로써, 주민 생활 여건을 개선하고 구
도심을 비롯한 도시 내 쇠퇴 지역의 제반 기능을 증진시키고 지역 공
동체를 복원함으로써, '자생적 도시재생'을 위한 기반을 마련하기 위
해 제정되었다(국토교통부, 2012-2019). 이후 총 8차례의 개정을 거쳐,
현재 총 9장 60개 조항으로 확정되었다. 개정의 주요 사항 및 체계를
정리하면 〈표 12-1〉, 〈표 12-2〉와 같다.

〈표 1〉〈도시재생 특별법〉 제정·개정 절차 및 내용

연번	구분	제·개정일	시행일	법률 번호	제·개정 사유
1	제정	2013.06.04.	2013.12.05.	법률 제11868호	- 계획적, 종합적인 도시재생 추진 체제 구축 - 지속적 경제 성장 및 사회적 통합 유도 - 국민 삶의 질 향상에 기여
2	타법 개정	2014.01.07.	2015.01.01.	법률 제12215호	- 국가 균형 발전 특별법 개정 법률 준용 - 제도 운영상 나타난 일부 미비점 개선·보완
3	타법 개정	2015.01.06.	2015.07.01.	법률 제12989호	- 주택도시기금법 일부 개정 법률 준용 - 공기업 운영 책임성 강화 등
4	일부 개정	2016.01.19.	2016.01.19.	법률 제13793호	- 재정 통제 강화를 위해 대상을 명확히 규정
5	일부 개정	2017.12.26.	2017.12.26.	법률 제15317호	- 빈집·소규모 주택 정비 사업, 공공 주택 사업 등 추가 - 도시재생 전략 계획 수립 내용 합리적 조정 - 도시재생 활성화 계획 수립 시 특별건축구

					역 지정 및 건축 협정 인가, 경관 협정 인가 등 의제 처리 수용 - 토지·물건, 권리 취득에 필요한 비용 지원 - 상생 협약에 관한 근거 신설
6	타법 개정	2018.03.20.	2018.03.20.	법률 제15489호	- 국가 균형 발전 특별법 일부 개정 법률 준용
7	일부 개정	2018.04.17.	2018.04.17.	법률 제15601호	- 재난 지역 재생을 위한 '특별재생지역' 제도 신설
8	일부 개정	2017.12.26.	2018.06.27.	법률 제15317호	- 연번 5-7을 통합하여 개선·보완 등
9	일부 개정	2019.08.27.	2019.11.28.	법률 제16562호	- 도시재생 사업 인정 제도 도입 - 도시재생 총괄 사업 관리자 제도 도입 - 도시재생 혁신 지구 지정 제도 도입 - 국유 재산·공유 재산 처분 등에 대한 특례 - 현행 제도 운영상 나타난 일부 미비점을 개선 및 보완

출처: 부산광역시 도시재생 지원 센터, 『2020 도시재생 특별법 해설서』, 2020, p.26.

〈표 2〉〈도시재생 특별법〉의 체계

구분	조문		주요 내용
1장	총칙	제1조	- 목적
		제2조	- 정의
		제3조	- 국가와 지방자치단체의 책무
		제4조	- 국가 도시재생 기본 방침의 수립
		제5조	- 국가 도시재생 기본 방침의 효력
		제6조	- 다른 법률과의 관계
2장	도시재생의 추진 체계	제7조	- 도시재생 특별위원회의 설치 등
		제7조의2	- 실무위원회 설치 등
		제8조	- 지방도시재생위원회
		제9조	- 전담 조직의 설치
		제10조	- 도시재생지원기구의 설치
		제11조	- 도시재생 지원센터의 설치
3장	도시재생 전략 계획	도시재생 전략 계획 등	제12조	- 도시재생 전략 계획의 수립
		제13조	- 도시재생 전략 계획의 내용

제8장	혁신 지구의 지정 등	제41조	- 혁신 지구의 지정 등
		제42조	- 혁신 지구 계획의 효력
		제43조	- 혁신 지구 계획의 효력 상실 등
		제44조	- 혁신 지구 재생사업의 시행자
		제45조	- 혁신 지구 재생사업의 시행 방법
		제46조	- 시행 계획 인가 등
		제47조	- 시행 계획의 작성
		제48조	- 통합 심의
		제49조	- 인가·허가 등의 의제
		제50조	- 건축물 등의 사용 및 처분
		제51조	- 이주민 등 보호를 위한 특별 조치
		제52조	- 개발 이익의 재투자
		제53조	- 준공검사 등
		제54조	- 혁신 지구에 대한 특례
		제55조	- 다른 법률에 따른 개발 사업 구역과 중복 지정
		제56조	- 국가 시범 지구의 지정 등
제9장	보칙	제57조	- 관계 서류의 열람 및 보관 등
		제58조	- 권리 의무의 승계
		제59조	- 보고 및 검사 등
		제60조	- 권한의 위임

출처 : 부산광역시 도시재생 지원 센터, 『2020 도시재생 특별법 해설서』, 2020: 27.

이상과 같은 개정 과정 및 체계를 지니는 〈도시재생 특별법〉은 도시재생의 법제적 개념을 규정하고, 그 간에 관련 부처들이 개별 법령에 의거하여 단편적, 분산적으로 추진·지원해 왔던 각종 사업들의 연계와 통합을 지향하며, 관련 부처들 간의 협업과 공조를 통한 도시재생 사업의 총괄적, 통합적 추진 체계 수립 등을 핵심 목표로 삼고 있다. 즉, 〈도시재생 특별법〉은 도시재생 정책·사업에 관련된 전반적, 포괄적인 사항을 지원하는 종합적, 총체적 지원법으로서의 성격을 지닌다. 이로 인해, 〈도시재생 특별법〉은 '특별법'이라는 명칭이 부가되었지만, 예외적 법률 또는 처분적 법률로서의 속성을 지닌 기존 특별법과는 구별된다고 볼 수 있다.

이는 1980년대 이후의 국지적, 분산적, 단편적인 도시 재개발·재건 사업으로 인한 각종 문제점이 노출되고 누적된 결과, 2000년대 이후부터는 전국 단위의 통합적, 체계적인 도시재생 사업 추진 체계가 절실하게 요구되었고, 여기에 해외 도시재생의 새로운 패러다임의 영향도 수용한 결과, 과거의 법령과는 질적으로 구분되는 종합적, 융복합적 법제를 제정하려는 노력이 반영되고 관철된 것이라고 할 수 있다. 실제로 2006년 이후부터 도시재생 관련 신법 제정을 총괄 지휘한 건설교통부(국토교통부의 전신)는 과거의 분산된 도시 정비, 도시재생 관련 법령들을 모두 통합하여 총체적으로 일원화하는 동시에, 세분화·특성화된 실행 세칙들도 망라하는 "기본법 겸 구체화 법률"로서의 입법을 추진하였다. 이 같은 전략은 도시재생에 관련된 체계적, 포괄적 입법을 구현할 수 있다는 점에서 시의적절한 동시에, 글로벌 도시재생 패러다임에도 부응하는 장점을 지니고 있었다. 반면, 이를 위해서는 국내의 기존 입법 체계를 완전히 재구성 해야하기 때문에, 그런 문제들까지 해결하려면 많은 시일과 인력이 소요된다는 큰 문제점도 대두되었다(길준규, 2011: 15). 이런 문제점을 해결하면서 보다 신속하고 원만한 입법을 이루기 위해, 결국 '특별법 아닌 특별법'의 방식으로 입법이 진행된 것이다.

이러한 상황적, 절차적 특성으로 인해 〈도시재생 특별법〉은 기본법이 지녀야 할 내용적 특성, 구성 요인들(정책 추진 원칙·방향성, 기본 용어 정의, 추진 체계, 재원 조달 방법 등)을 모두 충실하게 구비하고 있으며, 내용적 측면에서도 기본법과 차이가 거의 없음을 알 수 있다(황승흠, 2010: 251). 실제로 〈도시재생 특별법〉의 세부 체제를 살펴보면

〈표 12-2〉 참조), 정책 추진 원칙 또는 방향성은 제1조(목적), 제3조(국가와 지방자치단체의 책무), 제4조(국가 도시재생 기본 방침의 수립)에 명시되어 있고, 기본 용어 정의는 제2조(정의)에서, 정책 추진 체계는 제2장 도시재생의 추진 체계(제7조~제11조), 재원 조달 방법은 제27조(보조 또는 융자), 제28조(도시재생 특별회계의 설치 및 운용) 등에 포괄적으로 명시되어 있다.

이처럼 〈도시재생 특별법〉은 도시재생 정책의 기본법적 성격을 뚜렷하게 지니기 때문에, 도시재생 정책을 효율적, 안정적으로 구현하기 위해서는 '일반법에 우선'하는 특별법의 속성에만 의존할 것이 아니라, 〈도시재생 특별법〉을 도시재생 정책 기본법으로 상정하고 활용하려는 전제 위에, 도시재생과 관련된 다수 법령들을 실제 특별법처럼 상정하면서 〈도시재생 특별법〉과 상호 긴밀하게 연계시켜 활용할 필요가 있을 것이다. 즉, 기본법 격인 〈도시재생 특별법〉과 특별법 격인 다수 관련 법령들이 상호 유기적으로 조화를 이룸으로써, 양자 간에 '법령적 정합성'이 확보될 수 있도록 유도하는 유연한 법령 해석·적용 능력이 반드시 필요할 것이다.

이런 특수한 정황을 고려하면서, 특별법 아닌 특별법, 또는 도시재생 분야의 '특별한 기본법'으로서의 속성을 지닌 〈도시재생 특별법〉과 상호 긴밀하게 연계시킬 수 있는 관련 법령들에 대해서도 살펴보면 다음과 같다. 이 문제와 관련해서 〈도시재생 특별법〉 자체에 이미 (특별법처럼 연계 활용할 수 있는) 도시재생 관련 법령들의 목록이 포함되어 있는데, 이들은 2019년 12월 현재 총 43개로 집계되었다. 관련 법령으로는 〈도시 및 주거환경 정비법〉, 〈도시 재정비 촉진을 위한 특별법〉 등 도시 정비 사업에 관련된 법령부터 〈사회 기업 육성법〉, 〈문화예술 진흥법〉 등 지역 문화, 예술과 공동체 활성화를 위한 법령까지 다양한 법령들이 포함된다. 여기에 시행령, 시행 세칙 등까지 포함하면 100여 항목 이상의 많은 법령들이 도시재생과 직·간접적인 연관성을 지니는 것으로 분석된다.

관련 법령들의 소관 부처들을 살펴보면, 43개의 관련 법령들중 국토교통부 소관 법령이 21개로서 48.8%를 차지하는 것으로 나타났다. 이 외에도 기획재정부(5개, 11.6%), 행정자치부(5개, 11.6%), 문화체육관광부(2개, 4.6%) 등 12개 이상의 다수 부처들이 관련 법령들을 분담해서 주관하는 것으로 분석되었다. 이는 〈도시재생 특별법〉의 제정 목적인 국가·사회의 정치, 경제, 사회, 문화 예술, 생활환경, 주거 편의, 도시민 삶의 질 향상 등을 망라하는 포괄적, 총체적, 종합적인 도시재생을 실천·구현하기 위해서는 〈도시재생 특별법〉의 주관 부처인 국토교통부의 노력이나 지원만으로 되는 것이 아니라, 다양한 관련 부처들을 포괄하는 동시에, 이들을 모두 균형적으로 관리하고 지원하는 범정부적 노력과 법제 개선 의지가 필요하다는 사실을 잘 보여준다. 이러한 상황은 해외의 도시재생 패러다임 및 추진 실제와도 일치한다고 볼 수 있다.

도시재생 관련 법령들을 목적별로 살펴보면, 〈도시재생 특별법〉을 중심으로 물리적인 도시 환경 개선에 관련된 법률, 소프트웨어 운영에 관련된 법률, 도시재생 사업 활성화를 위한 특례 법률, 도시재생 사업의 재원에 관한 법률 등으로 분류할 수 있다. 연계 목적별로 살펴보면, 첫째, 〈국토기본법〉, 〈국토의 계획 및 이용에 관한 법률〉 등은 〈도시재생 특별법〉에서 지정하는 법령 내용 및 적용 범위가 저촉되어서는 안 되는 상위 법령이다.

둘째, 〈도시 및 주거환경 정비법〉, 〈산업 입지 및 개발에 관한 법률〉 등은 도시재생 활성화가 시행되는 지역 내에서 물리적 환경 개선을 위한 도시재생 사업 절차 및 세부 내용을 규정하는 법령이다.

셋째, 〈문화예술 진흥법〉, 〈사회적기업 육성법〉 등은 주민 역량의 강화, 지역 문화 진흥, 지역 상권 개발, 청년 창업 등과 연계된 다양한 도시재생 프로그램 운영에 관련된 법령들이다.

넷째, 〈건축법〉, 〈조세특례 제한법〉 등은 도시재생관련 사업에 대한 민간 부문 참여를 촉진하기 위한 건축 규제 완화, 금융 자금 지원, 국유 재산 또는 공유 재산 처분에 관련된 특례법 등 공공의 행정·재정 지원을 위한 연계 법령이다.

다섯째, 〈공유재산 및 물품 관리법〉, 〈주택도시 기금법〉 등은 도시재생사업 재원 조달, 도시재생 활성화, 도시재생 기반 시설의 설치, 귀속 등 사업 관련 재원 및 재산 처분에 관련된 법령들이다.

이상과 같은 다양한 법령들(특별법 격)과 〈도시재생 특별법〉(기본법 격) 간의 유기적 연계성, 법률 운용의 정합성(Coherence) 등을 통해, 도시재생사업의 궁극적 목표인 도시의 경제적, 사회적, 문화적 활력을 총체적으로 회복하고, 쾌적하고 세련된 도시민 및 전국민을 위한 안락한 삶의 터전을 재창출할 수 있도록 하기 위해, 중앙 정부, 지자체, 관련 부처 간의 역량들을 융합하고 집중해야 할 것이다.

〈표 3〉 〈도시재생 특별법〉과 도시재생 관련 법령 간의 연계 활용

연계 목적	〈도시재생 특별법〉, 〈도시재생특별법 시행령〉 내 조항	관련법
상위법	법령 제4조(도시재생 기본 방침 수립) 제2항, 법령 제12조(도시재생 전략 계획 수립) 제2항, 법령 제21조(도시재생 활성화 계획 효력) 제3항	국토 계획 및 이용에 관한 법률, 국토기본법, 수도권 정비 계획법, 토지 이용 규제 기본법 등
도시재생 활성화 지역 내의 물리적	법령 제2조(정의) 1항 7호, 시행령 제2조(도시재생 사업), 시행령 제3조(공동 이용 시설의 종류)	도시 및 주거환경 정비법, 국토 계획 및 이용에 관한 법률, 도시 재정비 촉진 특별법, 도시개발법, 역세권 개발·이용에

환경 개선에 관한 법률		관한 법률, 경관법, 주택법, 건축법, 도시교통 정비 촉진법, 산업 입지·개발에 관한 법률, 대도시권 광역 교통 관리 특별법, 국가 통합 교통체계 효율화법, 전통 시장·상점가 육성 특별법, 항만법, 관광진흥법 등
도시재생 활성화 지역 내의 프로그램 운영에 관한 법률	법령 제26조(도시재생 사업 시행자), 시행령, 제13조(도시재생 지원 기구 지정 등), 시행령 제15조(도시재생 지원 센터의 업무)	지방 공기업법, 협동조합 기본법, 전통 시장·상점가 육성을 위한 특별법, 문화예술진흥법, 사회 기업 육성법 등
도시재생 사업 활성화를 위한 특례 법률	법령 제27조(보조 또는 융자), 법령 제28조(도시재생 특별 회계 설치 및 운용), 시행령 제33조(보조 또는 융자 방법), 시행령, 제37조(국유재산·공유재산 처분에 관한 특례 적용 범위), 시행령 제38조(지방세 감면 절차), 시행령 제39조(건축 규제 완화 등에 관한 특례 적용범위)	지방세법, 조세 및 지방세 특례 제한법, 개발 이익 및 재건축 초과 이익 환수에 관한 법률, 수도권 정비계획법, 주택도시 기금법, 주택법, 건축법, 주차장법, 농지법, 초지법, 환경개선비용 부담법, 산지관리법, 도시교통정비 촉진법, 자연환경 보전법, 공유수면 관리·매립에 관한 법률, 대도시권 광역교통 관리에 관한 특별법, 국토 계획·이용에 관한 법률, 문화예술진흥법, 의료법, 상법 등
도시재생 사업 재원 및 재산에 관한 법률	법령 제27조(보조 또는 융자), 법령 제30조(국·공유재산 등 처분), 시행령 제34조(도시재생 특별 회계 설치·운용), 시행령 제35조(도시재생 특별회계로 전입되는 재산세 비율), 시행령 제37조(국·공유 재산의 처분에 관한 특례 적용 범위), 시행령 제44조(도시재생 선도 지역에서 도시재생 기반시설 설치비용 지원)	국가재정법, 국유재산법, 주택도시 기금법, 지방재정법, 지방세법, 공유재산·물품 관리법 등

4. 도시재생 법제의 발전 방안과 인천시 시사점

지금까지 우리나라의 도시재생 관련 법제의 정비·발전 과정 및 현행 도시재생 정책 분야의 기본법 격에 해당하는 〈도시재생 특별법〉의

체계, 세부 내용, 특성 등을 살펴보았다. 1960년대부터 거의 60년에 가까운 장기간의 정비·재정비 과정을 거쳐 단계적, 연속적으로 진화한 도시재생 법령은 2013년의 〈도시재생 특별법〉으로 체계화되고 집대성되었다. 〈도시재생 특별법〉은 현대 도시재생의 새로운 패러다임을 충분히 반영하면서도 국내 법률 체계를 저촉하지 않는 범위 내에서 특별법 형식을 차용한 특수한 성격의 기본법으로 정비·재정비되었다. 이로 인해, 도시재생의 궁극적 목표이자 핵심인 전국 도시의 경제적, 사회적, 문화적, 예술적 활력 향상과 총체적, 종합적 도시재생을 안정적으로 구현하기 위해서는 〈도시재생 특별법〉과 다수의 관련 법령 간의 유기적 연계성, 적용 과정의 정합성, 논리적 통일성 등이 보장되어야 한다. 이러한 특수한 성격과 상황으로 인해 〈도시재생 특별법〉은 많은 장점을 지님에도 불구하고, 구조적 문제점, 보완점 등도 지적된다. 또한 인천광역시의 경우 도시재생 활성화 및 지원에 관한 조례도 신설이 되었지만 아직은 진행과정에 있다. 이 같은 문제점, 보완점에 대한 인식을 토대로 도시재생 관련 법제의 미래적 발전 방안을 모색해 보고자 한다.

첫째, 기본법 격에 해당하는 〈도시재생 특별법〉과 그를 보조하면서 현실적, 구체적인 사업 시행 규칙의 근거를 제공하는 특별법 격인 관련 법령들 간의 정합성, 논리적 완결성을 보장하는 데 필요한 세부 조항들이 부재한 경우가 종종 발견된다(이지현·남진, 2016). 이는 흔히 '법제적 흠결'이라는 개념으로 설명되는데, 현실적으로 법제적 흠결이 없는 완벽한 법령을 구축하는 것은 불가능에 가깝다고 지적된다. 특히, 포괄적, 총체적, 통합적 정책을 지향하는 현대 도시재생의 광범위하고도 다양한 사업 내용과 세세한 절차들을 추진하는 과정에서 관련 법령들의 완벽한 정합성을 보장하는 것은 대단히 어려운 일임을 알 수 있다. 이 같은 도시재생 분야의 법제적 흠결을 해결하기 위해, 해외 주요국들도 많은 법제적 모색과 연구에 집중하고 있는데, 국내의 대표적인 상황을 살펴보면 다음과 같다.

우선, 조세 감면이 도시재생 사업에 대한 민간의 자율적, 능동적 참여를 촉진하는 중요 수단임에도 불구하고, 이를 위해 요긴하게 필요한 〈조세 특례 제한법〉과 〈지방세 특례 제한법〉의 개정 작업이 동반되지 못한 관계로, 현재 도시재생 민간 사업자에 대한 조세 감면은 불가능한 것으로 알려져 있다. 이로 인해 국내의 도시재생 사업은 대부분 공공의 출자에 의존할 수밖에 없는데, 이런 경우 단기성, 일회성 사업에 그치거나 정치적 수단으로 오용될 가능성이 높아서, 사업의 지속성, 영속성을 보장하기 힘들게 된다. 이런 문제점을 개선하면서 민간의 활발한 참여를 통해 지속 가능한 도시재생 사업을 발전·정착시키기 위해서는 조세·지방세 관련 개정 및 그를 통한 도시재생 관련 법령들의 정합성 향상에 노력을 기울여야 할 것이다.

다음으로, 도시재생 사업 과정에서 흔히 수반되는 젠트리피케이션 (gentrification)과 같은 부작용을 방지하면서, 지역 소상공인이나 문화·예술인 등을 보호·육성하기 위해서는 이들에 대한 지방세 감면 등 지원 정책이 요구된다. 그러나 이 역시도 상술한 것처럼 〈조세 특례 제한법〉, 〈지방세 특례 제한법〉의 개정이 동반되지 못한 관계로, 현재로서는 대응책이 사실상 부재한 실정이다. 이 같은 문제점을 개선하고, 도시 지역 내 모든 공동체의 공평하고도 균형적인 발전을 보장하기 위해서는 지방세의 합리적인 개선·개정이 추진될 필요가 있을 것이다.

아울러, 도시재생의 세부 추진 절차 중 중요 영역을 차지하는 도시활성화 계획은 현행 법령 구조상 도시관리 계획 중에서도 용도 지역

·지구 활성화, 기반 시설 활성화 등 일부 제한적인 사항에 한하여 의제 처리만 가능하도록 규정된 관계로, 전반적인 계획 수립이나 원활한 사업 진행 등이 사실상 불가능한 실정이다. 이 같은 제한된 규정을 타파하고 도시 관리 계획의 실행 가능 범위를 확대함으로써, 도시재생 사업 운용의 효율성을 제고해야 할 것이다.

둘째, 이 밖에도 관련 규정의 중복 또는 상충 등으로 인해 〈도시재생 특별법〉과 관련 법령 간의 정합성, 유기적 연계성 등이 손실되고 법제 충돌로 인해 필요한 도시재생 사업을 제대로 추진하지 못하는 경우가 적지 않은 것으로 알려져 있다. 이런 문제점을 점진적으로 극복하면서 도시재생 관련 법제의 정합성, 완결성, 논리적 타당성 등을 단계적으로 제고하고, 그를 토대로 포괄적, 총체적, 융합적 도시재생을 구현하기 위해 부단한 노력과 연구를 집중해야 할 것이다.

셋째, 도시재생에 대한 인식과 이해의 폭을 더욱 확장하고 심화하기 위한 정책 홍보 또는 법제 관련 교육을 강화할 필요가 있다. 도시재생은 구도심 또는 중심 시가지에 대한 종합적인 재생·재활성화를 통해, 도시 전체의 부흥과 혁신을 촉진하고, 경제적, 산업적 성장과 환경 보전이 상호 조화를 이루는 이상적, 합리적인 도시 재개발·재정비 및 '지속 가능한' 성장 동력을 확보하기 위한 프로젝트로 규정된다(금기반, 2007: 12). 이런 의미에서 도시재생은 물리적, 산업적 현황 개선, 도시 주민 GDP 증가 등과 같은 통계적, 정량적 지표 향상만을 추구하는 기계적, 성과 중심적 재생·재정비가 아니라, 인간 중심적, 친환경적 목표 하에, 도시의 모든 구성 요소, 즉, 경제, 사회, 환경, 문화, 예술 등이 유기적으로 조화와 균형을 이루는 동시에, 인간 삶의 기반인 도시 공간을 지속적, 장기적으로 개선·향상시키기 위한 총체적, 통합적 접근 방식이 되어야 한다(서의권, 2010: 23). 울러, 도시재생은 1980년대의 도시 재개발(Urban Redevelopmen)처럼 경제적, 물리적으로 쇠퇴한 도시 내 일부 지역(주로 주변부)만을 대상으로 개별 프로젝트를 진행하고, 그를 토대로 특정 지역 또는 특정 현안만을 국지적, 단편적으로 해결하는 방식이 아니라, 도시 전체의 지속 가능한 발전과 질적, 내용적 성장, 도시민의 삶의 질 향상이라는 총체적, 통합적 목표 하에, 도시 지자체 또는 공공 기관과 민간의 파트너십을 통해, 도시민의 삶의 터전을 전반적으로 재활성화하고 새롭게 가꾸어나가는 의미 있는 작업이 되어야 한다(김지연, 2018: 19-20).

넷째, 법제화 측면에서 미흡 부분도 있지만 현재 인천시 도시재생 활성화 및 지원에 관한 조례에는 주민의 참여에 관한 내용에 있어서 내용이 아직 미흡한 편이다. 주민협의체를 설립하는 것에 관한 규정만 있고 그 단체가 어떤 역할을 할 수 있는지 대도시화 되고 있는 인천시의 앞으로의 문제가 제기될 젠트리피케이션등의 문제에 대한 해결방안에 대해서는 미온적이다. 인천시는 재생사업을 진행해야 할 지역이 다른 지자체에 비해서 많은 편이다. 사업진행의 속도나 도시재생지원센터의 역할이 상당히 필요할 것으로 보이기 때문에 단순히 도시재생지원센터의 설치와 구성에 대한 것 보다는 역할에 대한 중요 부분을 이관하여 빠르게 진행될 수 있도록 해야 하는 권한 부여가 시급해 보인다. 단순한 주민제안의 사전검토, 주민협의체 지원, 지역공동체 활성화 및 지역 균형발전 차원의 사업을 지원하는 연계와 소통의 업무에서 머무르지 말고 직접적으로 사업을 진행함에 있어서 업무범위를 넓혀서 인천시의 지역특성에 맞는 재생을 추진해야 한다.

이런 의미에서, 현대의 도시재생은 도시 내부의 구조적 문제 해결만을 위한 것이 아니라, 도시와 도시를 포함한 국가 전체, 나아가 글로벌 환경 문제의 개선과 해결, 도시민을 포함한 전인류의 삶의 질 향상 등을 궁극적으로 지향하는 대단히 중요하고도 건설적, 진취적인 미래 정책이라고 할 수 있다. 이처럼 심도 있고 원대한 현대 도시재생의 본질과 핵심을 최대한 구현하고 관철할 수 있는 법제 구축 및 법 적용의 정합성, 효율성을 높이고, 도시재생 사업 추진 과정에서 추진 주체 및 이해 당사자 간의 원만한 화합과 협동, 공조 체제를 보장할 수 있는 쌍방향적 상호 작용과 커뮤니케이션, 민주적 의사 결정 방식 등을 구축·활성화해야 할 것이다.

에필로그

이제 '도시재생의 이해'책을 마무리 할 시점이다. 이 책을 출간하면서 느낀 생각 중에 하나는 "인천의 특색은 과연 무엇인가?"하는 것이었다. 인천은 바다도 있고, 지금은 송도 글로벌 도시가 조성되었는데, 여전히 인천하면 확연히 떠오르는 것이 별로 없다. 서울은 한강, 남산, 광화문, 종로, 요즘에는 강남, 코엑스 등 다양한 지역과 이미지가 떠오른다. 부산하면 해운대, 바다, 광복동, 남포동, 영도다리 등 특정 몇몇 지역이 부산만의 독특한 정취를 뿜어낸다. 그런데 인천하면 글쎄, 요즘은 아마 인천공항, 송도 경제자유구역 등이 떠오르지만, 얼마 전까지만 하더라도 인천하면 항만, 공장, 회색빛 도시 이미지를 떠올리는 사람들이 많았을 것으로 생각된다.

한국사회와 도시는 1960년대부터 지난 60년 동안 전 세계가 알아줄 정도로 무단한 발전과 성장을 지속해 왔다. 그런 결과로 이제 한국도 선진사회에 들어섰지만, 고도성장에 따른 과실과 풍요만 있는 게 아니라 피로와 질병 또한 만만치 않다. 특히 인천은 고도성장과정에서 생산과 수출을 위한 전초기지로 역할을 수행하며, 인천을 위한 인천의 정책들이 수행되지 못하고 서울의 배후도시 역할을 위한 교통·물류·주택·산업정책들이 추진되었다. 그 결과 도시는 경인철도와 고속도로로 양분되었고, 바다는 시민을 위한 공간이 아니라 수출입 물류를 위한 공간이었으며, 서울과 수도권에서 배출된 쓰레기는 인천으로 모여 산을 이루었고, 공단에서 내뿜는 공해에 찌든 도시 모습을 보였다.

　지금부터 불과 40년 전만 하더라도 인천은 구월동 택지개발로 인천시청과 길병원 건물 외에 황량했던 벌판들, 남동공단 개발로 분주히 매립사업이 시작되었던 시기로 인천은 외연이 확대되며, 어수선하면서 바쁘게 움직였던 시절이었다. 20년이 지나서 2005년 송도·청라·영종 경제자유구역이 개발되면서 세계화·글로벌화를 위한 프로젝트가 추진되었고, 새로운 인천으로 급격히 변화하는 사업이 진행되었다. 송도신도시에서 경제자유구역으로 변모한 송도는 바이오·첨단산업·교육환경 등 세계적인 도시로, 영종도는 세계적인 국제공항을 기반으로 하는 항공·물류와 해양레저 등 도시로 탈바꿈하고 있고, 글로벌 금융과 복합레저·신주거단지로 계획된 청라는 이제 첨단의료·복합문화 및 레저 등 글로벌 도시로 변모하고 있다. 300만 인구의 인천은 이제 대한민국의 제3의 도시에서 제2의 도시로 향하고 있으나 주거와 산업단지의 혼재 등 도시의 불균형과 대형차량으로 야기되는 시민들의 불안전, 소음과 먼지의 환경문제 등은 향후 풀어야 할 과제들로 남아있다. 더욱이 근대개항의 국제도시였고, 관문이었던 원도심은 주민이주와 상권의 변화로 인천의 중심을 내 주어야 했으며, 인천의 해안선은 여전히 산업시설·국가안보 등으로 시민들의 접근이 어려운 상황에 있다. 그래서 인천은 아직까지 서울의 외곽으로 저평가 되고 있고, 오죽하면 도시학자 테오토르 폴 킴의 책 '도시 클리닉' 288쪽에는 이런 말이 나왔겠는가?

　　더 심각한 곳이 있다면 인천 전역에 펼쳐진 공장단지다. 인공위성 사진에서 드러난 인천광역시는 인구 약 250만 명 이상이 사는 정상적인 도시가 아니라 오염된 고물과 부패된 고철 덩어리들을 잔뜩 쌓아놓은 창고지대와 다를 바 없다. 월미도에서 만석동, 가좌1동, 용두산 아래까지 펼쳐진 거대한 공장단지 지대에는 인간은커녕 동식물도 살아갈 수 없는 삭막한 자연환경인데다 매연과 오염만이 매일같이 뿜어 나오고 쏟아내는 지옥의 환경이다.

이 책은 10년 전인 2011년에 출간된 책으로 지금의 인천과는 상황이 많이 다를 수 있다. 비록 그렇더라도 윗글을 접하면서 인천에서 도시를 연구했던 집필진은 한편으로는 이런 비판에 화가 치솟았으며, 다른 한편으로는 외부 전문가들이 인천에 대해 이런 혹독한 평가를 하는구나 하며 얼굴을 붉혔다. 아무리 그렇더라도 이 책의 인천에 대한 비판내용은 지나치게 선을 넘었다는 생각이 든다. 10년 전이라 하더라도 인구 250만이 사는 한국 제3의 도시인데, '인간은커녕 동식물도 살아갈 수 없는 지옥의 환경'으로 표현한 것은 인천을 너무 모독한 것이 아닌가?

2021년 12월에 열린 인천도시재생에 관한 세미나에서 외부 전문가로부터 흥미 있는 이야기를 들었다. 인천에 대해 내부에서 보느냐와 외부에서 보느냐에 따라 인천에 대한 인식과 평가가 사뭇 다르다는 것이다. 특히 부산에서 도시에 대한 논의를 할 때에는 인천을 잠재적 경쟁상대로 느끼며 인천의 변화와 성장에 대해 상당히 높은 관심과 신경을 쓰고 있다는 것을 확연히 알 수 있다고 한다. 그런데 인천에 와서 도시에 대한 이야기를 할 때에는 부산에 대해 별로 논의하지 않고 상대적으로 신경을 덜 쓰는 것을 느꼈다고 말했다. 그리고 부산은 인천을 정체성이 부재하며, 뭔가 복잡하고 난해한 주변부 도시로 견제하는 인상을 받았다고 이야기 했다.

부산은 한동안 인천을 자기들의 경쟁상대가 아닌 언더독(underdog:

상대적 약자)으로 평가를 했었는데, 인천이 대구를 넘어 인구 300만 도시로 부상을 하니 다크호스(dark horse: 의외의 강력한 상대)로 인식하여 견제구를 날리는 모양새이다. 그런데 인천을 다크호스로 본다면 뭔가 아직도 인천의 진면목을 보지 못하고 있는 듯하다. 인천은 이제 다크호스를 넘어 한국 최고 경쟁력을 갖는 탑건(top gun) 도시로 부상을 꿈꾸고 있다. 그러니 부산이여, 긴장을 푸시라! 인천은 부산과 노는 물도 다르고 지향하는 바도 다르니 경쟁관계에 있지는 않을 것이다. 부산은 오랫동안 일본과 잘 놀았는데 인천은 일본이 아니라 중국과 관계를 맺을 거고, 부산은 국내 2위 도시 고수를 지향하지만, 인천은 동북아시대 글로벌 중심지를 지향하고 있으니 가고자하는 방향과 목표가 다르다. 그래서 인천에서는 부산에 대해 별로 이야기하지 않고, 어떻게 하면 서울 변방을 넘어 서울을 변방에 둔 동북아시대에 최고의 글로벌 중심도시를 만드는 일에 집중하고 있다는 말이다. 이를 위해서는 인천이 풀어야 할 도시재생의 과제가 남아있다.

인천이 다가오는 동북아시대에 글로벌 중심도시로 부상하기 위해서는

첫째, 원도심의 내항이 잘 개발되어 시민을 위한 공간으로 조성되어야 한다.

둘째, 경인철도와 고속도로에 의해 단절된 인천 내부가 (지하화를 통해)연결되어야 한다.

셋째, 구도심 산업공단(주안, 남동공단 등)의 선진화·첨단화가 추진되어 양질의 일자리가 창출되어야 한다.

넷째, 송도·청라·영종 경제자유구역과 구도심 사이의 불평등 격차가 해소되어야 한다.

　위 네 가지 문제 가운데 처음 세 문제를 해결하면 마지막 네 번째 문제는 자연적으로 해소될 것으로 예상한다. 그리고 문제해결을 위해서는 정부와 공무원 조직이 혼자서 일방적(하향식)으로 문제를 해결하려고 하지 말고, 인천지역의 시민, 전문가, 경제계, 언론계, 시민단체 등과 긴밀히 협력과 소통하여 집단지성과 다중지혜를 끌어내는 거버넌스 시스템을 구축해야 한다. 이 말은 정부와 공무원 조직이 무능력하다는 것을 의미하는 것이 아니라, 세상이 너무 복잡하고 빠르게 변화하기 때문에 공공부문의 지식과 정보에 더하여 민간부문의 지혜와 경험을 결합하면 인천발전을 위한 더욱 바람직한 대안을 도출할 수 있다는 것이다. 그리고 현세대에는 어떤 사회집단이나 계층·인종·신분·계급도 정보와 지식, 경험과 노하우를 독점적으로 가지고 있지 못하다.

　도시는 우리가 보존하고 물려주어야 할 유산이다. 우리가 그렇게 하지 않으면 후세는 장소의 역사와 문화, 기억과 흔적을 박탈당하게 된다. 이런 의미에서 도시재생은 후대에게 도시라는 보물을 남겨주어 장소의 역사와 문화를 읽고 해석할 수 있는 열쇠를 건네주는 작업이라고 할 수 있다. 그래서 이 책에서 특히 강조한 점이지만, 도시재생은 도시계획이나 개발보다 한층 복잡한 작업이다. 도시계획이나 개발은 주민이 거주하지 않는 빈공간이나 살고 있는 지역의 전면철거를 통한 재개발·재건축을 시도하는 것이 대부분이지만, 도시재생은 현재 주민이 거주하는 지역, 그것도 현재 낙후와 쇠퇴상태에 있는 지역에 활기를 불어넣기 위한 활동이다. 이런 맥락에서 도시재생은 현재 살고 있는 주민과 공동체, 지역 전문가와 시민단체, 지역 소상공인과 디벨로퍼가 합심하여 도시재생을 위한 장소적 가치와 재생 DNA를 발굴 및 육성하고 부가가치를 부여하기 위하여 민간과 공공부문 사이에 긴밀한 소통과 협력관계가 구축되어야 한다.

향후 30년이 지난 2050년 인천은 어떤 모습일까? 통일한국을 볼 수 있을까, 아니 그 과정에서 남북교류사업은 진전을 보지 않을까. 세계적인 공항과 항만, 여객터미널은 운송과 물류에서 대단한 활약을 할 것으로 예상되며, 영종도와 강화도, 송도가 큰 역할을 할 것으로 기대된다. 혼재되어 있고, 낙후된 공단과 산업단지는 재배치될 것이고, 꽉 막혔던 해안선은 1·8부두 재생사업을 필두로 시민들에게 바다를 돌려줄 것이다. 원도심은 재생사업으로 복원되고 재창조되어 새로운 주거와 교육환경, 일자리로 주민들이 돌아오고, 개항장일대는 국내 뿐 아니라, 근대개항의 역사와 관련된 미국, 독일, 중국, 일본 등 관광객으로 세계적인 근대문화·역사 관광명소로 본래 인천의 주인공 자리를 되찾을 것이다. 이를 위해서 이제 서울의 외곽으로 인천이 아니라, 동북아시대의 글로벌 중심도시 인천을 만들기 위한, 인천에 의한, 인천의 정책이 강력히 추진되어, 인천의 펀더멘탈을 강화하고 인천만의 고유 DNA를 발굴 및 육성하여 더 이상 언더독이 아닌 진정한 탑건 도시로 진화하는데 이 책이 미약하나마 일조하기를 기대한다.

마지막으로 집필진이 이 책을 출판하게 된 주요 동기는 2019년에 인하대학교 대학원에 도시재생학과가 개설되어 도시재생 전문가를 양성하는 거점 교육기관으로 선정되었는데, 막상 대학원생과 외부 전문가를 교육하려고 하니 적절한 교재가 눈에 띄지 않았다. 현재 출판된 교재들은 대부분이 사례 중심으로 논의하였고, 도시재생 이론과 원리에 대한 내용이 빈약하다는 것을 느끼고 이 부분에 초점을 맞추어 집필하게 되었다. 처음 집필할 때는 인천과 수도권 서남부에 중점을 두고 내용을 전개하려 했는데, 도시재생 전문가와 연구자들에게 필요한 이론과 원리에 집중하다보니 인천과 수도권 서남부지역 내용이 다소 미흡한 것도 사실이다. 향후 기회가 허락하면 이 점을 보완하여 후속작업을 진행할 것을 약속드리며, 다시 한 번 출간기회를 준 인천학연구원에 깊이 감사드리며 책을 마친다.

참고문헌

강문수(2013), 『도시개발사업 패러다임변화에 따른 법제개선방안연구』, 한국법제연구원.

강성진·김승택·오영석·이대창·이상호·장진규·황성진(2009), 『녹색산업과 일자리 전 망』, 경제·인문사회연구회 녹색성장 종합연구 총서 10-02-01(1).

강지선·조은영·김광구(2018), 「도시재생 공론화 과정 연구」, 『한국지역개발학회지』 30(3).

강현철·최조순(2018), 「공공가치 관점에서 본 도시재생 뉴딜사업의 비판적 고찰」, 『정책개발연구』 18(2).

건설교통부(2005), 〈한국형 기업도시 개발 모델 마련〉, 2005.01.04 보도자료.

경인일보(2016), 〈인천의 홍대 신포동 '젠트리피케이션 주의보' (상)〉, 2016.01.28 기사.

경향신문(2009), 〈'도심속의 기적' 성미산 마을 공동체〉, 2009.02.17 기사.

_____(2015), 〈[도전하는 도시]명물이 된 산업사회 퇴물들… 폴란드 우츠·프랑스 베르시 등 관광 명소로〉, 2015/03/01 기사.

계기석(2007), 「도시재생을 위한 종합적 계획과 사업추진」, 『한국도시행정학회 학술발표대회 논문집』.

곽데오도르(2004), 「스페인 바스크문화의 중심도시 빌바오」, 도시 빌바오와 프랭크 게리, 마루(34).

곽인섭(2011), 「해양환경은 해양 GNP시대의 기방니다」, 『해양수산』 2011년 5월호.

관계부처 합동(2021), 「한국판 뉴딜 2.0: 미래를 만드는 나라 대한민국」, 기획재정부, 2021.07.14.

국무조정실 국무총리비서실(2019), 「제3차 녹색성장 5개년 계획 보도자료」, 국토연구원, 『국토이슈리포트』 제6호.

국민대통합위원회(2014), 『소통과 갈등관리』.

국제신문(2010), 〈재개발 일본에서 배운다〉, 2010.02.28 기사.

국토교통부(2012-9), 「도시재생 활성화 및 지원에 관한 특별법안 검토보고서」.

_____(2014a), 「도시재생 선도지역 사업시행 가이드라인」.

_____(2014b), 「도시재생 선도지역 사업 모니터링·평가계획」.

_____(2017), 「도시재생 뉴딜사업 신청 가이드라인」.

_____(2019), 「도시재생 뉴딜사업 (중심시가지형·일반근린형) 도시재생 활성화계획수립 및 사업시행 가이드라인」.

국회예산정책처(2018), 「도시재생 뉴딜분석」, 국회.

권대중·주민호·조상배(2018), 『도시재생의 이해』, 부연사.

금기반(2007), 「중심시가지 재생을 위한 도시계획적 접근에 관한 연구 : 대전광역시 사례를 중심으로」, 한양대학교 대학원 박사학위논문.

길준규(2011), 「도시재생법(안)의 계획법적 검토」, 『토지공법연구』 53.

김경배(2002), 「Towards Sustainable Neighbourhood Design: General Principles, International Examples and Korean Applications」, Unpublished Ph.D thesis, Department of City and Regional Planning, Cardiff University.

_____(2004), 「서구의 지속가능한 도시건축 이념과 실천사례」, 『건축』 47(12).

_____(2005), 「Towards Sustainable Neighbourhood Design: A Sustainability Evaluation Framework and A Case Study of The Greenwich Millennium Village Project」, 『Journal of Architectural and Planning Research』 22(3).

_____(2010), 「수변공간의 환경친화적 조성방안」, 『Auri M』 2.

_____(2018), 「고부가가치 항만재개발: 해외사례 분석을 통한 시사점고찰」, 『GLOBAL PORT REPORT』, 31.

김경배 외 2인(2019), 「인천내항 일원 항만재개발 마스터플랜 아이디어 국제공모 최종보고서」, 해양수산부·인천광역시·LH공사·인천항만공사.

김공양(2016), 「도시재생사업 사례의 성과 분석과 발전 방안 연구 : 창원(마산)시를 중심으로」, 경상대학교 대학원 박사학위논문.

김동완(2019), 「도시재생 다시 읽기: 이데올로기로서 쇠퇴도시와 도시재생」, 『경제와 사회』.

김두환·이윤상·이삼수(2007), 「도시개발과정에서 주민참여를 통한 이해갈등조정」, 『시민사회와 NGO』 1.5(1).

김묵한(2015), 「구로공단 그리고/혹은 G밸리」, 서울연구원, 『서울경제』 2015년 4월호.

김문조(2003), 「복잡계 패러다임의 특성고 전망」, 『과학기술연구』 3(2).

김상민(2017), 「지역공동체 주도의 지역활력 증진: 영국 커뮤니티 앵커의 시사점」, 한국지방행정연구원, 『지방자치 정책 Brief』 제27호.

김상신(2019), 「시흥, 주민 주도 도시재생 추진사례와 방향」, 『국토』.

김상원(2021), 「문화로 도시를 재생하다: 독일과 스페인 사례를 중심으로」, 서울역사편찬원, 『세계도시설명서』.

김상원 외(2011), 「도시재생사업을 통한 컬쳐노믹스 복지 실현 방안에 관한 연구」, 『인문콘텐츠』 22.

_____(2012), 「문화도시 공간규모에 따른 창조적 재생 사례연구」, 『독어교육』 55.

김상일·허자연(2016), 『서울시 상업 젠트리피케이션 실태와 정책적 쟁점』, 서울연구원.

김석호(2019), 「주민자력형 도시재생 1번지 창원, 대한민국 대표 모델로 진화」, 『국토』, 82-87.

김성도(2014), 『도시 인간학 : 도시 공간의 통합 기호학적 연구』, 안그라픽스.

김수린·남경숙(2019), 「문화적 도시재생 사례의 감성디자인 특성 연구: 돈의문 박물관 마을사례 중심으로」, 『한국실내디자인학회 학술대회논문집』 21(3).

김수진(2018), 「포용도시를 위한 도시취약지역 실태와 정책제언」, 국토연구원.

김순은(2004), 「도시 거버넌스의 구축 요건: 부산광역시를 중심으로」, 한국행정학회 동계학술대회, 거버넌스 패러다임에서 조명하는 행정(학)의 과제.

김승택(2009), 「녹색성장을 통한 일자리 창출 연구」, 세종: 한국노동연구원.

김연진(2015), 「도시재생사업에서의 문화예술 도입방안 연구」, 한국문화관광연구원.

김영환(2001), 「영국의 지속가능한 주거지 재생계획의 특성」, 『국토계획』 36(1).

김욱진(2020), 「공동체 I」, 한국학술정보(주).

김재광(2014), 「도시재생 관련법제의 현황과 법적 과제」, 『토지공법연구』 64.

김종민·김승희·이원학(2012), 「유럽 쇠퇴도시들의 부활 그리고 시사」, 강원발전연구원.

김준우·김용구·전동진(2018), 「신포동 젠트리피케이션 현상에 대한 연구」, 『인천학연구』 29권.

김준현(2010), 「지역 자활거버넌스 실태 연구」, 서울시정개발연구원.

김지연(2018), 「도시생태공원의 유형분류 및 관리평가지표 개발-서울특별시를 중심으로」, 동국대학교 대학원 박사학위논문.

김천권(2014), 『현대도시행정』, 대영문화사.

_____(2017), 『현대도시개발』, 대영문화사.

_____(2021), 『진화의 도시』, 푸른길.

김춘선 외 7인(2013), 『항만과 도시』, 블루앤노트.

김태경(2015), 「판교테크노밸리의 성공요인과 서울 경제에의 시사점」, 서울연구원, 『서울경제』 121호.

김태달(2015), 「Agile 방법론을 이용한 S/W개발 프로세스 및 성숙도 측정」, 『The journal of the institute of internet, broadcasting and communication』 15(6).

김태현(2015), 「서울형 도시재생전략계획의 방향과 실행전략」, 서울연구원.

김태환(2010), 「진화하는 경제문화도시, 빌바오(Bilbao)」, 『국토』.

_____(2019), 「경리단길을 통해 본 핫플레이스의 성장과 쇠퇴」, KB경영연구소, 『KB지식비타민』.

김하운(2015), 〈전국의 1.5%, 의외로 산업단지 생산비중 낮은 인천〉, 인천in, 2015.11.02 칼럼.

김학용·김근성(2019), 「역사·건축문화자원을 활용한 도시재생 방안 : 진주시를 중심으로」, 『인문콘텐츠』 55.

김현수·김갑성·최창규·이영성·마강래·우명제·임미화·여춘동(2018), 「거점중심 도시재생 뉴딜」, 『도시정보』 434.

김형구·강동구(2020), 「수원화성 동문 밖 행복삶터 "연무마을"의 함께 하는 도시재생」, 『도시정보』 455.

김형균(2016), 「부산시 차원의 제도·정책적 지원체계 갖춰 젠트리피케이션의 부정적 영향에 대응해야」, 부산연구원, 『부산발전포럼』 Vol.159.

김형균·김종욱·박상필·서정렬(2015), 「도시재생 사업지역의 주민생활 및 상권변화 연구」, 부산발전연구원.

김형양(2004), 「로컬 거버넌스 형성의 영향요인에 관한 연구: 부산광역시의 사회복지 및 환경분야를 중심으로」, 『한국행정논집』 16(1).

김혜천(2013), 「한국적 도시재생의 개념과 유형, 정책방향에 관한 연구」, 『도시행정학보』 26(3).

김호철(2017), 「AHP 분석을 통한 지속가능한 도시재생사업의 중요요인 분석 연구」, 『한국지역개발학회지』 29(3).

김홍주·김륜희·김소연(2020), 「노후산업단지재생사업 활성화구역 사업모델 연구」, 한국토지주택공사 토지주택연구원, 『Land & Housing Insight』 38.

김효정(2006), 「현대도시들의 새로운 도전: 문화도시」, 국가균형발전위원회 지음, 『살기 좋은 지역 만들기』.

_____(2007), 「문화를 통한 지역개발 사례연구」, 한국문화관광연구원.

남기범(2016), 「국내 젠트리피케이션 논의의 쟁점과 현안진단」, 『부동산포커스』 vol.98.

남진·이왕건·박소영·안상우·김항집·임준홍(2017), 「새정부 도시재생정책 기대와 우려」, 『도시정보』 424.

남철관(2018), 「사회적 경제와 함께하는 도시재생 경제생태계 조성」, 『국토』.

노컷뉴스(2010), 〈'마을'은 없고 '건물'만 넘치는 나라〉, 2010.03.04 기사.

노현준(2019), 「도시재생 현장지원센터 공간운영 및 이용실태 분석을 통한 개선방안 연구: 대전시 도시재생 현장지원센터 사례를 대상으로」, 『국토계획』 54(6).

녹색성장위원회(2009), 「녹색성장 5개년계획(2009~2013)」.

_____(2014), 「제2차 녹색성장 5개년 계획(2014~2018)」.

_____(2019), 「제3차 녹색성장 5개년 계획(2019~2023)」.

뉴스핌(2020), 〈[2020국감] 전국 산업단지 노후화 심각 … 올해 환경조성사업 예산 '반토막'〉, 2020.10.13 기사.

대한국토도시계획학회 편저, 『도시재생』, 보성각, 2015.

대한민국 정책브리핑(2009), 〈일자리 창출을 위한 녹색 뉴딜사업 추진방안〉, 국토해양부, 2009.01.06.

_____(2020), 〈저탄소·친환경 '녹색경제'로 전환 … '그린 뉴딜' 청사진 나왔다〉, 산업통상자원부, 2020.07.16.

_____(2021), 〈한국판 뉴딜〉, 2021.09.30.

대한상사중재원(2018), 국내중재절차안내.

류중석(2019), 「인구감소와 고령화에 대응하는 도시재생 정책의 방향」, 『건축』 63(9).

매일경제(2017), 〈조선업 쇠락 … 빌바오가 울산에 주는 교훈〉, 2017.04.09 기사.

_____(2019), 〈밀레니얼 세대 모셔라 … 기업들 칸막이 없애고 유연근무 도입〉, 2019.11.20 기사.

_____(2020), 〈문재인 정부 '50조 도시재생' 중간점검, 늘어지고 취소되고 … 사업방식 바꿔야〉, 2020.02.04 기사.

_____(2021), 〈"도시재생 폐지" … 뉴타운 반대파도 돌아섰다 [창신동 르포]〉, 2021.04.18 기사.

매일신문(2018), 〈22년 간 건물 담장 32㎞ '와르르' … 공원 만들고 이웃과 소통해요〉, 2018.08.06 기사.

문화다움(2012), 「문화를 통한 지역재생 정책추진 방안 연구」, 문화체육관광부.

문화방송(2016), 〈[문화야 놀자] 죽은 공간, 예술로 부활하다〉, 2016.04.29 뉴스기사.

문화일보(2020), 〈철거민 모여 살던 달동네, '滿守無康 마을'로 탈바꿈〉, 2020.09.11 기사.

문화체육관광부(2018), 2018.3.20, 보도자료.

민현석·오지연(2019), 「서울 도심부의 역사문화자원 활용한 도시재생 활성화사업의 성과와 개선방향」, 『서울연구원 정책과제연구보고서』, 1-217.

민현정(2016), 「지속가능한 도시재생과 사회적 경제」, 2016 세계인권도시포럼 주제회의 - 사회적 경제와 도시재생 발표논문.

박세훈 외(2011), 『도시재생을 위한 문화클러스트 활용방안 연구』, 국토연구원.

박수빈·남진(2016), 「젠트리피케이션의 부작용 방지를 위한 지역공동체 역할에 관한 연구」, 『서울도시연구』 17(1).

박시원(2015), 「미국 오바마 행정부의 기후변화 에너지 정책」, 『환경법연구』 37(1).

박승일·권순용(2019), 「스포츠 스타디움과 도시재생: 고척스카이돔을 중심으로」, 『한국스포츠사회학회지』 32(2).

박경춘·류중석(2000), 「뉴어바니즘 도시설계의 가능성과 한계성에 관한 연구」, 『대한건축학회논문집』 16(5).

박용규·송영필·전영옥(2007), 「'구로공단' 부활의 의미」, 삼성경제연구소, 『CEO Information』 제608호.

박정덕·지재경(2019), 「안산시 도시재생 전략계획 및 도시재생 활성화계획 : 상생 협력을 기반으로 한 도시재생 프로젝트: 지역과 대학의 역사가 흐르다」, 『도시정보』 453.

박태순(2006), 「한국사회 공공갈등에 대한 인식과 갈등해법의 변천과정에 관한 연구」, Crisisonomy 제2권 제2호.

박태원·최정호(2011), 「우리나라 산업단지 개발과정의 시계열 분류 및 특성 연구」, 『국토연구』.

박현재(2016), 「이탈리아 토리노, 민관협력 거버넌스로 새롭게 태어나다, 달구벌 도시재
생 이야기」, 『웹진』 4호.

배민경·박승훈(2018), 「도시재생 선도지역의 사업내용 및 기대효과 유형 분류 및 분석」,
『한국콘텐츠학회논문지』 18(10).

배유진·김유란(2019), 「일본의 지역대학 참여형 도시재생: 요코하마시립대학교 나미키
도시디자인센터 사례를 중심으로」, 국토연구원, 『세계도시정보』.

배재현(2010), 「지방정부의 네트워크 거버넌스에 관한 연구: 부산시 하천환경개선 사업
을 중심으로」, 『행정논총』 48(3).

백운수(2021), 「도시 공업지역 관리 및 활성화 특별법-체계 및 사업」, 인하대학교 도시
재생학과 강연자료.

변혜선·정진호(2019), 「도시재생의 시작, 영국의 도시재생」, 『충북 Issue & Trend』 36.

부산광역시 도시재생 지원 센터(2020), 「2020 도시재생특별법 해설서」.

산업통산자원부(2020), 「탄소중립 사회를 향한 그린뉴딜 첫걸음」, 2020년 7월 16일 보도
자료.

상지엔지니어링건축사사무소·한국도시설계학회·NIKKEN SEKKEI·건축사무소앙코르
(2019), 「부산항 북항 2단계 재개발 사업화전략 아이디어 개념구상 국제공모 최종보고
서」, 해양수산부.

상지엔지니어링건축사사무소 외 3인(2020), 「부산항 북항 통합개발 마스터플랜 최종보
고서」, 해양수산부.

샤오추엔·이성원(2019), 「공공미술로서 지속가능한 도시재생 속 벽화의 활용방안 연구」,
『한국디자인문화학회지』 제25권 제4호.

서민호·배유진·권규상(2019), 「선택과 집중을 통한 도시재생 뉴딜의 전략적 추진」, 국
토정책 Brief, 1-8.

서수정(2018), 「저층주거지 집수리 실행방안, 저층주거지 소규모주택 재생을 위한 집수
리 실행방안 토론회 발표논문」, 서울특별시.

서울경제(2019), 〈한국GM 부평 2공장, 3년 뒤 문 닫나〉, 2019.07.23 기사.

서의권(2010), 「도시재생의 계획특성 분석을 통한 도시정체성 확립 방안에 관한 연구」,
한양대학교 대학원 박사학위논문.

세계도시정보(2017), 「주택과 예술을 연계한 미국 시카고 도체스터 예술·주택단지」, 국
토연구원.

송우경·정만태·하정석·조성민(2020), 「기업도시의 추진현황과 발전방향」, 산업연구원,
『Issue Paper』 2020-15.

송원화(2018), 「광주시 도시재생 사업의 추진 전략」, 『한국주거학회 학술대회논문집』
30(2).

송지은(2017), 「린츠, 산업 도시에서 과학·기술·예술이 융합된 도시로」, 국토연구원,

세계도시정보.

안평환(2018), 「사람 중심의 도시재생」, 광주, 『국토』.

양윤서(2017), 「도시재생 측면에서 본 구겐하임 효과의 한계성에 관한 연구」, 『문화산업연구』 17(4).

연합뉴스(2016), 〈'부르는 게 값이었는데'… 대형 조선소 인근에 '빈방' 속출〉, 2016.05.27 기사.

양윤서(2017), 「도시재생 측면에서 본 구겐하임 효과의 한계성에 관한 연구」, 『문화산업연구』 17(4).

여관현(2019), 「[주민 학습과 실천과정 통한 지속가능한 도시재생 사업_서울시 은평구 행림마을 사례] 사업 추진과정에서의 주민 역량 강화 중요: 주민들 의사결정 도시재생 활성화 계획에 담아낼 것_주민 학습부터 실천과정 까지 선순환 기반 구축돼야」, 『월간 주민자치』 96.

연합뉴스(2017), 〈MS 직원들 나무집에서 일한다…"자연 속에서 생각하라"〉, 2017.10.16 기사.

오마이뉴스(2019), 〈경리단길 메우던 사람들 다 어디로 갔나〉, 2019.07.08 기사.

_____(2021), 〈학생 수 12명, 폐교 위기 맞았던 학교의 놀라운 변화〉, 2021.02.05 기사.

오병호(2007), 「도시산업재생: 미래의 선택」, 한국도시행정학회 추계학술대회 발표논문.

오승규(2015), 「지역개발사업과 갈등관리를 위한 공법적 과제」, 『부동산법학회 자료집』.

왕광익·유선철·노경식·민경주(2013), 『탄소중립 친환경도시 조성 추진계획 연구』, 국토연구원.

왕광익·이범현·유선철·노경식(2009), 『녹색성장형 국토발전전략 연구: 토지이용 부문』, 국토연구원.

우석훈(2017), 『사회적 경제는 좌우를 넘는다: 더 가난해지지 않기 위한 희망의 경제학』, 문예출판사.

원승룡(2001), 『문화이론과 문화읽기』, 서광사.

유재윤(2013), 「새 정부의 도시재생 정책과제」, 국토정책 Brief.

유아람·유해연(2018), 「도시재생 뉴딜사업 주거지 재생을 위한 정책 개선 방안 연구」, 『대한건축학회 논문집 - 계획계』 34(12).

유현정(2009), 「오바마 정부의 그린뉴딜 정책과 신재생 에너지 산업 전망」, 『주간기술동향』 통권 1401.

윤영수·김창욱·채승병(2006), 「격변기의 자기조직화 경영」, 삼성경제연구소, 『CEO Information』 546호.

윤혜영(2015), 「인천광역시 주민참여형 도시재생의 실효성 향상을 위한 기반인력 양성 정책현황 및 발전방안」, 인천발전연구원.

윤혜영(2017), 「도시재생 뉴딜사업과 인천시 정비모델 적용 구상」, 『시정이슈제안』 제68호.

윤혜정(2002), 「미국의 스마트성장과 도시개발정책의 시사점」, 『국토계획』 37(7).

이광국·임정민(2013), 「선진국의 도시재생 흐름 고찰과 시사점」, 『국토계획』 48(6).

이동수(2014), 「도시정비사업의 추진전략과 법적 과제」, 『토지공법연구』 66.

이데일리(2016), 〈"동물원 원숭이도 아니고" 관광객 넘쳐나는 벽화마을 주민들은 고통〉, 2016.03.14 기사.

_____(2021), 〈도시재생뉴딜 지정만 447곳 … '용두사미' 전략 위기〉, 2021.04.19 기사.

이석환(2017), 「도시경쟁력 향상을 위한 지역 맞춤형 도시재생전략」, 『국토』 433호.

이성룡·이지은·유치선(2016), 「경기도 노후산업단지 재생활성화 방안」, 경기연구원, 『정책연구』.

이순자(2008), 「유럽 '문화수도(Capital of Culture)' 추진전략의 성과와 시사점」, 『국토정책 Brief』 제173집.

이슬기 외(2009), 「도시재생사업에서의 갈등사례 유형분석」, 『한국건설관리학회 논문집』 제10권 제6호.

이승우(2009), 「공공사업에서의 갈등관리 연구, 용인죽전지구 택지개발사업 사례를 중심으로」, 단국대학교박사논문.

이승우 외(2015), 「갈등영향분석 개론 이론과 실무」, 우공출판사.

이승욱(2018), 「폐조선소의 도시재생방안: 빌바오, 함부르크, 말뫼 사례에서 배우다」, 국토연구원, 『국토』 444호.

이왕건 외 (2017), 「도시재생사업의 미래전망과 발전방안」, 국토연구원.

이용식(2003), 「도시재생 사례와 리더십 확보」, 인천발전연구원.

이유진·이후빈(2019), 「미국의 그린뉴딜(Green New Deal) 정책과 한국에 주는 시사점」, 국토연구원, 『국토이슈리포트』 제6호.

이은해(2009), 「유럽의 전통산업도시에서 문화·예술도시로의 변모: 빌바오(Bilbao)에서의 '구겐하임효과(Guggenheim Effect)'에 대한 비판적 고찰」, 『EU연구』 제25호.

이정찬·박종순·안승만·조만석·성선용·이유진·임인혁·서정석(2020), 「친환경·에너지 전환도시를 위한 그린 뉴딜 추진 방안 연구」, 『국토연구원』 기본 20-05.

이정찬·송위진·채윤식(2015), 「노후 산업단지의 재생 전략」, 과학기술정책연구원, 조사연구, 2015-03.

이종현·최정환(2003), 「인천 구도심 지역의 재생방안 연구」, 인천연구원.

이지은(2009), 「굴뚝 없는 산업단지, 파주출판문화정보산업단지」, KDI경제정보센터, 『경제교육』 9.

이지현·남진(2016), 「도시재생특별법과 도시재생 관련법의 정합성 분석 연구」, 『도시행정 학보』 29(1).

이진희(2019), 「서울시 상권분석 시스템을 통한 젠트리피케이션의 정책적 대응」, 국토연구원.

이진희 외(2017), 「젠트리피케이션 대응정책의 실효성 제고 방향: 도시재생사업을 중심
    으로」, 국토연구원.

이태희(2020), 「민간참여 도시재생사업 활성화 방안: 마중물사업으로 끝나는 도시재생
    을 넘어」, 한국건설산업연구원.

이호상 외(2012), 「예술을 매기로 한 도시재생 전략에 관한 사례 연구: 부산 감천문화마
    을과 나오시마 사례를 중심으로」, 한국과학예술포럼.

이희은(2013), 「사이버네틱스의 이론적 위치와 '타자'의 의미」, 『언론과 사회』 21(4).

이희정·김성길·최희영·박상훈·박현정(2019), 「주민참여형 스마트 도시재생」, 『도시정
    보』 445.

이희진·전세련(2019), 「콜롬비아 보고타(Bogota) 도시재개발 사례와 시사점」, 국토연
    구원, 『세계도시정보』.

인천광역시(2021), 「인천기계산업단지 혁신지원센터 구축사업 계획서」.

인천시청 i-view(2021), 〈시민참여로 원도심에 희망 불어넣다〉, 2021.02.03 기사.

인천일보(2021), 〈'국토부 1호 마을관리협동조합' 만부마을, 운영문제 내홍〉, 2021.01.20
    기사.

_____(2021), 〈[인천내항 1·8부두 재개발 – 주변 도심재생 '난제'] 새로운 활력 필요한데
    … 10년 넘도록 난항〉, 2021.05.19 기사.

_____(2021), 〈하나금융, 청라서 대한민국 미래 꿈꾼다〉, 2021.07.15 기사.

인천in(2016a), 〈신포역 개통의 역설, 상인 피해주는 젠트리피케이션〉, 2016.05.04 기사.

_____(2016b), 〈젠트리피케이션, 서울은 '총력' 인천은 '무관심'〉, 2016.05.27 기사.

_____(2021), 〈"갈 길 먼데…" – 배다리 문화의거리 사업 놓고 동구, 주민들 갈등〉,
    2021.01.07 기사.

일간경기(2021), 〈인천 서구 하나드림타운 2024년 완공. 하나금융그룹 본사 8월 착공〉,
    2021.03.30 기사.

임거배·김윤기·박원의(2019), 「도시재생사업 이해관계자의 영향력 분석에 관한 연구:
    수원시를 중심으로」, 『한국지적학회지』 35(1).

임미화 외(2019), 「도시재생사업에서 발생하는 갈등과 갈등관리 계획상의 갈등유형 간
    차이에 관한 연구」, 대한국토도시계획학회지, 『국토계획』 제54권 제1호.

임상연(2018), 「도시재생 뉴딜의 성공적 추진을 위한 도시재생지원센터의 과제」, 국토연
    구원, 『국토정책 Brief』 649호.

장세룡(2006), 「앙리 르페브르와 공간의 재생산 – 역사이론적 '전유'의 모색」, 『역사와
    경계』 58.

장용일(2020), 「도시쇠퇴와 기후변화에 대응하는 통합적 도시재생 계획을 위한 모형 개
    발」, 협성대학교 대학원 박사학위논문.

장철순·이윤석(2015), 「산업도시의 진단 및 경쟁력 강화방안」, 국토연구원, 『국토정책 Brief』 506호.

전경숙(2017), 「한국 도시재생 연구의 지리적 고찰 및 제언」, 『한국도시지리학회지』 20(3).

_____(2020), 「관계적 접근을 통한 공공성 기반의 지속가능한 도시재생: 광주광역시를 사례로」, 『대한지리학회지』 55(1).

전영옥(2004), 「도시발전과 기업의 역할」, 삼성경제연구소, 『CEO Information』 제456호.

전은호(2018), 「둥지내몰림 극복과 공공성 회복을 위한 도시재생 뉴딜의 실천 전략」, 『국토』 442호.

정순구·최근희(2013), 「서울디지털산업단지의 변화과정 분석과 클러스터로서 현재의 수준 평가」, 『서울도시연구』 14(3).

정오락(2019), 「성장과 불균형 속에서 사회적 가치를 찾는 노력, 김해 도시재생」, 『국토』 455호.

정원식(2007), 「미국과 영국의 도시발전 거버넌스의 형성과 활동사례의 비교 연구」, 『지방정부연구』 11(3).

조동성(2013), 「CSV를 장착한 자본주의 5.0이 답이다」, 『동아비즈니스리뷰』 122호.

조명래(2007), 「파주출판도시 ; 건축과 도시의 딜레마」, 『환경과 조경』 2007년 8월호.

_____(2011), 「문화적 도시재생과 공공성의 회복: 한국적 도시재생에 관한 비판적 성찰」, 『공간과 사회』 제21권 제3호.

_____(2015), 「서울시 도시재생: 현주소와 대안」, 서울연구원, 『서울경제』 127호.

조명래·김항집·이상호·박철희·임준홍(2010), 「사람중심, 행복한 도시 만들기를 위한 정책과제」, 『충남리포트』 제44호.

조상운(2007), 「인천 도시재생사업의 추진과정과 경험」, 『한국도시행정학회 추계학술대회 논문집』.

조상운 외 8인(2016), 『인천 내항·개항장 일대 현안 진단 및 공간재생 전략』, 인천발전연구원.

조성배(2013), 『공공사업에 대한 갈등관리의 현황과 개선방안에 관한 연구』, 공공사회연구.

_____(2015), 「시민참여를 통한 갈등관리와 해결방안에 관한 연구-제3기 제주도특별자치도 사회협약위원회를 중심으로-」, 『한국지방자치학회 2015년 동계학술대회』 제1권.

조성제(2019), 「지역경제 활성화를 위한 도시재생법제의 현황과 전망」, 『지방자치법연구』 19(4).

조성룡(2018), 『건축과 풍화 우리가 도시에서 산다는 것은』, 수류산방중심.

조진호·최열(2018), 「장소애착에 따른 도시재생 사업 및 Gentrification에 대한 주민의식 분석」, 『주거환경』 16(1).

주은혜(2019), 「공공가치의 창출, 그 이론과 실제: 도시재생 뉴딜사업을 중심으로」, 『한국행정학회 학술발표논문집』.

중앙일보(2022), 〈인천내항 1·8부두 재생사업 '속도 낸다'〉, 2022.01.12 기사.

진관훈(2012), 「사회적 자본이 지역사회 복지거버넌스에 미치는 영향에 관한 연구」, 『사회복지정책』 29(4).

진영환·한종구(2014), 『항만 도시재생』, 국토연구원.

채종헌(2019), 『성공적인 도시재생을 위한 갈등관리와 공동체 정책에 관한 연구』, 한국행정연구원.

최강림(2019), 「항만도시 도심재생을 위한 수변공간재활성화사업 사례연구」, 『한국융합학회논문집』 제10권 제11호.

최금화·권혁인(2019), 「AHP분석을 통한 문화예술 기반 도시재생 중요요인 도출에 관한 연구」, 『인천학연구』 31.

최기택(2012), 「구도심 활성화를 통한 지방중소도시 도시재생방안 : 당진군을 중심으로」, 한양대학교 대학원 박사학위논문.

최명식(2017), 「젠트리피케이션 대응을 위한 지역 자산 공유방안」, 『국토정책 Brief』 613호.

최윤진·장윤선(2016), 「전통시장, 청년 창업의 또 다른 현장」, 서울연구원, 『생생리포트』 2016년 11월호.

최준호(2005), 「지방정부의 거버넌스를 위한 공공관리의 방향」, 『대한정치학회보』 12(3).

최호운(2018), 「근대역사문화 중심의 원도심 도시재생」, 『한국주거학회 학술대회논문집』 30(2).

추용욱(2014), 「원도심재생과 연계한 도시 활성화 방안: 춘천시를 중심으로」, 강원발전연구원.

테오도르 폴 김(2011), 『도시 클리닉: 병든 도시를 치유하는 인문학적 방법론』, 시대의창.

한국경제(2019), 〈[전문가 포럼] 시간의 흔적 지우는 벽화마을, 지속해야 하나〉, 2019. 12.23 기사.

한국문화정책개발원(1995), 「1995 문화예술통계」.

한국일보(2013), 〈달동네 '마을 재생사업' 주민 참여 낮아 난관〉, 2013.05.25 기사.

_____(2018), 〈피난민 살던 달동네, 외국인들도 찾는 '한국의 산토리니'로〉, 2018.07.06 기사.

한성수(2015), 「도시재생사업의 갈등유형분류 및 중요도 산정」, 서울시립대학교석사학위논문.

한슬기·김정빈(2016), 「도시재생사업 내 민간 비즈니스 참여와 역할: 영국 도시재생 거버넌스와 주도적 디벨로퍼 분석을 중심으로」, 『서울도시연구』 17(3).

한연오·박태원(2019), 「도시재생 실현 기법으로서 타운매니지먼트 구성요소 탐색과 중요도 및 우선순위 분석」, 『도시설계』 20(2).

허철행·문유석·김상구(2008), 「거버넌스 구축을 위한 시민사회단체지원방안에 관한 연구: 부산광역시를 중심으로」, 한국행정학회 2008 하계학술대회, 〈새시대, 정부정책의 실천 과제〉.

환경과 조경(2020), 〈구도심 연무동, 세련된 스마트시티로 재탄생〉, 2020.07.30 기사.

황승흠(2010), 「기본법체제에 대한 법학적 이해 아동, 청소년 분야 통합, 분리논의를 중심으로」, 『공법학연구』 11(1).

황윤식·김성규·김경배(2019), 「인천시 도시재생 뉴딜사업의 문제점과 개선방안 연구」, 『IDI 도시연구』 16.

YTN사이언스(2019), 〈[궁금한S] 카오스 이론에서 유래된 '나비효과'〉, 2019.11.8 기사.

Adams, D., C. Sousa, D. and Tiesdell, S(2010), Brownfield Development: A Comparison of North American and British Approaches. *Urban Studies*, 47(1): 75–104.

Adler, J(1995), Bye–Bye Suburban Dream. *Newsweek*, May 15, 40–53.

Aldous, T(1992), *Urban Villages: a Concept for Creating Mixed–use Urban Developments on a Sustainable Scale*, London: Urban Villages Group.

Amekudzi, A and Fomunung, I(2004), Integrating Brownfields Redevelopment with Transportation Planning. *Journal of Urban Planning*, 130: 204-212.

Andres, L. and Golubchikov, O(2016), The Limits to Artist–Led Regeneration: Creative Brownfields in the Cities of High Culture. *International Journal of Urban and Regional Research*, 40(4): 757–775.

Andres, L. and Grésillon, B(2013), Cultural brownfields in European cities: a new mainstream object for cultural and urban policies. *International Journal of Cultural Policy*, 19(1): 40–62.

Atkinson, R., and Bridge, G(2005), *Gentrification in a global context, the new urban colonialism*, London: Routledge.

Aubert, V(1963), Competition and Dissensus: Two Types of Conflict and of Conflict Resolution, *The Journal of Conflict Resolution*, 7(1): 26–42.

Barton Hugh and et.al(2000), *Sustainable Communities: The Potential for Eco Neighbourhoods*, London: earthscan from Routledge.

Barton Hugh, Marcus Grant, Richard Guise(2021), *Shaping Neighbourhoods For Local Health and Global Sustainability*, London: Routledge.

Beatley, T(2000), *Green Urbanism: Learning from European Cities*, Island Press. 이시철 역, 『그린 어바니즘: 유럽의 도시에서 배운다』, 아카넷.

Becattini, G(1962), *Il concetto di industria e la teoria del valore*, Torino, Boringhieri.

Becattini, G(1975), Invito a una rilettura di Marshall, in A. Marshall and M. Paley Marshall, *Econo-mia della produzione*, Milano, ISEDI, ix-cxiv.

Belussi, F. and Caldari, K(2008), At the origin of the industrial district: Alfred Marshall and the Cambridge school. *Cambridge Journal of Economics*, 33: 335-355.

Benbow, S. and Gill, P(2005), *About Cardiff: History, Heritage, Leisure, Culture, Sport, City Centre and the Bay*. Cardiff: Graffeg.

Bianchini, F(1993a), Culture, Conflict and Cities: Issues and Prospects for the 1990s. F. Bianchini & M. Parkinson (eds.). *Cultural Policy and Urban Regeneration: The West European Experience*. Manchester University Press, 199-213.

_____(1993b), Remaking European cities: The role of cultural policies. In F. Bianchini & M. Parkinson (Eds.), *Cultural policy and urban regeneration: The West European experience* (pp.21-57). Manchester: Manchester University Press.

Bogason, P(2000), *Public Policy and Local Governance: Institutions in Postmodern Society*. Cheltenham: Edward Elgar.

Bolt, G., Phillips, D and Van Kempen, R(2010). Housing Policy, (De)segregation and Social Mixing: An International Perspective. *Housing Studies*, 25:2: 129-135.

Bressi, T. W(1994), Planning the American Dream, in P. Katz (ed.) *The New Urbanism: Toward an Architecture of Community*, New York: McGraw-Hill.

Bunar, N(2011), Urban Development, Governance and Education: The Implementation of an Area-based Development Initiative in Sweden. *Urban Studies*, 48(13): 2849-2864.

Burton, J. and Dukes, F(1986), *Conflict: Practices in Management, Settlement and Resolution*, New York: St. Martin's, Ombudsmanry: 21~22.

Carlock, G. and Mangan, E(2018), *A Progressive Vision for Environmental Sustainability and Economic Stability*, Washington, DC: Data for Progress.

Castellani B. and Hafferty, F. W(2009), *Sociology and Complexity Science: A New Field of Inquiry*. Springer.

Colomb, C(2012), Pushing the urban frontier: temporary uses of space, city marketing and the creative city discourse in 2000s Berlin. *Journal of Urban Affairs*, 34(2): 131-52.

Cooke, P., Boekholt, P. and Todling, F(2000), *The Governance of Innovation in*

Europe: Regional Perspectives on Global Competitiveness (Science, Technology and the International Political Economy Series), A Cassell Imprint, Wellington House, NY.

Couch, C., Fraser, C., and Percy, S(Eds.), (2003), *Urban regeneration in Europe*. Blackwell Science.

Dauncey, G(2019), *Ten Green New Deals - How Do They Compare?* The Practical Utopian.

De Sousa, C(2002), Measuring the Public Costs and Benefits of Brownfield versus Greenfield Development in the Greater Toronto Area. *Environment and Planning B Planning and Design*, 29(2):251–280.

Donzelot, J(ed)(2012), *A quoi sert la renovation urbaine ?*, Ed. PUF, Collection La ville en débat.

Ettlinger, N(2010), Bringing the everyday into the culture/creativity discourse. *Human Geography*, 3(1), 49–59.

European Commission(1998), *Urban Pilot Projects – Annual Report 1996*. Luxembourg: Office for Official Publication of the European Communities.

European Regional Development Fund(2017), *URBACT - Driving change for better cities,* The URBACT III Programme Malta, 2th.

European Union(2010), *Toledo Declaration*, adopted at the Informal Council Meeting of Ministers on urban development of 22 June 2010 in Toledo.

Evans, G(2009), Creative Cities, Creative Spaces and Urban Policy. *Urban Studies*, 46(5–6).

Farrelly, L(2014), Industrial sites of old can be the cities of the future. *The Conversation*, Sept, 2, 2014.

Florida, R(2011), *The Rise of creative class*, Basic Books. 이길태 역, 『신창조 계급』, 북콘서트.

_____(2018), *The New Urban Crisis: How Our Cities Are Increasing Inequality, Deepening Segregation, and Failing the Middle Class–and What We Can Do About It*, Basic Books. 안종희 역, 『도시는 왜 불평등한가』, 매일경제신문사.

Frantál, B. and Martinát, S(2013), Brownfields: A geographical perspective. *Moravian Geographical Reports*, 21(2): 2–4.

Freeman, L. and Braconi, F(2010), Gentrification and displacement: New York City in the 1990s. In Lees, L., T. Slater, & E. Wyly (eds.) *The Gentrification Reader*. London, UK: Routledge. 361–374.

García, B(2004), Cultural Policy in European Cities: Lessons from Experience,

Prospects for the Future. *Local Economy*, 19(4).

Glass, R(1964), Introduction to London: aspects of change. Centre for Urban Studies, London (reprinted in GLASS, R(1989), *Cliche's of Urban Doom*, pp. 132-158. Oxford: Blackwell).

Gunn-Wright, R. and Hockett, R(2019), The Green New Deal. *New Consensus*, February.

Hahn, E. and LaFond, M(1997), *Local Agenda 21 and Ecological Urban Restructuring.* A European Model Project in Leipzig. WZB Berlin.

Häikiö, L(2007), Expertise, Representation and the Common Good: Grounds for Legitimacy in the Urban Governance Network. *Urban Studies*, 44(11): 2147-2162.

Harvey, D(2008), The Right to the City, *New left review*, September-October 2008: 23-39.

HRH Prince of Wales(1989), *The Vision of Britain: A Personal View of Architecture*, London: Doubleday.

Hrsg. von Jürgen Mittelstraß(1984), *'Kultur', Enzyklopädie Philosophie und Wissenschaftstheorie, Bd. 2.* Mannheim.

_____(1984), *'Zivilisation', Enzyklop die Philosophie und Wissenschaftstheorie, Bd. 4.* Mannheim.

Hrsg. von Reinhard Kreckel(1983), *Soziale Ungleichheiten. konomisches Kapital, kulturelles Kapital, soziales Kapital von Pierre Bourdieu. Bd. 2.* Goettingen.

Hutton, T. A(2006), Spatiality, built form, and creative industry development in the inner city. *Environment and Planning A* 38.10, 1819-41.

IISD(2021), *France, Switzerland Present Roadmaps to Reach Net Zero by 2050.* International Institute for Sustainable Development, 16 March 2021.

Jamecny, L. and Husar, M(2016), From Planning to Smart Management of Historic Industrial Brownfield Regeneration. *Procedia Engineering*, 161: 2282-2289.

Jensen, Ole B(2007), Culture Stories: Understanding Cultural urban Branding. *Planning Theory*, 6(3).

Jone B(2001), *Urban recycling/Reviving: The contribution to brownfield interventions to a more sustainable urban design*, University of Navarra, Spain.

Kelly L., Taryn F., Clea S. and Chantal D(2019), *What Does "Net-Zero Emissions" Mean? 8 Common Questions, Answered.* World Resources Institute.

Keresztély, K(2016), *Urban Renewal as a Challenge for European Urban*

Development in the 21st century. Cities Territories Governance(CTG).

Krugman, P. R(1991), *Geography and trade*, Cambridge: the MIT Press.

Lai, Y., Chen, K., Zhang, J. and Liu, F(2020), Transformation of Industrial Land in Urban Renewal in Shenzhen, China. Land, MDPI, *Open Access Journal*, 9(10): 1-22.

Lefebvre, H(1996), *The Right to the City. in Kofman, Eleonore; Lebas, Elizabeth, Writings on Cities*. Cambridge, MA: Wiley-Blackwell.

Lim Hui Jie(2020), Parks and Recreation. *The Edge Singapore*. 2020/12/11 기사.

Litt, J. S., Tran, N. L., and Burke, T. A(2002), Examining urban brownfields through the public health "macroscope". *Environmental Health Perspectives*, 110(Suppl. 2): 183-193.

Longa, R. D(2011), 'Urban Models' in Urban Models and Public-Private Partnership *(1 edition.)*, edited by Longa, R. D.; Springer Berlin Heidelberg pp.36-38.

Lus-Arana, Luis Miguel(2017), *The Many Effects of the Guggenheim Effect*. Univ. Zargoza.

Madanipour, A(2003), How relevant is 'planning' by neighbourhood today?, *Town Planning Review*, 72(2): 171-191.

Martin, R. and Sunley, P(2003), Deconstructing clusters: chaotic concept or policy panacea? *Journal of Economic Geography*, 3(1): 5-35.

Manzi, T., Lucas, K., Jones, T. L., and Allen, J(2010), *Social Sustainability in Urban Areas: Communities, Connectivity and the Urban Fabric*. London ; Washington, DC: Routledge.

McArthur, A (2000), Rebuilding sustainable communities: assessing Glasgow's urban village experiment, *Town Planning Review*, 71(1): 51-69.

Montgomery, J(2003), Cultural quarters as mechanisms for urban regeneration. Part 1: Conceptualising cultural quarters. Planning, *Practice & Research*, 18(4).

Moore, C(1989), *The Mediation Process: Practical Strategies for Resolving Conflict*, Jossey Bass Publishers:106~109.

Murphy, P(2000), Urban Governance for More Sustainable Cities. *European Environment*, 10: 239-246.

Musterd, S. and Ostendorf, W. 2008, Integrated urban renewal in The Netherlands: a critical appraisal. *Urban Research & Practice*, 1(1): 78-92.

Myles R. A. and et al(2018), *Summary for Policymakers, Special Report: Global Warming of 1.5℃*. Intergovernmental Panel on Climate Change(IPCC).

ODPM(2005), *Sustainable Communities: Homes for All*. Cm 6424; The Stationery

Office: UK, London.

ODPM(2006), *UK Presidency: EU Ministerial Informal on Sustainable Communities Policy Papers.* London: ODPM press.

Ortega-Colomer, F. J., Molina-Morales, F. X. and de Lucio, I. F(2016), Discussing the Concepts of Cluster and Industrial District. *Journal of Technology Management & Innovation.* vol 11, No 2.

Payne, S(2013), Pioneers, pragmatists and sceptics: Speculative housebuilders and brownfield development in the early twenty-first century. *Town Planning Review,* 84(1): 37-62.

Peck, J(2012), Recreative City: Amsterdam, Vehicular Ideas and the Adaptive Spaces of Creativity Policy. *International Journal of Urban and Regional Research,* 36(3): 462-85.

Persky, J. and Wiewel, W(1996), *Central City and Suburban Development: Who Pays and Who Benefits?* Chicago, IL: Great Cities Institute.

Pine, B. J. II and Gilmore, J. H(1999), *The experience economy: work is theatre and every business a stage.* Harvard Business School, Boston, MA.

Polenske, K., Xin, l., Zhiyu, C. and Hamilton, J(2009), *Recycling Industrial Land for Urban Redevelopment,* Department of Urban Studies and Planning, Massachusetts Institute of Technology, publish in Workshop on Global Innovations, World Bank.

Ploegmakers, H. and Beckers, P(2012), *Evaluating regeneration policies for rundown industrial sites in the Netherlands.* PBL working paper 8.

Porter, M. E(1990), *Competitive Advantage of Nations,* New York: Free Press.

Pratt, A(2009), Urban regeneration: from the arts 'feel good' factor to the cultural economy. A case study of Hoxton, London. *Urban Studies* 46(5/6): 1041-61.

Putnam, R(1993), *Making Democracy Work: Civic Traditions in Modern Italy.* Princeton, NJ: Princeton University Press.

Radermacher, W(2016), *Urban Europe - Statistics on cities, towns and suburbs.* Luxembourg: Publications office of the European Union.

Rahbarianyarzd, R. and Doratli, N(2017), Assessing the contribution of cultural agglomeration in urban regeneration through developing cultural strategies. *European Planning Studies,* DOI: 10.1080/09654313.2017.1317721.

Repenning, J. and et al(2016), *Climate Protection Scenario 2050.* Fraunhofer ISI.

Riker, W. and Ordeshook, P. C(1973), *An Introduction to Positive Political Theory,* Englewood Cliffs, NJ: Prentice-Hall:8~16.

Roberts, P. and Sykes, H(2000), *Urban Regeneration*. London: Sage.

Rowe, D. and Bavinton, N(2011), Tender for the night: After-dark cultural complexities in the night-time economy. *Continuum*, 25(6), doi:10.1080/10304312.2011.617875.

Scott, W. R(1994), Institutions and Organizations: Toward a theoretical synthesis. In Scott, W. R. & Meyer, J. W(Eds.), *Institutional environments and organizations: Structural complexity and individualism*. London: Sage.

Sforzi, F(2015), Rethinking the industrial district: 35 years later. *Journal of Regional Research*, 32: 11–29.

Smith, N(1996), The New Urban Frontier. *Gentrification and the Revanchist City*. Routledge.

Stone, C. N(1987), The Study of the Politics of Urban Development. In *The Politics of Urban Development*, edited by C. N. Stone and H. T. Sanders, 3–24. Lawrence: University Press of Kansas.

Susskind, L. and Ozawa, C(1983). "Mediated Negotiation in the Public Sector: Mediator Accountability and the Public Interest Problem". *American Behavioral Scientist*, Vol. 27. No, 2 : 255.

Tait, M(2003), Urban villages as self-sufficient, integrated communities: a case study in London's Docklands, *Urban Design International*, 8: 37–52.

Thompson-Fawcett, M(1998), *Envisioning urban villages: a critique of a movement and two urban transformations*, Unpublished Ph.D thesis, School of Geography, University of Oxford.

_____(2003), 'Urbanist' lived experience: resident observations on life in Poundbury, *Urban Design International*, 8: 67–84.

Till, K(1993), Neotraditional towns and urban villages: the cultural production of geography of 'otherness', *Environment and Planning D: Society and Space*, 11, 709–732.

Tonkiss, F(2005), *Space, the City and Social Theory: Social Relations and Urban Forms*. Cambridge: Polity.

Tosics, I(2009), Dilemmas of Integrated Area-Based Urban Renewal Programmes. *The Urbact Tribune*.

UNESCO(2007), *UNESCO International Seminar: Balanced Urban Revitalization for Social Cohesion and Heritage Conservation*, Tsinghua University, 21 to 23 January 2007. UNESCO.

Vabo, S. I., and Røiseland, A.,(2012), Conceptualizing the Tools of Government in Urban Network Governance. *International Journal of Public Administration*, 35: 934-946.

Walton, R. E. and Dutton, J. M(1969), The Management of Interdepartmental Conflict: A Model and Review. *Administrative Science Quarterly*, Vol. 14 :147.

Weiner, E(2016), *The Geography of Genius: Lessons from the World's Most Creative Places*. Simon & Schuster. 노승영 역, 『천재의 발상지를 찾아서』, 문학동네.

Whal, D. C(2006), *Design for Human and Planetary Health – A Holistic/Integral Approach to Compexity and Sustainability*. PhD Thesis. University of Dundee, Scotland.

Wilson, B(2021), *Metropolis: A History of the City, Humankind's Greatest Invention*, Anchor. 박수철 역, 『메트로폴리스: 인간의 가장 위대한 발명품, 도시의 역사로 보는 인류문명사』, 매일경제신문사.

Wolf, J. F(2006), Urban Governance and Business Improvement Districts: The Washington, DC BIDs. *International Journal of Public Administration*, 29: 53-75.

Xie, P. F(2015), A life cycle model of industrial heritage development. *Annals of Tourism Research*, 55: 141-154.

Zukin, S(1987), Gentrification: Culture and Capital in the Urban Core. *Annual Review of Sociology*, 13, 129-147.

_____(1988), *Loft living: culture and capital in urban change*. Radius, London.

_____(2010), *Naked city: The Death and Life of Authentic Urban Places*, Oxford University Press. 민유기 역, 『무방비 도시』, 국토연구원.

平井宜雄(1980), 『現代不法行爲理論の一展望—現代民法學の課題』, 一粒社.

[인터넷 자료]

김도형(2019), 〈버려진 고가철도를 하늘정원으로, 뉴욕의 하이라인파크〉, WHIZNOMICS.

김홍기(2016), 〈미술관을 세운 사람들·솔로몬 구겐하임 미술관〉, danggan blog.

나무위키(2021), 〈카오스이론〉.

남기범(2011), 〈워스의 도시사회학, 남기범 교수의 공간사회교실〉, 네이버 블로그.

리테일온(2017), 〈[지식정보] Microsoft campus〉, 2017.10.19 인터넷자료.

미국 청정에너지 안보법(American Recovery and Reinvestment Act of 2009), http://www.congress.gov.

미국진보센터(Center for American Progress), 2021.12.22 접속, https://www.americanprogress.org.

미국 에너지부(Departmet of Envergy, DOE), https://www.energy.gov.

부산광역시(2021), 부산 북항 재개발, https://www.busan.go.kr/index.

수협중앙회(2016), 〈정어리가 무리를 짓는 이유는? 수협 우리바다 푸른 이야기〉, 인터넷 자료.

원일(2020), 〈[에세이]] Gemeinschaft와 Gesellsch〉, 브런치북: brunch.co.kr.

이지현(2020), 〈내일을 위한 근대 건축물 사용법: 인천 아트플랫폼〉, 아는동네 매거진, www.iknowhere.co.kr/magazine/31545.

이태희(2020), 〈[도시재생 ①] 10조 원 들어간 '도시재생', 공공성 집착 버리고 기업 투자 받아들여야〉, 여시재: www.yeosijae.org.

인천도시재생지원센터(2019), 〈인천 도시재생전략계획〉, www.iurc.or.kr.

최창현(2008), 〈체제이론〉, www.kwandong.ac.kr/~choich/systemch.htm.

프롬에이(2016), 〈예술프로젝트를 통해 도시재생에 성공한 일본 나오시마〉, https://froma.co/acticles/326

European Commission(2007), State of European Cities: Executive Report. European Regional Development Fund. URBACT - Connecting cities Building successes: The URBACT II Programme 2007-2013. Final Implementation Report(https://urbact.eu/files/urbact-ii-final-implementation-reportpdf)

_____(2014), Community-led Local Development. Cohesion Policy 2014-2020(https://ec.europa.eu/regional_policy/sources/docgener/informat /2014/community_en.pdf).

Houpert, C(2019), Urban regeneration through cultural heritage: three cities' stories. Urbact Blog(www.blog.urbact.eu).

Jackson, B(2018), Obama's Final Numbers - Statistical Indicators of President Obama's Eight Years in Office. FactCheck.org.

Lucas, C(2006), Complex Adaptive Systems - Webs of Delight. http://www.calresco.org/lucas/cas.htm

Pahlen, G. and Glöckner, S.(2004), Sustainable Regeneration of European Brownfield Sites. WIT Press, www.witpress.com.

SD아카데미(2018), 〈애자일(Agile)방법론에 대해서 알아보자〉, SD아카데미 공식 블로그.

UN-Habitat(2021), Urban Regeneration: Overview and the Challenge, unhabitat.org/topic/urban-regeneration.

World Bank(2021), About Urban Regeneration, urban-regeneration.worldbank.org/about.

찾아보기

집필진 소개

김천권 미국 텍사스대학(University of Texas at Dallas)에서 정치경제학박사(도시개발 전공)학위를 취득하였으며, 인하대학교 행정학과 교수로 (도시개발, 도시행정, 도시사회학 등 도시에 대한 강의와 연구를 수행) 2019년 정년퇴임하였고, 현재는 인하대학교 명예교수로 있으며 인천시 도시재생위원회 위원, 인천 도시재생거점교육연합체 단장 등으로 활동하며 인하대학교 대학원 도시계획학과 · 도시재생학과에서 후학들을 가르치고 있음. 주요 저서로는 『진화의 도시』(2021), 『현대도시개발』(2017), 『현대도시행정』(2014), 『도시개발과 정책』(2004) 등이 있으며, 주요 논문으로는 「공항과 도시개발」(2014), 「공공미술관과 도시개발」(2017) 등 다수가 있음.

김상원 독일 아헨대학교(RWTH Aachen University)에서 철학박사 학위를 취득하고, 현재 인하대학교 문화콘텐츠 · 문화경영학과 교수로 재직 중이며, 인하대 문화예술교육원 원장과 대학원 문화경영학과의 학과장을 맡고 있다. 또한 대학원 도시계획학과와 도시재생학과의 교수로 참여하고 있다. 2017년부터 정보통신기획평가원에서 지원하는 '인공지능을 활용한 콘텐츠 창작 기술 연구'를 진행하고 있으며, '메타데이터 생성기', '유의어에 기반한 콘텐츠 클러스터링 방법' 등 다수의 특허를 출원 · 등록하고 있다. 「SNS의 사회문화적 현상과 블록체인 기술의 마케팅 활용에 관한 연구」, 「독일 에센의 통합적 도시재생과 문화마케팅」 등 다수의 논문과, 『세계도시 설명서: 문화로 도시를 재생하다』(2021) 등 다수의 저서가 있다. 대외적으로 (사)인천학회, (사)지속가능발전학회 등에서 이사로 활동하고 있고, 현재 서구문화재단과 연수문화재단에서 이사로 활동하고 있다. 2020년에는 문화체육관광부 장관상을 수상하였다.

김경배 영국 웨일즈 카디프 대학교(Cardiff University)에서 도시 및 지역계획학 박사(세부전공: 도시설계)를 취득했다. 현재 인하대학교 건축대학원 교수로 재직 중이며, 대학원 도시재생학과 전공주임을 맡고 있다. 서울연구원(2002~2006)에서 '청계천복원에 따른 서울도심부발전계획' '남산공원재정비계획' 등 다수의 도시정책/설계 연구를 진행했다. 서울 피맛길 재생을 위한 전문가 아이디어 공모(우수상), 수변도시비전 공모(당선), 인천내항 마스터플랜 국제공모(당선), 인천 북항 마스터플랜 국제공모(당선) 등에 참여해서 현장기반 도시설계와 실무연구를 병행하고 있다. 현재 인하대학교에서 도시계획, 도시설계, 단지계획, 도시재생, 건축설계 스튜디오 강의를 진행하고 있으며, 국토교통부가 지원하는 인하대학교 도시재생 전문인력 양성사업단의 총괄사업단장, 한국도시설계학회 도시재생연구위원회 위원장, 인천학회 총무이사로 다양한 연구와 교육, 사회 봉사활동을 하고 있다.

이승우   단국대학교 도시 및 부동산학과에서 박사학위(부동산학 전공)을 취득하였으며, 한국토지개발공사(현, LH 공사)에 입사하여 일산·동탄·검단·위례신도시 등 국내 주요 신도시개발 및 경제자유구역 사업을 계획, 실행하는 신도시계획처장, 위례사업본부장, 인천 청라·영종사업단장 등을 역임하였고, LH 토지주택대학 전임교수(기술학과)와 인하대학교 대학원 도시계획학과·도시재생학과 초빙교수로 활동한 후, 2021년 현재 iH(인천도시공사) 사장으로 근무하고 있음. 주요저서 및 논문으로 「공공사업에서의 갈등관리연구」, 「갈등영향평가 개론」 등이 있음.

고상철   인하대학교 도시계획학과에서 박사학위(도시계획전공)를 받았으며, 현재 인하대학교 정책대학원 부동산학과에서 부동산공법을 강의하고 있음. 부동산공법 관련하여 23년간 강의를 진행해 왔고, 부동산개발관련 강의를 실무에서 진행하고 있으며, 현재 한국감정평가사협회 감정평가연수원에 출강하고 있음. 주요저서 및 논문으로 「뉴타운안의 재개발사업상 분양자격 개선방안에 관한 연구」, 「도시재개발사업의 갈등모형분석과 해소방안 연구」, 「도시계획위원회의 거버넌스 시스템 도입·적용을 위한 연구」 등 다수가 있음.

인천학연구총서 51

도시재생의 이해

2022년 2월 25일 초판 1쇄

기　획 인천대학교 인천학연구원
지은이 김천권·김상원·김경배·이승우·고상철
발행인 김흥국
발행처 보고사

등록 1990년 12월 13일 제6-0429호
주소 경기도 파주시 회동길 337-15 보고사 2층
전화 031-955-9797(대표)
　　　02-922-5120~1(편집), 02-922-2246(영업)
팩스 02-922-6990
메일 kanapub3@naver.com / bogosabooks@naver.com
http://www.bogosabooks.co.kr

ISBN 979-11-6587-294-6　94300
　　　979-11-5516-336-8 (세트)
ⓒ 김천권·김상원·김경배·이승우·고상철, 2022

정가 37,000원